Préface

Les questions essentielles, tous les peuples les ont posées :

«Ce monde où je vis, quelle est son origine ? Comment est-il apparu ? Quel est son créateur ? Moi qui ne sait être, quel est mon rôle dans cet univers ? Ma vie a-t-elle un sens ?»

Rien ni personne ne donnant de réponse, il leur a fallu les imaginer eux-mêmes, se donnant parfois l'illusion qu'elles provenaient d'une révélation. En fonction de ces réponses, les cultures se sont développées, avec leur charge de prescriptions, d'interdits, de préceptes. D'où la diversité du regard des hommes sur le monde et sur eux-mêmes.

Cette diversité, qui est une recherche collective, a été parfois source de conflits. Les religions, qui devaient "relier", ont succombé au vertige du pouvoir et ont opposé des peuples ; elles les ont incités à s'exterminer, parfois au nom de l'amour.

L'état de la terre aujourd'hui nécessite une remise en cause des rapports entre les cultures. La planète est saturée d'homme ou va l'être bientôt ; les moyens de communication ont mis tous les individus en contact avec tous les autres. Les hommes sont désormais solidaires, non en raison d'un bon sentiment qu'on appellerait "solidarité", mais en raison de leur interdépendance de fait. Les actes des uns ont des conséquences pour tous les autres, si éloignés soient-ils par leur localisation ou par leur place dans la société.

Cette solidarité, conséquence de l'effectif explosif de l'humanité et des pouvoirs nouveaux que nous nous sommes donnés, est récente.

Il faut d'urgence en tirer les conséquences ; il faut surtout éviter que les différences ne se transforment en affrontement et en conflits.

Pour y parvenir, toutes les idéologies, toutes les cultures, ne pourraient-elles s'efforcer de mettre en évidence ce qu'elles ont en commun, et surtout adhérer à une vision commune qui constituerait le noyau dur d'une culture terrienne ? Les hommes pourraient s'inspirer de la stratégie mise en place par la nature pour protéger un organisme contre les infections : les anticorps sont des molécules construites avec une partie commune et une partie variable. Leur efficacité résulte à la fois de leur ressemblance et de leur diversité.

La partie variable des idéologies est déjà en place. Que pourrait-être la partie commune ? Il semble qu'une réponse possible est : «Un regard à la fois lucide et émerveillé». L'homme est l'aboutissement local de l'élan de l'univers vers toujours plus de complexité. Doté d'un système nerveux central d'une richesse inouïe, il a le pouvoir de s'attribuer des pouvoirs à lui-même. Chacun devient conscient de lui par l'apport des autres.

La fonction essentielle de toute collectivité humaine est de faire émerger une personne capable de dire "je", là où la nature ne sait faire qu'un organisme capable de se dévolopper, se maintenir un temps, puis mourir.

Le rôle premier de chaque ensemble d'hommes est donc de participer à la construction de chacun de ses membres, par lui-même grâce aux autres.

N'est-ce pas là le noyau dur à partir duquel pourrait proliférer la diversité des cultures ?

Albert Jacquard

Sommaire n°93

Dieu croit-il en Dieu ?

La mort

Swami Vichârava

La bonne marche de la revue *Question de* nous permet de vous offrir des conditions privilégiées d'achat et d'abonnement (voir pages 526 à 528).

Question de : revue dirigée par Marc de Smedt.
Assistantes : Sylvie Bondet & Céline Liautaud.
Mise en page (P.A.O) : Claire Médaisko.
Question de - BP 18 - 84220 Gordes - Tel : 90.72.12.55.

Prologue

Dieu n'existe pas, je l'ai rencontré

Je croyais écrire un roman. Je voulais raconter l'histoire allégorique d'un personnage qui aurait décidé de ne plus sortir de chez lui. Il se serait installé dans un fauteuil posté devant un miroir, et aurait réfléchi sur sa propre image et sur le reflet du monde qu'elle lui suggérait. Je l'aurais appelé *Il*. *Il* aurait eu une personnalité floue, une psychologie imprécise, il aurait été un personnage aussi vague que moi quand je pense à moi qui, comme chacun le sait, est un autre. J'aurais organisé sa réflexion en trois parties. D'abord, *Il* face à *Il* se serait réfléchi dans une logorrhée méditative de la mémoire et du savoir. Ensuite *Il* face à *ils*, dans le même miroir aurait observé les autres en lui-même, l'emprise mutuelle qui se tisse des rapports des uns sur les autres, ce que l'on appelle les valeurs et le conditionnement. Enfin, *Il* aurait interpellé *Il*, l'Eternel absent omniprésent et transcendant dont chacun est censé être l'image et la ressemblance. *Il* aurait eu l'intuition athée, d'instinct. Bien que l'on ne puisse démontrer l'inexistence de quelque chose, avais-je retenu de mon passage à la faculté, *Il* aurait voulu démontrer l'inexistence de Dieu. Mais comment repousser Dieu sans s'intéresser à Lui ?

Dieu, le Dieu incroyable, le Dieu d'opérette auquel j'avais renoncé, le Dieu de la rumeur de Dieu, le Dieu du catéchisme et celui de la Bible prise au premier degré, qui m'avait fait tant ricaner, le Dieu paternaliste que j'avais souhaité tuer et dont j'aurais à mon tour annoncé la mort, ce Dieu des curés et de la morale en frocs, celui de tous les abus et de toutes les hypocrisies qui m'avaient tant dégoûté, ce Dieu n'avait jamais eu d'autre existence que chimérique. Il trompait ceux qui se l'appropriaient. C'était autre chose.

Peu à peu mon projet se transforma. Il devint un récit de la quête de Dieu par un athée curieux. J'ai étudié les livres sacrés. Ensuite, je suis allé à la recherche des hommes qui se sont approchés de la connaissance que les textes laissent entrevoir. La culture religieuse développait les mêmes thèmes que mon personnage. On y traitait fréquemment de l'agir et du subir, de la mémoire, du conditionnement et de libération, d'image et de miroir, de différentes réalités, du rapport à l'autre, et d'un rapport à l'absolu. En abordant la troisième partie de mon roman je commençais à écrire le récit de mon propre chemin.

Dieu existe-t-il ? Maintenant que je connais la réponse, je peux dire que là n'est pas la question. Athée ou théiste, le problème est le même.

Au bout de ce parcours, je ne sais si j'ai écrit le roman que j'avais d'abord imaginé ou un autre, si *Il* a écrit mon histoire ou moi la sienne, à moins que ce personnage ait été mon aide-semblable-contre moi[1], tel l'alter ego que YHVH-Elohim offre à Adam.

J'ai échangé *Il* pour *Je* et je suis parti en quête de la quête.

Je n'ai pas eu de révélation. Dieu ne m'est pas apparu, il ne m'a pas parlé, et s'il l'a fait, je ne l'ai pas entendu. C'est en cela, je crois, que réside l'intérêt de cette histoire. «Pensez-vous que Dieu croit en Dieu ?» me demanda un jour un swami hindou.

A priori, je refusais que la foi fût le seuil de la religion. Le prédicateur qui l'exige de ses auditeurs à démissionné avant d'avoir commencé. Ceux qui croient étaient déjà avec Lui, ceux qui ne croient pas ne peuvent pas Le comprendre. La foi engendrée spontanément par le Saint-Esprit ressemble tant à un astucieux arbitraire contre l'esprit critique qu'elle éveille mon soupçon. Et la répétition d'un credo n'y aide en rien, car qui n'y croit pas est incapable de le dire, même par politesse, tant il braque l'intelligence, comme un viol. Tôt ou tard, la capacité de douter, qui est le propre de la raison, reprend ses droits ; et la foi, attaquée, n'est déjà plus la foi.

Le problème était autre : la question de croire conduit à une autre, comment croire qui s'ouvre sur l'abîme de la motivation : pourquoi croire. La foi ne m'étant pas permise, il ne me restait qu'un seul chemin : connaître. Qu'est-ce que Dieu lorsqu'on le tire du "prêt-à-croire" abêtissant des catéchismes de toutes dénominations ?

Bien qu'on ne puisse rien-dire-de-lui, depuis des millénaires ceux qui L'ont cherché ou connu n'ont pas manqué de rapporter Sa parole, de la gloser, de gloser la glose de leurs prédécesseurs et de commenter à l'infini, sa révélation, sa nature, sa loi... Chacun dans sa langue, selon sa tradition, sa méthode, et sa culture.

J'ai lu des livres et des livres sur ces livres. Et puis je suis allé en quête des hommes qui se consacraient au savoir et à la connaissance de Dieu. Je leur ai demandé de me Le montrer. Qu'est-ce que c'est ? Où est-ce ? Comment y va-t-on ? Ils n'ont pas manqué d'ajouter leur contribution au flot déjà impressionnant de paroles qui s'approchent de ce qu'on ne peut pas dire. Il arrive que la parole sur Dieu soit une forme de sa manifestation et sa révélation.

Je n'abandonnais rien d'abord, ne remisais pas l'esprit critique sous l'humilité, ni ne rangeais la raison sous l'autorité du tabernacle tel que le recommandent certains pratiquants pour annoncer qu'avec le cerveau point de salut et ainsi limiter la ressemblance de l'Homme et de Dieu à une âme plus mirage que révélation, plus espoir que connaissance.

J'avais un corps et une intelligence qui n'entendaient pas se sacrifier sur un autel, fût-il celui d'une béatitude éternelle qui n'aurait été que promise. S'il fallait aller au pays des merveilles infinies, il fallait compter avec eux.

Mes maîtres devaient tenir compte de ces conditions. Aussi ceux avec lesquels je me liais n'étaient-ils pas tous orthodoxes par rapport aux pures lignes idéologiques pré-pensées des dogmes de leur chapelle. Peut-être l'étaient-ils par rapport à l'Esprit.

«Qui il té parle dé Diéu ? me dit rabbi Isaac lorsque j'allais lui faire le reproche d'introduire ce nouveau concept dans son explication. Disons *aleph*» !

Lorsqu'il m'est arrivé de prêter à un interlocuteur un bénéfice du doute initial, c'était pour qu'il s'en affranchît au plus vite et remplace par des preuves ma confiance provisoire et non pour qu'il en abuse, s'y enlise et m'y aveugle avec lui. Certains répètent ce qu'ils ont appris, d'autres expriment ce qu'ils connaissent. Seuls les seconds ont attiré ma patience.

«Maintenant, vérifions ensemble», disait lama Shérab à la fin de chacune de ses leçons. Nous méditions alors pour vérifier en soi la vérité de ce qu'il avait proposé.

Il n'y a pas de voie spirituelle tracée qui conduise à un but précis. Le *Il* a suivi son propre chemin. Pour ma part, j'ai beaucoup voyagé, surtout à la recherche de ma propre disponibilité. L'étranger est à la fois un lieu et une personne. Il ouvrait en moi une sorte d'étonnement qui me révélait dans mes propres réflexes, l'étranger que j'étais aussi pour moi-même. Ainsi, me suis-je déplacé d'un bout à l'autre du monde et de la conscience dans les transmissions spirituelles, passant de la rumeur des Dieux à l'exode, de l'information à la formation, de savoir à connaître, cherchant l'initiation, c'est-à-dire le point de rupture, et son corollaire, le point de la naissance d'un autre point de vue, sans quoi le passage est vain.

Ma route a commencé tout près de chez moi, à Belleville, dans ce quartier de Paris qui rassemble les continents, avec un rabbi qui me rassurait en disant : «Né nous occupons pas dé Diéu, voyons cé qu'il est écrit dans lé livre.»

Pour remonter dans le temps qui précède le fer et l'écriture j'ai rendu visite à nos ancêtres de la forêt. Dans la jungle amazonienne, j'ai demandé au *brujo* de me présenter les esprits et j'ai bu à la source de la religion. J'ai passé des mois, des années, dans les Indes insolubles et nombreuses. Je suis allé reconnaître antara-Kashi, la Bénares sacrée qui vit en chacun de nous. De Calcutta à Bombay, de Maduraï au Cachemire, j'ai suivi presque tous les dieux du monde, et même les bouddhistes qui se passent de cette question. cheikh Assam, au Nord du Pakistan, avait une façon très particulière de prononcer le kalma : *La illâha,* disait-il plusieurs fois, *La illâha*, il n'y a aucun Dieu, avant de conclure *illa lâh*, que Dieu. Que voulait-il que j'entende dans ce fractionnement ? Swami Vichârava ne négligeait aucune des méthodes de son art, il faisait pratiquer les dieux personnels pour nous faire méditer l'Impersonnel Absolu. J'ai évité relativement soigneusement d'opposer ou d'associer une religion à une autre. Je n'essayais pas de forcer une vérité unique dans un souci de fraternité universelle et de réconciliation divine. J'écoutais ce que l'on me proposait de connaître du créateur et de la création, et je pratiquais, au mieux de mes capacités, les exercices conseillés.

Pourtant, bien qu'il fût décrit, annoncé, transmis ou révélé sous des vocabulaires et des métaphores différentes, l'Absolu — en sera-t-on étonné ? — se ressemble. Il se conjugue avec infini, vacuité, éternel, Esprit et témoin, et se différencie par ses approches où le verbe et l'image tiennent lieu de parcours, où la sensibilité, l'affectif, le psychologique et l'intellect développent une place plus ou moins triomphante. Il grandit de personnel à impersonnel avec la connaissance qu'on en a.

Il est loin d'être indispensable d'assujettir Dieu à des règles de morale. De la connaissance de l'Esprit découle naturellement des modes de conduite qui sont peu embarrassants à observer parce qu'ils s'appuient sur des principes intelligibles, reconnus et acceptés. Du point de vue spirituel, ce n'est pas la loi qui donne naissance à Dieu, mais Dieu qui offre des lois comme moyen d'approche.

Je n'ai pas l'ambition d'avoir écrit une anthologie des religions du monde, ni de proposer le *digest* des croyances. Je n'ai pas fait un travail de journaliste parti interviewer les docteurs de la foi et les aspirants à la sainteté, ni une thèse de théologien sur les doctrines de Dieu. Je n'ai pas voulu prendre un rôle d'historien de la foi, ni d'ethnologue, ni de sociologue. Cet ouvrage ne participe aucunement de la méthode scientifique.

J'ai essayé de tracer le parcours d'un témoin engagé, curieux de ce qui se vit et de ce qu'il pourrait vivre en suivant les sages. J'ai voulu montrer l'intérêt que j'ai eu et qu'il peut y avoir à aller plus loin que la rumeur et le catéchisme dans les voies spirituelles. Quels que soient leur noms, elles contiennent autre chose que ce qui a dégoûté certains d'entre nous d'y jeter même un coup d'œil.

L'absolu est plus riche que ce qu'en montrent une messe, le voyage du pape, les services de la synagogue, une *puja* à la pagode de Vincennes, le prêche du Grand Rabbin ou la diatribe de l'Iman en vue. Il est plus qu'une imagerie, plus qu'une philosophie, toujours au-delà de celui qui le réduit.

Certes, on ne peut rien dire de Lui, et pourtant j'ajoute moi aussi un témoignage à ceux de mes maîtres. Raconter une histoire c'est la transformer. C'est en cela peut-être que celle-ci est un roman autant qu'un récit. Il ne m'était pas possible de répéter les propos des maîtres sans m'y inclure. Je n'ai donc pas essayé de m'y cacher, ni de différencier leur façon de s'exprimer de la mienne. Je les ai interprétées dans la seule réalité possible, celle de ma subjectivité. Souvent, lorsque nous parlions dans des langues qui ne nous étaient pas familières, il fallait deviner ce qui se disait, induire le sens à partir de quelques mots, laisser l'intuition précéder et poursuivre le langage.

En Amazonie, j'étais accompagné de deux traducteurs. Le sorcier yanomami se perdait dans le flot de paroles qui nous séparaient au lieu de nous rapprocher. J'ai renvoyé mes interprètes et je lui ai parlé en français. Lui me répondait dans sa langue. Nous nous comprenions fort bien.

Sur ce parcours, j'ai soigneusement évité ceux que j'appellerais affectueusement les "effarés de la mystique" et les "mercenaires du mystère", plus préoccupés à obscurcir l'incompris qu'à éclairer l'inconnu. Fort du principe que la raison et le verbe sont inaptes à appréhender si peu que ce soit l'Absolu, ils ont délaissé l'un comme l'autre sans se taire ni se renoncer pour autant. Dans un retournement plus pathologique qu'astucieux, ils prennent les hypothèses les plus extraordinaires pour les plus crédibles, et en poursuivent les fictions jusqu'à l'exaltation. Voyance, prophétisme, réincarnation, astrologie, magie se confondent et se conjuguent avec de la psychologie, de l'alchimie, de la médecine, de l'écologie et j'en passe, afin que les idées les plus révolutionnaires ne s'inhibent pas de quelque forme de rigueur que ce soit et s'ouvrent sur un infini que les ténèbres du mystère protègent jusqu'à devenir son propre but, plus proche encore du chaos que de l'apocalypse. Je ne juge pas de la valeur en soi de ces intuitions mais je les ai toujours trouvées impraticables et donc inutiles pour tout autre que leur auteur.

Au début, j'ai voulu éliminer le mot "Dieu" du discours. J'y ai renoncé lorsque j'ai compris qu'il ne délimite qu'un concept qui a été ou sera éclairci dans le corps du propos. J'ai néanmoins évité les lourdes majuscules trop systématiques qui ouvrent les noms pesants du sacré lorsqu'elles n'ajoutent rien à la compréhension.

Tout travail est un héritage à l'instant suivant. Toute œuvre est son propre testament. Cet ouvrage n'est pas le monument de ma mémoire mais plus simplement, le livre que je voudrais trouver si, par mégarde, je venais à renaître, athée ou croyant.

Au terme de ce prologue, je me permettrais une prophétie. Et deux révélations. Le vingt et unième siècle sera, je n'en doute pas. Ce qui s'y annonce n'est pas la fin du monde, ni la renaissance du spirituel béât, certainement pas la mort de Dieu tant publiée, ni sa renaissance tant annoncée, mais sans doute plus simplement la fin de l'autoritarisme religieux, avec non pas seulement la liberté mais aussi la faculté de penser Dieu et de le vivre comme il se comprend, personnellement. Dieu ne sera sûrement plus jamais à la fois appropriable et crédible. La foi qui se profile exclut ceux qui veulent l'enfermer. L'homme religieux qui naîtra sera son propre prêtre; à la fois sacrificateur et victime de ce qu'il consent à s'offrir pour se transcender.

Contrairement à ce qu'en dit une rumeur insistante parce que désespérée, Dieu n'existe pas, je l'ai rencontré. Et pour répondre à celui qui essayait de croire en l'Eglise comme un naufragé, jusqu'au bout croit qu'il va être repêché, Dieu n'est pas Dieu, nom de Dieu ! C'est autre chose.

La réalité est un mirage qui s'offre comme un point de vue sur le monde. Chaque religion se pose sur une hypothèse de réalité et de relation possible de l'homme avec elle. Elle construit ensuite une problématique de l'exigence et du changement avec ses solutions qui sont des méthodes de transformations personnelles, des chemins de la connaissance.

Dieu croit-il en Dieu ? Dieu est peut-être un point de vue qui tire toute compréhension en dehors de tout point de vue, mettant en cause la structure mentale à partir de laquelle le monde est perçu.

Mais commençons au commencement. J'allai à Belleville, à la librairie *Le Talmud* pour y chercher d'autres livres, encore d'autres livres d'exégèse...

Chapitre 1

Béréchit

«Tout le monde tient le beau pour le beau, c'est en cela que réside sa laideur.
Tout le monde tient le bien pour le bien, c'est en cela que réside son Mal.»
Lao-Tseu, Tao Tö King

«Qui sait en vérité, qui pourrait proclamer d'où est née, d'où vient cette création. Les dieux sont nés après, par la création secondaire de notre monde, mais qui sait d'où celle-ci est issue (...) Celui qui surveille ce monde au plus haut firmament le sait seul, à moins qu'il ne le sache pas.»
Rig Veda (X,129)

Donner du crédit à l'impossible... cette ouverture.
Isaac Goldman

La Thora a soixante-dix faces.
Elle ne peut que susciter une multitude d'approches et d'interprétations. C'est par l'Ecriture que se commente l'Ecriture.
Nombre Raba 13:15

«Ti sé pourquoi Moïché ipouse ine goy[2] ?»

Je me suis retourné. L'homme s'était adressé au libraire d'une voix aiguë et forte, presque désagréable de nonchalance dans son accent de juif polonais éternellement débarqué à Paris depuis quarante ans. Je feuilletais les *Epîtres* de Maïmonide. La question de cet homme avait interrompu ma lecture : «*Il est bien connu que, chez les linguistes, énigme est un terme qui vise l'ésotérique et pas l'exotérique, car toutes les paroles des maîtres portent sur des sujets d'importance suprême qui sont le but ultime. En vérité ce sont énigmes et allégories*», disait Maïmonide.

«Je n'en sais rien, dit le libraire avec une lassitude de milieu d'après-midi.

- Chièrche, c'est ine énigme ! Moïché a ipouse Siphora, lé fille dé Ytro, mais pourquoi ?

Les clients s'intéressaient aussi au problème.

- Il était dans le désert, il n'y avait pas d'autres femmes, proposa l'un d'eux.»

Mais l'interrogateur, pesamment installé sur un tabouret devant le comptoir du magasin, comme un familier, lui adressa une grimace qui le dissuada de poursuivre ses recherches dans cette direction.

Sous un chapeau gris et mou, cet homme était gris et chétif, il flottait dans un costume déformé et gris, lui aussi. Son visage, pâle, presque jaune, disparaissait sous une barbe grise qui remontait sur ses joues qu'elle creusait. Ses lèvres, minces, un peu tombantes, se modelaient en une constante expression de dégoût ; un tique les relevait en une sorte de sourire sans joie. Son long nez achevait de le rendre laid, mais dans une présence puissante et sévère. Il portait ses lunettes sur le front, comme s'il n'était pas nécessaire de s'abîmer les yeux à voir trop bien.

«La réponse est dans la question ! rappela-t-il, comme s'il donnait un indice. Les clients croisaient leurs regards, lui, feignait une infinie patience.»

J'avais pris l'habitude de flâner dans Belleville, de fréquenter ses librairies juives ou musulmanes. J'aimais ses petits cafés arabes où, avec les anciens enfants du pays dans un décor de formica, on prend le thé à la menthe pour passer le temps. L'ennui se transforme en patience dans le temps que l'on passe à passer le temps. J'aimais me nourrir de simples sourires, de simples regards. Et ses épiceries cachers pleines d'odeurs exotiques, le cumin, la cannelle, l'huile d'olive, qui me rappelaient mon enfance, parce que ma mère traversait Paris pour y trouver l'amardine, une pâte d'abricot de Syrie. Et ses gâteaux d'or dégoulinant de miel. “Vous êtes d'Oran ? - Non. - Ah, ça ne fait rien !” L'Afrique y expose ses burnous et ses calottes de dentelle blanche, ses visages noirs qui recèlent le soleil et ses grands yeux pleins de lumière. Sa nonchalance aussi, d'autres rythmes, d'autres temps. Tout néon jaune et rouge, dragons et bouddhas souriant à des offrandes de fruits, les restaurants d'Asie affichent les noms de ses villes : Hongkong, Hanoï, Bangkok. Et le hammam, la synagogue improvisée dans un magasin, le *Club de l'Orient* : un café à l'avant, une salle de jeu à l'arrière... C'est un quartier sans monument, sans artifice. On s'y promène sans but, de la Chine au Maghreb, de Sri Lanka à la Pologne. On y habite : les enfants y apprennent leurs premiers jeux, les vieux y traînent leurs derniers pas.

J'aime Belleville.

Son air est plus fraternel qu'ailleurs. Toutes les races de la terre y côtoient tous les âges. En quelques pas, j'aimais traverser Marrakech jusqu'au gettho de Varsovie, sauter de Hanoï à Libreville, flâner vers Pondichéry avant de prendre le thé à Bab El Oued. A Belleville, on puise aux cinq racines du monde. Rue de l'Orillion, *Le Talmud* ; cette librairie offrait, avant sa disparition, les ouvrages les plus rares et les plus récents de l'exégèse juive. J'y allais chercher les lectures qui éclairent la lumière en la déchiffrant.

Dans mon coin, je ne lisais plus les *Epîtres*. J'observais.

«Alors, réfléchis en péu !» relança l'homme. Mais c'est moi qu'il regardait.

Son accent était double. Non seulement il ignorait la syntaxe et la conjugaison de la langue française, mais il en faussait les sons et il n'en respectait pas non plus les rythmes. L'intonation dans sa voix ressemblait à quelque chose entre le dépit et la lassitude, le mépris et le dégoût, avec cette constance particulière des gens qui ont toujours raison et résument l'évidence sans l'expliquer pleinement.

Le libraire, qui devait souvent subir ces questions sans réponse affichait une mine pétrie de lassitude. De tous les coins, quelques clients proposèrent des embryons de pistes ; elles n'éveillèrent aucun intérêt chez notre interrogateur qui se contenta de les réfuter d'un argument sans appel, jeté. Etait-ce du mépris ? Bientôt, tous avaient abandonné et se replongeaient dans les rayons de livres. Je dis :

«Moïse s'allia à une étrangère sans doute pour montrer que tous les peuples devaient bénéficier de la connaissance dont il allait être l'instrument.

- Pas mal. Il faut qué ti approfondir cette direction.

Mais je n'avais rien d'autre à ajouter.

Peu après, il s'en alla. Je payais les *Epîtres* et sortis derrière lui. Il était remarquablement petit. Il marchait un peu courbé ; les poches de sa veste, lourdement gonflées, rythmaient ses pas. Je le suivis. Au coin de la rue Ramponeau et du boulevard de Belleville, il m'aperçut et me reconnut. Je m'approchai de lui et dis :

- Alors, pourquoi ?

- Comment pirquoi ?

Pour me parler, il repoussa son chapeau sur le haut de son front et leva la tête.

- Pourquoi Moïse a épousé Siphora...

- Non, non ! Il té faut cherche encohrre. Pas avant qué ti réfléchir.

- Non ! Je ne suis pas sûr de vous rencontrer à nouveau...

- Mais si, mais si, ti mé rencontres.

Il commençait à s'éloigner, je le retins.

- Non, ne partez pas. Allons prendre un café voulez-vous ?

Il avait rangé ses lunettes, mais il en portait encore les marques sur le front. Il me regarda plus attentivement de ses yeux de myope, en levant la tête vers mon visage.

- Et où ti veux prendre un café ?

- Le café est toujours *cacher*[3], n'est-ce pas ?

- Jé m'en fou. C'est lé cafitié qui n'est pas tijours cacher.

Je l'entraînais sur le boulevard dans la direction qu'il allait prendre. Il me demanda :

- Qu'est-ce qué ti as achète ?

- Les *Epîtres* de Maïmonide. Lorsque vous avez posé votre question sur

Moïché, je lisais un passage... Je sortis le livre du sac de plastique qui l'enveloppait et lui montrais le paragraphe. Il le lut puis il dit :- Le judaïsme est tout entier construit sur et par des énigmes. Mais attention ! Il leva son index. Les énigmes ne sont pas des mystères. Un mystère est une question sans réponse, alors qu'une énigme est une question pour laquelle il y a trop de réponses.

«Est-ce que tu es un juif ?

- Qu'est-ce que cela peut faire ?

- Ta mère est-elle une juive ?

- Qu'est-ce que cela peut faire ?

- Tu n'en a pas l'air, conclut-il.

Je ne pense pas qu'il cherchait à m'être agréable. Je contre-attaquai :

- Il y a longtemps que vous vivez en France ?

Il ne répondit pas.

- Comment ti t'appelle ?

Lorsqu'un juif demande son nom à quelqu'un, il veut en déduire son origine : goy ou juif, Europe centrale ou Méditerranée, et le placer dans une nation, dans une tribu.

- Et ton prinom ?

Nous nous étions arrêtés au milieu du trottoir. Les passants se bousculaient pour nous éviter. A quoi jouait-on ? Je lui livrai mon identité tout entière en soupirant. Je regardais ses yeux qui me regardaient dans une douceur immense et je prenais en eux un bain de tendresse. Cet homme était détestable, et pourtant, bien qu'il ne me soit pas paru, jusque-là, être très attentif à la sensibilité d'autrui, il était plein d'amour. Il dut percevoir mon irritation.

Je devançai ses questions :

- J'ai étudié un peu... Je lis l'hébreu, lettre par lettre, j'ai travaillé la Thora, le Talmud et la cabbale[4]... en traduction.

Nous étions devant chez *Maïcha-Salon de Thé*. Je proposai de nous y arrêter.

- Ne craignez rien, tout est cacher ici... même le patron.

- Je ne le mange pas.»

Nous nous installâmes derrière la vitrine. Il faisait doux. Un soleil de printemps jouait avec des petits nuages blancs. Le monde, de nos places était de bonne humeur. On nous servit des pâtisseries et des brioches au miel.

Pendant plusieurs mois, j'avais lu Maïmonide, le Tanya, le Talmud, le Zohar, le Sepher Bahir et des commentaires de toutes sortes. Je n'avais pas suivi cet homme pour parler des cafetiers du quartier. Je cherchais un groupe, ou quelqu'un avec qui travailler. Et j'avais l'intuition que cet homme, qui avait traversé ma route, pouvait m'apprendre quelque chose. Cela me suffisait pour considérer que je pouvais l'*élire*.

«Vous vous souvenez de cette histoire du Talmud, dis-je : "*Convertis-moi à condition de m'apprendre toute la Thora pendant le temps que je peux tenir sur un pied*", dit un païen à rabbi Chammaï. Chammaï le chassa en le frappant avec la règle de maçon qu'il avait à la main. L'homme s'en fut trouver rabbi Hillel qui le convertit : "*Ne fais pas à ton prochain ce que tu n'aimerais pas qu'il te fasse, voilà toute la Thora, lui dit-il, le reste n'est que commentaires, va et étudie-les.*"[5]

- Je connais ce récit. Alohrrrs ?...

- Enseignez-moi le judaïsme.

Il rit, dans un soubresaut, comme s'il se moquait vraiment de tout, pendant un instant.

- Shalom Isaac !

Un gros homme gesticulait en souriant de l'autre côté de la fenêtre du salon de thé.

- Bonjour, bonjour... souffla Isaac, en gesticulant à son tour. S'adressant à moi, il ajouta : le judaïsme ne s'enseigne pas, il s'étudie. La Thora est infinie.

- Enseignez ce que vous avez étudié.

Il hocha la tête et crispa ses lèvres...

- Je ne peux pas enseigner parce qué je suis trop bavard, dit-il sérieusement, je n'ai pas assez de patience.

- Nous nous entendrons très bien, je sais écouter. Vous parlerez, vous commenterez, je poserai des questions, et ainsi nous travaillerons ensemble.

Il réfléchit un instant.

- Qu'est-ce qui t'intéresse ?

- Nous parlerons de la question : "Qu'est-ce que Dieu ?"; n'est-ce pas l'essentiel ? Je n'aime pas les longues discussions de jurisprudence.

- Dans la jurisprudence aussi il y a cette question.

Il était plus intéressé par ma proposition qu'il ne le montrait. Quelque chose le retenait pourtant.

- Et comment ferions-nous ?

- Je ne vous demande pas de venir chez moi... j'irai chez vous.

Il rit encore.

- Chez moi, c'est un taudis voué à la démolition.

- S'il y a deux chaises...

- Il y a deux chaises, et aussi du plâtre qui tombe du plafond, sur ta tête.

- Je vous montrerai que je suis moins snob que vous le croyez.

- Je ne te crois pas snob.

Il devait aimer avoir le dernier mot.

Une mariée passait sur le trottoir devant nous, avec son entourage. Les passants s'arrêtaient, certains applaudissaient, on criaient *maseltov*, *maseltov*[6].

- C'est un signe bénéfique pour notre alliance, dis-je.

Il m'observa de travers. Je ne sus comment interpréter ce regard. M'accusait-il de démagogie, évaluait-il ma sincérité ?

- Mais qu'est-ce que tu veux, reprit-il ?

Etait-ce pour me décourager ?

- Parlez-moi de la nature de Dieu... Dieu, qu'est-ce que c'est ? Qu'est-ce que l'homme ? Qu'est-ce que le monde, et la vie ?

- Arch, s'exclama-t-il, c'est un gros travail, une vie entière d'étude et de méditation...

- Vous irez plus vite, comme rabbi Hillel.

Il me regarda à nouveau avec une attention soutenue ; je le laissai faire, puis je soutins son regard pour citer le Talmud : "*Quiconque étudie la Thora et ne l'enseigne pas ressemble au myrte dans le désert, dont personne ne peut jouir.*"[7]

- Tu ne comprends pas... mon étude est... spéciale. Je ne suis pas orthodoxe.
- Cela m'intéresse d'autant plus, insistai-je.
- Dis-moi, crois-tu en Dieu ? me demanda-t-il avec beaucoup d'intensité.
Je réfléchis avant de répondre lentement :
- Je refuse de répondre à cette question... Il m'interrompit.
- ...Alors tu as répondu.
- Parce qu'elle est incomplète. Je ne crois pas en l'existence de Dieu, parce que Dieu n'a sûrement pas l'existence qu'on lui suppose. Je ne crois rien. Je refuse de croire quoi que ce soit parce que croire n'a pas de sens. Croire suppose que l'on renonce à quelque chose, soit à comprendre, soit à connaître, soit même à espérer. Croire c'est renoncer à l'infini. Je ne renonce à rien.

Il hochait la tête. Je ne sus si c'était un signe d'approbation ou au contraire de désespoir. Je continuais :

«Je ne veux pas croire parce que je veux connaître.
- Est-ce que tu crois que Moïché, notre maître, a reçu la Thora de Dieu ?

Que voulait-il me faire dire ? S'il était pieux au point d'obéir aux commandements sans les comprendre, nous ne pourrions rien faire ensemble, car je ne pouvais admettre les interprétations miraculeuses des événements. Le miracle n'est utile qu'à celui à qui il s'adresse.
- Quoi que je dise, Dieu reste à définir.

Il me regarda en soulevant les sourcils, comme s'il était effrayé par ce que je venais de dire. Mais il bluffait : cet homme était incapable de frayeur. Il avait déjà tout vu. Je fis une moue pour montrer mon incrédulité, mais ses yeux demeuraient grand ouverts et ses poumons pleins, comme s'il allait exploser.
- Quelle prudence avec Dieu ! se contenta-t-il de dire. Sais-tu ce que c'est que la crainte de Dieu ?

Je ne répondis pas, il poursuivit.

«La crainte de Dieu, ce n'est pas la peur de Dieu, l'effroi devant un châtiment ou la menace d'une punition, au contraire, c'est redouter d'être séparé de Dieu. Regarde.

Il m'invitait à observer au-delà de la vitrine, dans la rue. Des gens passaient. Des juifs chuchotaient sur un banc, un clochard cherchait quelque chose sur le trottoir, une gamine courait, la mobylette d'un adolescent faisait un insupportable vacarme.

«Vois, dit-il, la crainte de Dieu, c'est croire en la beauté du monde. Il *faut* y croire, afin de la sentir et ensuite, de la connaître, se rendre capable de voir que ce qui est précieux en chaque chose est l'existence même qu'elle porte en elle. Son essence. L'ultime beauté du monde est éphémère et fragile parce qu'elle est dans ton regard, non dans le monde, c'est ainsi qu'on peut *craindre* d'en être séparé. Dans la crainte de Dieu, il n'y a pas de place pour l'espoir ; tout est plein parce que tout est immédiat. C'est une démarche de connaissance, une démarche qui exige qu'on reçoive le monde avec humilité, avec une suprême modestie afin de laisser de la place à Dieu et non à soi. La crainte de Dieu et l'amour s'unissent dans la beauté. Alors écoute bien, ajouta-t-il en se penchant vers moi : "*Les secrets de l'Eternel sont pour ceux qui le craignent*"[8], comme il est dit.[9] Avec cela tu sais tout.

Il venait de me faire le coup de rabbi Hillel ! Je renonçais à tout et je ne dis plus rien. Je regardais la rue, la vie. Il chanta un vers d'un poème d'Aragon : "*...Et plus je t'aime que j'en tremble.*"

Après tout, on pouvait voir les choses comme il le suggérait. Je commençais à tout transformer en beauté, et le boulevard de Belleville en jardin d'Eden. Il ajouta :

«"*Le monde entier n'a été créé que pour l'homme qui craint Dieu*"[10] comme il est dit. Il poussa son chapeau plus encore en arrière, s'adossa à sa chaise et goûta à l'air doux de la fin de l'après midi. Peu après il se redressa et dit :

«"*Servez l'Eternel avec crainte*"[11], le servir, c'est l'aimer, l'aimer c'est craindre d'être séparé de lui, même une seconde... comme on peut frémir de laisser sa bien aimée quelques minutes loin de soi.

«La Thora existe. Est-elle utile ? A quoi sert-elle ? Elle sert à connaître Dieu. C'est ce que tu cherches, n'est-ce pas. "*La Thora et Dieu ne font qu'un*"[12], comme il est dit.

- D'accord, je crois quelque chose : je crois qu'il y a plus dans le monde et au-delà que ce que je crois.

- Cié très bien citte ouvertire. La Thora offre la lumière de l'absolu dans le langage des hommes. Tu ne crois pas au miracle non plus ?

- Les miracles ! Rien ne me dérange autant.

- Tu as peur. C'est ta raison qui te commande. Regarde-toi, n'es-tu pas un miracle ? La capacité que nous avons de penser et de rationaliser n'infirme pas le côté miraculeux de la réalité et de soi comme son témoin. Tu comprends ? m'interrogea-t-il en cherchant mon regard.

- Je ne sais pas.

- Arch ! Tu as des préjugés. Tout est un miracle. Même la raison ! Tout est la poésie du monde, sa force. Le monde n'existe que pour qu'un miracle s'y produise. Il s'en produit des milliards à chaque instant. Et le miracle final, ce sera qu'il n'existe plus.

Je ne répliquais plus, j'essayais de ne plus résister au point de vue qu'il me proposait, de l'adopter, fût-ce un instant.

Pourquoi veux-tu étudier ?

- Parce que je ne crois pas en Dieu, dis-je franchement.

- Ne t'occupe pas de cela, commençons par regarder le livre.

Les rôles étaient soudain inversés.

- Comment vous appelez-vous ?

- Isaac, Isaac Goldman.

- Rabbi Isaac de Belleville ! proposai-je en souriant. Lui ne riait pas, mais son visage s'était adouci. J'étais sûr qu'il était content de m'avoir rencontré.

«Nous commençons demain, demandai-je ?

- Non, non, laisse-moi di temps. La semaine prochaine... Pét-être.»

Le premier jour

Chez lui, des voisins m'ont prévenu qu'il venait de sortir. J'ai fouillé les ruelles. Je l'ai trouvé. Il parlait avec une petite fille. Sa voix était douce, il avait perdu son accent polonais. Il était penché sur elle, il l'interrogeait sur l'école, la petite fille répondait. A la fin il lui caressa les cheveux et elle partit. Il portait le même costume sans forme et le même chapeau gris, une chemise un peu jaunie et une cravate en soie d'avant-guerre, ou presque. Je m'approchai :

«Shalom, rabbi Isaac !

- Né m'appelle pas rabbi. Jé né suis lé rabbi dé personne[13].»

Il avait retrouvé son accent, sa voix traînante et nasillarde, et l'expression irritée que je lui connaissais. Ses yeux exprimaient pourtant une profonde douceur. Il me regarda avec attention, comme s'il prenait de mes nouvelles sans rien me demander. Il dit :

«Quelque chose te pousse à entrer dans une synagogue. A l'intérieur, tu vois des gens prier ou discuter. Tu n'as pas la foi, ni de culture religieuse, tu ne comprends rien à ce qui s'y passe, tu te répètes que tu ne crois en rien et tu sors. En entrant, tu avais *un peu* — ta motivation, ta curiosité, de l'espoir peut-être. En sortant tu n'as plus rien. Tu ne savais pas ce qu'est Dieu et tu ne le sais toujours pas. Pourquoi ? Tu n'as pas posé de question ou tu n'as pas su poser ta question. Mais en sortant tu as même perdu ton envie de questionner.

Cela me faisait penser à la parabole des talents de l'Evangile de Matthieu : "*Car on donnera à celui qui a, et il sera dans l'abondance mais à celui qui n'a pas on ôtera même ce qu'il a.*"[14]

«Le judaïsme peut répondre à toutes les questions poursuivit Isaac. Si tu n'as pas de question particulière, tes études de la Thora et du Talmud t'entraîneront dans un labyrinthe d'idées : des réponses sans questions. Et ce que je te dirai ne fera que t'égarer un peu plus. Ne sois pas de ceux qui passent leur vie à chercher ce qu'ils devraient chercher. C'est pourquoi je te demande : que demandes-tu ?

Le soleil était apparu derrière lui, entre deux immeubles. Il m'éblouissait et jetait l'ombre d'Isaac devant moi.

- Je vous l'ai dit la dernière fois...
- Cela ne compte pas. Demande encore.
- Je veux savoir ce qu'est Dieu et comment on peut le connaître.
- La proximité ! dit-il en levant les bras. Il était dans un halo de lumière. Il me regarda encore avec cette attention spéciale qui m'intriguait et commençait à me paralyser. Un regard qui cherchait en moi la vérité et le mensonge. L'authenticité. Il dit lentement :

«La proximité... personne ne peut te l'enseigner. Ce n'est pas un sujet d'étude, car tous les sujets mènent à ce but. C'est la pureté qui permet de L'approcher. Il réfléchit un peu, puis ajouta : il y a de nombreux versets dans la Thora pour dire ce qu'est Dieu. Pour moi, trois mots sont la Thora toute entière : Béréchit, Chabbat et YHVH[15]. Chacun dit tout.»

Il m'entraîna avec lui. Nous fîmes quelques pas, puis il s'arrêta à nouveau. Nous étions rue Lesage, où la largeur du trottoir ne permet pas à deux hommes de se croiser. Nous bloquions le passage, mais miraculeusement, nul ne s'en plaignit. rabbi Isaac se tourna vers moi.

«Comment s'appelle le livre ?

- La Thora !

- Et que signifie "la Thora" ?

- La loi, l'enseignement de la loi.

Des passants se déplaçaient sur la chaussée pour nous éviter. Isaac poursuivait, imperturbable.

- Non. Ce n'est pas un code civil ou un code pénal. Il s'agit de la loi de l'ordre universel. Thora signifie l'orientation, l'enseignement dans le sens de directive, du modèle. Le modèle. C'est sur la Thora que nous fondons nos études. Le modèle nous donne les directions de l'action et de la méditation. L'étude du modèle est à la fois une action et une méditation.

Nous nous glissâmes entre une crevasse et deux voitures en stationnement. Des papiers traînaient dans les caniveaux humides.

«Nahmanide disait que "toute la Thora est faite de noms de Dieu." Bien sûr, commenta-t-il, l'essence de chaque mot est une émanation de Dieu.»

Et il reprit sa marche. Tous les mots sont donc des noms de Dieu, pensais-je, c'est une façon de décrire à la fois l'unicité et l'omniprésence : l'essence commune. Au boulevard de Belleville, nous nous assîmes sur un banc. Nous faisions face à une suite de terrasses de restaurants. Un camion en stationnement, derrière nous, amortissait le bruit de la circulation et nous protégeait du soleil. A regarder la vie, les passants, j'eus le même sentiment de plénitude et de sérénité que le jour de ma rencontre avec Isaac. D'ailleurs, nous étions presqu'en face de *chez Maïcha*.

«Dans le livre du modèle et de l'orientation, tu ne crois pas que le premier mot va nous indiquer la direction de l'orientation, le modèle du modèle ?

- Si, si ! Je l'encourageais.

- Peut-être même que ce premier mot fera encore mieux, peut-être qu'il nous dira à la fois le point de départ, la direction et le but.

- Peut-être...

- Alors quel est ce mot ?

- Au commencement...

- ...En hébreu !

- Béréchit Bara Elohim (BRACHYT BRA ALHYM).

- Bravo, Béréchit seulement. Regardons s'il contient ce que nous lui avons fait promettre. Comment traduit-on la première phrase ?

- Au commencement Dieu créa le ciel et la terre.

- Celle-là est la traduction courante qui ne révèle rien des secrets de la création. Il faudrait traduire : Au commencement créa (le verbe vient avant) Dieu ? Lequel ? Elohim, les ciels et la terre. Avant ou après la Thora ?»

Quelle étrange question...Comme je ne répondais pas, il insista :

«Le livre, la Thora, relate-t-il un événement ou le dicte-t-il ?

- Le livre raconte son propre commencement, dis-je, en découvrant ce qu'Isaac m'avait fait dire.

- Il fait cela aussi ; tu commences à comprendre. Quel commencement ?

- Le commencement de la création et celui de la Thora.

- Bravo ! Ce sont les mêmes. C'est pourquoi nos rabbi, sur eux soit la paix, ont dit : "*Avec la Thora, créa Dieu...*"[16]

Il me transperça à nouveau de son regard qui conservait néanmoins la même immense douceur. Je dis :

«Ils sont le commencement de ma compréhension. Le commencement surtout de la naissance de mes interrogations. La création commence lorsque je l'interroge, ajoutai-je en ressentant soudain l'impression d'être étranger à la vie dont la cérémonie se déroulait devant moi avec le mouvement des inconnus qui défilaient pendant qu'un homme m'en racontait les principes.

- C'est bien, murmura-t-il. Il repris son souffle.

«En hébreu, chaque lettre a une valeur numérique. *Aleph* est le un, *beth* est le deux, Guimel le trois, etc... Le commencement du commencement, la première lettre de Béréchit, est un *beth*, le deux. L'histoire qui s'ouvre devant nous est celle du deux. Où est le un ? se demanda-t-il à lui-même, peut-être nous le dira-t-on plus tard, se dit-il, non sans malice. Il poursuivit à plus haute voix :

«L'histoire du deux est celle de la dualité : les ciels et la terre, les ténèbres et la lumière, le jour et la nuit, l'ignorance et la connaissance, l'avant et l'après, le bien et le mal, l'homme et la femme, le travail et le repos, la vie et la mort, le sacré et le profane, la matière et le concept... Il tendit le bras vers une masse invisible. Rabbi Akiba dit : "*Tout ce que le Saint, béni soit-il, a créé, il a créé son double*"[17], ainsi qu'il est écrit "*Dieu fait correspondre l'un à l'autre.*"[18]

J'avais du mal à me concentrer.

- Mais où est *aleph* ? *Beth* ouvre le monde des doubles, il y a un point de départ et une précipitation d'effets, mais dans quel but ?

- Déjà ti vé in but ! In péu dé patience.

«*Beth* n'est pas un commencement dans le temps. Il ne raconte pas l'histoire de la fabrication des étoiles et de l'univers, il ne dit pas, comme l'astrophysique, au commencement, il y a vingt milliards d'années, bang... *Beth* est un commencement conceptuel, il nous révèle que la dualité est le principe de la création. Dans quel but le dit-il ? Pour t'apprendre à en sortir ! A en sortir et à y rentrer. Quoi d'autre ! Pour t'enseigner ce que tu y fais, et ce que tu peux y faire. Une religion qui n'aurait pas l'ambition de répondre à ces questions ne serait pas digne d'intérêt.»

Le camion derrière nous démarra, mais la voix aiguë d'Isaac surmontait tous les obstacles sonores qui se déversaient sur le boulevard, elle nous entourait comme une protection en créant un autre monde.

«*Béréchit* : *beth* est le deux de la dualité. C'est aussi la création de l'opposition. Le silence va créer la parole. La parole cherche le silence. L'infini crée le fini, le fini cherche l'infini. La lumière appelle ses témoins.

Il sortit ses lunettes d'une poche de sa veste, mais plutôt que de les porter, il les examina.

«En hébreu, on écrit sans voyelle. On peut donc lire différents mots des mêmes consonnes, cela te permet de te poser de nombreuses questions. Chaque question t'approche de Dieu. C'est pourquoi il est difficile de traduire la Thora : il ne faut pas réduire un mot à un seul sens. On ne doit pas choisir. Il faut additionner les sens. Dire "au commencement" n'est pas faux, mais ce n'est pas assez vrai.

Il chaussa ses lunettes, pour les relever aussitôt sur son front.

«*Béréchit* : *beth* est la séparation originelle. Les deux lettres qui suivent,

Rech et *chin*, forment le mot *roch*, la tête. Béréchit dit : “en tête, au commencement, au début”. Il dit aussi : “en tête, *in principo*, dans le principe, dans le concept, selon le modèle”. Béréchit dit encore : “*Beth*, deux ; *RoCh*[18b], tête ; deux têtes”. Dans le commencement de ce qui commence.

«Ajoutons ce que nous savons et voyons maintenant ce que Béréchit signifie : en tête, dans le principe du commencement deux têtes. On dit : “*Adam avait la tête au ciel.*”[19]. L'homme est le reflet du commencement et de l'univers.

Il me regarda avec douceur pour me demander :

«Le commencement de quoi ?

- Le commencement de la création ?...

- Peut-être, dit-il lentement ...peut-être le commencement de la *réalité*. Il dit ce dernier mot en faisant une grimace.

«Dans le Midrach Rabba[20] les rabbi coupent le mot autrement : *Béré Chit* (BRA ChYT). Cela se lit alors *Bara Chit* : *Bara*, Il créa, *Chit*, six[21].

- Six quoi ?

- Les six jours de la création : le temps ; les six directions : l'espace. Il créa le déploiement du *créer*. *Il créa six, Elohim est le septième*[22], comme il est dit. Le septième jour, chabbat.

«Béréchit. *Beth*, *rech*. *Bara* (BRA) : *Il créa*. Le verbe créer est le premier. “Il créa”, créa simultanément le principe de création, le verbe et la manifestation du créateur. Il rassemble le sujet (l'auteur), l'action et son objet. Il créera tous les autres verbes.

- Je pensais que “être” était le premier verbe.

- Le verbe être vient après, dans la manifestation. Créer est la puissance même. Il poursuivit. *Bara Chit*, Il créa six. Il créa le verbe et l'action, Il créa la création et l'objet créé, Il créa le créateur et le sujet. Avec le même mot, Il dit le fini et l'infini : créer.

- Mais qui est ce Il, interrogeai-je, intrigué.

- Il, est *aleph*. C'est YHVH, nous le verrons plus tard. “*YHVH est le vrai Elohim*”[23], comme il est écrit. Continuons avec Béréchit : on dit aussi “Bara Chit”, “Il créa le Chit”, comme l'enseignait rabbi Ismaël[24] ; le *Chittin* est le récipient percé placé sous l'autel du temple, à travers lequel le vin qu'on offrait s'écoulait jusque dans les abîmes. Le commandement du sacrifice propose qu'on se sépare de quelque chose pour faire l'expérience du détachement, de la distance : une séparation sans regrets, qui est une création, sans douleur. Cette expérience crée le *lien*. Béréchit : il créa le chittin, et avec lui le sacrifice et le lien. Le moyen de l'union est inscrit dans le commencement. *Aleph* est dans le *beth*. On peut en déduire que le sacrifice est un commencement. C'est toujours l'ouverture que nous cherchons, n'est-ce pas ? “*La crainte de Dieu est le commencement de la sagesse*”[25], comme il est écrit. Le commencement est aussi un principe comme nous venons de le voir.»

Le crépuscule s'étirait. Devant nous des dîneurs s'installaient sur la terrasse des restaurants. Un jeune homme crasseux, les cheveux en brousaille, la barbe hérissée, les vêtements en loques, et l'équilibre incertain, vint jouer de sa guitare devant la terrasse du restaurant *Spécialités Cacher* face à notre banc. Il grattait de vagues accords et cela faisait du bruit plutôt que de la musique. Rabbi Isaac cessa de parler. Il observait. Quelques minutes plus tard un serveur vint chuchoter à l'oreille du jeune homme quelque chose comme :

«Il ne faut pas rester ici monsieur. Vous dérangez les clients.

- Ah ! je dérange, s'étonna le jeune homme, un peu amer, mais sans force.

Sans protester, il rangea sa guitare et fit la quête. Nul ne donna quoi que ce fût. Un des clients, visiblement un juif, se justifia :

- Ce n'est pas de la musique ce que tu joues, tu fais du bruit et c'est désagréable, dit-il à voix haute.

Le jeune homme ne protesta pas, il s'en allait.

- Donne-moi cent francs, souffla rabbi Isaac.

- Nouveaux ?

Il me regarda comme pour m'interroger silencieusement.

- Bien sûr, nouveaux ! Quand tu donnes, donne largement.

Il se leva, rattrapa le garçon, qu'il retint par le bras, lui parla à l'oreille. Le musicien lui répondait. Quelques minutes plus tard rabbi Isaac s'adressait au client mécontent sur la terrasse du restaurant.

«On enseigne que la bonté est plus importante que la charité sous trois aspects.

L'homme écoutait en souriant. Il avait l'air de quelqu'un qui a réussi dans son costume sombre, ses lunettes à monture d'or, ses bagues et sa cravate. Sa peau hâlée en cette saison trahissait un récent séjour à la montagne ou sous quelque lointain soleil...

«“*La charité se pratique aux dépens de son argent,* continuait Isaac, *tandis que la bonté se pratique à la fois aux dépens de son argent et de sa personne ; la charité s'adresse aux pauvres, la bonté à la fois aux pauvres et aux riches ; la charité s'adresse aux vivants, la bonté à la fois aux vivants et aux morts.*”

«Vous trouverez cette *michna* au chapitre quatorze du traité Soucca du Talmud.»[26]

Le client était surpris. Il essaya de marchander une quelconque explication : le bruit le dérangeait, il y avait des mendiants partout, le gouvernement... Rabbi Isaac le laissait dire :

«A la rigueur, je veux bien que les musiciens gagnent leur vie en jouant dans la rue, mais celui-là ne savait même pas jouer, se répétait-il...

Isaac l'interrompit :

- ...Vous n'avez pas compris ! Je vous ai parlé de la bonté, la bonté ! Une lumière entre les hommes, dit-il du plus grand calme, presqu'avec gentillesse. Pour ce qui concerne votre confort, vous avez sûrement raison, comprenez-vous, mais je ne parlais pas de votre confort, je vous parle de la bonté. Si vous la remisez derrière votre confort, comment pourrez-vous connaître Dieu ?... Dans ce monde-ci ou dans l'autre. Vous chercheriez Dieu plutôt avec votre confort ou le chercheriez-vous plutôt avec la bonté ?

De sa démarche courbée du sage qui porte la connaissance sur son dos, il s'en retourna à notre banc. Il ajouta pour moi :

«Il est dit : “*La charité vaut tous les commandements réunis.*”[27] “*Par la bonté et la vérité on expie tous l'iniquité*”[28], comme il est écrit. La bonté, je viens d'en parler, la vérité, c'est l'étude de la Thora. Quelle valeur aurait ce que nous étudions si nous n'en voyions pas le reflet immédiat devant nous ? Nous parlions du *chittin*, le sacrifice, dont il en est fait mention dans le traité Soucca. La charité et la bonté sont expliquées dans le même traité, dans un commentaire du proverbe : "*La pratique de la charité et de la justice, voilà ce que l'Eternel préfère aux sacrifices.*"[29] Faire la charité, ce n'est pas donner un franc, c'est établir la justice. Quelle justice ? "*Partager ton pain, héberger chez toi les sans abri.*"[30] Partager ton pain, c'est offrir à manger ce que toi tu manges, héberger chez toi, c'est permettre au pauvre de vivre comme toi. "*Tu aimeras ton prochain comme toi-même*"[31], parce que Dieu créa l'homme à sa ressemblance, et donc à la tienne.

«Reprenons. Nous disions : *Il créa* le lien en même temps que la séparation originelle. Béréchit signifie maintenant : en tête, dans le principe du commencement deux têtes, *Il* a créé la dualité, l'opposition, le temps, l'espace, Elohim, et le lien.

«Avec quoi ?

- On dit *ex nihilo*.

- Je m'en fiche de ce qu'on dit ! Je veux savoir ce qu'on sait et comment on le sait. "*Beth*, dit le Gaon Scholem, *est la fusion de l'instrument et de la chose créée.*" La parole est l'instrument. La parole est avec l'objet, puis ils se séparent de l'auteur. Ce sont des lettres, puis des mots qui tirent toutes choses du néant.

«"*La création est tirée du néant*"[32], comme il est dit. Dans le monde des concepts, le néant n'est pas un rien vide, c'est un non-être nécessaire sur lequel s'appuie le manifeste. Toute chose n'existe que grâce au néant sur lequel elle apparaît et qui la soutient. Le néant sert de référent, d'écho, à ce qui apparaît. Le néant tout seul n'est que le vide, et le principe Béréchit n'est rien sans le néant sur lequel il s'appuie. Le néant et le principe, ensemble, font un modèle. De ce modèle tout va apparaître.

«La création, tirée du néant, y retourne à chaque instant, pour en être tirée à nouveau. "*Il porte et soutient le monde*"[33], comme il est écrit. Il le porte et le soutient continuellement. Qui ? le modèle. Un modèle de création qui s'actualise avec la création et la maintient. "*Il annonce dès l'origine ce qui doit arriver*"[34], comme il est écrit. C'est pourquoi l'origine est le modèle. C'est l'essence des choses. *Bara* (BRA) est un verbe qui est utilisé rarement dans la thora. Créer avec *Bara* c'est créer l'essence des choses, leur principe.»

Tout en parlant, Isaac se balançait d'avant en arrière, comme font tous les juifs pendant leurs prières. Il regardait fixement le sol, comme s'il lui parlait, séparé du bruit tourbillonnant et de la ville par un invisible paravent protecteur. L'homme auquel rabbi Isaac s'était adressé avait terminé son dîner, il s'approchait de notre banc. Il se tint devant nous comme un gamin attend qu'on l'invite à jouer. Nous devions avoir l'air de gentils comploteurs, rabbi Isaac et moi.

«Tu ne dois pas seulement comprendre ce que je dis, continuait Isaac, tu dois l'étirer jusque dans les conséquences les plus ultimes.»

"Il veut dire jusque dans le plus insignifiant", pensai-je, dans le geste le plus quotidien aussi bien que dans le plus extraordinaire.

Il leva les yeux et observa le nouveau venu. Il lui dit :

«Le fidèle qui a réussit dans ses affaires en attribue le mérite à Dieu. Celui qui s'attribue à lui-même le mérite de sa réussite est comme un idolâtre. L'idolâtrie est le plus grand de tous les péchés.

- Vous m'avez donné une bonne leçon, crut devoir répondre sur un ton de fausse humilité amicale l'homme qui portait son costume sombre comme son orgueil, en armure.

Ses amis nous entouraient maintenant.

- Que font-ils ? demanda l'un d'eux, comme si nous étions sourds.

Notre ami leur dit de se taire, sans parvenir à se faire entendre de sa bande de hauts parleurs.

- Il commente la Thora, inventa un autre.

- C'est un pieux ! dit un troisième.

L'homme les entraîna tous avec lui, en s'excusant. Et nous retrouvâmes notre tranquillité. Rabbi Isaac soupira, comme s'il reprenait son élan.

- Souviens-toi de notre première conversation.

- La crainte de Dieu ?

- Oui. Aujourd'hui nous y ajoutons quelque chose : l'instant du commencement est éternel. Il se tourna vers moi pour que cette idée me pénètre. De même que tu vois la lumière un instant à la fois, le commencement est un instant, constamment répété, sans fin re-commencé, re-créé. Le fini jaillit *de* l'Infini, béni soit-il, *sur* l'Infini, béni soit-il, sans fin.

Il plaça ses lunettes devant ses yeux. J'aurais juré qu'il vérifiait ce qu'il venait de dire, qu'il regardait l'instant, l'instant de création. Il remonta sa monture sur son front, et poursuivit.

«*Béréchit* : la première lettre, *beth*, *Baït*, signifie aussi la maison, le lieu. Jacob appela *Baït-El* le lieu où il eut sa vision.[35] Le lieu de Dieu, l'espace sacré. Sacré par opposition à un autre espace. Une qualité d'attention s'oppose à une autre. Jacob versa de l'huile sur la pierre qui lui avait servi de chevet, car dans ce lieu, il avait connu l'Absolu. Et il avait reconnu la dualité. Et avec elle, l'unité. La maison, est le symbole du Temple, ainsi que celui de l'homme. "*Je ferai de vous mon sanctuaire*"[36], comme il est écrit. "*Le Saint, béni soit-il, est le lieu du monde, mais le monde n'est pas son lieu*"[37], comme il est dit.

«Baït-El, le lieu de Dieu. Béréchit, le lieu de ROCH, la tête. Maison de la tête. Où ? m'interrogea-t-il en levant les sourcils, ce qui fit tomber ses lunettes sur son nez.

- Dans le crâne ? demandai-je en m'exclamant

- Qu'est-ce qu'il y a dedans ?

- Le cerveau.

- Deux cerveaux ! deux hémisphères, l'un à gauche l'autre à droite, dualité encore. En prenant un air solennel, il ajouta : nos deux cerveaux sont la maison du monde.

«Ils nous maintiennent dans une dualité qui est nécessaire à l'intelligence et à la conscience. Il se tourna vers moi à nouveau. Le commencement de la *réalité* apparaît du double.»

Il faisait encore une grimace pour prononcer ce mot.

«Elle est un rapport entre le cerveau droit et le cerveau gauche, entre l'Esprit et l'être, entre l'information qui dicte et la manifestation qui reflète, entre l'invisible et le visible. Le langage en puissance et le langage en action. Dualité du principe, dualité du modèle de la dualité. Le principe du modèle crée le modèle du principe. Un microcosme.»

Une vie de boulevard dansait autour de nous, pendant que s'allumait dans les yeux d'Isaac Goldman une lumière qui animait l'infini. Détaché de tout et peut-être de lui-même, comme on peut l'être au premier jour de la vie, il sculptait pour moi les premières lettres de la création. Je n'étais pas sûr de pouvoir en étirer le sens jusque dans les plus ultimes conséquences. A quoi tout cela pouvait-il bien servir ? Le monde est-il dans ma tête, vraiment ? Et cette rue, et Isaac ?

Il résuma : «Béréchit...»

J'avais l'impression d'écouter un concerto poétique, une sorte de prophétie syllabique chantée dans les balancements d'Isaac. Béréchit, le leitmotiv réapparaissait, comme un refrain, thème central du modèle qu'il invoquait, qu'il expliquait, qu'il dépliait dans un élan.

«*Béréchit* : En tête, dans le principe du commencement deux têtes, il a créé la dualité, le temps et l'espace, Elohim, le lien, le néant et le modèle, l'opposition et le double, le lieu, le verbe. Avec quoi ? Avec des lettres. Où ? Dans la tête. Comment ? Avec deux cerveaux.»

Des passants nous observaient en marchant devant nous. A quoi pensaient-ils ? S'imaginaient-ils que le monde commence à chaque instant, ou, forts d'une cohérence imperturbable tâchaient-ils de comprendre le continuum en tant que leur histoire individuelle, ignorant le commencement dans chaque instant ? La création et la mémoire étaient-ils de même nature ?... Un homme avait replié son journal dans sa poche. On pouvait sans doute y lire l'emploi du temps du Président, des ministres, la suite des débats de société de l'heure ; on essayait de définir le monde dans lequel on vivait, en s'interrogeant sur les rapports des hommes entre eux et comment on voulait les modifier. Le sujet est au centre de la pensée en Occident ; il fallait le croire bien réel pour s'atteler à cette tâche. Le journal est un organe du monde collectif qui ne s'interroge sur l'individu qu'en fonction du problème de la liberté : son lien avec autrui, mais jamais dans son rapport avec l'infini... Comment l'infini s'imbriquait-il dans le fini ? Les réformes que le gouvernement proposait, en perspective avec l'infini prenait un relief plat, écrasé...

L'enseignement de rabbi Isaac était trop dense pour moi, qui n'était qu'au début. Chacune de ses idées appelait à être réfléchie longuement. Mais il ne m'en laissait pas le temps. Etait-ce délibéré ?

«Peut-on se soucier d'un commencement fût-il éternel, et vivre en participant à la société ?

- Je t'étourdis, dit Isaac sans me répondre. C'est à toi de réfléchir avec les concepts que nous introduisons dans nos pensées. Ne sois pas impatient. Ils prendront un sens plus humain avec Adam et Eve.

«Tu demandais qui est ce *Il* ? Le voici. *Aleph* est l'origine, *beth* est le commencement. *Beth*, la maison, le deux, contient *aleph*, l'Un. “*Aleph est l'image des deux cerveaux*”[38], comme il est dit, l'infini de la pensée contenue dans sa source. *Beth* est le principe de manifestation : deux.»

Qu'est-ce que cela changeait pour moi ? Je ne le savais pas encore. Le point de vue duquel on appréhende le monde est la source de la réalité du monde. Source qui n'est jamais une création. Est-ce cela que rabbi Isaac me suggérait de comprendre. L'étude de la Thora n'était pas une plaisanterie. Pour comprendre rabbi Isaac, devais-je traduire dans des pensées qui m'étaient propres les concepts qu'il égrainait si rapidement ?

«*Aleph* précède toutes les lettres. Il les contient toutes. Comme il est dit : "*Où se trouve le sanctuaire* (le saint des saints) ? *Il se trouve dans la pensée. C'est précisément le Aleph.*"[39] *Aleph* est la création en potentiel. Ce potentiel est à la tête de la pensée, avec l'infini. La pensée première s'étend à l'infini avec toutes les lettres.

Il parlait de plus en plus lentement. Il en perdait son accent. Son visage était devenu lisse, lumineux.

- Et, c'est Dieu ? demandai-je.

- Pas encore.

«*Béréchit. "Beth est féminin, aleph, le masculin, le pénètre pour qu'il crée"*[40], comme il est dit. L'Un féconde le Deux. L'Esprit sans cesse embrasse le principe. "*Moi dormant, mon cœur veille*"[41], comme il est écrit. Le Deux est glorifié par l'accueil qu'il fait à l'Un. De même la bonté et la rigueur s'associent pour faire la beauté. L'Amour et la crainte révèlent Dieu. La fusion co-existe à la séparation. Le cœur de l'amoureux est avec sa bien-aimée, même lorsque la bien-aimée est au loin, conclut rabbi Isaac avec un vague sourire.

Il reprit.

«Béréchit : "*YHVH est le vrai Elohim*"[42], comme il est écrit. YHVH a donné *aleph*. L'Un a donné l'un. L'Un contenait toutes les lettres. *Aleph* a donné *beth*. *Beth* fut le principe de la création, le modèle : la dualité. De *beth* a jailli *Bara*, lorsque *Il* créa Bara (il créa), le potentiel se tendit, prêt à bondir. Il créa, la créa d'abord miroir de lui-même : "*Au commencement créa Elohim*", *Béréchit Bara Elohim* (BRACHYT BRA ALHYM), on peut lire "Bara Chit Bara" (BRA CHYT BRA) ; en même temps apparurent le temps, l'espace, le lien et le lieu, le double. Il y eut un commencement : *Béréchit*. Du Commencement il y eut un déploiement. Béréchit Bara créèrent Elohim. Elohim est l'activité. Des lettres ont produit des pensées et des paroles. Avec des paroles, Elohim a fait des images. Elohim créa les ciels et la terre, la réalité. Chacun ressemble à l'autre : ils sont issus du même principe. Les images sont des mondes. Il y en eut d'innombrables. Les mondes produisirent des mondes. Elohim fit l'Homme à son image : l'Homme produisit aussi des mondes. Créer créa. Alors est apparu l'*être*, et avec lui "*je suis*".

«*Beth* est la porte de la *réalité*. Une porte limite deux frontières. Pour entrer dans la réalité, tu passes par la dualité.»

Il me regardait. Son regard était pénétrant bien que sans force ; il me regardait, mais comme s'il voyait à travers moi en même temps. Il avait brisé toutes mes résistances. Je m'abandonnais au don de sa parole, mais sa parole m'avait englouti de l'autre côté de la porte. Du côté de l'infini. Ou du vertige.

«La dualité se déploie à l'infini. Nous ne parlons plus du même. Le premier, l'infini de l'*En-haut*, est un potentiel sans forme, sans fin, l'unité parfaite. Le second, l'infini de l'*En-bas*, est celui du fractionnement ; la dualité se déploie à l'infini, elle te divise à l'infini. Lorsque tu veux sortir, (de l'univers, de la réalité), densifie l'infini jusqu'à deux : n'importe quelle opposition fait l'affaire. Ensuite, travaille à les unir ; lorsque tu as uni une opposition, tu connais le sentiment de l'union, il te permet de passer la porte du deux et d'entrer dans l'Un.»

Il soupira. Le vent frais de ce début de printemps me modela le visage, comme d'un masque, je sentis ma peau brûlante sous l'air glacé. je frissonnais.

«Voilà ! s'écria-t-il, nous avons traduit, de façon très incomplète, *Béréchit Bara Elohim*, les trois premiers mots de la Thora, le livre de l'orientation. Mais ce n'est pas fini. Tout commence. *Il* a créé *créer*, le commencement et Elohim. Selon le même modèle, avec des lettres, Elohim a créé les ciels et la terre...»

Et le peuple du livre, pensai-je.

«... Et juste après, il a créé la lumière.

«Elohim dit : "*Que la lumière soit.*"[43] Et David : "*Le principe de ta parole est vérité.*"[44] Le principe ! nous savons maintenant que c'est le commencement. Quelle lumière ? Celle de la révélation : "*Ta parole est vérité. Et la lumière fut*"[45] ; La lumière a été, elle est, elle sera. On dit aussi : "*Et c'est une lumière.*"[46] Elle est permanente, elle éclaire, même la nuit. Ce n'est pas une lumière de photons...

«*Et la lumière fut ? interrogèrent les disciples des sages. Pourquoi n'a-t-il pas dit : "Et il en fut ainsi ?" Dieu a caché la lumière, pour les justes*"[47], comme il est dit. Les justes la connaissent. C'est la lumière de la sagesse, la lumière du principe et du modèle.»

La lueur de deux phares de voiture projeta nos ombres devant nous dans un mouvement circulaire. Pendant un moment je vis deux êtres sans visage penchés l'un vers l'autre puis ils disparurent. Je me retournai vers rabbi Isaac pour l'observer. La clarté du réverbère le plus proche découpait son profil. Tout me paraissait à la fois double et irréel. Infini ?

«Il fallait que ne se perdent ni le sens, ni le principe, ni le modèle de la création. C'est pourquoi ils sont unis : principe, modèle, sens et création, tous sont un. "*C'est avec la Thora que le Saint*, béni soit-il, *a créé.*"[48] La Thora pour l'*En-haut* : "*Au commencement*, comme il est dit, *avec la Thora.*"[49] La lumière pour l'*En-Bas*, comme il est dit, "*Et c'est une lumière.*"[50]

«Avec les ciels et la terre, *Il* créa la lumière de la révélation. "*Elohim vit que la lumière était bonne*"[51], comme il est écrit : déjà, il regarde la création de l'extérieur, comme un témoin. Avec la lumière, Elohim créa les justes. La Sagesse crée son témoin. Un seul juste au monde suffit à... créer et maintenir le monde. Il y a sûrement un juste en chacun de nous me souffla-t-il à l'oreille.

«Reprenons, mais allons quelque part de plus calme.»

Je proposai d'aller prendre un café, "chez les arabes", rue J.P Timbaud. Il se laissa guider sans répondre.

«"*Et la terre était tohu va bohu.*"[52] *Tohu* ! L'étonnement et la terreur, s'exclama-t-il sur un ton de cataclysme ; la surprise, ajouta-t-il en mimant ce sentiment, et la désolation, le désert. *Bohu*, ajouta-t-il plus doucement : littéralement, *bo*, en lui ; *hu*, est. La terre était dans la surprise d'être. *Tohu* va *bohu*, ce n'est pas le chaos, c'est l'informe : ce qui ne reflète rien, sans mémoire, sans objet. "*Etonnée, elle protestait*"[53], comme il est dit, d'être séparée de l'Un, jusqu'à ce que la lumière apparût. La terre, c'est toi. Etre est sans doute une surprise avant de devenir une habitude. Une protestation avant que la sagesse ne l'éclaire.»

Pour traverser les rues, je guidais rabbi Isaac comme s'il était aveugle.

«"*Il y avait des ténèbres à la surface de l'abîme et l'Esprit d'Elohim se mouvait au dessus des eaux*"[54], comme il est écrit.

«Quelles ténèbres ? Quel abîme ?

«Ténèbres, potentiel de l'infini ; le tout possible de l'Un-possible. L'abîme, béance informe du potentiel. Il n'y avait encore que des puissances. Il n'y a jamais que des puissances.

«Dans l'En-bas, lorsque la lumière est matérielle (photons), la ténèbre est l'immatérielle.

«Dans l'En-haut, la ténèbres est le vide ; la lumière est la sagesse du commencement.

«Dans l'En-bas, la sagesse est l'infini de l'homme ; la ténèbre est l'infini de l'infini. "*Des ténèbres Il fait une mystérieuse retraite*"[55], comme il est écrit.

«Dans l'En-haut, l'Absolu s'appelle *Eïn-Sof*, béni soit-il, in-fini, sans fin et sans but.

«Dans l'En-bas, le Dieu du commencement s'appelle Elohim. La valeur numérique de son nom est la même que celle du mot *hateva* : nature, nous enseigne la Guematriyah.[56] La sagesse de la surnature crée la lumière de la nature. La conscience.

«"*Elohim voit la lumière : quel bien.*"[57]

Rabbi Isaac se tourna vers moi :

«Il paraît étonné, tu ne trouves pas ? On peut lire : "Quel bien !" ou "Quel bien ?" : lequel est bien ? La lumière ou la ténèbre ? La sagesse ou le vide ?

«Alors "*Elohim sépare la lumière de la ténèbre.*"[58] Quel geste décisif ! Ténèbre et lumière étaient unis. La sagesse et le vide étaient ensemble. La sagesse est apparue dans le vide. Elohim les a séparés. Et voici, il a la sagesse et la lumière, il y a la ténèbre et le vide. Il y a l'infini, il y a le vide et il y a l'informe. Il y a le sans-pensée et il y a la pensée. Voici le discernement. (Il leva l'index). L'extérieur et l'intérieur. Lorsque les deux se confondent, où est la *réalité* ? Lorsque les deux sont séparés, où est la *réalité* ? Dans l'En-haut, il y a l'infini et le modèle ; dans l'En-bas, il y a la terreur et la lumière. La séparation apparaît dans le vide. Là est le retour.

Il cessa de parler. Nous étions assis à la terrasse d'une buvette ; dans deux verres, devant nous, flottait une feuille de menthe au-dessus de pignons. Le monde avait reparu. Il me regarda en souriant, comme s'il s'éveillait. Il dit :

«Céla, il té siffit ?

A Pessah, la fête de l'Exode, les juifs se souviennent, "comme s'ils étaient eux-mêmes sortis d'Egypte", que Dieu les a libérés de l'esclavage, en accomplissant des miracles. Ils se remémorent chaque miracle et répètent après qu'on nomme chacun d'eux : *cela nous aurait suffi*.

Je réfléchissais : le début indique la fin parce que l'entrée est la sortie... Il m'interrompit.

«L'étude de la Thora est importante, parce que "*La Thora et Dieu sont un*"[59], comme il est dit. Pendant qu'on l'étudie, on est avec Dieu. Ce que tu études, tu dois le mettre en pratique. Aujourd'hui, nous avons parlé de Béréchit. Essaye de penser, d'agir, de sentir, de vivre avec la conscience de Béréchit. Mets de l'infini dans ta pensée, dans le présent, dans la vie...»

La lumière apparaît avec mon interrogation. Elle disparaît lorsque je cesse d'interrogèr ou si je cesse de penser à elle. *Béréchit* est le lien du fini et de l'infini. L'instant ininterrompu du commencement. *Béréchit*, l'instant éternel de la manifestation de l'*Eïn-Sof* béni. Tout est toujours à son commencement. Tout est sorti d'une première pensée qui refait instantanément tout le parcours... jusqu'au début.

"*Cela nous aurait suffi*", mais Dieu fit d'autres miracles, parce qu'il "*endurcissait le cœur du pharaon*" qui refusait alors d'accepter de libérer les Hébreux. Je dis :

- Moi aussi, j'ai le cœur endurci.

Il me sourit.

- Chaque miracle contient la totalité du sens. Chaque prise de conscience est un miracle.»

"Il veut dire *comme Béréchit*", pensai-je.

Et je pensais aussi à ce que Wilhem[60] m'a dit un jour : "L'important, ce n'est pas qu'il y ait eu une lumière, c'est ce qu'elle t'a permis de voir."

Dans son éternel jaillissement, le monde me paraissait plus personnel. Et j'en devenais responsable, comme de la beauté du monde.

Avec l'homme, ce sera moins abstrait.

Je n'avais pas tout à fait compris le discours de rabbi Isaac, mais j'avais néanmoins acquis le sentiment que l'histoire juive avait un sens et qu'il m'in téressait.

Pendant les semaines suivantes, des morceaux de phrases de rabbi Isaac et des moments du jaillissement bondissaient de ma mémoire, renouvelant le commencement du commencement avec celui de mes interrogations. Et l'étonnement d'être que je reconnaissais en observant ma vie et son contenu. Le monde est fait des noms de Dieu, d'un Dieu dont on ne prononce presque jamais le nom. L'infini crée le fini, l'espace, le temps sur un fond de néant. Le fini cherche l'infini. Comment ? En reconnaissant ce qui le fonde : la dualité, puis en rassemblant ses pôles en lui. *Beth* est la fusion de l'instrument et de la chose créée dans un instant d'échos de néant qui devient *Beth-El* (*Baït-El*), la maison de Dieu. Pourtant, "*le monde n'est pas son lieu*"... Une réalité jaillit de l'absolu, mais l'absolu n'est pas cette réalité, bien qu'il l'habite...

Chapitre 2

Adam, l'homme de terre

«Dieu aussi est un très grand créateur de formes, bien qu'il n'ait pas de style.»
Pablo Picasso

«Il est préférable pour l'homme d'étudier ce qui se joue à l'intérieur de lui-même que d'observer le ciel pour tenter de comprendre ce qui s'y passe.»
Chalom Chakhné de Porovitch

Le deuxième jour

Une petite rue étroite, une porte cochère dont manquait l'un des battants, un passage, une cour, un autre passage, puis une arrière-cour aux gros pavés arrondis qui tordaient mes chevilles, un vieux bâtiment de trois étages. Du linge pendait à quelques-unes des fenêtres déformées. Des fissures ridaient la façade décrépie. "La plus petite sur la droite", avait précisé rabbi Isaac. Je passai cette porte bancale et m'engageai lentement dans un escalier dont les marches versaient vers l'extérieur. J'avais la sensation qui précède le mal de mer lorsque l'horizon se dissocie de l'horizontal. Des graffiti couraient sur les murs dont la peinture qui avait été jaune achevait de s'écailler pour découvrir un plâtre lépreux où une mousse grisâtre avançait sillonnée de traces de doigts et de demi-mots.

Une *mezzouza*[61] fixée sur le linteau de sa porte me permit, au deuxième étage, de reconnaître l'appartement d'Isaac. Je frappai. Il était chez lui. Il entrebâilla la porte, laissant voir son visage surmonté de son chapeau gris.

«Chalom, rabbi Isaac...

- Né m'appelle...»

Je n'entendis pas la suite. Par endroits, les lattes du plafond apparaissaient. Près de la fenêtre, la mousse, par coulées, mangeait le plâtre humide. Une sorte de saleté couvrait les murs... Je ne compris pas tout de suite ce que je voyais... des mots... Des listes de noms, des dates, gravées. En guise d'explication, rabbi Isaac dit que des familles juives avaient vécu dans cet appartement pendant la guerre.

«Certains ont vouli laisse ine trace...

Je lisais : *Poplingher David Nâscut Bucuresti Romania* ; *Lager Lechfeld, Brand Mojsze, fon 18 VII l942, Bis 2 VIII 1942*. Il y avait aussi des listes de noms des membres de mêmes familles : *Familie Wieder aus Windstein -Etel, Gera, Janos*. Un message : *Achtung Achtung, Grunfeld familie, Deutsch Lili Familie, Grabarnick Jankiel Familie*. Des dates, des lieux, d'autres noms, beaucoup d'autres noms. En français, en allemand, en hébreu, en yiddish, d'autres dans des langues que j'ignorais. Cela avait une dimension tragique. Une puissance. Et un silence...

«Qu'est-ce que c'est ? demandai-je doucement, craignant déjà de le savoir.

- Certaines familles ont été cachées ici pendant... ce qu'on appelle la guerre. Nul ne sait pas ce que sont devenu ces gens après leur... arrestation.

Je me sentais oppressé par... non pas les mots, mais les gestes que ces mots supposaient, et par l'infinie violence des cris étouffés qu'ils portaient dans leur silence.

- Ils ont gravé leurs noms, était-ce un appel ? Ou un adieu...

- ...S'ils sont morts, qui sait s'ils ont au moins une tombe, m'interrompit Isaac.

Je commençai à comprendre. Il poursuivit :

«En quelque sorte, c'est ici leur tombe. Et je suis le gardien *di cimétière*. Regarde, me dit-il en m'attirant vers la fenêtre.»

Sa façon de dire *cimétière* ajoutait une saveur guignolesque à toute représentation de ce passé qui devenait aussi absurde qu'il était pathétique. La vie et la mort, la marque et le souvenir avec ce qu'ils soutenaient d'intrinsèquement précaire et de cruel pouvaient trouver des dimensions ridicules. Il était tout aussi dénué de sens de garder ce cimetière qu'il pouvait être héroïque de le faire. Les signes que je regardais criaient des douleurs et des angoisses qui avaient été réelles et qui le demeuraient parce que je les regardais ainsi. Un frisson me parcourut l'échine. Je m'appuyai au garde-fou branlant pour me pencher et m'apercevoir que je n'étais pas dans le bâtiment où j'avais cru entrer, mais dans un autre, à sa droite. D'ici, on regardait le dos d'un petit immeuble qui donnait sur une autre rue.

«La porte de la cour n'existait pas. Elle avait été murée. Cette maison n'avait plus d'entrée, on y arrivait par les caves, de la rue opposée. De l'extérieur, on ne voit qu'un mur sans fenêtre. C'est comme si cet endroit n'existait pas. Je suis arrivé en quarante-six. Je ne savais pas où aller. Je pensais à la Palestine, mais je n'étais pas assez religieux à l'époque ; je croyais... je ne sais plus quoi... enfin, je suis resté en France.»

Rabbi Isaac portait son costume gris aux poches lourdes ; il paraissait toujours identique à lui-même mais son attitude envers moi était devenue moins désagréable, plus filiale.

Une table ronde, deux chaises, un fauteuil fatigué, une armoire en chêne, de vieux rideaux de velours rouge pendant à une tringle qui tenait miraculeusement à un clou, une bibliothèque surchargée de livres, un calme lumineux, dans un antre apocalyptique... Un ouvrage imprimé en hébreu était ouvert sur la table, à côté du journal l'*Humanité*.

«Vous avez vécu dans une cachette pendant quarante ans ?

- Après, on a rouvert la porte qui conduit à l'escalier.

- Mais, pourquoi êtes-vous resté ici ?

- Ici je suis au service de la mémoire. J'ai ajouté moi-même le nom de mon père... car je sais qu'il n'a pas de tombe.»

Comme un éclair, une ancienne image dont je n'avais jamais eu le souvenir me traversa l'esprit. J'étais très jeune, une amie de ma mère montra sur son avant bras un numéro tatoué. Un silence emprisonna les deux femmes. J'en ressenti la pression.

Isaac me montra une marque sur un mur : *Moiche Goldman, 1896-1942*. Puis il m'en montra une autre.

«Et cette famille de Varsovie ; je la connaissais. Ils ont tous été tués. Tous morts, répéta-t-il pour lui-même. Il murmura : "*La voix des sangs de ton frère crie.*"[62] Sais-tu pourquoi il est écrit "*les sangs*" ? Sans attendre il poursuivit : lorsqu'on tue un homme, toute sa descendance proteste, toutes ces âmes qui ne vivront pas crient dans le sang répandu.

Il me montra une chaise devant la table. Je m'y assis. Je n'osais pas poser de question sur le passé, de peur d'irriter inutilement une cicatrice de la mémoire.

«*Je suis le gardien de mon frère*[63] souffla Isaac à Caïn, comme s'il assumait cette destinée.

Il s'assit en face de moi. D'un geste il tira de la bibliothèque, derrière lui, quelques grands livres reliés de cuir incrusté de lettres d'or ternies.

«Qu'est-ce que nous étudierons aujourd'hui ?

J'essayais de cacher mon trouble, mais ces noms, la puissance de leur présence, m'en empêchaient, comme s'ils criaient, comme s'ils ne cessaient jamais de crier, de crier... Comment pourrais-je ne pas les entendre... Comment pourrais-je les ignorer, fût-ce un instant, sans me perdre dans l'insignifiance ? Comment parler parmi ces appels...

«Remets-toi mon vieux... Tu m'écoutes ?

- Je ne sais pas...

- Mais si, mais si, dit rabbi Isaac en me prenant le bras. Sa sollicitude me toucha.

- *Faisons l'homme* ! Etudions l'apparition de l'homme, voulez-vous ? "*A notre image et selon notre ressemblance.*"[64]

Il hocha la tête, longuement, comme s'il appelait un élan. Il réfléchissait. Cela me donnait le temps de me détendre un peu. Il commença.

- Il ne s'agit pas d'une ressemblance physique. Pour une image figurative, on dit *Toar. A notre image*, *Tsélèm* (TSLM), et *selon notre ressemblance*, *Démut* (DMT), signifient l'image symbolique et une ressemblance métaphysique, comme disent nos maîtres.[65]

- Lorsqu'on me dit que je ressemble à ma cousine ou à mon père, on compare un visage à un autre, un caractère à un autre, comment l'homme se compare-t-il à Elohim ?

- Elohim est le modèle, l'original. Interrogeons le modèle pour trouver à quoi nous ressemblons. Elohim est la force jaillie du principe de création *Béréchit Bara*, qui crée les cieux et la terre, sépare l'eau et le feu. Il est la matière et l'intelligence de la matière, la nature ; la force active et l'instrument du verbe, la parole. Lorsque l'on veut évoquer une image symbolique de la force, on pense à Hercule, par exemple, pour la sagesse, à Salomon. Quelle est l'image symbolique d'Elohim ?

- La création.

- La capacité de créer de la réalité grâce au verbe. La parole est Sa plus fidèle image. C'est aussi grâce à la parole que nous le louons.»

Isaac s'exaltait. Il avait l'enviable qualité de pouvoir se détacher du monde immédiat aussitôt qu'il pratiquait l'étude de la Thora. Une lueur commençait à briller dans ses yeux.

Les noms gravés au mur ne cessaient pas de me regarder. Je me sentais accusé par un remords impersonnel qui annonce à chacun, sa responsabilité personnelle de l'Histoire tout entière. Une sorte de chagrin pour la condition humaine.

«Et la ressemblance ?

- Elohim n'est pas une forme. Personne ne l'a jamais vu. Cela nous assure que ceux qui prétendent l'avoir vu n'ont eu que la vision d'un phantasme. Une ressemblance sans forme, sans image est tout à fait métaphysique. Il s'agit d'une ressemblance d'âme. *"Il souffla dans ses narines un souffle de vie"*[66] comme il est écrit. *"Celui qui souffle le fait du dedans de lui-même"*[67] comme il est dit. La parole est un souffle et un son, une âme et un sens. Image d'Elohim, l'homme crée avec la parole, ressemblance d'Elohim il est une âme de vie. Nous ressemblons vraiment à Elohim lorsque nous n'avons ni image ni forme. Inversement, l'homme qui se fait une image de lui-même ne ressemble plus à Elohim. Il perd sa source, la sagesse.

Regardant droit dans mes yeux et ouvrant grands les siens, rabbi Isaac dit avec une gravité enthousiaste :

«Demandons à la sagesse de nous inspirer !

Il garda le silence quelques instants avant de poursuivre.

«A l'image d'Elohim, Elohim a créé l'Adam (HADM). Adama (HADMH) est le mot qui désigne la terre. L'Adam est le terrien, l'homme d'argile, la terre vivante. L'Adam n'est évidement pas une personne en particulier, l'homme numéro un, il est l'homme principiel. C'est seulement à cette condition qu'il m'intéresse, car ainsi, ce qui est vrai pour l'Adam me concerne aussi.

«L'Adam fut créé infini. *"Adam avait la tête au ciel"*[68], comme il est dit. *"Il le créa d'une extrémité du ciel à l'autre"*[69] comme il est écrit. La Thora nous donne une définition de l'homme. Adam est créé par Elohim comme Elohim. Comme Elohim, totalité potentielle. Comme Elohim, jailli du verbe créer et de *Béréchit*, *en tête*. Toute la réalité est dans sa tête.

Rabbi Isaac ouvrit un des livres et commença son balancement d'avant en arrière. Il se pencha longuement sur un texte en se lissant la barbe de la main gauche.

«N'oublions pas ce que nous avons déjà appris, reprit-il tout en poursuivant sa lecture. Avec *beth*, le livre de l'orientation nous avait donné une direction : la dualité. Elohim lui-même est issu de cette dualité originelle. Pour créer, Elohim doit opposer. La parole déjà s'opposait au silence de l'infini. Elohim appelle les formes, les sépare, les oppose. Il dit "*cela est bien*"[70] comme il est écrit. "*Elohim est la création, mais la création n'est pas lui*"[71], comme il est dit. Ce n'est pas un paradoxe. C'est ici la mesure de la liberté. La création n'est pas lui, Il ne s'identifie pas à elle, elle ne L'attache pas. Il ne s'attache pas à elle.

- Et l'Adam ?

- Il a cette ressemblance, il possède cette capacité de créer, nous l'avons dit, mais aussi celle de se différencier, celle de ne pas s'identifier à ce qu'il crée, celle de ne pas s'attacher à une image. Avec la sagesse comme modèle, ce qu'il fait peut ressembler à ce qu'il est, mais ne doit point l'enchaîner. Comme Elohim, l'homme crée un univers. Son univers est un reflet de lui-même, lui donne une image, mais comme Elohim, il n'est point cette image.

«"*Le septième jour, YHVH-Elohim se reposa de toute son œuvre*"[72] comme il est écrit. L'homme aussi doit se reposer, cesser de créer pour sortir de ce qu'il crée. Ressembler à Elohim, c'est ressembler à sans-image.»

Il se leva pour ouvrir la fenêtre. L'air doux de ce printemps me rassura, comme une idée docile, familière. Lorsque j'avais décidé d'aller chez rabbi Isaac, je croyais passer chez lui un après-midi ou une soirée agréable. Mais aussitôt que nous commencions l'étude, j'étais noyé dans un torrent de concepts, de références, d'interprétations qui convoquaient le Talmud, le Zohar et bien d'autres textes. De retour chez moi, il me fallait des semaines pour retrouver et absorber l'enseignement lui-même et ses conséquences, son influence sur ma vie quotidienne.

«Nous pouvons dire encore autrement... L'homme est créé double.

Isaac revint lentement vers sa chaise en réfléchissant.

«A l'image d'Elohim il crée des mondes, à la ressemblance d'Elohim, il n'est pas ces mondes. Il est l'individuel et l'universel. Il est sa création, il est aussi le néant. Le piège de la création, la fameuse tentation, est celui de demeurer d'un seul côté... Nous le verrons plus tard.

«Maintenant, nous comprenons mieux ce que signifie "*en tête deux têtes*". L'univers de l'homme est dans sa tête. Il est double. Deux têtes. L'une est l'universelle, l'autre est l'individuelle, l'une dit, l'autre fait, l'une est proche de Dieu, l'autre est celle de l'homme-image. "*Voici*, est-il écrit, *l'homme est devenu comme l'un de nous.*"[73] "Comme l'un de nous" (*miménou*) se lit aussi : "*comme l'un de lui-même*"[74], comme il est dit, double encore : Dieu et Homme.

- ...Pour la connaissance du bien et du mal.

- ...Oui. Mais "*Elohim voit que cela est bien*"[75] comme il est écrit.

- Qu'est-ce que cela signifie ?

- Elohim est un créateur de mondes, répondit Isaac, l'homme est aussi un créateur de monde. Mais l'homme est créateur de lui-même, et son propre juge. "*Elohim voit que cela est bien*", comme il est écrit. L'homme voit que cela est bien ou mal.»

Isaac savait-il qu'il bousculait en moi d'anciennes idées, des interprétations et des enseignements passés qui étaient intimement liés, dans ma mémoire à d'autres souvenirs, des images, des sensations, des lieux ? Comme si, en arrachant des éléments de mon histoire il déracinait plus large, en vrac... Pour l'écouter, je devais lutter contre des résistances émotionnelles qui s'éveillaient malgré moi. Le bien et le mal, relativement bien rangés dans ma conscience entre la philosophie et la douleur étaient vivement invités à se déplacer pour être reconsidérés. Je devais laisser ébranler des piliers de mon ordre intime du monde sans savoir encore comment consolider ce qu'il en resterait.On commençait à entendre les voisins, de la musique, des voix, des pas... des vies martelaient leurs présences.

«Il est dit : "*Deux est le commencement.*"[76] Il y a deux commencements : la sagesse de l'En-haut et la sagesse de l'En-bas. Il y a constamment deux mondes (il y en a beaucoup plus, mais simplifions pour le moment). Le monde de l'En-haut contient "*la sagesse qui est composée du néant.*"[77]

- Du néant ?

- On ne peut pas posséder la sagesse...

Il regarda autour de lui plusieurs fois d'un air soucieux, comme s'il cherchait quelque chose, puis renonça. Il ouvrit un autre livre, le Zohar, qu'il feuilleta, le nez sur les lignes imprimées, allant de droite à gauche. J'avisais ses lunettes et les lui tendis. Il les prit mais ne les porta pas.

«Elle n'est pas une connaissance effective, ajouta-t-il lentement en continuant à chercher. Il avait trouvé. "*Elle est un lieu qui n'a d'existence que pour le questionner, et non un savoir de ce qui se trouverait en lui*"[78], comme il est dit ici. Il pointait l'index sur la page, comme s'il jurait par elle.

- Donc la sagesse est un vide... une posture ? Vous avez dit "deux mondes". Celui de l'En-bas...

- En-bas, celui de la manifestation, celui de l'individu. Il est multiple, multitude. Il y a autant de ces mondes qu'il y a d'hommes, d'animaux, de grains de sable... des mondes visibles, d'autres invisibles.

Isaac reprit son mouvement de balancement.

«Dans l'En-haut, le monde du principe de création est celui où règne Elohim. C'est aussi celui de la réalité collective, par exemple, le jour et la nuit, le haut et le bas, les arbres, les animaux, "*et toute leur armée*"[79], comme il est écrit. Sur la *réalité* d'Elohim, chacun construit son monde ; une histoire personnelle émerge du potentiel. Dans le monde de chacun, il y a des multitudes de mondes : les mondes des émotions, des jugements, des actions, des idées...

Une grimace sur le visage du rabbi m'indiquait que cette liste devait être beaucoup plus vaste.

«A la racine de ta pensée, il y a un noyau : ce sont les intentions. En renonçant à favoriser tout rapport égoïste avec toi-même, tu neutralises tes intentions, et alors tu peux observer une plus véritable racine à ta pensée, celle qui, plus proche de la sagesse, se compose de plus de néant et de moins de toi. Ceci est conforme à l'enseignement du Zohar de nos maîtres[80], justifia-t-il en levant l'index, avant de poursuivre. Dans cette attitude, tu trouveras une source plus proche du potentiel que du manifeste ; dans cette direction, tu trouveras un peu de la lumière que tu cherches. Et l'ouverture.

Tout en essayant d'écouter, je cherchais cette racine. Comme il me regardait faire, il conseilla :

«D'abord tu te vides de toi, ensuite tu observes sans toi. Utilise un support. *Aleph*, par exemple, *aleph* qui contient tout. Le potentiel est un principe permanent. Dommage que nous l'oubliions ! Nous avons constamment accès à la sagesse du néant, nous y puisons, inconsciemment, sans savoir ce que c'est. Chaque fois que nous changeons notre attention sur le monde ou sur nous-même, nous nous y référons.»

Etait-ce le néant qui motivait ma présence ici ? Je regardai Isaac de biais pour m'interroger en prenant de la distance par rapport à lui. J'étais venu pour me démontrer l'inexistence de Dieu, mais ce rabbi m'entraînait dans un immense labyrinthe conceptuel sur fond de bible où il ne se parlait pas très souvent de Dieu et jamais d'une façon qu'il m'était insupportable d'entendre évoquer. Isaac avait transformé mon intention en la séduisant ailleurs, dans une abstraction vide, *aleph*, qui convoquait un *plein* de sens.

Toc toc toc.

On frappait à la porte. Isaac ouvrit à l'un de ses voisins, un Africain, qui, m'ayant vu, parla à voix basse sur le seuil. Isaac l'invita à entrer, lui offrit sa chaise. Le rabbi refusa la mienne. Après les présentations, le visiteur, Monsieur Mohamed 'Oubné, répondit longuement à la question : “Comment allez-vous ?” Sur le ton des lamentations, il détailla tous les éléments de sa vie en insistant sur leur état de précarité. L'entrepôt de ciment où il travaillait allait licencier. Et sa femme qui voulait rentrer au village ! Ses enfants qui découvraient le racisme tranquille. Jusqu'où irait l'inventaire ! Ce grand gaillard de trente ou quarante ans qui avait l'air très fort se soulageait des obsessions névrotiques réelles et imaginaires qui le minaient.

«Rien né sé fait sans lé volinté d'Allah, n'est-ce pas Mésié 'Oubné ? dit Isaac sur un ton qui frisait l'ironie. Il n'avait apparemment pas l'intention de se laisser absorber par les jérémiades de Mohamed.

- Alors pourquoi portez-vous sans arrêt des jugements sur sa volonté ?

- Allah, Il est grand, c'est vrai, se contenta de répondre 'Oubné d'une voix grave. Trois cicatrices sur chacune de ses joues marquaient les traces d'une ancienne initiation tribale.

- Voyez-vous, Mr Mohamed, avant tout l'homme vit, il ne dit rien, il vit. Ensuite, il prend conscience de la vie, il dit : je vis. Plus tard il voit où et comment il vit, il dit : “Ah quelle vie !” et il dit : “Est-ce cela la vie ?” Voilà qu'il juge chaque chose, il dit : “C'est bien”, il dit : “C'est mal”, il dit : “Je souffre”... Et il se perd dans un gouffre affectif où il ne cerne pas à quoi il peut collaborer, et comment il doit goûter l'expérience de vivre. Il oublie que le monde lui ressemble, ne ressemble qu'à lui. Alors, s'il se demande un jour : “Que suis-je ?”, il se donne une chance de sortir de son ornière. Qu'il ne la perde pas !, s'exclama le rabbi comme en une invocation.

- Monsieur Isaac, vous faites la philosophie, et moi, je porte les sacs de ciment toute la journée alors que je devrais être comptable...

L'accent africain répondait à l'accent polonais dans une musique de voix où s'opposaient des attitudes plus que des cultures ou des idées. Isaac continuait.

- ...Je ne fais pas de la philosophie, Mr 'Oubné, je prends conscience de la nature de l'homme et du monde. Ne confondez pas les revendications syndicales avec l'expérience de l'Esprit de Dieu qu'offre l'existence.

«Si vous n'êtes pas content de votre condition de travail, adhérez au syndicat et votez pour le parti...

- Mais je n'ai pas le droit au vote.

- Arch, c'est vrai, hésita Isaac avant de retrouver son enthousiasme, ça ne fait rien. Adhérez au syndicat et inscrivez-vous au parti. Ils acceptent même les étrangers et les juifs !

Isaac, debout, n'était pas beaucoup plus grand que Mohamed assis.

«Monsieur 'Oubné, je vais vous raconter une histoire : Un jour, à la cour du roi Salomon, (bien sûr, ils étaient tous des intellectuels là-bas, à l'époque, ajouta Isaac entre parenthèse, en tapotant l'épaule de Mohamed) quelqu'un demanda : “Qu'est-ce qu'un homme riche ?”, Seigneur. Du haut de son trône d'or incrusté de rubis, Salomon demanda des réponses à l'assistance. Un homme dit : “L'homme riche possède cent lingots d'or ou plus...” “Combien en as-tu ?”, lui demanda Salomon. “Cinquante, seigneur.” Un autre homme dit : “L'homme riche possède un grand cheptel.” “Le tien est-il assez grand ?”, lui demanda le roi. “Non, Seigneur, je n'ai que mille bêtes.” Un troisième homme dit : “L'homme riche a dix fils bien portants.” “Combien as-tu de descendants ?”, demanda Salomon. “J'ai cinq fils, Seigneur.” “Vois, conclut Salomon en s'adressant à celui qui l'avait interrogé, tu demandes ce qu'est un homme riche, chacun le sait, mais personne n'est riche. Il n'y a pas d'homme riche.”

«Un pauvre mendiant à qui, par pudeur, on n'avait rien demandé, s'avança et dit : “L'homme riche est celui qui, regardant ce qu'il a, voit ce qu'il veut.” “Voilà, reprit Salomon, la sagesse est la seule vraie richesse.”

- Mais, Mr Isaac, je ne suis pas *un* juif, je suis *un* musulman, dit Mohamed, en appuyant puissamment sur ses erreurs de syntaxe.

Mohamed 'Oubné se refusait, sans s'en rendre compte, à aller avec Isaac au bout d'une pensée et d'en assumer la conséquence. Le rabbi soupirait mais gardait patience.

- Dites, Mr 'Oubné, répondit rabbi Isaac en le regardant malicieusement, croyez-vous que ce soit mieux ou croyez-vous que ce soit pire ?

L'Africain sourit, puis dit :

- Pourquoi Dieu ne s'est-Il pas contenté d'une seule religion ?

- Il est bavard, Mr 'Oubné, il ne peut pas s'empêcher de parler ! Peut-être Dieu est-il comme vous : il pose des questions mais n'écoute pas les réponses ; peut-être est-ce l'inverse... Dieu offre des réponses alors qu'il n'y a jamais eu de questions.

- Vous me faites tourner la tête...

- Lorsque un homme juste appelle Dieu, Mr 'Oubné, n'est-il pas juste que Dieu lui réponde ? Dieu parle à chacun, tout le temps, dans toutes les langues. Il nous faut apprendre à l'entendre. Dieu est toujours le même ; les moyens de l'approcher, les façons de l'entendre peuvent être différents : c'est la religion...

Mr 'Oubné approuvait, rabbi Isaac poursuivit :

«Supposons, Mr 'Oubné, supposons que nos civilisations aient pour principe fondateur la parole. Le langage fut d'abord l'activité de nommer édifiée sur la répétition et le consensus. Le monde et sa *réalité*, étaient alors une convention. Peu à peu, l'esprit de la convention, le consentement, s'est retiré. Il fallait que nous croyions vivre les mêmes choses. Le monde, un certain monde précis, est devenu obligatoire..., (il cherchait ses mots), collectif plutôt que personnel. La religion a d'abord retrouvé l'esprit d'adhésion en proposant une expérience personnelle d'un autre monde, d'une *plus-réalité* intime, jusqu'à ce qu'elle devienne, elle aussi, obligatoire, autoritaire.

«Vous comprenez, Mr 'Oubné ? demanda Isaac en me regardant.

Isaac s'adressait-il à moi à travers son dialogue avec son voisin ou essayait-il de m'y inclure ? Mr 'Oubné me regardait aussi, comme s'il cherchait à lire sur mon visage ce que j'en pensais. Et moi je regardais le vide où Isaac m'avait laissé.

«Dieu a donné aux prophètes le lien du verbe, poursuivit Isaac. Les hommes l'ont transformé en patrimoine, en nation, en frontière... "*Suis-je le gardien de mon frère ?*"[81] Qui d'autre ! s'exclama le rabbi. On s'est élu gardien de temple et gardien de chapelle, on a exclu, on a vendu la connaissance. Dieu voulait que chacun devînt prêtre, gardien de son propre temple. Chacun devait connaître le modèle de l'univers, la source du verbe et le secret de l'Infini, béni soit-il, chacun devait prendre conscience de la convention et de son consentement pour ne pas perdre l'Absolu. Dieu devait être l'occupation de tous...

Mr 'Oubné approuvait encore, avec quelque admiration dans le regard.

«Dieu est une conception du monde que l'on peut appeler vérité lorsqu'elle s'applique à tous. La somme des moyens que les hommes ont conquis pour l'entendre et l'approcher forment les différentes religions. Le concept est le même... Il ne peut en être autrement.

Mr 'Oubné hochait du chef. Isaac se tut, avant de conclure :

«Votre réalité, Mr 'Oubné, est différente de la mienne, non parce que vous êtes africain et moi polonais, non parce que vous êtes musulman et moi juif, mais parce qu'il n'y a aucun homme et aucun monde commun. Il n'y a que des conventions et des choix, et puis... l'imagination, des jugements, des incertitudes, des souhaits, des espoirs, tout ce qui dérive de *croire*. Croyez donc plus positivement, Mr 'Oubné, puisque c'est possible. Et plus agréable.

- In cha Allâh !

- In cha Allâh. Mais aussi in cha 'Oubné.»

Isaac se retira dans sa cuisine pour préparer du thé.

Je l'y rejoignis. Il déplaçait des tasses, des soucoupes, un ancien pot de confiture devenu sucrier.

La cuisine était terne et archaïque. Le four avait dû être conçu pour le camping, le frigo datait des années cinquante ; l'évier, d'avant-guerre, était une grande cuvette rectangulaire en porcelaine installée trop bas, dont les anciens robinets, placés trop haut, permettaient qu'on prît une douche en lavant une tasse. Isaac cria à l'adresse de son visiteur :

«Monsieur 'Oubné, tout ira mieux pour vous quand vous accepterez de regarder le monde comme Dieu plutôt que comme vous. Cinq fois par jour votre religion vous somme d'adopter ce point de vue.»

Encore la porte. J'ouvrai à un enfant. Le fils de Mohamed venait rappeler son père vers sa famille. L'intimité retrouvée, Isaac reprit avec un esprit de continuité qui m'étonnait.

«Tu as sans doute remarqué que le second chapitre de la Genèse reprend dans une sorte de *zoom* les détails du sixième jour. Plus remarquable encore, le nom de Dieu a changé. Jusque-là nous n'avons connu qu'Elohim, maintenant YHVH-Elohim est le maître d'œuvre de la création.

- Quelle différence...

- ... Nous le verrons. Que se passe-t-il le sixième jour ?

- Dieu crée les animaux...

- Appelle Le par son nom, cela est important...

- YHVH-Elohim crée les animaux, puis l'homme ; Il fait pleuvoir, Il souffle dans les narines de l'homme un souffle de vie, Il plante un jardin en Eden, Il y place l'homme, Il lui parle. L'Adam nomme les animaux. YHVH-Elohim forme une femme...

- ...*Une Ichah*[82] de l'un des côtés de l'Adam, interrompit Isaac, "*car il n'avait pas trouvé une aide semblable contre lui*"[83], comme il est écrit. Son complément.

- ...Ichah, puis l'Adam, mangent du fruit de l'arbre de la connaissance du bien et du mal et sont chassés du jardin.

- Nous allons voir que cela ne s'est pas passé ainsi. Au premier chapitre on n'entrait pas dans les détails. Maintenant, l'histoire semble s'accélérer parce qu'on la regarde de plus près. On dirait qu'ils étaient très occupés, comme s'ils préparaient un banquet. Le monde devait être prêt avant Chabbat. Alors, le sixième jour, il y avait encore beaucoup à faire. Il fallait tout terminer, peut-être fallait-il dé-terminer quelque chose ! Des limites.

- Maïmonide dit qu'"*il n'y avait encore, jusque-là, aucune nature fixe.*"[84]

- Il a raison... Rien n'était encore fixé, on était dans un vaste possible. La création ne sera achevée qu'à la fin du sixième jour. "A quelle heure ont-ils mangé ?" demandent nos maîtres dans le Talmud. Le rabbi adoptait la voix grave et la mine confite de grands sages réunis en assemblée. "*Chabbat*, le septième jour, *n'avait pas commencé*", disent les uns, "*Chabbat avait commencé*", disent les autres.[85] Le problème est essentiel, ajouta-t-il avec une légèreté qui n'excluait pas le sérieux. Si l'Adam et Ichah avaient désobéi pendant Chabbat, ce serait à partir du libre arbitre qu'ils eussent agi, car le monde était achevé et Dieu avait cessé de créer. Mais s'ils ont désobéi avant, alors qu'ils étaient encore dans la créativité de YHVH-Elohim et dans un monde encore inachevé, leur *désobéissance* n'aurait été qu'un élément du plan du Saint, béni soit-il. L'homme ici dit ce qui le définit.»

Nous étions debout à attendre que l'eau bouillît. Dans le monde uni d'Isaac, le fondamental et le quotidien se mêlaient sans s'opposer.

«Avec Béréchit et le verbe créer, l'Infini, béni soit-il, a-t-il conçu le déterminé ? Est-ce la monotonie qui se déploie du point initial ! S'il en avait été ainsi, il n'eût pas été nécessaire de produire tant de diversité. Un principe a plus d'intérêt par l'inattendu qu'il ouvre que par l'ordre qu'il enferme. Elohim a dicté les lois de la nature ; elles sont fixes. YHVH va bousculer un peu le déterminisme en introduisant de la liberté dans l'univers. Il séduisit l'homme dans le jardin d'Eden, le domaine de l'évolution. L'homme de nature, l'homme-animal y deviendra l'Homme, l'Homme-conscience.

«L'Infini, béni soit-il, a certainement voulu s'étonner, se surprendre... si l'on peut dire. Apprendre ?

Il se sourit à lui-même. Imaginant Dieu ?

«Sans doute a-t-il un plan. Peut-être y a-t-il un parcours.

- Dieu n'est-il pas postulé omniscient, demandai-je ?

- Bien sûr, bien sûr. Dieu ne m'intéresse, ne s'intéresse, que s'il ouvre l'homme à l'infini qu'il est. Dans l'absolu, Dieu est bien omnipotent, omniscient et infini, mais il crée un monde fini, causal, et ainsi, il crée une rupture avec lui-même. Dans cette création, l'homme est le lien entre le relatif et l'absolu, et le principe de la liberté.

Rabbi Isaac versa l'eau chaude dans une théière, la posa sur un plateau que nous emportâmes avec les tasses vers la table. Nous y reprîmes nos places.

«L'Adam n'a pas encore de rôle, de but, de mission, car il n'est pas encore un homme précis, un individu. Il n'a pas encore eu de rapport avec des possibles. Il n'a pas encore eu à choisir.

- Nous devons donc découvrir, dans ce chapitre, l'étendue de la liberté. A quel point l'homme est-il défini par sa cause ?

- Voilà une bonne question. L'anecdote du fruit de l'arbre, métaphore de la liberté dé-couvre le premier rapport de l'homme avec lui-même, et son prix. La liberté est le troisième principe qui différencie l'homme des animaux...

- ... le troisième ? Quels sont les deux autres ?

- Elohim fait l'homme à son image.

- Et le second ?

- L'Adam nomme les animaux...

- Ah !... Dans cette histoire de mots, celui qui nomme domine.

- Il y a un autre sens à ce détail, nommer s'oppose à parler. Celui qui nomme un objet ne s'expose pas avec lui ; celui qui parle d'un objet parle de lui-même d'abord. Il croit exprimer quelque chose alors qu'il s'exprime à travers quelque chose. On ressemble à ce que l'on dit.

«La première fois que YHVH-Elohim parle à l'homme, que lui dit-il ?

- "*De l'arbre de la connaissance du bien et du mal, tu n'y...*

- ...Non. On oublie trop souvent la première partie du commandement de Dieu. D'abord Il ordonne, il pose l'ordre premier : "*De tous les arbres du jardin, manger tu mangeras.*"[86] C'est un ordre fort. Une injonction. On dirait que Dieu dicte un destin : "*manger tu mangeras*", pourtant il décrit une attitude, l'ouverture. Et en même temps il offre aux hommes la formule qui leur permettra de Le retrouver, lorsqu'ils se perdront. "*De tous les arbres*", tu goûteras à tout, tu jouiras de tout, tu seras curieux, tu essayeras tout, toutes les expériences et tous leurs fruits ; de tous les arbres, de tout ce que la vie t'offriras, "*tu mangeras*", tu le prendras en toi, tu le feras tiens. Sans choisir, sans trier, sans résister à rien ; tu regarderas le monde comme étant ta vie, et ta vie comme étant la vie ; tu ne résisteras pas à la vie. Pour tout connaître, tu ne refuseras pas une partie de toi-même, tu ne refuseras pas une partie du monde. Tu prendras le monde comme un fruit toujours nouveau, et tu l'accueilleras comme il est, comme il vient à toi, pour ce qu'il est et avec ce qu'il te donne.

- Une telle doctrine ne justifie-t-elle pas tous les abus et toutes les passivités ?

- "*Sans choisir*" ne dicte pas qu'on se préfère ! Nous l'avons vu, *beth* a jailli de l'*aleph*, mais *aleph* est contenu dans *beth*. La transcendance est contenue dans la dualité. Sans choisir, pour transcender, non pour s'abîmer.

«"*Il est ce qui connaît, celui qui est connu et la connaissance elle-même*"[87] dit Maïmonide, notre maître, pour décrire Dieu. Lorsque YHVH-Elohim propose à l'homme de prendre *de tous les arbres*, il lui montre la manière d'accéder la ressemblance. "*De tous les arbres manger tu mangeras*", sans différencier, comme toi-même, en étant ce qui connaît, ce qui est connu et la connaissance elle-même. Ceci est conforme à l'enseignement de nos maîtres du Zohar : "*Tous les arbres étaient permis à l'homme, y compris l'arbres de la connaissance du bien et du mal, à condition qu'il les mange tous ensemble*"[88], disent-ils. Tous ensemble, cela veut dire sans choisir, sans trier, sans placer l'un devant l'autre, en demeurant tout à la fois, ce qui connaît, ce qui est connu et la connaissance elle-même ; dans l'unité du monde.

- Cela est-il possible ?

- Bien sûr, c'est possible. Il suffit de pratiquer cette attention complète. Et d'abord de suivre le conseil de YHVH-Elohim : tu prendras le monde pour ce qu'il te donne et non pour ce que tu veux en tirer, sans désir, sans volonté, comme un cadeau... Fais ce que tu fais, mais sans attente. La volonté ne doit pas servir à limiter le monde mais à l'ouvrir ; non à le refuser mais à le prendre en son entier.

- Comment cela ?

- Lorsque l'Adam sort du jardin, il est condamné à tirer sa subsistance de la terre, "*c'est à force de peine*"[89]...

- Dans le jardin, et ensuite en dehors, l'Adam fait le même métier. Il est cultivateur. Qu'est-ce qui a changé ?

- Tu demandes ce qu'est ce qu'on appelle le péché et qui n'en est pas un. Etudions l'interdit maintenant.

Je récitais ces versets que je savais par cœur pour les avoir examinés souvent.

- "*Mais de l'arbre de la connaissance du bien et du mal, tu n'en mangeras pas, car du jour où tu en mangeras...*

- *... mourir tu mourras*"[90], interrompit Isaac, théâtral.

«Quel fruit ? Bon à manger, agréable à la vue, précieux pour ouvrir l'intelligence, et finalement, mortel[91] ! C'est une énigme, un problème mystique.

Il se leva pour se pencher sur moi en s'exclamant :

«Bon à manger ? Comment ! les autres arbres étaient-ils mauvais ? Agréable à la vue ! les autres étaient-ils laids ? Précieux pour ouvrir l'intelligence?... Qu'est-ce qui relie le bien et le mal ?

- Un bien plus grand, dis-je sans doute avec une grande naïveté.

- En quelque sorte, répondit-il en soupirant. Le bien et le mal sont liés à un sujet, à un témoin : *moi.* Une conscience qui distingue, différencie, moi. Il pointait un doigt sur sa poitrine. En moi, ce qui les lie est, soit une valeur, soit un jugement.

- Sur quelle valeur l'Adam peut-il juger ? Aucune loi, aucun principe du bien ne sont encore établis.

- Mais si ! dit-il, soudain adouci, pédagogue, une valeur est déjà dictée : "*De tous les arbres du jardin, manger tu mangeras*".

- Alors, la connaissance du bien et du mal est une transgression de l'injonction de jouir...

- ... ou de prendre sans juger. A ce moment-là, la connaissance du bien et du mal ne sont pas encore des principes moraux, se sont des positions subjectives. "*Jusqu'ici tout est un*"[92] ? comme il est dit.

Il se rassit.

«Avant, l'Adam possédait la raison parfaite, à l'image de Dieu, qui distingue le vrai du faux. La connaissance du bien et du mal l'absorbe dans le domaine de l'"*opinion probable*, comme le dit notre maître Maïmonide[93], *le beau et le laid, le bon et le mauvais...*" L'opinion ici s'oppose à la vérité, comme l'individu s'oppose à Dieu. Et je te dis : ne jugeons pas à notre tour l'évolution de l'Adam. Ce serait une erreur. Voilà pourquoi nous ne devons pas dire qu'ils ont péchés.

Je relisais mentalement le troisième chapitre de la Genèse pour le comprendre dans cette perspective.

«Je dis, poursuivait Isaac, si l'homme rencontre la connaissance du bien et du mal, c'est qu'il devait être dans sa nature, dans la nature de l'évolution, que d'en convoiter le fruit et de le prendre. Dieu a planté cette idée-là aussi, dans le jardin. Il a même attiré l'attention sur elle. Le fruit de l'opinion est à la fois l'existence consciente et la dualité. La *réalité* est fondée sur cela.

Le rabbi prononçait encore *réalité* avec une insistance et une précision qui ôtait à ce mot tout son sens convenu.

«Cette désobéissance ressemble à une évolution obligatoire. L'homme, image de Dieu, devient l'homme, image de lui-même, *miménou.*[94] La graine de la liberté germe dans l'être de l'homme avec la conscience, qui commence par sa conscience de lui-même.

«Aucun individu ne se pose, ne s'expose, n'existe, sur une déclaration de vérité. La tasse est blanche, continuait Isaac dans son élan explicatif en martelant tasse et soucoupe, la terre est ronde, cela n'est ni bien ni mal, cela est vrai ou faux. L'individu existe sur et dans un monde relatif — relatif à lui —, un monde causal, dont il est la première cause. Très vite, il s'y égare. Son opinion devient un jugement à portée universelle : "J'aime ceci" glisse vers "Ceci est bien". L'homme qui déclare une opinion crée l'homme qui déclare cette opinion. L'homme crée l'homme qui dis : "*Je suis*". Voilà l'indivis, l'unité d'être, être. (Cette création de soi est encore plus puissante si un autre l'entend, et plus encore s'il y adhère). Avec les goûts apparaissent les choix, l'opinion suscite les activités. Il faut essayer, juger, trier, classer. Le goût éveille les attentes, les désirs, les plaisirs, la douleur. L'individu se donne naissance à lui-même, *il existe*. Il existe comme un gouffre où l'homme s'enfonce. L'opinion, qui devient une définition de soi, est aussi une limite de soi. Définir c'est réduire. En appréciant, je choisis. En choisissant, je borne l'ampleur de mon ouverture, je restreins le possible. La chute dans l'être se précise. "*Quiconque prendrait uniquement de cet arbre créerait la séparation*"[95], comme il est dit. En choisissant, je me précise ; me précisant, je crois m'approfondir, me grandir, je ne fait que me réduire ; à moi. Je me sépare... du tout...

Des coups de marteau, venus de l'appartement voisin, firent vibrer les murs, et avalèrent les dernières paroles d'Isaac.

«Chacun de nos jugements nous expulse de l'unité des mondes. Toute description du monde, en le créant, nous limite à lui. Je pouvais jouir de tous les arbres, mais je n'en veux que quelques-uns, parce que je n'existe qu'en limitant. L'individu n'existe que sur le sacrifice de l'absolu. C'est pourquoi tout sacrifice à l'absolu commence par celui de l'individu. *Abel de son côté* fit une offrande ; *de son côté*, du dedans de lui-même, avec lui-même ; il s'offrait avec son offrande.

Une poudre de plâtre descendait du plafond et enneigeait l'atmosphère.

«L'être de l'individu n'est pas *réel*. Il est une construction invisible dont les matériaux sont des jugements et des choix qui forment des habitudes et des caractères.

D'une voix aiguë, presque chantante, Isaac imitait la légèreté... de l'être.

«Pour se connaître, on décrit des habitudes. On confond connaître et reconnaître : je suis comme ceci, je fais cela... (la main droite du rabbi convoquait une série muette), c'est créer qui amorce *être*.

Plus grave, ouvrant largement ses yeux, mimant la terreur comme il aimait le faire, il ajouta :

«Je m'identifie à des goûts puis à des jugements que je prends pour mes caractères. Je m'appelle à me ressembler. Je crée une image puis j'essaye de m'y conformer, je l'alimente, je la développe, je la protège. Je devient cohérent. L'homme qui juge du monde ne regarde que lui-même. Le monde n'est jamais que l'opinion qu'on en a.

«Et voici, l'homme a perdu l'Absolu et il a gagné l'être, mais l'être n'est pas réel et le regard de l'être sur le monde n'est pas plus réel que lui.»

Dans la lumière morne qui entrait dans cette pièce, filtrée par la poussière accumulée sur les vitres, les noms gravés aux murs prenaient une vie d'ombre, incertaine et mouvante. Les propos de rabbi Isaac en amplifiaient l'ambiguïté. *L'être n'est pas réel.* Il se leva et alluma l'ampoule qui tombait du plafond, retenue par deux fils électriques entortillés. Une lumière crue effaça brutalement les ombres et éblouit le moindre détail du délabrement. Dans l'ombre ou dans la lumière, les noms nous regardaient. Je commençais à comprendre que leur présence silencieuse témoignait d'autre chose que d'un jugement.

«Tout est la création de Dieu, poursuivait Isaac. Alors peut-on exclure quelque chose de la création ? Souviens-toi de la crainte de Dieu, et de la beauté de toute chose. C'est cette ouverture à la vie et au monde que Dieu invite l'homme à adopter.

Il souffla sur la couverture de la bible une poussière blanche, puis lut dans le livre d'Isaïe :

«*"Et il respire la crainte de* YHVH*, il ne jugera pas sur l'apparence."*[96] Le fidèle est fidèle à cela. Voilà l'attitude juste.

«L'Adam avait la tête au ciel, l'homme infini est celui qui ne se limite pas lui-même.

«Du point de vue de l'absolu, il n'y a pas de bien et de mal. Dieu ne juge pas, Il ne choisit pas, Il crée tous les arbres du jardin, tous les possibles. Une des qualités de Dieu, la miséricorde, émane de cet état au-delà du jugement.

«Il est plus facile de juger — se séparer — que de comprendre — s'inclure. Lorsqu'on comprend, on ne peut plus juger. Dieu nous propose de prendre chaque expérience du vivre, sans choisir, ni juger.

«L'Adam nomme les animaux. Nommer, c'est le concept, la chose et rien d'autre, établir le vrai et le faux. Girafe pour girafe, grenouille pour grenouille. Lorsque l'Adam introduit son appréciation dans le monde, il y introduit l'iniquité et la mort. Cafard pour cafard, mais aussi cafard pour désespoir ; mal pour douleur et mal pour une opinion différente.

- Alors, à quelle heure ont-ils mangé la connaissance ?

- Nous répondrons à cette question en examinant Chabbat.

- Le thé est froid, vous l'aimez chaud ?

- Ce n'est plus l'heure du thé. Si tu es riche, tu m'invites à dîner dehors.

Le jour avait perdu toute couleur. Le temps s'était évaporé avec notre quête de l'Eden. A travers les murs, une télévision se disputait avec une radio.

«Nous aussi, nous allons faire la fête ! Je t'emmène dans un restaurant africain. J'espère que tu aimes le mauvais vin, ajouta-t-il avec délice.

Nous traversâmes la cour pavée, le linge qui pendait au fenêtres, les odeurs des repas qu'on préparait.

«Tu vois, dit-il, le jardin de l'Eden, c'est ici. Pourquoi ? Parce que je vis ici. Je ne me demande pas si il y a mieux.

- Mais, vous êtes communiste et militant. Vous ne pensez pas que la volonté et l'action puissent changer le monde, que l'homme doive travailler à former son destin ?

- La spiritualité change l'homme, la politique change le rapport des hommes entre eux. Je travaille avec l'absolu aussi bien que dans le monde limité. Le piège de la politique, c'est croire que les structures sociales peuvent être transformées vers la justice sans que les hommes ne se transforment *avec* elles. Le piège des religions, c'est croire que les hommes changent sans transformer les structures sociales. Le piège de la création c'est toujours de ne rester que d'un seul côté de la dualité, de favoriser, par exemple le rationnel seul, ou l'intuitif seul, l'individu ou l'universel, la parole, ou le silence... Il n'y a pas à choisir, il faut unir et pour cela transcender.

Avec rabbi Isaac, le moindre déplacement était une expédition aux multiples étapes. Il s'arrêtait tous les quelques pas pour approfondir une idée.

- Pourquoi a-t-on utilisé le mot "péché" dans l'histoire d'Adam et Eve ?, ai-je eu l'imprudence de demander.

- L'Adam ressemblait à Elohim, mais le savait-il ?

Isaac s'arrêta pour m'interroger du regard.

«Non ! répondit-il. Il l'ignorait, il fallait qu'il l'apprît. Comment pouvait-il le savoir ? Il devait se distinguer du créateur, se séparer de sa source.

Comment connaîtrait-il sa cause s'il ne se séparait pas d'elle ? Eden signifie "béatitude" ; comment l'Adam apprécierait-il la béatitude s'il ne connaissait rien d'autre ?

Il fit quelques pas. Je le suivit. Il s'arrêta.

«L'absolu-Dieu voulait (si l'on peut dire) un homme qui Le connût, qui Le re-connût ; des hommes pour Le louer et Le bénir. Né de l'Esprit pour connaître l'Esprit et de la terre pour connaître la terre, l'homme a un chemin a parcourir. L'Un (*aleph*) pour se connaître a créé le Deux (beth) et s'est mis en lui, répétait Isaac dans ce nouveau leitmotiv, ainsi, pour se connaître, l'Infini, béni soit-il, dut créer le fini et s'y loger.

Nous franchîmes la porte cochère. La rue. Isaac salua quelques voisins ; des enfants jouaient et se disputaient en plusieurs langues, tandis qu'Isaac traduisait mes images culturelles.

«Il faut aller jusque dans l'être pour connaître le non-être de l'Adam originel. Il y a des fautes nécessaires qui sont des passages obligatoires. L'homme de la terre, l'homme qui est né du verbe, l'homme qui sait nommer doit apprendre à parler.

- Une faute obligatoire... vous voulez parler de l'évolution ?

- L'être est nécessaire, il n'est pourtant pas une fin en lui-même. Seulement un moyen de l'absolu.

Nous avancions l'un derrière l'autre dans la rue étroite. Isaac, me précédant, se retournait à moitié.

- Alors, il n'y a pas de péché, dis-je.

- Quel serait le sens de la création si l'homme n'avait jamais connu que l'unité primordiale ? Le péché, ce n'est pas la séparation, c'est se prendre pour une fin.

Il me prit le bras et nous marchâmes du même pas. Je dis :

- Connaître signifie faire l'expérience et le savoir, en avoir conscience...

- Bien sûr...

«Avant, l'Adam et Eve manquent d'abord d'être eux-mêmes, mais ils ne le savent pas parce qu'ils sont avec l'Un ; ensuite ils manquent de Dieu parce qu'ils sont avec eux-mêmes. A la création, il manquait un témoin, un jugement. A Dieu il manquait l'homme (puisqu'Il découvre le besoin de le créer). A l'homme il manquait l'être, l'individu, il le trouve. A l'être de l'homme il manque toujours quelque chose : le désir, un manque intérieur qu'il cherche à combler par l'extérieur. Dans chacun de nos désirs, nous cherchons une part de nous-même. A l'instant de la satisfaction nous goûtons à un instant de semblant d'unité. Perdu dans ses désirs, l'homme oublie que c'est le souffle de l'Esprit qu'il lui manque de connaître, et qu'il cherche.

Sur le trottoir opposé, un enfant hurlait, et sa mère le tiraillait pour le faire taire. Isaac parla plus fort.

«L'homme est complet, s'il lui manque quelque chose, c'est qu'il l'a égaré.

L'enfant redoublait de rage. "Que lui manque-t-il ?", pensai-je.

«L'Esprit de l'Eternel rend serein ! Pas l'enfant, la mère, ajouta Isaac sarcastique.

Il reprit le cours de son explication.

«Il fallait à la création une pensée indépendante qui la pensât, et à cette pensée, il fallait un modèle ; la création est duelle dès son commencement. Comment le découvrirait-elle en faisant l'économie de la conscience duelle ? Ainsi, l'histoire qui se compose ressemble à une histoire d'amour, l'un et l'autre se cherchent, mais ils font d'innombrables détours pour se rejoindre. Dieu l'Eternel, au cœur de l'homme attend dans l'amour tandis que l'homme se perd dans l'existence de l'être qui poursuit le désir. Un jour, l'homme se rend compte que l'amour n'est pas une conséquence mais un fondement (ce n'est pas l'amour de quelque chose, mais toute chose avec amour). Alors, le désir et l'amour se rencontrent, et parfois Dieu s'y révèle. Et ainsi l'homme peut voir le monde avec les yeux de la beauté.

- La malédiction est-elle un bluff ?»

Il s'arrêta. Nous nous faisions face. Deux jeunes *skin heads*, crâne en balai, casque de walkman sur la tête, vêtus de cuirs et de chaînes enchevêtrées, arrivaient sur nous inévitablement en roulant épaules et hanches à chaque pas comme s'ils dansaient avec leur bottes.

- Hey papi, tu bloques ! sembla chanter l'un d'eux.

- Jeune homme, répliqua Isaac sans prendre son souffle, ne laisse pas entrer n'importe quoi dans ta tête, parce que le n'importe quoi n'en sort pas facilement.

Ils s'arrêtèrent, l'un des deux ôta ses écouteurs, leva son nez en trompette et révulsa ses yeux. Isaac se répéta :

- Ne laisse rien te posséder, ni les curés ni les anars, ni les skins car ils nous remplissent la tête de choses qu'il est aussi difficile d'en faire ressortir qu'une malédiction.»

Isaac avait levé haut l'index. Le jeune homme pencha la tête d'étonnement, resta muet de surprise, puis continua sa route.

Ce rabbi jouait de bien des registres !

«Je vous demandais si la malédiction était un bluff.

- Non... l'idée qu'il y ait une malédiction est la malédiction ! Ce que nous croyons nous enferme, attention ! Pour annoncer un sauveur, il fallait creuser un désespoir. Mais Jésus ne parle jamais du péché originel. Jamais.

«On a dit aux hommes qu'ils étaient héritiers du péché d'Adam, un péché mortel sexuellement transmissible. Donnons du crédit à Dieu, et à l'Adam qui n'est autre que nous-même ! L'aventure humaine se passe de jugement. Elle se contente de se raconter.

«La malédiction est une description de ce que les hommes s'apprêtent à vivre dans la voie de l'individu. Etre est un bluff. tu vois bien...

«"*Mourir tu mourras*", comme il est écrit. La mort n'est pas une punition, la désobéissance n'est pas un événement historique fondateur, originel, comme l'a interprété le christianisme. La mort est un destin qui s'accomplit avec chaque prise de conscience, et la conscience du bien et du mal est le principe atemporel de l'homme-individu.

Il montrait les passants.

«Regarde-les, regarde-nous. Depuis des siècles la littérature démontre que rien n'est bien sérieux, ou que tout est trop sérieux pour être vrai.»

Rabbi Isaac parlait plus faiblement dans la rue que chez lui. Je tâchais de ne pas perdre une seule de ses paroles. Par bonheur, il avait tendance à s'approcher de mon oreille. Cela donnait à ses explications une saveur d'intimité, comme s'il me livrait ses secrets. Nous attendions devant le boulevard. Le feu passa du vert au rouge plusieurs fois.

«"*Alors les yeux de l'un et de l'autre s'ouvrirent*"[97], comme il est écrit. On ne dit pas "alors leurs yeux s'ouvrirent", il est écrit que de l'un et de l'autre ils ne voient plus la même chose, ni de la même façon. Voilà l'individu. "*Et ils virent qu'ils étaient nus*"[98], voilà le manque. Et ils se sont cachés, voilà le désir, en ce sens ils ont péché, comme il est dit, "*le péché est sa propre punition*"[99], la douleur du manque qu'il suscite, "*car l'œuvre de l'homme, il la lui rend.*"»[100]

Un ciel rouge descendait derrière Paris comme un voile et la ville se couvrait d'un bouclier noir. Nous traversâmes enfin le boulevard. Isaac regardait à peine autour de lui, pourtant, il répondait au salut de quelques connaissances qu'il croisait.

«Nous allons chez l'Africain pour ne rencontrer personne, chuchota-t-il.

- Est-ce la seule façon de comprendre la Genèse, demandai-je ?

- Bien sûr, c'est la mienne !

Que fallait-il entendre ?

«On ne doit pas interpréter cette désobéissance comme un simple péché d'orgueil, ou seulement comme l'aventure sexuelle, ni même comme un péché. Le texte nous instruit sur l'homme que nous sommes et non sur un fait historique. Il nous montre comment on sort du jardin pour nous indiquer comment on y rentre.

Je vis une cour d'école, comme en rêve, et j'entendis des voix... un souvenir d'enfance.

"T'es pas catholique ?

- Je ne sais pas...

- Pourquoi tu ne viens pas au catéchisme ?

- Qu'est-ce qu'on y fait ?

- Oh la la ! s'exclama mon copain, hier, le curé a dit qu'on naissait avec le péché, et que, quand on meurt, si on a pas été bon catholique, on va en enfer. T'as intérêt à venir, souffla-t-il effrayé.

- Et on a des notes ?

- J'sais pas encore.

- L'enfer, c'est comme redoubler ?

- Non non, c'est éternel, répondit mon copain comme s'il comprenait ce mot."

Nous atteignîmes la rue Ramponneau. Nous avions changé de pays. Ici l'Afrique flânait sur les trottoirs. Djellabas et chéchias étincelants côtoyaient les costumes gris de la rigueur la plus soignée. Entre la file des voitures en stationnement et un café, des groupes d'hommes traînaient le temps paisiblement en attendant les clients pour toutes sortes de commerces. Rue Jules Vernes, j'eus une impression de ville bombardée. La moitié des bâtiments manquaient, rasés ou en voie de démolition. Nous étions arrivés. Le restaurant était une petite salle tout en longueur. Des affiches de films, des annonces de concerts tapissaient les murs, Cheb Mami, Touré Kunda, Kassé Mady. Des tables recouvertes de toile cirée, serrées les unes près des autres. La simplicité et la chaleur africaine.

«*Chalom*, monsieur Isaac.

- *Salam alekoum*. Ti prospères, jé vois. Bravo.»

Le restaurant était bondé. Les conversations animées, les rires et les bouteilles de vin témoignaient de la chaleur conviviale de l'ambiance. On nous plaça à une table de quatre déjà occupée par deux jeunes gens.

«Disons autrement, reprit Isaac dans une poursuite de la même idée qui ne me laissait aucun répit. Dans la *réalité* de l'absolu — l'information — le fruit de la dualité, c'est le vrai et le faux dont le principe est la sagesse. "*Le principe de ta parole est vérité*"[101], comme il est écrit. Dans la *réalité* de la création — la manifestation — le fruit de la dualité est l'opinion avec son auteur, le sujet, l'être. La rançon de l'être est la mort. "*Car le jour où tu en mangeras, mourir tu mourras*"[102], comme il est écrit.

«Tu vois comme l'homme d'opinion qu'est l'individu est mortel. L'homme de vérité (comme la vérité et la sagesse) est immortel, car il transcende l'individu et se lie à l'immuable.

- Mais il meurt quand même.
- En tant qu'individu, certainement.
- Y a-t-il autre chose ?

Rabbi Isaac m'observa à travers la table avant de répondre, comme s'il essayait de comprendre l'intention de ma question, ainsi, il me la montrait. Et je regardais le fond de ma complaisance dans mon interrogation.

- Si peu, se contenta de dire le rabbi.

«Qui es-tu sans toi ? ajouta-t-il ensuite.

«Ce n'est pas le moment de parler de cela. Nous sommes dans le *jardin*. L'essentiel est de savoir que la connaissance du bien et du mal est mortelle, tandis que la connaissance du vrai et du faux ne l'est pas. L'une crée un auteur et le rend mortel, l'autre ne produit pas d'auteur.

Il tira ses lunettes d'une poche de sa veste et les chaussa, pour jeter un coup d'œil sur le menu. Ensuite, il les releva sur son front. Je lui demandai de m'aider à choisir entre le bourraké, le maffé bœuf et le *soupoukandia gombo*.

«Ecoute-moi bien, je veux te faire remarquer un détail d'une extrême importance dans le texte de la Genèse. "*YHVH-Elohim fait germer de la terre, tout arbre convoitable pour la vue et bon à manger, l'arbre de vie au milieu du jardin, et l'arbre de la connaissance du bien et du mal.*"[103] Tous les arbres sont bons. L'arbre de vie est au milieu et l'arbre de la connaissance du bien et du mal n'est pas situé précisément. Lorsque YHVH-Elohim parle à l'Adam, il nomme l'arbre dont il ne faut pas toucher les fruits, mais il ne dit pas où il est : "*De tous les arbres du jardin, manger tu mangeras, mais de l'arbre de la connaissance du bien et du mal, tu ne mangeras pas*"... Plus tard, la femme répond au serpent : "*Nous mangerons les fruits des arbres du jardin mais du fruit de l'arbre du milieu du jardin, Elohim a dit : vous n'en mangerez pas, vous n'y toucherez pas, afin de ne pas mourir.*"[104]

«Comment ! s'exclama rabbi Isaac comme s'il s'adressait à Eve elle-même, il y a erreur... Au milieu du jardin Dieu a planté l'arbre de vie. S'ils mangent de l'arbre du milieu du jardin, ils mangent de l'arbre de vie, pas de l'arbre de la connaissance du bien et du mal !

Il mimait Eve désignant un arbre au milieu du restaurant.

«C'est celui-là !

Des autres tables, on nous interrogeait du regard. Je rougissais de honte comme Adam, sous les accusations muettes de nos voisins. Pendant ce temps, Eve s'était retournée. C'était une grande et belle femme noire, élégante. Elle portait une bouteille de vin algérien et deux verres qu'elle déposa sur notre table. Isaac, indifférent à tout, poursuivait le flot de ses révélations.

«Voilà l'erreur ! et en même temps la solution.

Il dit en détachant les mots :

«L'arbre de la connaissance du bien et du mal n'existe pas. C'est n'importe quel arbre. YHVH-Elohim n'a pas dit où il était, parce qu'il ne savait pas où il serait. C'est l'arbre que l'Adam ou Eve (Ichah) préféreraient, ou détesteraient. Aucun arbre en particulier, car pour chacun il est différent. Ce n'est pas l'arbre qui fait la connaissance du bien et du mal, c'est... choisir.

«Tout à coup, l'arbre de la connaissance du bien et du mal est devenu un arbre précis du fait qu'il avait été désigné.

J'avais souvent lu ce chapitre mais je n'y avais jamais remarqué cette anomalie.

- Comment est-ce possible, dis-je abasourdi. A-t-on mal lu ce texte depuis des millénaires ?

- Tant qu'on l'étudie avec un *a priori* moral on refuse de voir ce qu'il contient vraiment. Cette histoire n'est pas celle de l'apparition de la morale, elle montre la naissance de l'individu conscient de lui-même. Cette conscience n'éclôt pas avec l'accouchement, elle apparaît plus tard dans des rapports avec le monde.

«Les deux commandements du jardin indiquent deux modes d'attention spirituelle. *Manger de tous les arbres*, vivre toutes les expériences comme elles viennent, sans choisir, sans attente ; voir le monde comme Dieu : quel bien ! *Manger de l'arbre de la connaissance*, connaître le goût, la subjectivité, la peur, exister avec les expériences et donc connaître l'éphémère, le manque, le désir, la mort.

Avec une pointe d'angoisse, je pris conscience que nous venions de choisir deux plats dans un menu, comme un arbre dans un verger... Isaac parlait, semblant ignorer cette répétition de la faute existentielle primordiale.

«YHVH-Elohim a fait *tout arbre convoitable pour la vue et bon à manger*, mais la femme dit : "*Voilà, c'est celui-là*" ; avant même d'en avoir mangé, elle a déjà commis la faute.

La voix de rabbi Isaac perçait le mur de vacarme composé de musique et de la rumeur opaque des paroles des convives.

- Cependant, c'est le serpent qui séduit Eve...

- Le serpent représente une attitude. La séduction du monde, choisir. Celle qui nous fait ramper dans la création plutôt que la transcender. Mais il représente aussi la lucidité : "*Le serpent était lucide* (Aroum, aRWM), *plus que tout vivant du champ qu'avait fait YHVH-Elohim.*" *Aroum* signifie nu, lucide, rusé, clairvoyant, astucieux. C'est comme s'il savait que l'individu qui va naître du choix n'est pas *réel*, mais qu'il est indispensable à la Création.

«Que dit-il ? Ainsi, Elohim l'a dit :"*Vous ne mangerez pas de tout arbre du jardin...*" Il a raison. Il n'est pas rusé, comme certaines traductions ont voulu le faire croire, il est lucide. S'il faut manger de tous les arbres sauf de l'un d'eux, dont ils ne savent pas où il est ni lequel c'est, sous peine de mort, alors il vaut mieux ne manger d'aucun arbre ! S'il y a un champignon vénéneux dans une omelette aux champignons, en mangeras-tu, même un petit morceau ? Alors encore moins entièrement. S'ils mangent de tous les arbres, ils tomberont fatalement sur celui qui est interdit...

«C'est pourquoi ce que dit le serpent est parfaitement juste.

«Ichah répond : "*Nous mangerons les fruits des arbres du jardin, mais du fruit de l'arbre au milieu du jardin, Elohim a dit : vous n'en mangerez pas, vous n'y toucherez pas, afin de ne pas mourir.*"

«Comment cela, tous les arbres sauf celui du milieu ? Celui du milieu est le seul arbre dont ils savent qu'il n'est pas celui de la connaissance, c'est l'arbre de vie, et celui-ci n'est pas interdit.

-Y a-t-il une faute... plus grave ?

-Oui. La femme mange *du fruit*. YHVH-Elohim avait prescrit de *manger des arbres*. Si l'arbre est l'expérience, le fruit est un jugement sur l'expérience. Une position subjective face à l'expérience, et en effet, Ichah dit qu'"*il est beau, bon et convoitable.*" Elle découvre le goût et le dégoût : le monde limité par l'individu.

«L'Adam en prend à son tour, lui aussi limite le monde.

- Cela s'oppose à la volonté d'accueillir toute chose dans la crainte et l'amour de Dieu, comme Dieu lui-même.

Curieux et pressé comme un lecteur de roman policier, je cherchais comment cet indice transformait les autres éléments de l'histoire. Je dis :

«Alors YHVH-Elohim appelle l'Adam : "*Où es-tu ?*"[105] Ne le sait-il pas ?

- Va plus loin.

- L'Adam répond : "*J'ai entendu ta voix dans le jardin, et j'ai eu peur, parce que je suis nu, et je me suis caché.*"[106]

Isaac souriait, comme s'il aimait particulièrement ce verset.

- Le Zohar nous propose ce rapprochement : "*Qu'Il ne nous parle pas, de peur que nous ne mourions*"[107], dirent les hébreux à Moïse dans le désert, lorsque YHVH dictait la loi.

«L'Adam a mangé du fruit de l'arbre de la connaissance du bien et du mal. Il est un individu. Immédiatement, il est en dehors du jardin (le jardin n'est pas un lieu, c'est l'état d'esprit de l'Esprit, sans identité). Il s'éloigne de sa cause, il a peur... de mourir. Déjà son âme est voilée. "*Où es-tu ?*" demande l'Ame des âmes. Il est dans l'être, il est dans la contingence, il est dans le devenir. Il faudrait qu'il mourût pour revoir Dieu. Qu'il mourût à lui-même. "*J'ai entendu ta voix, la mort avançait*"[108], comme il est dit.

«Rapprochons ce rapprochement à un autre épisode. Au moment du buisson ardent Moïse s'approchait, et Dieu lui dit : "*N'approche pas d'ici.*"[109] Plus tard, Moïse dit à l'Eternel : "*Fais-moi voir ta gloire*" et l'Eternel lui dit : "*Nul ne peut me voir et vivre.*"[110]

«L'Eternel est la cause de toute cause. Toute chose qui rejoint sa cause n'a plus d'existence. L'Adam venait de naître à l'existence consciente d'elle-même, (comme un enfant prend conscience de son individualité) il craignait de voir Dieu... de perdre l'existence, de mourir. Alors "*il chassa êth Adam : c'est Adam qui répudia la présence*"[111], comme il est dit.

Je me répétai ces dernières paroles pour m'en marquer, mais je protestai :
- Faut-il désirer rejoindre sa cause ? Est-ce le but de la religion ?
- L'Adam s'est caché. Où ? *J'ai entendu ta voix dans le jardin.* Il est à l'extérieur. Tu demandes s'il faut retourner à l'intérieur. Bien sûr qu'il faut le désirer.

Isaac servit le vin qu'*Eve* avait apporté, le béni, y goûta, fit une grimace qui pouvait être un sourire.

- La foi suggère qu'à chaque instant le monde est parfait. C'est un défi !

Je pense qu'il parlait du vin aussi. J'en bus à mon tour et en acceptai les propositions. Je dis :

«Adam est alors incomplet. Un problème se pose à chaque homme : suis-je la totalité de ma vie, ou seulement une partie ?

Isaac s'amusait. Moi aussi.

- Il est d'abord écrit : "*L'homme et la femme étaient tous deux nus, et ils n'en blémissent pas*"[112], puis, "*les yeux de l'un et de l'autre s'ouvrirent, ils connurent qu'ils étaient nus.*"[113] Qu'est-ce que la peur ou la honte, demandai-je ?

Isaac ouvrit grand ses yeux.

- La conscience de soi favorise la création d'une image mentale de soi, qui, conjuguée aux facultés d'identification, d'appropriation et d'appréciation se rigidifie. Plus elle se rigidifie, plus elle est fragile. La honte, comme la peur est une rupture de l'intégrité de cette image au-delà de laquelle on ne se reconnaît plus. La honte dénonce l'incomplétude, comme si on ne pouvait pas assumer une partie de soi-même, ne plus supporter ou ne plus accepter de manquer d'une partie de soi. On voit ses ruses percées à jour. En me regardant, il ajouta : tu comprends soudain que ton opinion n'est point la vérité. Tu comprends aussi que la liberté ne se compromet pas d'un sentiment du ridicule. Tu comprends encore que la peur rétrécit ton *sens* du monde : elle condense ton attention sur toi seul.

De tous côtés, j'entendais des reliefs de conversations. On parlait de jazz, de rythmes, de créations, de lieux à la mode. Avec son chapeau, qu'il portait même à l'intérieur, son costume démodé et défraîchi et ses propos philosophico-religieux, rabbi Isaac paraissait un peu déplacé dans cette ambiance musicale néo-africaine un peu *m'as-tu-vu* de la marginalité qui, bien que bon enfant, générait ses tics et ses codes ; ses rites. Il poursuivait :

«"*Le serpent était le plus rusé* (aroum) *des animaux.*"[114] "*Et ils connurent qu'ils étaient nus*"[115] (arôm). C'est le même mot. Cela nous enseigne que lorsque la ruse est dévoilée, on se sent nu. Cette nudité particulière qui vient de ce qu'on a quelque chose à cacher, c'est la peur.

- Mais que veut-on cacher ?
- Ses ruses, ses artifices, ses manques.
- Et l'homme les cache avec des feuilles de figuiers ?
- Avec des désirs, des choix, des paroles... Plus il les cachera, plus il s'éloignera de sa source, plus il voilera son âme.

Nos voisins ne parlaient plus, ils nous écoutaient en nous regardant du coin de l'œil. Isaac, qui l'avait remarqué, commençait à s'adresser à eux aussi.

- Si le jardin est un état d'esprit, qu'est-ce que l'arbre de vie ?, demandai-je.
- Comment le saurons-nous ?
- ?

- Par la conséquence ! Après qu'ils eurent mangé de l'arbre de la connaissance du bien et du mal, ils n'eurent plus accès à l'arbre de vie. L'un et l'autre sont apparemment mutuellement exclusifs. Il articula ces mots comme une grimace.

«Le choix crée l'être qui choisit, nous l'avons vu avec la connaissance du bien et du mal. Inversement, celui qui ne choisit pas, celui *qui mange de tous les arbres de son jardin*, demeure dans l'Esprit de Dieu, dans la continuité du réel.

«L'arbre de la connaissance figure l'être, il le crée grâce à l'opinion. L'arbre de vie désigne l'âme, "*Elohim souffla dans les narines de l'homme une âme de vie*"[116], comme il est écrit. C'est aussi la vérité, "*le commencement de ta parole est vérité.*"[117] "*L'arbre de vie, c'est la Thora*"[118], disent nos maîtres. La *Chekina* (la présence divine) est au-dessus de l'homme qui étudie la Thora.

«"*Voici, l'homme est devenu comme l'un de nous* — comme l'un de luimême — *pour connaître le bien et le mal, empêchons-le maintenant de tendre la main et de prendre de l'arbre de vie, d'en manger et de vivre éternellement.*"[119] Empêchons-les de tout confondre, vrai, faux, bien, mal, l'En-haut et l'En-bas. YHVH-Elohim leur révéla alors la mort, "*car tu es poussière et tu retourneras à la poussière*"[120], comme il est écrit. Voilà que la mort devient l'immuable vérité, l'inébranlable certitude de l'être. L'arbre de vie est la connaissance de l'âme, l'arbre de la connaissance du bien et du mal est celui de l'ego.

«L'homme est fils de la terre et fils de Dieu : "*YHVH-Elohim forma l'Adam de la poussière de la terre adama. Il insuffle dans ses narines une haleine de vie.*"[121] Jusque-là, l'homme ne savait rien de la mort. Avec la connaissance du bien et du mal, l'homme se crée, et se créant, il crée la conscience de sa mort. Moi s'oppose à l'absolu, moi s'oppose à l'immortel du non-moi. Alors Dieu rassure l'homme : ne t'inquiète pas, si tu t'égares dans cette vie, si tu ne sais pas retrouver le chemin de l'absolu, quoi qu'il arrive, ta poussière retournera à la poussière et ton souffle à Dieu. Vis maintenant, fais les expériences que la vie te propose, goûte à tous les arbres de la vie, préfère celui-ci à celui-là si tu ne peux pas faire autrement, mais ne crains rien, à la fin, tu mourras. Dieu offre à l'homme la certitude de la mort comme la plus authentique preuve de sa miséricorde.

Un grand silence en moi ponctua cette bonne nouvelle.

- Vous convoquez des textes et vous les citez à l'appui de vos thèses, mais vous pouvez démontrer n'importe quoi par ce procédé. L'autorité des textes est, elle aussi, contestable.

- Je ne prétends pas faire une démonstration cartésienne ou scientifique. La méthode exégétique juive permet qu'on établisse des rapports analogiques entre les versets et entre les différentes gloses, pourvu que l'on respecte l'esprit des maîtres que l'on convoque ainsi. En elle-même elle ne permet pas de démontrer quoi que ce soit. Mais elle rend possible un système de discours et de représentations abstraites de la divinité qui nous conduit à parler d'elle, l'indicible, et nous permet de l'approcher.

«Si tu étudies la Thora avec ta raison seulement, tu n'y trouves que ce que tu cherches. Si tu l'étudies avec ta raison et avec son esprit, tu peux y trouver un peu de l'histoire intemporelle qu'elle contient.

«N'oublions pas que l'infini et le fini sont mutuellement contenus, alors interprétons différemment.

«YHVH-Elohim offre le monde à l'homme. Mais voici, l'homme n'en prend qu'une partie. Choisir, si c'est préférer, c'est aussi exclure. Comme Ichah préféra un arbre parmi les autres, l'homme ne prend qu'une partie du monde dans lequel il vit. En choisissant, il se crée. L'individuation s'affirme sur nos choix.

«Si non en même temps, l'Adam et Eve choisissent ensemble. Ils se découvrent des goûts communs. Ils préfèrent les mêmes choses, ils limitent le monde de la même façon. En choisissant la même partie du monde, ils se choisissent. Préférer, si c'est quelqu'un plutôt que quelque chose, c'est aimer, déclarer son amour.

«L'Adam et Eve découvrent l'amour ; peut-être l'inventent-ils. La connaissance du bien et du mal c'est cela aussi. La genèse nous propose, avec l'histoire du commencement du monde, celle de la formation du couple qui marque le commencement de l'histoire des hommes. L'aventure de l'Adam et d'Eve dans le jardin, ce n'est pas celle d'un péché, c'est celle de l'amour.

«L'homme l'ayant découvert, innove par rapport au monde donné par Dieu. Dieu crée avec amour, donne avec amour, mais Dieu ne donne pas l'amour, c'est l'homme qui toujours découvre cet indicible.

«Ils sont chassés du Jardin d'Eden, cela paraît se passer mal, mais en vérité ils ont créé un autre paradis, le leur. L'amour permet à l'homme qui s'est exclu de la totalité du monde de la reconstituer dans une relation au monde qui, à elle seule, re-crée le jardin.

«"*Cet amour deviendra un jour ahavath hessed, amour de l'amour*"[122], comme il est écrit. Cela veut dire l'amour pour l'amour, gratuit, dans une relation qui peut être à sens unique, amour du chérissement, amour de la justice et de la charité qui sont l'amour, l'amour de tout.

Le rabbi nous laissa le temps de manger un peu. Pendant cette trêve, nos voisins qui nous avaient vaguement écouté, s'adressèrent à Isaac.

- Pourquoi les juifs refusent-ils d'enseigner leur religion ? demanda la jeune fille qui était assise à côté du rabbi.

Elle me dévisagea, sans doute cherchait-elle avec mon approbation, une complicité. Je pense qu'elle voulait deviner la nature de la relation qui me liait au rabbi. Ses grands yeux bleus imprégnait de la candeur à l'impression de fermeté qui émanait d'elle. Ses lunettes de plastique transparent ajoutaient une note de fragilité à son image d'intellectuelle campée dans la raison, tandis que des cheveux châtains, courts, coiffés avec naturel, entouraient ce visage comme un écrin et lui donnaient une chaleur sèche.

- Vous voulez dire... à tous ? Nous sommes suffisamment haïs, sans raison, mademoiselle, pour ne pas donner des excuses et des fantasmes à nos ennemis antisémites, répondit Isaac caustique.

Je doutais de la sincérité de cette répartie. Il ajouta ce qu'il m'avait dit lors de notre première rencontre :

«Le judaïsme ne s'enseigne pas, il s'étudie.

Isaac regarda la jeune femme avec l'attention paralysante que je connaissais, puis souleva ses lunettes sur son front et la regarda encore. Elle aussi l'observa, avec une froideur cérébrale.

«Vos prêtres ne demanderaient pas mieux que de vous parler de Dieu, mais vous refusez de les écouter. Et vous demanderiez aux juifs d'assumer ce rôle ?

- Ce n'est pas la même chose. Nous voulons de la connaissance, pas de l'influence ; une révélation, pas une opinion orientée ; nous ne voulons pas qu'on nous dicte comment vivre, mais qu'on nous propose une raison de vivre...

- Tout le monde peut acheter et lire le Talmud et le Zohar, dit Isaac avec une mauvaise foi évidente pour moi.

- Tout le monde peut entrer dans une église. Dans vos écoles, recevez-vous des chrétiens ou des musulmans, et des femmes ? relança-t-elle.

Mon rabbi était embarrassé. Il se tourna vers moi.

- Ouvre une école, toi.

- A condition que vous en soyez le professeur, rabbi Isaac, dis-je, narquois. Je pense en effet que les juifs devraient enseigner plus... généreusement, dis-je.

«Peu de gens s'intéressent à la religion plus profondément que ses catéchismes ; parmi eux, peu lisent la Bible, et parmi ceux qui essayent, nombreux sont très vite découragés parce qu'ils n'y voient que l'explicite. Comment pourraient-ils deviner ou déduire tout ce que vous m'avez dit sur Béréchit, par exemple ?

- Vous avez raison, vous avez raison, admit Isaac. Je n'ai pas l'intention de défendre la religion en tant que fonds de commerce. Mais, c'est à vous d'entreprendre. Ecris un livre, toi, et raconte-s-y notre travail !

Le jeune fille ajouta :

- Un sage indien a dit que la connaissance spirituelle est le plus grand cadeau qu'on puisse offrir.

Rabbi Isaac fut sauvé par un chanteur sénégalais qui s'accompagnait de sa kora pour nous proposer quelques complaintes traditionnelles. Nous écoutâmes en mangeant.

- Il y a une question que tu n'as pas posée, déclara Isaac en s'adressant à nos voisins aussi.

- Plus d'une sans doute. Nous avons peu parlé d'Eve.

- Avant cela parlons du sommeil.

«"*YHVH-Elohim fit tomber un sommeil profond sur l'homme, qui s'endormit.*"[123] Pourquoi l'homme doit-il dormir ?

Nous approuvâmes la question.

«Apprenons à nous poser de bonnes questions, ajouta Isaac à l'adresse de la jeune fille, c'est la première leçon.

«Le sommeil est un phénomène remarquable. Après que l'homme fut formé, puis qu'il nomma les animaux, il dort.

- Et Eve sort de la côte d'Adam endormi, dit mon voisin qui n'était pas encore intervenu.

- C'est une Ichah, une *quelqu'une*, qui sort du côté de l'Adam. Une conscience de l'autre. Elle ne sera nommée Eve qu'à la toute fin du chapitre suivant, corrigea Isaac.

Je citai :

- "*YHVH-Elohim fit tomber une torpeur sur l'homme.*"[124] Comme il est écrit... comme il se doit.

- C'est aussi dans une torpeur qu'il fait tomber sur eux que YHVH parle aux prophètes. "*Le rêve est un soixantième de la prophétie*"[125], comme il est dit. Dans son sommeil, l'homme est plus âme que matière. Son corps ne dicte plus sa volonté, poursuivit Isaac.

«Rappelons quelques bases. L'homme est d'abord sorti du principe *créer* (Bara), ensuite il fut *formé* (vayyister) de la poussière de la terre. Il fut créé *avec* le principe, puis formé *dans* le principe. "*Elohim créa l'homme à son image*"[126], comme il est écrit. L'Esprit de Dieu crée un homme-Esprit, une âme de vie. "*YHVH-Elohim forma* (vayyister) *l'homme de la poussière de la terre.*"[127] *Former* est écrit normalement avec un seul *yod* : "*YHVH-Elohim forma* (vaytser) *à partir du sol toutes les bêtes des champs*"[128], mais lorsque YHVH-Elohim forme l'homme, c'est avec deux *yod* qu'il le forme. "*Le second yod est celui de YHVH*"[129], comme il est dit. L'homme est poussière, souffle et âme. Il est Elohim et YHVH. Image et ressemblance.

«Pendant ses rêves, l'homme crée des mondes *dans* le principe, mais aussi *avec* le principe de la création, car il peut en modifier les règles. Il retrouve l'acte de créer en devenant *comme* Elohim. Il rêve. Il rêve des mondes, il se rêve dans ces mondes et il est la création de ces mondes. Il est l'unité entre le rêve (le verbe), le contenu du rêve (le monde), et l'auteur du rêve (le créateur). A sa mesure, il fait une expérience de l'image et de la ressemblance d'Elohim. Et lorsqu'il dort sans rêver, il retourne à la connaissance de l'Infini, de l'*aleph*, "l*e point d'où le point primordial du déploiement du monde*"[130], a jailli comme il est dit.

«Le rêve nous projette dans une forme de l'inconnu. Un peu au-delà de nos habitudes mentales, un peu au-delà du connu, qui n'est que le passé. "*Tu m'as fait rêver et vivre*"[131], comme il est écrit.

- L'homme est-il Dieu quand il dort ? interrogea brutalement mon voisin, comme un timide qui ose enfin.

- N'allons pas conclure en hâte. L'homme est... seulement un peu comme Dieu, répondit Isaac en l'observant avec profondeur. Car l'homme ne contrôle pas ses rêves, ni totalement les principes qui régissent les mondes dans lesquels il rêve, ni leur contenu.

- Pourquoi, s'enquit l'interrogateur ?

- Parce qu'en s'endormant, il ne détruit pas complètement le personnage fabriqué qu'il croit être. Il conserve ses images, ses goûts, ses peurs, ses propres principes. L'être. Et lorsqu'il dort, il rêve avec eux.

- Est-il possible de rêver sans eux, demanda la jeune fille ?

- Lorsque vous serez vide de vous-même, vous rêverez sans vous ! Cependant, le rêve est une forme de la vie, puisqu'il existe. Il montre une *réalité* à laquelle nous croyons pendant que nous croyons la vivre... Il montre que la *réalité* est molle, variable, incertaine, ainsi que le *goût* du monde. Et enfin, il nous convoque chaque fois à l'expérience de l'unité possible.

«Eveillé, je crois en une réalité qui n'est qu'une fiction dans la mesure où elle n'est qu'un point de vue sur un monde extraordinairement plus vaste. Pendant mes rêves, je crée une fiction à laquelle je crois sur une réalité dont les principes sont moins réduits et moins stables. Je brise mes propres frontières...

«La conscience éveillée est, elle aussi, comme un rêve. D'où vient-elle ? Les occasions, les événements qui lui permettent de se manifester, d'où viennent-ils ? Pourquoi ceux-ci et pas d'autres ?

«Dans ses rêves, l'homme rapproche les pôles de la dualité. Il crée un monde et il se crée dans ce monde. Ainsi peut-il reconnaître que la dualité et l'unité sont dans sa tête.

Nous gardâmes le silence quelque temps.

- Quelle est alors la signification de l'apparition de la femme dans le sommeil de l'homme, demandai-je ?

- *L'Adam fut créé complet*, fait de l'En-haut et de l'En-bas, âme et matière, créature d'Elohim et de YHVH, *le père et la mère*[132], comme il est dit. Cela nous enseigne que la naissance de la femme à partir d'une côte de l'Adam est une métaphore. Ce n'est pas tant la femme qui naît de l'homme que la suprématie de ce qu'elle représente.

«"*YHVH-Elohim prit une de ses côtes.*"[133] Il faut lire "*un de ses côtés*"[134], comme il est dit.

- Quel côté, demanda la jeune fille ?

- Le côté terre. L'Adam est âme et poussière, information et manifestation, verbe et matière. YHVH-Elohim dit : "*Que mon âme ne domine plus en l'homme parce qu'il est chair.*"[135] YHVH-Elohim lie l'âme à la matière, mais favorise un côté... Adama, la terre, est la mère de l'homme, son père est l'âme. "*Eve est la mère de tous les vivants.*"[136] La femme est le symbole du côté manifeste de la création. Elle représente aussi la conscience de l'autre.

«"*YHVH-Elohim forma l'homme*"[137], comme il est écrit. "*Il lui donne le penchant du bien et du mal*"[138], comme il est dit dans le Zohar de nos maîtres.

- Qu'est-ce que le penchant ?

- Le désir. L'individu s'actualise dans le désir. "*YHVH-Elohim forma la côte qu'il avait prise à l'homme*"[139], comme il est écrit. Cela signifie que YHVH-Elohim forma le désir dans l'homme.

«Pour attacher l'homme à la terre, il lui fallait un désir. Il lui fallait un côté de lui-même qu'il pût connaître et reconnaître, désirer. Il lui manquait un manque. C'est ainsi que la femme apparaît. Elle sera le lien entre l'âme et la matière. Le mot qui la désigne, *ichah*, se décompose ainsi : *éch*, le feu ; *hé*, l'âme. "*L'âme de vie est entrée dans la poussière, qui est comme le féminin fécondé par le masculin*"[140], comme il est dit. Le feu du désir lie l'âme à la terre. Ce lien est son complément : "*Et ils ne formeront qu'une seule chair.*"[141] "*YHVH-Elohim ferma la chair à sa place*"[142], comme il est écrit. L'homme a un désir intérieur qu'il ne connaît que comme un manque. Une côte, un côté manquant.

- Pourquoi dans le sommeil ?

- Dans ses rêves, l'homme se regarde. Et il voit des formes de lui-même. "*Leur côte à côte fut brisé*"[143], comme il est dit, "*pour qu'ils en viennent à se voir face à face.*" Il a nommé les animaux et il n'a pas vu son "*aide semblable contre lui*"[144], son complément. Il dort et il le conçoit.

«D'abord le sommeil, ensuite le désir, enfin la mort.

«Alors, céla il té siffit ?

- A-t-on jamais assez étudié, protestai-je, de peur qu'Isaac ne renonçât à me recevoir ? Entre la dualité et l'union, n'y a-t-il pas la parole ?

- Arch, ça né té siffit pas. Ti n'as rien d'autre à faire ? Travailler ?

- Je travaille pour vivre, je ne vis pas pour travailler. Je levai mon verre à l'Eternité de ce principe. Il n'y a rien de plus important à faire que ce que nous avons fait ce soir.

- Oui, rien dé miéux, approuva Isaac sérieusement.

Nos voisins s'en allèrent. Je crois que le jeune homme bougonna que lui, il connaissait quelque chose de mieux à faire. Je questionnai une dernière fois :

- S'il n'y avait pas l'opinion, comment pourrions-nous distinguer la vérité ? Le bien et le mal ne sont-ils pas nécessaires à l'illumination du vrai ?

Il réfléchit un instant en se tenant le menton, puis il fit tomber ses lunettes de son front à son nez en levant les sourcils.

- C'est bien, ce que tu dis. La création est une extension de l'absolu, commença-t-il lentement. L'homme participe à la fois de la création et de l'absolu. Il est terre, souffle et âme, matière et Esprit. Son origine et son destin sont de l'absolu. "*Derrière, devant tu m'enserres et tu mets la main sur moi*"[145], comme il est écrit. Derrière, c'est le commencement ; devant c'est l'Un ; l'âme est au-dessus.

«La création a jailli de l'*aleph* d'où sont sortis *beth* et *Bara*. L'homme leur apporte le verbe être, puis l'étirement des verbes. Mais créer et être se réunissent dans la bénédiction : "*Sois béni, Adonaï Elohim qui a créé...*" Au soir du sixième jour, l'Adam est l'homme. L'homme que nous sommes. L'homme qui crée le monde dans lequel il vit parce qu'il crée l'être qui vit dans le monde. La création, ou plus exactement le cycle de création auquel nous appartenons, est achevé. Tous les éléments fondamentaux de l'histoire de l'homme ont été introduits. L'histoire commence. Et c'est déjà, le temps de la révélation et avec lui le temps de la quête de l'Esprit perdu, de la lumière originelle et de la raison d'être. L'histoire est celle du retour, l'éternel retour de l'âme qui se cherche. La lumière originelle se dirige vers elle-même.

«L'homme, devenu individu, ne sait plus retrouver l'âme ; il ne sais pas abandonner l'individu qu'il est. Voici, il est égaré dans sa propre création. "*Il est devenu comme l'un de nous*", dit l'Eternel...

«Dans la dualité, la qualité suprême est la transcendance. Le paradis, le jardin en Eden, n'est pas un lieu, ni dans la vie, ni dans la mort. C'est plus encore qu'un état d'esprit, c'est l'émergence de l'âme qui, enrichie de la conscience d'elle-même, grâce à l'être, relativise l'être jusqu'à l'annuler, en conservant la conscience.

«Ou encore, l'unité qui advient lorsque le créateur du principe de création devenu créature dans la création se retrouve en tant que créateur, grâce au principe.

«Dieu, pour se connaître, si l'on peut dire, doit se diviser puis s'unir. "*Et le souffle d'Elohim se mouvait à la surface de l'abîme*"[146], "*Elohim sépare la lumière et les ténèbres*"[147], comme il est écrit. Voilà qu'Il se divise.

«L'homme doit connaître la création pour connaître son âme qui est l'essence de la création. L'homme de terre et d'âme doit se connaître lui-même, se créer dans la terre et dans la dualité, être, se perdre, pour se découvrir. Dans ce parcours, la connaissance du bien et du mal est une étape obligatoire. On ne peut pas transcender ce que l'on n'a pas connu, on ne peut pas renoncer à ce que l'on n'a pas rencontré. Je me regarde, poursuivit Isaac en regardant dans la paume de sa main, ce n'est pas être *ou* ne pas être ; il faut être, *puis* ne pas être. "*Ce jour-là YHVH sera un et son nom sera un*"[148], comme il est écrit. Voilà qu'Il s'unit.»

Cette fois encore, je sortai étourdi. Comme un alchimiste, rabbi Isaac distillait une pierre philosophale à partir d'un amas de concepts. J'avais l'impression de n'en recevoir que l'ivresse, pourtant cet alcool de mots touchait l'essence des choses et me transformait. Il assainissait ma mémoire dans un grand nettoyage où les idées de péché originel, de serpent malicieux et d'une pomme croquée disparaissaient dans les ténèbres qu'elles évoquaient.

En quelques bonds mon rabbi avait transmué la malédiction en un passage momentané plus auto-infligé qu'acquis et en avait montré l'issue. Ce n'était plus un péché mais une action originelle que l'on pouvait défaire en cessant de refuser la vie.

La dualité de Dieu était celle du vrai et du faux, la mienne se poursuivait avec le bien et le mal, le bon et le mauvais, le mien et l'autre, moi et autrui. En un mot ma subjectivité me fondait hors du jardin et brisait l'image symbolique de ma ressemblance avec Dieu.

Mangeant les fruits de quelques arbres et non de tous, je manifestais une étape obligatoire sur un parcours nécessaire. Nécessaire à l'infini, à la création, à son témoin, moi. La différence entre le bien et le mal était devenue, non une action mais un refus ; et avec lui, mon appropriation d'une fraction de possible. Choisir et s'enfermer.

La dualité principielle se poursuivait dans le désir personnel, bientôt l'écho d'un manque. Elle s'affermissait avec la ruse, stratégie du désir, la lucidité, principe de l'intelligence et l'oubli de la résonance du néant contenu en tout.

Pourtant, l'amour naissait de ce choix, confirmant sa nécessité et l'ouvrant sur autre chose.

Je pouvais maintenant sortir de la dualité, et du monde subjectif. Une contemplation qui excluait choisir me le permettait, en m'offrant la beauté d'un monde entier, sans le fractionnement, porte d'une ressemblance métaphysique avec son créateur, un point de vue sur moi-même.

Chapitre 3

Chabbat

«Vanité, buée, vacuité des vacuités, dit l'Ecclésiaste. Vacuité des vacuités, tout est vacuité.»
Ecclésiaste 1 :2

«Gens au cœur fier (qui croyez en votre réalité).»
Isaïe 46 :12

Le troisième jour

«*Chabbat chalom*, rabbi Isaac !

- Arch, né m'appelle pas rabbi, répondit Isaac avec bonne humeur.

C'était un vendredi. Je précédais le chabbat de quelques heures.

- Ti viens encore mé sicer la cirvelle (sucer la cervelle).

- Celui qui étudie la Thora et ne l'enseigne pas, "*il aurait mieux valu pour lui ne pas avoir été créé*", lit-on dans Haguiga[149], dis-je en souriant.

- N'invente pas le Talmud !

Bien qu'il ne voulût rien en laisser paraître, j'en étais sûr, Isaac Goldman était heureux de notre amitié.

- Pour moi vous êtes rabbi.

- Je ne suis le rabbi de personne.

- Et pourquoi cette modestie... Je ne connais personne en dehors de vous qui porte son chapeau chez lui.

- Le chapeau ne fait pas le rabbi, comme chacun sait. Je ne suis pas assez orthodoxe ! dit-il d'une voix aiguë, et je ne suis pas assez pur, ajouta-t-il d'une voix plus sourde. Le rabbi doit être un juste parfait.

- Je n'ai que le rabbi que je mérite, dis-je alors que je commençais à douter de mon enjouement, mais je crois que c'est plutôt moi qui ne vous mérite pas.

Nous nous regardâmes longuement jusqu'à en sourire.

«Je ne juge jamais de la pureté d'autrui, dis-je, sentencieux.

- Tu as raison, mais je juge de la mienne, si tu me permets.

- "*Nul ne croit jamais mériter la grâce*", disait Ramdas, un sage hindou.

- Hum, il a raison... médita Isaac, mais qu'est-ce que tu fabriques avec un hindou ?

Mieux valait éviter de répondre.

- Vous m'avez promis de me parler de Chabbat.

- Et en plus, tu mens ?

- N'avez-vous pas déclaré que Béréchit, Chabbat et le Tétragramme[150] étaient pour vous la Thora tout entière ?

- Ce n'est pas la même chose. Ne plaisante pas avec la vérité, dit-il sérieusement.

- Aujourd'hui est un vendredi, n'est-ce pas le meilleur jour pour étudier Chabbat ?

Il grommela quelque chose en yiddish ou en polonais.

- D'accooord, dit-il en tournant la tête de droite à gauche. Et aujourd'hui nous boirons notre thé.

Il s'enfouit dans la cuisine. Je l'y suivis. J'avais apporté un embout en caoutchouc pour le robinet éclabousseur de l'évier. Il le regarda avec intérêt.

- Et ça empêche l'eau de rébondir... quelle merveille, et si simple !

- Cela existe depuis longtemps, rabbi.

- Oui ? Où ?!

- Chez les quincailliers.

- Arch, je n'ai pas une tête à aller chez les quincailliers. Tu me vois démander : jé foudrais ine prépice pir ine robinette circoncise.

- Quel est le sens de Chabbat, demandai-je ?

- Aussitôt après les cieux Elohim créa la terre, aussitôt après les ténèbres, Elohim créa la lumière. Après l'homme, YHVH-Elohim créa le Chabbat.

- Alors, c'est le septième jour.

- Béréchit, au commencement, "*il créa six et le septième*"[151], six et Elohim. Le septième est différent.

- Quelle est la différence ?

- Le septième jour, l'homme peut approcher la ressemblance de Dieu à nouveau. L'En-haut est comme l'En-bas.

Nous étions retournés dans la pièce principale. Rabbi Isaac tira quelques livres de sa bibliothèque, comme il avait coutume de le faire avant nos séances d'étude. Il les plaça sur la table, à sa droite.

«"*Dieu acheva au septième jour son œuvre qu'il avait faite*"[152], comme il est écrit. Le septième jour, Dieu achève.

- Que fait-il ?

- Ce jour-là, il fait sans faire : il crée le Chabbat, puis, "*il se reposa au sep-*

tième jour de toute son œuvre qu'il avait faite"[153], comme il est écrit. D'abord il achève, ensuite il se repose.

- De quoi Dieu peut-il vouloir se reposer ?

- Voilà la bonne question ! s'exclama Isaac avec enthousiasme. Le verbe "chabbat" signifie se reposer dans le sens de cesser. Cesser une action. Qu'est-ce que Dieu faisait avant Chabbat ?

- Il créait.

- Oui et non, il créait, mais comment ?

- ?

- Elohim dit : "*Que la lumière soit. Et la lumière fut*"[154], comme il est écrit. Il parlait, gronda le rabbi. Lorsqu'Elohim se repose, il cesse quoi ?

- De parler.

- Il se tait. D'abord *Elohim dit*, dire pour créer (*amira*) exprime la volonté. Ensuite il se tait et il cesse de vouloir.

«La Thora nous raconte ce que Dieu fait, pour nous enseigner ce que, nous aussi, nous devons faire. La Thora de Dieu nous montre la ressemblance et le chemin à suivre pour l'atteindre.

«Le septième jour YHVH-Elohim cessa (*vayichboth*). Il se tut. Et nous-même, nous célébrons le septième jour en *cessant* à notre tour. Nous cessons toutes les activités de la semaine, nous cessons d'agir sur le monde, nous cessons de le façonner et nous cessons de parler ; nous aussi devons nous taire et retrouver, dans le silence, la ressemblance. Ressemblance seulement, car le *dire* de Dieu (*amira*) n'est pas le parler de l'homme (*davar*). Dieu crée l'ordre de la parole, son principe, l'homme l'utilise.»

Rabbi Isaac changeait de voix, il parlait plus calmement. J'allais servir le thé, mais il ne me laissa pas faire. Il versa peu de liquide dans sa tasse et y introduisit des morceaux de sucre un à un presque jusqu'à le faire déborder.

«Le thé, c'est dégueulasse sans sucre ! Bon continuons.

«La parole crée la personne qui parle, nous l'avons vu avec l'Adam. Dieu donne le Chabbat pour que l'homme retrouve le silence et avec lui, qu'il retrouve son âme. L'homme cesse donc de créer en parole. C'est le silence extérieur. Il cesse de penser en parole, c'est le silence intérieur. Ce silence complet ressemble à *Eïn-Eïn-sof*, le sans-sans-fin, l'infini, béni soit-il.

De temps en temps mon regard s'accrochait à l'une ou l'autre des inscriptions sur les murs et mon cœur se saisissait d'un irrépressible sentiment de tragique. Des juifs, jadis, avaient sans doute prié ici, peut-être avaient-ils commenté la Thora et le Talmud. Chaque matin, les hommes portant leur *tephillim*[155] avaient loué Dieu et la création la face tournée vers ces murs où plus tard, quand ils sentirent la mort approcher, ils gravèrent leurs noms, qui étaient d'assourdissants appels contre le silence.

«Tu écoutes !

«Sur le monde d'Elohim, l'Adam avait créé son propre monde, et il s'y était perdu. Egaré. Chabbat est le chemin du retour vers l'Eden.

- Comment faut-il le parcourir ?

- Pendant Chabbat, l'homme peut regarder le monde comme s'il n'était que des images, et il peut regarder ces images comme des représentations de ses goûts et de ses jugements, des concepts qu'il leur impose, des opinions mémorisées qu'il leur plaque. Chabbat permet de briser nos images, pour nous détacher d'elles, et de prendre la *réalité* avec la liberté de l'âme. Ainsi il est possible de différencier entre ce qui appartient à l'individu et ce qui vient de Dieu. C'est pourquoi je dis que Chabbat est le centre du judaïsme, car il conduit à la ressemblance de Dieu.»

Rabbi Isaac partit très loin, dans un Chabbat insoupçonnable. J'avais le sentiment qu'il allait vérifier ce qu'il disait, au plus profond de lui-même.

«Chabbat est la méditation contemplative du judaïsme.

- Que médite-t-on ?

- Nous regardons et connaissons le monde sans la personne que nous nous sommes fabriquée, comme avant la connaissance du bien et du mal. "*Interroge les temps anciens qui t'ont précédé depuis le jour où Elohim a créé l'homme sur la terre d'une extrémité du ciel à l'autre*"[156], comme il est écrit. Ceci nous enseigne que l'Adam, métaphoriquement, occupait la totalité de l'espace. Nous pouvons en déduire qu'il était l'espace et la création, qu'il ne concevait pas de séparation, de fractionnement.

«Interrogeons donc les temps d'avant le rétrécissement de l'Adam, le temps où l'Adam nommait les choses mais ne parlait pas, le temps où l'Adam regardait le monde sans s'y concevoir. Nos maîtres précisent : "*Depuis le jours où Elohim a créé l'homme*", etc... et non avant, car cela est inutile. C'est l'Adam qui nous permet de comprendre la création. C'est en soi-même qu'on la saisit.

- Comment ferons-nous ?

- D'abord, comme toujours, nous nous mettrons dans la bonne orientation. Et avant tout, nous nous demanderons ce que nous devons chercher.

«Nos rabbis nous préviennent : il ne faut pas croire que Dieu a créé le monde en six jours et qu'Il l'a ensuite laissé. "*Il fit durer l'univers tel qu'il était au septième jour*"[157], nous dit Maïmonide, notre maître. "*L'Esprit de Dieu* (son souffle) *amène la création continuellement du néant à l'existence et lui permet d'exister*"[158], comme il est dit. "*La création est une création continue*"[159], comme il est dit encore. "*Il renouvelle chaque jour, constamment l'œuvre du commencement*"[160], écrit David, notre maître. L'œuvre du commencement, c'est le principe *BÉRÉCHit*, en tête et créer. Dieu crée et recrée le monde à chaque instant. Voilà l'orientation.

Je ne comprenais pas.

- Il crée constamment, ou cesse-t-il ?

- Sois patient. Le septième jour, YHVH-Elohim maintient la création, c'est pourquoi nous célébrons ce jour, et nous disons : "*Béni sois-tu Adonaï Elohim qui nous a permis de vivre jusqu'au moment présent.*"[161] Jusqu'à ce moment, jusqu'à maintenant, jusqu'à voir et concevoir le moment de cet instant, de vivre jusqu'à la conscience de l'instant dans lequel je vis cet instant en toute conscience.

Isaac but un peu de sa mélasse à base de thé.

«L'homme ressemble à Dieu, conclut-il. "*Faisons l'homme à notre ressemblance.*"[162] L'Esprit de Dieu, son souffle, pénètre chaque homme, "*Il souffla dans ses narines un souffle de vie*"[163], comme il est écrit. Ainsi l'homme aussi crée son monde, et il le crée à chaque instant en même temps qu'il s'amène à l'existence. Il va continuellement du néant à l'existence.

- Et nous cherchons un instant ?
- Maintenant tu devrais me demander, combien de temps dure un instant.
- Décidément, les juifs sont précis.
- "*La cinquante-huit-mille-huit-cent-quatre-vingt-huitième partie d'une heure*"...[164]
Je calculai rapidement.
- ... un seizième de seconde...
- "*Ou le temps qu'il faut pour prononcer le mot*"[165], comme il est dit. Cela nous enseigne que la réalité n'existe pas toute seule, qu'il faut qu'elle soit recréée tout le temps, à chaque instant.

«Chabbat est la clef offerte à l'homme pour retrouver cette ressemblance, ainsi que le temps pour la chercher, car il l'oublie.

«Le septième jour, on peut aller à la *yéshiva* ou à la synagogue pour étudier et prier, seul ou avec d'autres ; l'essentiel est de penser à Dieu, "*de tout son cœur, de toute son âme, de toute son intensité*"[166], comme il est prescrit.

«On peut aussi faire comme Dieu. Pendant Chabbat, l'homme peut observer la création en création, dans l'immédiat de l'instant où Dieu la tire du néant à nouveau.

«Comme Dieu, tous les jours de la semaine, l'homme crée son œuvre, son monde, il se crée dans son monde, il agit, construit, façonne. Il se perd dans sa création et dans son existence.

«Le jour de Chabbat, alors qu'il cesse toute activité, il peut se regarder et se comprendre comme étant lui-même une création, un phénomène créé et maintenu par lui-même à chaque instant.

«Sa création ne se révèle pas à lui pendant qu'il la crée, mais dans le regard qu'il pose sur elle lorsqu'il cesse de la créer et de se créer avec elle.

«Tu comprends mieux ce que je viens de dire si je me tais. Alors que si je continue à parler, tu suis le flot de sens qui se déverse sur ton intelligence. Il se tut.

Une flamme de colère parcourut les yeux du rabbi dont le visage affichait un immense accablement.

«Chabbat n'est pas une histoire d'interrupteur !

«Le samedi, certains juifs croient obéir au commandement du Chabbat en le contournant, déformant l'esprit et gardant l'apparence de la lettre. Comme il est interdit d'allumer la lumière, ils laissent certaines pièces éclairées toute la nuit du vendredi et toute la journée du samedi ; ou encore, pour éviter d'allumer le feu, ils demandent à leur concierge non juif de mettre la cuisinière en marche. Pour ne pas manipuler d'argent, ils tendent leur porte-monnaie au commerçant qui y puise lui-même. Dans certains grands immeubles en Israël il existe, à l'usage des pieux, des ascenseurs qui, le samedi, sont programmés pour s'arrêter à tous les étages ; ainsi les usagers évitent d'avoir à appuyer sur un bouton. L'hypocrisie et l'ignorance ont de l'imagination.

«Comment peut-on espérer rouler Dieu ainsi ! A quoi bon même essayer !

Il s'emportait. "Qui croit-on tromper ?" Je crois qu'il jouait avec des effets de voix, parce qu'il se calma immédiatement pour pratiquer la raison.

«S'il est interdit d'allumer la lumière, c'est pour que tu restes dans le noir... Ce jour-là tu dois faire ce que tu ne fais pas les autres jours : rien.

C'est l'esprit du Chabbat qu'il faut respecter, ses raisons profondes. Dieu a donné le Chabbat afin que chacun puisse le pratiquer, et le pratiquant, connaître l'essence de la Création. Que ceux qui décident de s'en occuper ne fassent pas semblant. "*Vous serez pour moi un royaume de prêtres*"[166], comme il est écrit. Cela signifie que chacun doit se considérer comme son propre prêtre, comme un sacrificateur de l'individu pour la connaissance de l'absolu, et comme personnellement investi de la mission de chercher, de comprendre, d'expliquer et de respecter les indications spirituelles. Approchons Dieu comme des prêtres.

«Lorsque tu ne fais rien, tu peux mieux voir ce que tu as fait, et dans ce que tu as fait, ce que tu es. Dans ton immobilité, tu peux percevoir ton souffle, et dans ton souffle, le souffle que Dieu souffle en toi, le principe même de ta vie et dans celui-ci celui de la vie.

«Chabbat est un commandement. Cesser n'est pas un loisir, c'est un ordre. Celui qui veut travailler croit perdre son temps à ne rien faire, celui qui aime étudier croit perdre son temps à regarder le temps passer, celui qui aime parler croit être puni, celui qui voudrait partir en week-end tourne en rond chez lui, celui qui désirerait se distraire se trouve prisonnier de lui-même dans le silence. Rien n'est aussi difficile que *ne rien faire*. Chabbat est le commandement du silence, de l'inactivité. Dieu commande le silence afin que l'homme puisse essayer de comprendre et peut-être de percevoir ce qu'il est, ce qui le crée et le processus de création. Dans l'En-haut et dans l'En-bas.»

Nous restâmes sans parler pendant plusieurs minutes. Isaac avait pénétré le sceau du silence ; j'essayais de l'y suivre, observant l'instant, le seizième de seconde, de création du monde, et l'instant de destruction du monde, en quelque sorte ma pulsion de concevoir le monde. Je dirais que l'instant dure le temps d'un battement de paupière, parce que je ne l'aperçois que lorsque j'y suis attentif.

Lorsque nous revînmes au monde, j'interrogeai en feuilletant la Thora qui était posée devant nous sur la table.

«Il y a deux Chabbats, si je me souviens bien. D'une part, il est écrit : "*Souviens toi du jours de repos*"[167], et d'autre part, il est écrit : "*Garde le jour du repos*"[168], d'un côté "*car en six jours l'Eternel a fait les cieux et la terre et le septième jour il a cessé son œuvre et il s'est reposé*"[169], et de l'autre "*tu te souviendras que tu as été esclave au pays d'Egypte et que* YHVH-*Elohim t'en a fait sortir*"[170], etc... Pendant que je feuilletais les pages et lisais, il hochait la tête avec satisfaction en clignant des yeux.

- Très bien, mais il y a trop de questions dans ta question.

«L'étincelle divine déposée en l'homme lui sert à créer des mondes. Elle lui sert aussi à en sortir, ajouta rabbi Isaac en levant l'index, et à connaître Dieu. Qu'y a-t-il de l'autre côté ? Voilà la sens de la première question que tu poses.

- Je la pose, m'empressai-je de déclarer.

- Il y a Dieu et l'immensité de l'Infini, béni soit-il, là où chaque phénomène est avec sa cause, là où Dieu et sa création sont unis.

«C'est pourquoi Chabbat est la méditation qui conduit à Dieu, car Chabbat nous mène là où il y a union et non plus séparation, du créateur, de la créature et du verbe *créer*.

«Ainsi Chabbat est une forme de BéRéCHit. BéRéCHit est le commencement du déploiement de la cause. Chabbat nous ramène à la cause, dans l'éternel instant du commencement du déploiement. Garder le Chabbat pour préserver l'âme de se perdre et afin de lui permettre de se retrouver.

«Chabbat achève le cycle d'un temps et ouvre le suivant, sept jours, une année, une vie, nos propres étapes ou un instant.

«"*Nul ne peut me voir et vivre*"[171], est-il écrit, c'est pourquoi, il est dit que "*Chabbat est un soixantième du monde à venir*"[172], autrement dit la mort. Un soixantième et non la transformation complète. Chabbat est la méthode spirituelle, à l'usage de tous les hommes, qui permet de ressentir et de connaître le principe de réalité, le monde futur, de s'élever vers la lumière.

Il soupira, respira bruyamment, puis nous gardâmes le silence quelque temps encore.

«Reprenons ta question. Pour l'homme, le plus important est-ce la semaine ou le Chabbat ? "*Vous garderez mes Chabbats.*"[173] Le Chabbat est le moment où il accomplit le commandement de la sanctification, dans l'imitation de l'attitude de Dieu : "*Elohim bénit le septième jour, le consacre*"[174], comme il est écrit. Elohim achève son œuvre, la regarde, la sanctifie. Chabbat est le don de la sacralité. Il appelle l'homme à participer à l'expérience de la sacralité du monde. Nous ouvrons ce jour en priant ainsi : "*Béni sois-tu Adonaï Elohim, roi de l'univers, qui sépares le sacré du profane, la lumière des ténèbres.*"[175]

Rabbi Isaac se leva pour retirer ses lunettes de la poche de sa veste jetée sur le fauteuil, les chaussa, revint s'asseoir, poussa son chapeau sur sa nuque, prit le Zohar et s'adossa à sa chaise. Il lut silencieusement puis raconta.

«"*Il y a deux Chabbats ?*", demande rabbi Eléazar dans le Zohar.[176] Oui, celui de l'En-haut et celui de l'En-bas.

Isaac pointait son index dans ces directions.

«Celui de l'En-haut, il faut le garder et s'en souvenir, celui de l'En-bas, il faut le garder seulement. Garder, c'est la sainteté du Chabbat, s'en souvenir, c'est le rendre proche de soi. Celui de l'En-haut appartient au septième jour, il nous révèle YHVH-Elohim, béni soit-il, et l'œuvre de la création : le principe et le modèle. Celui de l'En-bas appartient à l'homme. Il lui permet de regarder l'homme qu'il est, le temps et la création en se retirant d'eux, de séparer le sacré du profane. C'est celui de la sortie d'Egypte.

Il me regarda droit dans les yeux.

«"*A chaque génération chacun doit se considérer comme s'il était lui-même sorti d'Egypte*"[177], comme il est dit. Le Chabbat te délivre de l'esclavage : celui de l'homme, "*esclave nous étions en Egypte*", etc...[178] et celui du monde, "*c'est à force de peine que tu tireras ta nourriture*", etc...[179]

«Il faut l'observer pour s'en souvenir, il faut s'en souvenir pour le garder. Mais, continuons, reprit-il.

Il posa son index sur la Thora fermée.

«"*Vous garderez mes Chabbats et vous craindrez mon sanctuaire.*"[180] Le sanctuaire de Dieu est l'homme avant tout, car en l'homme est contenue l'âme de Dieu ; comme il est écrit : "*J'ai fait de vous mon sanctuaire.*"[181] Le lieu sacré est bien le saint du saint de la synagogue (de Jérusalem), le chœur de l'église, mais plus sacré encore est l'homme lui-même. Toi. Il prit ma main en se penchant vers moi, toi, répéta-t-il.

- Bien sûr, dis-je, ému par l'intensité qui émanait du rabbi.

- La crainte de Dieu est le sentiment aiguë (il détacha les mots) ultime de la fragilité du sacré, et de l'extrême beauté de toute chose prise dans sa sacralité. "*Vous craindrez mon sanctuaire*" : le Saint, béni soit-il, nous appelle au respect aigu de soi-même en tant que l'hôte de l'ultime sainteté ; cette crainte, qui n'est pas une peur mais l'appel de l'union, est la justification de la religion.

Il se laissa tomber sur le dossier de sa chaise pour ajouter dans un soupir :

«A l'homme de l'assumer. Il se tut. Ajouta : S'en souvenir et le garder...

Silence...

«"*C'est le commencement de la sagesse...*"[182]

Il regarda le nulle part avec insistance... Il se tourna vers la fenêtre. Le soleil avait décliné, le jour devenait foncé.

«Il est temps d'aller à la synagogue. Chabbat va commencer. Tu as une *kipa*[183] avec toi ?

- Non.»

Il alla en chercher une dans sa chambre à coucher. J'y pénétrais pour la première fois. Les meubles y étaient vieux, comme ceux du salon. Un lit double au centre, une armoire, un fauteuil, une autre bibliothèque elle aussi surchargée de livres. N'avait-elle pas de fenêtres ou les rideaux étaient-ils tirés ? Je ne m'en souviens pas. Dans un cadre, sur la lampe de chevet, à côté d'un roman de Kafka, une photo de femme, un sourire timide, une coiffure démodée. Pas d'inscriptions sur les murs.

Nous sortîmes.

Dans la cour, l'éternel linge multicolore pendait aux fenêtres comme des étendards pour familles nombreuses. Le vieux robinet de la fontaine commune laissait son filet d'eau continu éclabousser les gros pavés arrondis autour desquels la mousse, cette verdure du pauvre, proliférait sans soin. Les enfants de toutes races qui jouaient à la balle se précipitèrent au-devant de *monsieur* Isaac qui les embrassa.

«Le jardin d'Eden en vérité !... J'aime regarder les choses avec vous.

Je commençais à penser que la religion était moins sotte lorsque rabbi Isaac parlait d'elle, avec elle. Au premier degré d'une lecture par ailleurs influencée par la rumeur moralisante et directive, elle m'avait été insupportable. Je pris conscience qu'une fissure était apparue dans mon édifice monolithique de mépris de la chose religieuse. Je ne la reconnaissais encore que vaguement, bien que je disse en plaisantant, peut-être un peu trop sérieusement :

«Je vais beaucoup changer avec vous, ne croyez-vous pas ?

- Je sais.

Il poursuivit, avare d'effusion :

«La sacralité se situe en tout lieu, et en tout temps...

Nous traversâmes la première cour puis nous atteignîmes la rue...

«Rabbi Meïr disait au nom du Seigneur : "*Que la crainte que je t'inspire soit devant tes yeux.*"[184] Devant tes yeux, non dans ton cœur.

«L'amour que tu es capable de porter à quelque chose, une femme, un enfant, une idée, porte-le à toute chose. Voilà encore la crainte de Dieu et le commencement de la sagesse. Ajouter et non exclure, transformer et non rejeter, attirer et non choisir, afin de ne pas devenir idolâtre.

Nous commencions notre pèlerinage aux multiples stations. Il s'arrêta et me regarda.

«L'amour que tu éprouves pour un être, porte-le à tous les êtres. Si tu projettes le goût de l'amour que te procure l'expérience de l'amour, sur toute chose, pour tout ouvrir et tout changer, il devient une expérience émotionnelle de la sainteté. Mets-le comme la crainte, devant tes yeux. C'est à cela qu'il sert, ajouta le maître en me prenant le bras.

Je le sentis très proche de moi pour la première fois. Ce geste, sûrement assez impersonnel pour un vieux polonais, avait pour moi le sens de l'intimité presque filiale. Je crus qu'il m'avait peut-être accepté dans son clan.

«Aime ton prochain comme toi-même, mais si tu ne sais pas comment faire, ou si tu ne t'aimes pas toi-même, aime ton prochain comme tu aimes quand tu aimes. Essaye de répandre cette émotion.

Nous fîmes quelques pas. Un vacarme musical sortait du *Club de l'Orient* avec une haleine de bière, de cigarette et de café. Les clameurs venant de la salle de jeu résonnaient l'enthousiasme et la protestation.

Je pensais à Blaise Pascal : "*Le premier effet de l'amour est le respect qu'il inspire.*" Le rabbi n'utilisait pas les mêmes références. Il continuait ignorant mes pensées :

«Garde le Chabbat en tous lieux, en tout temps, mais si tu l'oublies, si tu t'es laissé attirer par le monde, si tu as été absorbé par toi-même, alors samedi, dès vendredi soir, cesse tout et tais-toi. Si tu parles, alors seulement de la Thora et des enseignements de nos maîtres. Retourne au centre de toi-même.»

Dans la rue Ramponeau et sur le boulevard de Belleville, les magasins et les restaurants avaient fermé. Leurs propriétaires accomplissaient ainsi le quatrième commandement : "*Tu ne feras aucun ouvrage, ni toi, ni ton fils, ni ta fille, ni ton servant, ni ta servante, ni ton bœuf ni ton âne, ni aucune de tes bêtes, ni l'étranger qui est dans tes portes, afin qu'ils se reposent comme toi.*"[185] Il régnait un calme de jour férié. En groupe, des hommes portant chapeau marchaient lentement vers leur synagogue en discutant. Garçons et filles jouaient aux jeux de la séduction et de l'orgueil. Les Africains et les Arabes avaient revêtu leurs plus belles djellabas. Pour eux aussi, ce jour avait un sens. A la boucherie musulmane, on se pressait pour acheter le morceau de viande destiné au couscous royal du vendredi.

«Si l'homme n'avait pas connu le bien et le mal, aurait-il besoin du Chabbat ?

- Chabbat était prévu avant la faute. C'est pourquoi je t'ai dit que l'homme devait prendre cette connaissance du bien et du mal. Il devait choisir, il *devait* se créer en tant qu'individu. "*L'homme quittera son père et sa mère et s'attachera à sa femme.*"[186] Il est dans sa nature d'être.

- Chabbat Chalom !

- Chabbat Chalom, comment vas-tu ?

- Qui est-ce, demanda en me regardant cet homme qui s'était approché d'Isaac.

- Un ami.

- Nouveau dans le quartier ?

- Non... mais je pense le convertir.

Rabbi Isaac saluait des gens, serrait des mains, échangeait quelques mots. J'aimais bien cette atmosphère de village.

- Chabbat Chalom !

- "*Lors de la nuit du Chabbat*, me dit-il à voix basse, *l'homme doit goûter à toutes les nourritures qu'il possède*", dit le Zohar.[187]

-C'est une allusion à la parole que Dieu adresse à l'Adam : "*De tous les arbres du jardin manger tu mangeras*", ajoutai-je.

Il me regarda avec satisfaction, comme s'il était soulagé. Je pense qu'il a cru à cet instant qu'il ne parlait pas pour rien. Je conclus :

- Le soir de Chabbat, il faut prendre la vie comme elle vient, sans la juger et sans rien choisir.

- C'est bien, se contenta-t-il de dire. Puis il ajouta : Chabbat élimine même le péché. Parce qu'il purifie. Le silence est une bénédiction aussi forte que la paix.

Nous étions un peu en avance. Rabbi Isaac ralentit son pas. Nous poursuivîmes notre marche au-delà de la synagogue. Devant un foyer de travailleurs africains, des hommes s'agglutinaient à sept ou huit sur les bancs, pour savourer le soir tombant et la douceur de l'amitié.

- Bonjour Monsieur Isaac, s'écria l'un d'eux.

- Chabbat chalom, leur déclara rabbi Isaac cérémonieusement.

Ils riaient ou souriaient.

- Salam alekoum, soufflèrent quelques-uns.

- Alekoum salam, répondit Isaac à leur salut.

La rue était calme, les hommes paisibles, et le ciel courtois.

Isaac leur dit :

«Savez-vous pourquoi les musulmans célèbrent le jour de repos le vendredi, les juifs le samedi et les chrétiens le dimanche ?

Tous attendaient, intéressés. Peut-être croyaient-ils comme moi qu'Isaac leur racontait une blague.

«Les juifs vivent dans le septième jour. La création est achevée et Dieu l'a donnée à l'Adam. L'homme est libre. Il doit sanctifier le monde ; il attend le messie c'est-à-dire le temps du retour vers Dieu. Les musulmans vivent dans le sixième jour. Pour eux, le monde n'a jamais quitté la toute-puissance d'Allah, béni soit-il, que son nom soit exalté, "*rien ne se fait sans lui*", comme il est dit dans le Coran. Les chrétiens ont trouvé leur messie. Ils vivent dans un monde où la révélation est advenue, ils la célèbrent le huitième jour.

- Alors nous ne vivons pas le même monde, s'écria l'un des hommes.

- Il y a des différences irréconciliables entre les religions, affirma un autre.

- Des bêtises ! tout cela... Des détails, lança Isaac au deuxième interlocuteur, Dieu n'est-il pas un seul ?

Tous approuvèrent dans le vague. S'adressant au premier, il répondit :

«C'est exact, nous ne vivons pas dans le même monde mais il n'y a qu'un Dieu.

«Certains maîtres enseignent les textes comme des leçons qu'ils ont apprises, et d'autres les interprètent à partir de la relation personnelle directe qu'ils ont avec Dieu. Ceux-là, juifs, chrétiens ou musulmans, connaissent tous le même Dieu et leurs livres ne leur servent que de moyens pour vous l'expliquer, pour vous permettre de participer. Et alors, il n'y a pas même un monde.

- ...Dieu est-il le maître du monde, ou est-ce l'homme ?

- Lorsque tu sauras ce qu'est Dieu, tu ne poseras pas cette question. Les maîtres doivent t'enseigner des moyens de connaître ce que tu cherches et d'y demeurer. Là, ta question n'existe pas, car il n'y a pas de différence entre toi et Dieu. Tu es avec Lui. Voilà l'essentiel. "*Comme tu es avec Lui, Il est avec toi*", comme il est dit.

Nous retournâmes sur nos pas.

«Que le fanatisme sorte de la religion ! Aucune n'en est affranchie.»

La synagogue était une ancienne boutique reconvertie. Des murs de parpaings avaient remplacé la vitrine et lui donnaient un air de précarité. Devant la porte, on se saluait cordialement, on discutait, on plaisantait. Les enfants inventaient des jeux. A l'intérieur, l'espace avait été divisé en deux pièces : celle qui était réservée aux hommes suivait la première, permise aux femmes. Des chaises pliantes réparties sans ordre constituaient le mobilier. Une vieille armoire couverte d'un rideau de velours rouge servait de tabernacle contenant les rouleaux de la Loi.

«*Louez l'Eternel qui est digne d'être loué.*

Loué soit l'Eternel qui est digne d'être loué à jamais.

Va, mon ami, au-devant de la face de la fiancée ; nous allons recevoir le Chabbat.

Observe et souviens-toi. En une parole unique, le Dieu nous fit entendre ; reconnu UN *; l'Eternel* UN *et son nom* UN*, pour son renom, sa gloire et sa louange.*

Venez au-devant du Chabbat et allons, car il est la source de la bénédiction ; dès l'origine, primitivement il fut couronné en pensée, conclusion de l'œuvre du début...

Secoue ta poussière, lève-toi ! Vêts-toi des vêtements de ta splendeur, mon peuple !... Réveille-toi ! Réveille-toi ! car elle arrive ta lumière ; lève-toi, brille ! Réveille-toi, réveille-toi, entonne un chant, la gloire de l'Eternel sur toi s'est révélée.»

Alors que nous sortions, un homme s'approcha d'Isaac.

«Vous venez dîner à la maison, monsieur Goldman ! Emmenez votre ami avec vous. Nous nous retrouvons là-bas», dit-il. Son épouse l'avait rejoint. Ils s'éloignèrent rapidement. Isaac prenait ses repas de Chabbat chez ses amis les Wolowsky.

Lorsque nous pénétrâmes dans la salle à manger de nos hôtes, la table était dressée. Les flammes des deux bougies de Chabbat scintillaient dans les jolies assiettes de porcelaine aux dessins bleus disposées sur la nappe blanche. Sur le buffet, des fleurs fraîches éclaboussaient les murs blancs de multiples couleurs. On sentait la fête dans la minutie amoureuse apportée aux préparatifs. Les enfants me regardaient sagement, leurs grands yeux ronds figés sur moi, la bouche entre-ouverte. Isaac les caressa, rectifia la kipa sur la tête du garçon.

Nous étions assis autour de la table.

Monsieur Wolowsky était un petit homme joufflu. Il portait un complet sombre, bien coupé, avec une cravate unie, sans histoire, qui lui taillait un air si classique qu'il hurlait le conformisme. Le lieu lui ressemblait, impersonnel jusque dans les touches les plus intimes. Sans audace malgré le scintillement des laques de la vitrine-bibliothèque où les bibelots-souvenirs me rappelait l'usine qui les avaient fabriqués plus que ce qu'ils évoquaient. La timidité du maître de maison se devinait sur lui et autour de lui.

Son front proéminent qui tombait sur des sourcils épais donnait à son visage de la force et de la ténacité. Un sourire mélancolique et un nez épaté qui suivait les mouvements de sa lèvre supérieure, atténuait l'aspect volontaire du haut de son visage en lui faisant une physionomie d'homme trop honnête, un peu ridicule. Il se leva et lut :

«Et il fut un soir, et il fut un matin, jour sixième.

«Tu es saint et ton nom est saint, et les saints à chaque jour te louent, Sélah ! Loué sois-tu, Eternel, Dieu, Roi, saint. Tu as consacré le jour le septième à ton nom, comme terme de l'œuvre du ciel et de la terre et tu l'as béni entre tous les jours, et tu l'as sanctifié entre toutes les époques, ainsi qu'il est écrit dans la loi : "Ils furent terminés le ciel et la terre et toute leur milice." Il eut terminé, Dieu, au jour septième son ouvrage qu'il avait fait, et il chôma au jour septième de tout son ouvrage qu'il avait fait. Et il bénit Dieu, le jour septième et le sanctifia, car en lui il chôma de tout son ouvrage qu'avait créé Dieu pour le faire.

«Notre Dieu est Dieu de nos pères ; agrée notre repos ; sanctifie-nous par tes commandements et donne notre part dans la loi ; rassasie-nous de ta bonté et réjouis-nous par ton secours, et purifie notre cœur pour te servir avec vérité et fais-nous posséder, Eternel notre Dieu, avec amour et avec bienveillance le Chabbat de ta sainteté et que se reposent en lui les enfants d'Israël qui sanctifient ton nom. Loué sois-tu Eternel, qui sanctifie le Chabbat.»

Notre hôte prononçait solennellement avec un accent à la Maurice Chevalier, en hésitant sur les mots. Il emplit la coupe du kiddouch, se leva en la tenant de sa main droite et lut :

«Loué sois-tu, Eternel notre Dieu, roi de l'univers, qui a créé le fruit de la vigne.

«Loué sois-tu, Eternel notre Dieu, roi de l'univers, qui nous a sanctifiés par tes commandements et c'est plus en nous, et le Chabbat de sa sainteté, avec amour et avec bienveillance, et nous as fait hériter du souvenir de l'œuvre de la création. Car c'est le jour du début pour les convocations de sainteté, souvenir de la sortie d'Egypte ; car de nous tu as fait choix, et nous tu as sanctifiés entre tous les peuples, et le Chabbat de ta sainteté avec amour et avec bienveillance tu nous as fait hériter. Loué sois-tu Eternel, qui sanctifie le Chabbat.»

Il but, passa la coupe à Isaac, et nous bûmes chacun à notre tour, du plus âgé au plus jeune des hommes, de la plus âgée à la plus jeune des femmes.

Monsieur Wolowsky prit ensuite un morceau de pain et dit :

«Loué sois-tu, Eternel notre Dieu, roi de l'univers, qui fais sortir le pain de la terre.

«Loué sois-tu, Eternel notre Dieu, roi de l'univers, qui nous a sanctifiés par tes commandements et nous a ordonné sur l'ablution des mains.»[188]

Madame Wolowsky apporta une serviette et un grand bol à demi plein d'eau dans lequel nous trempâmes nos doigts.

Sa grâce était dépourvue de vanité, elle portait une toilette de couleur beige que sa simplicité rapprochait de la robe des rabbins. De la dentelle agrémentait le col et les manches. Ses cheveux bruns tirant sur le roux se balançaient sur sa tête avec un rien de retard sur le mouvement du visage, comme une construction indépendante, rigide, brillante comme les meubles, à la mode des années cinquante.

Notre hôte rompit le pain, il dit :

«Loué sois-tu notre Père qui fais sortir le pain de la terre.

Madame Wolowsky rangea la coupe et apporta le repas en souriant.

- Qu'il est bon de célébrer la sainteté du temps, dit Monsieur Wolowsky avec noblesse, comme s'il cherchait à insuffler de la solennité à la conversation qu'il ouvrait.

«La force qui crée l'espace crée le temps, mais le précède dans l'Eternel Sans-fin, béni soit-il.»

Notre hôtesse s'intéressa fort gentiment à moi. Elle m'interrogea sur mes activités et mon origine, annulant ainsi l'effort que son mari avait déployé pour éviter que la conversation ne tombât dans l'anecdotique personnel mais demeurât plutôt sur la gloire de celui qui le dirige. Gloire soudain remise en question lorsque (je le devinai) on me soupçonna d'être goy.

Des photos pendues au murs rappelaient les ancêtres de la lignée de la maison ainsi que la génération montante. Culte du gène, amour de l'amour.

Je demandai à Isaac de me passer le pain en l'appelant "rabbi".

- Ce vaurien m'appelle rabbi ! s'exclama-t-il.

Avait-il rougi ? Avais-je fait une gaffe ? Sans aucun doute. Pour m'en sortir, je demandai :

Pourquoi la transgression du Chabbat est-elle punie de mort ? N'est-ce pas exagéré ?

Isaac découvrit ses dents dans un demi sourire, il hésita, puis il se décida :

- "*Quiconque le profanera mourir il mourra. Celui qui fera quelqu'ouvrage ce jour là sera retranché du milieu de son peuple*"[189], comme il est écrit.

J'interrompis :

- Cela se rapproche de l'avertissement : "*Car du jour où tu en mangeras* (de l'arbre de la connaissance du bien et du mal) *mourir tu mourras.*"[190]

Isaac reprit la parole :

- La connaissance du bien et du mal, l'opinion, qui forme la personne de l'individu, conduit à la connaissance de la séparation et donc à la mort. Chabbat doit nous rendre à l'état d'union. Celui qui le profane reste dans le monde profane, le monde de la séparation, le monde où règne la mort. Retournons l'avertissement. "*Quiconque le profanera mourra.*" Celui qui ne le profanera pas, mourra-t-il ? Ceci nous enseigne que celui qui ignore le Chabbat mourra, c'est comme si il était déjà mort. Cela signifie-t-il que celui qui respecte le Chabbat ne mourra pas ? Bien sûr que non. Il mourra aussi, mais en ayant la connaissance du monde à venir, c'est-à-dire de l'essence de la réalité.

- Quiconque le profanera mourra, condamné par le tribunal, dit monsieur Wolowsky sur un ton d'honnête homme sans état d'âme.

- Bien sûr, on peut lire ce verset ainsi, c'est le sens social de la loi. Il sera retranché de la communauté.

Un coup de vent éteignit une des bougies de Chabbat alors que la petite fille apportait le fromage. Mme Wolosky la ralluma.

«Mais Chabbat n'est pas un caprice de Dieu, poursuivit Isaac. On n'applique plus cette loi d'ailleurs, ajouta Isaac en regardant Madame Wolosky qui venait de la transgresser.

«Je propose de ce commandement une lecture spirituelle qui nous en donnerait le sens profond. Il est dit dans les Zohar : "*La violation de Chabbat est comparable à l'idolâtrie.*" Cela signifie que l'homme qui profane le Chabbat place quelque chose au-dessus de Dieu, il se croit meilleur juge, ou s'estime plus important que Dieu. Chabbat est le *qorban* (le sacrifice), qui a pour racine *qarov*, qui signifie approcher, monter. Pendant Chabbat, l'homme fait le sacrifice de ses activités habituelles pour se consacrer à lui-même, à son âme et à Dieu. Il fait le sacrifice de la contingence pour s'approcher de la permanence, il fait le sacrifice du relatif pour aller vers l'absolu, il fait le sacrifice du *moi* pour monter vers Lui, "*afin qu'ils ne fassent qu'un dans ta main*"[191], comme il est écrit.

«A celui qui célébrera le Chabbat, écoutez ce que le Saint, béni soit-il, promet : "*C'est un signe entre moi et vous, et vos descendants pour me connaître, oui, moi YHVH votre consécrateur.*"[192] Pour connaître ! dit rabbi Isaac avec emphase, pour connaître, répéta-t-il les yeux écarquillés. Il jeta un coup d'œil aux enfants comme s'il voulait anesthésier leurs oreilles. *Da'at*, connaître, est un mot très fort, il signifie pénétrer, unir, faire l'expérience avec la pensée, le corps et l'âme. Pour connaître quoi ? Il détacha les mots. "*Oui, moi YHVH.*" Chabbat pour connaître YHVH, résuma-t-il, connaître YHVH pour se délivrer de la mort.

«Chabbat a la même force qu'un renouvellement de l'alliance.»

Au dessert, il prit un ton plus conciliant, comme s'il racontait une anecdote. J'eus l'impression que monsieur Wolosky ne connaissait pas le même Isaac que moi.

«Après qu'Il eut créé les ciels et la terre et toute leur armée, Il observa sa création, puis Il fit Chabbat : Il fit silence. YHVH-Elohim regarda ce monde qu'Il avait sorti de Lui-même. Chabbat est la connaissance du silence de l'âme lorsqu'elle cesse de créer, pour regarder ce qu'elle a créée, pour apercevoir le monde comme il apparu à YHVH-Elohim le septième jour, comme il nous apparaît lorsque nous le regardons sans intervenir, sans l'investir. Celui qui ignore Chabbat mourra parce qu'il croit en sa propre réalité, il croit en la réalité du monde, il ne croit qu'en la réalité du monde, parce qu'il est resté dans la seule connaissance du bien et du mal, seulement dans le rapport du moi aux choses. Celui qui connaît cela approche de YHVH-Elohim, celui qui connaît un peu YHVH-Elohim ne mourra pas, car il est déjà sans soi avec Lui.

«La *réalité*, c'est-à-dire ce qui existe le plus puissamment, n'est pas contenu sur l'objet de la réalité, mais dans son principe. Chabbat est la révélation de la révélation.

«YHVH-Elohim renvoie l'Adam du jardin, peut-être l'Adam en est-il sorti tout seul, peu importe pour le moment. Qu'est-ce que cela nous enseigne ? Non que Dieu veuille le bien, et condamne le mal. Non. Cela nous enseigne que Dieu n'a rien a faire avec le bien et le mal, qu'il est étranger à de tels concepts. Cela nous enseigne surtout que l'Adam ne connaît pas Chabbat. Il ne connaît plus Dieu.

- Mais ce n'est pas une lecture morale, monsieur Wolowsky.

- "*Vous observerez mes sabbats et vous révérerez mes sanctuaires. Je suis* YHVH"[193], comme il est écrit. Nos maîtres ont commenté[194] : "*Je est le point central des deux Chabbats* (celui de l'En-haut et celui de l'En-bas) *et* YHVH *repose sur lui. Je et* YHVH *ne font qu'un. Je suis* YHVH." On ne peut pas aller plus loin dans la révélation.»

* * *

Une brume tamisait la lumière des réverbères en la diffusant pendant que je raccompagnais rabbi Isaac chez lui.

Dans le silence nocturne des rues désertées, nos pas résonnaient avec un décalage qui, bien qu'insignifiant, les rendait étrangers, irréels, alors que nous en étions bien les auteurs. Chabbat est un silence de l'individu qui rend l'individu étranger à lui-même, pensais-je, en le décalant par rapport à lui-même.

J'avais décidé de faire un grand et long voyage, je l'annonçai au rabbi.

«Je vais partir en Inde.

- Arch ! Qu'est-ce qué ti cherches la-bas ? Enfin, c'est bien dé voyager.

Il me faisait penser à ma mère qui, dans un même souffle est capable de donner deux conseils contradictoires.

«Alors, ça té siffit.

Cette fois, il ne m'interrogeait pas, il affirmait. Les rôles étaient soudain inversés. Il m'appartenait maintenant de le rassurer.

- Non rabbi, cela ne me suffit pas. Je reviendrai vous voir.

- Tu as sommeil ?

Sans attendre de réponse il me dit dans un murmure :

«Maintenant qu'il fait nuit, il y a encore quelque chose à dire. Nous devons parler du silence.

Je ne l'entendais presque plus.

- Parler du silence ? C'est un non-sens, dis-je d'une voix normale.

- Chuuuut. Alors parle doucement, qu'il ne nous entende pas, ou il se moquerait de nous.

«Tu te souviens, dans le traité Haguiga du Talmud : "*On ne doit pas interpréter les chapitres...*"[195]

Nous étions arrivés rue de Noyer. Chez lui, il alluma deux bougies.

- Rabbi, c'est Chabbat, il ne faut...

- Je ne suis pas orthodoxe. J'allume les deux lumières de Chabbat pour te révéler la lumière.»

Nous nous installâmes à nos places. Il se releva, revint avec deux petits verres et une bouteille de vodka qui sortait du congélateur et déjà était couverte de givre. Il nous servit de ce liquide un peu verdâtre, lourd d'être si froid. Il but d'un trait, ouvrit le Talmud et relut le passage.

«C'est une charade. Tu aimes les romans policiers ?

- Je n'en lis pas souvent mais je les aime bien.

- Tu devrais faire plus souvent ce que tu aimes, comme ça tu ferais plus souvent ce que tu aimes moins faire. Lit le Talmud et des polars.

«La mystique juive est truffée d'énigmes. Pour les juifs, la quête est d'abord une enquête. Les maîtres ont inventé des énigmes pour te permettre de les résoudre. Te souviens-tu de ce que tu ressens lorsque tu arrives à dénouer un problème ?

- Une sorte de bien-être, une légèreté...

- Je dirais plutôt une hilarité, comme si le nœud était en soi et qu'on s'était dénoué avec le mystère. C'est ainsi que le suspens est utile, il crée une tension avec un mystère. Lorsque tu trouves une solution, une lumière illumine le mystère, elle provoque une détente soudaine, comme un éclair, une rupture. Nous cherchons cette sensation lumineuse. Les rabbis ont créé des mystères pour que tu les tires des ténèbres jusque dans la lumière, parce qu'ainsi tu entres toi-même dans la lumière.

Rabbi Isaac prit un livre, chaussa ses lunettes et lut, le nez au ras du texte, en cherchant la lueur des bougies.

«Dans ses préfaces, Maïmonide prévient : "*Mon but est de faire en sorte que les vérités soient entrevues et qu'ensuite elles se dérobent*", etc...[196] Il releva son nez.

«Pour saisir ce que le judaïsme peut offrir, il faut avoir une âme d'enquêteur, travailler comme Sherlock Holmes ou comme Maigret, faire parler chaque mot, perquisitionner les phrases. Déceler l'idée que nos commentateurs ont parfois cachée derrière, devant, au-dessus, au-dessous de leurs propos.

Isaac cessa de feuilleter son livre ; il lut :

«"*Tout savant qui est parvenu à comprendre quelque chose de ces mystères, soit par sa propre spéculation, soit par un guide qui l'y a conduit ne peut se dispenser d'en parler, mais, comme il est défendu d'en parler clairement, il fera de simples allusions*", etc...[197] Mais les maîtres ne te donne jamais l'ultime solution du problème. C'est à toi de la trouver parce que c'est ce que tu trouves toi-même qui t'es le plus utile. Ce que l'on a soi-même dé-couvert contient une force beaucoup plus grande que ce que l'on nous a enseigné... Comme en psychothérapie, ajouta-t-il d'un ton débonnaire qui me surpris. Je décidai ce soir-là de boire la vodka comme lui.

«Il est donc important de chercher par soi-même. "*Combien est forte l'ignorance de ceux qui ne comprennent pas qu'il y a nécessairement au fond de tout cela une certaine idée ! Voilà donc qui est clair.*"[198] Ce qui est clair, c'est qu'il faut chercher au-delà de ce qui paraît avoir été dit. Dans leur commentaires, nos rabbis ont caché des perles, dans les perles ils ont caché des diamants, et dans ceux-là ils ont placé la lumière. Ce sont les allusions, les allégories, les métaphores, et leurs différents niveaux de sens.

- Justement, lorsque nous nous sommes rencontrés...

- ...Je sais. Pour achever un cycle, il faut retourner au point de départ en avançant. Alors avançons.»

Il lut la michna :

«"*On ne doit pas interpréter les chapitres consacrés aux relations illicites devant trois personnes ou plus, ni le récit de la création devant deux personnes ou plus, ni le récit qui a trait au Char Céleste devant une seule personne, à moins qu'il ne s'agisse d'un sage capable de comprendre par lui-même. Celui qui cherche à percer les quatre mystères suivants, il aurait mieux valu pour lui n'avoir pas été créé...*"[199] C'est une charade, un mystère, une énigme. Comment comprendre de telles propositions ?

La flamme des bougies dansait entre nous. Isaac se versa un autre verre, le but et me regarda :

«Derrière tout interdit, il y a une permission. Ne pas interpréter devant trois personnes ou plus...

- ...Cela veut dire qu'il faut l'étudier devant deux.

Je chuchotais aussi, mais surtout en pensant aux voisins qui devaient vouloir dormir.

Je demandai :

- Les relations illicites...

- Sexuelles !

- Le chapitre de la création ?

- Nous allons le voir.

- Le Char Céleste ?

- Le premier chapitre du livre d'Ezéchiel, la vision de Dieu.

- Pourquoi ne pas parler de tout devant tous ?

- Ce n'est pas la bonne question. Pourquoi y a-t-il trois interdictions et quatre mystères...

Isaac se tut. Il me laissait réfléchir.

- N'avez-vous pas dit que derrière les interdictions il y avait des permissions, ces permissions ne sont-elles pas des indications ?

- Voilà ! Les rabbis nous soufflent *quoi* chercher. Le quatrième mystère représente l'anomalie qui attire notre attention. Il est ce qui nous désigne les trois autres et nous dit comment les traiter.[200]

- *A moins qu'il ne s'agisse d'un sage...*

- Que sait le sage ? Il sait que les mystères sont des indices. Les énigmes ne sont pas des obstacles mais les écrins de la sagesse. Quoi chercher montre aussi comment chercher.

«Deux de ces indices ne nous intéressent pas aujourd'hui.

J'allais protester.

- Pas aujourd'hui ! Nous sommes avec Chabbat et l'Adam. Nous n'allons pas commenter toute la nuit.

Nos voix chuintaient dans la pénombre comme du fond du temps.

«Les relations illicites devant deux personnes, parce que la troisième est toujours de trop dans ces choses... dit-il en brassant l'air de la main devant lui, les flammes en vacillaient. Le Char Céleste devant personne, pas même une, c'est que la vision d'Ezéchiel ne peut pas être commentée, elle doit être méditée. L'approche de Dieu se fait sans intermédiaire. Il y a beaucoup plus à dire, mais voyons le récit de la création, c'est lui qui nous intéresse.

- *"On ne doit pas l'interpréter devant deux personnes ou plus."*

- Cela ouvre la possibilité d'en parler à une. Que signifie cet indice ?

- En parler à une ?

Je tâchais de réfléchir. Je m'aidai d'un petit verre qui m'échauffa le cervelet et les tempes. Et pourquoi ne parlons-nous pas normalement, pensai-je ? N'en parler qu'à une personne...

- Du fond des siècles, nos maîtres nous suggèrent quelque chose qui sera la clef de la compréhension du chapitre de la création, dit Isaac comme s'il me donnait un nouvel indice.»

Isaac lui-même semblait obéir à ce conseil. Il en parlait devant une personne. Et à voix basse. Nous étions face à face, la lumière mouvante sculptait sur son visage des masques d'ombres et des reflets d'or. Il semblait sorti d'une image. Il poussa son chapeau en arrière comme s'il s'installait dans le problème qu'il avait soulevé.

«Qu'est-ce qu'une conversation avec une personne, me demanda Isaac en se penchant vers moi ?

J'avais compris.

- Un tête-à-tête. Il faut étudier le chapitre de la création en tête-à-tête. *Comment* chercher nous montre *quoi* chercher... c'est-à-dire reproduire le tête-à-tête qu'il évoque, le penser en fonction du tête-à-tête, du face-à-face d'Adam et Eve.

Il n'y avait qu'eux. Les rabbins nous obligent à l'étudier ainsi afin que nous vivions la situation que nous avons à comprendre. Il sont très forts, dis-je malgré moi, ébloui par une telle démarche pédagogique.

- Et maintenant, travaillons la partie du texte qui nous intéresse : *ni le récit de la création devant deux personnes*, cela signifie...

- ...Pas à trois... Mais pourquoi ?

Isaac continuait à me guider.

- Il y a pourtant un troisième personnage...

- Le serpent. Il faut exclure le serpent ?

- Non.

- Il faut ne pas en tenir compte comme d'un personnage, devinai-je. Mais, pour moi il n'a jamais été qu'un symbole. Je n'ai jamais cru en un serpent parlant.

- Ce n'est pas le cas de tout le monde. On l'a déjà pris pour le diable, le mal, la tentation... et justement, il n'est pas un symbole.»

Lorsqu'on parle à voix basse, imperceptiblement, on réduit, on résume ce que l'on veut dire, on va au plus court...

«Si nous excluons le serpent du tête à tête, c'est lui qui devient l'anomalie, et donc la clef de la compréhension.

Rabbi Isaac me regardait avec un sourire qui m'indiquait qu'il me donnait une perle.

- Bien-sûr ! Mais qui est-il, que représente-t-il ? interrogeai-je.

- Que se passe-t-il ? intervint Isaac. Tu peux dénouer l'énigme, soit en décodant ses symboles, mais dans le présent cas, ce sont justement les symboles qui nous posent un problème ; soit en interprétant les actions dans la situation plutôt que les symboles. Haguiga nous invite à l'observer de la seconde manière, puisqu'elle réduit le nombre de personnages à deux, en considérant que les personnages supplémentaires ne sont pas des acteurs mais...

- Des actions, des personnifications d'actions.

Rabbi Isaac me tendit la Thora en édition bilingue. Je relus le troisième chapitre.

«"*Le serpent était le plus rusé...*"

- ... le plus nu aussi,

- "*...Il dit à la femme...*"

- Voilà.

- Ah bon ? Voilà quoi ?»

Isaac restait muet. Je réfléchissais, "*Il dit à la femme*", le serpent dit à la femme... un serpent parlant. Et Isaac dit : "*Voilà.*" Voilà quoi ? Voilà la perle. J'avais trouvé : "*Il dit.*" C'est une histoire de verbe, de parole, on nomme, on dit, Dieu dit... J'eus le sentiment d'avoir trouvé, mes yeux grandirent d'étonnement. "*Les yeux de l'un et de l'autre s'ouvrirent*", est-il dit après qu'ils eurent mangé le fruit de l'arbre. C'est l'expression de leurs visages qui est décrite ici. L'étonnement est au-delà des mots, il ouvre le regard à ce qu'il ne voyait pas. On écarquille les yeux, on reste bouche bée. Surpris, figé. "*Tohu va bohu*", étonné d'être. Déchirant le silence, je dis à voix haute :

«Le serpent dit à Ichah. Ils parlent. C'est la première fois que quelqu'un parle dans cette histoire. Je murmurai : ils dialoguent. Jusque-là seul YHVH-Elohim avait dicté ses conseils.

- Ils parlent, répéta Isaac en chuchotant, de quoi parlent-ils ?

- Ils questionnent. La première parole interroge. Tout ce qui est premier est fondateur. La parole semble servir à interroger.

- "Pourquoi ?", interroge-t-on. "Pourquoi ?" demande l'enfant. La manifestation s'interroge sur elle-même. Reprenons. Le serpent, c'est-à-dire la parole parle à Ichah. Ichah, symbole de la manifestation, celle qui sera "*la mère de tous les vivants*", s'interroge.

- Comment sait-elle qu'il ne faut pas toucher à l'arbre ? Elohim l'a dit à l'Adam. Comment Ichah-Eve l'a-t-elle appris ?

- Il y a parler, dire et nommer. L'Adam nomme les animaux. Le nom est la forme impersonnelle, objective du discours. *Chem* pose l'objet en son absence, c'est le concept. Lorsque l'homme dit : "*Celle-ci est l'os de mes os, chair de ma chair, celle-ci elle sera appelée femme -Isha*"[201], encore il ne fait qu'exprimer l'ordre des choses, il nomme.

- "Parler, c'est habiter la parole", avez-vous dit l'autre jour. Ce que l'on dit n'est pas aussi important que ce que l'on dit de soi avec ce que l'on dit. Ainsi, si nous supposons que l'Adam ait prévenu Ichah : "*De tous les arbres...*" Ces paroles n'étaient pas encore les siennes.

«La première parole est celle du doute.

- N'allons pas trop vite ! Le serpent questionne sur ce qu'il semble déjà savoir. "*Ainsi, Elohim l'a dit. Est-il bien vrai qu'Elohim a dit...*"[202]

- On interroge sur ce que l'on sait déjà un peu.

- Justement on sait, un peu. La première parole personnelle questionne. Le serpent dit : "*Est-il bien vrai qu'Elohim a dit vous ne mangerez pas de tous les arbres du jardin...*" La parole commence à transformer, à suggérer, à interpréter. Avant tout à interroger.

- La question est une parole qui invite à parler plus encore. A transformer d'avantage.

Isaac remplissait nos verres. La vodka glissait dans mon sang et distillait, degré par degré la fièvre d'une ivresse douce, éthérée. Il dit :

- Dans un dialogue intérieur d'abord, la parole dit à la femme : "*Parlez, parlez, vous serez comme des Elohim, intelligent et perspicace, vous créerez des mondes, parlez, vous saurez le bien et le mal, parlez, vous ne mourrez pas, vous vivrez au contraire...*" En vérité, cela dépend surtout de ce que l'on dit. En nommant on fait naître à la réalité, en parlant on naît avec ce que l'on fait naître. On pénètre dans le premier degré de la création du moi.

«La parole rend le monde profane !

«Dans notre interprétation, le fruit de l'arbre de la connaissance du bien et du mal représente la capacité de parler. "*Voici, l'homme est devenu comme l'un de nous*"[203], comme il est écrit. Elohim a parlé, l'homme aussi peut parler, tu n'en mangeras pas, lui est-il ordonné. Le fruit de l'arbre, la parole est "*bonne à manger, agréable à la vue, désirable pour ouvrir l'intelligence.*" Elle se décrit comme un mets. Ce qu'elle évoque est un délice. L'ego aime s'entendre. Il s'écoute parler. Il boit ses propres paroles. Il les offre comme les fruits incomparables de son être. L'enfant aime ses babillages, il se berce de sa propre voix, elle le rassure, il existe avec elle. L'homme s'ouvre à la parole, mais, répétons-le, la parole crée son auteur.

«"*Elle prend de son fruit et en mange, elle en donne aussi à son homme... il en mange.*"[204] Voilà, ils se parlent. Que disent-ils ? Qu'importe ! Quoi qu'ils disent, ils disent "*je suis*", de multiples façons. On ne dit jamais que cela. Ils prennent des mots, les choisissent, se les donnent l'un à l'autre, se décrivent. Ils se forment une image. Ils sortent de l'intégrité absolue, du silence, l'image sans image d'Elohim.

«"*Tu n'en mangeras pas, car du jour où tu en mangeras, mourir tu mourras.*"[205] "*La mort est une privation de la forme*"[206], nous enseigne Maïmonide. Tout ce qui a une forme meurt, celui qui prend une forme se condamne à en être privé. La parole délimite, détermine, forme une forme sur l'infini. Elle forme la forme de l'individu.

«"D'abord, "*Ils étaient nus/lucides et n'en avaient point peur*"[207], ils étaient dans l'état d'innocence, un état qui n'a pas d'opposé car l'innocence n'a pas conscience d'elle-même. Ils étaient *nus/lucides*, mais innocemment, ils n'en savaient rien. Après avoir parlé, "*ils connurent qu'ils étaient nus.*"[208] Cet autre nu qui s'épelle différemment signifie seulement nu. Cette nudité a besoin d'un acteur et d'un témoin, d'un rapport. Ils se sont découverts, découvert : "*Leurs yeux se sont ouverts*"[209], comme il est écrit.

- Comment la parole mène-t-elle à la peur ?

Isaac se lissa la barbe et répondit lentement :

- La parole crée une différence entre soi et l'image que l'on projette de soi, une différence entre être et paraître. La parole est toujours un mensonge. "*Adam avait la tête au ciel*"[210], comme il est écrit. Dès qu'il eut péché (c'est-à-dire dès qu'il fut sorti de la fusion avec Dieu), "*le Saint, Béni soit-il, posa sa main sur lui et le réduisit*"[211], comme il est dit. Il était comme Dieu, sans image, maintenant il n'est que lui-même, comme il s'imagine.

«La parole rend le monde profane, elle le crée, et le crée petit, elle le limite, le réduit à ce qu'elle dit. Elle n'exprime à l'intérieur de la création qu'une partie d'elle, ne propose qu'au-dessous de l'absolu. La parole crée le monde dont elle parle, mais quel monde est-ce ? Un monde trompeur, partiel, partial. Elle rend le monde profane, le tire de l'unité sacrée pour le fractionner dans tous les sens, hors *du* sens. La parole crée, au-delà de l'homme, une personne sur une fraction de sens.

«Seul l'incréé est immortel ; seul l'incréé est infini, seul le non-dit reste potentiel. Dieu dit, Dieu nomme, Dieu ne dit rien de lui-même. Il ne parle pas. Adam et Ichah-Eve ont utilisé le verbe pour se raconter, bon à manger, agréable à la vue. Il fallait bien qu'ils balbutient. Le verbe est devenu langage.

«L'arbre de la connaissance du bien et du mal est nul part. Sa place n'est pas spécifiée. Il est pourtant dans le jardin, dans l'examen du domaine, en soi-même, dans la curiosité.

Les flammes étaient maintenant en moi. Une haleine de feu au goût d'alcool élevait mon âme vers celle d'Elohim. Isaac le vit, il dit :

«Dans les académies talmudiques, en Pologne, nous travaillions aussi avec la vodka, mais elle n'était fraîche qu'en hiver, quand nous la laissions à la fenêtre.

Il reprit le cours de son propos.

«"*Quand ils acquirent la connaissance de ce monde et qu'ils s'y attachèrent, ils virent ce monde gouverné par ces "feuilles d'arbres""*.[212]

«Le fruit de l'arbre de la connaissance du bien et du mal, c'est l'opinion que la parole exprime : l'arbre lui-même représente l'expérience, et sa transmission, la culture, c'est-à-dire le temps et l'histoire des paroles, une façon de parler, une langue, une certaine facon de conceptualiser le monde, les feuilles sont les contenus de la mémoire.

- Pourquoi ne pas le dire clairement ?

- Avec quoi pouvons-nous dire quelque chose.

- Avec des mots... répondis-je en comprenant ma question.

- ...Et des paroles, dont nous venons de dire qu'elles sont des mensonges. Toute parole sur *La* parole doit être guidée par la précaution et le secret, car si elle ne rapproche pas de l'absolu, elle pourrait bien en éloigner.

«La parole rend le monde profane, mais c'est le silence qui le dit.

Sans doute était-ce la raison de nos chuchotements.

«Nos maîtres prescrivent de respecter Chabbat, ce silence qui sanctifie. "*Gardez le silence devant l'Eternel*"[213], comme il est écrit. Gardez aussi le secret de l'Infini, béni soit-il.

- Nous avons étudié ce chapitre il y a quelques semaines ; vous avez dit alors que l'arbre de la connaissance du bien et du mal représentait le choix, aujourd'hui, vous dites que c'est la parole...

- ... Il n'y a pas de contradiction. Parler, c'est bien choisir, des mots qui nous représentent. Un arbre et non un autre, une idée, un goût. Ce soir, nous avons étudié Chabbat, le silence, aussi bien pour cesser de choisir que pour cesser de parler, cesser de projeter.

«L'Adam était avec Dieu tant qu'il ne parlait pas. Lorsqu'il eut parlé avec Ichah, il n'a plus été attentif à la parole de Dieu. "*Où es-tu ?*" demande YHVH-Elohim. Mais la parole est entrée dans le monde. Le verbe a jailli dans la manifestation.

«L'homme peut utiliser la parole soit pour décrire sa vanité, soit pour nommer le monde, soit pour le rendre sacré. "*Empêchons-le de prendre de l'arbre de vie*"[214], comme il est écrit. L'arbre de vie, nous l'avons dit, représente la Thora. Empêchons la fraction de se prendre pour le tout. Empêchons le profane de se mêler au sacré.

«Ceci est conforme aux enseignements de nos maîtres, la paix soit sur eux.

Isaac prit son Zohar et lu :

«"*Toutes les profondeurs encloses qui surgissent du sein de la Pensée et que la Voix ressaisit ne sont dévoilées que lorsque le Mot les met à découvert. Et qu'est-ce que le mot, sinon la Parole. Cette Parole est appelée Cessation (Chabbat) et puisque la Cessation est appelée Parole, la parole de la ronde des jours (la parole profane) est proscrite pendant le Chabbat, car la parole sabbatique doit dominer et nul autre à sa place.*"[215] Ainsi a dit rabbi Siméon. Une parole qui ne concerne pas le moi mais le Soi éternel, une parole qui permet de sortir du moi et du toi pour fréquenter l'Autre, le Qui et le Cela transcendant.

«"*Et il mit des chérubins qui agitent une épée flamboyante, pour garder le chemin de l'arbre de vie*"[216], comme il est écrit. Les chérubins veillent sur les secrets de la Thora, car "*les secrets de l'Eternel sont pour ceux qui le craignent*"[217], comme il est dit.

«L'homme pourra de nouveau se lier à l'Esprit lorsqu'il se sera purifié de sa vanité. Etudions la Thora avec crainte et amour, nous en apercevrons les mystères. L'arbre de vie représente l'autre culture, la culture spirituelle, celle de la connaissance, celle du chemin de Dieu, celle qui lie l'âme à son créateur, celle qui conduit à l'Eternel. Il s'oppose pour un temps à l'autre arbre, celui du bien et du mal, celui de l'opinion, celui de la description de soi, et bientôt celui du savoir. L'arbre de vie et celui de la connaissance grandissent séparément comme la connaissance spirituelle et le savoir de la science, le sacré et le profane, le souffle d'âme et la pulsion de la nature. Au commencement ils étaient unis dans le même enclos, à la fin ils seront à nouveau dans le même jardin de réalité.

- Alors, à quelle heure ont-ils parlé, avant ou après le commencement de Chabbat ?

Rabbi Isaac sourit de me voir me souvenir de cette question.

- Cela n'a pas d'importance. Ils devaient parler pour pouvoir se taire.

«Ce chapitre du récit de la création annonce la mission et le destin de l'homme : sanctifier le monde en sacralisant le langage. La parole donne naissance à l'homme, ontologiquement ; spirituellement, elle lui a donné sa mort, elle le sauvera grâce à la connaissance qu'elle va porter et transporter de génération en génération.

«Et cela commence aussitôt. Dieu donne le Chabbat, l'indication de se taire, le moyen de le retrouver.

- Alors, faut-il parler ou faut-il se taire ?

- Les deux, dit Isaac en exprimant dans son sourire toute la tendresse possible. Utiliser la parole comme moyen du silence. S'opposer au bavardage. Ne dire que l'essentiel, se faire l'écho de Dieu.

«Le juste ne sort jamais du sacré.

- Comment ? Comment faut-il faire ?

- Il te faudra *observer* le silence, afin de t'y regarder comme dans un miroir, d'y entendre tes pensées, tes pensées affamées qui se nourrissent d'elles-mêmes, qui te poursuivent et te construisent dans leurs spirales vertigineuses, qui t'utilisent comme un moyen. Il te faudra *garder* le silence, pour le protéger contre toi, contre les appels de tes résistances à sortir de tes points de vues, contre les jaillissements de tes opinions. Il te faudra observer ce silence jusqu'à ce que tu t'y vois hurler, hurler à l'envers, jusqu'à ce que tu abandonnes le bien et le mal et que tu ne connaisses plus que le vrai et le faux, jusqu'à ce que se taisent ta voix, tes sens, tes désirs, même tes besoins, jusqu'à ce que se taise tout appel qui ne soit éternel. Silence de désert, de purification, silence des cendres intérieures, silence sacré, unitaire, union. Jusqu'au silence du point du jaillissement.»

Je rentrai chez moi en longeant les quais de la Seine dans l'aube du Chabbat. Je me sentais purifié du péché. Sous le Pont Alexander III, un clochard qui plaça son index sur ses lèvres alors que je passais devant lui se fit l'écho des chuchotements d'Isaac. Le clapotis de l'eau sur les berges répétait les dernières paroles du rabbi :

«L'eau de la source est dans l'eau du delta. La lumière originelle, de l'au-delà du temps, est encore à côté de soi, dans la voix sans bruit qui tout éclaire pour peu qu'on se retire de la parole et du temps. Le retour à la source est devant soi, dans la rencontre des commencements et des fins cycliques ; retour à une pureté future dans la révélation du silence qui abolie le temps, le cycle, l'homme en les rendant nouveaux. "*Vous garderez mes Chabbats.*"

«*Je*, principe de séparation, doit se taire pour participer au principe d'union. *Je* doit se taire pour accomplir l'osmose. "*Je suis YHVH.*"[218]

Chapitre 4

Swami Vichârava

«Moi aussi je sais qu'une même aventure advient à tous.»
l'Ecclésiaste 2:5

«Le monde visible est donné tout entier en chaque représentation.»
Louis Borges
Aleph, le zahir

«La sagesse est la conséquence de l'union à l'absolu; le contraire produit l'absence de sagesse.»
Bouddha, Dhammapada

Dans des brouillards âcres de fumée d'encens et des orgies de fleurs offertes au sacrifice, au centre de leurs petits temples, les effigies du phallus de Shiva bordaient les rues. Les passants ne manquaient pas de saluer le symbole de l'Ardeur, principe qui précéda même les Dieux. Ils joignaient leurs mains et baissaient le front, humbles devant l'extase.

"La somme de tes désirs est ton désir de vivre", disait Wilhem à Paris.

Un nabab, vêtu de blanc, fastueusement obèse de sa raison d'être, écartait de devant lui, ceux qui lui faisaient obstacle. La caste de l'un fait la caste de l'autre. Quel ordre ainsi s'accomplit ? D'un *auto-rickshaw*[219] descendirent deux formes masquées, vêtues de noir, qui regardaient sans être vues, parce qu'être vu avilit. Et celui-là qui allait quelque part et cet autre qui cherchait quelque chose ici-même se rencontrèrent en se bousculant et semblaient rebondir, chacun dans son histoire. Des vies se croisaient, d'autres se superposaient, tissaient d'invisibles figures éphémères. Quelque chose se formait que nul ne comprenait.

Je déambulais dans un quartier de Old Delhi près du Red Fort et de la vieille gare. Je rencontrais la densité des flots humains, des gestes, des vêtements, des visages, des coutumes qui m'étaient étrangers. Le choc était vaste plutôt qu'intense. J'étais émerveillé autant que bousculé par ce monde ancien et moderne, et relativement incompréhensible, codé.

Un enfant qui venait d'acheter un billet de loterie le fit lécher par une vache qui n'y gagnait rien. Un immense boeuf à larges cornes verticales tirait un gigantesque chariot chargé d'un monticule de boîtes contenant des radios-cassettes. Télescopage anachronique de l'archaïsme et de la technologie. D'un magasin de musique sortait, tel un ouragan, la voix d'une chanteuse à la mode. Des échoppes minuscules affichaient des raisons sociales *magiques*, digne de gratte-ciel : “International Iron Trading” était un maréchal ferrant et “Cotton Manufacturing” était un vendeur de coupons. Des commerçants, en me voyant, hoquetaient de surprise, comme s'ils voyaient en moi la manne que leur Dieu leur avait fait espérer. Des enfants-mendiants mimaient le visage de la misère dès qu'ils m'apercevaient. Dans les rayons de lumière, la poussière avait une densité inquiétante. J'hésitais à respirer.

De dédales en dédales, je découvris un quartier d'habitations, calme par rapport à l'effervescence continue des marchés. Je sentais qu'il me manquait de comprendre quelque chose. Ce peuple semblait vivre la même vie que la mienne mais il me semblait qu'il ne la posait pas sur les mêmes principes.

Des corbeaux, de profil, le front haut me regardaient venir, l'œil sévère et inquiet, le bec désapprobateur. Que me disaient-ils, ces oiseaux noirs des campagnes ? Des familles vivaient sur les trottoirs, sous de multiples morceaux de chiffons suspendus en toiture, adossés à des murs. D'autres, avec des sacs de plastique avaient confectionné des tentes. Des enfants nus jouaient comme tous les enfants à s'imaginer différents, ailleurs. Des chiens galeux se grattaient furieusement. Ici et là des poules martelaient le sol obstinément. Au cœur de la ville régnait une ambiance de ferme. Des vaches se penchaient sur des amas de détritus et mâchonnaient de vieux emballages de carton. Des flaques de boue et des eaux croupies, se développaient des odeurs de commencement du monde. De temps en temps, des enfants un peu timides s'approchaient de moi un mot aux lèvres *backchich*, *backchich* chuchoté la main tendu. Lorsque je m'éloignais, ils éclataient de rire. Six enfants en file *indienne* se fouillaient minutieusement les cheveux l'un de l'autre. D'un coup d'ongle ils cassaient les poux qu'ils arrachaient.

Les hommes, les enfants, les maisons, les étals défilaient à mon regard au rythme brisé de mes pas, dans une sensation d'hallucination plutôt agréable quoique parfois terrifiante, comme dans un rêve un peu bizarre dont on sait que c'est un rêve et que cela va finir. J'étais ici, de passage, en passant, sans y partager la vie, sans vivre le destin collectif, à l'abri dans ma peau d'étranger.

J'avais une impression d'Egypte pharaonique avant l'exode, lorsque YHVH frappa de dix plaies les maîtres des fils de Jacob. L'eau puante, les rats dans les rues et sur les toits si bas des baraques, les nuées de mouches et de moustiques, les animaux malades, la gale, la lèpre, les poux, la mousson qui fait déborder les égouts, la grêle qui détruit les récoltes et les maisons, la vermine qui dévore tout, les brouillards de poussière, les bruits assourdissant qui plongent les hommes dans les ténèbres, et la mort des enfants au point d'orgue du malheur. De quel crime ce peuple est-il coupable pour recevoir ainsi les foudres des colères de la terre et du ciel... à moins qu'il ne fallût regarder autrement.

Au coin le plus sombre de la rue, un vieillard aveugle mendiait, assis sur ses talons ; ses mains portées en avant tendait la partie basse de son *dothi*[220] qui devenait ainsi un panier de toile. Il attendait l'aumône d'aujourd'hui. Immobile, sans appeler, il espérait que Dieu s'intéressât à lui. Une prière silencieuse sur les lèvres, il cultivait la confiance. “Si tu ne lui donnes rien, tu es moins que Dieu”, pensai-je.

Sous un pont, une suite de petites maisons de boue et de carton. Chacune grande d'une seule pièce de la longueur d'un homme, un peu moins large, basse comme une tanière. A l'intérieur, dans l'espace minuscule presque vide, une étagère rassemblait tout le bien des habitants. Le sol en terre battue d'une propreté parfaite. La représentation de Durga[221] chevauchant un lion rappelait la sainteté de tout lieu. On m'y a offert l'hospitalité d'un verre de *tchaï*.[222] Fraternité de la curiosité de l'autre.

Autour d'un puits à pompe, quelques femmes éparpillées faisaient joyeusement leur toilette quotidienne, chacune près de son seau d'eau, de sa tasse et son morceau de savon. Par pudeur, elles gardaient leur sari. Les vêtements mouillés moulaient des corps juvéniles, légers et fermes. L'Ardeur...

J'ai vu un lépreux boire l'eau poisseuse et puante d'un égout. Il n'avait plus ni pieds ni mains, que des bouts de tibias et d'avant-bras bandés de chiffons. Plus tard, il s'est campé au milieu de la chaussée pour rançonner d'une aumône le chauffeur d'un camion. Et ça criait, ça marchandait, ça klaxonnait. Mon lépreux avait de la voix, il ne se laissait pas intimider. Il obtint une pièce, puis traîna son pauvre corps en dehors du chemin. Il recommença plusieurs fois le chantage dont il menaçait d'être la victime. Ce n'était pas de l'horreur, ce pouvait être de l'humour. J'ai vu des moitiés d'homme, jamais de demi-âmes.

Dans une petite étable d'arrière-cours, une vache et un corbeau se regardaient à deux pas de distance. Ils semblaient se parler. La vache baissa sa lourde tête au niveau du sol, puis la pencha mimant le signe d'assentiment des Indiens. D'un bond, le corbeau ainsi invité sauta sur le crâne du gros animal qui se redressa lentement. L'oiseau le picora, soulageant le mammifère de quelques vermines inaccessibles.

Sur la véranda de l'échoppe d'un tailleur, six enfants cousaient avec assiduité, chantant l'un après l'autre quelques vers d'une chanson.

Des gamins agglutinés sur un morceau de rue avaient organisé un gagne-pain collectif : les uns découpaient des feuilles imprimées en petits rectangles, les autres y enveloppaient des bonbons.

Au-delà de la stupéfaction que cause l'inhabituel, l'humour ou l'horreur d'un autre monde, quelque chose que je n'identifiais pas encore me séparait de ce que je voyais. Ce n'étaient ni la pauvreté, ni la précarité de l'habitat, ni la crasse... cela existe ailleurs, autrement ; partout. C'étaient, au contraire, la propreté qui régnait sur la crasse, la dignité qui se dégageait de la misère, le courage et la sérénité du courage qui émanait de tous, les sourires éclatants qui brillaient comme des phares sur les visages, les haillons gris et ce paysage boue et poussière. L'ordre enfin, évident et libre, volontaire, en relief sur l'apparence du chaos.

La vie se battait ici contre l'avilissement et la mort avec des forces dont j'ignorais les qualités : la simplicité, la patience et le calme, avec l'endurance et la ruse, dans la générosité, la foi et la lucidité. Et surtout dans l'absence d'espoir... Ces puissances de la vie qui pouvaient s'unir sans l'espoir me montraient ce qu'il me manquait de comprendre pour ne pas la connaître : la confiance.

Ces gens n'avaient guère plus d'un repas d'avance sur la faim et ne s'en affligeaient pas. Non qu'ils fussent résignés, ils agissaient, calmement, vivant la vie pour ce qu'elle pouvait offrir, sans lui infliger les sentiments de la souffrance. Leurs besoins réduits au minimum, ils allaient en quête du nécessaire avec cette attitude qui n'est pas celle de l'inquiétude, mais du devoir, qui ne cherche pas la survie contre les autres mais avec eux, qui ne s'occupe pas d'accumuler mais de subsister, dans le respect de soi-même, naturel, sans artifice et solidaire.

Le spectacle de ce vivre immédiat et sans projet, dans la promiscuité, la saleté, la précarité peut être oppressant et sembler obscur à l'observateur occidental qui, demeurant lui-même, dans ses valeurs et ses habitudes, s'identifie un instant à ceux qui le vivent. S'il cherche à voir sa propre quête du bonheur dans la vie des Indiens, il n'y trouve pas les conditions qu'il a anticipées, il n'y reconnaît que celles du malheur, que sa vanité conditionnée lui commande de mépriser ou de plaindre. Il a, face à ce qu'il appelle la misère, une *réponse-émotive-acquise-stéréotypée* dont le réflexe impose un filtre à sa perception, dicte ses réactions, mesure sa compréhension. L'instabilité de l'existence matérielle qui pour moi serait une source continue d'angoisse, une névrose qui me jetterait dans l'obsession de l'accumulation, était ici la source même de la confiance. C'est un autre monde qui existait ici. Je ne blâmais pas son imperfection, j'essayais de comprendre ce qu'il me proposait de m'enseigner.

Ce que chacun pense de Dieu et de la mort modèle son rapport à la vie. Ainsi en est-il des peuples aussi. L'Inde avec sa *maya*[223] oppose à notre effort de domination de la matière par l'intelligence et la science, la connaissance initiatique de la nature de la réalité ; à notre philosophie elle oppose les *yogas*, méthodes de transformation physique et mentale ; à notre confort elle n'offre que le contentement ; à notre matérialisme elle répond par le détachement ; à notre espérance du paradis elle annonce la libération définitive de l'être dans la vacuité.

J'eus une ancienne impression d'enfance. Au cirque, pendant un numéro de voltige, j'avais violemment ressenti le danger. Dans un silence sans souffle, la peur m'avait pénétré. Avait-ce été la peur pour le trapéziste ou la peur pour moi alors que je m'étais identifié à lui pendant que je croyais en la réalité du spectacle ? Dans tous les cas, la peur était toujours la *mienne*. Ma projection et son reflet. Au cœur du bidonville indien je regardais mes peurs tandis qu'elles n'y étaient pas.

Jusque-là, je ne m'étais attaché qu'à couvrir mon insécurité plutôt qu'à m'en guérir. Je m'étais assuré contre le feu, l'accident, le chômage, la maladie... Contre la vie peut-être. Contre la mort — pour l'inconséquence du hasard. En plus, j'avais des années d'avance sur mes besoins matériels, mais cela ne suffisait toujours pas. L'angoisse du lendemain affleurait encore, perçait parfois mes protections. A l'extrême, il aurait fallu cesser de vivre pour faire cesser l'angoisse de vivre et maîtriser l'avenir.

Le rêve du pharaon, décrypté par Joseph[224], nous a donné la sagesse de l'instabilité et la science du prévoir. Si au moins elles avaient pu nous guérir de l'angoisse ! Au contraire, piqué par l'espoir de vaincre l'imprévisible, on s'y acharne. Dans une pathologie de la fuite plus que dans un souci de la gestion, nous avons érigé l'avenir en ennemi et la peur en motivation, l'avidité en source d'énergie, la survie en son propre absolu, et le désir comme fuite. Dans un aboutissement absurde et révélateur nous avons même prévu notre incapacité de prévoir, mais nous nous en inquiétons encore. Non que je glorifie le fatalisme : l'homme possède-t-il son avenir, ou l'avenir est-il prévu ? là n'est pas la question. J'observe que l'angoisse dépossède du présent, dépossède de la capacité même de percevoir la perfection de chaque instant comme une certitude possible, une totalité. La peur, quel que soit son motif, jusqu'à l'angoisse qui dissimule même sa cause en elle-même, occupe, enferme dans son propre schéma, et prive l'être de la jouissance essentielle du monde. Ce n'est pas le courage qui s'oppose à la peur, ni l'assurance qui s'oppose à l'angoisse, mais la confiance. Accepter ou résister, agir ou subir se rejoignent dans cette attitude qui seule conduit à la liberté. De même qu'une habitude mise en question n'est plus une habitude, de même une liberté définie n'est plus la liberté ; aussi la confiance n'est-elle pas la confiance si elle se surveille. Absolue, elle mène à l'extase parce qu'elle aboutit à la limite du détachement, à l'absence, qui est le pouvoir de la maîtrise de soi.

Une femme triait des grains de riz. Une autre faisait sa toilette à la fontaine. Un enfant courait en regardant derrière lui. Dans une décharge, des hommes, qui restaient des hommes, et des chiens fouillaient. Seul un homme peut avilir un homme, pas la vie. Un *saddhu*[225] se tenait à deux pas d'une échoppe. Il attendait qu'on le voie. On le vit. Un gros homme assis, en se penchant, lui tendit une pièce. Le *sâddhu* l'accepta, sans remercier, en bénissant.

La confiance révèle que toutes les vies sont la vie et qu'il n'y a pas d'autre vie que la sienne. La liberté commence dans ce consentement, duquel peut émerger la joie, que je voyais ici dans la paix, lisible sur les visages.

Je m'assis au coin d'une rue, en retrait, sur une pierre, pour regarder sans me faire remarquer, me reposer et réfléchir.

Comment osais-je trouver des qualités à cette misère mille fois dénoncée, et par tous, des organisations de charité aux journalistes, par d'autres voyageurs, mes amis, et ma mère, surtout, qui la brandissait jadis en prophétie pour me pousser à étudier : “Tu deviendras clochard !” Pourtant, les raccourcis simplificateurs des jugements qui s'appuient sur les valeurs du progrès ou sur les peurs, ne me semblaient pas convenir pour tirer de la situation l'enseignement que celle-ci méritait. Ces analyses ne manquaient pas d'idées, ni de cœur ; peut-être manquaient-elles d'absolu. J'avais la modestie de me savoir trop imparfait pour avoir du monde une opinion et lui donner des conseils. Je le regardais pour l'écouter.

Je tressaillis en m'apercevant qu'un homme s'était installé à côté de moi. Je n'avais pas remarqué son arrivée. Il ressemblait à un *sâddhu* un peu fakir avec son gros turban sur la tête et sa barbe grise. Il n'était pas vieux, plutôt usé et il semblait qu'il riait, mais sans bouger les lèvres, avec les yeux seulement. Je le saluai. Il me demanda si j'aimais l'Inde, je fis un geste vaste pour qu'il inclût toutes mes pensées. Sa tunique était orange pâle, délavée. Sans doute appartenait-il à un des nombreux ordres religieux de l'hindouisme.

«Quel est votre honorable nom ? questionna-t-il avant de se présenter lui-même : swami Vichârava.

Il m'observa avec une insistance dont j'avais pris l'habitude dans ce pays où l'étranger est étrange et attire à lui les mêmes regards que ceux qu'il pose sur les autres avec sa curiosité. Il dit :

«Je peux te dire ton avenir, mais pour que tu puisses le croire, il faut d'abord que je te dise ton passé... n'est-ce pas ?

Cet homme *croyait* qu'il parlait anglais ! Je devais tout lui faire répéter en insistant pour qu'il prononçât toutes les syllabes et détachât les mots. Je lui répondis, incrédule et impertinent, plutôt joueur :

- Je ne veux pas savoir mon avenir, je préfère être surpris par la vie... n'est-ce pas ?

Il écoutait en inclinant la tête de bas en haut sans arrêt, avec son rire contenu ou suspendu comme si ce que je disais était très drôle ou alors ridicule. J'ajoutai :

«Je préférerais savoir comment vous savez l'avenir plutôt que ce qu'il contient.»

Sans tenir compte le moins du monde de ma réponse, il me proposa d'écrire un chiffre sur un papier. En me cachant, j'écrivis le chiffre *trois*. Lorsque je me retournai, il me montra que lui aussi avait écrit trois. J'étais étonné, mais j'insistais :

«J'ai moins besoin qu'on me nourrisse qu'on ne m'apprenne à pêcher !

Il m'observa, comme si j'avais dit quelque chose de très très sage, et je pensais qu'il me prenait pour un imbécile accompli... Il m'invita à écrire le nom d'une couleur. Je fis l'effort de penser jaune et d'écrire rouge. Mais lui aussi avait écrit rouge.

«Ce n'est pas mon passé, c'est le présent ! me plaignis-je pour alimenter ma mauvaise foi et cacher ma surprise. Cela flairait la supercherie, mais je ne savais pas laquelle, ni comment.

Alors il écrivit ma date de naissance, le nom de ma mère, son âge, sa date de naissance, sans faute d'orthographe, même le nom rare de maman. J'ai cru qu'il s'était trompé sur son âge, mais après avoir fait le calcul, je m'aperçus qu'il avait eu raison. Il riait :

- Présent, passé, futur, même chose, *all same*, *all same* !»

Je lui dis que je ne souhaitais *vraiment* pas connaître l'avenir, mais j'étais ravi d'avoir rencontré un Indien et je ne voulais pas interrompre le dialogue ; je lui demandai de me parler de la peur.

«Puisque l'avenir n'existe pas, qu'est-ce que la peur ?

Il leva les sourcils et élargit les yeux. Il cria quelque chose dans deux directions. Quelques instants plus tard arrivèrent un garçon avec trois *tchaï* d'un côté et un homme de l'autre. L'homme mains jointes salua profondément le swami, lui *prit de la poussière de ses pieds* et se baisa les doigts. Il s'assit avec nous. Il traduirait, me dit-il, comme s'il avait l'habitude d'être investi de cette fonction.

- Si tu savais que l'avenir n'existe pas, tu ne poserais pas cette question, car tu ne connaîtrais pas la peur, me dit ce traducteur après le swami, qui continuait à me parler des yeux pendant que j'écoutais la version anglaise de ses propos.

- Mais je la pose, dis-je en riant avec franchise de mon inconséquence.

- Tu sais très bien ce qu'est la peur. Elle cache sa causé en toi, profondément, mais tu la connais. La peur est ce que tu sais, au fond de toi, ne pas laisser jaillir de toi. C'est que tu étouffes. Regarde, regarde au fond de toi ce que tu étouffes.

Il avait dit cela d'une voix devenue très douce et avec un regard pénétrant, presque féroce, intransigeant. Je dis en hésitant :

- Je comprends, mais... cela ne change rien.

Il éclata de rire. D'un rire anglais, social, venu de l'humour et de la moquerie et non de la gaieté, comme s'il devenait mondain avec moi, ici, sur cette pierre, à ce croisement de rues. Je souriais, mais en grinçant.

- La peur te montre ce à quoi tu tiens le plus ; son intensité t'informe sur la force de ton attachement.

Je sentis quelque chose se séparer de moi : quelque chose comme ma propre image. Il continua :

«Tu crois que le monde et toi vous êtes différents, la peur c'est cette illusoire différence fondamentale. Tu ne vis pas avec le monde, tu vis contre lui ; c'est cela, la peur, car dans cette lutte tu risques de perdre, tu sais que tôt ou tard tu perdras. Tu résistes au mouvement inhérent à la réalité, tu acceptes les émotions du plaisir et non celles de la souffrance ; pourtant, les unes ne peuvent exister sans les autres, tu le sais, mais tu ne veux pas le savoir. Je comprends que cela te fasse peur. Tu juges les hommes, tu as peur d'eux, car tu crains qu'ils ne te jugent à leur tour. Tu n'as jamais rencontré ton Dieu, et pourtant tu crois utile, soit de le prier, et cela te fait peur, soit de le nier et cela aussi te fait peur. Tu as accepté de la réalité une idée conventionnelle et pourtant tu penses qu'il pourrait y en avoir une autre, tu cherches, tu as peur de réussir et tu as peur d'échouer, car il serait bien triste que le monde fût comme tu le crois, et il serait bien angoissant qu'il fût autrement, car alors que serait-ce ? *What would it be then* ? traduisit-il lui-même en insufflant à sa question une emphase de mystère.

Il demanda :

«De quoi crois-tu avoir peur ?

- J'ai les même peurs que tout le monde. La peur de souffrir, de la faim, du froid, de la maladie, de mourir trop tôt. La peur de ne pas réussir à séduire ; j'ai peur de l'espoir et j'ai peur du désespoir. J'ai peur de ne pas comprendre le monde, et la vie.

- La satisfaction ne vient pas d'une cause, il faut le savoir une fois pour toutes. C'est une attitude.

«Et que cherches-tu ?

- Je cherche la confiance, je l'ai vu tout à l'heure, une seconde. Je sais qu'elle est ici, mais elle n'est pas restée avec moi.

Il me regarda, avec douceur maintenant. Je crois que je lui avais plu.

- Alors peut-être dois-tu faire ce qui te fait le plus peur ! dit-il sur le ton du médecin qui dicte une ordonnance

- Je ne le pense pas. Simplement parce que je ne m'en crois pas capable. Si je le pouvais, ne l'aurais-je pas déjà fait ?

- N'est-ce pas pour cela que tu es venu jusqu'ici ?»

Il avait vu juste. J'avais une grande admiration pour les *sâddhus*, ces moines errants, libres des états physiques et mentaux, libres des désirs et des peurs, et secrètement (afin de ne pas paraître ridicule, mais assez sérieusement), j'espérais sinon m'engager complètement sur leurs pas, du moins essayer de les imiter d'une quelconque façon. Il avait vu juste... je lui livrai mes hésitations.

«Je pense aux sportifs, par exemple, qui déclarent qu'ils cherchent leurs limites, celles de leur aptitude et celles de leur volonté, propre à pousser leurs aptitudes. Je pense qu'ils se trompent et qu'ils ne découvrent que la limite, dans leur système de valeur, de la valeur sur laquelle ils fondent leur but.

Il rit franchement.

- *Occidental complexity* ! Ce n'est pas un problème d'activité, c'est un problème de motivation. Pourquoi courir plus vite ? Pourquoi grimper sur nos montagnes ? La limite se trouve dans cette question.

- Et s'ils répondent : “Pour rien” ?

- S'ils sont sincères, ils ont trouvé une limite qui n'en a pas. Mais je ne crois pas qu'ils agissent pour rien. Ils agissent pour l'admiration, même d'une seule personne, ou pour la gloire. Ils se fuient, ou cherchent quelque chose. Très peu de personnes dans le monde ont la force et la sagesse d'agir pour rien.»

Il disait cela avec une profonde gravité.

Je pensais à une amie qui avait écrit un livre sur le sport. Elle y expliquait que la recherche des limites passe par une forme d'ascétisme qui provoque la rencontre avec soi.

Le swami me dit :

«L'ascèse est utile pour éliminer l'ego comme centre de préoccupation. Une ascèse qui renforce le sens du moi est une torture inutile, car si elle te conduit à un dépassement physique ou psychologique, elle ne te donne aucune liberté.

Il se pencha vers moi.

«Quelle information sur soi atteint-on avec sa limite ? Aucune. On rencontre la modestie, au mieux, quelle que soit l'œuvre qui la provoque.

- Que faire alors ?

- La peur te dit que tu ne dois pas rester là où tu es. En ce qui te concerne, là où tu es mentalement. Utilise cette information !

- Ne faut-il pas plutôt s'accepter ?

- S'accepter pour dormir, non. S'accepter pour s'ouvrir, s'accepter comme base de travail, oui.

- On m'a dit que certains événements étaient attirés par nos peurs. Je ne le crois pas. Si j'ai peur de la faim, je ne vais pas mourir affamé pour autant, mais il se peut bien que je devienne obèse.

Nous rîmes ensemble cette fois. Il avait compris avant la traduction. J'ajoutai :

«Faut-il se mettre en danger ?

- Qui se met en danger ? Devant qui ? Crois-tu devoir prouver quelque chose à quelqu'un ? Pourquoi ? La seule victoire digne de soi est la maîtrise du moi.

«Si tu as peur de la faim, jeûne souvent. Si tu as peur de la pauvreté, apprends-toi à vivre de presque rien. Si tu crains la solitude, observe le silence ; mais si tu souffres de la solitude, essaye d'aimer le monde ; contemple la souffrance sachant qu'elle n'est qu'une pensée. Ne la juge pas. Chaque victoire sur toi-même te délivrera d'un fardeau et te permettra de découvrir que tu es dès maintenant ce que tu veux être. Abandonne l'idée d'être différent du monde, et reçois le monde comme s'il n'était rien. Ta plus grande peur est celle de ne pas être. Toutes les autres se construisent dessus : ne pas être assez. Ne dit-on pas chez vous : "Tu retourneras à la poussière" ? Individu ne s'oppose pas à collectif, ni à universel, mais à éternel. Et surtout à rien.»

Il ajouta quelques mots sur un autre ton et à un autre rythme que le traducteur ne comprit pas ou ne voulut pas traduire, se leva et partit.

Cet homme auquel je n'avais pas accordé la moindre considération avait gagné mon plus profond respect en quelques minutes.

Je pensais à mon ami Wilhem, de Paris, qui m'avait dit : «*La force que tu cherches se trouve là où tu as le plus peur... La peur comme le désir, te rend la plus grande partie du monde étranger, inaccessible, car elle forme ta perception à travers la limite de son prisme, et donc, modèle ton rapport avec lui. Ce n'est pas toi qui vis, c'est elle qui s'incarne. Pour s'en débarrasser, on ne peut que la transcender ou la combattre. Dans les deux cas, on dépasse les limites qu'elle impose. Fais toujours un peu plus que ce que tu as déjà fait, non pour la performance, ni pour la valorisation, mais pour ouvrir le monde. Ta peur n'est que ton a priori de ta faiblesse.*»

Sur le chemin de retour vers mon petit hôtel, croisant à l'envers et avec un regard un peu changé les mêmes scènes super-réalistes à la fois bouleversantes de désespoir et de dynamisme, je pensais aussi à une autre amie, Odyle : "A force de n'avoir pas vécu tout ce que la vie offrait à vivre, on a peur de mourir, de partir trop tôt, car il est toujours trop tôt. A force d'avoir toujours remis au lendemain, toujours au lendemain, un vivre plein, libre et confiant, il est toujours trop tôt. Pour n'avoir jamais goûté un instant plein, dans un présent lucide et serein, pour avoir refusé de recevoir et de donner sans calcul, on a peur de la mort, car on craint de n'avoir pas vécu, car on sait que l'on a pas vécu. La peur de la mort est une peur de vivre qui se traduit par un regret anticipé et angoissant de ne s'être pas donné complètement à la vie. La confiance, acheva-t-elle, existe comme expérience ; en tant que concept, elle est vide, car, lorsqu'elle contient quelque chose, elle n'est plus la confiance, elle est l'attente, l'espoir, la foi..."

Le lendemain, je retournai me poster au même endroit et j'attendis.

De l'autre côté de la ruelle, assise sur le seuil de sa petite maison de brique au toit de tôle, à demi dans l'ombre et dans la lumière, une jeune femme massait son enfant allongé sur ses genoux. De loin, je l'entendais fredonner des chants avec une douceur et une sérénité qui m'envoûtaient. Le va et vient ferme de ses mains sur le petit corps nu rythmait sa voix. La femme et l'enfant incarnaient la générosité, la tendresse et l'amour.

Le swami apparut bientôt. Il marchait presque sans lever les jambes, avec légèreté et souplesse. On aurait pu croire qu'il glissait. Aucune expression sur son visage ne manifesta la surprise quand il me vit. Si cet homme savait l'avenir, comment se fût-il étonné de rien ? Il s'installa à côté de moi, comme la veille. Je lui avais apporté des fruits. Il en montra peu de satisfaction. Nous demeurâmes silencieux.

Devant nous une petite fille séparait d'un tas de cendre des morceaux de charbon pas tout à fait consumés. Une autre, digne dans son sari impeccable d'adolescente, traquait les bouses de vache qu'elle transférait de ses petites mains agiles dans un panier. Elle était jolie et gracieuse.

On entendit une voix étrange, comme une prière, au loin qui s'approchait. Un étonnant cortège déboucha sur notre petite place. Un homme-tronc, ses petits membres poliomyélitiques tordus et recroquevillés, roulait sur le sol d'une épaule à l'autre et poussait une écuelle d'aumône devant lui. Il était suivi d'un aveugle avec lequel il faisait équipe. L'un criait : "*Assalamou Alaykoum*" et l'autre ajoutait : "*Wa rahmatoul lah*" — que la paix soit sur vous, ainsi que la miséricorde d'Allah.

Je pensais à un conte de mon enfance : deux amis devaient faire un voyage pour aller en trouver un troisième. Mais l'un, qui était grand et fort ne voyait pas, et l'autre, qui voyait bien, était trop faible pour marcher. Le premier porta le second dans une hotte sur ses épaules, et le second le guidait. Ainsi, les trois amis se rencontrèrent.

«La force qui nous fait vivre n'est-elle pas extraordinairement puissante ? dit le swami.

Je regardais cette étrange équipe s'éloigner. "Oui et non" pensais-je, troublé.

«Elle *est* puissante ! insista-t-il.

- Certes, dis-je sans conviction.»

De l'autre côté de la rue, la jeune femme continuait à masser son petit. Qu'elle était belle ! et si jeune. Son sourire grave reflétait la noblesse de sa tâche : elle s'occupait de l'enfant-roi. Je crois qu'elle le charmait. Elle pressait maintenant les petites cuisses, revenait frotter le dos, sans hâte, pétrissant méthodiquement dans la grâce de la tendresse, caressait les bras, les doigts, la paume des mains. Elle charmait son corps comme si elle le tirait dans le monde, et de sa tendre voix juvénile, elle charmait son âme, comme si elle le suppliait de vivre, comme si elle continuait encore de l'accoucher à la vie. Quelle beauté !

L'aveugle et l'éclopé achevaient de traverser la place. Notre traducteur nous rejoignit. Il possédait une petite échoppe où l'on vendait du riz et des légumes secs. Pendant ses absences, son fils s'en occupait. Le jeune garçon apporta trois *tchaï*.

L'image de l'homme se traînant dans la poussière me hantait. Le swami s'exclama :

«Il ne se traîne pas, il roule !»

Avait-il *lu* ma pensée ?... Il l'avait devinée. Cela me troubla plus encore. Je ne savais si je devais me cacher, fuir, ou si je préférais m'abandonner à lui.

Le goût de mon malaise attira par association le souvenir d'un rêve ancien : pendant une sorte de soirée, dans un grand hall de marbre où se côtoyaient plusieurs personnes, je me découvrais nu. La honte, d'abord, me poussa à fuir. Mais je n'y réussissais pas. Je recommençais de nombreuses fois la scène d'un départ précipité jusqu'à ce que j'eusse renoncé à me dérober. Alors, je me comportais comme il convenait, sans me préoccuper de moi-même, comme si tout était normal. A la fin du rêve, je m'aperçus que j'étais vêtu. Je m'éveillai avec le sentiment d'avoir vaincu quelque chose.

Je décidai de rester.

«Chaque objet porte en lui sa propre naissance, dit le swami en regardant son verre de *tchaï* pour le prendre en exemple. La matière, les hommes qui ont voulu la modifier, les machines qui l'ont modelée, les hommes qui ont conçu, fabriqué, porté la machine, leurs parents, le feu qui a fondu le sable, les arbres qui ont alimenté le feu... etc, y sont inclus. Si l'on remonte ainsi pour chaque objet ou chaque événement dans toutes ses causes, on aboutit inévitablement à une cause première qui est commune à toute chose et à toute vie, et à toi, à toi ! et à cette conversation. Cette cause première est-elle passée ? On peut ainsi le concevoir, avec le moment d'un commencement. Mais elle est aussi bien contenue dans l'objet au moment même de l'observation, et on peut l'y ressentir. Elle est dans l'essence de l'objet comme dans celle de l'observation. Dans chaque fraction d'instant, l'objet et toi, vous vous rejoignez dans la cause première et vous y êtes non différents, non discontinus. Pour certaines raisons, tu crois qu'il faut *être*, et pour cela tu dois construire une différence entre l'extérieur et toi ; par exemple entre toi et moi, toi et les deux mendiants. Etre te construit. Etre te limite. Plus tu développes cette différence, plus tu te crois unique, et plus tu t'éloignes de ta cause. Et plus tu cherches ta cause. Pour t'en rapprocher, pense à la non-discontinuité. Les deux mendiants qui sont passés sont une forme d'un toi fondamental.

«La sensation du moi est ce qui limite la conscience. Sans elle, tu pourrais être infini.

Il me sembla que rabbi Isaac n'était pas très loin. Ces propos évoquaient les siens : "*La dualité est l'éternel moment du commencement... le commencement est un moment constamment répété...*"

«Le désir, poursuivit le swami, crée un espace de discontinuité entre un être et un objet. C'est cela la création. Le monde. Tu es l'être, le désir et l'espace. Tu es ce tout. Tu es l'être, le dégoût (ou la peur) et le mendiant. Tu es TOUT. Pour se connaître, l'homme se divise dans le désir, puis cherche à s'unir à l'objet du désir afin de se ré-unir. Lorsque cela arrive, il en éprouve de la jouissance, et il oublie la raison essentielle de sa démarche : se connaître. Il croit que la jouissance confirme l'utilité de son action.

«Tu crées ton propre univers, c'est pourquoi tu peux en sortir. Renonce à toi et tu seras libre.

- Bien-sûr, mais cela ne veut rien dire !

- Renonce à être un individu séparé, comprends-tu mieux ? La liberté que tu cherches devant le mur de tes peurs ne se trouve pas dans ce qui est variable en toi. Sois ce qui est éternel. Sois ce qui est éternel et tu pourras dépasser l'essence de l'observation, dépasser même l'identification à l'absolu, pour être sans l'être, l'ultime.

Je ne savais plus que dire.

- C'est cela la sagesse hindoue ?

Etais-je déçu ? Non, j'étais désarçonné. Ce savoir me renvoyait à moi-même et à ma volonté.

- Si cela ressemble à la sagesse, pourquoi ne serait-elle qu'Hindoue ?

- Je crois que je comprends ce que vous dites, mais je ne sais qu'en faire...

- Il faut non seulement que tu comprennes avec ton intelligence ce que j'essaye maladroitement d'expliquer, mais aussi que tu observes le monde, fût-ce un instant, dans cette perspective, et que tu écoutes ce qu'il te dit de toi.

«Que souhaites-tu le plus ?

Je souris avec gène avant d'avouer ces ambitions démesurées et égoïstes, et surtout inspirées par les lectures qui précédèrent mon voyage.

- La sagesse, la paix, la libération...

Je m'attendais à ce qu'il me dît de renoncer à souhaiter aussi, mais il me déconcerta autrement :

- Mais quand les voudrais-tu ? Quand ?

Je demeurais silencieux. Je devinais sa pensée. Il faudrait que ce fût tout de suite. Maintenant. Il ajouta :

«Connais-tu une autre solution ? Pour sortir de tes circonstances, il n'y a que maintenant, maintenant. Il répéta en hindi, *ab, ab, ab*, et notre traducteur fidèlement répétait *now, now, now*.

Je comprenais, ou croyais comprendre la logique qui soutenait cette démonstration. Bizarrement, c'est peut-être son caractère logique qui me dérangeait le plus. En outre, ce savoir ne me changeait pas radicalement. Et j'en étais un peu déçu. Ne pouvait-on pas raisonner autrement ? *Maintenant* permettait de sortir du temps, cette solution ultime était aussi bien la fuite absolue.

«Non, dit-il, pense à ce que tu cherches. Je vais te révéler un secret.

Je souris, car sa voix m'avait semblé alors d'une gravité exagérée ; sans doute voulait-il me tirer tout entier dans ce qu'il allait ajouter. Il poursuivit :

«L'exigence absolue n'est pas une qualité particulière, un attribut, c'est un moment, maintenant. *Maintenant* réduit en un instant tout le passé et tout l'avenir, toutes tes névroses et toutes tes peurs, toutes tes angoisses, tous tes désirs, toutes tes intentions, tous tes jugements, toutes tes limites. Comment l'absolu pourrait-il être un rapport, un caractère, une humeur seulement ?

«Si c'était l'amour, que serait tout ce qui n'est pas l'amour ? Ce n'est pas non plus la matière, ni une structure, ni un schéma particulier de pensée ; ni la bonté, ni la charité, ni la morale. L'absolu, c'est *maintenant*.»

Il se tut, moi aussi, quelque temps. Je contemplais ma vie tout entière réunie un instant aussitôt déchiré. Je dis :

«Combien de désirs féroces me saisiront dans moins d'une heure, abattront toutes mes pieuses intentions et me détourneront de l'attention à l'instant pour me jeter dans des projets de plaisirs... Je voudrais goûter, aimer, séduire, me séduire, être aimé peut-être, je voudrais... je voudrais. J'inventerais pour vouloir, j'inventerais la vie pour vouloir.

- Cela ne te concerne plus. *Maintenant* seul importe. La jouissance que tu désires est à jamais vide de satisfaction, car ce n'est pas elle que tu cherches, mais l'existence à travers elle. Et parce que tu ne peux ni accumuler, ni conserver la jouissance, ce n'est pas en elle que tu trouves l'existence, mais dans le désir. Cultivant le désir, tu trouves l'avidité : le désir du désir comme énergie, pour vivre. Et ainsi tu découvres sans la reconnaître la source même de l'existence, la cause de ce que vous, Occidentaux, appelez la création, et que nous appelons la manifestation : les fantasmes de l'avidité.

- Faut-il absolument renoncer à la vie ?

J'avais un peu honte d'insister, mais je ne pouvais pas ne pas résister.

- Renonce à la vie de tes désirs, renonce à la vie par des désirs...

«Qu'est-ce que vivre ?, demanda-t-il avant de répondre lui-même. On ne vit jamais que maintenant, qu'on ait renoncé à tout ou pas. Ce maintenant peut être corrompu par un désir parce qu'il lui inflige un manque. Et alors tu vis un manque. Ce que tu appelles la vie n'est jamais rien d'autre qu'une suite d'événements mentaux...

- De sensations aussi...

- De sensations attendues, jugées, classées ; des sensations mentales... La plus grande jouissance ne te viendra pas d'un désir, mais du renoncement.

- N'est-il pas plus facile de renoncer à quelque chose lorsqu'on n'a rien ?

Il fit de gros yeux et répliqua sévèrement dans un grondement qui n'était pas de la colère mais de l'énergie :

- Personne ne croit qu'il n'a rien. Vraiment rien. Chacun a au moins l'espoir. L'espoir donne naissance à la peur, et la peur reconduit à l'espoir.

- L'idéal serait d'accéder au plaisir sans passer par le désir alors ?

- Exactement. Cet idéal, c'est le renoncement. Il n'est pas une privation, mais une libération. Apprend à te contenter, à te suffire, à te délivrer de ce qui te rend esclave ; décide que quelque chose n'existe plus. Renoncer n'est pas en vérité s'alourdir d'une contrainte, c'est s'alléger d'un fardeau. Alors, on se dit : "*Avec*, c'est bien, *sans*, c'est bien aussi." Ainsi libéré du désir, tout est le même bien. L'équanimité n'est pas tant l'égalité de l'humeur, ou de toutes les émotions entre elles, c'est l'égalité du jugement sur les émotions ; l'appréhension est différente, ainsi que le goût, la conséquence est la même.»

Je pensai à un personnage de Borges, dans une des histoires du *Livre de sable*, qui découvre à la fin de son tumultueux parcours un équilibre essentiel : *à tous la vie donne tout, mais la plupart l'ignore*. Devais-je lutter contre moi-même, contre ma culture, les conditions de ma vie, mon apprentissage, ou devais-je les accepter ? Pouvais-je trouver la liberté sans me nier ou devais-je la chercher en me séparant de moi ? Etait-il nécessaire que je devinsse ascète pour que la vie me livrât son sens, ne pouvais-je pas le recevoir en tant que moi-même ?

La vraie question était peut-être ailleurs... dans "*la plupart l'ignorent*". Ignorer signifie à la fois, ne pas tenir compte, ne pas connaître et ne pas savoir. Si la nature de ce que l'univers se révèle à lui-même est contenue dans chaque événement, "*à tous, la vie donne tout*", ne pas en tenir compte, ne pas le connaître, ni le savoir, priverait de l'accès à l'essentiel. Ainsi le roi, l'esclave, le marchand de l'histoire de Borges, le swami et moi avions pareillement accès au sens, peu importe dans quelles circonstances. *Tout.*

Toute la littérature se fonde sur cette foi.

En groupe, de jeunes chiots passaient devant nous en fouillant et reniflant toute chose. Ils commençaient leur apprentissage du vagabondage. Plus loin, un gamin de cinq ans s'occupait de son jeune frère. Déjà, il enseignait la vie à un autre. Un voyageur, assis sur une pierre au coin d'une rue, parlait avec un swami et un autre homme. Une vache, mufle à terre cherchait de quoi manger. Des habitants du quartier nous observaient en passant. Peu importent les circonstances, ou, importent-elles ?... La plupart l'ignore.

«Comment êtes-vous devenu un sage ?

Ma question nous fit rire tous les deux. Il se pencha un peu vers moi. Le traducteur s'approcha aussi.

- Je vais te raconter une vieille histoire, commença-t-il. Un sage vivait sur une montagne, et y méditait depuis des années. Un homme, qui habitait un village non loin de là, avait un problème (peu importe le problème). Il eut l'idée d'aller demander conseil au sage. Il gravit la montagne, exposa ses ennuis. Le sage lui donna une explication et un conseil. L'homme alors s'exclama : "Ha ! Voilà un sage !" Le sage se penchant vers lui répondit : "Non, le sage, c'est celui qui sait reconnaître la sagesse."

Le swami avait dit cette dernière phrase en jouant le personnage, comme s'il mimait le même instant dans notre rencontre.

- Vous n'avez pas répondu à ma question !

- Oh ! j'ai répondu, dit-il. Mais tu n'entends pas bien. De même que l'homme du village était le sage lui-même, pour avoir reconnu la sagesse et sa sagesse en même temps, de même tu peux être le sage que tu crois que je suis : tout ce que je t'ai dit, c'est toi, c'est quelque chose en toi, que tu cherches, qui te l'a dit.

J'avais la désagréable impression qu'il me plaçait toujours devant des énigmes.

- Non, sans le sage, l'homme n'eût point reçu le conseil qu'il demandait.

- Pas tout à fait, s'il n'avait pas été prêt à recevoir ce qu'il cherchait, et pour cela à changer de point de vue, il n'aurait pas reconnu le bon conseil.

«En Inde, nous appelons *jnanin* celui qui discerne le relatif de l'absolu qui sont confondus dans l'ignorance et distinct dans la connaissance ?

- Et vous, l'avez-vous reconnu ?

- J'ai suffisamment cru ce que m'a enseigné mon guru pour le vérifier.»

Il avait changé de ton. Le respect avait remplacé l'ironie et la sévérité.

Le lendemain, et les jours suivants, et les jours suivants encore, je retournais m'asseoir sur ma pierre. Le swami arrivait ensuite, le traducteur se joignait à nous, le jeune garçon apportait trois *tchaï*, et nous parlions. De moins en moins.

Un jour j'ai attendu en vain sur la pierre. Le traducteur vint me prévenir que le swami était reparti pour Bénares où il avait son *ashram*.[226] J'en demandai l'adresse, mais il ne la savait pas.

«Dans le quartier de Kedar Gath...»

Chapitre 5

Saï Baba

«Et pourquoi, je vous le demande, Dieu ne s'incarnerait-il pas ? Il l'a fait déjà si souvent.»
Lanza del Vasto
Le pèlerinage aux sources

«Le labyrinthe ultime, c'est la ligne droite.»
Jorge Luis Borges

Bhagavan Sri Sathya Saï Baba, le Libéré Seigneur Vérité est un avathar : incarnation de Shiva et de Shakti, homme né de la volonté manifesté et directe des Dieux, réincarnation du saï Baba de Shridi qu'il était auparavant et dont les photos et les portraits allégoriques hantent les places et les recoins de l'Inde du Sud et le cœur de millions de fidèles.

Un mythe vit dans un homme qui l'incarne, et l'assume. Il est Dieu vivant, l'Homme-Dieu. On peut le rencontrer.

Saï Baba habite à Puttaparthi, un petit village isolé dans des montagnes arides du Dekkhan à cent-cinquante kilomètres de Bangalore, en Indc. Autour du misérable village où il est né, ses fidèles ont construit un ashram, une école, une université, une ville. Dans l'aube fraîche d'un jour de printemps indien, je m'y rendais en taxi.

La voiture traversait les faubourgs de Bangalore, au prémices d'un jour qui n'avait pas encore montré l'horizon. Les maisons et de rares personnes, illuminées par les phares, disparaissaient aussitôt dépassées. Oubliées. Remplacés par d'autres.

Je n'avais pas osé parler à rabbi Isaac de quelques-unes des raisons de mon voyage. Son Dieu était très littéraire, très intellectuel. Que ne m'aurait-il pas dit ! “La thora est lé séul voyache qué ti véux faire.” Je l'imaginais ricaner “Un diéu vfifant ! Quelle perté dé temps ! Diéu est miéux qué vfifant.”

Si je parcourais les religions comme on court les grands chemins du monde, je n'avais pas pour autant renoncé à ma raison ; c'est en tant qu'athée que je les sillonnais. Je n'avais décidé ni de leur inanité, ni de leur bien fondé. Mais il existait dans l'histoire contemporaine un phénomène comparable à ceux que les livres sacrés de nombreuses civilisations racontent. Un Dieu vivait sur la terre, et cela se passait pendant que je vivais, moi aussi. Je ne pouvais me passer d'aller le voir.

Les prophètes, les saints et les Dieux dont j'ai lu les légendes ont tous disparu ; ils ne sont plus qu'une rumeur, qu'un espoir incroyable, et vague. Le Dieu vivant de la religion de mes pères était au mieux absent. Celui que j'allais voir était existant en chair et en os.

J'allais tenter un face à face avec le surnaturel. Risquer d'être appelé. Qui sait, peut-être allai-je le reconnaître ? Peut-être allai-je participer à une légende...

A quoi ressemble Dieu ? A quoi peut-on le distinguer lorsqu'il est un homme ? Toute réponse à ces questions pose les idées qui seront déjà les obstacles à la révélation. J'avais trois heures pour réfléchir à ce que je souhaitais recevoir auprès de l'avathar et par quel moyen je pourrais y parvenir. A quoi faut-il se préparer pour rencontrer Dieu ? Certainement, il faut commencer par observer ses *a priori*.

Comment s'interroger ! Dieu ne peut ressembler qu'à rien, pensais-je. Dieu ne peut pas être à la fois manifeste et infini. Il ne peut pas *exister par l'existence* parce qu'il n'est pas pensable que la cause des causes puisse être entièrement dans un seul effet, plus dans un effet que dans un autre... Dieu, certainement, ne pouvait pas être un homme, parce qu'il devrait rester Principe des principes, la cause sans cause de toute cause, l'être potentiel, le principe de la création qui ne se réduit pas à la création. Il ne pouvait pas être, être... comme moi.

Toute question sur Dieu pose son propre obstacle. *Pourquoi* et *comment*, n'ont de sens que dans le temps et l'espace ; l'Immuable ne répond pas aux problèmes de la causalité. Il se situe en dehors de la question qui le questionne. Et pourtant, si saï Baba avait résolu ce mystère ? Et s'il pouvait le partager...

Pour le moment, ma raison m'incitait à penser que Sathya Saï Baba-Dieu devait n'être qu'un saint homme dont l'exagération populaire, la rumeur de la confiance et de l'espoir, aurait dépassé le personnage, comme un mythe poursuit une existence autonome au-delà de sa cause fondatrice. La sagesse et l'ascétisme forcent le respect, rendent vivant l'idéal mystique et animent la foi qui, alors, déborde d'exubérance. Le Dieu dont le saint se réclame devient sa personne dans la folie déifiante populaire.

Pourtant il n'en était rien. Car, dans ce cas, c'est ce saint lui-même qui clamait sa divinité et traçait son arbre généalogique spirituel.

En voici l'histoire, telle qu'on peut la lire dans les quelques biographies qui lui sont consacrées :

"Il y a des milliers d'années, dans le but d'approfondir les Védas, le grand sage Bharadwaja, inspiré par Indra, offrit un rituel védique à Shakti, dans la demeure terrestre de Shiva, à Kailasa dans l'Himalaya. Shiva et Shakti sont les aspects masculin et féminin de la Divinité Unique Brahman. Shiva et Shakti se livraient alors à la danse cosmique et Bharadwaja attendait qu'on cessât de l'ignorer. Après quelques péripéties, il reçut la promesse que Shakti et Shiva s'incarneraient dans sa lignée : Shiva seul en tant que saï Baba de Shirdi, Shiva et Shakti ensemble en tant que Sathya saï Baba à Puttaparthi et Shakty seule en tant que Prema saï.

"Saï Baba de Shirdy prépara la route de la mission spirituelle des saï en démontrant l'unité spirituelle des deux principales religions de l'Inde, l'Hindouisme et l'Islam ; Sathya saï construit l'édifice démontrant l'unité de toutes les religions ; en tant que Prema saï, il établira plus tard le paradis sur terre..."

Telles sont la légende et ses promesses. Les curieux et les fidèles y puisent leur inspiration. Ou leur doute.

Une rumeur entourait cet avathar. De même que toutes les religions rapportent que l'*envoyé* possédait des pouvoirs exceptionnels, on attribue à saï Baba la capacité de faire des miracles. En verrai-je ?

Si je traînais mes doutes avec moi, n'allai-je pas me priver de la dimension de merveilleux, voire de miraculeux qui s'offrirait peut-être à moi ? Pourtant, n'en étais-je pas déjà proscrit malgré moi ? Etais-je seulement capable d'envisager des miracles au premier degré. Même s'il s'en produisait un devant moi, cela ne m'empêcherait pas de douter. Je rationaliserai un quelconque artifice d'abus d'apparence. Pour moi, l'inexplicable n'est pas synonyme d'occulte, le mystère n'est pas une puissance, c'est une faiblesse. Et je tiens cet entêtement pour une qualité.

Dans ces conditions, que pouvait faire Dieu pour que je l'entende ! S'il faisait un orage je disais : "C'est un orage" ; si la terre tremblait je disais : "La terre tremble, ce n'est pas Dieu." Je ne suis pas plus naïf qu'un autre, pas plus crédule non plus. Non que je me méfie de Dieu, (quoi que cela reste à vérifier) mais des hommes !... S'il me parlait, il devrait emprunter le langage d'un homme, une voix d'homme, un corps d'homme. Dieu ne doit-il pas forcément être un homme pour s'adresser à moi ? Comment autrement pourrait-il se révéler ? Il n'y a que ce que je comprends qui existe pour moi. Quoi qu'il arrive, il faut que je comprenne pourquoi et comment cela se passe. N'était-ce pas ce à quoi l'*avathar* servait ?

La voiture roulait maintenant dans une nuit éclaircie. Une vaste plaine naissait à sa propre beauté, immobile. Le monde me plaisait ce matin-là.

Je pris le problème autrement.

Si j'avais été contemporain d'un prophète ou de Jésus, aurais-je été de ceux qui ne "*se laissent pas prévenir*" comme on lit dans Ezéchiel ? Aurais-je été de ceux de Sodome ou de Ninive ? Aurais-je été de ceux qui condamnaient Jésus ou de ceux qui bondissaient comme Bartimet l'aveugle ? L'aurais-je suivi comme ses disciples ou l'aurais-je ignoré ? Suis-je capable de connaître la lumière de la sagesse divine, peut-être simplement de la reconnaître ? Comment m'y ouvrir ? Y a-t-il un moment où il faut cesser de chercher, parce que l'on sait qu'on ne cherche que pour chercher, comme une fuite. C'est souvent sur le chemin et non à l'arrivée qu'on découvre le but du parcours et son sens, parce qu'il n'y a pas d'arrivée, ni de but, véritablement. Je veux dire extérieur. Je le savais mais ignorais encore comment traiter le parcours. Et le moment.

De la fenêtre de la voiture, je voyais défiler des villages encore endormis, des champs, des collines. Le jour et la vie essayaient de se lever. Un délicieux sentiment de la beauté du monde ne me quittait pas, avec la douceur d'aller vers quelque chose d'intérieur à son mystère.

Un homme qui se dit Dieu est soit ce qu'il dit qu'il est, soit un fou, soit un escroc. Chacun peut sans doute déceler ce qu'il en est. La liberté de penser passe par la confiance en soi. La crainte de se tromper ou d'être dupé (*il y a tant de faux prophètes*) n'est-elle qu'une excuse qui permette de ne pas même se proposer d'entendre.

"*Vous aurez beau entendre, vous ne comprendrez pas*", dit Matthieu à d'autres sourds.

Un jour, j'ai découvert une nouvelle façon de me poser le problème de Dieu. Tant que je m'étais demandé : "Est-ce que Dieu existe ?", je n'avais jamais trouvé que de bonnes raisons de penser que non. Pourtant, je constatais qu'aucune réponse n'était parfaitement satisfaisante. La science ne peut pas prouver l'inexistence de quelque chose, et la théologie ne peut pas démontrer l'existence ou la non-existence de ce qui n'existe pas par l'existence. Il fallait chercher autrement, et d'abord accepter de chercher. Je me suis alors interrogé sur moi-même : "*Pourquoi voudrais-je que Dieu n'existât pas ?*" Ou à l'inverse : "*Pourquoi voudrais-je qu'il existât ?*"

Le rêve du paradigme possible, l'espoir qu'il y ait un sens à... tout, l'espoir que rien ne soit insensé, me tirait dans la recherche de ce que les voies spirituelles promettent.

Pourtant, j'avais aussi de sérieuses raisons de vouloir croire que Dieu n'existât point. Dans la tradition d'où je viens, le Dieu miséricordieux a pris un jour la décision de tout noyer sous un impitoyable déluge, il a choisi Noé, un homme *qui avait trouvé grâce à ses yeux* et lui sauve la vie. Et Noé collabora à son triste dessein. Cet épisode ne me rendait pas sympathique le créateur des ciels et de la terre, ni les personnages de son histoire. Dans un autre chapitre du Grand Livre, l'Eternel, à la tête des armées des hébreux, suscita le meurtre de tous le habitants des villes de Canaan conquises par ses fidèles. Enfants, hommes, femmes et vieillards y furent passés au fil de l'épée. Plus tard, dans un tête à tête mémorable avec Satan, Dieu doute de l'homme et livre à son interlocuteur le plus fidèle de ses serviteurs, Job. De l'intérieur même de la cohérence théiste, Dieu n'était pas *très* parfait et donc pas *très* absolu...

J'avais aussi, encore, une irrépressible tendance, non seulement à confondre Dieu et ses servants, encore que je fisse depuis peu une large part à l'homme et à ses faiblesses dans le prêtre, mais à trouver ce Dieu insupportable en tant que créateur de la vie (que je n'ai jamais considérée, malgré ses bienfaits, comme un cadeau), et invraisemblable pour avoir inspiré l'excès, l'intolérance et la bêtise dans une telle ampleur. Je ne ferai pas ici le procès des dévôts et de leurs églises. Je ne croyais pas comme Nietzsche que Dieu fût mort, puisqu'il n'avait sans doute jamais existé, mais dans la cohérence de la foi, je pensais qu'il était vieux, poussiéreux, réactionnaire, intolérant et rancunier, élitiste, hypocrite et prude. Je ne voulais pas que Dieu existât parce que si le monde avait été dirigé strictement selon ses lois, il eût été invivable : soit d'une mièvrerie paradisiaque triste à décrépir, soit conformiste, totalitaire et violent. Je ne favorisais ni l'ascétisme ni la débauche passionnée, mais je ne goûtais pas non plus le discours infantilisant des religieux qui ne m'inspiraient pas, par ailleurs, de respect personnel. De plus, intellectuellement, les thèses théistes étaient indéfendables, il y avait toujours le point invisible, le mystère, le "trop-profond-pour-la-compréhension-humaine" devant lesquels on plaçait la foi comme seul moyen de passage. Ce Dieu de justice, pourquoi ne m'avait-il pas fourni avec cette existence son mode d'emploi, comme il l'avait fait pour d'autres ? Cela aussi était mystérieux !

Je confondais alors, mais je ne le savais pas, la religion et la spiritualité, la morale avec la mystique, la loi et la voie. Si Dieu existait, il ne devait certainement pas ressembler à ce qu'on disait de lui. J'ai compris puis connu plus tard sa splendeur, elle était tout autre ; ce matin-là, je n'en connaissais encore pas grand-chose.

Bien que je me dirigeasse vers lui, je ne voulais sans doute pas que saï Baba fût Dieu. Il y avait quelque chose d'inacceptable dans sa proposition.

S'il est un homme, Dieu me rend Dieu étranger parce qu'irrémédiablement différent de moi, extérieur, autre. Lui est l'homme-Dieu, né homme-Dieu, et moi je ne le suis pas. Il y avait des hommes plus Dieu que d'autres. Le parcours vers la fameuse ressemblance aurait donc une limite innée.

En tant que concept, Dieu est plus praticable. Concept moral, il est l'amour, la charité, la fraternité ; concept quasi algébrique, il est le tout, l'unité, la totalité ; concept artistique, il est le créateur ; concept philosophique, il est la cause première ; concept métaphysique, il est l'ardeur, le vide ou la vacuité associée au désir, l'être complément de lui-même... En tant que concept, je pouvais le manipuler intellectuellement, et spirituellement participer même imparfaitement à son Esprit. Mais en tant qu'homme, il forçait au problème de l'exigence idéale une solution unique : l'imitation. Elle imposait un chemin, une voie, une méthode, et disqualifiait les autres, elle interdisait ainsi la liberté d'exiger *autrement* de soi-même que ce que suggère la foi. Cette solution inhibait la créativité spirituelle, et sans doute le jeu favori de l'Esprit.

S'il est vrai que Dieu respecte la liberté de sa créature, voir et parler à saï Baba, avathar, incarnation de Dieu, ne m'apporterait aucune certitude, car s'il est vrai que Dieu ne s'impose pas, il devrait attendre que je sois prêt à accueillir sa divinité pour me la montrer. Et s'il ne me l'imposait pas, je ne voudrais pas la reconnaître. La moindre de mes résistances ferait avorter ma démarche. Avais-je la volonté ou le pouvoir de les dissoudre ? Il me restait encore deux heures pour m'y préparer.

Nous parcourions la campagne indienne, encore frileuse au lever du soleil. Des scènes de la vie quotidienne se répétaient, identiques, au fil des kilomètres parcourus. Nous traversions des villages de maisons de boue. J'ai vu des dizaines de seaux jetés dans des puits, de nombreuses bouches soufflant sur des braises pour allumer le feu, des mains pétrissant la pâte, des mains formant la galette de pain, des enfants détachant les bêtes, des hommes se lever et s'étirer, des hommes se brosser les dents avec un morceau de bois, des femmes prendre leur bain vêtues de leur sari, des gens balayer leur cour, d'autres appeler la bénédiction sur leur maison, pratiquant les actes de l'offrande. La vie s'ébrouait dans ses gestes millénaires. L'Inde rurale est moyen âgeuse.

J'allais voir Dieu.

Le nez collé à la fenêtre de la voiture, je jouissais d'un sentiment de plénitude. Celui d'avoir choisi ce destin.

J'avais le sentiment d'avoir entrepris quelque chose d'important et d'y avancer. Mon corps se déplaçait dans l'espace en traversant le temps. J'entrais dans un monde aussi ancien que la découverte de Dieu ; je reculais aussi un peu dans ma raison qui l'accompagnait dans cet autre monde, dans une autre raison, dans une raison où des Dieux peuvent vivre.

Que sait l'homme qui croit ? Que vit-il ? Qu'essaye-t-il d'ignorer. Pourquoi ceux qui croient me semblent si étrangers à ce qu'ils croient ?

Certains hommes rendaient leur hommage aux portes des temples... Ils joignaient leur mains devant eux et s'inclinaient. Le *brahmane* de service leur versait le *prassad*[227] dans le creux de la main.

Je réfléchis.

On préfère que Dieu soit loin. On préfère l'attendre. L'attente est une attitude fondamentale. On attend le bonheur, la retraite, que les enfants aient grandi, l'amour, l'argent, l'ambition. On attend surtout, en les repoussant sans fin, le contentement et Dieu. On ne veut pas être satisfait, repu, car on vit dans l'énergie du désir, de l'ambition, dans lesquelles l'attente est la source même de l'énergie. On craint que la fin de l'attente ne soit une sorte de mort, ou la mort même. On craint, par une association simple de pensées que la rencontre de Dieu ne soit en même temps celle de la mort, et l'on tient plus à la vie qu'à Dieu. Par dessus tout on préfère vivre. Même par dessus Dieu. Ne rien attendre, c'est déjà tout avoir, tout être, ne plus rien chercher. Que faire ensuite de tout le temps ? “Seul celui qui ne connaît pas Dieu peut s'interroger ainsi”, disent ceux qui croient. C'est ainsi que je m'interrogeai.

Dieu est aussi proche que distant, s'il est infini. Il serait juste à côté de soi si on le souhaitait. Mais on ne le souhaite pas. C'est dans l'attente qu'est la foi ; celle du messie, celle du paradis, celle d'un monde meilleur, celle d'un moi plus vrai, toujours futur. Même Moïse résiste à la mission que YHVH veut lui confier : “Demande à un autre”... et Jonas s'enfuit.

On préfère que Dieu soit loin afin de ne pas avoir à s'engager trop définitivement en Lui. Qu'il ne soit qu'une idée que l'on puisse remettre en doute lorsque cela arrange mieux. On aime pouvoir choisir, puis pouvoir changer d'avis, choisir encore, choisir autrement... rester libre, c'est-à-dire pas trop exigeant de soi-même. Les hommes qui préfèrent croire ne vivent pas activement l'ambition de sainteté.

On préfère que Dieu soit un mythe que l'on puisse tantôt analyser comme un symbole, tantôt comme un message ancestral, tantôt comme une présence invisible, une force, un principe... Qu'il soit polyvalent surtout, autant que soi. On aime que Dieu soit distant parce qu'on n'aime pas l'aimer trop ; cela exigerait une rigueur personnelle contraire au souci de la liberté en tant que la capacité primesautière à la volte-face.

On n'aime pas appeler Dieu, car cela demanderait une confiance que l'on n'a peut-être pas, et l'on n'aime pas remarquer qu'on n'a pas beaucoup de confiance. Et s'il arrive que l'on soit témoin ou bénéficiaire de miracles, on sursaute d'étonnement, même lorsqu'on a la foi. On préfère ne pas trop y croire ; on demande comment et non pourquoi. Même l'irrationnel a besoin de raisons.

On n'aime pas Dieu. On préfère se priver de Sa lumière pour se contenter de Sa lueur, de façon à pouvoir L'interpréter dans la pénombre plutôt que de Lui obéir dans la clarté. Dieu propose l'amour. On Lui réplique la liberté. On n'aime pas Dieu. Ce n'est pas de trop s'aimer soi-même, c'est de ne pas vouloir aimer.

Il propose de lui ressembler. On préfère se différencier, être. Aveuglé par soi, comment pourrait-on voir le Dieu qui apparaîtrait. Comme Adam, nous nous sommes cachés, non seulement pour ne pas être vus, mais surtout pour éviter de voir... Et de se voir soi-même...

Les taxis indiens ont l'avantage d'être assez lents. Je pouvais jouir de la vue des paysages et des impressions qu'ils suscitaient sur moi. Nous traversions un pays qui ressemblait, en plus écrasé, aux Atlas marocains, montagneux et désertique. Le soleil haut, commençait à régner, impitoyable. Il faisait une chaleur de désert. L'air asséché devenait flou, opaque. Au loin, je distinguais des villages flottant dans une impression de mirage. Plus près, des bœufs tournaient en rond autour des puits.

La voiture fit une halte dans une bourgade. On élevait ici le vers à soie. Au marché, on offrait les cocons jaunes, en tas sur des étoffes. Au bout du fil, un vers, une vie, qui attend la métamorphose.

L'avathar est-il émanation des Dieux parce que les Dieux l'ont voulu ou parce qu'il l'assume ? Que sait-il de sa destinée, et de lui-même ? Quel degré de liberté lui permet de maîtriser son destin ?

Saï Baba peut-il être Dieu ? Vraiment ?

Mon orgueil y aurait trouvé son compte. L'expérience serait grandiose et je serais de ceux qui l'auraient vécu. Le Dieu-homme ou l'homme-Dieu me transmettrait une parcelle de sa divinité. Et, touché par sa grâce, je le suivrais aveuglément et sans faillir.

Je voulais bien croire au miracle. Je voulais bien que saï Baba fût Dieu, surtout pour avoir enfin une certitude inébranlable et me reposer un peu en elle. Je rêvais qu'il fît en moi une conversion instantanée, qu'il me donnât la *lumière éternelle* sans autre effort de ma part et me dispensât de la chercher un jour de plus. Le voulais-je vraiment ?

Les derniers kilomètres du voyage furent pénibles. L'air torride et la poussière m'irritaient douloureusement la gorge. L'éclat du soleil et son reflet sur le sable et les pierres m'éblouissaient. L'horizon était vaste, ponctué de hameaux flous dans l'atmosphère brûlante. Je me sentais enfermé dans ce désert ouvert...

Lorsque j'arrivais à Puttaparthi, je m'étais défini une attitude par défaut. Je ne décidai de rien et je ferai de mon mieux pour participer à ce qu'il me serait donné de vivre.

L'ashram était beaucoup plus vaste que le misérable village qui le précédait et lui prêtait son nom. Des aveugles et des mendiants en gardaient le portail, puis on entrait dans un autre monde. Neuf, en béton peint. L'architecture était du plus pure baroque indien aux couleurs de la pâtisserie italienne : bleu, rose et jaune layette. Tout était orné, décoré, beau dans l'esthétique indienne. Les fidèles et les disciples étaient vêtus de blanc. Impeccables. Peut-être un peu trop.

Au centre d'une place, sur un socle pentagonal, le monument-effigie de la communauté, une fleur de béton annonçait la réunion des cinq grandes religions dont saï Baba s'inspire. Chacun de ses pétales épanouis en portait un symbole : le Om hindou, la roue du Dharma du bouddhisme, la croix chrétienne, la lune et l'étoile de l'islam et le flambeau des sikhs. Rabbi Isaac ne s'y retrouverait pas.

Je passai la journée à suivre différents enseignements philosophiques sur les *Védas* et les *Upanishads*.[228] Le soir, saï Baba devait se montrer.

Une foule attendait, passive, attentive. Saï Baba allait sortir du temple. J'ai partagé l'exaltation de l'attente qui précéda l'apparition du Dieu-vivant. Lorsqu'on s'apprête à rencontrer Dieu, on ne s'improvise pas une façade d'hypocrisie. Il n'y a rien à faire qu'à laisser faire. S'ouvrir, être le plus vrai possible, transparent si l'on peut et surtout ni prisonnier de l'incrédulité, ni envahi par l'enthousiasme.

Lorsque je le vis, je souriais, béât, comme il m'arriva, par la suite de sourire aux paysages, aux idoles des temples, au mur tourné vers la Mecque dans les mosquées, à la vacuité... Il marchait entre des groupes de fidèles silencieux avec une certaine majesté détendue, souriant, radieux. Chacun semblait entretenir avec lui une relation personnelle.

Autour de moi, les visiteurs s'agenouillaient, se pétrifiaient dans des attitudes de vénération respectueuse. Certains, comme effrayés, se figeaient dans une déférence plus imitée que spontanée, et qui me parut obséquieuse. Ils ressemblaient à des enfants qui forcent l'application, non pour s'appliquer, mais pour qu'il soit surtout visible qu'ils tâchent de le faire, comme si l'apparence de la piété générait la piété. J'en fus un instant chagriné. Cette religion-là existe aussi. Saï Baba ne méritait pas d'être regardé comme un père sévère ou un pontife souverain. J'ai préféré me laisser envahir par une sorte de gaieté hilare, plus tendre que révérende. L'Avathar n'adoptait pas une attitude de gravité cérémonielle, mais paraissaît plutôt décontracté, amoureux comblé et sûr de son amour, vrai ; cela forçait ma confiance et m'inspirait un sentiment de communion

Bien plus frappant, et bien que je m'y attendisse, il ressemblait à un homme. D'ailleurs, pas très beau. Le visage en poire, les sourcils en accent circonflexe, le nez épaté au-dessus d'une immense bouche aux lèvres trop charnues, des cheveux crépus à la mode *afro* qui lui faisaient une auréole noire et sa longue robe rouge moulant son corps un peu gras lui donnaient des caractères humains très ordinaires... et pourtant il charmait. Ce n'était pas sa dignité qui m'impressionnait, mais l'émanation d'une bonté simple que je percevais, irradiante de lui, plus paternelle et fraternelle que divine.

Le lendemain, je pus obtenir une entrevue avec lui.

«Pourquoi êtes-vous Dieu et moi seulement un homme, lui demandai-je pour commencer ?

Nous étions dans une grande salle. Lui sur une sorte de trône, moi, assis à l'indienne à ses pieds. Son traducteur semblait étonné de ma question. Elle me semblait évidente, absolument nécessaire.

- Tu préfères te voir comme un homme, répondit l'avathar.

Il laissa passer du temps en regardant autour de lui. Les saints et les Dieux de l'Inde, en photographies et en chomos nous observaient répondre aux questions atemporelles des hommes. Le Dieu vivant ajouta :

«Voir Dieu sur le visage d'un autre homme, c'est aussi se placer dans la position d'être vu par Dieu. On se demande si on peut le supporter.

Tout était dit. Mais il poursuivit quand même, comme s'il avait su qu'il m'en fallait plus.

«Veux-tu voir l'infini ? Peux-tu concevoir l'Un ?

«Nous n'avons pas une parfaite co-ordination entre nos pensées, nos paroles et nos actions. Ainsi, nous sommes des divisions, des petits fragments épars.

Etait-ce un nous de démagogie, de condescendance, d'union, d'amour ou de fraternité ?

- Comment unir ces fragments ? Je ne crois pas en un Dieu extérieur, différent. Lorsque je visite les temples en Inde, je fais un vœu en forme de prière. Je demande *la force et la foi de vivre ce que je sais.* Comment parvenir à cette harmonie ?

Il souriait.

- Ce n'est pas parvenir, c'est recevoir. Il n'y a aucun effort à faire. Le mensonge demande un effort, pas la vérité.

- Pourtant, si.

- Lorsqu'on veut sortir du mensonge en préservant les acquis du mensonge, il y a des difficultés. La Vérité est. Elle ne vous demande pas de vous adapter à elle, elle vous demande d'être avec elle.

Au commencement de notre échange, j'ai eu l'impression que saï Baba me tutoyait, et pendant ces quelques minutes, l'intensité de son amour était pénétrante. Lorsqu'il a abordé les problèmes de doctrine et de méthode, il est devenu moins intime.

- Pourquoi sommes-nous si loin de nous-mêmes ?

- Les gens me blâment parce qu'ils souffrent, mais je n'y peux rien. C'est leur faute, ils refusent de comprendre l'amour et la vie. Ils se mentent, ils se craignent... Ils demandent à Dieu ce qu'ils ne veulent pas conquérir eux-mêmes. Comprenez-vous que Dieu n'y peut rien !? Dieu ne peut rien contre vous-même. Ce n'est pas votre prière qu'il entend, c'est ce que pense votre âme, ce pourquoi bat votre cœur.

«Vous n'êtes pas loin de vous-même, vous êtes autour.»

Sa bouche trop grande était soulignée de chaque côté par deux rides verticales profondes qui coupaient son visage du haut du nez au menton et le tirait en avant, mais son sourire resplendissait de joie, et la communiquait. Ses yeux témoignaient de sa bienveillance et de sa compassion. Son corps gracile devenait celui d'une mère. Je me sentais très bien en sa présence, comme sous l'emprise d'une séduction dont il était l'objet sans en être l'auteur. Devant lui, toutes mes questions trouvaient immédiatement leurs réponses en moi-même avant qu'il ne réponde formellement. Elles perdaient les émotions complexes qui les suscitaient, comme si son univers et le mien devenaient harmonieux dans l'influence qu'il me transmettait. Je me sentais séduit dans la simplicité dont il était le témoin et le créateur. S'il était un homme, il acceptait aussi d'être avathar. Peu d'hommes assument de tels fardeaux.

Le guru est la manifestation de l'absolu, dit-on en Inde. La personne de saï Baba annonçait, révélait un de ses aspects, *ananda*, la béatitude.

«Comment ? Je me demande toujours comment faire... Je veux bien tout ce que vous voulez, mais comment y arriver ?

Il était bon et me souriait gentiment.

- La plupart des fidèles sur le chemin de la vérité sont des fidèles à temps partiel. Ils veulent une vérité partielle. Il ne sont pas constamment en union avec leur Seigneur parce qu'ils L'oublient. S'ils L'oublient, c'est parce qu'ils sont attirés par autre chose.

- Comment, comment ?

- La pauvreté est un bon moyen, me dit-il en me regardant, comme si cette réponse devait changer ma vie. Il ajouta :

«La pauvreté vous conduira vers plus de pureté et plus d'amour. Soyez pauvre d'argent, pauvre de besoin, pauvre de désirs, pauvre de vous-même... Soyez humble. Vous deviendrez riche de grâce.

Comme je ne répondais plus, il poursuivit :

«Je dis souvent : cultivez un jardin de vertu. Il aura huit fleurs. La première sera la non-violence ; la seconde sera la maîtrise de vos sens ; la troisième devra faire grandir en vous la compassion ; la suivante vous aidera à développer la tolérance ; la cinquième sera la paix intérieure qui est l'égalité sans peur ni colère ; la sixième fleur répond à votre question, l'exacte co-ordination entre nos pensées, nos paroles et nos actions, cela s'appelle l'austérité. L'austérité est le moyen de votre vœu. Vivez au minimum, vous vivrez comme vous savez qu'il faut vivre. La septième fleur est la méditation. La dernière est la vérité, l'immortelle.

«*Prema* est le souffle de la création, son énergie primordiale ; Prema est l'amour universel, libre d'attachement et de motivation. Avec Prema, regardez la création comme effet de l'amour. C'est votre attachement à vous-même qui vous en empêche. *Préma* est votre souffle.

«Nârâyana est le nom de Dieu. Il signifie "la demeure des hommes". Il est né de Dharma et de Ahîmsâ.[229] *Na* signifie sans et *ra* signifie déclin, décomposition. *Nârâ* désigne l'homme, l'homme originel et éternel, le premier *richi*.[230]

«Si vous vous identifiez à votre corps ou à toute autre chose périssable, vous n'êtes pas vraiment l'homme-Dieu de votre véritable nature.

«Si vous acceptez de chercher cela, vous devez d'abord prendre conscience de l'importance de la stabilité de votre mental. Le mental agité crée des pensées, des désirs, des névroses. Stable, il laisse porter un regard pur vers l'extérieur et permet d'y reconnaître Dieu ; il laisse porter un regard pur vers l'intérieur et permet d'y regarder Dieu lui-même, l'*âtman*. Finalement, vous constatez que l'extérieur et l'intérieur, quoi qu'il y apparaisse sont des manifestations de Dieu.

«Pour atteindre cela, pratiquez la méditation. Concentrez votre mental sur votre respiration ; ralentissez progressivement son rythme jusqu'à huit, cinq, puis un souffle par minute. Détendez votre corps, placez le bout de votre langue juste à l'arrière des incisives, et demeurez passif en appelant l'harmonie et l'acceptation.

«Voici un mantra que vous pourrez répéter : *Anthar bahicha thatsarvam vyapya nârâyana stithah* — à la fois intérieur et extérieur, dans tout ce qui est, est *nârâyana*, l'immanent (la demeure des hommes).

«Chaque homme est parfait, mais certains hommes manquent d'intérêt pour la perfection. Chaque homme est Dieu, mais certains refusent d'assumer Dieu, si bien qu'ils ne peuvent pas reconnaître qu'ils sont Dieu. Pour laisser le Dieu qu'il est jaillir en lui, l'homme doit sacrifier l'homme qu'il est. *Par la renonciation seulement on peut atteindre l'immortalité*, nous enseignent les Upanishads. L'immortalité, ce n'est pas ne pas mourir, c'est connaître ce qui ne meurt pas.

«Si vous voulez comprendre la nature de saï, proposait saï Baba, essayez l'amour de saï. Vous pouvez immédiatement devenir Dieu. L'expérience de la nature de Brahman est Brahman. Sacrifiez ce qui l'empêche de se manifester en vous.»

Dieu est un guru dont le temps est compté. L'entretien était terminé.

Je n'avais pas d'*a priori* rigide sur Dieu, ni aucun principe d'exclusivité religieuse. Pour moi, l'homme qui ose se déclarer fils de Dieu, avathar ou prophète et qui vit, non seulement dans une foi de croyant, mais dans le centre absolu de cette foi, en y incarnant la perfection spirituelle, était plus impressionnant d'un point de vue d'athée que de croyant. Saï Baba-avathar n'était pas admirable. Tout lui était facile. Saï Baba-homme-Dieu est exemplaire.

Il n'est pas facile d'être Dieu, et encore moins de jouer à l'être. Le rôle de saï Baba n'était pas facile. Qui se déclare Dieu doit avoir vaincu toute faiblesse d'homme, puis savoir convaincre, inspirer, élever. Saï Baba endossait le devoir humain d'être Dieu, dispensant paroles et bontés, travaillant à des œuvres matérielles et spirituelles afin de proposer à des populations entières une autre façon de vivre et d'éveiller la nature divine de chacun.

Quant à moi, pourrai-je croire en ma propre sainteté ? Je dois humblement et avec lucidité reconnaître que je préférais ma vie à la sienne. N'était-ce pas pour cette raison unique que j'étais moi et non comme lui manifestation d'absolu ? L'ambition de sainteté n'était encore pour moi qu'une vague ambition, qui concernait plus la nature humaine en tant qu'entité impersonnelle que la mienne dans l'immédiat d'une décision possible. Elle était une abstraction projetée dans un futur très indéfini, une façon d'emprunter un peu de sens à la vie sans la transformer.

Je n'ai pas le doute mesquin. Le luxe dont l'avathar est entouré ne m'a pas semblé le recouvrir. Il supporte l'expression de la dévotion de ses fidèles sous forme de dons avec patience et non dans l'attachement ou l'avidité que j'aurais pu être tenté de lui envier pour ne pas avoir à reconnaître la sainteté de son état.

Je déambulais sagement dans les avenues décorées de ce temple de paradis. La nuit était tombée, la chaleur un peu aussi. Il faisait doux dans mon âme. Du fond de ma mémoire, comme le refrain d'une chanson oubliée, j'entendis la voix aiguë et dynamique de Vladimir Jankélévitch citant Spinoza : "*Ce qui est possible pour un devient possible pour tous*", en écho à la mienne citant Tagore : "*Où les routes sont tracées je me perds.*" Je voulais devenir mon propre prêtre, comme l'annonçait rabbi Isaac.

Dans les allées de ce jardin, des bornes étaient gravées de citations des livres saints. Sur l'une d'elle je lus : "*Ce n'est pas par l'amour de Dieu qu'on chérit Dieu, c'est par l'amour de soi.*"[231] Je n'en étais pas encore là.

Je repartirai de Puttaparthi.

Ce que je pouvais demander à Dieu de m'inspirer, je devais le découvrir, le devenir. Toute prière adressée à Dieu s'adresse d'abord à soi-même. Elle modifie les intentions, qui modifient à leur tour les pensées qui transforment les désirs, et enfin les actes. Priant, je m'informe moi-même de l'exigence métaphysique que je conçois. Et je l'appelle et la rappelle jusqu'à ce que son souvenir me possède. Dieu alors est présent avec moi dans mes actes.

Le saint a trouvé son chemin vers la lumière de la vérité et de la paix. Il le raconte. Il inspire plus encore qu'il ne guide. Ainsi ceux qui essayent de suivre ses traces peuvent-ils trouver la porte de leur propre route. Une est la vérité, multiples sont ses avenues, et nombreux les secrets de sa beauté. Encore faut-il être prêt à la regarder et avoir le courage et la force de se soumettre à ses charmes.

Une vérité enseignée n'est qu'une pensée qui paraît juste ; une vérité enseignée par un homme qui lui est fidèle est un exemple qui paraît juste ; une vérité découverte contient la puissance d'une révélation personnelle, et si elle est pratiquée, elle devient une initiation, une rupture, une mort et une naissance.

"Apprenez-moi à pêcher", avais-je demandé à swami Vichârava à Delhi. Je veux la connaissance parce que je ne veux pas la foi. Il me fallait une expérience plus directe, plus personnelle de ce Dieu dont on parle tant. Si je pouvais croire quelque chose, c'est que Dieu n'est pas un autre.

Chapitre 6

Bénares

«Faire des efforts pour arriver à la connaissance de Dieu et lui rendre ensuite un culte digne de cette connaissance... ...Ne t'occupe que de Dieu seul et pas d'autre chose.»
Moïse Maïmonide, Le guide des égarés

«Donne-moi la volonté de vouloir selon ta volonté.»
Maître Eckhart, Les Traités

«Et le commencement de la sagesse est d'admirer le réel, comme dit Platon dans le Téétète, et selon le conseil de Matthieu dans les Traditions: "admire le présent". Ainsi établit-il le premier degré de la connaissance à venir.»
Clément D'Alexandrie, Stromates (2, 9)

L'aube descend du haut du ciel qui s'éclaircit peu à peu vers l'horizon ; la nuit pâlit, éteint ses étoiles une à une, l'ombre recule, la lumière s'annonce. Au temple de Shittla l'appel des cloches précède la résurrection du jour. Le ciel rougeoie, l'aube épuise la nuit avant que je ne me dise : “Il fait jour.”

En cette saison, le Gange est bas. Il est bleu comme le ciel et comme lui paraît immobile.

Bénares s'allonge d'un seul côté du fleuve, face au soleil levant. Elle forme une baie où se pressent d'anciens palais de Maharajas, des *ashrams* et des temples. Les *ghats* (escaliers descendant à la hauteur de l'eau) se joignent et forment une sorte de promenade. C'est cette limite extérieure qui est le centre de la ville.

Sur la rive opposée, rien, qu'un large banc de sable, qui fait songer à la porte d'un désert, jonché d'ossements et peuplé de rapaces.

Derrière les *ghats*, un amas de vieilles maisons, de courettes, de ruelles et d'impasses forment un sombre et frais labyrinthe dont l'issue est le trou éblouissant d'un portique qui mène au sommet des marches jaunes et grises au bord d'un Gange bleu-lumière comme la porte d'un temple s'ouvre sur l'autre temple que sont le ciel et l'espace.

Celui qui connaît à la fois le non-manifeste
et l'impermanent, passe au-dessus de la mort
grâce à la connaissance de l'impermanence et
atteint l'immortalité grâce à la connaissance
de la cause première.[232]

Trident sur l'épaule, des *sâddhus* passent, seul, par deux ou trois. Ils marchent au pas des voyageurs. Ils marchent la vie où d'autres la vivent immobiles. Ils marchent sans but, c'est là un but. Ils cherchent à vaincre les désirs sans le désirer, à vaincre les peurs en les affrontant, à rencontrer la connaissance sans la chercher, dans l'annihilation de l'être. Ils cessent de penser à force de marcher et ainsi contournent le temps, usent ce qui attache comme l'esclave lime ses entraves et ils s'allègent comme on déleste un navire en perdition de tout ce qui n'est pas absolument nécessaire : sauver l'âme d'abord ! Ils se brûlent de l'intérieur afin de mourir avant la mort et de se délivrer, perçoivent dans l'illusion du monde et de l'être, l'illusion de l'espoir, pour peut-être dépasser la règle du jeu du Dieu créateur.

Le *sâddhu* est à l'Inde ce que le juste fut à Israël, il soutient le monde et donne vie à la connaissance. Il prie pour le salut de tous les êtres.

«Qu'est-ce qui ne change jamais ici ?» demande un maître à son disciple devant le fleuve. Le disciple réfléchit...

Dos aux temples, les pèlerins se joignent aux riverains pour les ablutions rituelles et rigoureuses. Ils se penchent chaque jour sur le mystère du secret de la pureté. Eau sacrée du fleuve divinisé, eau purificatrice du fleuve rédempteur, eau forme sans forme du fleuve esprit, eau matière du fleuve énergie, eau reflet du fleuve miroir, eau point du fleuve passage, eau éphémère et infinie du fleuve éternel, eau mère de la vie, fleuve vie de la mère. Eau rite et fleuve temple, dont l'homme est le centre à la fois eau et fleuve, partie et tout.

Le Gange murmure ses secrets dans le lent flot sans fin des gouttes qui cheminent vers l'océan pour s'y perdre, y rester ou retourner à une source pour un nouveau voyage éphémère dans l'infini d'un fleuve éternel.

Immergés jusqu'à la taille, ces hommes d'un peuple millénaire font des gestes et des prières millénaires à un rythme et dans une foi millénaires et ils découvrent une vérité dans la perfection de cette constance parce qu'ils savent que tout est même, que tout est le même rien. C'est le fleuve qui leur a dit.

Om Ganga, Om Ganga
Je me prosterne en toi
Qui est toute forme.

Et ils s'enfoncent dans l'eau sans forme pour y dissoudre la leur.

Je pense à l'Occident qui cherche la vérité dans le changement, dans l'infini parcours du progrès, dans la course en avant des effets qui rejoindraient la cause. L'Occident vit une vérité changeante, défie le sens de vérité. Il attend le sens futur d'une révélation passée : l'apocalypse. L'Occident vit sans absolu car il pense l'absolu à l'horizontale en avant plutôt qu'il ne le ressent dans la verticale immobile.

«...Le courant ! dit le disciple au maître. Le courant ne change pas ! Les pétales que je jette en offrande aujourd'hui, demain auront disparu, l'eau d'hier est passée, les nuages ont changé, moi-même d'un jour à l'autre, je suis différent, le courant, lui, est toujours identique.

- On le nomme fleuve, ajoute le maître, pourtant il n'est pas le même. Le corps change à chaque instant, on continue à l'appeler le corps. Et l'ignorant l'appelle le moi.»

La force qui entraîne toute chose est ce qui ne change pas. Et Kabir dit : "*Qu'y a-t-il qui ne soit dans l'esprit.*"

Des embarcations antiques à voile triangulaire glissent comme hors du temps, écrasées de soleil. Des vaches méditent sur les marches. Des enfants jouent au cricket. Des hommes lavent des bêtes et se baignent avec elles. Les rapaces observent les mouvements du haut du ciel. Des blanchisseurs frappent le linge sale sur des pierres. L'écho mat de leurs gestes se perd dans l'espace. Les touristes déambulent dans la chaleur sèche et les souffles de poussière. Quant à moi, je suis assis sur les marches.

Des *kathakas* lisent et commentent les Upanishads en public. En tambours et trompettes, une famille apporte l'effigie d'un Dieu au fleuve qui la prendra pour la dissoudre. Même les Dieux sont mortels.

La journée s'écoule, le soleil s'allonge, rougeoie. Les buffles rentrent de leur bain au pas nonchalant des buffles. Les pigeons par nuées disparaissent dans les cavités des dômes. Les *brahmanes* font les ablutions de la fin du jour qui précèdent le rituel du feu.

Dans le secret du soir s'élève la rumeur de Dieu. Bénarès ville sainte, Kâshî[233], Lumière Suprême, ville de la prière qui sort ici par les portes et les fenêtres, par tous les trous de pierre comme une transpiration. Elle bourdonne des temples et des autels, jaillit des minarets, gronde de la bouche des passants, suinte du murmure des vieilles, ronronne du souffle des *sâddhus*, tinte des cloches, tournoie dans la fumée des encens, brûle aux mèches des lampes à huile. Elle clame la gloire du créateur ou la chuchote, sans cesse, de toutes ses voix, dans toutes les directions.

Un *sâddhu* nu, couvert de cendre, descend les gaths, la conscience pure, sans objet, sans pudeur, au-delà des noms et des formes, vêtu d'espace, de liberté et du sacrifice.

Assise sur des marches, une vieille femme chante des litanies sans âge, la voix brisée, mate, sans souffle, solitaire comme un déchirement qui n'est qu'un don profond, unifiant il me semble, confiance et désespoir dans sa lassitude, une sérénité sans foi. Elle est bouleversante, cette voix sans fard qui parle au fleuve comme au seul confident possible.

Des cymbales et des tablas rythment les plaintes d'un harmonium qui accompagnent un chant. Cinq adolescents honorent leur Dieu en Lui donnant même ces heures du plaisir de l'amitié.

Dans le dédale des ruelles étroites, pleines d'ombres et des charmes mystérieux de ce peuple, mosaïque de religions, de castes, de races, de métiers, vivant avec des vaches, des ânes, des chèvres, des poules, des chiens errants et autour de ses multitudes de sanctuaires, la vie se déroule comme dans un village ramassé, dans la monotonie joyeuse de la présence de Dieu, comme une longue prière, dans une communion que rien n'interrompt. Je pense à un vaste monastère dont les membres seraient des familles, une communauté dont Dieu, quoi que ce soit, est le principe fondateur et le phare individuel. “Un monde qui a retrouvé le jardin d'Eden ou qui n'en est jamais sorti”, dirait peut-être rabbi Isaac. “Un monde qui reconnaît la cause première contenue dans chaque geste”, aurait sans doute dit swami Vichârava si je l'avais trouvé.

Combien d'hommes et de femmes se recommandent à quelque chose audelà d'eux-mêmes...

Je me souviens d'un jeune homme à Calcutta qui cuisinait des œufs au plat assis par terre à l'angle d'un carrefour entre la rue et un amas de détritus humides et puants, dans le quartier des grossistes en légumes. Ses gestes étaient simples et précis, efficaces sans être automatiques. Il officiait devant son four à charbon en terre cuite dont il attisait la braise à l'aide d'un éventail lorsqu'un passant s'arrêtait pour lui passer commande. Avant de servir le met, il en prélevait une miette qu'il jetait dans le feu avant de lancer ses yeux vers le ciel.

Nous appelons parfois cela de la superstition, une sorte de paranoïa angoissée issue de la mauvaise foi et de la mauvaise conscience face à des forces invisibles perçues comme brutales, fatales, omniprésentes, jalouses et primesautières. Le garçon était proche de son idée de l'absolu, il faisait de sa foi le témoin et le complice de ses gestes, de sa vie, de la vie. Pour l'homme religieux l'espace profane n'est pas différent de l'espace sacré. Il n'y a ni espace ni activité profane, pas non plus de discontinuité.

L'homme sacralise ou rend profane. Il est l'auteur de la qualité de son attention sur le monde. Créateur du profane, enfant du sacré. “*N'approche pas d'ici*, dit YHVH à Moïse, *ôte les chaussures de tes pieds, car le lieu où tu te tiens est une terre sainte.*”[234]

Mircéa Eliade prend cette parole au pied de la lettre et en déduit qu'il y a “*un espace sacré et un espace amorphe, séparé, dépourvu de sens.*”[235] YHVH appelle Moïse à faire l'expérience de la sacralité, à voir une manifestation divine, la puissance elle-même, le point fixe de toutes choses afin de demeurer en tous lieu dans cette attitude, de la porter en lui, de l'apporter aux autres. “Ote les chaussures” est une directive spirituelle, une invitation à laisser quelque chose... “Débarrasse-toi de la poussière de ton passé, ne porte pas avec toi tes anciens parcours, libère-toi de tes anciennes images, jette tes autres Dieux.” La rupture n'est pas géographique, ni physique, elle est psychologique. Le lieu sacré est en soi.

La séparation n'existe que pour les aveugles de Dieu, ceux qui ne l'entendent pas dans ses apparitions, ceux qui ne le voient pas dans chaque son, dans chaque parole entendue, ceux qui vivent séparés de l'unité, divisés dans l'âme, schizophrènes de la spiritualité, hypocrites jusque dans l'intime ou bizarrement raisonnables.

"*Toute la terre est pleine de sa gloire*", lit-on dans Isaïe, et le Zohar ajoute : "*Il n'est pas de lieu où Dieu ne soit présent.*"[236] Ainsi peut-on connaître la beauté du monde, enseignait rabbi Isaac.

Tout est sacré ou rien ne l'est. Que ma conscience des choses te porte, O sainteté.

Bénarès, ville sainte, Kâshî, Lumière Suprême, ville où l'on vient mourir, ville de la lumière et de la mort que le Gange réunit. Ville dont Shiva est le maître.

Œil de lotus, mort de la mort
Impérissable maître du Trident
et du chapelet d'ossements.[237]

A Manikarnika ghat, les bûchers de crémation. Une fumée suffocante diffuse une odeur bois et chair et une chaleur saisissantes. Une atmosphère de foire et de ferveur. C'est l'Inde.

Plus encore ici qu'ailleurs dans ce pays, la mort est visible, présente, naturelle. Elle montre un peuple qui semble jouer le jeu de la vie jusqu'au bout. Car pour lui, la mort libère. Nulle manifestation de l'épreuve que constitue la séparation. L'âme du défunt doit se détacher du monde sans regret. Et l'on ne confond pas la mort avec le deuil.

Les cérémonies funéraires se déroulent principalement le matin et le soir, charnières du plus petit cycle. Le jour est à la vie.

La nuit est proche. Des ruelles, on entend l'arrivée d'un cortège qui a traversé la ville. On apporte un corps. Il est soulevé sur le brancard aux sept lattes latérales couvert de fleurs, au-dessus des têtes comme la gloire. Et l'on crie : "*Ram Nam Sat Haï Ram Nam Sat Haï*". Le nom de Ram est vérité. Et cela ouvre le passage.

Le mort est immergé trois fois dans le fleuve, purification dernière de l'enveloppe transitoire dans l'eau sans-forme avant celle, définitive, dans le feu divin de Shiva qui l'emportera. Et puis on le laisse seul, en attente, sans attention.

Quelques années plus tard, au mouroir de mère Térésa à Calcutta, un homme était mort dans la nuit. Il était hindou. Avec d'autres volontaires j'ai porté sa dépouille au crématorium. Nous l'avons déposé dans un coin de la cour et vaguement recouvert d'une civière métallique qui traînait là. Il fallait attendre la nuit. J'ai attendu, à l'ombre. Il est demeuré seul, sans garde encore, comme dans son agonie.

Les corbeaux se sont approchés. Ils ont croassé un rapide conciliabule, ont piqué la chair comme pour en prendre connaissance, enfin trônant sur le corps, comme ils règnent sur la mort, ils en ont pris possession tout à fait, lui ont mangé les yeux, comme pour symboliquement achever le travail du détachement.

Je regardais ce spectacle, acculé à reconsidérer mon respect emprunté pour les restes d'un homme. Les oiseaux noirs prenaient de la matière inanimée un peu de la mémoire avant qu'elle n'entame dans le feu le parcours des ténèbres lumineuses du retour à la poussière du rien.

Doré comme une flamme sans fumée
Plus grand que le ciel
Plus grand que l'éther
Plus grand que la terre
Plus grand que tous les êtres
C'est ce Soi qu'en quittant ce monde j'atteindrai.[238]

Un croque-mort prend son bain, un autre sèche son maillot à la chaleur de la combustion d'un cadavre, un troisième fait jouer son transistor. L'Inde n'a pas le sens de la pompe. On fait les gestes qu'il faut, on dit les paroles prescrites, sans émotion, sans obséquiosité. Y a-t-il une leçon dans cette légèreté ? Sacré n'est pas synonyme de sérieux. Sérieux, c'est l'ego. Sacré est une qualité de perception qui dénonce le relatif et entretient des pensées et des sentiments d'absolu. On ne sacralise pas le sacré lorsque tout est sacré. Quand une place est disponible, les croque-morts bâtissent un nouveau bûcher. Le corps y est porté. Le brahmane fredonne des *mantras* en lui versant quelques gouttes de l'eau du Gange, dans la bouche. Il arrose la paille de beurre fondu et on jette quelques pièces de monnaie au cadavre, pour son *voyage*.

Quand le bûcher sera prêt, Seigneur,
Mets-y le feu
Et que ma cendre soit le tilaka de ton front.[239]

Mourir à Bénarès assure à l'Hindou la délivrance dont Shiva murmure le *mantra* de passage au moment du dernier souffle. Quel mystère se joue dans cet instant du trépas ? Quelle porte l'absolu ouvre-t-il à ce qui perd la forme ?

Shivo'ham So'ham, Je suis Shiva Je suis Cela
Jusqu'à maintenant tu n'as vu
Que ma manifestation dans la maya
“Mais regarde, souffle Shiva, regarde
Je vais maintenant passer dans l'invisible Satchitânanda.”[240]

Le soleil a disparu derrière les temples. L'ombre a dévoré le monde. Afin d'éviter qu'il n'explose, le fils aîné brise le crâne à l'aide d'une masse. Ensuite, portant un flambeau de paille, il tourne plusieurs fois autour du bûcher, avant d'y plonger le feu. Alors chacun des autres hommes touchent une bûche de sa main et la baise dans un ultime adieu. Le bûcher s'embrase.

Sept étaient les bois de palissade,
trois fois sept on fit les bûches d'allumage,
Quand les dieux, tendant le sacrifice,
eurent attaché l'Homme pour victime,
Les dieux sacrifièrent le sacrifice par le sacrifice
Telles furent les premières institutions.
Ces puissances eurent accès au firmament,
là où sont les saints, les dieux originels.[241]

Trois, quatre, huit, dix brasiers consument des corps.

L'Inde n'oppose pas la vie à la mort, mais la mort à la naissance. Le temps n'y est pas linéaire, il est cyclique et la vie n'est qu'un fragment d'histoire. La réalité n'est pas subjective, opinion ; elle est relative, causale. Neutre, elle rejoint l'absolu.

Le Gange est devenu nuit. Les flammes sont la lumière comme la mort est un phare, fascinantes comme la mort elle-même, et elles dansent joyeuses et cruelles comme si elles savaient les secrets de *yama*[242], graves comme l'irréversible et puissantes parce qu'elles lient la clarté aux ténèbres, le manifeste au néant, le fini et l'infini. La fumée ouvre le passage de l'invisible. L'ardente chaleur du feu, tient le vivant à distance, en respect.

Les flammes ont dévoré l'étoffe qui recouvrait le corps. Le visage qui apparaît n'a plus d'identité. C'est une tête de mort. Les membres se tordent. Les éléments se décomposent dans l'espace. Les os sont lents à disparaître.

Lorsque le brasier a achevé d'agoniser, le fils aîné dit les dernières paroles de séparations à un pot de terre plein de l'eau du fleuve qui symbolise le corps, en les infligeant dans un geste de magie par un mouvement vif de la main et des doigts. Alors le brahmane, dos au bûcher, jette le vase derrière lui en criant : "*A ouariba*". La vie vient, la vie va. C'est fini. La forme a disparu.

La crémation, il me semble, accélère le processus du deuil, la résignation. En quatre heures, sous ses yeux, le corps de l'être aimé, estimé, est réduit à rien. Le cadavre est sans valeur, sans orgueil, sans mémoire. La vie n'y est plus. La mort n'y est pas. Il ne reste plus que cendres fumantes. On en prélève un peu que l'on jette dans le fleuve, et je m'étonne de ce que nul ne les regarde se dissoudre dans la profondeur.

Les Yanomamis aussi brûlent leurs morts. Ils prélèvent un peu des cendres du bûcher, qu'ils mélangeront ensuite à une soupe et qu'ils mangeront quelques semaines plus tard pour achever le deuil.

De loin, j'entends des litanies qui ne me parviennent que par éclats et me font fredonner un air familier.

Comme je rentrais à mon hôtel par les sombres ruelles, j'ai vu un temple encore éclairé. J'y suis entré.

«*Vishvanâtha ! Vishvanâtha ! Le Dieu de l'univers*», me dit le *brahmane* dans une excitation incongrue. Je me suis assis devant l'autel et j'ai voulu méditer avec ce Dieu moustachu, couvert de soie, de pierreries et de colliers de fleurs, comme déguisé en un maharaja allégorique. Il m'a soufflé d'une voix sourde, d'une voix de la profondeur : «*Mais l'univers n'existe pas.*»

Depuis toujours le monde cherche des raisons de croire en lui, et réfléchissant ainsi il découvre autant de raisons d'être incrédule.

"*Ils surgissent dans l'esprit et dans l'esprit ils s'engloutissent*", dit Milarépa.

* * *

Il y a des lieux ou des moments aussi initiatiques que l'enseignement d'un sage ou l'exemple d'un maître. Une disponibilité sans but rend possible une révélation, une connaissance et une compréhension spontanées, intuitives qui attendaient. C'est l'expérience d'un moment *plein*. Le Gange à Bénares m'a inspiré cette ouverture qui a produit une telle expérience.

Fleuve sacré que l'on traite comme un Dieu, source de toute forme, potentiel de toute création, le Gange me fascinait.

J'ai passé mon premier séjour à Bénares sur les marches de Kedar Gath. Du matin au soir, un jour, deux jours, trois jours... "*Om Ganga, Je me prosterne devant toi qui est toute forme.*" Pendant des jours, j'ai regardé le Gange. Je contemplais le Gange qui était dans le fleuve et le fleuve qui était dans le Gange. Sans le savoir, je recevais une révélation. Attendant sans attendre, je ne faisais rien. Je regardais le Gange. Peut-être ai-je commencé à regarder mon regard...

Ganga ne m'a pas parlé. Il m'a bercé comme une mère céleste. Peu à peu je me suis senti contenu en lui, peu à peu son éternité est entrée en moi. Une paix pleine comme un immense vide m'a emporté sans que je m'en rendisse compte, jusqu'à ce qu'elle se fût emparée de moi et que j'en fusse pénétré.

J'en garde la sensation, comme un souvenir précis. Je ne l'avais jamais éprouvée auparavant. J'avais connu le soulagement, une impression de trêve, de l'allégresse, de la légèreté aussi, mais jamais cette profondeur, jamais, ce grand vide, cette béance qui écarte la douleur. La paix n'est pas une humeur, elle est un état, une connaissance que l'on peut rappeler si on l'a connue, un territoire, une terre promise, un point de vue qui modifie toute perception. Je l'opposerais au chaos, le *Tohu*, la terreur d'être, la moitié de la connaissance, le premier temps du cycle de l'être. La paix est une certitude d'être qui rend être insignifiant en réduisant la terreur. Elle est un effet d'une union de soi. Elle n'explique pas le monde, elle l'accomplit. En cela elle est une intuition devenant une connaissance, et non un savoir. Vivre devenait soudain extrêmement savoureux. Paradoxe : la paix qui est un écho du vide est un moment intense ; plein, c'est-à-dire sans choix, et véritablement libre, sans désir. Je n'avais pas alors senti ou réfléchi cette expérience dans toutes ses dimensions. Cela m'était arrivé presque sans que je sache, comme par mégarde.

Une révolution intérieure s'était réalisée dans un acte fondateur sans action. “Il n'y a rien à faire”, avais-je pensé. Rien à faire ; rien, aucun devoir à incarner, aucune distance à parcourir, aucun but à atteindre, aucun savoir à acquérir. Il n'y a rien à réaliser, aucune mission à effectuer.

Immobile, observant la Volonté qui s'exprimait dans l'infime, je la respirais pour l'accomplir, je me contentais de sourire pour la satisfaire, et je mourais d'un instant à l'autre pour l'exaucer.

J'avais découvert ce qui me serait par la suite confirmé dans la Bagavâd Gîtâ, le Tao-Tö-King et d'autres lectures, Maïmonide, Epicure, Ibn Attar... Mais surtout qui serait fondé et construit par lama Amtrim Shérab à McCléod-Ganj, développé par swami Vicharâva, et que je pratiquerai.

“Abandonnant tout attachement aux fruits de l'acte,
éternellement satisfait, ne cherchant nul appui,
il a beau s'engager dans l'action, il ne fait *absolument rien.”*[243]

Il n'y a principalement rien à faire. D'abord, *in principo*, en tête, il n'y a rien à faire. Rien ne doit être accompli. Rien n'est absolument nécessaire, rien n'est sérieux à ce point. L'existence n'est pas semée d'étapes obligatoires. Réussir n'est pas atteindre. Vivre n'est pas agir. Peut-être au contraire, est-ce se libérer de l'action, de la pulsion de se déplacer pour être. Ainsi toute action s'inscrit derrière ce principe de contemplation comme une concession luxueuse à un vivre subalterne. Lorsqu'une action a pour objet une réaction, une efficacité spécifique, un fruit, elle attache l'acteur à son acte, elle lie un être à ses effets. Elle crée un être double. L'action sépare l'acteur du tout de la création en l'intégrant à sa partie. Elle le maintient dans ce qu'il appelle un destin et qui n'est jamais qu'un rôle, dont le sens profond, l'éternel effet et l'intemporelle cause, lui échappe. Il n'y a rien à faire, ni rien à saisir et alors on peut agir libre. Sans effet c'est-à-dire sans forme.

Quel profit y a-t-il pour l'homme
de tout le travail qu'il fait sous le soleil ?
Un âge s'en va, un autre vient
et la terre subsiste toujours.[244]

Il ne s'agit pas d'une apologie de la paresse mais de l'intuition devenue connaissance que rien n'a ni fin ni but véritable, que tout est éphémère, limité et que toute absorption dans une partie de la réalité devient un voile qui cache son principe de permanence. Je découvrais *Chabbat*.

Il est beaucoup plus difficile de *ne rien faire* que d'agir. La connaissance de soi commence avec l'immobilité. Même penser est une action. L'oisiveté n'y a pas de place. Il faut au contraire demeurer à la fois concentré, attentif, et détendu ; conserver entière la plénitude de la paix sans pourtant s'y consacrer. Le non-agir demande une maîtrise parfaite de soi au point que sa volonté n'y a plus part. La contemplation permet l'observation de la création et de soi en tant que le spectacle que l'esprit se donne à lui-même, qu'on l'appelle Dieu ou Brahman.

Qui sait voir dans l'agir le non agir
et le non agir dans l'action,
celui là entre tous les hommes
possède la vigilance de l'esprit.[245]

L'immobilité couvre l'espace et l'action d'une présence plus réelle, plus absolue que le mouvement et son objet, comme le silence transcende le bruit, comme le cadavre révèle la gigantesque densité des mots à jamais imprononcés. Tout dans l'homme est voué à l'échec s'il croit en lui, en ce qu'il dit, en ce qu'il fait, en ce qu'il sait. S'il croit en ce qui le définit il est perdu. Il se rigidifie dans une réalité minime qui n'est fondamentalement qu'imaginaire, s'égare dans le labyrinthe d'une structure de pensée dont il ne conçoit pas qu'elle repose sur des valeurs qui s'auto-construisent et qui est au fond fragile, ce que Môllberg de Malraux appelle "*une évidence particulière qui ordonne la vie*" sur laquelle il édifie, mais qui le limite à poussière, à une naïve et orgueilleuse poussière.

Il y a des multitudes de mondes. Ce sont les points de vues, les *évidences particulières* au-delà desquelles il y a celui qui les englobe tous, dont la rencontre, dont la clairvoyance, donne la connaissance d'une saveur principielle qui teinte tout événement des simples couleurs d'une simple histoire.

Plus tard j'apprendrai la méditation, une méthode pour apercevoir dans chaque événement, chaque geste l'embryon de ce qui peut devenir la compréhension de l'univers. Le monde du non-agir, où l'acteur est un spectateur, même dans l'action, est l'accès à la connaissance du non-être, sans intention, sans motivation, sans désir, sans point de vue. Il est une porte de la sagesse. L'immobilité, le silence, le vide, sont une douleur avant de devenir la paix. Lorsque l'on en connaît que la première étape peut-on deviner l'autre ! L'être résiste, hurle son envie et sa douleur d'être, se regarde et se juge, réclame la douceur de ses masques, de ses filtres, de ses fuites, appelle un monde extérieur pour se reposer sur ses oppositions. Les douleurs induisent les peurs. *"Affronter et vaincre une peur donne un pouvoir"*, annonçait swami Vichârava.

Ne rien faire est un grand pouvoir. Cela permet d'être *et* de ne pas être.

Devant moi, le Gange aux reflets argentés faisait un miroir à facettes. Chacune devait refléter une partie du paysage, aucune le paysage entier. L'homme dans le monde est comme un des reflets sur le Gange. Il ne sait rien complètement. S'il perd son point de vue, il est miroir de rien, il a alors accès à tout, il est le Gange tout entier.

"La présence divine est un miroir, quiconque entre en lui se voit lui-même", dit Farid-Ud-Din'Attar. J'ajouterai modestement : "...et conçoit ce qui conçoit le monde."

Retour à Bénares

Tu parles selon le sacré, toi dont l'éclat est sacré
Tu parles selon le vrai, toi dont l'acte est vrai,
Tu parles selon la croyance, ô roi soma[246]
O soma que l'officiant dûment prépare...
Coule, ô liqueur, pour Indra tout à l'entour !
Là où les êtres se meuvent à leur gré,
au troisième firmament, au troisième ciel du ciel
là où sont les mondes faits de lumière,
en ce lieu rends-moi immortel !
Coule, ô liqueur, pour Indra tout à l'entour ![247]

Lorsque j'étais venu à Bénares pour la première fois, c'était pour y rejoindre swami Vichârava. Je ne l'y avais pas retrouvé. C'était aussi, sinon pour y chercher la foi dans l'Inde sacrée, du moins avec le but un peu plus flou de me découvrir un possible destin spirituel.

Tout retour sur ses pas fait songer au parcours. J'ai essayé de laisser percer du passé un fantôme de ma vie. Quand je regarde cette ombre qui n'est plus moi, c'est toujours d'abord mon ignorance que j'aperçois, avant que ne me paraissent quelques-uns des pointillés qui ont fait avancer mon histoire. Plus je vieillis, plus il devient rare que je m'étonne de vivre objectivement quelque chose pour la première fois. Pourtant l'appréhension du sens et la saveur sont toujours neufs.

Revenu à Bénarès, des années plus tard j'ai fait le pèlerinage de moi-même. Je me suis assis à peu près au même endroit que jadis, de façon à observer le même paysage. Je revoyais les mêmes personnages. L'enfant, grandi, mais encore lui-même qui lavait les buffles en grimpant sur leur dos comme un singe, et qui les lave encore, tous les jours avec un soin amoureux. Le vieil ascète au dos voûté qui chaque après-midi, à petits pas hésitants allait au fleuve faire ses ablutions. Le *brahmane* obèse qui sortait du temple de Kédar Gath, se tenait sur le pas de sa porte et observait les passants, la vie peut-être, les mains derrières le dos, le regard aigu. Et le Gange qui coulait, qui passait comme les foules, comme le temps et sans le temps, le Gange qui passait... qui passait sans rien faire, dans son propre courant.

C'est d'abord une idée qui me fait partir en voyage. Je vais chercher quelque chose, l'approfondissement d'une impression, d'une question, un ailleurs, qui le plus souvent n'est pas très loin de moi. Le déplacement produit une ouverture. J'en avais encore besoin. Cette année-là, je cherchais la force de joindre *être* et *faire*, de rassembler ce que je sais et ce que je suis, ce que je suis et ce que je veux connaître pour naître dans une sorte d'accouchement qui serait ma propre conception. J'allais en quête de cette cohésion, la seule que j'appellerai la foi, et qui, lorsqu'elle manque, laisse béante une distance entre l'exigence personnelle et le conquis. J'allais à la rencontre d'un lien.

Bien que je ne les imitasse pas, je pensais souvent aux moines de tous ordres qui ont compris, chacun à sa façon, qu'il n'y a rien à faire, rien de spécifique à vivre, aucune expérience à accumuler, rien qui soit absolument nécessaire, et qui se retirent d'une sorte de monde pour en vivre un autre où agir est minimum et contempler premier. J'avais longtemps cru que l'engagement monastique était une conséquence de la foi. A fréquenter grand nombre de moines, j'ai su que le plus souvent il n'était que l'affirmation personnelle de la primauté de la recherche spirituelle, l'affirmation intime : "*Il n'y a que cela à faire.*" La foi vient après, se construit infiniment. La jonction entre être et connaître se fait par le vide, dans un creux de projet qui ouvre la disponibilité. Rien n'est plus important ; *rien* est le plus important.

Je songeais à cela, ainsi qu'à la prière : un lien possible avec l'absolu, un moyen de la foi. La prière qui est la volonté paradoxale encore et encore affirmée de tisser ce lien, de s'abandonner.

Un enfant interrompit ma réflexion. Il me proposa de louer un des *houseboats*[248] amarrés à quelque distance devant moi. J'ai accepté, disponible et émerveillé par la perspective de passer du quai au fleuve comme on saute du profane au sacré. Comme un signe aussi.

Kalou Baba[249], le propriétaire, habitait deux bateaux plus loin, vers le Nord. C'était un vieil homme, petit, sec, qui debout était plié en deux. Son visage émacié soutenait de grands yeux bruns, reculés et profonds, très vifs pourtant. Le monde semblait vague dans ce regard serein. Une barbe grise, bien taillée réduisait encore son visage. Son sourire faisait ressortir de magnifiques dents blanches et une attitude à la fois contemplative et incisive ; lucide. Il mêlait l'autoritarisme à la nonchalance, commandant sa maisonnée avec une poigne de patriarche sur un ton bon enfant, ferme mais paisible. Il portait le *dhôti* et la *kurta*.[250] Il me convia à venir chez lui, le soir, participer à sa *puja*[251] quotidienne quand je le souhaitais. Je me suis rendu à son invitation.

Dans la grande pièce du bateau, un petit autel installé sur un plateau posé à même le sol réunissait dessins, peintures, et statues de Hanumân, Vishnou, Shiva, Brahma, Krishna, Parvatti, et quelques autres divinités, ainsi qu'une ancienne édition de la Bhagavad Gîtâ. La petite flamme d'une lampe à huile luisait dans la pénombre plus qu'elle n'éclairait. Nous étions plusieurs, assis à l'indienne sur des tapis de paille. Ses fils, son frère, des amis arrivaient.

Kalou prépara avec un soin rituel un mélange de tabac, de feuille de chanvre et de *bang*.[252] Il écrasa les feuilles dans la paume de sa main, jeta les graines, ajouta le tabac et le bang humide et en bourra son *shillum*.[253] Il fit brûler une boulette de corde dans un cendrier et lorsqu'elle se fut transformée en braise, il l'apposa au foyer de la pipe. Avant d'aspirer la première bouffée, il posa ce calumet debout devant lui, droit comme le *lingam* de Shiva, le salua et en dédia la jouissance au Dieu.

Bom Bom, Mahâdeva
Kaïlaspati, Bolanath
Sankara.

Il mouilla un petit morceau d'étoffe dont il enveloppa le bout du tuyau. Nous partageâmes la communion. Il s'installa devant l'autel.

Dans le bateau faiblement éclairé, sur le fleuve devenu noir, dans le silence de la nuit amplifié par les intermittentes quintes d'aboiement des chiens en échos de loin en loin, sous le ciel astral d'une lune sombre, pendant quelques minutes, chacun, dans le secret de son cœur qui battait doucement l'alchimie de l'osmose, a tissé le fil qui le relie à l'absolu. Alors, par un cri puissant mêlant l'appel, l'humilité et la connivence, Kalou a invoqué Dieu.

Le seigneur prend soin de chacun de nous,
Gloire au seigneur Shiva,
Nous sommes tous faits des cinq éléments,
Gloire au seigneur Shiva,
Tout ce qui existe, n'existe que par lui,
Gloire au seigneur Shiva.

Et il a chanté sa prière. Il a chanté, non comme un fidèle récitant par routine une litanie apprise, mais comme un homme offrant un spectacle aux divinités assemblées. Il rythmait sa cantate fougueuse en battant des mains comme un chanteur de jazz, le corps souple, libre, se laissant entraîner par son chant, transporter par sa voix. Il appelait et attirait en lui la purification par la perfection dans le don de son geste, la beauté par l'authenticité jaillie de l'âme et du corps, s'annulant dans ce qu'est la prière : l'union de la parole, de l'homme et de l'absolu. Il apportait à sa dévotion tout le soin, la joie, le cœur, la ferveur dont il était capable, sans réserve.

L'homme *trippait*. Sur Dieu. Avec Dieu. La drogue est prohibée en Inde, sauf dans un usage religieux. La liberté du culte ouvre cette exception, chacun a le droit de prier comme il le souhaite.

De sa voix aigre de vieillard au souffle court, Kalou détachait les syllabes. Il chantait maintenant pour le Gange, le fleuve qui nous portait.

Ganga Ma ki jay,
ô gloire à toi Ganga qui est ma mère.

Je pensais à nos voix qui volaient dans la nuit noire, au fleuve qui les entraînait vers l'océan où elle se transformeraient en nuages purs, à nos intentions emportées aux lieux mythiques où elles se rejoignent toutes. Je pensais aux dieux qui entendaient nos prières et qui ne pouvaient les recevoir qu'avec une bienveillante tendresse, et nous remercier en nous bénissant à leur tour. D'une différente dramaturgie mais d'une même humilité ludique, je pensais aux chants grégoriens de nos monastères dont la musique au flux égal, dont l'intensité sereine comme une lente procession, exprime pourtant la même relation de l'homme à son Dieu, amoureuse, purifiante, personnelle et impersonnelle.

Je pensais à l'art lorsqu'il tente d'exprimer l'extase, ou la mort, ou la sainteté, ou la beauté, ou l'intelligence, en ce qu'ils sont d'absolu et de provocateur, lorsqu'il cherche la voie d'une vie au-delà de la vie, peut-être la voie de l'âme à l'approche de l'Esprit.

La prière est une création aussi, dont l'homme est la matière première et l'artiste. C'est soi-même qui se modèle vers cette autre vie qui s'appelle à exister. Chacun dans sa fécondité inspirée ou simplement généreuse y cherche l'aspiration. La prière peut être à la fois une création et une non-action, elle est un non-agir lorsqu'elle est ce don. Kalou donnait une dimension artistique à son rapport personnel avec Dieu, ainsi donnait à son chant éphémère une vie au-delà de sa vie.

Tous les soirs, depuis sa plus tendre enfance Kalou Baba chante ses prières avec ses amis. Tous les soirs, il prie pour se faire plaisir, il prie parce qu'il sait qu'il n'y a rien à faire.

Bang, bang fait le Damaru[254]
Et dansent les divinités
Shiva, seigneur de le révélation et Vishnou
Et Brahma fait de la musique
Ils dansent en procession
Le Dieu unique d'abord, Hanumân suit
Ils mangent la feuille de bang, l'herbe
Et le poison aussi,
Le détaché danse juste derrière Shiva le tout puissant.

La voix de son frère, plus aiguë, telle celle d'un enfant dans un corps de vieillard, doublait celle de Kalou Baba en la suivant fidèlement dans toutes les variations de ses improvisations, pressentant les pianissimo, enveloppant les *fortissimo*, faisant l'écho qui creusait l'ampleur. J'observais ce double. Son visage prenait dans la pénombre des traits changeants. Pendant longtemps j'ai cru voir un enfant, un visage d'adulte m'est apparu ensuite, ma raison insistante de temps en temps reconnaissait le vieil homme qui disparaissait très vite. La prière et l'ombre défiaient le temps et mes sens, témoignant des illusions dont nous sommes les effets et les causes pendant que nous louions leur créateur, omniprésent et tout puissant.

Param Shiva, Shiva Shakti
tu es la mère divine
accorde moi de t'être dévoué
écarte tout obstacle
et montre moi ta puissance.
Param Shiva est une totalité dans sa propre gloire
Il est sans pareil, rien ne lui ressemble
car il est unique, différent de toute chose.
Shiva, la lumière de la conscience pure
est au-delà de la naissance et de la mort,
il est le témoin éternel de la course sans fin de la pensée.
Ni mon corps ni ma pensée ne peuvent me posséder
car je suis sans égaux, libre.
Je suis non-né et non-mort
car ces deux états sont des projections de ma néscience.

A la fin de chaque chant, Kalou saluait l'image du dieu invoqué, la regardait fixement, comme un sorcier fixe un talisman des yeux pour lui donner ou lui prendre un pouvoir. Il l'intégrait en soi.

Des années plus tard, à la messe au couvent de mère Térésa, à Calcutta, au moment où le prêtre a dit : "*Prenez, mangez, ceci est mon corps*", il a regardé le ciboire comme un sorcier, lui aussi, infligeant, par la grâce et le pouvoir de Dieu, sa transformation à la matière. "*Buvez en tous car ceci est mon sang*", a t-il dit en observant le calice avec la même expression.

Kalou disait sur le ton traînant un peu moqueur, amical et complice que nous imaginons au diable tentateur : "*Voilà Ram, c'est pour toi que nous avons chanté, accepte cette offrande, O Dieu*", avant de se prosterner complètement sur l'autel.

Shiva, toi le seigneur des mondes,
Je me pose à tes pieds en offrande,
Je te donne tout ce que je suis
Tout ce que j'ai car tout cela n'est rien.

Tel un prêtre, Kalou a partagé le *prassad.*[255]

Depuis des années, où que je sois allé, j'ai fréquenté les lieux de culte et les hommes de Dieu.

De Belleville aux Himalayas, j'ai voyagé dans les transmissions religieuses, j'ai observé et pratiqué la prière des peuples comme d'autres fréquentent les musées, s'intéressent à la culture ou à l'histoire, étudient les architectures, aiment la musique ou explorent les formes sociales et politiques. J'ai rencontré des prêtres, des moines, des *brahmanes*, des *sâddhus*, des lamas, des rinpochés, des rabbins, des imams, des soufis, et leurs fidèles. Je me suis livré à la magie avec des sorciers, j'ai demandé leur connaissance à des sages et des saints, j'ai essayé de comprendre les hommes et l'absolu qu'ils côtoient en étudiant et en participant à leur foi.

En partageant leur prière j'ai goûté à leur âme telle l'accessible substance immatérielle de l'Homme. Et j'ai communié avec eux, quel que soit leur Dieu.

J'avais longtemps cherché ce que la prière pouvait être. Je me trompais de question, il y a autant de prières que d'hommes. La prière est un chant de l'âme (ou de l'Esprit) vers elle-même. Elle montre l'homme tel qu'il cherche à se dé-couvrir au créateur et à découvrir de lui-même en lui-même. Parfois, elle provoque un irrésistible appel de la sincérité où l'homme se montre sans masque, presque sans visage, et sans doute n'y a-t-il plus alors qu'une prière où l'homme qui prie rejoint l'Homme et le révèle.

En s'offrant à la transparence, certains me l'ont montrée. Parfois, lorsqu'elle est sublime et lorsque je peux y pénétrer, je trouve au fond des yeux des hommes la prière que Dieu leur adresse pendant qu'ils le prient.

A approcher ce qui touche au sublime, à l'atteindre parfois, on se trouve enrichit pour toujours.

Une embarcation à voile triangulaire glissait sans sillage sur l'eau lisse. Le batelier cria : "Shri Ram !" et quelqu'un, chez nous, répondit : "Jay Ram !"[256]

Le lendemain soir, nous étions plus nombreux ; d'autres amis étaient venus participer à la puja, et eux-mêmes proposaient des prières. On venait communier au chant les uns des autres, approfondir en groupe la qualité toujours plus fine du don de soi par la dévotion. Cela faisait penser à une rencontre de poètes. L'assistance ponctuait d'approbations tel ou tel témoignage ou description de l'évidence de Dieu, de ses mérites, et de ses attributs.

Un soufi[257] était venu. Les paumes tournées vers le ciel à la manière de l'islam, lui aussi rendait grâce à son Dieu créateur, unique, appelé ici différemment, et donnait son adhésion à la foi, à toutes les fois.

Un des participants s'est adressé à moi dans un mauvais anglais. Pendant un instant j'ai cru qu'il me demandait de chanter à mon tour une prière de ma foi, et j'ai dû faire face à un vide car je n'en connaissais aucune qui pût faire jaillir en moi et communiquer à d'autres l'ardeur dévotionnelle, comme si par ce malentendu, l'*Invisible* m'avait dit : “Montre-moi ta prière avant de me parler de Dieu, montre-moi ta prière pour me parler de ta foi, montre-moi ta prière. Montre-moi ta prière avant de me parler de la grâce, montre-moi ta prière pour me parler de la joie, montre-moi ta prière. Montre-moi ta prière, elle suffit à tout dire...”

Ecrire ces prières est ma prière et ma table, où qu'elle soit, est mon temple, le lieu sacré d'où je témoigne du sacré. Comme les moines attendent avec impatience leur période d'adoration, j'ai souvent l'impression d'attendre ces quelques heures matinales de travail quotidien. Lors d'une interview, un journaliste interrogea Marguerite Duras. Impertinent ? Cynique ?

“Madame Duras, pourquoi faites vous du cinéma ?

- Si je ne faisais pas de cinéma, répondit-elle, je ne ferais vraiment rien.”

Il n'y a rien à faire, je le sais, et pourtant je continue à écrire. J'écris comme d'autres prient. Je consacre le reste de mon temps à regarder le monde. Le monde et ses signes. A faire enquête sur les choses que je croise et qui me traversent, à écouter la vie, à observer un peu de l'invisible, de l'absolu, de la mort...

La nuit est trop longue. Je m'éveille souvent. J'ai hâte qu'elle s'achève. Je vois venir le jour avec ma joie de vivre un peu de vie, d'écrire pour obéir à cette prescription de Confucius : “*Chaque jour apprendre quelque chose, chaque mois s'assurer qu'on s'en souvient*”, et de me rendre le monde peut-être un peu plus clair, quoique toujours dans une incertaine précision qui me donne à ressentir et parfois à observer par défaut, dans ce que je n'exprime pas, ce qui se cache de moi, une partie d'un mystère dont je suis la forme aussi, et dont j'essaye de faire passer l'intuition dans la conscience, la conscience dans le savoir. Je cherche la mort en moi, la mort qui porte sens, dans chaque chose qui me touche, qui m'étonne ou que j'aborde, dans chaque prise de conscience. La mort qui tue en moi une part d'ignorance, une part de vie et m'en donne une nouvelle comme une nouvelle incarnation. Je voyage. Je rencontre les hommes de Dieu et prend à leur contact au-delà de l'histoire des apparences sous ses multiples formes, le point de vue du mirage.

Les soirs se sont succédés, identiques et différents comme tout geste rituel, comme l'univers chaque jour, comme le fleuve qui berçait nos chants, comme la lune qui éclairait faiblement la ville, comme l'espace qui contient le tout-rien de la permanence, dans la fraternité informe d'une foi sans nom, dans la communion avec l'Un, unique et évident.

Passant une nuit dans le désert, en songe, Jacob vit "une échelle qui atteignit le ciel... Au matin, il prit la pierre dont il avait fait son chevet et la dressa pour monument, il y versa de l'huile", un peu comme les hindous versent du beurre fondu sur le *lingam*. Il appela ce lieu Béthel, la maison de Dieu, ou plutôt la porte des cieux. Dieu est-il plus là qu'ailleurs ? Bien que dans sa frayeur Jacob le crut, dès lors il eut Dieu avec lui. Son véritable temple était en lui, avec sa connaissance.

Antara-Kashî, la Bénares intérieure. On dit que Bénares n'est nulle part ; qu'elle est en soi. Je ne l'ai reconnu qu'après que j'y fusse allé. Mais depuis, je la porte en moi comme la présence intime de la paix du Gange, des bûchers de crémation et des prières de Kalou Baba, comme une émanation de la *bakti*.[258]

La cité sainte de Kashî, c'est mon corps
C'est la connaissance de l'espace
Le Gange des trois mondes.
Là où tu es c'est toujours Bénares.

Chapitre 7

Bombay

«Je suis un cimetière abhorré de la lune
Où, comme des remords se traînent de longs vers
Qui s'acharnent toujours sur mes morts les plus chers
Je suis un vieux boudoir plein de roses fanées
Où gît tout un fouillis de modes surannées...»
Charles Baudelaire, Spleen

«Et les autres avares dont la lèpre est invisible,
qu'en font-ils de l'argent...»
Lanza del Vasto, Le pèlerinage aux sources

«Place l'être dans la condition originelle de l'esprit.
Cette activité spontanée qui embrasse chaque instant
Ne distingue pas entre les bonnes et les mauvaises situations.»
Drukpa Kunley, Le fou divin

«Le refus de contrôler ses émotions est une forme d'abandon de ses responsabilités.»
J-P. Sartre, Des émotions

Le chemin était long à parcourir pour aller sur la tombe du saint musulman Hadji Ali.

Au bout d'une route jetée sur la mer d'Oman, se dressait comme un phare de la foi, un mausolée érigé comme une petite mosquée dont les quatre minarets dressés gardaient le dôme où reposait l'homme exemplaire. Le marbre brillait, la nacre scintillait. Du loin on aurait cru un mirage sous le ciel limpide et l'horizon sans tâche. A l'autre extrémité de la voie, la porte sans porte d'un passage où une foule qui n'était qu'un nombre d'âmes, désordonnée, à la fois exubérante et recueillie, indienne, se mouvait comme mer sous le vent et semblait sans mobile. Entre les deux, un parcours habité de la garde d'honneur d'une cour des miracles telle une assemblée d'outre tombe, apparue, fantomatique. Un peuple d'estropiés, d'aveugles, de lépreux, de mutilés, d'orphelins, de demeurés, de femmes abandonnées formaient un mur de chaque côté de cette voie devenue tunnel de ténèbres vivantes, monochrome, gris lambeau. Debout, assis, couchés, leurs visages de glèbe, faces tournées comme un seul, ils examinaient le nouveau venu.

J'entrais dans un monde fascinant et hideux, étrangement happant, au rythme singulièrement ralenti. J'étais alors encore intègre dans ma double bulle de protection de valide bien portant et d'étranger, inconscient de ce que j'y venais faire et de ce qui m'y attendait. J'avançais, bientôt intimidé, hésitant, ne sachant où poser les yeux, stupéfait déjà de ne pas pouvoir rendre leur regard à ceux qui m'observèrent d'abord dans un silence dont j'ignorais la provocation, incapable d'établir un rapport avec eux. Je m'enfermais dans une raideur qui était une peur de moi-même que je ne reconnaissais pas : crainte que le dégoût et la frayeur fussent lisibles sur mon visage et ne trahissent je ne sais quoi que par réflexe je croyais devoir cacher... moi, ma peur, mon émotion.

Mais ce monde avait sa perspicacité et commençait à me la montrer par quelques questions muettes, du regard, par des invitations à m'approcher, par des sourires trop charitables plaqués sur ces visages qui me semblaient avoir plus besoin de recevoir que de donner, de demander que d'offrir.

Marchais-je trop vite ou pas assez ? Quel vêtement fallait-il porter ici ? J'inspectais d'abord mon comportement y cherchant quelqu'indice d'erreur protocolaire. Fallait-il ici ôter ses souliers ou, encore, l'endroit était-il réservé aux seuls musulmans ? Non, les hindous y venaient, non, les autres pèlerins portaient leurs chaussures, non, non, non.

Dans une faible clameur d'abord, les premiers sujets de ce royaume de saint m'appelèrent. Que voulaient-ils ? Le peuple de la misère, de la maladie, du malheur voulait qu'on l'examinât, comme si le voir eût été la condition du passage, l'objet et le moyen initiatique. Le sans-pied, le sans-main, le sans-vue, ici le sans-visage, là le sans-père-ni-mère, l'autre sans-force, plus loin le sans-cerveau dont la boîte crânienne commençait au ras des yeux, là-bas la sans-caste... Chacun à qui il manquait quelque chose semblait me présenter son visage, menton haut, cou tendu, comme une question, comme s'il fallait que je répondisse à une énigme. La rumeur contagieuse me précédait maintenant. Le sphinx ici gueulait. Etourdi, dans l'explosion vociférante et la gesticulation hystérique et amputée de ce flot ondulatoire sans courant, je perdais pied, mais osais encore écarter la pensée d'une retraite. Un mystère était ici manifeste, incarné, vivant ; il m'interpellait. Que me disait-il ?

Une émotion complexe s'empara de moi avec force, m'étreignant à la gorge et dans le haut de la poitrine. Elle contenait de la pitié, ce sentiment rassurant qui établit entre celui qui l'éprouve et celui qui l'inspire une relation de supériorité en faveur du premier, et ainsi lui permet de se confirmer la discontinuité de la vie, de se sentir séparé, en sûreté, à l'abri. Par la sympathie on tâche de remplacer le sentiment de solitude du souffrant par celui de la solidarité, qui lui offre un spectacle de la bonne volonté en lui proposant l'illusion de la continuité fraternelle des émotions. Pour atténuer la souffrance on l'embaume dans la cordialité, mais si l'on souffre avec, c'est différemment. Le mal qu'on éprouve du mal de l'autre n'est pas le même que le sien.

Je ressentais aussi du dégoût, une émotion plus vraie car elle puise sa réalité dans une douleur au corps, entre l'estomac et la gorge, une crispation en forme de refus. La discontinuité entre les hommes y est clairement établie. S'ajoutait au dégoût, le rejet, sa dimension psychologique, une forme de la peur, celle de ressembler, non seulement par la contagion de la maladie, mais par celle, superstitieuse, de la contagion de malheur, la confusion des destins. Le dégoût se nourrissait d'une terreur de cauchemar, sans issue, fantasme de saint et fantasme de lâche : embrasser le lépreux, ou refuser de l'embrasser : terrifiante perspective.

Un aveugle frappait le sol de sa canne, convulsivement, réclamant l'agitation, d'urgence. Un homme sans jambe trépignait sur place, des coques de cuir attachées aux genoux, le regard fou, de joie, de vie. Une forme humaine couverte de tubercules grosses comme des oeufs ressemblait à un gigantesque légume pourri, mouvant, triste. Un cul-de-jatte attaché à une planche à roues parlait à un lépreux sans mains ni pieds... Et les enfants crasseux, et les femmes presque nues, démentes, et les mongoliens abandonnés, et leurs moignons, leurs blessures, leurs gangrènes, leurs boutons, leur fièvre, leur agonie... comme marchandise au marché.

Je me sentais me contracter. Mes pas devenaient raides, ma pensée se vidait. La brume opaque de la colère se formait devant mes yeux ; elle manifestait ce sentiment aigu de la séparation qui est à la fois un appel à la combler par la compréhension et une défaillance de moyens pour y parvenir. Elle, aveugle. Elle prenait possession de moi. Les cris l'exacerbaient, approfondissant le fossé en un abîme. La colère devenait révolte. Révolte contre quoi ? J'avais l'impression de perdre pied à l'histoire que je vivais, comme une asphyxie. Ma volonté n'avait plus d'efficacité sur l'immédiat.

Et la gêne de me voir observé de la sorte, ce malaise où le sentiment que l'on veut avoir de soi-même est attaqué puis tordu par le regard d'autrui chargé de muettes sentences. Et la douleur que l'agressivité de chaque voix m'infligeait comme des coups imparables et multipliés ; le mal de ne pas la comprendre, la honte de ne pas assumer ce que l'on croit être, la honte de ne pas savoir répondre. Le chagrin devant ma faiblesse, ma faiblesse devant l'imperfection du monde. Ma terreur devant mon incompétence d'homme. L'auto-culpabilisation du confort. Et l'infinie solitude des êtres humains...

Le monde, ma réalité personnelle, cette confusion, me paraissait un moment comme un labyrinthe où je pouvais manquer un repère, me perdre, être englouti. Je ne suis pas comme eux, je ne suis pas eux, pensais-je pour me rassurer, pour ne rien prendre en charge. Cela cessera, tentai-je de me convaincre. Je devenais fragile.

Ces émotions, leurs nuances, leurs conjonctions formaient un nœud complexe qui me tenait prisonnier dans une impression du monde, qui, bien qu'elle fût indéniablement la mienne, me paraissait inapte à le représenter, à me représenter en lui. J'avançais encore, à plus petits pas, peut-être trop conscient de moi-même, sans doute trop étranger à tout. Je tentais quelques efforts de rationalisation, moyen qui peut être efficace d'habitude pour expulser l'émotivité. Mais je la rejetais. Elle eût été une démission dans la mauvaise foi, car elle eût justifiée n'importe quoi n'importe comment : ma peur par la laideur des plaies, le malheur des autres par leur paresse, leur agression fût devenue l'expression de leur jalousie... J'aurais inventé le destin, qui sait, pour ne pas avoir à répondre de la mendicité... Ma raison eût justifié même l'injustice par la justice. Elle était capable de tout. Elle eût rendu étrange tout ce qui m'accablait et m'eût permis de tout nier, surtout l'essentiel. J'essayais l'indifférence, mais découvrais un autre dilemme : étais-je venu ici pour le confort ?

Je continuais à avancer dans la rumeur criarde, lorgnant ici un aveugle, avisant là un manchot, inconsciemment dressant liste des avaries humaines. "*Et toi, et toi, que te manque-t-il ?*", me demandèrent soudain ces voix que je n'entendais plus, "*et toi, et toi, et toi, regarde-toi !*" Puisqu'à tous ici il manquait quelque chose, puisque l'on pouvait ici définir chacun par une privation, et puisque moi aussi j'étais ici, puisque nous y étions ensemble, que me manquait-il, à moi ? Que pouvais-je dire de moi ?

A sa façon, la cour d'Hadji Ali m'appelait à regarder quelque chose au plus profond de moi, une source d'exiguïté, et à la dissoudre pour élargir le monde. C'est à ce moment-là que le spectacle pivota, que je le vis autrement. Ce n'était pas la douleur qui était ici exhibée ; à n'en plus douter c'était la vie. Incontournablement la vie. Ma vie, en vérité. Il fallait y participer, ici, et ailleurs. Ma pitié était impertinente. Ces gens n'en voulaient pas. Il me la renvoyaient. S'ils demandaient une aumône, ils ne souhaitaient rien d'autre.

L'Occidental est généreux. Il donne facilement, s'il le peut, et sans mépris. Ces mendiants se faisaient un devoir d'espérer en ma charité, mais pas plus qu'un devoir. Leur appel était sans angoisse. L'angoisse était en moi.

Le monde d'où je m'éloignais n'était pas celui que j'avais vu en m'approchant, il se modifiait en passant derrière moi. Derrière moi on ne criait plus. On parlait, on riait, on s'interpellait, on se reposait, on attendait. J'avais perçu comme une réalité le monde tel que je voulais le croire ; il était le rapport que j'avais pu établir entre une perception et une émotion. Le sens et la saveur du réel se confondaient en ce qui n'était qu'un mirage qui, maintenant, avait changé, pris un autre goût, convoqué un autre sens. *Maya*[259], la force des apparences, se montrant double, se révélait elle-même. S'il y a deux réalités, il n'y en a aucune. Elle m'appelait à détruire mes projections et ma capacité même de projeter, à renoncer au monde en tant qu'interprétations, pensées, émotions. Elle m'appelait à me dépouiller aussi du besoin d'un rapport précis avec lui, et ainsi à regarder comme elle, de son point de vue.

Il me fallait d'abord cesser de réagir, pour contempler. Faire taire le besoin d'être. Ecarter mes structures de pensée, à la fois moteur d'agir et filtre de comprendre — œillère. Considérer le mouvement plutôt que ma réaction, l'incertain plutôt que l'habitude. Faire silence pour entendre mes auto-complaisances, faiblesses de l'exigence et de la volonté qui maintiennent dans ce qui rassure. Laisser jaillir la peur : masque de la peur de la peur, l'effroi de la douleur d'être, conjugué avec l'angoisse de n'être plus. Exposée, la peur perd de sa puissance.

Ce que l'on croit du monde et de soi-même se résume en quelques idées complexifiées à l'infini, et s'expriment dans des jugements, des goûts, des réactions qui ne sont que des déterminismes, qui deviennent des destinées à force d'être étendues. C'est la guerre des mondes, la lutte des concepts pour leur survie dans l'univers de l'être possédé, asservi par eux. On doit un jour décider si l'on veut demeurer l'incarnation d'idées ou si l'on préfère chercher le créateur de la parole ; pour cela d'abord se taire, ralentir le monde, sortir du rythme extérieur, regarder en soi.

Tout allait trop vite.

On peut saisir une partie de l'inconnaissable qui régit son prochain en imitant sa voix, sa marche, son mode de vie, une de ses habitudes. Mais c'est un tabou. L'imitation est un des premiers interdits dans les sociétés primitives, antérieur même, paraît-il, à celui du cannibalisme. Copier les gestes de quelqu'un, mimer ou imiter son comportement, c'est déjà s'approprier sa place, son rôle, son être , c'est déjà la violence. C'est pourtant aussi un excellent mode d'apprentissage. A répéter les gestes d'un maître on acquiert son art, mais c'est avec son consentement et dans la soumission.

Malgré tout ce qui pouvait me l'interdire, malgré le tabou, l'incompréhension, mon dégoût, ma peur, je voulais m'arrêter, mettre un peu d'ordre en moi. J'avisai un espace entre deux lépreux. Je m'y installai. Ainsi, je me plaçais dans le point de vue de ce qui m'interrogeait. Les cris se sont très vite apaisés, des rires les ont d'abord remplacés, mais je riais aussi, maintenant, et bientôt on ne s'est plus occupé de moi.

La ténèbre se dissipa de devant mes yeux. Il faisait un soleil de début d'après-midi et de dimanche. Le ciel était clair, limpide, moi aussi tout à coup. Je sentais vivre l'air dont le souffle me prenait aux épaules, comme un ami. Les vagues inégales caressaient le rivage. Au bord de cette jetée bordée de mendiants je me suis souvenu qu'il faisait jour. Un sentiment d'allégresse remplaça toute autre émotion. Comme si j'avais été soudain relevé du fardeau d'un souci, très ancien. Millénaire. Impression de la puissance de se sentir enfin maître de soi. Impression de la pénétrante beauté du monde qui m'avait un temps déserté.

Mon voisin de droite, un vieil homme, m'observait fixement, sans gêne, amusé, comme au spectacle. Je le considérais. Je recevais son regard bienveillant et espiègle, attentif et pourtant détaché comme incrédule, comme une image possible de moi-même. Je fus charmé par son sourire qui exprimait l'infini candeur de l'enfant au guignol, non pas naïf mais complice. Il me pacifiait en m'enseignant sa manière d'être, d'être sans résister, d'être dans son propre monde, d'être, pas trop fort. J'eus l'impression qu'il comprenait tout, même moi, mieux que moi, et que je pouvais me fier à lui. Mon état d'âme se modifia à le connaître. Il me donnait une grâce.

Je voyais défiler les pèlerins. Leur marche hésitante, le dégoût et la peur sur leurs visages crispés, des expressions de mépris pour s'en défendre. Je me voyais en eux aussi. Je me voyais dans chacune des parties du monde. Les regards qui se posaient sur moi manifestaient l'étonnement, passaient très vite à l'incompréhension, puis à la réprobation. Quelques minutes auparavant comment aurais-je réagi ? Venus de leur monde, assis dans l'autre, je faisais miroir. Je leur montrais un aspect d'eux-mêmes qu'ils eussent peut-être préféré ne pas avoir à affronter. On me signifiait que j'étais un objet de désordre. A quoi bon ? Lorsque j'avais été passant, rangé à sa place, j'avais bien vu que l'ordre était d'un autre ordre.

Je me ressourçais au regard du vieil homme et j'éprouvais une impression d'harmonie avec la création, bien qu'elle fût fragile. Pendant quelques instants, j'ai pu saisir l'évidence de l'unité fondamentale, la vérité de la continuité des hommes et l'hypocrisie que contient la notion de différence entre un homme et les autres. L'hypocrisie, car quelque chose en soi connaît la continuité dont parlait swami Vichârava, mais autre chose en soi la refuse, la repousse. Ce qui se demande : "*Pourquoi lui et pas moi*", sait ; ce qui déclare : "*Je ne suis pas lui*", refuse. Celui qui refuse lutte contre celui qui sait tout en niant qu'il lutte. La peur rend l'autre étranger. Une peur qui vivait en moi et à cause de moi tout à la fois, une peur qui me rendait l'harmonie étrangère.

A ma gauche, en direction du mausolée, un jeune homme, déjà complice lui aussi, des yeux d'enfance et des mains de fin du monde, rongées, crevassées, amputées, coulantes de pue, devenues des paumes, des pattes. Humble comme un maître, il me souriait pour me dire qu'il comprenait ce que je comprenais, que ma terreur lui infligeait la laideur, et que mon amour lui révélait sa beauté. Il rayonnait comme s'il vivait un grand moment de sa vie, lui aussi, et cela me donnait l'impression de contribuer à l'aventure collective de cet instant.

J'avais cru la misère et la maladie égales au malheur, je confondais une situation avec une attitude. La vie se vit de multiples façons. Qu'importe. Ne faut-il pas un jour décider aussi si l'on doit ou non avoir une raison pour se sentir heureux et aimer. Vivre et aimer avec ou sans condition ?

Mes voisins, comme deux anges, me guidaient invisiblement dans un parcours initiatique dont le chemin de la tombe monumentale du saint vénéré était le reflet, la voie. Ils m'inspiraient une émotion que je n'avais jamais connue auparavant, une sorte de jubilation dont l'harmonie était un résultat mais aussi un principe et dont la saveur me transformait. Elle était légère, et pourtant savoureuse, un pétillement. Je me sentais vivre ! Je sentais ma vie dans une vibration impersonnelle. La vie. J'aurais pu rester ici une éternité. Non pas un futur, un continuel moment. Je sentais la vie, sans autre goût. Sans aucune idée. Ma lucidité était entière. Je ne rêvais pas. De ce point de vue, je n'éprouvais plus ni la peur, ni la pitié, ni la honte, ni l'orgueil, je n'éprouvais plus. Rien. Pourtant une très douce ivresse était inscrite dans ce rien. C'était une sorte d'humeur sans raison ; innée. Elle était. Enfin aperçue.

Prenant conscience de la simultanéité de mes deux rôles de spectateur et d'acteur, je n'étais plus dans un rapport avec une situation, mais dans sa création comme son créateur, distant et serein, joueur, expérimentateur. C'était une émotion mais elle était très fine, très fragile. Pour la nommer, je dirai que c'était l'émotion de la vie pour la vie, sans autre cause. Une émotion que la moindre tentative d'analyse attaque, que la pensée qui appelle à reconnaître, à juger, à classer les choses et les événements, détourne, détruit, que toute autre émotion recouvre, que toute soif de rapport, que ce soit d'appropriation ou de différenciation, écarte. Je l'appellerais la *joie*. L'équivalente force immatérielle, psychologique, de celle physiologique qui régit le corps, le maintient, le guérit. Une émotion qui n'a pas besoin du moi ; comme une qualité de l'esprit, de l'esprit jaillie, et qui ne modifie rien. Vivre devenait une saveur, douce, infime comme celle du pain. Une saveur sans désir, sans effort, sans lourdeur, sans appel d'énergie. N'était-ce pas la manne dont on dit qu'elle fût fade bien qu'elle eût soixante-six parfums, la nourriture des Dieux, leur subtile énergie ?

Je pensai à Dostoïevski lorsqu'il cite l'Ode de Shiller : “*La joie éternelle anime l'Ame de la création... Tout ce qui respire puise la joie au sein de la bonne nature.*”

Je pensai à swami Vichârava de Delhi : “*Au centre transcendant du cercle des points de vue*”, n'y avait-il pas cette sensation, cette pureté de sensation, infime, du simple principe de vie ? Je vivais un moment *plein*, parfaitement plein, “*un instant d'éternité*”, comme dit Saint Augustin.

Il fallait que je puisse comprendre cette joie afin de n'en être plus séparé. Comme le vibrant murmure du silence disparaît en accueillant le bruit, déjà elle m'échappait dans la pensée qui voulait la saisir, ou, lorsqu'un passant posait sur moi un regard trop lourd qui me tirait de ma fragile intégrité, à la moindre concession aux apparences elle s'évanouissait. Alors, à mon tour mendiant, mendiant de la joie, je me penchais vers mes voisins et en reprenait l'attitude encore et encore, jusqu'à ce qu'elle fût imprégnée dans mon corps, inscrite dans ma mémoire, et qu'elle fût aussi une décision.

Lorsque j'entrepris de poursuivre mon chemin vers la tombe du saint Hadji Ali, ma démarche était sûre, je souriais à tous, libre de la pitié, riche de compassion et de lucidité, et d'une certaine façon un peu floue, je communiais avec chacun.

Le regard sur la misère et sur l'humilité ne vous rend pas orgueilleux, au contraire, il vous contamine d'humilité, il vous montre votre pauvreté, il vous fait grandir. Il vous montre que l'orgueil ne vous place pas plus haut mais en bas. Que l'humble est au-dessus. Il vous montre que la chance, votre chance, porte en elle un devoir, qu'elle vous choisit pour que vous l'étendiez, la propagiez, lui donniez une existence, l'incarniez. La chance n'existe pas vraiment, bien sûr, c'est un concept créé pour expliquer qu'on a renoncé à trouver un sens, mais bien qu'inexpliquée, ce qu'elle provoque contient un potentiel multiplicateur infini. Ainsi étendue, elle sort du domaine du hasard, elle vit, fécondée par la charité. En hébreux, *charité* est le mot féminin de *justice*, *Tsedek*, son équivalent manifeste, me disait rabbi Isaac. Faire la charité c'est établir la justice. N'est-ce pas le travail de l'absolu auquel chacun peut avoir sa part ?

Jusque-là j'avais cru que les conditions dans lesquelles j'existais étaient le fruit des forces conjuguées d'un passé qui allait jusqu'à me précéder et de ma volonté. Je pensais que le destin était la donne de chaque existence et la destinée une manière de la jouer. Je pensais que l'action mue par ma volonté, elle-même issue de désirs, était l'efficace moyen de contrôler ma destinée. J'ignorais l'enthousiasme, j'ignorais que les mêmes faits ont de nombreuses saveurs, j'ignorais que notre attitude surplombe notre destin. Le plaisir recherché est un plaisir préjugé, déjà vu, anticipé, véritablement passé avant d'avoir été atteint ; comme dit Wilhem : " *C'est un défaut de la mémoire de vouloir jouir à nouveau.* " La volonté s'oppose à la vie, à ses messages, à son rythme d'enseignement en cela qu'elle lui propose un sens plus réduit qu'elle, un projet qui n'est jamais le sien mais celui de l'individu et des résistances qui l'habitent. La volonté est un moyen qui se prend pour une fin. Ainsi je posais le problème de la réussite comme celui du succès de mon intervention *contre* la vie, comme l'avait vu le swami de Delhi. La volonté produit sa propre résistance. En même temps qu'on l'appelle il faut la conquérir. Avant d'avoir commencé à agir, il a fallu lutter, comme s'il fallait se porter soi-même, c'est-à-dire le monde entier, avec son effort. J'ignorais l'enthousiasme qui est une force sympathique, qui semble extérieure, parce qu'elle est plus grande que soi et qu'elle ne demande rien, qui tire le destin dans la destinée, brise les résistances en dissociant l'action de l'effort, l'effort du résultat. L'enthousiasme est une force spirituelle qui jaillit dans la joie et s'en nourrit.

Assis sur les talons devant le tombeau de marbre, drapé d'une étoffe noire couverte de fleurs, j'appelai le Saint. Il me suggéra tout ce que je viens d'exprimer ici. Enfin, il me dit : "Pour agir dans l'enthousiasme, il faut agir pour rien, ni pour soi, ni pour quelque chose, ni contre une cause, ni contre quelqu'un, ni même pour quelqu'un d'autre, mais pour rien... là est la joie. Ce qui est libre est éternel. Là se trouve la joie. Mort à soi, pour se connaître. Mort à soi pour connaître la joie. Purge les senteurs de ton âme, ouvre l'œil de ton cœur et revêts-toi de l'habit de joie ; l'extase est sans nom ; qu'as-tu à faire d'un chameau ? Il est avec vous où que vous soyez."

* * *

Je passais la journée suivante à *Crawford market*, le marché musulman de Bombay, vaste quartier où se pressent les différents corps de métier rassemblés selon leur spécialité.

Je traversais les rues étroites envahies par les grossistes en riz ; ils recevaient et ré-expédiaient des chargements venus du Sud, dans un embouteillage de lourdes charrettes tirées par des hommes, de chars à bœufs, de rickshaws et de gros camions décorés de dessins multicolores. L'activité était intense. Dans un nuage de poussière de riz, des hommes déchargeaient les fardeaux, et ils blanchissaient sous la peine. De maigres vieillards, les jambes vacillantes, portaient les mêmes poids que les autres. On devait mourir ici de ne plus pouvoir supporter cette vie. Je pénétrais plus avant dans les ruelles jusqu'à ce que le marché devienne plus intime. Dans le coin des marchands d'étoffes, des femmes cachées sous leur tchador noir se laissaient charmer par les piles de coupons multicolores, on tirait des couleurs, comparait les nuances, les douceurs... J'achetai là un mètre de coton blanc que je portais à un tailleur pour qu'il m'en fît une écharpe. Dans les rues des joailliers, les échoppes étaient vides, les coffres fermés. Les propriétaires attendaient, assis devant une balance. Ce ne devait pas être l'heure où l'on achète ce que l'on va offrir. Plus loin, les bijoutiers. Une cliente passait à son bras des bracelets en or, tous identiques. Un peu trop étroits, ils glissaient avec peine au-delà de la main mais il semblait qu'il dût en être ainsi. Elle en accumulait plus d'une douzaine à son bras. Son trésor. Chez les épiciers, des monticules de poudres de différentes couleurs séduisaient l'attention, les textures appelaient la main, les odeurs tiraient le nez, la langue eut pu s'en mêler... L'air, lourd et chaud, chargé de dizaines de senteurs d'épices, oppressait le silence des ruelles et leur donnait du mystère. Dommage, pensais-je, que je ne puis faire la cuisine ici. J'aurais essayé, mélangé, orchestré des goûts pour fabriquer des mondes...

J'arrivai bientôt dans le quartier des parfumeurs. L'odeur était plus subtile, moins poudreuse, plus alcoolisée, plus capiteuse aussi. Des bocaux de toutes tailles, des fioles de toutes couleurs gardaient l'essentiel du secret de leur contenu. La rue entière embaumait. Je m'approchais de l'une des échoppes. Le propriétaire m'affirma immédiatement que j'étais français. Je lui dit que bien que j'estimasse que le patchouli eût une odeur détestable parce que trop puissante, trop pénétrante, je l'adorais car il me replongeait indéfectiblement dans cette nuit inoubliable et délicieuse entre toutes que fut celle pendant laquelle je fis l'amour pour la première fois. Ma confidence lui plut.

«Comme nous voudrions pouvoir revivre infiniment l'ultime délice d'un instant ! Considérez ces parfums, monsieur, ils sont un potentiel infini de mémoire et de combinaison de souvenirs. Ils supportent nos bonheurs et nos malheurs.»

C'était un homme un peu gras, très détendu, jovial et opulent. Il portait sur le front une trace de *kumkum*.[260] Je ne sais pourquoi, j'ai pensé qu'il devait être plus riche que son magasin ne me le laissait supposer. Bien que je n'en eus jamais rencontré, je dirais qu'il devait avoir des manières de maharaja ; libres bien que retenues, généreuses, presque féminines dans leur grâce pourtant virile dans l'aboutissement des gestes. Il régnait sur lui un faste subtil de gourmand. Il m'invita à m'installer plus confortablement comme s'il avait décidé que nous fussions amis. Je me déchaussai et entrai.

L'échoppe était divisée en deux petits espaces séparées par un vieux comptoir en bois sombre, patiné. Le parfumeur était protégé par ses flacons et ses bouteilles qui montaient la garde autour de lui, tandis que le client, assis à l'indienne sur un matelas entouré de coussins, comme dans un salon, pouvait tranquillement apprécier les fragrances qui lui étaient proposées. Les plus pressés passaient leurs commandes debout, côté rue. L'ampoule électrique était éteinte, il faisait agréablement sombre, plus frais qu'au dehors où le soleil pétrifiait les choses et fatiguait les vivants ; un ample parfum composait l'ambiance et tamisait tout autre sens.

Il valait mieux ne pas parler d'abord, je le sentis immédiatement. Les paroles, les pensées, les gestes des premiers moments déterminent, sèment et limitent. Laisser le silence être notre premier rapport, lui permettre de s'établir comme support des mots et des idées. C'est une forme de savoir vivre chez les peuples qui vivent avec le temps.

Mon hôte appela le vendeur de *tchaï*.

Il souriait et ne disait rien. Il prit un flacon versa une goutte sur un morceau de papier, huma, me le tendit.

«Fermez les yeux et retournez dans votre fraîcheur d'alors, monsieur, me dit-il gentiment, sur le ton d'une complicité presque paternelle.

L'odeur convoqua le souvenir qui jaillit immédiatement dans une image précise. Mais l'émotion n'y était plus. Je m'adossais confortablement et savourais un instant passé, sans nostalgie. Je m'amusais de ce que j'eusse une mémoire, et que celle-ci eût un contenu, une quantité d'images et d'impressions. Comme chaque événement de notre vie est étonnamment lié à tous les autres dans une continuité, et pourtant comme chacun d'eux demeure étonnamment indépendant... Il m'offrit son nom pour me tirer de mes songes :

- Paresh Babu.

Nous parlâmes de la France et des multiples Indes. Nous parlâmes des ambiances et des humeurs ; des fleurs, des arbres, des écorces ; de l'odeur des terres et des sables, de l'odeurs des feux, des eaux, des vents, de l'esprit contenu des choses.

«Sentez, monsieur, sentez jusqu'à l'odeur des pierres !

Il parlait un anglais minutieux, mais arrachait quelques-unes de ses syllabes. Lorsqu'il s'enquérit de ce que j'avais été amené à faire et à vivre depuis que j'étais arrivé dans sa ville, je lui racontai ma découverte de la joie, la veille, sur le chemin de la tombe d'Hadji Ali.

«Tout ce qui a une cause est impermanent, dit-il, le bonheur est impermanent. La joie est indépendante de toute cause, de toute circonstance. Elle est en vous. Elle ne vous quitte jamais.

Il se sourit à lui-même. Je dis :

- D'où vient qu'on ait inventé le bonheur... une condition à la satisfaction.

- Chacun se propose des buts, qui sont la recherche d'émotions particulières. Ces émotions sont celles de nos ambitions. Nos ambitions sont des formes dégradées, relatives, de nos exigences les plus hautes : Dieu, l'absolu.

«Mes ambitions sont un reflet social de moi-même ; l'exigence est intime... Mes exigences reflètent une image de moi-même projetée dans l'avenir. Mes ambitions reflètent une image sociale qui ne vient pas toujours de moi.

«Ne nous cachons derrière la société pour nous dédouaner de notre incompétence... à vivre... dans la joie... en toutes circonstances.

Il achevait ses phrases par soubresauts comme s'il rajoutait des précisions ultimes à sa pensée.

- Nos émotions nous donnent l'énergie de vivre.

Il dodelina de la tête dans le signe d'assentiment des Indiens...

- En effet. Mais quelle énergie ? Une énergie de ré-action, une énergie de rapport, une énergie du subir. L'énergie de l'esclave de *maya*.

- Une énergie d'appel, de curiosité. Il y a une culture du bonheur et de l'émotion...

- ... dont l'extrême, la passion, est même une source de crédibilité, m'interrompit-il comme s'il annonçait une mauvaise nouvelle. Nous croyons sincère celui qui est passionné... Alors ne soyons pas hypocrite, la culture du bonheur est une culture de la douleur aussi, dans le même abîme. A l'opposé du désir, il y a la peur, la haine, la fuite. L'émotion supporte également les plaisirs et les souffrances. Si vous appelez les unes... vous vous condamnez... à subir... les autres.

J'étais encore sous le charme de la joie de la veille, mais je ne l'avais pas encore tout à fait assimilée à la lumière de la formulation. Ainsi je continuais à soutenir un point de vue qui m'était déjà à moitié étranger. Je dis :

- La passion est un moyen et une fin, le carburant du plaisir et le plaisir lui-même.

- La passion n'existe pas comme un objet indépendant, elle est la qualité d'un rapport. La passion de quelque chose est l'ambition d'un plaisir. La passion dont vous parlez est une dette envers soi-même. C'est une vie à crédit, sur sa propre crédibilité. Chacun se manipule... en jouant sur ses émotions... en se promettant du plaisir... et en se croyant sincère.

- Ainsi se construit une culture de l'abus, car on pratique sur les autres ce que l'on pratique sur soi, dis-je en riant. Il s'agit de toucher, toujours à côté de la raison, pour séduire, pour réduire aussi, comme l'on dit d'un ennemi.

- La société matérialiste est une culture du mirage, monsieur.

- Sans doute...

- Le mirage consiste à remplacer l'être par l'avoir et le paraître, puis à proposer aux individus des images d'eux-mêmes... d'eux-mêmes en réduction.

Nous appréciions tous deux cet instant agréablement intelligent et onctueux. Paresh Babu regardait fixement devant lui tout en conservant un chaleureux demi sourire. Je repris :

- Nous cherchons tous, n'est-ce pas, l'émotion de notre propre effet. Nous le percevons grâce aux autres, lorsque nous sommes aimés, reconnus, valorisés, puissants.

- Mais cela coûte si cher ! monsieur. Car nous trichons, nous séduisons le monde et nous perdons notre intégrité (*our own self*). Nous croyons nous connaître à travers les autres, quelle illusion ! Nous ne rencontrons que le reflet de nos mensonges, de nos abus et même de notre quête de la sincérité. Qui est aimé ? Soi ou une image de soi, une image séduisante et fabriquée de soi. Tant que nous cherchons à être aimés, nous sommes perdus. L'amour doit être une conséquence... non désirée... d'être... d'être authentique.

«En Inde, nous ne nous posons guère de problème de séduction, car nous croyons qu'il est faux. Tout est *maya*, tout est séduction. Même l'absolu lorsque nous le pensons.

«Nous naissons dans une caste. Nous ne choisissons pas notre métier, notre société, notre épouse. La vie doit s'exercer à s'adapter à sa circonstance, y trouver son équilibre et tâcher d'y atteindre la perfection. Ce n'est pas du fatalisme, mais un grand raffinement au contraire.

«Par exemple, nos familles choisissent nos épouses, monsieur. Lorsque nous nous marions, nous ne les connaissons pas. Nous devons apprendre à les aimer, à les respecter, à découvrir leur beauté et à être soi-même aimable et respectable. L'Indien ne choisit pas, cela le rend libre, en vérité.

Je pensai à rabbi Isaac, le péché, c'est choisir !

«On perd tant de temps à choisir, et ensuite à douter, poursuivait Paresh Babu. Il en reste si peu enfin pour approfondir. L'ambition n'est pas une valeur si sûre, monsieur. Où mène-t-elle ? Toujours là où l'on était déjà, avec parfois des images différentes.»

Nous demeurâmes quelques temps dans le silence ombragé et parfumé de l'échoppe, savourant le moment...

«Le bonheur est l'aboutissement émotionnel en forme d'extase d'une quête, la quête de soi. L'émotion permet de se sentir vivre.

Pourquoi résistais-je à ses propositions ? J'étais attaché plus ou moins volontairement à l'habitude de vivre par et dans les émotions, et je craignais que ne fût détruit ce que je prenais pour un efficace outil de perception, un puissant moyen de la volonté. La sensation de la vie en tant que notre propre reflet actif.

- Vivre ?! Existence-intelligence, *Chit*, en sanskrit n'est pas une qualité superficielle. Vos ambitions, même vos victoires, vous procurent-elles le bonheur ? Vous offrent-elles une satisfaction sereine ou une avidité décuplée ? Qu'importe ! Elles ne peuvent pas être plus désirables que la joie qui est en soi. Rien ne peut être plus grand que la joie. Rien n'est plus luxueux... rien n'est plus vrai... et plus profond qu'*ananda*, la félicité qui est la qualité indissociable de l'existence en tant qu'absolu.

«Nous ne sortons jamais de la quête de soi. Même sous nos masques les plus épais, dans nos détours les plus périlleux, c'est soi que nous cherchons toujours. L'émotion nous donne une sensation qui est l'écho extérieur de nous-mêmes. La joie est une sensation intérieure.

«Une émotion forte, comme une parole criée, comme un parfum trop pénétrant, c'est de la vulgarité, une myopie, une surdité, une grossièreté du corps et de l'âme. La passion est une œillère extrême, elle limite l'attention au monde à un seul de ses éléments. Ce n'est pas un approfondissement, c'est une fuite de soi, qui mène profondément... hors de soi... comme si on ne voyait du monde qu'une seule couleur, on n'y sentait qu'une seule odeur. C'est un appauvrissement... Un aveuglement.

Toutes les paroles de cet homme cherchaient la délicatesse.

- Mais on a l'impression de ne pas exister sans passion, d'être mort.

- Ceci reflète et révèle ce que vous appelez vivre, monsieur. La passion asservit, comment pourrait-elle être une bonne chose ? Votre rapport au monde est celui de l'avidité... des sens... Vous êtes pis que mort... perdu... le jouet de *maya*... et son esclave, dit-il de nouveau. Votre propre prison.

Il ajouta :

«L'émotion est toujours une réaction, et non une action. Il n'y a pas d'émotion sans cause. Elle vous détermine. Vous cherchez des situations dans lesquelles vous attendez des émotions plaisantes ; vous vous enfermez dans le monde connu. Vous cultivez le monde des effets, le monde où vous êtes un jouet... Où est la cause ?

«L'émotion n'est pas une fin, c'est un moyen. La passion aussi. La vue, l'ouïe sont-ils des fins ? L'émotion est un sens qui informe, comme les autres sens, sur l'extérieur.

- Peut-être pas tout à fait. Je dirais qu'elle informe sur le rapport de soi avec l'extérieur.

- Exactement ! Elle nous informe sur nos réactions, avant que nous nous questionnions sur elles.

- Elle répond à la question "moi-dans-ça", sans même que nous ne l'ayons posée.

- Mais elle est l'effet d'un effet. Non une cause. Nous sommes informés sur le monde et sur nous même simultanément. Le savons-nous ? Ce n'est pas tout de sentir, encore faut-il savoir que nous avons senti, et ce que nous avons senti...

- ... avant de décider si l'on aime ou pas. J'appelle ce que j'associe au plaisir, et je crains ce qui ressemble à la douleur...

- ... l'émotion n'est pas ce qui crée la dualité, mais elle la maintient, et vous y enferme. Vous aimez, vous n'aimez pas, ceci est beau ou laid, agréable ou désagréable... L'émotion répond à des mémoires qui sont elles-mêmes l'expression de névroses. On n'a pas à parcourir encore et encore les mêmes chemins.»

Je devinais dans ce propos une extension de l'interprétation de l'expérience de l'arbre de la connaissance du bien et du mal dans le jardin d'Eden par rabbi Isaac. La recherche de l'émotion puis l'émotion elle-même en tant que moyen de séparation et même en ce qu'elle suscite de transformation chimique dans le corps serait un poison, comme le venin du serpent, d'abord par la perfide habileté de l'attirance, puis dans la modification intérieure qu'elle produit. Choisir, disait le rabbi. Oui, choisir pour goûter à quelque chose et par cette chose extérieure, goûter à soi, par l'émotion qu'elle suscite, et ensuite la rechercher pour refaire l'expérience de soi mais ainsi se limiter, fermer le monde. "*Et ils en mangèrent...*" Ils goûtèrent à eux-mêmes en provoquant un événement. Ensuite, "*ils virent qu'ils étaient nus*" puis, "*YHVH-Elohim fit à Adam et à sa femme des habits de peau et les en revêtit.*" Ils prirent conscience de leur corps par l'émotion qu'ils cherchaient à produire et reproduire en eux. Ainsi apparu la souffrance.

«C'est ce qui fait ma spécificité dans le monde, dis-je.

- C'est bien pire, vous en faites une définition de vous, c'est alors qu'elle devient une spécificité. Que disent vos goûts que vos limites ! Votre émotivité vous dépossède de votre capacité de vivre... les qualités du monde... dans lequel vous vivez !

Il avait raison. N'avais-je pas éprouvé cet enfermement puis une libération la veille ?

«L'émotion n'est pas un objet de quête, c'est un message. C'est pervertir sa nature que de la retenir. On dérange alors l'ordre du monde, on pervertit son sens, on trouble notre harmonie intérieure.

«Vous aimez le patchouli que vous n'aimez pas, vous savez pourquoi vous l'aimez ? Savez vous pourquoi vous ne l'aimez pas ?

- Je croyais qu'il me rendrait captif d'une impression trop forte.

- C'est que vous ne le sentez pas vraiment librement ; vous le sentez avec votre mémoire.

- Ma mémoire s'attire toute seule.

- Vous la laissez faire. Elle vous jette dans un monde de sensation et d'association. Le patchouli pourrait avoir pour vous une nouvelle actualité. Associez-le avec cette rencontre. Ou mieux, associez-le à la liberté, sentez sans mémoire. Les sens nous apportent des informations, l'émotion nous apporte un message, la saveur de la rencontre d'un monde et du moi ; mais nous voudrions conserver la saveur et négliger le message.

- Comme si, lorsque je reçois une lettre de ma bien-aimée au lieu de la lire je l'embrassais.

- Le pire serait d'embrasser le facteur !

Il reprit :

«Si vous acceptez le délice d'une caresse, vous devez accepter la douleur d'une brûlure ; les mêmes nerfs conduisent les sensations à votre cerveau. L'expérience du bonheur porte en elle et vous apporte celle du malheur. Les mêmes causes un jour seront bienfaits et un autre jour seront douleurs. Ne soyons pas comme l'autruche, regardons jusqu'où nos idées nous conduisent, observons les conséquences de nos comportements.

«Connaissez-vous la musique indienne, monsieur ?

- Très mal.

- Elle cherche à traduire des états émotionnels. Un *raga*[261] crée une émotion grâce à un son ou à une gamme de sons. Nous avons des ragas traditionnels qui traitent de la nostalgie, de la colère, de la paix, de la tendresse, de la peur, du rire... Ecouter un *raga*, c'est travailler une émotion, la pénétrer pour l'examiner et la comprendre.

«De même que la matière est le résultat d'un rapport entre différents éléments, de même le son traduit les structures du monde en utilisant des vibrations. Le principe de vibration, *prâna*[262], est, pour les hindous, la première cause de la manifestation, le mouvement.

«Les senteurs sont des vibrations, d'une certaine façon. Les parfums créent aussi des états émotifs, suggèrent des élans, proposent des osmoses. Lorsque vous acceptez une odeur, vous vibrez... dans l'harmonie de l'allusion.

«Fabriquons un flacon de colère, voulez-vous ? suggéra mon hôte tout à coup dynamique. J'y mettrai de l'impatience et vous ?

- Moi aussi, avec beaucoup du sentiment de l'auto-importance, beaucoup de *moi-je*.

- J'ajouterai de la douleur, un mal être.

- Et je propose un peu de mort.

- De l'essence de pin pour l'impatience, car cette senteur vous prend violemment mais s'apaise rapidement, du camphre pour votre *moi-je*, c'est une odeur forte et résistante comme l'ego...

- Collante...

- Du santal pour la mort ; faiblement, comme base. Et des piments poivrés avec de la girofle pour la douleur, quelques alcoolats pour raffiner et tenir le tout.

- La haine est-elle l'envers du désir ?

- Comme la colère, elle marque la séparation ; comme la passion elle appelle !

Je la vois comme une colère jalouse piquée d'un faux mépris, d'orgueil frustré avec une fascination curieuse pour soi-même, d'attirance vers ce qu'on hait et au fond d'une grande tendresse. La haine n'est pas un rejet, ni un dégoût, car c'est bien pour convaincre de quelque chose qu'on hait, c'est pour punir qu'on hait, c'est pour être compris qu'on hait. La haine est une force d'attraction ; en cela elle s'oppose à l'indifférence qui tente de nier l'existence de tout rapport entre un observateur et un événement, alors que le mot qui le dit qualifie aussi le contraire.

«L'indifférence voudrait à la fois affirmer la sérénité, l'intégrité et la fusion. Y a-t-il ou non une différence ? L'observateur se pose-t-il sur la discontinuité entre l'objet de son indifférence et lui ou sur l'absence de différence, la continuité ? *Indifférence, in, into the difference, and not out of it.*

«Elle affirme une égalité d'humeur grâce à la distance que l'on croit avoir établie avec quelque chose mais l'affirmation même de l'indifférence montre qu'il y a déjà un rapport... même si c'est celui d'une frontière, d'une limite de la pénétration de l'objet en soi. L'égalité est ici la séparation, elle est le rejet de la chose. Il y a quand même un mouvement en elle qui fait d'elle une émotion comme les autres, une non-émotion très forte dont le sens est à l'opposé de la colère et de la haine, mais dont le centre y est bien soi, *moi*, sans nul doute.

«Il n'y a pas d'indifférence, il y a sérénité, béatitude ou il y a un rapport qui se reconnaît ou se nie.

Une très jolie jeune fille s'arrêta devant le comptoir côté ruelle. Elle commanda quelque chose que le parfumeur transvasa d'une bouteille à un petit flacon. Elle jetait des regards sur moi en évitant d'être surprise en flagrant délit de curiosité.

- Comment feriez-vous la passion ?

- Laquelle ? La passion... charnelle ? Celle d'un homme... Il réfléchit quelques instants.

«De l'ambre pour l'obstination, du patchouli pour la lourdeur, du musc pour l'obsession si l'attirance est frustrée, de l'extrait de limette pour le rythme si le sentiment est partagé et serein, avec un peu d'opium et quelques tons plus neutres pour lier... un peu fleuris.

«Les émotions, comme les parfums, sont composées d'éléments émotifs, même conflictuels, qui sont attirés, actualisés par un objet, et qui créent une tension intérieure qui manifeste leurs mouvements... Toujours vers l'affirmation de l'existence ou le désir d'exister... Par résistance...»

Il marquait encore des virgules imaginaires.

En se tournant, il tira un flacon d'une étagère. Son geste était vif mais sûr, et toujours élégant. Il versa une goutte sur une feuille de papier, huma puissamment, me le tendit.

«Ceci est un mélange. Je ne lie pas toujours la même quantité de chaque essence, ajouta-t-il comme s'il me préparait à quelque chose.

- En France, nous les appelons des notes, comme pour la musique.

Je sentis le parfum proposé. J'aimais bien ce jeu.

«Il y a un peu de... une fleur... du frangipane, peut-être, et beaucoup de... est-ce une épice... de la girofle... non. Une huile ! de l'essence de... du jasmin, peut-être, dis-je après avoir flairé la feuille.

- Non, c'est le contraire ; bien qu'il y ait ici très peu de jasmin, c'est lui qui domine le mélange. Chaque note, dit-il en insistant pour me faire plaisir, est une intensité propre de senteur, par nature. Il faut plus de vingt gouttes de frangipane pour une de jasmin.

Je comprenais son allusion.

- Ainsi en est-il des éléments qui composent une émotion, n'est-ce pas... ils ont une intensité propre, par nature et une intensité... relative, en quelque sorte, un rapport spécifique les uns aux autres... une quantité de vivacité...

- La présence !»

Nous nous laissions prendre au jeu de cette analogie. La description des perceptions de senteurs et de leurs caractères filait par métaphore l'anatomie des émotions, leur lexique.

La conversation de cet homme, sa précision, sa joie, me ravissaient. Il m'évoquait un Des Esseintes de Huysmans version spirituelle, habile dans la science de l'âme et transformant la perfection de son art en connaissances plus vastes et bien-sûr d'un naturalisme moins décadent. Il dit :

«Donc, en observant les émotions qui jaillissent en nous, nous pouvons lire leur composition précise.

«Quel merveilleux moyen de se connaître, n'est-ce pas ?

- Et de prendre part à sa propre vie.

«N'existe-t-il pas d'essences dont les odeurs sont plus persistantes que d'autres ? demandai-je.

- Si, bien sûr ! dit-il émerveillé. Il y en a de très volatiles.

Je tâchais de résumer :

- Les éléments émotifs peuvent donc être appréciés en fonction de leur intensité, de leur présence et de leur persistance.

- La colère, par exemple, est vive par nature, mais brève, alors que le chagrin souvent perdure. Dans le parfum colère que nous avons créé plus tôt, l'impatience, l'essence de pin, se dissiperait très vite, alors que l'auto-importance, le camphre, durerait le plus longtemps, bien qu'il eût d'abord été couvert par l'essence de pin. Le parfum évolue dans le temps, change, comme nos émotions. Le chagrin peut faire place à la révolte, ou à de l'indifférence. Mais l'une et l'autre n'étaient-elles pas contenues dans le chagrin dès le départ ?

- Si, bien sûr !

- Cela révèle le caractère évolutif de l'émotion.

«Ce que nous décrivons est loin d'être homogène ; cette intensité, monsieur, et cette persistance varient dans le temps, elles peuvent s'apaiser puis rejaillir, de même que le bouquet qui compose une fragrance se modifie, se dégrade ; certains éléments s'effacent, d'autres s'imposent alors. L'émotion est vivante si l'on croit en son indépendance ; c'est alors qu'elle agit sur nous.

- Elle se modifie dans le temps, change de goût et de sens, jusqu'à ne devenir qu'un souvenir, froid, distant, dont la mémoire n'est plus capable de restituer ni le goût, ni la force... et qui n'a plus qu'un sens... historique.

Je pratiquais maintenant, comme mon interlocuteur la pensée à soubresaut.

- Heureusement ! Laissons nos souvenirs... se dissoudre.

«N'appelle-t-on pas traumatisme une émotion dont la force de rémanence est telle qu'elle conserve une influence constante ?

Il chercha un flacon, le trouva, versa une goutte sur une feuille, huma, me le tendit en disant :

- Voici le dernier parfum que vous pourrez goûter aujourd'hui. Votre nez garde une mémoire physique des essences et des parfums que vous avez sentis. Lorsque vous en respirez trop, en trop peu de temps, votre faculté olfactive est polluée... irritée, saturée. Elle ne vous permet plus d'apprécier vraiment les odeurs... et leurs nuances.

Allait-il lier cette propriété physique aux émotions ?

«Nous pourrions dire, n'est-ce pas, que notre humeur transforme nos émotions...

- Mais comment notre humeur se forme-t-elle ?

- Nos émotions passées, en différents états de dégradation, ainsi que celles que nous attendons, que nous espérons, forment un terrain émotif...

- ... L'état d'âme ! qui influence, transforme notre regard sur le monde...

- ... Et notre rapport avec lui. L'émotion nouvelle, qui apparaît sur un terrain déjà occupé — une sorte de marécage émotif — est immédiatement altérée. Le terrain modifie sa saveur, son intensité, sa présence, sa persistance et son évolution, et bien sûr, en pervertit le sens. Nous ne ressentons donc plus le monde dans un rapport intègre, mais comme il devient à travers le filtre d'une mémoire fantomatique.

- On ne reçoit pas la deuxième mauvaise nouvelle de la journée avec la même grâce que la première. Le terrain est miné.

- Cela est vrai aussi des bonnes nouvelles, monsieur.

- Il faut donc nettoyer le terrain. Comment ?

- Le nettoyer continuellement.

«Dans notre rue, où, vous pouvez le constater il n'y a que des magasins de parfumeurs, il est interdit de jeter des ordures. L'endroit où nous sommes est le plus propre de Bombay, ajouta-t-il en riant.

«Portons-nous tous les jours le même vêtement, dans les mêmes couleurs ? Voulons-nous sans fin penser à la même chose, être prisonnier du même moule ? De temps en temps, il faut se dévêtir pour passer une chemise propre. De temps en temps il faut cesser de penser afin de penser autrement. Pour sentir le monde, il faut aussi, n'est-ce pas, se laver des émotions, même agréables.

«Renoncer à se vautrer dans des saveurs émotives, renoncer à retenir, à faire durer, à consommer, et au contraire essayer de s'en débarrasser. Puisque l'émotion est un message, il n'est pas nécessaire de la conserver. Ainsi tout nouveau message du monde, et de notre rapport à nous-mêmes peut exister sur un terrain propre, peut être examiné seul, peut être compris... et ensuite dissous, volontairement... clairement.

- Mais comment, comment peut-on s'en débarrasser ?

- Il faut bien raccrocher le téléphone pour recevoir un nouvel appel...

- ...et respirer un nouveau parfum dans une pièce aérée, n'en porter qu'un seul à la fois... certes, mais comment aérer l'homme ?

Mon impatience l'amusait.

- L'essentiel est de contrôler le sillage émotif, de ne pas se laisser posséder...

- ... par la force de rémanence...

- ... pour cela, la simple prise de conscience qu'une émotion apparaît en nous, quand elle apparaît, nous permettra de la contrôler.

- La vigilance mène à la maîtrise.

- Dans ce cas, à condition de laisser passer. Ni s'approprier, ni retenir, ni surtout refouler. Accepter et laisser passer. *Let it be and let it go.*

«Ce qui paraît important dans l'instant le sera-t-il encore dans une heure, dans une semaine, l'année prochaine ? Mettez les choses en perspective, dans une grande distance, vous verrez qu'elles n'ont pas tellement d'importance... relativisez, monsieur.

- Voulez-vous dire prendre du recul ?

- Oui. Le recul appelle le sens.

«L'émotion est un message. Lorsqu'il est bien compris, il n'a plus de raison d'être. Il n'insiste plus tellement. Lorsque nous avons pris l'habitude d'être attentif à chaque émotion émergente, nous pouvons consciemment l'accepter, la décrypter, prendre les décisions qui s'imposent puis la laisser aller... dans l'insignifiance... Il n'y a rien d'autre à faire que cela.

- La lecture me paraît poser problème. Les éléments émotifs sont enchevêtrés, il faut les discerner. Comment ?

- Comme pour les parfums, monsieur, votre nez s'éduque de lui-même. Il cherche et il trouve, les différentes notes qui composent une odeur. La pratique de la vigilance, comme vous le dites, est toujours un bon maître car elle donne l'attention, puis les moyens, la connaissance nécessaire, et enfin la connaissance de soi. Vos émotions vous livreront leur message de plus en plus clairement et rapidement, lorsque vous les interrogerez souvent et complètement.

«La première fois que vous utilisez le téléphone, vous comprenez mal ce qu'on vous dit, ensuite vous vous habituez à parler à quelqu'un que vous ne voyez pas.

Il s'apprêta à me faire une révélation. Il se pencha vers moi les yeux plus grands et soudain mystérieux.

«Connaissez-vous l'impression de vivre quelque chose que vous auriez déjà vécu, bien que cela soit impossible ? On l'appelle le *déjà vu.*

- Oui, bien sûr. J'en ai fais l'expérience. C'est une de ces choses mystérieuses qui ouvrent chez les amateurs d'occulte des hypothèses qui mènent à des mystères plus grands.

- Ce n'est pas si extraordinaire. Voyez-vous, me dit-il en confidence, nous savons que chacune de nos émotions est unique, absolument unique dans sa *composition aromatique* précise, dans sa vibration de tons, unique aussi quant à son sens particulier. Il arrive pourtant, très exceptionnellement que quelque chose fasse jaillir en nous, de façon inattendue, une émotion dont la saveur est très proche d'une autre que nous avons connue. Cette autre appelée par association rejaillit dans notre mémoire mentale et sensitive et nous rend la nouvelle situation familière. Ce n'est pas l'événement objectif qui déclenche notre mémoire, mais le goût qu'il a pris en nous. De l'impression de la familiarité nous disons par erreur : "J'ai déjà vu ceci", alors que nous devrions dire : "J'ai déjà senti comme ceci". Les structures émotives de la situation se ressemblent, mais non la situation.

- Bergson pensait que cette impression jaillit lorsque la mémoire précède la prise de conscience.

- Mais pourquoi la mémoire procéderait-elle ainsi dans une circonstance et non dans une autre ? La saveur a précédé la signification parce qu'elle s'est associée à quelque chose.

Après un long et paisible silence, il prit un autre ton, plus grave, plus sérieux :

«L'impact d'une émotion est une fonction directe de l'élément *moi* dans le rapport *moi-dans-ça* que nous entretenons avec le monde. Si vous ramenez tout à vous, à une idée fixe de vous-même et de votre propre importance, le moindre événement dont la nature peut altérer votre image agréablement ou désagréablement, provoque un vaste mouvement en vous-même. Vous vous soumettez, en quelque sorte, au gré des vents, des paroles des sots et aux épreuves des Dieux. Soyez flexible, monsieur, soyez petit.

«L'équanimité est une qualité des Dieux. Il ne s'agit pas de l'absence ou de la négation des émotions, ni de l'indifférence.

«Dans l'équanimité, les émotions apparaissent puis disparaissent. Nous ne les nions pas, nous les observons puis nous les laissons aller. Nous les observons pendant qu'elles passent. Nous prenons leur information. Elles ne sont pas identiques, elles sont égales... L'émotion est ce qu'elle est, l'égalité est celle du jugement... Nous leur portons la même attention, sans choisir... sans préférer... sans trier. Nous les goûtons de la même façon. C'est comme devenir impartial vis-à-vis de toute chose. C'est comme regarder un objet... Après un moment, on regarde ailleurs, autre chose, on ne continue pas à le fixer indéfiniment.

«Grâce à l'équanimité, nous allons vers l'unité ; les pôles de la dualité sont de moins en moins écartés.

«Toute volonté de changement ou de transformation commence par une résolution, ensuite, il faut être vigilant, observer le moindre décalage de votre pensée en dehors de votre résolution, observer toute avidité contraire à votre résolution. Alors, un jour il n'y a plus de différence entre vous et votre volonté... L'équanimité est ce que vous pouvez désirer. Vous l'avez trouvée hier, vous l'avez appelée la joie. Cette joie, nous l'appelons *âtmananda*. *Atman*, le souffle, l'âme, le Soi. *Ananda*, au-delà, la félicité, la béatitude... La félicité de l'âme par l'âme... par rien d'autre... La félicité... Rien d'autre... L'être absolu.

Il plaça quelques flacons devant lui, versa quelques gouttes de chacun d'entre-eux dans un minuscule bocal. Il mélangea ainsi cinq fragrances. Puis il fit glisser ce bouquet dans une fiole qu'il scella au moyen d'un bouchon de liège sur lequel il versa une coulée de cire chaude.

- Voici un souvenir de ce moment, monsieur.

Je le remerciai.

- Qu'y avez-vous mis ?

Il sourit.

- Un peu de mystère.

Je tirai de mon sac l'écharpe de coton que j'avais faite confectionner plus tôt, descellai le flacon, versai quelques gouttes sur chaque coin de l'étoffe et la lui tendis.

- Il est juste que nous partagions ce souvenir.»

Je n'ai jamais découvert le secret du mélange. Le parfum fut très fort d'abord, comme trop captivant, très fleuri, mais trop vivement, il vieillit en devenant plus doux, plus amical, opulent et chaleureux, jovial et souple, d'une discrète générosité. Ensuite, il ne sentit presque plus rien. Il s'effaça, comme s'il n'avait jamais été qu'un rêve...

Telle fut aussi l'émotion que j'éprouvais pour cet homme. Bientôt, elle ne laissa plus de trace que dans la transformation qu'elle avait suscitée.

«Revenez me voir !» dit Paresh Babu la main levée, immobile, en signe d'adieu.

Je promis de lui rendre visite avant de quitter Bombay.

La nuit tombe tôt et rapidement en Inde. L'éclairage urbain est rare. Il fait noir comme à la campagne lorsque le ciel est couvert. Sur les charrettes de marchands ambulants, les lampes à pétrole, dont la lumière est trop vive, aveuglent mais n'éclairent pas. Et tout ressemble à tout. J'étais perdu. Déjà sur les trottoirs on organisait la nuit : l'abri, le repas, les couches. Homme et femme accroupis, silencieux ; homme et femme accroupis, bavardant doucement ; enfants calmes ; platée de riz fumant ; *chappatti*[263] ; rats courants ; homme fumant un *bidi*. Chien galeux aboyant ; homme allongé. Bombay, village étendu, surpeuplé.

Depuis que j'avais décidé de comprendre et peut-être de changer, les événements portant les informations nécessaires se déroulaient comme les étapes d'un voyage qui s'organisait de lui-même.

Peu importe où l'on va. Il importe de sortir de soi. Partir, peu importe où, c'est ouvrir en soi la camisole d'habitudes, d'attitudes, de lassitude. Dans *Histoires d'un monde éternel* où Haïm Nisenbaum raconte des anecdotes de Hassidim[264], j'avais été étonné de ce que les aventures commençassent souvent par un départ en voyage.

"Commandez une voiture, ordonna le rabbi, à la surprise générale de ses disciples..." C'est pendant le déplacement que les signes portant l'instruction se manifestaient, que le but du voyage se révélait et que la leçon initiatique surgissait. Il n'y a rien à faire, avais-je découvert à Bénares, nulle part où aller, rien à faire qu'à laisser ouverte l'ouverture sans attente, ouvrir la demeure mentale qui s'est édifiée pour aller très loin en restant immobile. Le voyage n'est pas un lieu où l'on va, c'est un lieu que l'on quitte.

Je marchais dans les ruelles, bousculé par les grelots de *rickshaws*, poussé par les avertisseurs des scooters, détourné par des foules, tiré par les lumières crues des néons de quelques magasins annonciateurs de carrefours.

J'étais perdu et pourtant jamais je n'avais été si peu égaré, si parfaitement guidé par l'ouverture comme attitude directrice et par l'attention comme volonté de comprendre. Il avait fallu que je fisse un détour pour atteindre un centre en moi. L'expérience de la joie m'avait accordé de découvrir la saveur naturelle de la vie ; la nommer me permettait de la retrouver. Cette découverte, je le savais déjà, constituait une étape décisive de transformation. Elle me plaçait dans l'équilibre juste à partir duquel d'autres événements m'indiqueraient d'autres étapes.

Dès le lendemain, un homme inconnu m'avait expliqué les émotions et ainsi m'avait offert le pouvoir de les relativiser pour les dominer et m'en libérer. Ainsi, la voie à la joie sans cause était-elle libre d'entrave. Cette double initiative des événements me donnerait la force et la patience nécessaire à la suite du parcours.

«*Are you lost, sir ?* (êtes-vous perdu monsieur ?), me demanda un enfant en m'accostant.

- *No, no*, lui répondis-je, *I am fine* (je suis bien).»

Au bout d'une pérégrination informe j'arrivai devant le temple de Mumbadevi, repère d'orientation, où, là encore, des foules formaient des flots mouvants. Je me joignis à elles.

L'émotion déplace ses victimes dans l'éphémère, remplace la joie... rend sourd ! La coutume de s'y référer et la complaisance de s'y vautrer la renforce. La vigilance contraire l'émousse. Le comprendre et décider de s'y soustraire, c'est déjà partie gagnée. Comment ! Vivre sans émotion, s'exclamera-t-on, c'est la mort ! Ainsi vient-on de définir la vie, ainsi place-t-on la vie dans les événements, fortuits ou désirés, auxquels on s'appelle à réagir ; ainsi consomme-t-on la vie comme une girouette le vent ; ainsi se destine-t-on à demeurer dans les effets du temps sans jamais effleurer les causes ; ainsi prend-on l'éphémère pour la réalité, ainsi se condamne-t-on à changer sans se transformer.

Pendant que j'écrivais cette histoire, un papillon s'épuisait à essayer de percer ma fenêtre, pour atteindre, sur la table où je travaille, une bougie sur laquelle il se brûlerait. Je pense au Tao Tö-king de Lao Tseu :

Tous les êtres fuient le repos et l'obscurité
Ils vont vers le mouvement et l'éclat.[265]

«Vous vous souvenez, me dit Paresh Babu quelques jours plus tard alors que je venais lui faire mes adieux, l'émotion est un mouvement intérieur qui reflète un rapport entre un sujet et une situation extérieure. Un message. Ce mouvement se caractérise par une impression composée de saveurs émotives qui ont chacune leur goût, leur intensité, leur durée — leur persistance—, leur présence et composent une humeur — un état d'âme. Il nous renseigne sur notre rapport au monde. Vous aviez dit : *moi-dans-ça*. En tant que réaction, en vérité, il s'exprime dans une résistance. Cette résistance est une forme de refus, refus de ce qui est, refus de ce qui apparaît, refus même de ce que vous attendiez ! C'est pourquoi il ne faut pas réagir à l'émotion en la refusant. Ce serait là ce que vous appelez un refoulement.

«Au contraire, il faut l'accepter, lire son message, apprendre à suivre son mouvement, apprendre à l'effacer. Ne pas s'attacher à sa reproduction. Ne pas se l'approprier.

«Ensuite, vous pouvez soit relativiser l'élément *ça*, accepter ce qui est comme c'est, immédiatement, en dix secondes et même moins ; soit relativiser l'élément *moi*. Il n'y a plus alors de sujet capable de subir l'événement ; le mouvement n'agit sur rien, en fait, il n'y a plus de mouvement.

«Si un mouvement apparaît en vous, malgré vous, regardez-le, il vous indique qu'il y a trop de *moi* ou de *ça*. Recentrez-vous sur votre axe. Cherchez la stabilité. Une réaction est une comparaison entre deux états, cessez de comparer. Acceptez. Soyez à jamais ouvert comme vous le fûtes à Bombay.

«Et s'il vous prenait l'envie d'y goûter, que ce soit en tant que connaisseur, en tant que spécialiste, n'oubliez pas un instant qu'il ne s'agit que d'un jeu, que vous y participez volontairement et jamais en tant qu'esclave.

«La joie que vous avez enfin rencontrée l'autre jour vous montrait la conséquence d'accepter. Une vie sans voiles s'est éveillée en vous et vous a montré sa saveur naturelle. La joie vous a montré votre axe. L'axe est immobile, il est votre élément stable, ni *moi* ni *ça*. *Cela. Atmananda*, la joie de l'âme est béatitude. Nous, hindous, disons : "Sat-chit-ananda", être vérité existence-intelligence béatitude. Les trois états sont équivalents. *Vairâgya*, l'absence de passion, est la qualité du *sannyâsin*[266] qui conduit au détachement.

«Le contrôle de vos émotions vous rendra subtil. Vous allez pouvoir sentir autrement. Lorsque tout mouvement du moi sera sous contrôle, lorsque le moi sera sans mouvement, vous commencerez à sentir l'âme des êtres vivants, l'âme des choses, l'âme des événements.»

Depuis le jour où j'ai parcouru le chemin vers la tombe d'Hadji Ali, d'un simple rappel, je retrouve la saveur de la joie sans cause.

Chapitre 8

Kalou Rinpoche le Mahamoudra

«Quel est le but suprême du voyageur ? Le but suprême du voyageur est d'ignorer où il va. Le but suprême de celui qui contemple est de ne plus savoir ce qu'il contemple. Chaque chose, chaque être est occasion de voyage, de contemplation.»
Lie Tseu, Le vrai classique du vide parfait

«L'essence de l'esprit "tel qu'il est"
Par une autre personne expliqué
On n'en aperçoit qu'une parcelle
Pourtant...»
Milarépa

«Qui, a créé cela.» *Isaïe 40:26*

«Stop this man, stop this man !...»[267]

Personne ne bougeait, plus personne dans cette gare, ni dans cette ville ne parlait anglais. Et le pire, c'est qu'à tenter de faire arrêter mon voleur, je devenais l'objet de la méfiance que je souhaitais susciter à l'encontre d'un autre. Je disais "Stop this man", mais c'est la *Trame Invisible* qui s'adressait à moi par ma propre voix. Qui aurait pu la comprendre ?...

Lorsque les événements de notre vie prennent un sens métaphysique, le réel se loge-t-il dans les événements ou dans le sens qu'ils expriment ?

La Trame Invisible se voit à l'envers, lorsque le but est découvert et qu'il donne son sens à chacun des mouvements qui le précédèrent.

La destinée se tisse sur une multitude de situations dont chacune seule pourrait tenir au fil du hasard et ne révèle rien, mais dont certaines, ensemble, forment une chaîne, qui annonce le Grand Dessein individuel. Lorsque la trame et la chaîne se resserrent et que l'étoffe apparaît, lorsque le dessin se précise, et que le dessein se révèle, on l'observe avec un peu en retard. On est déjà arrivé.

Alors, chacune des situations qui, ajoutées les unes aux autres, ont tissé un morceau de vie, révèle l'intention qu'elle contenait et qui faisait d'elle un maillon de la chaîne invisible et implacable.

Alors, qu'est-ce qui compose le réel ? Les événements qui nous guident, le but que l'on atteint ou le sens que l'on perçoit ?

Et là encore, le but est-il bien celui que l'on croit ou n'est-il que le fil plus gros d'une trame plus vaste et toujours imprécise ? Et le sens que l'on a aperçu n'est-il pas qu'un fragment de l'étoffe vivante de l'histoire d'un dessein plus vaste et encore invisible ? Insoupçonnable ?

Sur les routes de la mystique tous les événements peuvent supporter un sens métaphysique. N'est-ce pas l'obsession spirituelle qui le sollicite ? Certainement. Cependant, l'interprétation subjective et orientée du sens n'infirme pas les qualités opérationnelles de l'obsession, même et surtout lorsqu'on oublie de le solliciter. Et l'on pourrait remplacer obsession par Dieu, l'Esprit, le Guide intérieur... Je veux dire l'élan. "*Le Grand Manitou*", disait Wilhem.

Que l'on prenne chaque événement comme indépendant n'a pas plus de sens, ni de réalité que de les lier dans une continuité. La trame est-elle seulement linéaire ? Emprunte-t-elle toujours le parcours le plus économique, le plus efficace ? Il arrive qu'elle se trace comme une ligne ; cependant, aucun événement n'étant indépendant en soi, chacun d'eux naît d'une conjonction de situations, elle-même surgie de la cristallisation d'une autre conjonction de situations..., etc. Les tours de l'invisible connaissent des détours infinis.

La trame, le tisserand et le métier sont-ils séparés ou ne forment-ils qu'une unité opératoire ? Cela dépend du point de vue que l'on porte sur l'action, le but et le sens.

Pourquoi depuis mon enfance, étais-je fasciné par les Tibétains ? A cette époque on ne parlait guère de ce peuple et de sa spiritualité. Avais-je perçu le chuchotement éthéré de la rumeur par laquelle les religions cheminent ? Cela serait étonnant puisque j'étais athée. Je veux dire presque hermétique à la foi quel que soit son nom. Quoi qu'il en soit, je ne n'en souviens pas. Mais j'avais lu *Tintin au Tibet* et Hergé m'avait fait rêver de lamas et de monastères himalayens.

Plus tard, mon attirance se justifia du crédit que j'étais porté à donner au discours d'hommes libres sur la liberté, par opposition à celui de l'esclave d'un dogme sur le bien et le mal.

Devenu adulte, poussé par une intention qui me dépassait parce que je me refusais à la surprendre, toujours porté par la même fascination un peu floue, j'entrepris mon premier voyage en Inde. Le Tibet était interdit.

Je traversai un Paris glacial en quête de visa, de réservations, de vaccinations et de chèques de voyage. Mes gestes étaient agis, je les incarnais sans conscience, porté en dehors de la réflexion. Ce somnambulisme effaçait mes peurs et mes hésitations. Je ne parlai à personne de mon projet, négligeant ainsi des conseils qui m'auraient été utiles.

Et j'arrivai à Delhi, m'éveillant dans mon rêve, étonné d'être où j'étais allé et ne sachant pas très bien ce que je devais y faire. J'étais seul, un peu perdu, ignorant jusqu'à l'existence de ces aides précieuses que sont les guides de voyage et ayant à m'occuper des nécessités immédiates de la survie.

Je m'étais promené dans le hasard des rues, vaguement émerveillé par tant d'étrangeté, et d'abord ébloui par la confiance que je voyais et qui me faisait tant défaut. Swami Vichârava, qui savait mon avenir mieux que moi, m'avait intercepté puis rendu à moi-même. Quelques jours plus tard, oubliant les Tibétains, j'avais tenté de le suivre à Bénares. En train.

Au petit matin, le bercement hypnotique du roulis cessa une fois encore. Encore un arrêt. Encore un éveil. Le gris du jour était plus sombre. Nous étions dans une *vraie* gare, une gare couverte. Une gare de grande ville. La fureur vociférante du quai entra, compacte, dans le wagon, bousculant ma somnolence blasée par tant de fausses arrivées depuis cinq-cent kilomètres. Et que ne vendait-on pas sur cette plate-forme ! Les marchands de tchaï, d'œufs bouillis, de fruits, de journaux hurlaient des sons plus que des mots, leur donnant une sonorité distincte pour chaque corps de métier. Seuls les mendiants mendiaient normalement.

Tous les voyageurs avaient disparu. Je rampai hors de ma couchette sous le toit pour regarder ce monde hurlant. Nous étions à Islamabad. L'Inde tout entière est aussi peuplée qu'une gare, et ses gares ressemblent à des foires.

L'arrêt était long. Le wagon était vide. Devais-je changer de train ? Avais-je bien compris l'itinéraire ?

Un homme est arrivé. Il s'est assis face à moi. Au mot Bénares il fit un signe affirmatif, j'étais rassuré. Un autre homme s'est installé sur un siège de l'autre côté de l'allée. Le premier engagea une conversation. Il ne parlait que hindi et je n'y comprenais rien. A force de signes il m'engagea à regarder quelque chose au dehors. Poli, soumis peut-être, misanthrope de si bon matin, je regardai par la fenêtre plus longtemps que nécessaire, pour éviter un prolongement à ce dialogue de sourds. Lorsque je reportai mon attention dans le compartiment, l'autre homme était reparti. Et bientôt le premier prit congé et disparut. J'étais seul à nouveau. Quelques minutes plus tard je conçus un soupçon quant au sens de ce ballet. Ces deux voyageurs n'avaient pas de bagages... En effet. Ils avaient emporté l'un des miens.

Un enchaînement de circonstances qui m'attireraient à nouveau vers Delhi commençait ici à se manifester. La Trame Invisible tissait un invisible dessein.

En une demi-heure ma fatigue, additionnée à la poussière, multipliée par ma déception, se transforma en un rhume. A Bénares, le rhume se transforma en grippe. L'adresse de swami Vichârava était inintelligible. Je le cherchai en vain. Dix jours plus tard, encore malade, je décidai d'aller me reposer à Goa, sur la côte Ouest du pays, quarante heures de voyage plus loin.

Dans ce nouveau train, une douleur aux dents et aux sinus m'éveilla. Ma grippe avait évoluée en infection. J'avalais des antibiotiques.

Un arrêt. Une gare. Islamabad ! Encore Islamabad.

Je me persuadai que mon voleur était sur le quai. Dans une folie fiévreuse, j'emportai mon bagage et descendis, décidé à le confondre. Et il était bien là. Il ne m'a pas remarqué. Je l'ai suivi.

«Stop this man, stop this man !» dis-je aux policiers.

Mais personne ne bougeait, plus personne dans cette gare ne parlait anglais. Mes pas de somnambule m'attiraient dans un cauchemar. La nuit devint hostile, les quais se montraient hideux. Mon voleur aperçut mon manège. Il sortit vers la ville. Je parus bizarre à un policier à qui je m'adressais ; il m'arrêta quelque minutes. Le temps pour l'homme que je suivais de disparaître. Mon train était reparti. La Trame Invisible me conduisait, décomposant mon itinéraire, pour le tracer selon un projet qui était le mien aussi et que j'avais failli trahir. Je pris un billet pour Delhi.

Le médecin de l'ambassade de France que je consultai connaissait les Tibétains. Il me prescrivit des remèdes et l'adresse de *Tibet House*. Je m'y rendis pour être informé que Kalou Rinpoché y allait enseigner dès le lundi suivant.

Croyant agir étais-je agi ? La Force qui m'avait poussé en Inde, m'avait rappelé à Delhi pour me conduire jusqu'à ces bouddhistes que j'avais tant appelés de mes vœux. Je le constatai *a posteriori*. La Trame Invisible dont j'étais l'énergie active, (ce *karma* dont j'ignorais alors le sens), couvait mes traces de ses soins assidus et me liait dans une détermination qui était aussi la mienne. Et ma raison continuait à disqualifier son existence et ses mérites.

Ce serait ma première rencontre avec le bouddhisme. Il déclarerait que la réalité n'est jamais que relative à un point de vue et que ce point de vue est le fruit du karma, une sorte de Trame Invisible personnelle, qui est inexistante dans le point de vue de la réalité ultime et qui est à la fois relativement existante et illusoire dans le point de vue du Dharma, la connaissance.

Au deuxième étage de *Tibet House*, la bibliothèque avait été aménagée en Temple. Des *tankas*[268] décoraient les murs. Des divinités tantriques aux multiples bras y accomplissaient divers rituels ; certaines, en fureur, paraissaient hurler des sentences effrayantes ; d'autres méditaient paisiblement, semblant regarder l'infini en le surprenant sans cesse. Sur le mur du fond, une armoire contenait des piles de livres couverts d'étoffe jaune et rouge.

Une centaine d'Occidentaux et d'Indiens attendaient avec moi l'arrivée des personnages de mon rêve d'enfance. Ces lamas aux pouvoirs extraordinaires... C'est un petit homme très âgé et très frêle qui incarnait le héros, l'ascète. C'est lui que j'avais attendu et que je reconnaissais, bien qu'il ne ressemblât à personne que j'eusse connu ou imaginé, lui, le lama[269], la mère très haute dont je solliciterai l'adoption.

Le Grand Silence du respect recouvrit paroles et pensées d'un recueillement affectueux, tandis que chacun, les mains jointes, saluait.

Kalou Rinpoché était déjà très courbé. On l'aidait à marcher. Il se hissa sur un trône de soie de plus d'un mètre de haut que couvrait un dais. Il ajusta son zen.[270]

A mon grand étonnement d'Occidental athée qui avait fui les signes de croix et les encensoirs et qui pensait que ceux qui s'intéressaient à une autre religion s'en étaient affranchis aussi, les fidèles du Grand lama se prosternèrent devant lui, mains jointes d'abord sur la tête, devant la bouche puis devant le cœur dans un don de la parole du corps et de l'esprit, puis le front au sol. Trois fois. Le Rinpoché recevait l'hommage avec indifférence.

Je ne pouvais me résoudre à imiter la coutume, mais je ne comprenais encore rien à la sagesse orientale. Ce geste n'était pas celui qui offre d'honorer un homme mais celui que l'on se propose à soi-même pour gagner un peu d'humilité en plaçant quelques qualités au-dessus de quelques autres. Pour préférer, par exemple, la pureté de l'esprit sans soi à la grandeur fictive d'un soi, pour ouvrir l'intelligence à la vérité en la prosternant devant la sagesse. Ce don symbolique concerne le donateur et non le lama. Il prépare le disciple à l'écoute.

Très peu de rides marquaient le visage du maître. Les yeux bridés, des pommettes très saillantes, cheveux gris coupés ras, un *mala*[271] autour de son poignet, Rinpoché attendait. Des vases de fleurs fraîches l'entouraient d'une expression de la beauté de la nature et des sentiments. Nous nous assîmes en lotus. Le Grand silence de la concentration recouvrit la pensée personnelle.

Qu'elles soient des enseignements ou des méditations, les pratiques bouddhiques commencent par une courte évocation des Trois Joyaux.[272]

"Je prend refuge en le Bouddha, le Dharma et la sublime congrégation, jusqu'à l'éveil."

Kalou Rinpoché commença[273] :

«L'esprit est vide.

«Il est sans couleur, sans forme, sans substance. Il ne peut pas être positivement identifié. On ne peut pas dire qu'il existe. On ne peut pas dire non plus qu'il n'existe pas. Vide, on ne peut pas dire qu'il ait une limite. On ne peut pas dire qu'il soit ici et pas là.

«Il n'a ni volume, ni couleur, ni forme.

Il parlait lentement, très doucement ; un immense calme couvait son explication.

«L'esprit est comme l'espace, infini. On ne peut pas dire "Voici la frontière de l'espace ; ici, il y a l'espace et là il n'y en a plus." L'espace est vide par nature et infini.

«Infini, il est sans origine, ni commencement ni fin. Il est donc permanent.

«L'esprit est vide, il n'est pas néant. Car alors nous ne pourrions éprouver aucune sensation, ni joie ni chagrin, ni félicité ni douleur.

«Cependant, il n'est pas vide seulement, car alors il ne serait pas connaissable. On peut parler de certaines caractéristiques en ce qui concerne l'esprit.

«L'esprit a la qualité de luminosité, de clarté. De même qu'une lumière dans une pièce permet d'y voir, de même l'esprit, grâce à sa qualité de luminosité, nous permet de prendre connaissance de toute chose, y compris de la manifestation de toute chose. Luminosité signifie clarté lucide. L'esprit nous permet de prendre connaissance des choses pour ce qu'elles sont.

«La capacité de clarté est sa créativité. Elle nous permet d'imaginer : l'esprit voyage. Nous sommes ici en Inde, nous pouvons nous imaginer à New-York, ou dans notre foyer avec notre famille. L'esprit a la capacité de faire apparaître. Des lieux, des événements.

«La clarté est le potentiel de la connaissance.»

Un traducteur-disciple buvait les propos de son maître avant de les recomposer fidèlement. Un microphone et des enceintes, des lampes électriques et des walkman-enregistreurs témoignaient seuls de l'époque dans laquelle se déroulait cet événement.

«L'esprit est dynamique. Il a la capacité de connaître, d'identifier et de reconnaître, de distinguer. Il perçoit les différences, les contrastes. C'est lui qui connaît le bonheur, la souffrance, la peur et les émotions. C'est lui aussi qui les engendre.

«Au niveau le plus manifeste, il a la capacité de conscience. Il fait l'expérience des phénomènes, les distingue, les classe.

«Au niveau subtil, il a la capacité de prendre conscience de la vacuité des phénomènes et de sa propre vacuité. Sa vacuité est alors lumineuse, c'est-à-dire claire, lucide d'elle-même.

«L'esprit est donc vacuité, clarté et dynamique. Ces trois aspects ne sont pas séparés, ils forment l'esprit. Clair en ce qui concerne sa capacité de connaître, ouvert et dynamique en ce qui concerne ses manifestations.

«Les qualités de l'esprit ne sont rien en elles-mêmes, elles sont vides, comme tous les autres phénomènes. La vacuité de l'esprit peut s'exprimer parce que ses qualités de clarté et de dynamisme ne sont ni solides, ni fixes ou limitées, mais vides.

«Fondamentalement, l'esprit est libre d'entraves.

«Il est de la nature potentielle de l'illumination, c'est pourquoi nous pouvons l'utiliser pour atteindre l'illumination.

«En Tibétain, Bouddha se dit “Sangyé”. *San*, c'est la pureté, la qualité de l'esprit sans voile, *gyé* c'est épanoui, jailli. Lorsque l'esprit pur, sans voile, est épanoui, nous sommes transformés dans la qualité de l'état de Bouddha.

«L'esprit possède ces caractéristiques spirituelles, mais nous n'en faisons pas l'expérience, nous ne le connaissons pas dans sa manifestation pure. C'est pourquoi nous sommes ici... afin de connaître les caractéristiques de l'esprit et de lui permettre de s'épanouir.

«L'esprit est pur par nature. Mais il est *voilé*. De même que les nuages empêchent les rayons du soleil d'atteindre la terre avec toute leur force, l'esprit est voilé par une couche d'identification, d'émotivité, de confusion, d'ignorance quant à la nature des phénomènes. Si nous écartons les voiles, nous le retrouvons dans sa pureté permanente. L'état pur de l'esprit comprend les phénomènes et la nature des phénomènes.

«L'ignorance vient du fait que l'esprit ne se connaît pas. De même que les yeux ne se voient pas eux-mêmes, bien qu'ils servent à voir, de même l'esprit ne se connaît pas, bien qu'il soit témoin de tout. Dès notre naissance nous ne pouvons nous voir nous-mêmes. Nous appelons cela l'ignorance co-émergente. L'esprit existe avec l'ignorance depuis des temps sans commencement.

«L'esprit est pur, mais il est recouvert d'impureté. Cette impureté, c'est l'ignorance, l'ignorance de la nature de l'esprit. Purifier l'esprit, c'est écarter les voiles de l'ignorance.

«Quelles sont les causes de l'ignorance ? Il y a deux niveaux d'ignorance. D'abord l'ignorance innée : l'esprit n'a jamais fait l'expérience consciente de la vacuité de l'esprit, il ne se connaît donc pas.

«Il y a aussi l'ignorance relative, ou conceptualisante, ou déterminée : nous imaginons l'esprit avec un ego, ou confondu avec un ego. Nous pensons que l'ego est l'esprit, nous substituons un ego à la place de l'esprit. Et l'ego est perçu comme réel. Nous nous identifions à l'ego, nous identifions l'esprit avec ce qui ce passe en lui. Comme nous ne connaissons pas la clarté de l'esprit, nous imaginons que nous sommes différents des autres, que les autres sont différents de nous. L'ego est le sujet et l'objet de la dualité.

«Nous imaginons une différence entre le moi et le non-moi, ensuite nous agissons en prenant cette différence en compte comme si elle était réelle. Nous éprouvons des émotions dont les sources sont cette séparation. Cela est possible à cause de l'absence d'expérience de la nature de l'esprit.

«Un sujet est placé, conceptualisé, là où il n'y a que vide. Ce sujet forme un voile.

«Ce second niveau de l'ignorance, cette ignorance déterminée qui a créé le voile de la dualité, engendre et cache les tendances latentes, déterminantes elles aussi, sur lesquelles se développent les émotions et les passions qui engendrent le *karma*.

«Le cadre dualiste, formé par la saisie d'un moi, de l'attraction au corps puis à l'objet, favorise l'émergence des émotions passionnelles et de l'opacité, c'est-à-dire l'ignorance du fait que les actions produisent des tendances et ces tendances le *karma*. C'est une seconde couche de voiles.

«Le sujet est soumis aux jeux de ses attractions et de ses répulsions, des émotions secondaire qu'elles suscitent. L'attraction enchaîne à l'avidité, la répulsion enchaîne à la jalousie, et de l'opacité mentale émerge l'orgueil... il y a des milliers d'émotions passionnelles.

«L'esprit pur est recouvert de quatre voiles.

«Le voile de l'ignorance primordiale : l'esprit n'a jamais fait l'expérience de sa propre nature. Il est ignorant de sa propre nature.

«Le voile du conditionnement duel : un ego est substitué à l'esprit pur. L'esprit se conçoit alors comme une personne, et en tant que telle, transforme son expérience en une relation sujet-objet qui est une projection. L'esprit saisit une réalité double en divisant son expérience. Il y a un *je* et il y a des objets de relation. C'est l'ignorance conceptualisante.

«Le voile des émotions qui jaillissent dans la relation entre le sujet et l'objet. Enfin, le voile du conditionnement karmique qui imprime les influences des passions sur l'esprit.

«Cette chaîne peut être rompue lorsque l'expérience de la nature de l'esprit, vide, claire et dynamique remplace l'ignorance de la nature de l'esprit.

«L'esprit purifié est comme un ciel sans nuage. Le soleil y brille sans aucun voile. Alors on constate que les nuages ne modifiaient pas la nature du soleil mais le voilaient seulement.

«La conscience conditionnée cause l'expérience conditionnée, et ses reproductions, c'est-à-dire les cycles du *samsara* (les mondes conditionnés). La connaissance de l'état fondamental, non-conditionné, de l'esprit peut nous conduire à l'au-delà des mondes conditionnés, et au-delà de la souffrance (*nirvana*).»

Voilà plus de deux heures que l'on parlait de l'esprit, mais de quoi parlait-on ? Quel esprit ? La pensée ? la conscience ? La conscience réfléchie ? L'*espiritus* ?...

Mon dos m'accablait de remontrances acerbes qui bien que silencieuses n'en étaient pas moins pressantes. Mes pieds, poussés au-delà de la sensation me semblaient détachés du reste du corps, et mes jambes, contraintes depuis trop longtemps dans la position croisée, nouaient leurs muscles dans une sorte de crampe qui se tétanisait en paralysie et élançaient des humeurs aigres fulgurantes. Quant aux articulations des genoux et du bassin, elles en étaient à l'état avancé de la torture la plus exaspérée. Combien de temps pourrai-je encore tenir cette pause, retenir le hurlement physique qui m'étouffait... Même si j'avais voulu sortir, je n'aurais pas pu me relever et trouver suffisamment de souplesse pour franchir jusqu'à la porte le chemin semé des corps de mes co-disciples. Ce corps existait, il était un nœud de sensations.

La séance fut levée. J'étais sauvé.

Le lendemain :

«L'esprit est non-substantiel. Ce n'est pas quelque chose. Mais nous pouvons faire l'expérience de la nature de l'esprit en l'entraînant au repos dans l'expression spacieuse de sa nature propre, sans distraction, sans pensée.

«Nous allons maintenant chercher où est cet esprit.

«L'esprit est-il le corps, ou sont-ils différents ? Où est l'esprit ? Quelle couleur a-t-il ? Quelle forme ?

«Est-il à l'intérieur du corps ou à l'extérieur ? L'esprit et la pensée sont-ils différents ou unis ? Observez comment les pensées naissent, s'élaborent puis disparaissent. Il y a stabilité, puis il y a un mouvement, et il y a la conscience de l'état de l'esprit. Ces états sont-ils différents ou identiques ?

Nous pratiquions sous la direction du Rinpoché. J'ai pensé que l'esprit était dans la tête, mais je crois que je me trompais.

«Il faut méditer longtemps pour apercevoir la nature de l'esprit. Est-ce l'esprit qui se modifie ou seulement une partie ? L'esprit et les mouvements sont-ils différents ? Où est l'esprit ? Pouvons-nous le découvrir quelque part dans le corps ? A l'extérieur ?

«Si nous cherchons l'esprit, nous ne le trouverons pas, parce qu'il n'y a rien qui soit l'esprit...

«Nous devons examiner l'esprit. Cela consiste à observer ce qui se passe dans l'esprit. Cela nous permettra d'apercevoir la nature de l'esprit...

«Observons l'esprit stable, l'esprit dans lequel une pensée émerge et la conscience-connaissante de ces états de l'esprit.

«Entre deux pensées, il y a un espace. Cet espace est l'état de l'esprit stable. Demeurez dans cet état où l'esprit s'observe lui-même tout en n'observant pas. Il est dans sa clarté, sa vacuité, sa stabilité.

«Mahamoudra signifie le “Grand Sceau”, le Grand Signe ou encore le “Grand Geste”. Ce signe est celui de l'absolu, ou plus précisément de la conscience primordiale en état de pureté. On l'obtient grâce à la pratique de la non-distraction : ni pensée, ni torpeur. Absence de création mentale, non-méditation, ni sur une divinité, ni sur la vacuité.

"Tout ce qui se manifeste là (l'extérieur)
est une production de ce qui se manifeste ici (à l'intérieur).
Tout ce qui se manifeste ici
est au-delà de toute caractéristique dualiste. Car tout ce qu'il y a ici
est sans limite donc tout ce qui se manifeste là est aussi sans limite."

«Toute manifestation est un produit de l'esprit. Ni le monde ni le moi n'existent par eux-mêmes. Ils sont produits par des causes qui leurs sont étrangères. Tous les phénomènes composés sont dépendants. Ils possèdent un degré d'existence du point de vue conventionnel, relatif, mais ils sont simultanément non-existants.»

Ce que Kalou Rinpoché disait de la réalité me faisait penser à ce que nous disions d'elle sous l'influence du LSD bien des années auparavant. "Et si c'était un rêve, me disait un de mes amis, si cette vie n'était qu'un rêve ? Il arrive bien que je rêve que je rêve de quelque chose. L'expérience du monde est peut-être un état qui n'a pas plus de réalité que mes rêves !"

Un mirage dont on a rompu l'illusion dénonce les limites de la perception et montre la prévention qu'il faut dès lors entretenir avec toute chose. L'expérience de l'hallucination relativise pour la vie la crédibilité de toute relation entre la perception et la pensée. Elle manifeste la créativité de l'esprit, une perception des phénomènes intérieurs à la pensée, l'aspect onirique des fonctions mentales.

«Le but de la méditation est de faire l'expérience de la nature de l'esprit, disait Kalou Rinpoché.

«Dans un premier temps, nous pouvons construire une conceptualisation mentale comme fondement de notre méditation. Nous interrogeons nos perceptions, nous pensons en fonction de ce que nous savons théoriquement de la réalité, nous pensons qu'elle est vide, création de l'esprit. Jusqu'à ce que cette attitude devienne spontanée, c'est-à-dire libre, même de conceptualisation. Seule la pratique nous permettra d'atteindre cette spontanéité.

«D'abord, nous regardons l'objet ; ensuite nous développons un doute quant à la réalité de l'objet. Peut-être est-il vide, peut-être est-il moi. Sommes-nous mêmes ? Puis nous l'imaginons vide, il disparaît, tout devient vide. L'objet est devant nous, en nous, nous sommes lui.»

Je rapporte ici les quelques notes que j'ai prises pendant les enseignements. Elles me semblent aujourd'hui extrêmement claires. Je me souviens pourtant que je n'avais rien compris alors ce qu'était cet esprit dont Kalou Rinpoché avait tant parlé. Le Grand lama s'était-il adressé à des disciples déjà avancés dans la connaissance bouddhique ou était-il totalement dépourvu de pédagogie ? Quoi qu'il en soit, il me manquait des précisions qui eussent fondé ce sujet dans un système intellectuel plus complet. Et d'abord, sans doute, une définition formelle de l'esprit.

Peut-être plus simplement me fallait-il comprendre quelque chose de plus personnel qui brisât une résistance intime encore trop inconsciente, cachée derrière ce moi si constamment attaqué dans cette doctrine.

Cette religion sans Dieu ne me permettait pas de répondre à ses attaques, c'est-à-dire de m'y situer pas opposition, je devait m'y intégrer, pire, m'y dissoudre. Je n'avais pas encore parcouru assez de chemin pour m'y résoudre. Le Mahamoudra, ce Grand Sceaux, le Grand Signe devait signifier pour moi le Grand Saut, un pas, un seuil à franchir... Le deuil du moi devait se vivre plus lentement que la simple affirmation qu'il était vain, qu'il n'était qu'une construction mentale, vide de réalité.

Mon esprit critique n'avait pas de place ici où la pratique des méditations conduisait à une expérience personnelle, seule apte à produire un jugement et à entraîner la connaissance. Je résistais au bouddhisme parce qu'il répondait trop parfaitement à toutes les appréhensions que j'avais nourries envers les religions. Il m'était trop proche ; ma bonne foi en avait vaguement conscience.

Cependant, cette rencontre avec le lama allait produire des effets, car bien que résistant, j'étais séduit, conquis par le charme de l'homme serein, captivé par la lucidité de son propos, appâté par cet enseignement où il ne se traitait pas de mystères mais de la recherche d'une expérience personnelle de l'absolu.

Le bouddhisme répondait vite et clairement à toutes mes questions spirituelles. La nature de l'homme et de la réalité, il les traitait d'emblée et sans détour. Quant à la nature de Dieu, il n'en parlait pas, comme si cela ne le concernait pas.

Il y avait cependant quelques *a priori*. Le lama demandait qu'on eût la foi en la valeur du Dharma. Il fallait écouter son enseignement avec une attitude ouverte. Quant au *karma*, il m'était plus difficile de l'admettre. L'Esprit, vide par nature, pouvait-il porter, transporter les marques d'un passé qui précède même la vie ? Pour l'heure, il me semblait assez proche d'un mystère passe-partout qui justifie le malheur et la souffrance en les liant à des actions vécues dont l'auteur n'a plus souvenir. Ce fantôme sans limite pouvait devenir l'ingrédient principal d'une *soupe mystique* pour fidèle affamé de crédulité... Cette question trouverait plus tard, avec l'enseignement de lama Amtrim Shérab, un éclairage intelligible.[274]

Le lendemain :

«L'essence du Mahamoudra est directement reliée à l'esprit. Reconnaître la nature de l'esprit, c'est le commencement de l'éveil.

«Toute pratique du Mahamoudra est orientée vers un but tant qu'il y a un but. Les pratiquants ne souhaitent que reconnaître la nature de l'esprit. Rien d'autre. Elle est l'essence de la nature de Bouddha. Alors c'est plus que la compréhension, c'est la réalisation.

«Celui-ci est le premier niveau du *bodhisattva*.[275] Vient ensuite le développement de cette reconnaissance.

«Toute autre pratique est orientée vers le but unique de la nature de Bouddha. C'est le but théoriquement le plus facile à atteindre : j'ai envie de me reconnaître. Mais dans la réalité de l'expérience c'est le but le plus difficile à réaliser parce que depuis le commencement des temps et dans cette vie, entre l'enfance et l'adolescence, nous avons solidifié le point de vue dualiste.

«Pourtant, le Mahamoudra est très proche ; lorsqu'on l'atteint, rien ne change. Cependant, tant de choses doivent être purifiées, tant de choses doivent être expliquées... Il faut expliquer tant de mots pour décrire cet état : l'unité de la clarté et vacuité, félicité et vacuité, réaliser l'absence de limite au-delà de toute dualité de notre nature ultime, l'infinitude, la perfection... Si tout ce que l'on fait est dirigé vers ce but alors il sera obtenu. Cela est une certitude.

«De nombreuses personnes souffrent avec joie, ou souffrent d'être heureuses et aussi de nombreuses personnes sont heureuses de souffrir et jouissent de la vie avec tristesse. Grâce à l'esprit clair on peut développer le calme et la paix.

«Nous sommes sûrs d'une chose : nous ne connaîtrons jamais aucune satisfaction ultime, toute satisfaction ne sera jamais que relative. Cela peut nous donner une raison de pratiquer les méditations.

«Il n'y a pas d'endroit où commencer et où arrêter. Chercher un équilibre entre les deux comme point de départ, c'est l'aspect pratique de la méditation du Mahamoudra.

«Nous voudrions que les choses et les gens soient comme nous voudrions qu'ils soient, et le monde entier aussi. Rendre son esprit clair, être capable de voir correctement ce que nous voyons, d'entendre correctement ce que nous entendons nous permet de nous délivrer de cette vaine quête.

«Il est important d'avoir des yeux pour voir, des oreilles pour entendre et un esprit clair pour percevoir correctement et précisément la surface et la profondeur. Sinon, tout ce que nous voyons et tout ce que nous entendons n'est ni réel, ni non réel.

«Il ne s'agit pas de créer un monde de rêve ni un monde d'halluciné. Si nous développons la clarté à travers le calme, la quiétude et la sérénité, nous nous sentons aiguisé comme un sabre, clair comme un soleil, solide comme une montagne, ouvert comme l'espace.

«Alors nous pouvons voir les choses profondément et exactement.

«Nous pouvons y arriver par la prière, la visualisation, la méditation et particulièrement par la pratique de *shiné* et *lagthong*.»[276]

Jour après jour j'ai écouté Kalou Rinpoché. Je l'ai regardé pendant des heures. Peu à peu, sa grâce m'a pénétré, sans que je m'en aperçusse d'abord, comme si j'avais toujours été en retard sur ce qui se passait en moi. Cet homme vivait continuellement la réalité dont il parlait. C'est sans le chercher que je sentis le courant d'amour continu qu'il dispensait autour de lui et au-delà, sur le monde. Il n'exhortait pas ses auditeurs à vivre la bonté, la charité, l'amour, la vérité, il en témoignait tout en décrivant les méthodes qui l'avaient conduit à cet état. Des méthodes qui en permettaient l'accès.

Un événement silencieux couvait l'enseignement oral. Sous le discours de la pureté de l'esprit et de la vacuité des phénomènes, une leçon non dite, se déroulait, celle de la compassion que le lama vivait, incarnait et répandait. Son corps, son être, toute son énergie révélait l'amour sans distinction pour tous les êtres dans le délicieux enchantement de la tendresse, et par contagion, dans la volonté de la pratiquer pour la prodiguer.

Bien que nous reconnaissions tous l'immense compassion émanant du grand maître, chacun l'interprétait à sa manière. Certains y voyaient une démonstration, sinon une preuve de ses immenses *pouvoirs* ; d'autres y décelaient la supériorité du tantrisme tibétain par rapport aux autres chemins spirituels. Egocentrisme ? Pour avoir un peu voyagé, je sais que la preuve que le centre du monde est partout c'est que chacun le croit là où il est. Pour moi, Kalou Rinpoché était le sage accompli qui professe ce qu'il est, l'activité de la force de l'unité, moyen de la compassion plutôt qu'individu, et en tant que ce moyen, il était un maître.

J'ai vu des gens qui ne l'avait jamais rencontré pleurer en l'apercevant pour la première fois, comme subjugués par la force d'aimer tous et pour rien.

«Le Mahamoudra couvre à lui seul tout les enseignements du Bouddha, commença le Rinpoché le jour suivant, et au-delà du bouddhisme, au-delà des religions, il montre l'essence même de la réalité.

«Toute existence ou toute expression est l'expression de la vérité. Cette vérité est elle-même une expression. Elle est l'expression de la vérité ultime.

«Du point de vue ultime, depuis toujours rien ne s'est jamais produit ; et depuis toujours, tout ce qui s'est produit, s'est produit en tant que la manifestation de cette absence de production.

«Autrement dit, les moindres expressions de la manifestation sont également saintes. Saintes parce qu'expressions de la perfection. Ultimement, il n'y a rien d'autre que la perfection.

«Si tout est sacré ou pur, saint, alors qu'en est il de ce qui est stupide ? Même les expressions de la stupidité sont saintes car l'aspect relatif de la stupidité est la stupidité, mais son aspect ultime est la perfection.

«La perfection est la vérité car il n'y a rien d'autre que la perfection. Tous les phénomènes portent le sceau de cette vérité.»

Je ne pouvais m'empêcher de faire ce rapprochement avec Spinoza : "*Par réalité et par perfection j'entends une seule et même chose.*" Mais il fut excommunié...

«Du point de vue du Mahamoudra, poursuivait le Rinpoché, de manière théorique, on peut voir n'importe quelle chose et voir que l'essence de cette chose est la perfection. Ainsi en est-il de n'importe quelle action ; si on l'accomplit de manière juste, on peut atteindre l'illumination. Le potentiel de l'illumination existe dans toute activité.

«Religieuse ou non, bouddhique ou non, dans sa nature ultime, toute activité est l'expression de la nature de Bouddha, c'est-à-dire de l'éveil ; toute activité ne peut être que cela. Le Mahamoudra recouvre toute chose. C'est le cycle d'enseignement le plus avancé de Bouddha, le *tantra*[277] le plus élevé. Enseigner le Mahamoudra, c'est comme donner la clef de l'univers...

Il n'y rien à retirer
Il n'y a rien à rajouter
Lorsque l'on voit la profondeur profondément
on est libéré.

«Le Karmapa[278] a écrit un *shloka* (quatre vers) sur le Mahamoudra.

Ce qui n'était jamais là,
Ce qui n'était que l'expression de vous-même,
Vous le prenez pour un objet.

Lorsque vous voyez votre soi,
Vous le prenez pour un sujet.
Et quand vous voyez ces deux à la fois,
Vous devenez confus,
Et vous tournez sans fin dans le samsara.
Puissé-je réaliser cela et donc être libéré du Samsara.

«La nature de l'esprit, c'est sa manifestation sous sa forme de conscience dégagée, illimitée.»

Je ne sortai pas intact de cette rencontre. Elle allait se poursuivre à travers un long parcours dans le bouddhisme que la Trame Invisible continuerait à diriger.

Chapitre 9

Kagyu Ling

«Le Tao est une fidèle image des choses : quoique les choses s'opposent au Tao, le Tao ne s'oppose pas aux choses.»
Lie Tseu, Le vrai classique du vide parfait

«D'où venez-vous ? demande-t-on aux Aborigènes.
- Nous venons du rêve.»

Kagyu Ling en France, deux ans plus tard.

Au cœur de la Bourgogne, les disciples de Kalou Rinpoché avaient acheté un château et construisaient un temple. Dirigé par des lamas tibétains et bouthanais, ce monastère dispensait l'enseignement du bouddhisme du Nord et accueillait les grands *tulkus*[279] de ses différentes écoles ainsi que les fidèles laïques et les curieux.

Je m'y suis rendu. Kalou Rinpoché était en France. Il arriverait le lendemain et donnerait le même enseignement qu'à New Delhi.

Assis sur un trône de brocard de soie, le Rinpoché répandit son regard intériorisé sur l'assemblée de trois-cent personnes. Ses yeux pétillaient d'un léger étonnement, incrédule et sans force, non-investi et pourtant chaleureux.

Il est l'homme exemplaire qui incarne la victoire de l'illumination, union de la sagesse ultime et de la compassion et qui cristallise les forces de transformations. Objet de méditation et de bénédiction, il répand sa grâce sur ceux pour qui il est le Guru, le guide, le maître, le Bouddha : l'esprit éveillé. On le regarde comme la manifestation de la sagesse tandis qu'il observe le monde du point de vue de la vacuité de l'esprit, infini par sa pureté, omniscient par son détachement des limites du soi, omniprésent par sa créativité.

Deux ans après l'avoir rencontré en Inde, je retrouvai intact et bondissant mon sentiment quasi amoureux pour cet homme que je ne connaissais que de loin. Pourtant le lien dont peu de chose justifiait l'intensité, était profond. Il jaillissait en des émotions vibrantes qui m'étonnaient et témoignaient d'une proximité affective à la fois filiale et fraternelle, et intellectuelle, car bien que je ne les eusse pas bien compris je reconnaissais l'importance de ses enseignements.

«Celui qui a la force de ta faiblesse, tu le crois très fort», me souffle un ami au milieu du désordre des prosternations des fidèles.

J'admire la majesté du détachement. J'y puise mon désir de découvrir ma propre pureté.

Kalou Rinpoché est l'homme le moins matériel que j'ai connu. On ne sent pas en lui la force du moi. Son corps si frêle évoque la métaphore de l'enveloppe. Sa peau, couleur de pépite d'or, le rend transparent sur les dessins jaunes de la soie de son trône.

Un jour, il a posé son regard sur moi et je me suis senti dissous, sans lutte, comme si, par contagion instantanée, il m'avait permis de le voir sans moi, comme il regarde toute chose, infligeant par sa bonté et sa grâce, l'expérience de la présence pure à l'instant seul. Déprise par imitation.

Son enseignement fut presque identique à celui de Delhi. A la fin, quelques-uns dans l'assistance posèrent des questions :

«Que pensez-vous du Big-bang, la naissance de l'univers ?

- Il n'y a pas de créateur de l'univers. Il n'y a pas d'univers créé. Il n'y a pas d'individu créé qui perçoit un univers créé.

«Regardez les phénomènes comme des images que l'on regarderait dans un miroir. Elles sont vraies en ce sens qu'elles reflètent l'image de quelque chose, mais elles ne sont pas vraies parce qu'elle ne sont pas ces choses.

- Et le temps ?
- Le temps existe dans la non-existence.
- Comment arrive-t-on à la non-saisie par l'ego ?
- A partir du détachement vient le non-attachement.

«Rien, jamais, n'est extérieur à la manifestation de l'absolu. Reconnaissez ce principe. Faites exister la conscience de ce principe dans l'état habituel, dans l'état contemplatif et dans l'état méditatif. Reconnaissez que ces trois états de conscience sont égaux. Ayez conscience que toute chose est plus que tout et moins que rien.»

Kalou Rinpoché et son cortège regagnaient le château. Un embouteillage piétonnier se formait à la porte du temple où chacun cherchait ses chaussures. En glissant mes pieds dans les miennes je perdis l'équilibre et tombai dans les bras d'un jeune lama qui me rattrapa.

Nous nous éloignâmes ensemble.

«C'est la deuxième fois que j'entends cet enseignement et je n'ai toujours pas compris ce que c'est que cet esprit. Est-ce l'âme, un soi transcendant, est-ce une fonction physique, est-ce la conscience, la conscience réfléchie ?

Il sourit et ne dit rien. Il paraissait avoir vingt-cinq ans mais devait être un peu plus âgé. Blond, filiforme, sa peau diaphane lui donnait un charme juvénile. Il rajusta son zen pour couvrir son épaule.

«Me répondrez-vous ou dois-je cesser d'attendre ? dis-je irrité par son silence et son sourire qui semblait dire "moi je sais tout tralala".

- Je souris parce que je n'ai rien compris non plus, la première fois, répondit-il enfin fort calmement. Ce jour-là, un homme que je ne connaissais pas a passé la soirée à m'expliquer le sens de cette relativité de la réalité et de la vacuité de l'esprit. Il m'a permis de la connaître. Peut-être aujourd'hui dois-je à mon tour donner ce que j'ai reçu.»

Je l'y encourageai vivement. Il se décida et me conduisit chez lui.

Nous traversâmes le grand parc, atteignîmes un bois où de petits cabanons d'une seule pièce et sans électricité étaient éparpillées. Il habitait l'un d'eux. Il se déchaussa puis entra. La maisonnette était minuscule, aussi large que la longueur d'un lit, et un peu plus longue. Il alluma deux bougies et m'invita à m'asseoir sur un coussin carré et plat placé dans un coin de la pièce. Il s'installa sur un mince matelas posé sur une planche à trois centimètres du sol. En s'étirant, il alluma encore un lampion sur le petit autel, en face de lui. Il médita quelques instants, comme s'il saluait mentalement les images et les symboles qui peuplaient son royaume spirituel. La flamme illuminait une représentation de Mahakala, le Grand Temps, Grand Destructeur des choses crées et Grand Protecteur de l'esprit chez les hindous. Le Grand Noir, gardien du Dharma pour les Tibétains, Protecteur du développement spirituel, Transformateur des obstacles.

Une colère sans borne semblait animer le visage noir et menaçant de la divinité. Ses yeux enflammés, exorbités, accusaient sans le moindre doute la culpabilité d'être de l'être. Elle hurlait la menace d'un terrible destin : un collier de têtes décapitées pendait à son cou.

Des photographies de Kalou Rinpoché, du Karmapa, chef de la lignée, des Lamas du monastère, une petite statue de Bouddha Sakyamouni en méditation, quelques vases remplis d'eau, une cloche, un sceptre *vajra*, une coupe de riz et quelques bâtonnets d'encens ornaient l'autel. Il en alluma un.

Il sortit une bouteille de Bourgogne d'un petit cabinet, attrapa le tire-bouchon et deux verres, et d'un regard sollicita mon consentement. Je le lui accordai avec joie.

Nous fîmes connaissance. Lama Samten habitait Kagyu Ling depuis six ans dont trois passés en retraite. Originaire de Lille, il avait commencé jadis des études d'astrophysique avant d'abandonner la relativité des astres et de la science pour celle de l'esprit après qu'il eût rencontré Kalou Rinpoché.

«Comment puis-je faire l'expérience de la nature de l'esprit. Pouvez-vous me dire quelque chose qui m'y aiderait ?

- Cela peut prendre un instant ou une vie entière ! répondit lama Samten. Il faut d'abord bien circonscrire ce que l'on cherche.

- Que cherche-t-on ?

Il me proposa de faire avec lui une série de petites expériences dont l'une ou l'autre pourrait me conduire à saisir pendant quelques instants la *nature de l'esprit*.

- Quelques instants seulement ?

- Quelques instants suffiraient à vous montrer ce que vous cherchez, à établir en vous une certitude qui donne la force de continuer, de la reproduire.

Sa voix un peu aiguë et trop éteinte était hypnotique.

«Il ne s'agit ni d'un miracle ni d'une extase, ni d'une révélation, mais au contraire de l'exercice d'une lucidité active, d'une qualité de conscience.

«Bien que nous allions traquer un état de conscience qui est au-delà de la pensée discursive, ce sont des pensées qui vont nous y conduire. Il n'est donc pas nécessaire de rejeter la pensée rationnelle. Une séquence de questions qui sont autant d'opérations mentales peuvent amener l'esprit à s'interroger sur sa nature et à découvrir ses qualités — *vacuité-clarté-dynamique*. C'est ce que Kalou Rinpoché appelle un “chemin conceptuel”.

«Faisons d'abord quelques expériences.

Il se redressa dans une posture de méditation plus verticale, respira profondément. Je l'imitai. Il dit :

«La confusion se joue entre le relatif et l'absolu. Pour le bouddhisme, il y a deux réalités. S'il y a deux réalités, c'est parce qu'il y a deux façons de percevoir. Chaque réalité est une fonction de l'esprit. C'est donc en étudiant l'esprit que l'on va comprendre la réalité. En fait, c'est l'esprit qui peut appréhender de deux manières différentes.

«L'esprit dans sa nature pure, c'est-à-dire sans l'ego, perçoit les phénomènes comme ils sont. L'esprit dont les fonctions sont appropriées par l'ego perçoit tous les phénomènes à travers un filtre qui les transforme en les appropriant. C'est donc pour connaître les phénomènes tels qu'ils sont que l'on cherche l'esprit dans sa pureté.

«Tout ce que l'esprit perçoit est sa propre création. Nous cherchons à vivre une expérience qui nous le confirmera.

«La réalité est double. Il y a une réalité *relative*, perçue par l'esprit dans sa qualité duelle qui a pour caractéristique de la diviser en deux parties : sujet-objet. Le sujet est l'ego. L'objet est la perception envisagée comme différente de lui, appropriée positivement ou négativement par lui dans les catégories d'attraction ou de répulsion. Cette réalité est donc relative à l'ego.

«La réalité *ultime* est perçue par l'esprit dans sa qualité libre, dégagée, qui ne dissocie pas la perception du perceveur. Par ce mode de perception, nous pouvons constater que les phénomènes sont dénués d'existence propre. “Ils apparaissent dans l'esprit et s'engloutissent dans l'esprit”, dit Patanjali.

«Essayons maintenant d'en faire l'expérience.

«La carte n'est pas le territoire. Elle n'en est qu'une représentation. Le nom d'un objet n'est pas l'objet, il n'en est que le terme générique. Ce que je pense d'un objet n'est pas l'objet. De même votre nom n'est pas votre personne. Et ce que vous pensez de vous n'est pas vous. Je ne puis jamais connaître d'un phénomène que ma relation avec lui tant que je m'approprie ma perception. Essayons de dissocier l'objet de notre relation avec lui. Cela nous permet de constater la subjectivité que nous imposons à ce rapport.

«Regardons ce verre, non comme un verre mais comme un événement sans nom. Il y a un degré d'ouverture dans cette nouvelle relation. Le simple fait de ne pas nommer ouvre l'esprit au-delà de ses schémas habituels.

- D'accord.

Il pratiquait ce qu'il commandait. Une expérimentation intime précédait de quelques instants ses suggestions.

- Ainsi nous constatons que notre relation avec les autres ne nous permet pas de connaître les autres, mais seulement moi dans un rapport. Toute relation sujet-objet n'est qu'une forme de relation de moi à moi. L'ego, s'appropriant les expériences, voile l'esprit qui pourrait les vivre de façon ouverte, libre de constructions mentales, vide de conventions. L'ego empêche l'esprit de prendre les phénomènes pour ce qu'ils sont, relatifs au moi, pas aussi sérieux qu'il ne le croit, limités, et potentiellement ouverts, infiniment plus complexes en tant qu'effets d'une myriade de causes, et infiniment plus simples en tant que réalité éphémère.

«Dans toute situation collective, chacun vit une situation différente. Nous sommes deux dans la situation présente. Chacun de nous a un passé vivant dans sa mémoire, une idée de soi, des ambitions, des névroses, des pulsions, des tendances, ce que le bouddhisme appelle des voiles. Nous devons examiner ces voiles, observer ce qu'ils sont, ce qu'ils contiennent et comment ils modèlent nos relations avec les phénomènes. Il n'y a pas d'autre moyen de les écarter qu'en les observant ainsi.

«Nous cherchons un mode de relation qui ne soit pas voilé, qui ne soit pas relatif au mode de perception.

- Qu'est-ce que l'esprit ?

- C'est la conscience dans sa qualité limitée ou infinie, voilée ou libre. La qualité de la conscience détermine le nom que le bouddhisme lui donne. L'esprit n'est rien, il est vide. C'est son mode d'être qui le précise. Libre ouvert, infini, il est *yéché*, sagesse. Voilé, névrosé, possédé par l'ego, il est appelé *namshé*. *Yé* signifie primordial, intégral, complet. *Shé* évoque la conscience. *Yéché* est la conscience primordiale complète. *Nam* signifie fragment. *Namshé* est donc la connaissance fragmentaire. *Yéché*, intelligence éveillée, ouverte, complète, unitaire ; *namché*, état de conscience duelle, partielle, ignorant l'unité.

- Sans doute Kalou Rinpoché distingue-t-il *yéché* et *namché*, mais la traduction ne donne qu'esprit.

- Examinons les contraintes que nous imprimons sur l'esprit.

«Pensez à quelqu'un que vous connaissez bien... votre mère par exemple.

Il me laissa trente secondes pour convoquer l'évocation demandée.

«N'est-ce pas la mémoire qui a fourni les éléments qui ont composé une image mentale faite de décors, de saveurs émotionnelles, de morceaux de situations, d'un visage, qui ont formés l'apparition de votre mère ? Si nous refusons tous ces contenus de la mémoire, que reste-t-il ?

- Il ne resterait rien.

- Essayons. Nous évoquons notre mère, mais nous ne pensons pas à elle en tant que notre mère mais en tant qu'une femme.

- Mais cette femme est ma mère, dis-je dans un chuchotement.

- Il s'agit d'ôter notre appropriation habituelle à cette personne.

...Ma mère était aussi une femme lorsque j'ôtais ce rôle de mes souvenirs.

Lorsque lama Samten cessait de parler un silence compact prenait possession du temps. Silence de campagne, silence de monastère, silence de l'âme...

«Le moi existe par rapport à ses références, reprit le lama, à ses idées préconçues, à ses habitudes de pensée. C'est ainsi qu'il est terriblement limité.

«L'ego dit "je". Je suis, je vois, j'entends, je sens, j'apprends, je sais... L'ego s'approprie les activités et dit "j'existe". Il confond l'activité et l'existence.

«Il n'y a pas de conscience sans objet. La conscience est toujours celle de quelque chose. L'ego est le super-sens qui s'approprie toutes les activités. Si je me demande ce que je suis, je demande à ce moi d'observer ses références. Que vais-je trouver ? Un moi relatif à ses références. Sans références, c'est l'abîme.

«Ce que nous cherchons c'est cet abîme. Nous le trouverons dans le silence.»

Silence de *chabbat*. Rabbi Isaac était avec nous comme un ange provocateur, dans mon fourre-tout de références.

«Lorsque nous parlons, nous fabriquons une image mentale inconsciente ou plus ou moins consciente, réflexe, de nous-même et nous essayons de la projeter. Ensuite, nous essayons de nous y conformer. Nous avons ainsi bâti une prison mentale. Si nous renonçons à ces images, les murs de nos prisons s'effondrent. Nous sommes alors libres et transparents.

«Nous cherchons cette attitude sans image.

...

Je voulais bien renoncer au moi, ou peut-être le crus-je, mais le moi ne le voulait pas.

«Maintenant, regardons cette table.

Je regardai cette table rouge, imitation de mobilier tibétain. Des motifs multicolores ornaient ses bords.

«Sans nommer, sans projeter, sans image, sans référence, sans mémoire, sans appeler de rapport, sans approprier. Il ne reste qu'un flot d'habitudes qui ne peuvent plus se coaguler en pensées cohérentes et organisées.

«Il n'y a plus de jugement, plus de classement.

«Nous ne regardons plus que des pointillés d'impressions sans les retenir, sans les lier, sans les réfléchir. Des instants apparaissent et disparaissent. Sans projection il n'y a plus d'appropriation, donc plus de peurs ou de désirs.

«Cherchons cet état et restons-y.

Cette proposition était pour moi plus efficace que les autres. Sans lier... Si on n'attache pas les instants l'un à l'autre ni à soi, ils sont plus eux-mêmes et moins moi...

...

«Un désir est..., disons, une création mentale incomplète. Il lui manque quelque chose. Cette chose est recherchée à travers la création du désir. On croit qu'il s'agit de l'objet du désir, en fait c'est le moi qui se cherche. Le but du désir est de donner existence au moi à travers une activité. L'objet du désir n'est qu'un alibi. Grâce au désir, le moi peut se projeter dans le futur et ainsi se donner des raisons d'être.

«Ici, immobile, nous pouvons être sans désir. Nous pouvons renoncer au désir, un instant à la fois, ainsi renoncer à nous projeter dans l'avenir.

Un instant à la fois ! et swami Vichârava avait bondit dans ma mémoire.

«Cet état s'approche de celui de l'unité. Nous ne nous divisons pas, ni dans le temps, ni dans la pensée.

...

«Maintenant, fermons les yeux et pensez à vous. Qui dit "je" ? Que dit ce *je* de lui-même ? Observez les réponses qui apparaissent. Observez avec sincérité et détachement.

- Moi nomme ses qualités, ou celles qu'il croit avoir, et ses faiblesses aussi. Il nomme ses désirs, ses plaisirs, ses peurs : ses habitudes. Il se repossède mentalement de ses fonctions sociales. Il regarde ce qu'il aime et ce par quoi il est aimé. Il se projette dans ses projets... Il dit ce qu'il croit, c'est-à-dire les concepts sur lesquels il fonde sa vie.

- Alors observons la séduction que nous exerçons sur nous-même, cette même séduction que nous projetons sur l'extérieur.

«Dans les réponses qu'il nous donne nous pouvons voir que ce *je* se fabrique, se programme aussitôt que nous l'interrogeons sur lui-même. Aussitôt que nous lui donnons la parole, c'est-à-dire l'attention, l'énergie, ce *je* se révèle, il expose son enfermement. Une certaine méditation consiste à faire ce travail de découverte, puis de détachement.

...

J'eus l'impression que ce lama occidentalisait le discours de Kalou Rinpoché, l'organisait dans des références plus proches de moi.

La fumée des bâtonnets d'encens montait en tourbillonnant. Son parfum de fleurs exotiques pénétraient mes poumons et tournoyait dans mon cerveau.

«Maintenant, au lieu d'observer le je et sa séduction, observez la séduction que le monde exerce sur vous. Observez ce qui dans le monde vous attire vers l'extérieur. Et vous fait agir.

- J'aime les plaisirs sexuels, je reconnais qu'ils me font agir.

- Voyez comme c'est encore le *je* qui dirige la séduction du monde ! Je vous demande comment le monde vous attire et c'est *je* qui avoue qu'il l'appelle. Observez ce qu'il y a d'unitaire entre le *je* et le monde.

C'était bien moi qui le créais selon mes modes d'être ce monde séparé...

Un rossignol appela.

...

«Maintenant que nous avons reconnu que la réalité est la séduction que nous exerçons sur nous-même et sur le monde, nous appellerons ce principe *karma*. Nous pouvons reconnaître que toutes ces forces sont en nous, qu'elles sont nous, elles sont des productions dont nous sommes le sujet, mais aussi l'objet. Ce sont ces forces qui forment le moi et qui dirigent l'esprit vers les objets d'attention du moi.

«Imaginons quelle liberté nous pourrions connaître si nous n'étions pas soumis à ces forces !

- Nous serions la vie plutôt qu'une vie, dis-je.

...

«Maintenant, essayons de dépasser ces forces karmiques. Il faut différencier deux concepts : refouler et dépasser. Refouler, c'est refuser inconsciemment de prendre conscience. Pour dépasser il faut observer et prendre conscience, devenir capable de nouveaux domaines d'expériences.

- La conscience n'est pas toujours nécessaire pour dépasser.

- Justement, dans le cas qui nous occupe elle l'est, car nous tentons non pas une évolution, mais un saut. Un saut qualitatif. Nous voulons aller dans un état au-delà de ce moi, de ses appels, de ses rapports. Qu'y a-t-il dans l'état de cet au-delà ? C'est ce que nous cherchons.

- Oui oui, dis-je un peu béat.

- Mais nous devons larguer quelque chose pour faire ce saut. Cette chose c'est l'attitude contraire au lâcher prise, en tibétain on la dit *zimba*, c'est-à-dire accrocher, la tendance à nous lier, à nous enchaîner aux circonstances, prendre contact et retenir. Nous devons nous débarrasser de cette tendance. Cela peut se faire maintenant.

«Observez-vous, puis décidez de ne rien attendre de cet événement présent, décidez de le vivre sans intention. L'état mental qui en résulte, c'est ce que nous cherchons.

Le vin devenait une très légère ivresse, donnant un peu de douceur aux propos arides de mon guru d'un soir. Il me permettait de me détendre et d'essayer avec audace d'aller où le guide voulait de m'entraîner.

«Observez-vous comme si ce que vous aperceviez ne vous concernait pas. Observez le monde comme s'il n'était pas nécessaire de croire devoir intervenir sur lui. Cet état, c'est ce que nous cherchons.

N'avais-je pas rencontré cet état au bord du Gange à Bénares ! Je devais renoncer à ce que j'étais venu comprendre et vivre du bouddhisme pour connaître sa promesse...

- C'est donc cela le *karma* ? demandai-je.

- Cela aussi. Vous êtes à chaque instant ce que le *karma* vous révèle de lui-même pour peu que vous vous observiez. Se connaître, c'est reconnaître le *karma*, les tendances qu'il contient. C'est éprouver consciemment, identifier, les forces de séductions ou de répulsions qui s'expriment comme des réflexes dans nos gestes et nos intentions, et qui pilotent notre vie invisiblement. Ce sont d'invisibles filtres qui forment un sujet et déforment ses perceptions. Cette subjectivité qui qualifie.

«...Observons les mouvements mentaux suscités par l'extérieur ou ceux nés de l'intérieur, sans nommer, sans projeter, sans image, sans référence, sans mémoire, sans appeler de rapport, sans approprier, sans juger, sans lier, sans réfléchir, sans désir, dans l'unité du moi et du monde, au-delà du moi. Nous atteignons un état d'observation sans observateur.

J'étais emparé par les propos de Samten. L'évocation de la vacuité des phénomènes m'immergeait et me poussait dans un *au-delà* de la parole que la parole pouvait encore vaguement évoquer.

«Allons nous promener», me dit-il.

Il m'offrit une couverture et nous sortîmes dans la nuit très sombre. Kagyu Ling était plongé dans son immobilité nocturne. Le ciel était clair, sans lune, l'air frais et vif. Le château et le temple m'apparaissaient comme deux masses sombres. Nous marchâmes une cinquantaine de mètres en silence. Lama Samten s'arrêta devant le *chöten*, ce reliquaire monumental construit au centre des monastères qui symbolise différents principes bouddhiques. La construction, carrée à la base, est composée d'une petite chapelle surmontée d'une colonne verticale. Il sert de chemin de médiation et d'offrande. On tourne autour en récitant des mantras. Symbole des corps subtils du Bouddha, chacun de ses éléments représente une étape de la philosophie tibétaine.

Les éclats inégaux de la flamme d'une lampe à beurre projetaient une lumière mobile dans la petite pièce. Derrière la porte-fenêtre, un Bouddha d'or veillait en méditation. Je l'observais, fasciné par son immobilité.

Lama Samten me laissa regarder, puis il dit :

«Ce n'est pas lui qu'il faut regarder, c'est comme lui qu'il faut voir. C'est ce que nous allons faire. Retournons-nous, contemplons ce qu'il contemple comme il contemple.

Donnant le dos au reliquaire, il s'assit devant le petit édifice, sur les quatre premières marches qui évoquent les quatre dispositions positives de l'esprit : l'amour, la compassion, la joie et la sérénité. Je l'imitai.

«Que voyez-vous ?

Deux petit bois formés de quelques grands arbres faisaient deux volumes sombres composées de différents tons de gris foncés.

«Nous percevons d'un objet l'image que la pensée compose, l'intérêt que l'ego y trouve, le nom qui en jaillit dans la mémoire, des saveurs d'expériences passées qui suintent de l'inconscient. Kalou Rinpoché dit que l'esprit est infini, omniprésent, omniscient.

«Utilisons une métaphore. Supposons que la conscience soit un océan infini. Une vague s'est levée sur cet océan. Est-elle un phénomène indépendant ? Chaque goutte de cette vague serait un individu. L'individu est-il différent de l'océan ? Cette goutte de conscience est la conscience, comme l'océan. Elle expérimente des perceptions, des sensations, les cristallise dans sa mémoire. Pour en prendre conscience elle se distingue des objets de conscience. Il y a un sujet et un objet. *Namshé* et *yéché* ne sont pas différents. Il y a *yéché* en *namshé*.

«Lorsque la conscience se prend pour un individu, elle est limitée à ses relations avec les objets, lorsqu'elle se regarde comme infini, elle contient les relations, les dépasse.

«Prenons une autre métaphore. Un hologramme est une image qui représente un objet en trois dimensions. Chaque fraction d'un hologramme brisé reproduit l'image entière. On peut dire que l'esprit est un hologramme immatériel qui produit un hologramme qu'il perçoit.

«L'image d'un objet, perçue dans l'esprit n'est autre que l'esprit qui se regarde. "*Ce qui apparaît dans l'esprit et disparaît dans l'esprit n'est autre que l'esprit*", dit Patanjali, répéta le lama.

«Evitez de penser. N'ayez aucun souvenir de vous-même. Ne jugez pas, ne projetez pas, ne pensez à rien.

...

«Le cerveau recompose la troisième dimension des objets que nous observons. Essayons d'éliminer la troisième dimension. Regardez l'objet comme une image, sans profondeur... *ce qui apparaît dans l'esprit...*»

J'avais devant moi un monde plat.

«Regardez sans cligner des yeux. Ne fixez aucun point précis ; élargissez votre champs visuel.

«Observez l'observation visuelle. Ne regardez plus le bosquet, mais votre perception du bosquet.

Je voyais deux masses sombres que je ne nommais plus bosquet, ni masse, ni sombre.

«Ne précisez rien !

«Congédiez l'auteur de la perception. Ce n'est plus quelqu'un qui perçoit, mais une image qui est vue.

«Maintenant, jouons avec cette image. Rétrécissez-la. Réduisez puis élargissez le champs visuel. Amenez l'image jusqu'à la surface de vos yeux. Observez-la comme si elle était collée à la surface de vos pupilles.

Quelque chose de spécial se produisait... La différence entre ce que je voyais et moi se réduisait. *Ce qui apparaît dans l'esprit...*

«Lorsque nous rêvons, nous voyons des images, pourtant, nous avons les yeux fermés. C'est le cerveau qui voit. Une image perçue est une création mentale, observez comme cela.

...

«Le monde dans lequel vous vivez n'existe pas par lui-même. Il existe avec vous. En vous.

«L'esprit conditionné par le moi voit un objet et se perçoit comme sujet, sujet de l'acte de voir. Rassemblez les deux pôles de cette dualité. C'est ce que nous faisons en observant l'observation plutôt que l'objet.

«Plus d'objet, plus de sujet, seulement l'observation, répétait lama Samten doucement.

«L'esprit vit des événements. Ce que l'esprit vit, c'est l'esprit lui-même...

- Y a-t-il un monde objectif ? demandai-je en chuchotant, pour ne pas me bousculer.

- L'esprit ne perçoit que sa subjectivité tant qu'il est conditionné, tant qu'il perçoit de façon conventionnelle.

«Pour élargir notre vision, nous pouvons reculer notre regard jusqu'au fond du crâne, comme si nous repoussions la source de la vision le plus loin possible.

Je regardai du fond du crâne. Le paysage était plus large. Il y avait un peu plus de ciel. Une myriade d'étoiles scintillaient comme autant de petit yeux curieux. Au bas de l'image, je voyais mes genoux. L'inclusion d'une partie de mon corps dans l'image déclencha un petit choc. La *réalité pivota*. J'étais intégré au paysage, c'est-à-dire inclus dans les phénomènes. Moi-même perçu comme objet, moi-même objet de l'esprit, moi-même acte. Les phénomènes n'étaient vraiment que l'esprit. Ce que l'esprit perçoit divisé, il peut l'unir.

Je me sentis englouti dans l'espace, et j'y goûtai un calme délicieux. Je voulais m'y laisser aller. Je voulus que lama Samten cessât de parler. Je dis :

- Là, il n'y a plus rien à dire.»

Il était impossible de parler alors. Toute pensée, toute parole choisie eut brisé cet état unitaire. Pour dire quelque chose, il eut fallu réintégrer un moi, quitter la contemplation, quitter la qualité vide, quitter l'esprit dans l'état où il est aussi témoin de lui-même, observant sa propre nature, observant la vacuité de ses perceptions sur les phénomènes. Ce furent mes derniers mots. Je me tus... Je m'absentai. Samten compris. Cet état dura. Je ne voulais pas l'interrompre. C'était si simple et pourtant si fragile parce que *je* cherchait à s'y placer, à y exister.

J'essaye ici de décrire, de développer *a posteriori* ce qui se vit en se passant d'explication.

Je voyais clairement que toute relation au monde était une relation de la conscience conditionnée par ma volonté, fabriquée, désirée, que le monde perçu était plus imaginé que réel, et que moi dans le monde j'étais aussi un produit de l'imaginaire. Je pouvais voir et comprendre le monde sans moi. Cet état de non-appropriation rendait les choses lumineuses, c'est-à-dire sans poids.

Cela éclairait l'enseignement de Kalou Rinpoché : *les choses sont vides... vides d'essence propre, vides d'absolu. La réalité relative est la relation de la conscience qui la perçoit à partir de sa propre condition duelle.* L'esprit est bien vide, c'est-à-dire libre, sans lien, sans contenu.

Toute interprétation de la réalité était une fantasmagorie, fantasmagorie souvent très conventionnelle. Mon corps comme objet approprié par le moi en faisait aussi partie. Une pensée le créait.

Le moi ne reconnaît pas la qualité subjective de sa compréhension du monde. Pour croire en la valeur de ses pensées et de ses expériences, il veut croire en leurs valeur objective. Le premier recul de la conscience offre cette lucidité quant à l'aspect relatif des perceptions et du moi.

Le second recul montre que le moi n'est plus au centre du monde mais un phénomène comme les autres.

On peut alors observer ce qui se passe en soi et en dehors sans attachement émotionnel, sans problème de valeur. L'expérience n'est pas celle d'un objet, elle est celle de l'expérience.

Dans son enseignement, Kalou Rinpoché conseillait de créer un chemin conceptuel pour accéder au Mahamoudra. Il proposait la formule *Chaja Chempo. Cha*, tous les phénomènes sont vides. *Ja*, tout est contenu dans la vacuité, il n'y a rien au-delà. *Chempo*, rien n'est plus grand que cette réalisation. Mais chacun pouvait développer sa propre construction mentale qui, bien que n'étant pas ce que nous voulions atteindre, pouvait servir de tremplin à l'esprit pour dépasser ses conventions. La clef pour ouvrir la perception à la réalité non relative était de relativiser la réalité.

"*Doutez et cultivez un doute quant à la réalité de l'objet et de la perception*", ajoutait le grand lama. L'esprit est-il vide, est-il moi, sommes-nous même. Je l'imagine vide. Il disparaît en tant qu'objet extérieur. Il devient vide de réalité intrinsèque. L'objet devient moi et moi je suis l'objet.

Douter. L'habitude forme l'attitude qui nous enferme dans l'habituel. Douter pour ouvrir.

Cette nuit-là, mon exigence métaphysique avait rejoint une expérience spirituelle renouvelable, une intimité, peut-être une alliance avec le *commencement* de l'infini. Elle devint mon alliée, ma meilleure amie et une source de sérénité puis de félicité.

Ce n'était qu'un point de départ, mais c'était un départ. Il fallait maintenant cultiver cette perception éblouissante et banale à la fois. La rendre complètement familière. Pour cela, *purifier* l'esprit, disent les bouddhistes pour signifier transformer les réflexes de la conscience vers le réflexe de cette perception ouverte.

L'expérience commence lorsque l'expérience est reconnue. Ce qui est reconnu, c'est l'expérience.

J'abandonnai la conscience de la conscience de la vacuité et demeurai dans l'immobilité intérieure.

Chapitre 10

Croire

«Ce n'est pas un chemin, c'est un rapport, une dimension.»
Paul Claudel, Dimanche, conversation dans le Loir-et-Cher

«Les négations les plus fortes de Dieu se trouvent dans les écrits mystiques.»
Cardinal Jean-Marie Lustiger, Oser Croire oser vivre, Comment peut-on croire en Dieu aujourd'hui ?

«Demandez à l'Esprit Saint qu'Il vous accorde l'anticléricalisme des saints !»
Père de Lubac cité par l'Abbé Pierre

«Croire est un pouvoir que l'on se donne à soi-même, dit Samten derrière moi.

- Ainsi, sursauta Odyle à ma droite, tu dis que la foi serait volontaire ?

- Pas uniquement, reprit Samten doucement, mais une prise de décision n'y est pas étrangère.

Cette proposition bousculait un peu ma prévention contre le préalable chrétien qui pose la foi en carte d'adhésion. Je dis :

- Le christianisme demande qu'on croie avant, ou en même temps qu'on aborde sa doctrine. L'évangile de Jean me semble être cette longue exhortation : "*Celui qui croit a la vie éternelle*"[280], "*qui croit en lui n'est pas jugé*"[281], etc... "*Beaucoup cru-*

rent en son nom à la vue des signes qu'il faisait."[282] Mais cela ne m'est pas donné apparemment. Faut-il commencer par faire semblant ? Je ne le peux pas. Je lis et relis les évangiles en essayant de les accueillir, puis je m'interroge. Je constate que je ne peux pas croire. Ma raison trouve dans les textes quelques motifs d'admiration, j'accepte même d'essayer d'imiter Jésus, mais toutes ces exhortations à adhérer au premier degré à un merveilleux mythologique sont exaspérantes. Pour chacun des aveugles et des malades soignés, guéris miraculeusement par leur propre foi, comment ne m'inquiéterais-je pas du nombre de ceux qui sont restés dans le noir et la lèpre parce que leur foi était moins forte. *"Heureux les simples d'esprit"*[283], qu'arrive-t-il à ceux qui n'ont pas cette candeur ? *"Heureux ceux qui n'ont pas vu et qui ont cru"*[284], répond Jésus à Thomas. *"Je dis, heureux ceux qui ont vu !"*»

Cette conversation avait commencé aux portes de Paris. En vérité, elle se poursuivait depuis des années. Nous allions à quatre avec nos bagages vers les Pyrénées Orientales dans un monastère bénédictin. Ma petite Renault, qui avait depuis longtemps dépassé l'âge de la retraite des voitures d'occasion, peinait sur l'autoroute comme un coureur essoufflé depuis le moment du départ. Je conduisais.

J'avais eu l'inspiration de ce voyage quelques semaines auparavant. Je voulais "ré-essayer" le christianisme, encore tenter d'entrer dans cette énigme spirituelle qui demeurait pour moi inaccessible parce qu'incompréhensible. Je ne prenais pas les chrétiens pour des sots, je ne les comprenais pas. Leur foi me paraissait incomplète parce que l'intelligence y avait été si souvent excommuniée. Elle était inapte à répondre aux questions banales et pourtant essentielles que je me posais. Qu'est-ce qu'y trouvaient ceux qui s'y consacraient ? Et quelle résistance ou quel malentendu m'empêchaient d'y entrer. Avais-je raison de m'en passer ou devais-je essayer encore. Refusant d'en décider, je continuais à fréquenter églises, temples, couvents et monastères, en quête d'un homme chrétien.

Derrière moi, les genoux dans mon dos, Samten[285] était plié en accordéon, comme accroupi dans sa patience de moine ; à côté de lui, Marie regardait les paysages, conservant un silence mesuré ; devant elle, Odyle, à demi retournée, tirant obstinément sur sa ceinture de sécurité, contenait mal une humeur gladiatrice qui s'apprête à dévorer du chrétien.

Lorsque je lui avait parlé de ce projet de voyage, elle m'avait déclaré dans un de ses élans d'enthousiasme qui me glaçaient de frayeur : "J'aime les bénédictins." Bien que chrétienne et catholique, elle fustigeait ses frères et ses sœurs de foi avec une ardeur et une minutie telles qu'il serait bien improbable que je reçusse une illumination évangélique en sa compagnie. Mais lorsque Marie se fut laissée convaincre de se joindre à l'équipée, je pus espérer que ce périple ne serait pas sans intérêt. L'intransigeance de la première serait pondérée par les élans inspirés de la seconde.

Séduisante jeune femme de vingt-cinq ans qui ne me laissait pas indifférent, Marie avait une foi vivante, émotionnelle et réfléchie. Fille du peuple bourgeois de la rive droite, elle portait sa rigueur atavique avec simplicité et ouverture. Son dynamisme ne laissait guère de place à la frivolité. Des cheveux châtains mi-longs entourant son visage lui faisaient un écrin naturel de douceur. Au-dessus de son sourire subliminal qu'elle savait rendre féroce, son regard exprimait une volonté active lui donnant une expression de concentration qui pouvait paraître boudeuse ou un peu introvertie. Sa tendresse naturelle n'excluait pas la force de l'intelligence. Elle était chrétienne avec une résolution qui se muait en certitude, et elle savait conjuguer son charme et sa conviction.

Samten aurait ressemblé à un ange s'il n'avait pas été si grand ; sous ses cheveux blonds ondulés, son visage pâle, légèrement orangé, exprimait une sérénité sans identité, telle que la décrivent les manuels du bouddhisme pratique. Ses grands yeux bleues au regard précis quoique sans force dans son aura dorée reflétaient l'homme qui a maîtrisé émotions et pulsions, qui ne cache rien et ne ment plus. Il avait vingt-sept ans, dont six passés au monastère bouddhique de Kagyu Ling.

«"Celui qui a, on lui donnera du surplus, mais celui qui n'a pas, même ce qu'il a lui sera enlevé"[286], avança Marie tendrement. Nous avons tous ce *peu* qui attire le *plus*. Il suffit de l'écouter. Il y a en chacun de nous quelqu'un qui croit en l'improbable, aux miracles, au monde meilleur. Nous croyons tous en quelque chose qui n'existe pas encore...»

Cette nouvelle proposition rompit le dialogue. Chacun chercha celui que Marie sollicitait. Je le reconnaissais en moi comme l'enfant naïf que j'avais été avant que je ne me change en garçon analytique. C'est le monde qui m'avait empêché de croire en un monde meilleur, c'est lui qui m'avait enseigné à ne pas confondre souhait et réalité. C'est le monde chrétien dans lequel j'avais grandi qui m'avait éveillé à la méfiance en assassinant très tôt "celui qui avait un peu". Maintenant, je réclamais davantage. Les évangiles et la foi qui en a surgi me laissaient insatisfait. Samten me tira de mon tourment :

«Croire, reprit-il, est une fonction qui, bien que paraissant irrationnelle, relève de la décision...

J'avais une grande confiance en lui. Ses vœux lui commandaient de n'utiliser la parole qu'en vue du juste et du bien, jamais dans un intérêt uniquement personnel. Il avait le verbe rare, ne disait jamais rien qu'il n'eût lui-même éprouvé ou qui ne lui fût inspiré par sa vérité la plus sincère.

«...mais avant, poursuivait-il, il y a de la séduction. Un germe d'attirance a pris l'attention. La foi en tant que décision est l'activité qui consiste à approfondir ce commencement. C'est un travail. Après la décision, il y a la volonté. Il faut poursuivre l'investigation, raffermir sa motivation, et pour cela empêcher d'autres germes d'attractions de détourner l'attention.

Je pensais à Adam dans la genèse : "*YHVH-Elohim prend le terrien et le pose au jardin d'Eden.*"[287] Le verbe *prendre* contient ici les sens de promouvoir, de choisir et de séduire. Samten, qui ignorait tout du judaïsme, connaissait ce que l'inspiré rédacteur de la Genèse avait compris et suggéré : le germe de la relation entre l'homme et Dieu est une séduction élective.

- Croire serait le pouvoir de se laisser séduire ?»

La France est belle, pensais-je. Nous traversions la Bourgogne. Des collines succédaient à des vallées étendues. Des bœufs, des moutons et de lents tracteurs animaient au ralenti ce paysage pastoral. Les tournesols, alignés comme des régiments, l'œil unique tourné contre le ciel s'étiraient très haut en courbant l'échine dans un rituel de respect adorateur. Les épis de blé mûr se courbaient dans la brise molle. Je dépassais péniblement un camion fumant le mazout comme une centrale thermique.

«Comment, ou plutôt pourquoi, es-tu devenu bouddhiste ?» demanda Odyle à Samten, frétillante et désespérée à la pensée de gagner une nouvelle victoire contre le christianisme en déroute.

Nous connaissions tous les circonstances qui avaient amené Samten a rencontrer Kalou Rinpoché, mais dans le contexte de cette conversation, sa conversion prendrait un nouveau jour.

Odyle avait la cinquantaine séduisante, bien que maternelle. Elle se maquillait légèrement, *concession au pouvoir*. Elle était coiffée d'un turban et portait des vêtements blancs en toute saison.

Elle était chrétienne activiste : elle s'occupait moins de Dieu que des hommes. Elle organisait une soupe populaire dans son quartier. “Ce n'est pas le franc de la culpabilité de ton bien-être dont ils ont besoin, disait-elle, il leur faut un repas chaud parce que, même quand ils peuvent payer, ils ne sont pas admis dans les restaurants.” Comme elle n'avait pas les moyens de sa générosité, elle allait fouiller les restes des marchés, triait le bon du mauvais. Bien que végétarienne s'interdisant de voler son corps à autrui, elle ajoutait à sa soupe le morceau de viande qui lui donnerait le goût, la chaleur, les bienfaits et l'esprit du foyer. Elle la distribuait ensuite au pied de son immeuble devant les regards miteux de ses voisins. Elle avait des projets. Elle travaillait à introduire de l'espoir et de l'esprit dans les prisons, en dressant des listes d'activités auxquelles les détenus et les gardiens pouvaient se consacrer en commun et dont l'Esprit serait un invisible fondement. Elle désirait que la prison ne fût plus un lieu de punition mais celui d'une rédemption active. Elle voulait qu'y fussent donnés des cours de méditation. Chrétienne, elle l'était jusqu'au bout de sa volonté et de son courage. Les tièdes qui avaient *la foi du bout des lèvres* la mettaient dans sa colère du juste. On la craignait dans les paroisses de Paris et de sa banlieue, où elle était l'omniprésente mère fouettard du chrétien non-crucifié. Un jour, elle avait demandé à un curé de prêter sa boîte aux lettres aux chômeurs sans toit : “Sur les formulaires de demande d'emploi, ils doivent donner une adresse. Ils n'ont aucune chance s'ils ne peuvent en écrire une.” Le prêtre avait refusé, prétextant que de trop nombreuses allées et venues importuneraient les fidèles. “Quels fidèles ? Son église est vide !”

Elle avait parcouru le monde et ses chemins spirituels et politiques sans discontinuer pendant quelques décennies. Avec son doctorat en histoire, elle était allée de l'Inde au théâtre, du marxisme au magasin d'antiquité rue Bonaparte, de l'église à la rue, conduisant une vie remplie d'aventures.

«Je suis devenu bouddhiste par ce qu'on appelle le *hasard*, répondit Samten calmement.

Il parlait d'une voix suave au timbre et au rythme méridional.

«Comme on rencontre sa future fiancée, je suppose. Dans une impression de miracle, car bien qu'il eût fallu un extraordinaire concours de circonstances, on pense qu'il ne pouvait pas en avoir été autrement.

«Notre premier rapport avec les objets, avec les personnes et les événements est celui du charme. Ils résonnent en nous comme l'écho de quelque chose qui y était déjà. Ce n'est qu'*a posteriori* que l'on peut rationaliser, extraire des raisons nécessaires à la raison, justifier un ordre irraisonné. Dans ma rencontre par hasard avec le bouddhisme, j'ai trouvé une affinité esthétique et intellectuelle.

«Les enseignements des lamas m'ont immédiatement rendu l'espoir. Ils étaient ordonnés et lucides. Sans tabou. Le monde qu'ils décrivaient était sans énigme. Bien qu'il ne fût absolument pas rassurant, il était clair. Cela tranchait avec mes anciens cours de religion où se tissaient plus de mystères que de révélations. Les bouddhistes, ajouta Samten qui croisait mon regard dans le rétroviseur, en rendant à l'individu sa responsabilité personnelle dans la création du monde, proposaient une méthode, un programme spirituel très précis qui devait conduire à la purification de l'ego, à l'extinction de la souffrance, à la connaissance de l'Esprit, et enfin à la libération, par des expériences directes et non par une adhésion aveugle.

- Cette méthode t'a-t-elle donné satisfaction ?

- Je l'ai choisie comme on décide d'une carrière, puis de l'école et des maîtres les plus qualifiés. Mais avant tout pour me consacrer à ce qui m'intéresse le plus.

«A mesure que j'approfondis les enseignements, j'y découvre de nouvelles étapes, des replis du subtil. La connaissance de l'Esprit peut être instantanée, elle peut aussi demander une vie. Le moine se consacre surtout au constant affermissement du peu qu'il a *vu*.

- Tu serais devenu moine de toute façon ?

- Je ne sais pas.

Samten avait déjà dépassé sa mesure quotidienne de paroles. Dans un sursaut d'énergie il ajouta :

«Si je n'avais pas rencontré les bouddhistes, j'aurais peut-être essayé les bénédictins, peut-être pas, qui sait ?

- Les curés t'auraient fait hésiter... suggéra Odyle.

- On dit qu'"un mauvais lama ne rend pas le *dharma* stérile"[288], un mauvais curé ne rend pas les évangiles impotents.

- Mais ce n'est pas la même chose, rétorqua Odyle triomphante. Bouddha n'est pas Dieu et ne l'annonce pas. Il me suffit d'un seul prêtre imbécile pour me faire douter d'un Dieu qui laisse un guignol parler en son nom.»

La journée s'annonçait chaude. Le soleil du mois d'août illuminait notre route. Le moteur surchauffait.

Je pensai à : "*Il en viendra beaucoup sous mon nom*"[289]... Jésus reconnaîtrait les siens... Mais qu'arrivait-il aux autres ?

Nous approchions de Mâcon, haut-lieu de l'Esprit de la terre. Les vignes trapues cachaient leurs lourdes grappes sous leurs feuilles de pudeur. Marie s'était jusque-là bien peu exprimée. Elle continuait à regarder les paysages, indifférente aux allusions appuyées d'Odyle.

Elle aussi œuvrait au bien collectif, à sa manière, dans les institutions chrétiennes. Elle avait participé aux organisations de pèlerinages à Lourdes en tant qu'assistante de personnes handicapées. Elle y avait rencontré la puissance de l'espoir et pris l'initiation de l'aide au prochain. Elle avait su faire la part de Dieu et celle de l'industrie.

Il était temps de se reposer. Le moteur de la voiture était incandescent. Nous quittâmes l'autoroute, la route nationale, la départementale, puis nous trouvâmes dans un chemin forestier une clairière où pique-niquer. Chacun avait apporté quelque chose à manger. Nous ferions un festin... Tandis que je vérifiais les niveaux d'huile et d'eau, mes amis dressèrent sur un vaste drap des fromages, des crudités, des fruits et du pain et ils y ajoutèrent des branches, des feuilles, de l'herbe et quelques fleurs sauvages. Cela faisait un tableau à la fois en dedans et en dehors du lieu.

«Croire est un pouvoir, dis-tu, Samten, faisons bien attention ! Croire donne un pouvoir... à ce que l'on croit et à celui en qui l'on croit...

Nous sentions qu'Odyle s'apprêtait à nous présenter une harangue-marathon.

«...Le christianisme propose à l'homme un regard terrifiant sur lui-même. Terrifiant, désespéré et profondément laid. Il est la proie du mal, le bras du diable, il porte le péché...

«On lui enseigne que le péché d'Adam et Eve, est originel et héréditaire. La désobéissance fait des hommes des êtres orgueilleux connaissant le mal et le bien. Surtout le mal, apparemment ! Pour se sauver, l'homme devra d'abord apprendre l'obéissance. Et parfois l'absurdité.

«Le monde auquel on demande au chrétien de croire est présenté de telle manière que l'église paraît seule capable de le comprendre, de l'interpréter, de l'ordonner, de le guider et de le sauver. Le vocabulaire qu'elle affectionne renvoie à la domination, humilité, sacrifice, abstinence, rédemption, pécheur, contrition, offense, seigneur...

- Celui qui réussit à nous infliger une culpabilité tient la clef de notre délivrance. L'église culpabilise pour mieux dominer. Elle nous laisse deux réactions possibles. L'obéissance ou le rejet. Dans le premier cas il faut renoncer à sa liberté, dans l'autre on renonce aux évangiles, et même à Dieu.

«Hors de l'église point de salut ! On retrouve dans un petit livre qui s'intitule *Constitution dogmatique de l'église* publié lors de Vatican II, toujours la même tentation exclusiviste. "*Ceux qui refuseraient soit d'entrer dans l'église catholique, soit d'y persévérer, alors qu'ils la sauraient fondée en Dieu par Jésus Christ comme nécessaire, ceux-là ne pourraient pas être sauvés.*"[290]

- La culpabilité est la densification de l'angoisse posée sur un motif de la relation à autrui. Si l'église ne l'avait pas canalisée, elle se serait portée sur autre chose. C'est l'angoisse qu'il faut traiter.

Odyle poursuivait ses curés fantomatiques.

- La traite-t-elle ? Elle est plus inspirée pour décrire le mal que pour le conjurer. Elle nous enferme dans nos faiblesses. Pour essayer de nous en sauver, elle nous assomme de nos péchés, et nous enfonce dans le désespoir. La vie est une œuvre de rédemption, le rachat sans fin du crime d'être né.

«Son adhésion à l'interprétation dogmatique de l'aventure d'Adam impose à l'homme un point de vue sordide sur la vie. Faisons attention à ce que nous croyons, car alors, à cela nous donnons du pouvoir. En croyant au Démon, l'église lui donne de la force. En croyant à la malédiction nous nous condamnons nous-mêmes.

- En désignant à l'homme les raisons qu'il aurait de se mépriser, dit Samten, l'église l'a coupé de tout l'enthousiasme qu'il aurait pu avoir à chercher à se connaître. A force de rappeler ce qui le rend laid et faible il devient laid et faible, et désespéré. Son regard sur lui-même devient aussitôt un jugement confirmant une idée négative *a priori* de sa nature. Le monde, son prochain et lui sont pétris du même mal : tout ce qui vit existe contre quelque chose. Il le constate. Il ne perçoit plus que cela.

«Pour se connaître, il faut éviter de se juger, car le jugement rend douloureux tout regard sur soi-même, et le décourage. L'homme qui doit aimer son prochain comme lui-même se hait.

«Adam est-il condamné à travailler la terre à la sueur de son front ou est-il condamné à interpréter le travail comme une malédiction ? La réalité est une interprétation. On peut penser le travail dans son étymologie comme une douleur, mais aussi comme une naissance, comme la préparation de l'accouchement, la mise au monde d'un être et de quelque chose qui n'y sont pas. Le travail peut être l'œuvre de la connaissance de soi, une investigation, une bénédiction.

Samten s'allongea. Sa tête reposait sur un tronc. Il souriait. Il amorçait volontiers des discussions dont il se retirait très vite, comme s'il observait les effets de sa pensée sur ce que les autres en développaient.

- Le chrétien est coupé du monde dans lequel il vit parce qu'il en attend un autre, criait Odyle aux oiseaux de la forêt qui n'en avaient jamais tant entendu. Dieu devient le bâton qui soutient la carotte. Il faut attendre dans la souffrance, apprendre la patience, résister aux tentations des plaisirs, souffrir surtout, souffrir ! Jusqu'à ce que le messie, de retour dans une apocalypse finale plus cataclysme que révélation, plus souffre, feu, et cris que bonne nouvelle et bonne parole, choisisse les plus méritants, (comme par concours car les places sont comptées) les élus d'un voyage organisé pour une Jérusalem céleste.

- Dieu n'est quand même pas un tour-opérator, comme dit Wilhem.

- Quelle estime de soi est offerte à celui qui est convié à faire le bien, non pour l'amour du bien, mais pour son salut.

- Chacun pour soi, sauve qui peut son âme. Quelle idéologie le christianisme suscite-t-il ?

- J'imagine devant le messie une bousculade comme celle qu'il y eut à Hanoï sur le toit de l'ambassade des Etats-Unis au départ du dernier hélicoptère.

Elle reprit son souffle. Et le fil de sa pensée.

«Toute question trop directe sur les desseins de Dieu est considérée comme un blasphème. Une auto-culpabilité va enchaîner la pensée dans l'autocensure et inhiber toute velléité de questionnement.

«Que suggère-t-on au fidèle ? Rien de moins que de témoigner de la reconnaissance pour un créateur qu'il n'a jamais vu, à qui il n'a rien demandé et pas même la vie avant tout.

Odyle jubilait dans son jeu d'inquisiteur général de la réforme nouvelle. Nous l'écoutions joyeusement. Même Marie prenait plaisir à cette caricature.

«Le chrétien ne manque pas de questions s'il les laisse percer jusqu'à sa conscience, on lui dit qu'il manque de foi. N'a-t-il pas lu dans l'évangile de Jean : "*Nul ne peut venir à moi si le Père ne l'attire*"[291] ?

Et : "*Celui qui ne croit pas est l'ennemi du Seigneur !*" dit-on à la messe. Prémices des pogroms.

«Quel homme l'église présente-t-elle à Dieu ?

«Un homme qui ne possède pas sa conscience, un homme qui ne comprend pas la vie, un homme diminué par la peur, brisé par l'obéissance, un homme dont le jugement est extérieur à lui, un homme à qui l'on refuse le droit de célébrer lui-même l'Eucharistie, c'est-à-dire la vie éternelle. Schizophrène, il n'est jamais au mieux qu'à moitié croyant. Intellectuellement insatisfait. Le catholicisme dogmatique, incapable de présenter une explication plausible du monde, fabrique des mirages sur fond de peur, de laideur, il affaiblit l'homme et le rend servile.

«Regardez-nous dans les églises. Nous sommes balourds comme des invités intimidés, contraints, pour tout dire, étrangers. Nous n'y sommes pas chez nous, ni dans le lieu, ni dans le culte.

«Oui, Samten, faisons attention à ce que nous croyons, parce que la vie que nous vivons est celle que nous croyons vivre.»

"Et celle que nous croyons vivre est celle que nous vivons", me dis-je.

Samten souriait, impassible. Je dis :

«Le dogmatisme, c'est donner une réponse au lieu de questionner la question.

- Au niveau du catéchisme de base, intervint Marie calmement, toutes les religions doivent en être au même point. Tous les clergés se ressemblent et tous les fidèles aussi. juifs, musulmans ou même hindous, je suppose, se contentent de quelques prescriptions. On ne cherche pas plus loin que ce que l'on a vaguement entendu. Souvent, on étudie par curiosité des domaines qui ne sont pas dans notre compétence professionnelle, mais on pense peu à approfondir sa religion. Comme si on réservait la religion au religieux, comme la médecine au médecin.

- Que la poussière qui s'accumule ailleurs ne nous empêche pas de balayer devant notre porte, reprit Odyle.

«Dégoûté, d'abord par ses spécialistes, puis par tout ce qui ressemble à une croix ou a odeur d'encens, on évite soigneusement de s'en approcher, et on ne fréquente plus Dieu que pour la messe de minuit, plus spectacle que sacrifice, et lors des grandes épreuves de l'existence, quand, à bout d'espoir, on cherche un refuge jusque dans l'irrationnel.

- Ce sont les pays chrétiens qui ont engendré la démocratie à grande échelle.

- Contre l'église ! Et après la Grèce païenne, murmura Samten.

- La démocratie a produit des droits, elle n'a pas fait vivre la fraternité, trancha Odyle qui reprit le cours de sa pensée.

Elle avait une fougue de règlement de compte.

«Ne rêvez plus, mes anges. Regardons-la, notre église ! Il ne faut pas éternellement confondre ce qui est avec ce que l'on espère. Montre-moi à quoi tu ressembles, O fille de Dieu !» ajouta-t-elle dans une incantation.

Dans les cercles chrétiens, notre empêcheuse de prêcher en rond dans le vide justifiait ses critiques d'une courte phrase qui devait résumer ses intentions : "*Notre église a besoin de corrections fraternelles.*"

«L'église de la charité du Christ a une couleur politique. Elle est à droite !

Odyle fit une pause comme si ce mot à lui seul résumait sa pensée. Elle ajouta :

«L'église, corps mystique de son Seigneur le Christ voudrait manifester l'esprit et la parole de son messie par les options de droite ?!

«Avec l'église, l'infinie charité du Christ fait des concessions à l'égoïsme.»

Les critiques qu'Odyle formulait contre l'église eussent été autant justifiées en ce qui concerne toutes les autres religions du monde. Nous le savions tous. Elle critiquait une attitude humaine plus qu'une transmission spirituelle. C'est dans le catholicisme qu'il nous a été donné de connaître ce niveau si absurde de la foi. C'est lui qui a suscité tant des si nombreux rejets que j'ai moi-même éprouvés et par ailleurs entendus sans cesse. Rejets de l'église et, avec elle, de toute spiritualité. Que mon lecteur catholique m'en pardonne l'outrance, qu'il comprenne que ces critiques existent et qu'il est bon qu'elles soient dites, qu'elles éclatent au jour du discours prononcé qui seul pourra nous permettre de les dépasser.

Odyle reprenait son souffle. Elle baissa un peu le ton et son visage.

«Il n'y a plus de fidèles, même plus de spectateurs, et plus de vocation... Notre église s'épuise, se meurt, se consume de l'intérieur ; elle s'éteint. Elle n'est pas le lieu où l'on peut s'épanouir intellectuellement, affectivement, spirituellement.

«Sa mission était de provoquer et de soutenir le changement, elle s'est fossilisée dans une oligarchie. Elle est devenue une organisation sclérosée, la structure même de l'immobilisme. Elle agonise. Incapable de chercher en elle les causes de sa maladie, elle cherche des responsables. Elle trouve ses boucs émissaires : le matérialisme aujourd'hui, comme hier le diable, détournerait ses ouailles de son giron.

«Et pourtant il y a des appels ! Mais dressée à parler elle ne sait pas entendre. Elle est incapable d'auto-critique parce qu'elle est incapable d'erreur ! L'orgueilleuse. Oublie-t-elle qu'elle fut fondée sur les trois reniements de Pierre ! Oublie-t-elle la somnolence des apôtres, ses pères, à Gethsémani. Qu'elle ait, comme eux, l'humilité de connaître ses faiblesses. "*Homme de peu de foi, pourquoi as-tu douté ?*" demande Jésus à Pierre[292], sur lequel on construira l'église. Judas ne faisait-il pas partie des douze, des choisis ? Ces épisodes des évangiles seraient-ils moins prophétiques que d'autres ? En vérité je vous le dis, la faillibilité de l'église est inscrite dans ses racines. Les langues de feu de l'Esprit Saint peuvent inspirer la vérité, (encore faut-il l'incarner) elles ne remplacent pas la conscience.

«Les déficits budgétaires du Vatican expriment dans la manifestation sa faillite spirituelle. La providence ne se trompe pas.

Odyle maintenant parodiait le prêtre en chair.

«Soyons humbles, mes frères et mes sœurs, parce qu'il y a pire. L'église annonce son ambition : "*Mais comme c'est dans la pauvreté et la persécution que le Christ a opéré la rédemption, l'église elle aussi est donc appelée à entrer dans cette même voie pour communiquer aux hommes les fruits du salut... pour faire éclater aux yeux par son exemple aussi l'humilité et l'abnégation.*"[293] L'église ressemble-t-elle à ce projet. En est-elle sur la voie ?

«Jésus fustige les pharisiens : *"Ils disent et ne font pas."*[294] Nul n'est à l'abri de cette faiblesse, mais notre église non plus. Son prêtre est un spécialiste dogmatique, non un connaissant Dieu. Son discours communique cette lacune. Il répète un dogme dans l'autorité que lui confère un savoir, tel un homme de loi, non dans celle de son propre accomplissement, tel un saint ou un sage. Il cherche plus à convaincre à force d'exhortation, qu'à inspirer en devenant l'exemple, le modèle de l'homme parfait dont il proclame l'advenue. C'est par l'exemple du courage qu'on inspire aux autres leur dépassement. Le prêtre transmet, il n'est pas. Son mode de vie le rend différent, étranger aux problèmes des gens auxquels il doit prodiguer guidance et conseil. Il n'a plus d'écoute parce qu'il n'a pas de crédibilité.

«Nous allons porter l'évangile aux bouts du monde, parfois à des gens qui n'en veulent pas, et nous nous contentons de credos et d'hosties. Nous offrons un verbe que nous n'examinons pas au filtre de nos propres actions. Notre foi à la valeur d'un vœu, non la force de l'acte. Certes, nous avons l'abbé Pierre, mère Térésa, et quelques milliers de soldats inconnus qui tissent autour d'eux des coupons de fraternité, mais comme ils ressemblent peu aux images plus officielles de notre église.

«L'amour et la charité ne s'imposent pas par la crainte de l'enfer, l'égoïsme est plus fort. C'est dans son fondement qu'il faut le travailler.

- Résume, Odyle, susurra Samten.

- Notez que je m'abstiens de faire le procès de l'église historique, ce serait trop facile. Si elle se fonde sur sa continuité, mais il vaut mieux ne pas regarder ce que celle-ci contient de bûcher, de guerres, de persécutions, d'aveuglement, de faiblesses, de bassesses, et d'alliances contre sa nature... Son pire ennemi n'est pas à l'extérieur, c'est son carcan de cohérence cloué à son infaillibilité qui l'enferme dans ses mensonges et son passé d'omission et de compromission. Elle n'est plus crédible, ce qui est un comble pour une confession fondée sur la foi.

- Aucune religion n'a évité son compte d'erreurs, de tourments historiques et sociaux.

- Justement, celle-ci doit sortir de son âge de fer.

«L'église est restée dogmatique et autoritaire, petite fille de l'inquisition et des bûchers, fille de l'ancien régime, mère de la famille et du patrimoine, tutrice de la charité *bien ordonnée*. Elle est loin d'avoir accompli son espérance. Jésus s'identifierait-il à celle qui se dit sienne ? Serait-elle capable de le reconnaître ?

«C'est l'école laïque et obligatoire, c'est-à-dire le combat de la société civile contre l'analphabétisme et l'ignorance qui a entraîné la révolte des intelligences et des âmes contre l'arbitraire des clercs. Les catholiques savent maintenant poser des questions et exiger des réponses. Si les églises sont vides, sans doute les réponses n'étaient-elles pas à la hauteur des attentes. La langue de bois des discours dogmatiques ne parvient plus à combler la vanité d'une ambition universelle sans acte et l'élection d'une religion sans peuple.

- Je ne peux jamais écouter un sermon sans m'insurger contre les demi-vérités, la mauvaise foi, l'hypocrisie qui y sont assenées avec tant d'aplomb, dis-je.

- La prédication n'est pas une dissertation, répondit Marie.

- C'est ce que je lui reproche. Cette absence de perspective, d'auto-critique, d'antithèse, ce manque d'horizon qu'on appelle prêcher pour sa chapelle, cet aveuglement sur un seul point de vue qui nie jusqu'à l'existence de l'intelligence critique.

«Le prédicateur construit son discours sur des couches d'affirmations qui sont presque toutes sujettes à questions. Mais lui seul a la parole. Il ne peut prêcher qu'à des convaincus. Lorsque je l'écoute, mon intelligence répond silencieusement, résiste. Ce qu'il dit n'est pas toujours faux, mais n'est pas assez vrai non plus.

- La thèse de l'exclusivité de la révélation n'est plus acceptée par personne. Que Dieu ait choisi un peuple, et qu'en son sein il ait choisit des hommes, n'est pas crédible. Le monde est grand, les hommes nombreux et les idées sur Dieu multiples.

- C'est pourquoi j'ai voulu aussi étudier les autres religions, dis-je.

- Notre église veut encore imposer, il faut convaincre la liberté, reprit Odyle. Elle veut dicter, il faut séduire l'intelligence (l'évangile n'en manque pas), provoquer l'adhésion par l'enthousiasme, inspirer, insuffler le message par l'exemple, atteindre au cœur, toucher la pensée par la vérité. Il y a bien quelques paroisses où des dialogues sont organisés, mais ce n'est pas pour prospecter la foi, seulement pour faire accepter les diktats de l'infaillible. On parle, mais trop tard.

«Notre église entend encore imposer la morale au lieu de rendre à chacun le devoir de la réfléchir. Jésus venait accomplir la loi en la dépassant, on lui a offert le droit canon.

«Lorsqu'il faut protéger le sacré à coups d'interdits, c'est que ce sacré n'a plus l'énergie de se défendre lui-même.

«Finalement, l'église est devenue la plus formidable machine à fabriquer des athées. Sur sa ruine, elle ensevelira Jésus. C'est peut-être alors qu'il reviendra...

«Notre église agonise, et j'ai déjà entendu dire que ce serait plutôt un bien, parce que sur l'espace spirituel laissé vacant dans les consciences pourrait enfin germer une spiritualité plus lucide, plus apte à épanouir l'âme.

«Même dans le religieux, il y a maintenant de la concurrence. Samten en est la preuve. La religion n'est plus héréditaire, elle n'est même plus culturelle. Elle entre dans l'ère de la communication efficace, du parler vrai. Elle est en train de devenir ce qu'elle devait être, une méthode pour manifester l'immanence et la transcendance.

- Ne jette pas le bébé avec l'eau du bain.

- D'accord, mais ce n'est pas une raison pour ne pas le laver.

- En vérité Odyle, tu es protestante.

- Non, eux non plus ne sont pas à l'abri de l'arbitraire du conformisme confessionnel et de la pression des apparences. On peut certes apprendre la démocratie de nos frères protestants, par exemple, mais je pense qu'avant de claquer la porte, on peut encore essayer de réformer l'église contre elle-même en accusant ses contradictions, en l'acculant à s'ouvrir.»

Odyle nous permit de goûter les gazouillis et les piaillement des oiseaux de la forêt. Je dis :

«L'église se donne la mission qu'elle veut, cela ne me concerne que mollement. Ce que tu dis semble pertinent, mais je ne m'intéresse pas à une religion pour ses fidèles ou de ses institutions, car alors, je n'y verrais que des défauts et très peu de valeur. Je préfère solliciter directement le message de leur prophète fondateur et l'expérience de ceux qui se sont approchés de l'idéal dont ils proposent l'effort et l'espoir. Je m'interroge sur ce qu'ils offrent de comprendre et de vivre, je leur demande ce qu'est le monde, comment on peut gagner la grâce qu'ils annoncent et atteindre le Dieu qu'ils révèlent. Le reste appartient au monde, non à la transcendance.»

Chapitre 11

Imaginer le christianisme

«Si vous voulez bien y réfléchir, l'amour est plus une récompense qu'un commandement.»
Maître Eckhart, Sermons, Omne datum optimum

«Ne soyez jamais joyeux que lorsque vous regarderez votre frère avec amour.»
Fragments d'évangiles perdus, Jérôme

Odyle arrêta son flot de paroles pour s'exclamer :

«Imaginons un christianisme !

Emue par son idée, elle la répéta : «Imaginons le christianisme. Et d'abord, brisons les murailles du dogmatisme.

- Aux armes les croisés ! Brisons les cathédrales !

- Que le chrétien soit un homme libre, qu'il ait un rapport personnel avec les évangiles et avec Dieu. Qu'il ne se conforme à rien. Qu'on ne lui donne pas de réponses, qu'il cherche. Faisons une église d'égaux devant Dieu, d'inspirés. Rendons son âme au fidèle.

«On a fait du catholique un spectateur-consommateur du spectacle de la messe. Rendons-lui un rôle dans l'eucharistie, faisons ensemble la transsubstantiation. Que le curé soit le guide, le chef du protocole, mais point le seul officiant. Changer concerne l'intime, la transformation ne s'accomplit que dans un sacrifice effectué par soi-même.

«Jusqu'ici on a joué une relation émotive et affective avec un Jésus, fils sacrifié souffrant une passion rédemptrice et culpabilisante. La culpabilité n'est pas une méthode pédagogique efficace, parce qu'elle n'approfondit pas la motivation, mais la remplace. Ce n'est pas parce que Jésus s'est sacrifié pour moi que je peux l'aimer, que je veux l'imiter, mais parce que je comprends qu'il n'y a pas de meilleure façon d'être, poursuivait Odyle dans ce *brainstorming* qu'elle alimentait plus que nous tous ensemble.

- On a joué une église des familles, des nations et des égoïsmes, c'est mal comprendre. "*Car quiconque fait la volonté de mon père, celui-là m'est un frère et une sœur et une mère.*"[295] Si tu aimes ceux de ton pays plus que les étrangers, tu n'aimes pas Dieu, ni Jésus qui a dit : "*J'étais étranger et tu m'as accueilli.*"[296]

- Faisons un christianisme de militants, d'organisateurs, non pas d'intégriste (qui veut imposer ses choix) ni de politique (qui veut changer le monde avant soi), ni d'institution (qui finit par travailler à vide, pour elle-même), mais un christianisme où chacun prendra la justice en charge, personnellement, la fera vivre en lui, par lui : "*Qui n'est pas avec moi est contre moi*"[297], dit Jésus. Il ne demandait quand même pas que l'on fît semblant.

«Lorsque le tiède et le brûlant se décrivent du même mot, on ne sait plus ce qu'est la chaleur. Qu'est-ce qu'une foi sans œuvres !

- On a joué un christianisme de la vertu, faisons un christianisme de la charité. Jésus l'a préféré. N'a-t-il pas absous la femme adultère et maudi les scribes et les pharisiens ? La vertu découlera naturellement de la pratique de la charité. Le péché est moins grave que la mauvaise foi.

- Que l'église regarde un peu moins dans mon lit et dans mon ventre et encourage un peu plus la bonté active, renchérit Odyle.

«Montrons comment un chrétien vit comme un chrétien :

«- J'ai préparé un repas chaud aux trois clochards qui vivent dans ma rue, et je leur prête ma salle de bain trois fois par semaine ! Je leur cherche du travail.

«- Je donne un, deux, mille francs au tronc des pauvres, poursuivit Marie avec sa gentillesse habituelle. Non. Ta bonne conscience vaut les francs que tu la payes. "*Ceux-là ont mis leur superflu dans les offrandes...*"[298]

«- Je visite les malades et les prisonniers, je les accueille à leur sortie de l'hôpital et de la prison. Je m'occupe d'eux, je les fréquente, je fais tout ce que je peux pour les intégrer dans mon entreprise. Lorsque tu donnes un festin, invite des pauvres, des estropiés, des boiteux, des aveugles.[299]

- Voilà, mes frères, comment nous changerons l'église, et inventerons le christianisme, résumai-je pour suggérer le signal du départ.

- Dans le catholicisme c'est par le Pape que doivent être amorcées les réformes profondes indispensables, car c'est lui qui détient tous les pouvoirs : "*Le Pontife romain a sur l'église, en vertu de sa charge de vicaire du Christ et pasteur de toute l'église, un pouvoir plénier, suprême et universel. Le Pontife romain jouit de l'infaillibilité du fait même de sa charge.*"[300]

«J'attends le grand réformateur de l'église qui imposera la perestroïca au Vatican et la glasnost dans le collège des évêques, la suppression de la nomenclature et la démocratie dans les diocèse. Pourquoi le Saint-Esprit ne guiderait-il pas les fidèles comme il éclaire les cardinaux ? Nous avons besoin d'un inspiré sur le trône de Pierre, pas d'un politique, ni d'un juriste. Un homme qui ait la sainteté active d'une mère Térésa, l'audace spirituelle d'un Maître Eckhart, et la détermination énergique d'un abbé Pierre.

«Je rêve d'une église de penseurs spirituels plutôt que de moralistes ; je rêve d'une assemblée de chercheurs de sainteté, non de fidèles obéissants. Je rêve, oui, je rêve d'une communion qui serait une union d'expériences où chacun personnellement représenterait Dieu sans sa relation intime avec Lui, non une doctrine, non une hiérarchie ; je rêve d'une église qui serait le parlement du Saint-Esprit plutôt que Soviet Suprême du parti unique catholique apostolique et romain.

«Sinon, il faudra désespérer du catholicisme.»

Nous reprîmes la route.

Quelques kilomètres de silence dans le tumulte du vent pénétrant par les fenêtres ouvertes et dans le bourdonnement surmené du moteur.

«Et toi, demanda Marie en s'adressant à moi, que crois-tu maintenant. Pourquoi veux-tu aller chez les bénédictins ?

La campagne défilait devant moi. Une magnifique autoroute traversait des collines, des champs géométriques aux différents tons de verts et d'ocres. De temps en temps, un village, des maisons, un clocher qui dépassait toute autre construction, un clocher montrant à l'horizon des semailles chrétiennes.

«Je ne sais pas, répondis-je. Jésus est arrivé dans un monde qui attendait le messie. Il s'est révélé comme étant peut-être celui-ci, mais au moment de quitter les hommes, il a dû reconstituer cette attente pour la laisser intacte. Il annonce la venue du fils de l'homme dans sa gloire, ainsi il crée à nouveau l'espérance qu'il était venu réaliser. Comme si "Jésus-fils-de-Dieu" avait compris de son passage parmi les hommes que ceux-ci pouvaient espérer plus intensément qu'ils ne pouvaient changer. Je vois dans cet ultime prophétie l'admission, non de son échec, mais du caractère inachevable de sa mission. Le messie ne change pas les hommes comme par miracle. Il ne fait pas le travail à notre place. Il ne nous sauve pas par sa simple venue. Tout reste à faire. Les évangiles ne sont pas la révélation ultime. "*L'alliance nouvelle n'est pas éternelle.*"[301] De même que le mariage ne s'achève pas avec sa cérémonie, mais commence à ce moment-là ; de même le baptême ne sauve personne. Il ne fait que proposer une alliance qu'il nous faut renouveler à chaque instant, personnellement.

«J'imagine, après sa passion, Jésus naissant ou renaissant à chaque génération, toujours présent et attentif, mais ne trouvant jamais un christianisme, ou tout autre religion, prêt à l'accueillir, et ne se dévoilant jamais. Ce Jésus-là, c'est chacun des hommes.

«J'étais un jour dans une église avec Odyle. Le curé avait l'habitude d'inviter quelques paroissiens à discuter avec lui de quelque sujet concernant les évangiles et la vie quotidienne. Ce jour-là, il demandait aux participants la raison de leur présence. Lorsque ce fut son tour de s'exprimer, Odyle dit : "*J'ai vu la venue du nouveau messie, mais je n'ai vu nul lieu où il puisse arriver.*" Le curé nous a alors tourné le dos. Sans doute a-t-il prit Odyle pour une folle, il n'a pas considéré un seul instant qu'il entendait peut-être une prophétie. Nos braves curés ne savent pas comment réagir à une foi qui ne ressemble pas à celle prévue par le dogme. "*Tenez vous prêts, car c'est à l'heure que vous ne pensez pas que le fils de l'homme va venir.*"[302]

«Il y a autre chose.

«L'attente du messie est sans doute plus efficace que sa venue. Dans l'espérance, on interroge chaque visage rencontré : "Est-ce lui ? Celui-ci est-il le fils de l'homme ? Comment puis-je le reconnaître ?" Ces questions à elles seules chargent le regard de piété, ou de respect, sanctifient le prochain, incitent à l'écouter comme un messager divin, inspirent à le recevoir dans l'amour du sublime. Se regardant soi-même, on peut aussi se demander si ce ne serait pas soi, celui qui doit devenir l'homme parfait, le guide, l'élu. Ainsi, le messie est à la fois soi et chaque autre. Il ne peut pas en être autrement. "*Vous donc, vous serez parfaits comme votre Père céleste est parfait.*"[303] Ce futur appelle ce déplacement.

«Lorsqu'en réponse aux cris de l'aveugle de Jéricho courant vers lui sans le voir : "*Fils de David, Jésus, aie pitié de moi*", Jésus répond : "*Va, ta foi t'a sauvé*"[304], il ne dit rien d'autre.

«Au moment de quitter la vie, Jésus annonce la venue du messie. Est-ce lui ou un autre lui-même ? Qui faut-il donc attendre, le Christ ou Jésus ? Le fils de Dieu sera toujours différent de celui que j'attends, toujours imprévisible. Est-il une personne précise ou la personne qui incarne cette prescription : "*Si quelqu'un veut venir à ma suite, qu'il se renie lui-même, qu'il se charge de sa croix et qu'il me suive... Qui perdra sa vie à cause de moi la trouvera.*"[305] Quel égocentrisme me pousse à croire, sans m'interroger, que le messie ressemblerait à Jésus, qu'il serait de ma culture, de mon passé, de ma race, de mon espérance ? Et quelle modestie, ou quelle mauvaise foi, ou quelle lâcheté me fait penser qu'il est autre que moi-même ?

- C'est pourquoi on dit que ce n'est pas l'homme qui attend le messie, mais le messie qui attend l'homme, ajouta Samten que j'aperçus dans le rétroviseur.

- Si l'on admet que Dieu est partout, n'oublions pas qu'il est aussi devant nous, dit Odyle, peut-être aussi pour me suggérer de regarder la route. Je poursuivis :

- Le juste que j'attends ne peut être que moi, mais moi, je préfère l'attendre, je préfère qu'il soit un autre. C'est ainsi que meurt le juste. Le messie naît dans chaque naissance et meurt chaque fois qu'un homme abdique sa filiation personnelle avec le Père. Il est l'attente de ma perfection. "*Quand le fils de l'homme viendra dans sa gloire, escorté par tous les anges, alors il prendra place sur son trône de gloire...*"[306] Peu d'hommes viennent jusqu'à la gloire.

«Marie, tu m'as demandé ce que je crois. Moi, je ne crois en rien, ou plutôt, *je crois en creux*. Je crois que Dieu, l'indéfinissable reste à indéfinir. Et à vivre sans nom. Je crois que Dieu, l'inconnaissable, reste à connaître. Je crois que les prophètes appellent les hommes, non à la médiocrité de croire, mais à être.

«Qu'est-ce que signifie croire ? Dire "je crois", c'est affirmer que je n'en sais rien, mais que l'émotion produite par l'acte de croire est bonne. On dirait que cela protège... du vertige, sans doute. Je confonds alors un sentiment qui me serait nécessaire avec une vérité que je désire. Tous les hommes ont deux peurs fondamentales : la peur de la mort et la peur de la vie ; peur de l'avenir associée à celles de la souffrance et du malheur. Refusant de les examiner, certains se cachent derrière une autre idée qui doit les résoudre : la foi, un système de réponses. C'est comme s'ils se cachaient derrière leur petit doigt. Quelle que soit la foi, croire demeure le masque de l'ignorance.

«Je me méfie d'une doctrine qui dit d'elle-même qu'elle est la seule vérité et qui se place en intermédiaire entre moi et l'absolu. Je le dois au respect des autres hommes, au respect des sages non chrétiens que j'ai rencontrés et au respect de moi-même, de mon ignorance, de mon intelligence et de l'inconnaissable de l'avenir.

«On peut aussi facilement disqualifier les intermédiaires qu'on les a imposés. "*Celui qui croit en moi, ce n'est pas en moi qu'il croit, mais en celui qui m'a envoyé*"[307], Jésus s'efface devant son Dieu. "*Je ne vous dis pas que j'interviendrai pour vous auprès du Père, car le Père lui-même vous aime, parce que vous m'aimez.*"[308] L'aimer est un moyen. "*Je suis le chemin, la vérité et la vie. Nul ne vient au Père que par moi.*" "*Si vous me connaissez, vous connaîtrez aussi mon Père.*"[309] Connaître Jésus, ce n'est pas le voir, ni même le prier, c'est tenter ce qu'il propose, c'est l'imiter.

Je me tus. Quelques kilomètres de route sans soucis.

- Samten, pourquoi es-tu sorti de ton monastère ?

- J'y suis peut-être entré trop jeune. J'ai pris un congé. Je veux exercer un métier, habiter dans une ville, rencontrer des femmes, enfin, jouer à vivre dans le monde. J'ai rendu certains de mes vœux pour quelques mois.

- Jouer ? intervint Marie.

- Oui, répondit Samten en riant, jouer à la vie sérieuse du monde.

- Tu peux prendre et rendre des vœux ? Le bouddhisme le permet donc ?

- Je peux pratiquer ma voie sans m'y enfermer comme dans une prison.

Il réfléchit un peu.

«Chaque vie est quelque part dans sa progression évolutive. Il faut bien admettre que nous n'avons pas tous les mêmes aspirations mondaines ; ni la même attention, ni la même intensité spirituelle. En fait, nous sommes différents. Il n'est donc pas de la meilleure efficacité d'imposer uniformément les mêmes exigences à chacun. Le sacrifice mal consenti renforce ce que l'on voulait combattre, avive ce que l'on voudrait éteindre. Chacun a besoin d'une méthode, d'un rythme et d'une implication spirituelle personnelle.

- N'est-ce pas de la complaisance ?

- On ne pratique pas toujours un sport pour battre le record du monde. La quête de l'Esprit n'est pas une galère, c'est une activité. Elle est sans but. La victoire est sans gloire. Toute intention portée vers un but serait contraire à l'Esprit de liberté qui l'anime.

- En somme, le bouddhisme t'offre la liberté d'aller chez les bénédictins, tandis que les bénédictins ne t'offriraient peut-être pas celle d'aller chez les bouddhistes, conclut Odyle, comptant encore les points d'un match imaginaire.

Samten fit une moue d'incertitude.

- Ils sont moins fanatiques que tu le crois. Plusieurs fois par an, des *tulkus*[310] tibétains viennent à Kagyu Ling nous donner des enseignements.

Notre lama ne manque jamais d'inviter des moines du monastère bénédictin voisin. Et ils viennent écouter les enseignements dispensés par ces saints bouddhistes vivants. Ils ont même adapté certaines de nos techniques de méditation à quelques-unes de leurs pratiques.

- Que vas-tu faire chez ceux où nous allons ?

- Je vais en quelque sorte rendre visite à des collègues, comparer des méthodes.

- Comment te reçoivent-ils ? Es-tu l'ennemi, le traître ou la victime ; l'envoyé de Satan, l'apostat ou une brebis égarée ?

- Il faut distinguer entre moines et prêtres. Le premier sait ce que je cherche. Il le respecte parce qu'il cherche aussi. On se traite en frères, bien que ce soit avec de la distance. Le second m'appelle son "fils" et veut, au mieux, me ramener au bercail, au pire, m'éloigner de son troupeau. De toute façon, il ne croit pas pouvoir apprendre quoi que ce soit d'une autre religion.

- Toi, comment les sens-tu ?

- Je n'ai pas à me prononcer sur une méthode que je n'ai pas pratiquée. Je ne la juge pas, par principe. Nos maîtres disent que toutes les religions mènent au même but bien que les chemins soient différents. En fait, cette chose que vous appelez une "religion" n'existe pas. Nous ne rencontrons jamais que des individus plus ou moins libres, plus ou moins purs, qui ont atteint une harmonie intérieure irradiante ou non, qui inspirent l'aspiration de leur aspiration à certains et moins à d'autres...»

Odyle entreprit de nous raconter sa conversion.

«Il y a très longtemps, je suis allée visiter moi aussi l'abbaye du Mont Saint-Michel, à l'époque plus pour l'architecture que pour y sentir l'Esprit. Il y avait un beau petit jardin dans le cloître. Un vieux moine était assis sur un banc. Il regardait droit devant lui. J'ai pris place à son côté. Nous nous sommes d'abord observés du coin d'un œil méfiant, comme chien et chat qui négocient silencieusement leur territoire. Pour moi, il représentait l'enfermement révoltant, la mort avant la vie, une fuite, une intolérable faiblesse ; lui devait imaginer en moi la victoire de la tentation du monde, le laisser-aller, peut-être même la débauche. Nous nous sommes ressaisis tous les deux. Nous nous sommes souris. Au bout d'un moment, je lui ai demandé un peu brutalement :

"Si Dieu existe, comme je suppose que vous le croyez, pouvez-vous me dire comment on le trouve ?

Il a continué à me fixer ; dans son demi-sourire il a susurré cette réponse usée, mille fois resservie :

"*Tu ne me chercherais pas si tu ne m'avais pas déjà trouvé.*"

«Une délicatesse particulière planait dans son regard, comme s'il croyait pouvoir casser les choses s'il les regardait brutalement, appelons cela sa grâce. Elle apaisa le mouvement de révolte et de dégoût qui allait jaillir hors de moi contre cette réplique insignifiante. Cet instant de maîtrise me permit de comprendre que ce qu'il venait de dire ne signifiait rien pour un athée et devait être parfaitement clair pour un croyant. J'acceptai de retenir mon mépris encore un peu. Il fallait, pensais-je, emprunter le point de vue de sa foi pour tirer du sens de sa proposition. C'était là toute la finesse et toute la force de sa suggestion. Il me l'avait donnée avec son immuable sourire de Chinois comme une pépite de charbon incandescent.

«Celui qui cherche Dieu, même à temps perdu, même une minute par an, veut Dieu. Il suffit qu'il le reconnaisse pour qu'il se découvre un embryon de foi. Mais il refoule cette logique, parce qu'elle remet en question trop des valeurs sur lesquelles il fonde son existence et ses comportements. S'il porte de l'attention à cette graine de foi, s'il lui donne des soins, s'il la laisse grandir, elle lui montre quelque chose de plus précis. Une préoccupation métaphysique, certains principes moraux qu'il admet pouvoir partager, une séduction, comme dit Samten, une aspiration, et même quelques miracles personnels en forme de coïncidences. Il commence alors à ressentir la force, la puissance vivante de quelque chose qu'il ne connaît pas et pourtant reconnaît.

«Dans ce petit cloître, j'acceptai de jouer quelques minutes encore dans la logique du moine.

«J'avais supposé que je devais accepter la morale chrétienne avec Dieu. C'est ce qui déclenchait ma révolte. Si j'étais censée avoir trouvé quelque chose en commençant à chercher, c'était cette dissociation. Une fois séparées la morale et la divinité, je pouvais reconnaître avoir eu l'envie de Dieu en interrogeant le moine, en le défiant même. "La graine de sénevé"[311] avait trouvé un terreau.

«A l'époque, j'étais militante marxiste. Dans les discussions d'alors, on opposait une doctrine socio-économique à une autre. On arrivait rarement à changer l'opinion d'un opposant politique parce qu'il se rétractait derrière une autre logique. J'ai commencé à devenir chrétienne par idéal politique et par souci d'efficacité. Le christianisme m'offrait une doctrine largement répandue et reconnue par nos opposants. Il devenait possible de combattre l'égoïsme bourgeois avec ses propres armes, et surtout avec ses peurs. C'est aussi pour cela que je ne souhaite pas l'affaiblissement du catholicisme.»

Nous accueillîmes d'un silence recueilli les dernières confessions d'Odyle.

Le soleil se penchait lentement sur la droite. La journée s'achevait. Nous arrivions à Orange. Pas une seule chambre d'hôtel n'était disponible dans la ville et ses environs. La nuit était finalement tombée. Nous nous étions plus ou moins résignés à la passer dans la voiture ou dans un pré pour repartir à l'aube. Je tentai une ultime démarche en demandant à un fermier l'hospitalité de sa grange. Il nous offrit mieux : au milieu de ses vignes, une maisonnette de pierre des champs et de boue, au toit de tuiles et dont le sol, en terre battue, nous servirait de lit. Il donna, en plus, deux bouteilles du vin de l'année en cadeau de bienvenue.

Marie ne manqua pas de nous faire remarquer le côté "nativité" de notre aventure. Elle posa un crucifix dans un angle de la pièce, tandis que Samten dans l'autre exposait un portrait de Guru Rinpoché. Quelques bougies, un fichu, deux couvertures, des fruits, du pain, les bouteilles, des morceaux de fromages, des crudités, des sandales, une Bible, quelques livres achevèrent de transformer cette pièce en une nature morte baroque qui évoquait à la fois une peinture de Bruegel, une chambre à coucher de gitans, une chapelle improvisée et la cabane secrète des enfants. Nous nous y sentîmes tout de suite très bien. L'accueil de notre hôte avait changé notre misère en joie, nos craintes en confiance, nos ténèbres en la clarté bienveillante de la charité et de l'hospitalité.

«Si nous entendons frapper à la porte cette nuit, ne nous effrayons pas, ce seront les rois mages, dit Marie en faisant semblant de plaisanter. Samten mis une cassette de la cantate 51 de J.S. Bach au poste de la voiture. Cette prière s'éleva dans le ciel de la nuit pour se répandre comme une onde sur l'univers.

- Que Dieu bénisse... commença Marie en détachant les mots, notre hôte et tous ceux qui le côtoient.

Nous nous assîmes et partageâmes le pain.

- Il y a quand même autre chose dans les évangiles ! Qu'importe l'église ! s'exclama Marie avec impatience. L'église n'est qu'un service. Je la place au même plan que le médecin, le plombier ou l'association de quartier. Elle est avant tout l'organisation qui perpétue la présence des évangiles. Elle porte une déclaration d'amour qu'un homme a donnée aux hommes pour qu'ils s'en servent. Ensuite, elle est le service de l'Eucharistie : on peut, pour le prix d'une aumône, ou même pour rien, aller communier avec le Grand Symbole collectif de l'amour fait verbe et sacrifice exemplaire. L'église sert, si vous préférez relativiser complètement, une hypothèse d'absolu. Elle sert la charité ; mal, imparfaitement sans doute, mais elle fait cela. Elle sert l'évangile, tant bien que mal aussi. Certainement, le monde change, évolue, et l'église a les pieds lourds, mais n'est-ce pas à nous de la porter où nous voulons qu'elle aille.

«C'est à nous de créer les conditions qui rendront inévitable l'avènement du grand réformateur que nous attendons tous avec une patience impatiente. Moi aussi je rêve de celui qui troquera la soie pour la bure et jettera son trône d'or pour siéger sur la pierre que l'on avait jetée, qui poussera les vieux cardinaux dans une retraite monastique anticipée pour les remplacer par une assemblée de justes aspirant à la justice du Christ.

- Et que fera-t-il d'autre, après le ménage ?

- Il fera du Vatican le modèle du Royaume.

Samten réfléchit à haute voix.

- Supposons que Jésus-Christ soit descendant direct d'une intervention particulière et exceptionnelle de Dieu, le créateur de l'univers, qui est sans nom et sans forme. Nous devons constater que le phénomène est si rare qu'il est unique dans l'histoire de l'Occident. Pourquoi Jésus-Christ est-il unique ? Pourquoi Dieu n'aurait-il qu'un fils, pourquoi ne sommes-nous pas tous ses fils et ses filles ? Dieu, qui est si puissant, pourrait bien faire cela ; ce serait... sympathique de sa part d'assumer d'être père. A moins que ce soit extrêmement difficile pour Dieu de se faire un fils. A moins que cela soit très difficile pour ses fils de se faire connaître. A moins encore que ses fils se perdent dans le monde, comme nous... A moins, enfin, que nous soyons tous fils de Dieu, depuis le commencement des temps mais qu'un seul ait accepté de l'assumer. N'est-ce pas téméraire de devenir un homme, même pour Dieu ? Dieu lui-même ne se perd-il pas dans le monde avec moi ? Ce n'est pas simple d'être un homme. Et finalement, Jésus n'est-il pas plus Dieu que Dieu ? Parce qu'il est homme aussi ?

«Sur de telles suppositions, je suis prêt à accepter le principe de Jésus-fils.

La bonté dont Dieu ferait preuve alors en s'incarnant ne serait plus mièvre, la bonté dont le fils ferait preuve en assumant Dieu exprimerait vraiment un exceptionnel sacrifice. Je reconnais la valeur de ce don parce que je peux, comme Jésus, vivre dans le choix de Dieu, et je ne le fais pas.»

Nous nous observâmes mutuellement en silence. Les grillons grattaient minutieusement la nuit chargée de leurs amours. La voûte du ciel semblait se rapprocher, comme si ce Dieu que nous évoquions sans trêve allait nous apparaître enfin, si nous l'appelions encore un peu. Mais je ne suis pas croyant, me souvins-je.

«A la limite le christianisme, n'est ni dans les églises, ni même dans les évangiles commença Marie lentement. Cela ne m'empêche pas d'être chrétienne. Vous voudriez qu'il fût devant vous, réductible, objectif, contraint dans un texte. Vous souhaiteriez l'étudier comme un contrat, en marchandant les clauses avant de décider ou non d'adhérer. Examinés avec une telle attitude, les évangiles donnent en effet une impression de contradiction, de demi-mot, d'obscurité. Ils ne sont, après tout que l'assemblage de quelques textes épars qui rapportent quelques-uns des enseignements de Jésus et quelques événements de sa vie. Les évangiles ne suffisent pas à cerner le christianisme, mais ils laissent paraître un Esprit.

Marie parlait d'une voix douce et ferme, frondeuse et tendre. Odyle allumait une cigarette, la flamme de soufre de l'allumette jaillit dans la nuit comme un éclair.

«Le christianisme est cet esprit, poursuivit-elle.

«Les évangiles ne s'adressant pas à moi seule, je ne me donne pas le droit de juger de leur qualité ! Certains ont besoin de miracles, pour d'autres, la résurrection est centrale...

- Peut-on être chrétien en faisant l'économie de la résurrection ?

- Cela ne m'intéresse pas, répondit Marie avec autorité. Ce que les autres comprennent du christianisme ne me concerne pas tellement. Que Jésus soit ou non celui dont les prophètes avaient annoncé la venue, qu'il ait prophétisé son propre destin, qu'il soit homme, Dieu ou les deux, cela ne m'est pas utile, cela m'est égal. Je sépare la décision de devenir chrétien, c'est-à-dire de vouloir essayer de vivre d'une certaine façon, de la raison pour laquelle on le décide.

«La question, la seule question qui se pose est celle-ci : "Oui ou non puis-je reconnaître et accueillir l'Esprit à partir duquel Jésus s'adresse à moi ?" Pour y répondre, je me pose deux questions supplémentaire : "Que me demande-t-il, que dévoile-t-il ?"

«Lorsque je réussis à formuler ces interrogations, *je suis déjà attirée par Dieu.*[312] Ainsi peut commencer à s'accomplir la promesse : "*Vous connaîtrez la vérité et la vérité vous libérera.*"[313]

«Cela signifie seulement que je suis appelée à regarder dans ma conscience la plus profonde et la plus sincère l'appel de la vérité, de la justice et de la charité. Celui-la est mon christianisme. Un Esprit de liberté m'appelle (car c'est un appel) à renoncer à la liberté abusive de l'égoïsme pour me faire désirer vivre une liberté plus partagée, plus fraternelle.»

Marie prêchait. Elle s'annonçait à elle-même aussi ce christianisme qui est un projet personnel multiplié. Cela lui faisait du bien. A moi aussi. Elle reprit en hésitant :

«On devient chrétien...

Je sentais que ce "on" était le déguisement pudique du "je". Elle se tut, comme si elle rassemblait les idées qui pouvaient le mieux exprimer son sentiment. Nous attendîmes.

«... pour prendre la liberté de vivre en accord avec sa conscience ; pour devenir honnête avec soi-même. Non par culpabilité, mais dans un besoin de clarté.

«Pour moi, le christianisme tout entier se résume dans un détail, un tout petit détail. Je vais m'expliquer.

Encore un silence.

«Je crois, commença Marie avec conviction, que nous savons tous, certains plus courageusement que d'autres, certains de façon moins refoulée que d'autres, que l'égoïsme n'est pas, ne peut pas participer de la vérité.

«Jésus vient accomplir la loi. Quelle loi ? Il le dit : "*Tout ce que vous voulez que les hommes fassent pour vous, faites-le vous-mêmes pour eux : voilà la loi et les prophètes.*"[314] Il rend positif un ancien commandement négatif : "*Ne fais pas à ton prochain ce que tu ne voudrais pas qu'il te fasse.*"[315]

«On ne passe pas directement de la barbarie à la fraternité. La loi commence par protéger les hommes les uns des autres. L'égoïsme remplace la malveillance. Jésus montre comment accomplir la loi. Accomplir, c'est mener à terme, aller jusqu'au bout. Accomplir la loi, c'est alors remplacer l'égoïsme par la fraternité. Qui désapprouve son commandement ? Jésus demande à chacun de vivre selon la sincérité du cœur, jusque dans l'intimité de la volonté du Père qui a donné la loi, dans la recherche de ce germe de pureté qui est identique en chacun, et que chacun reconnaît dans la formule de Jésus. Ce n'est pas très compliqué. La justice est au-delà de la loi.

«Les évangiles ne sont pas un code de loi qui dicte le permis et l'interdit, prescrit récompenses et punitions. Il ne faut pas les confondre avec les textes postérieurs de Paul. Ils forment un appel. Accepter de l'entendre c'est se libérer, *se sauver* des formes qui nous réduisent à elles.

«Il y est souvent question de mort et de renaissance. L'âme doit renaître à la pureté à laquelle elle aspire. "*Va, désormais ne pèche plus.*"[316] Il fallait bien que quelqu'un se chargeât de le dire.

«Jésus perçoit le monde du point de vue de Dieu. Ce qu'il dit ne tient jamais compte de sa personne.

«Je parlais de l'honnêteté. Il s'agit de savoir que tout ce que j'ai le droit légal de posséder ne m'appartient pas au regard de la justice à laquelle j'aspire. Tout appartient au Royaume qui est *entre* nous. Pourtant, au cœur de ce Royaume, je possède une chose : le libre choix de partager, c'est-à-dire de vivre selon mon cœur. Ma liberté est celle du don ; elle me donne à connaître l'amour, parce qu'elle m'oblige à entrer en rapport avec la source de tout amour, autrui.

«A quoi bon prier Dieu si nous laissons notre frère affligé sans secours, sans protection ? Que puis-je attendre de Dieu si je refuse d'être son bras de miséricorde lorsque j'en ai l'occasion ?

«La charité, il ne faut pas que ça ne me coûte rien, que je ne manque de rien après avoir donné quelque chose. La charité doit aller jusqu'à la privation. Elle doit être un sacrifice pour qu'elle devienne une véritable purification, c'est-à-dire une force nouvelle.

«Croire est un pouvoir que l'on se donne à soi-même, avons-nous dit tout au long de cette journée. Croire est le pouvoir par lequel on peut accepter de commencer le travail de l'abandon de soi exigé par la vérité qui, pour advenir doit me dépasser. "*Celui qui croira sera sauvé*"[317], dit Jésus. Sauvé de lui-même. Croyez en Jésus si vous ne pouvez pas croire en vous. Prenez appui sur Jésus, si vous ne pouvez pas vous appuyer sur vous-même. Jésus connaît la difficulté : "*Vous aurez beau écouter, vous ne comprendrez pas...*"[318] Nous ne sommes pas sourds, nous sommes impotents. Nous savons, mais nous ne voulons pas savoir. Nous sommes tous les paralytiques, les aveugles, les épileptiques que Jésus soigne sur le bord des routes et dans les villages.

«Il absout le passé et offre une liberté toute neuve : "*Tes péchés te sont remis, lève toi et marche.*"[319] Et il rend ce pouvoir qu'on lui a confié : "*Va, qu'il t'advienne selon ta foi ; ta foi t'a sauvé.*"[320]

«La foi, l'honnêteté...

Marie cherchait profondément en elle quelque chose qu'elle n'avait peut-être jamais exprimé.

«... la foi, reprit-elle, c'est accepter d'écouter et de vivre cette voix qui est en soi, et pas ailleurs, qui a toujours été en soi, qui se révèle comme un appel d'une vérité éternelle au-delà de soi.

«Il n'est pas de bonheur individuel possible dans la plénitude sans celui de mon frère. Si mon frère n'est pas heureux, mon bonheur est sans conscience. Si, donc, je reconnais que je ne pourrais être heureuse que lorsque nous le serons tous, je peux faire à mon prochain ce que je voudrais qu'il fasse pour moi. J'accède alors au bonheur, à un bonheur de fraternité qui n'a pas besoin de l'accomplissement du bonheur universel pour exister. C'est le don du don.

«Qui ne connaît pas la joie d'apporter du bonheur à autrui ?"

«"*Le royaume de Dieu est proche*"[321], dit Jésus. "*Il est au-dedans de vous.*"[322]

«Voilà que Jésus prend son héritage (au sens où Isaac hérite du Dieu d'Abraham), et le partage. Voilà qu'il prend l'alliance qui révélait le Dieu unique et y ajoute une déclaration à l'usage des hommes entre-eux. Unis sous un même Père, ils auront des rapports de frères. Un Esprit Saint est nommé, c'est "l'Esprit de vérité"[323], "l'Esprit de votre Père".[324] Il unit toute chose. Il reste à l'écouter, à l'accueillir, à le vivre. Le christianisme est cet Esprit. Ce lien.

«En favorisant l'égoïsme, nous ne péchons jamais que contre nous-mêmes. Chaque fois que nous laissons une victoire ou un répit à nos peurs, il faut s'en repentir, s'en purifier afin de rentrer dans ce sentiment du monde qui est un sentiment de soi-même que j'appelle le christianisme.

«La souffrance est le premier et plus grossier appel de l'âme. La vie, qui était légère et insouciante, devient grave et profonde, humble. Que la souffrance cesse. De la souffrance naît l'espoir et avec lui la conscience du mal qui nous sépare les uns des autres et de Dieu. Comment autrement peut-on changer ? Et alors nous nous languissons de l'amour infini d'une solennelle communion qui serait une consolation.

«Lorsqu'on est repus et à l'abri, est-ce que l'on pense aux autres ? C'est lorsqu'on a froid et qu'on est affamé que l'on comprend le sens du partage. L'aide est un moyen de se plonger dans la source de l'inspiration de l'espoir et de la justification du bien, en un mot, de se relier à l'âme. Un homme, notre hôte de ce soir, a compris notre petite souffrance. Avait-il besoin de se soucier de nous ? Il l'a fait pourtant.

«Le christianisme est ce rayon de lumière de vérité qui éclaire la conscience par delà les voiles de la mauvaise foi et de l'égoïsme. La conscience éclairée, brûle alors les voiles de l'égoïsme et illumine la vérité que nous portons en nous.

«Il faut croire, croire d'abord, entrer en fraternité sans attendre que d'autres nous y précèdent. Il n'y a rien d'autre à faire. Jésus donne sa vie pour montrer que chacun est responsable de tous, devant Dieu et devant lui-même.

- Tu as parlé d'un détail...

- Oui, c'est un détail de l'évangile qui m'a appelée. Il se trouve dans l'histoire de la guérison de l'aveugle né. On demande à Jésus : “Rabbi, qui a péché, lui ou ses parents pour qu'il soit né aveugle ?” Ce détail me montre derrière quoi on est prêt à se réfugier pour éviter d'assumer la responsabilité du monde. S'il est aveugle, c'est sa faute et non la mienne. S'il est pauvre, s'il est faible, s'il a besoin de moi, moi, je ne veux rien pouvoir pour lui. Jésus répondit : “*Ni lui ni ses parents n'ont péché, mais c'est afin que soient manifestées en lui les œuvres de Dieu.*”[325] C'est pour moi qu'il est aveugle.

«Les évangiles sont pleins de ces détails, qui, comme des étincelles d'âme, embrasent l'âme dans un instant de vérité et l'éblouissent.

«L'ordre de la société m'est favorable. Quel mérite aurais-je à accepter un tel état de chose ?

«Aveugle celui qui croit en l'ordre du monde duquel il profite, aveugle qui ne veut pas comprendre que le monde est en désordre afin qu'il y rétablisse l'ordre de la justice et connaisse l'amour pour dire enfin vraiment à Dieu et à lui-même en tant que Lui : “*Que ta volonté soit faite*”[326] et non la mienne.

«Jésus se soumet à la volonté du Père. L'homme, le petit soi, se soumet au Soi éternel et dit alors : “Je suis le fils du Père.”»

Une étoile filante traversa le ciel. L'ange d'or du silence passa sur Orange. Nous pouvions maintenant aller au monastère.

Chapitre 12

Le saut

«On recevra comme le Christ lui-même tous les hôtes qui surviendront, car lui-même doit dire un jour : "J'ai demandé l'hospitalité et vous m'avez reçu."»
Règle de saint Benoît

«Il faudrait que vous fassiez vous-même cette expérience, que vous commenciez un certain exode.»
Cardinal Jean-Marie Lustiger, Oser Croire oser vivre, Comment peut-on croire en Dieu aujourd'hui ?

La fin du voyage s'étirait à mesure que nous avancions. A cent kilomètres de notre destination, je pensais que nous arriverions dans l'heure. Nous traversions en silence une vaste plaine aride, blanche tachetée d'arbres fruitiers illuminés de soleil. A soixante-dix kilomètres, nous avions ralenti, une heure encore nous séparait du monastère, nous grimpions dans des collines de forêts. A quarante kilomètres nous n'avancions plus qu'à quarante à l'heure, nous étions dans la montagne. Et pendant la dernière heure, alternant de la première à la deuxième vitesse, nous franchîmes les vingt derniers kilomètres d'une route étroite et sinueuse qui semblait nous conduire au centre dépeuplé du monde.

Enfin, nous atteignîmes une petite terrasse étroite où quelques vieilles maisons de pierres formaient une sorte de rue en ligne brisée. La route s'arrêtait là. Un ancien monastère du

XVIe siècle, confisqué à la révolution, puis réhabilité, ensuite abandonné et enfin restauré depuis une vingtaine d'années occupait avec son église, son cloître et ses dépendances, sa fromagerie, sa bergerie et son hostellerie, plus de la moitié des bâtiments du village. Outre six moines et un abbé, deux retraités y vivaient.

Quel désespoir a dû susciter l'arrivée de notre petit équipage chargé comme un chameau, avec ses quatre occupants, dont deux femmes ! Nul ne vint nous accueillir. La place demeurait déserte. En quête du bon samaritain, nous avons fouillé les deux moignons de rue qui séparaient la dizaine de bâtiments. Nous ne vîmes que des poules et des chats à qui adresser la moindre demande. Cette communauté isolée au bout du pays, protégée dans son inaccessible solitude de montagne, ne devait pas recevoir souvent.

Enfin, alors que nous desséchions notre enthousiasme près de la margelle du puits, un moine en robe brune qui sortit d'un atelier tout proche avança d'un pas hésitant, comme s'il venait recevoir une mauvaise nouvelle attendue.

Impitoyablement, nous lui avons soumis notre prière d'une hospitalité de quelques jours. Il promis d'en référer au père abbé lorsque celui-ci s'éveillerait de sa sieste quotidienne. Il disparut, nous laissant orphelins. Plus tard, il nous annonça que l'abbé nous parlerait après les vêpres.

Deux heures d'hésitations nous en séparaient. Devions-nous renoncer à ce projet, ne valait-il pas mieux laisser cette communauté à sa tranquillité protégée, et Jésus-Christ, avec qui je n'avais jamais pu obtenir un rendez-vous, aux bienheureux envoyés de son père et aux solitudes de ses sanctuaires ? L'abbé nous accueillerait-il ou devrions-nous partir, la nuit venue à la recherche d'un autre gîte ? A trop compter sur la providence, n'usions-nous pas sa patience ?

Nous nous étions éloignés dans un pré. Je méditais sur la caractère improvisé dans lequel j'avais voulu tenir ce voyage. Je ne le regrettais pas. Les déplacements que l'on souhaite *initiatiques* ne doivent pas être enfermés dans des plans. Ma volonté ne devait pas tenter de gêner celle de Dieu, si je voulais l'entendre. Allah est grand, prévoir insulte sa grandeur. Je pensais aussi à Odyle : "J'ai vu la venue du nouveau messie mais je n'ai vu nul lieu où il puisse arriver." Prophétique !

Nous avons assisté aux vêpres. De l'extérieur, l'église ressemblait à une grange. A l'intérieur, elle était fort petite et décorée au plus simple. La nef ne pouvait accueillir plus d'une douzaine de fidèles et le chœur était plus petit qu'une petite chambre. Dans cette intimité, les voix des moines s'élevaient comme d'une solitude familiale, chacune conservant son identité, toutes s'unissant dans une ferveur qui me suggérait cette beauté que l'on voit à un visage ouvert quels que soient ses traits. Les frères étaient tous plutôt jeunes autour de l'abbé. Leur foi m'émut.

«Vous ! me lança le Supérieur sur un ton de sergent en se précipitant vers moi à la fin du service, suivez-moi.

Depuis mes années turbulentes de collège, personne ne s'était adressé à moi de cette manière de surveillant général, trop autoritaire pour un père bienveillant, trop impatiente pour un moine, trop vive après un service religieux, trop peu courtoise envers un inconnu. Il avait posé sur moi un regard trop court, qui aurait dû décourager la réplique, il avait prononcé ces mots trop vite, comme s'il devait y cacher de mauvaises intentions.

Je devais avoir été choisi en ma qualité d'aîné masculin de notre petit groupe. Etais-je à ses yeux un bouc émissaire ou l'émissaire des autres, un mouton de Panurge, une brebis galeuse, ou un loup dans une bergerie ? Au pays des bergers et des montagnards, faut-il se méfier des métaphores évangéliques et ovines ?

Je ne suis pas de ceux qu'une soutane intimide. Notre séjour dans la maison des serviteurs de Dieu devait-il commencer sur cette fausse note ? Devais-je l'accepter ou la rectifier pour nous permettre de trouver l'harmonie ? Je ne tombais pas dans le piège tendu de l'agressivité. Je ne désirais ni m'imposer ni m'opposer. Ma première parole serait celle du consentement :

- Oui... dis-je sur un ton neutre de moine, très lentement et sans bouger avec l'intention de briser le rythme et le ton de cette conversation qui pouvait encore devenir un dialogue, et qui imposa au Supérieur de stopper son élan.

«... mais lui aussi, ajoutai-je en proposant Samten. Il est plus saint que moi.»

L'appelé s'avança d'un pas tandis que nos deux amies nous soutenaient d'un regard de groupies. L'abbé approuva en regardant nulle part. Il était grand, imposant autant par les épaules que par le visage qu'il avait carré, les cheveux en brosse, la cinquantaine forte.

Nous le suivîmes jusqu'à sa chambre, au premier étage d'une maison qui jouxtait l'église. Le décor était austère. Tout de matières solides. En bois foncé, brut, polis et vernis pas les ans, sauf le fauteuil dans lequel notre hôte s'enfonça. Dans l'instant où il se fut assis pendant que j'étais encore debout, je remarquai qu'il avait de petits yeux, un petit front, de fortes mains blanches et de l'embonpoint. Il nous offrit le banc qui longeait le mur du fond de la pièce. Un peu trop éloigné pour une conversation détendue. Ce père voulait qu'on parlât à fort haute voix. Etait-ce une invitation à la franchise ou un procédé d'intimidation ? Trop d'espace nous séparait pour que les formes habituelles de l'expression de la chaleur humaine pussent facilement nous lier. Il précipita une question :

«D'où venez vous ?

Elle me surprit. A sa place, je me serais inquiété de la santé, de la fatigue, j'aurais souhaité la paix, j'aurai béni la rencontre, j'aurai convoqué Dieu... Je me contentai de questionner la question. Télégraphiquement.

- Géographiquement ou spirituellement ? interrogeai-je sur un ton de naïf dont la bonne volonté ne demande qu'à contenter, mais je crois que je laissai percer quelque chose comme un froncement de sourcils dans mon regard.

Ma question le surpris.

- Non... où habitez-vous, se reprit-il après un instant d'hésitation.

Cet abbé croyait-il que tous les hommes fussent chrétiens ? Peut-être avait-il cette tendance fâcheuse de caser les choses très vite dans des tiroirs mentaux préfabriqués et peu nombreux. Nous répondîmes gentiment, chacun à notre tour. La route avait été longue et nous n'étions pas arrivés par hasard. Il nous écouta avec une patience mesurée. La question suivante fusa comme si la précédente n'eût été qu'une concession de pure forme :

- Que venez-vous chercher ici ?

Il fallait donc finalement aborder la question du parcours spirituel ? Chacun tâcha de s'en tenir à l'essentiel.

- Je suis né dans le catholicisme et je suis devenu moine bouddhiste, confessa Samten à l'abbé effaré. J'ai pris un congé de mon monastère ; je souhaitais, à travers vous, rencontrer un regard chrétien.

Je dis moins précisément :

- Je passe la moitié de mon temps à chercher ce que j'ai sans doute déjà trouvé sans m'en être rendu compte... Je veux partager avec vous votre connaissance.

«Nous sommes tous les quatre sur les chemins spirituels, ajoutai-je pour inclure les absentes dans les présentations, et rassurer les appréhensions évidentes de notre interlocuteur. Il n'y a pas lieu de vous inquiéter de notre aptitude à nous couler dans vos rythmes monastiques.»

J'étais hypnotisé par le pied très blancs, barré des lanières d'une sandale qui dépassait de la soutane du père en rythmant une agitation qui m'évoquait celle du forçat derrière les barreaux. Le Supérieur me parut un peu désarçonné. Quelle idée s'était-il forgée sur les apparences que nous offrions. Il dit en hésitant :

«Les retraites, cela se prépare. Il faut nous écrire. Vous nous posez vos questions, nous correspondons, puis nous nous accordons sur une date. L'hostellerie n'est pas en état de vous recevoir. Combien de temps souhaitiez-vous rester ?»

Ce barrage de pré-requis et de questions ressemblait à une stratégie de découragement.

Pendant que j'y répondais, mon regard s'attacha au crucifix suspendu au mur derrière lui. Un Jésus-Christ y agonisait devant ces mesquineries insouciantes de générosité. Je confirmai notre désir de ne rester *que* quelques jours. J'ajoutai que nous avions l'intention de contribuer aux dépenses qu'occasionnerait notre séjour. Cette promesse aurait dû effacer quelques appréhensions. L'abbé ne s'en montra pas ému, il poursuivait son obsessionnel litanie de reproches : "Vous auriez dû écrire, téléphoner, prévenir, prévoir, savoir..."

Il eut probablement empêché notre visite en la refusant de loin, pensai-je. Je sentais sourdre en moi une impatience qui voulait dénoncer le non-dit dans lequel cette conversation s'enlisait. Si le Supérieur m'avait ordonné de partir, j'eusse obéi comme à Dieu-le-Père manifesté, mais ses tergiversations dénonçaient un soucis du confort et de la tranquillité qui insultaient tous les chrétiens dans une indigne petitesse. Au diable ce séjour monastique !

«Je ne pouvais songer à m'annoncer à des hommes qui ont fait vœu de suivre la règle de saint Benoît», dis-je pour lui rappeler celle de l'hospitalité, avec une patience menaçante emprunte de sévérité, et peut-être aussi de tristesse et de résignation.

L'hostellerie avait été récemment rénovée. Elle était vide et en parfait état de recevoir les élus qui affrontaient sans se décourager le rempart dressé devant elle.

Doux Jésus, comment te rencontrerai-je si tes vicaires sont si féroces ?

Je donne un crédit parfois immérité à la bonne foi. Ce père Supérieur, ou la providence à travers lui, avait peut-être été plus subtil que je n'avais cru : en m'obligeant de le sommer d'agir en chrétien il m'avait forcé à prendre appui dans le christianisme. Inversant les rôles, je n'étais laissé surprendre dans le sien, aux côtés de son Christ.

Nous reçûmes le geste symbolique de bienvenue le lendemain, avec le premier repas. Je me courbai pour recevoir le don du lavement des mains, mais l'abbé ne me sembla pas se perdre dans l'humilité du don. Il avait dû nous prendre pour des profiteurs fainéants, un peu hippies sur le retour car, je n'en doute pas, il décida de ne point nous permettre le repos et le recueillement tant que nous serions sous sa protection. Les jours que nous passâmes dans son hospitalité furent occupés à de menus travaux que les frères assignaient à chacun de nous et surveillaient comme des adjudants soupçonneux.

Frère Marc avait été désigné pour nous parler. Nous le trouvions, après le repas du soir, dans un pré sur la montagne verte. Il nous voyait le premier alors que nous marchions à sa rencontre. Le plus souvent il était assis sur un rocher dans sa longue cape noire qui le rendait invisible, entouré de ses chèvres.

Il devait être le plus jeune du groupe. Ses cheveux bruns ébouriffés et ses minces lunettes rondes lui faisaient un visage d'étudiant bolchevique du début du siècle. Le teint très clair de sa peau lisse et imberbe, relevé de lèvres charnues rouges et douces comme de la peau de framboise lui donnait une fraîcheur vibrante et profonde.

Des pâturages, on regardait la vallée à l'éphémère lueur du soir. Une marée de monts et de collines plongeait dans l'onde tranquille de l'ombre tandis que le soleil descendait derrière nous. Ce spectacle disparaissait presque brutalement. La nuit nous ramenait dans l'immédiat et la proximité. L'air devenait frais et humide, puis s'épaississait de senteurs d'herbes.

Nous nous assîmes autour de notre hôte. Il était perdu dans son vêtement. Nous ne voyions que quelques étincelles dans ses yeux noirs et brillants. Samten s'enroulait dans son zen rouge de moine bouddhiste, Odyle et Marie s'emmitouflaient dans des châles tandis que je passais un autre pull-over.

Le ciel sans lune allongeait sa carte d'étoiles scintillantes et diffusait une lueur d'ombres dociles autour d'un berger de métaphore biblique, guide de l'esprit et protecteur de troupeau. Autour de nous, des silhouettes de chèvres s'acharnaient muettement à l'œuvre du repas continu ; d'un vif coup de tête, elles arrachaient la touffe de brins d'herbe puis la broyaient entre leurs molaires grinçantes. Le souffle court et le regard myope, elles venaient nous renifler ou se frotter affectueusement. De temps en temps, l'une ou l'autre bêlait soudainement dans un tremblement convulsif.

Qui voulait parler ici ? Un silence chargé de paix et vide d'attente s'installa entre nous comme un gage de pureté. Plus rien n'était visible à cinq pas que des silhouettes de compagnons sans visage, sans image.

«N'avez-vous pas de questions à me poser, s'enquit frère Marc sur le ton d'une supplique.

Il ne reçut qu'un écho de silence pour réponse. Nous étions dans le charme indéfini de son domaine. Ce moment ressemblait à une prière muette, sans demande. Le merveilleux était en nous sous la voûte d'un infini céleste vibrant, et dans l'informe de tous les possibles.

«Je connais vos questions, décida-t-il. Parlons de Jésus...

Il commença lentement, d'une faible voix qui demandait que l'on dressât l'oreille et l'attention et que l'on retint un peu le souffle pour l'entendre. Chacun de ses mots était complètement articulé. Il ne prêchait pas, il racontait.

«...C'était au soir de la Pâque. Jésus et ses disciples étaient montés à Jérusalem puis s'étaient réunis pour célébrer la fête de l'exode.

«C'était déjà un jour d'exode, Moïse, du désert où il avait dû fuir pour avoir défendu un de ses frères, était monté sur la montagne de Dieu à Horeb. L'ange de l'Eternel lui apparut dans une flamme au milieu d'un buisson : "*Va, je t'enverrai auprès de Pharaon et tu feras sortir d'Egypte mon peuple.*"[1]

«C'était un jour de grâce. Abraham avait reçu la voix de l'Eternel : "*Va-t-en de ton pays, dans le pays que je te montrerai.*"[2]

«C'était un jour comme les autres, l'Eternel dit à Jonas : "*Lève-toi, va à Ninive et crie contre elle.*"[3]

«Se lever, aller, se déplacer, sortir de soi, changer, dire autre chose, faire autrement. Dieu convoque d'abord à l'exode. Et souvent, l'homme se dérobe. Même devant le prodige du feu qui ne consume pas, Moïse résiste : "*Qui suis-je pour aller vers Pharaon ?*"[4] Jérémie aussi veut se défiler : "*Ah Seigneur, je ne sais point parler, je suis un enfant.*"[5] Dieu appelle, l'homme se cache, comme Adam dans le jardin d'Eden. Pas moi, pas maintenant, pas ici, pas comme cela. On trouve toujours une raison de ne pas bouger, de ne pas changer. Nul ne veut assumer de mission, nul ne croit avoir mérité la grâce. Chacun se croit trop ordinaire. Moïse dit à l'Eternel : "*Ah ! je ne suis pas un homme qui ait la parole facile.*"[6] "Et Jonas se leva pour s'enfuir loin de la face de l'Eternel."[7]

«Ces gens-là sont comme nous. Cette élection, personne n'en veut. "*Il ne me croiront point*"[8], plaide Moïse qui craint qu'on ne le prenne pas au sérieux. Jonas s'embarque sur un bateau pour aller loin de la face de l'Eternel. Mais une tempête l'en empêche. Il est jeté par dessus bord, avalé par un poisson. "*J'accomplirai les vœux que j'ai faits*", concède-t-il enfin. On ne nous avait rien dit de tels vœux, peut-être précèdent-ils l'histoire, peut-être préexistent-ils à la vie... Alors, "l'Eternel parla au poisson et le poisson vomit Jonas sur la terre."[9]

«Il y a des appels, il y a des résistances et il y a des élans. Comme s'il fallait qu'il y eût des résistances pour que jaillissent les élans.

«Lorsque Ses appelés sont trop dociles, c'est l'Eternel qui doute d'eux. Il les met à l'épreuve : "*Abraham ! Prends ton fils, celui que tu aimes, Isaac, va-t-en au pays de Morija, et là, offre-le en holocauste.*"[10] "Abraham prit le couteau pour égorger son fils..." "*Arrête, n'avance pas ta main sur l'enfant.*"[11] Et l'Eternel promit à Abraham une postérité "comme les étoiles du ciel et comme le sable sur le bord de la mer."»[12]

Frère Marc nous regarda l'un après l'autre. Il dit :

«Lorsque Jésus fut baptisé par Jean, une voix partit du ciel : "*Tu es mon fils, Moi aujourd'hui je t'ai engendré.*"[13] L'Eternel reconnut l'Eternel qui l'avait reconnu. Et Jésus aussi fut appelé à se déplacer. "Ayant été baptisé, Jésus vit l'Esprit de Dieu descendre comme une colombe et venir sur lui."[14]

"Alors Jésus fut emmené au désert par l'Esprit."[15] Il y demeura quarante jours. Quarante jours de tentations, quarante jours d'affermissement.

«Sorti de son carême, Jésus convoque à son tour : "Il vit Simon et André : - *Venez à ma suite et je vous ferai pêcheur d'hommes !* Eux aussitôt laissèrent les filets et le suivirent."[16] Mais combien ne le suivirent pas ? Et parmi ceux qui marchèrent avec lui, combien le quittèrent en chemin ?

«Il y a l'appel, puis il y a la réponse. Et parfois beaucoup de temps les séparent. Combien fuient pour de bon.

Le murmure tranquille de la voix de frère Marc semblait sortir des lourdes masses d'ombre des collines et des montagnes comme un mince ruisseau.

«Alors, Moïse réclame pour les Hébreux, la liberté que Dieu l'a envoyé solliciter. Il ne dit pas au peuple : "Viens, suis moi, nous partons..." Il ne dit pas : "Faisons des armes et battons-nous." Non, Moïse négocie avec Pharaon, comme s'il voulait le convaincre : "*Israël est mon fils, laisse aller mon fils pour qu'il me serve, ainsi parle l'Eternel,* dit Moïse à Pharaon."[17] L'Eternel permet à Pharaon de refuser et Pharaon refuse dix fois.

«Ce n'est pas une aventure humaine qui se joue ici, c'est un combat spirituel dont la portée est universelle. Le Dieu unique qui est le Dieu de tous, confronte les divinités tutélaires pour annoncer une idée nouvelle : le concept d'humanité. La victoire de l'Eternel n'est pas la défaite des Egyptiens, mais l'annonce et l'amorce de la dissolution d'un ordre du monde qu'il va falloir dépasser.

«Pendant qu'il endurcit le cœur de Pharaon, l'Eternel prépare celui des Hébreux. Il ne leur demande rien d'abord. Il ne veut pas (peut-être ne le peut-il pas), s'imposer à eux comme un maître commande à des esclaves. Il les attire à lui, les séduit pour les conduire. Il veut avant tout les établir dans la liberté. Car seuls des hommes libres pourront le glorifier. Dieu veut élire un peuple pour porter la Thora, les témoignages de la norme et de l'ordre divin. Il veut élire pour un joug : porter témoignage au joug de la liberté regardée par l'ordre cosmique.

«Revanche de la mémoire de l'Eternel qui se souvint de la promesse qu'il s'était faite en la donnant à Abraham. Progression inexorable de l'humanité.

La voix un peu cassée du frère formait des sons biphoniques muant entre le mat et l'aigre et son accent des montagnes faisait résonner la fin des mots qu'il prononçait, comme si, dans ces échos, une autre voix parlait.

«Pour affaiblir les Hébreux, les Egyptiens avaient tué les premiers-nés de la génération de Moïse. Le dernier soir, l'Eternel va porter ce coup décisif aux protecteurs des pharaons en frappant les premiers-nés des Egyptiens. Dans ces cultures, les aînés mâles représentent les premiers symboles de la richesse et de l'avenir. Que valent des divinités qui laissent un autre Dieu prendre leur vie ?

«Moïse ordonna aux Hébreux d'immoler des agneaux, et de peindre de leur sang les poteaux et les linteaux des portes de leur maison afin que cela servît de signe à l'ange de l'Eternel. L'ange passa, prit la vie des aînés égyptiens, mais fit *pessah*, sauta au-dessus des maisons des juifs. Et les maisons d'Israël furent épargnées.

«Les Hébreux mangèrent les agneaux leurs reins ceints, souliers aux pieds et bâton à la main, prêts à partir. Ce soir-là et les jours suivants, ils mangèrent du pain plat, car ils n'avaient pas eu le temps de laisser lever la pâte.

«On célèbre la fête de ce jour en l'honneur de l'Eternel. C'est le *pessah*, le saut de l'Eternel. On mange l'agneau avec du pain azim et l'on boit le vin à la hâte. Chaque année à la veille de ce jour, on sépare le pain levé du non levé, afin de discerner l'esclave que nous étions en Egypte de l'homme libre que nous deviendrons, afin de distinguer l'ancien du nouveau, le pur de l'impur. "*Souvenez-vous de ce jour où vous êtes sortis d'Egypte.*"[18]

«Dieu propose, mais les hommes doivent assumer. Comme l'ange de YHVH a sauté la maison des fils d'Israël, les Hébreux doivent, eux aussi, sauter quelque chose, faire un pas, franchir une porte. Et derrière le saut de l'Eternel, les hommes accomplissent leurs propres sauts. Celui de leur liberté.

«Ils sont partis, ils ont pris la liberté, maintenant ils marchent vers elle. Ils ont quitté l'ancien, maintenant ils avancent vers le nouveau. Le premier sens de l'exode est prendre la route. Ils y sont. C'est aussi prendre la voie, le moyen. A trois jours de là, ils vont offrir des sacrifices à l'Eternel.

«Sacrifier, *qorban* en hébreu, c'est élever. La racine de ce mot, *qarov* signifie approcher. Celui qui fait un sacrifice s'approche avec lui de ce pourquoi il le fait. Elever signifie aussi purifier.

«Faisons un détour, comme les Hébreux dans le désert. Allons voir Caïn et Abel, car ce sont eux qui posèrent le premier acte religieux.

Frère Marc regardait l'innocence de l'immédiat où aucune intention humaine n'eût pu ternir l'invisible transparence de son Dieu. Un souffle de vent poussa sur moi un parfum d'encens qui suintait de sa robe.

«"*Caïn fit à l'Eternel une offrande des fruits de la terre ; et Abel de son côté, en fit une des premiers-nés de son troupeau et de leur graisse.*"[19]

«Eve fut formée d'*un côté* d'Adam. Après quoi, Adam s'unit à elle, dans la faculté de connaître.

«Caïn fait une offrande, tandis que Abel de son côté, avec une part de lui-même, avec cette même part de lui-même à laquelle Adam s'unit en s'unissant à Eve, avec ses désirs, avec son amour, avec son avenir, et sa capacité de connaître, Abel donc, offre et s'offre à l'Eternel. Abel, uni à son geste, monte avec lui vers ce qu'il convoque. Il se donne avec quelque chose de soi, quelque chose qu'on appelle la foi, un sacrifice qui permet de s'approcher.

«Caïn était laboureur. Il apporte des fruits de la terre, n'importe quels fruits. Comme n'importe quel dévôt, il fait les gestes qu'il faut, sans plus. Abel est berger. Il offre à l'Eternel les premier-nés de son troupeau, les prémices, le premier fruit, celui qui porte l'attente, l'aîné, celui qui est lié à l'avenir et à l'espoir. Ainsi Abel nous montre les premiers principes de l'art et de l'acte du lien, la religion. La première part et les meilleures intentions sont pour l'Eternel. Car en offrant une part de soi-même avec quelque chose qui soit précieux, on se détache, on s'élève au dessus de soi-même. Ainsi dans la création se crée quelque chose qui n'y était pas et qui y apparaît, la transcendance.

«A l'Eternel, on se donne avec ce que l'Eternel a donné, à la fois pour reconnaître Sa part de travail, Sa part de bénédiction et pour devenir l'écho, la conscience et la reconnaissance, la manifestation, la part nécessaire de Dieu.

«Bien qu'il soit le promoteur du geste religieux, Caïn ne le conduit pas à son aboutissement, comme s'il n'en percevait pas toute l'ampleur. Abel n'est pas l'aîné des deux frères, il n'est pas prémices lui-même, pourtant il s'offre avec l'offrande. On dirait que les hommes ont découvert le rituel avant de lui donner un contenu, puis de le préciser de mieux en mieux. Ici encore, ici déjà, le saut.

«"*L'Eternel porta un regard favorable sur Abel et son offrande.*"[20] Et le purifie un peu plus.

«Le rapport à un objet est plus important, plus réel que l'objet lui-même. Cette science de la relation au monde est déjà contenue dans l'embryon de religion d'Abel. Ce n'est pas tant l'offrande que la qualité du geste qui la porte qui est regardée.

«Le meurtre d'Abel illustre l'immémorial combat du côté manifeste de l'homme contre ses alliances spirituelles. Caïn et Abel sont sans doute aussi la métaphore de deux côtés de nous-mêmes.

«Retournons en Egypte. Les Hébreux marchèrent donc trois jours dans le désert, puis ils offrirent des sacrifices à l'Eternel.

Une chèvre soufflait dans mon cou une haleine chaude au parfum d'herbe fermentée.

«L'offrande est le premier geste libre de l'exode. Une intention doit la soutenir. S'offrir avec elle à la transcendance, se lier à elle en acte pour monter avec elle et se dépasser. L'exode fait la route du sujet en quête d'un autre soi qui prend la liberté d'oser la liberté, jusqu'à la sacrifier déjà, pour une valeur plus haute encore. Ils sacrifient les premier-nés de leur troupeau. Ils offrent un peu de leur avenir, un peu de son angoisse pour se lier dans l'instant avec la confiance, à la transcendance et conjurer l'angoisse.

«Il fallait qu'ils allassent jusqu'à la liberté pour pouvoir s'unir à des sacrifices et s'élever avec eux. Tel est le but de la voie religieuse.

«Les Hébreux offrirent les prémices comme le don fait l'assurance de la possession, comme la promesse implique la continuité... Consacrons toujours nos prémices à l'Eternel, car l'Eternel est contenu en elles. Souvenons-nous de le faire, souvenons-nous de nos exodes.

«La première fois que l'on fait ou comprend quelque chose contient une rupture d'habitude, un étonnement, un éblouissement qui nous offre les prémices d'un renouveau de nous-mêmes. La première fois porte en elle l'énergie de l'exode, l'enthousiasme de l'audace et la force du saut hors de l'esclavage. Elle appartient à l'Eternel car l'Eternel est en elle dans la bonté de sa magnificence et la beauté de notre candeur. En l'offrant, nous la sanctifions. Elle monte et avec elle, nous montons vers sa source. Ainsi, nous la retrouvons toujours fraîche et intègre.»

Je pensais au jour, assez récent où j'avais désiré pour la première fois offrir un cierge à un saint. L'intention me fit réfléchir sur le sens de l'acte. Que faisait-on en allumant un cierge ? Il fallait, avais-je imaginé, se projeter dans la cire avant d'allumer la mèche en souhaitant disparaître dans la combustion de l'offrande. Je demandais au saint de plâtre de me tirer vers sa perfection en me brûlant avec la matière du sacrifice.

«Le sacrifice a pour but de créer un monde au sacrifiant. Un monde, précisa ce frère philosophe, est une logique fondatrice personnelle.

«Les Hébreux ont la liberté, ils ont la méthode religieuse, mais ont-ils la confiance, se demanda ce jeune homme avec la gravité d'un aîné ? De même que l'Eternel éprouva Abraham, Il éprouve les Hébreux. Il lance leurs anciens maîtres à leur poursuite, et déjà, ils doutent. *"N'y avait-il pas de sépulcres en Egypte... Nous aimons mieux servir les Egyptiens que de mourir au désert."*[21] Ils sont déjà prêts à sacrifier leurs sacrifices et leur liberté. Déjà prêts à s'abjurer. L'exode n'est jamais accomplie. On rechute dans l'ancien.

«Nos peurs nous renvoient parfois à la tentation de la docilité qui nous offre des sensations de certitudes. Elles ne sont que des rémanences d'habitudes. On ne peut pas être à la fois esclave et libre. C'est l'un ou l'autre. Il faut choisir, il faut sauter. Esclave de Pharaon, on l'est aussi de son confort, de sa routine, de ses propres servitudes, de l'ennui, et même de ses frustrations et des souffrances. Nous sommes esclaves d'idées, de désirs, nous sommes esclaves d'un soi qui ne veut pas changer. Dieu offre une liberté entière. Les Hébreux sont devant la mer. Il faut sauter.

«*"Pourquoi ces cris ?* dit l'Eternel à Moïse. *Parle aux enfants d'Israël et qu'ils marchent."*[22] L'Eternel ne peut-il pas fendre la mer pour lui seul ? Non, il a besoin de l'homme, de sa foi qui ouvre les flots et déplace les montagnes, de la confiance en Lui et en soi qui commence par l'offrande de soi et se révèle dans un geste. Dans un geste et dans un silence. Il faut que les hommes se taisent pour que l'ordre de la surnature et de l'unité se manifeste. Les flots s'ouvrirent. Ils traversèrent. C'est le onzième miracle, la onzième plaie.

«L'exode s'accomplit dans sa progression. Il faut s'investir, prendre un risque, avancer, poursuivre l'exode de soi pour monter vers Lui, qui est en soi, dans un ailleurs à découvrir. C'est le second saut. Celui de la foi, celui de la confiance dans la liberté.

«C'est souvent un danger, un malheur ou l'imminence d'une épreuve qui nous y pousse. On ne peut pas la méfiance et la confiance en même temps. C'est l'un ou l'autre. La foi ne se partage pas. On est d'un côté de la mer ou de l'autre. Il faut sauter. Ils traversent. Il n'y a plus de retour. Dieu appelle, mais c'est l'homme qui doit parcourir le chemin, qui doit agir. Les flots se referment derrière eux. L'Eternel qui nous a attirés nous retient.

«La preuve qui annule le doute est toujours devant soi dans une nouvelle action. L'exode de soi est en avant.»

Frère Marc nous observa l'un après l'autre. Un demi sourire aux lèvres laissa deviner deux perles blanches entre ses lèvres. Avait-il l'impression de trop parler ? Nous n'étions pas des pourceaux. Il se décida à poursuivre.

«Historique ou mythologique, cette aventure est celle de l'homme moderne de tous les temps. Elle raconte la naissance d'un nouvel homme et d'un nouveau temps, l'homme religieux et son parcours dans la religion. L'homme éternel qui marche vers l'Eternel. L'homme libre lié à la route de l'appel de sa source, l'homme de l'alliance du savoir, de la connaissance, de l'Esprit et de l'âme. En prenant la liberté, ils abandonnent le fatalisme et avec lui, plus largement le déterminisme et sa servitude. En rencontrant la foi, ils acquièrent la force de vivre et de connaître plus qu'eux-mêmes, toujours plus qu'eux-mêmes, leur dépassement.

«Ils eurent soif, l'Eternel les guida vers des sources. Ils eurent faim, l'Eternel leur envoya la manne. Ils se disputaient, Moïse rétablissait la justice. Ce n'est pas un peuple de saints que Dieu guide, c'est un groupe de gens ordinaires. Quel est cette manne dont les Hébreux se nourrirent pendant cette traversée ? Cela doit demeurer un mystère. C'est le courage pour l'un, l'enthousiasme pour l'autre, la force d'endurance, la foi, la providence d'un met, la chance aux soixante-six parfums. Elle est toute aide que rencontre l'homme en quête de l'Eternel dans son exode de soi vers Lui. Pour chacun, elle est une séquence différentes d'étapes nécessaires qui forment à elles toutes une échelle comme celle de Jacob.»

Frère Marc se tut à nouveau pour nous regarder l'un après l'autre, calmement. Il nous séduisait. Et nous étions irrésistiblement entraînés dans son charme audacieux d'adolescent chaste, intelligent et ludique. Il nous montrait pudiquement son monde et sa vie à travers la métaphore plus ou moins volontaire de l'exode qui avait dû dessiner sa propre route. Son exode convoquait le nôtre. Sa religion avait un sens.

Un voyage de deux jours nous avait conduits vers lui, que nous ne connaissions pas et qui nous parlait de voyage, d'un éternel voyage où l'on touche au but dès que l'on est parti et dans lequel on se déplace sans jamais arriver. La surprise pour moi était que ce jeune moine sût se tenir à distance de l'enclos dogmatique et des sirènes du miraculeux. Sur la route d'Orange avions-nous crucifié une Eglise déjà inexistante ?

«Un jour, Moïse a rendez-vous avec l'Eternel, reprit notre moine. Il va chercher les tables de pierre et la Thora. Il l'annonce. Il part sur la montagne voisine. Il y demeurera quarante jours et y jeûnera. Quarante jours de méditation, quarante jours de traversée immobile de soi pour conquérir sa propre pureté. Dieu est toujours avec soi en soi, mais soi n'est pas toujours avec Lui. Il faut découvrir cette part de soi en soi qui est Lui pour s'approcher de Lui. Encore Exode.

«Moïse précède les autres pour les conduire. Nous ne sommes pas tous également attirés par notre délivrance. *Nous n'avons pas tous la force d'être notre propre sacrificateur.*[23] Certains ont besoin qu'on les guide.

«Les lois seront l'armature du changement et sa mémoire.

«Pendant que Moïse est absent, les Hébreux s'impatientent. Ils le croient disparu, ils désespèrent. Ils se créent une idole... un autre maître, un nouveau tyran, un nouvel esclavage. Retour.

«Quelle liberté est possible dans la soumission à un objet fabriqué, situé, visible et sans âme ? Une liberté de la peur, de la superstition. Quelle confiance est celle qui se pose sur un objet visible ? Le matérialisme. Leur foi est encore faible. Elle est une projection, non une ascension. Ni transcendante ni immanente. Un simple et faible écho. On recule de l'universel au tribal, au familial, au national. L'exode n'est jamais accompli. On rechute dans l'ancien.

«Moïse rétablit le peuple des Hébreux sur sa route. Il lui apporte des commandements qui instituent une rupture dans l'ordre du monde et les anciens rapports naturels ; la justice remplacera la tyrannie du plus fort. Les statues du respect et de l'équité succèdent à la non-loi de la jungle. De nouveaux principes éternels tirent le monde de la nature vers l'au-delà de la nature, la surnature. L'ordre devient plus vaste, universel.

«On ne peut pas être à la fois dans la loi et hors la loi. L'Eternel et Moïse tirent les Hébreux du sein même de leur exode, dans un nouvel exode. C'est encore un saut. Accepter la loi puis tâcher de s'y conformer.

Deux chèvres s'affrontaient avec entêtement, prenant de l'élan pour se cogner les cornes dans une cérémonie rituelle. Sur son rocher noyé dans la ténèbres et sous sa cape, frère Marc me paraissait parfois en lévitation.

«Pour le corps, il fallait la liberté. Il s'en allèrent d'Egypte vers le désert. Pour l'âme, il fallait le sacrifice qui élève et rapproche. Avec la liberté et le sacrifice les hommes peuvent accepter librement une loi qui les libérerait même de la liberté.

«Les Egyptiens virent les mêmes signes que les Hébreux en Egypte. Pourtant, ils sont restés extérieurs, étrangers, opposés, dans l'aventure qui se joue avec et contre eux, devant eux. Ils en étaient tenus éloignés par leur propre civilisation. Ils avaient des prêtres-magiciens et un Pharaon demi-Dieu alors qu'avec l'Eternel chacun doit devenir son propre prêtre-sacrificateur. Ils possédaient la terre et des hommes, alors qu'avec l'Eternel l'homme doit être libre et nomade. "*Car toute la terre est à moi*"[24], dit l'Eternel. Ils pratiquaient des lois différentes selon qu'on était l'un d'eux ou un étranger, alors que la loi de l'Eternel est universelle, "*elle existera pour l'indigène comme pour l'étranger.*"[25] Leurs Dieux n'existaient que pour eux, alors que l'Eternel, créateur de tout sur la terre comme aux ciels, n'appartient qu'à Lui-même. Pour toutes ces raisons et parce que l'universel ne transige pas avec le particulier, parce que l'Un ne s'oppose pas au multiple, mais le dépasse, l'Eternel ne négocie pas avec les Egyptiens. Il endurcit le cœur de Pharaon afin que celui-ci lui offre une victoire telle que son témoignage sera éternel.

«Paradoxe, parce qu'ils sont esclaves, les Hébreux sont plus libres que leur maîtres d'entendre la puissance de l'événement.

«Les exodes de la liberté, de la confiance et de la loi fondent les conditions qui permettent de rejoindre la terre promise, cette terre de lait et de miel, ce jardin de l'ailleurs où l'Eternel a donné à Abraham, comme promis, une descendance spirituelle aussi nombreuse que "les étoiles du ciel et que le sable qui est sur le bord de la mer." Les enfants d'Abraham sont ceux qui acceptent l'Eternel-Un comme seul Dieu et renoncent aux sacrifices humains.

«Exode jamais accompli, exode encore à parcourir. Exode qui est son propre but en étant le chemin de l'Eternel. *Pessah* puis exode, saut d'abord puis route, passage.»

Frère Marc précisait cette condition pour la seconde ou la troisième fois sur le même ton égal. Cette idée me fit tressaillir. L'essentiel de la décision religieuse y était résumé. Après le saut, la pratique comblera le parcours. Mais avant tout, le saut. Où donc était Jésus dans cette histoire ?

«L'exode est le lieu mental et affectif où réside l'Eternel. Ce lieu est un désert, *mitbar*, ce désert dont la racine est une parole, *dabar*. Parole d'exode ou d'évangile qui transforme le monde en le sacrifiant. Désert de commencement, parole de résurrection. Désert de sacrifice, parole de communion.

«De la génération qui avait connu l'esclavage, personne n'entra en terre promise. On dit qu'il fallait que ceux qui avaient connu l'esclavage et qui avaient eu la tentation de l'idolâtrie en fussent tenus à l'écart. Sans doute, mais je pense qu'il n'est jamais nécessaire d'entrer dans la terre promise parce que lorsque l'on est prêt d'y pénétrer la promesse est accomplie. Ce moment est celui où le saut et la route, pessah et l'exode sont unis. L'homme qui cherchait la liberté est devenu libre, l'homme qui s'élevait en sacrifiant a rejoint sa foi, l'homme qui obéit à la loi est devenu un juste. Cette terre est en soi, bien sûr, toujours en soi dans l'exode de soi. Terre de miel et de lait dont la foi distille la douceur et les bienfaits. Terre promise au cœur d'argile dont les hommes sont faits. Tels sont les promesses de l'Eternel.»

Ce moine a raison, pensai-je. L'effet de surprise de la vérité est plus profond que la vérité. Je sentis en moi la surprise de l'étonnement, et le choc de la vérité, une sorte de décompression entre le cœur et le plexus.

Les chèvres bêlaient, elles voulaient rentrer à la bergerie, il était tard et le vent était devenu glacé. L'une d'elles vint tirer mon pull-over de laine. "Attend, lui dis-je à l'oreille, écoute !" Elle attendit. Notre frère poursuivit :

«Je connais vos objections. Le texte de l'exode mêle le dessein spirituel et le parcours historique. Il n'y avait qu'un livre, les deux chemins y sont confondus. Pour ce peuple, la terre promise est aussi la conquête d'un pays.

«L'Eternel a tiré les Hébreux de l'esclavage des hommes puis il leur a montré l'éternelle route de la transcendance. Mais les Hébreux se sont installés dans de nouvelles habitudes. Parmi eux certains sont des pharisiens trop zélés, idolâtres de la loi, d'autres sont hypocrites, idolâtres de leur propre image, ou encore pécheurs, idolâtre de leur plaisir... Peu demeurent fidèles à l'esprit de l'exode. Jésus "*ne vient pas appeler les justes mais les pécheurs au repentir.*"[26] Se repentir, c'est prendre une autre route. Peut-être simplement prendre ou reprendre la route. Israël n'est pas un pays, ni une nation, c'est une pensée fondatrice. La terre promise est là où était la promesse, dans l'exode lui-même.

«Israël, le nom qu'un individu donne à Jacob, signifie "celui qui lutte avec El", avec Dieu.

«Le Christ montre que l'homme installé est égaré, que l'homme religieux et l'homme manifeste co-habitent dans la même âme, que l'esclave n'est jamais séparé de l'homme libre, et que rien ne s'offre mieux au sacrifice que soi, car ce n'est pas pour faire plaisir à Dieu que l'on sacrifie, mais pour monter vers Lui.

«L'Evangile commence avec le Notre Père, "*que ta volonté soit faite*", et s'achève avec l'Eucharistie et la résurrection, perpétuel renouveau du sacrifice et de la naissance. Il trace le nouvel exode, celui d'un déplacement intérieur, qualitatif, dans lequel l'homme renonce volontairement à sa volonté pour accueillir celle de l'Eternel, appelle sa manne quotidienne de confiance, se convie au pardon et le sollicite de son humilité, jusqu'au renoncement de soi pour l'amour du prochain, de l'âme et de l'Eternel. L'évangile est un itinéraire.

«Obéissant au commandement de s'en souvenir, Jésus-Christ commémore la fête du saut : "*Souvenez-vous de ce jour où vous êtes sortis d'Egypte de la maison de servitude.*"[27]

«Il choisit ce soir-là pour instituer un nouveau saut pour une nouvelle alliance qu'un nouveau rite rappellera. Pâques est le nouveau *pessah* dans sa continuité. Après les sauts de la liberté, de la confiance et de la loi, Jésus propose ceux de la charité, du sacrifice et de l'espoir. Il propose une vie faite de gestes d'amour et de fraternité. Il annonce une vie qui aurait un sens, une vie qui serait éternelle. Une vie dans une confiance qui abolirait la mort, à la fois la peur d'être et l'angoisse de disparaître. Une vie dont la finalité serait l'intimité de Dieu. Une vie qui ennoblirait la vie. Et il nous y précède.

«Ce soir-là, au terme de sa route, dans la continuité d'Abel, d'Abraham, de Moïse et des prophètes, Jésus procède au sacrifice du sang et de la chair. Mais, utilisant les mêmes symboles, il va en faire évoluer le sens. Il ajoute un nouveau contenu au geste religieux. Accomplissant la loi, il la dépasse. Le pain sans levain qui fut un pain de misère, puis le pain du départ, et qui est devenu le pain de liberté, le pain qui est la nourriture la plus répandue, va devenir le pain de nos sacrifices et de nos communions. Il est le nouveau signe, le pain de vie. "Il prit du pain et après avoir rendu grâce, *Béni sois-tu Eternel notre Dieu qui nous a donné les fruits de la terre*, il le rompit, et le donna aux disciples, en disant : *Prenez, mangez, ceci est mon corps.*" Ce corps, fruit de la terre, pain de vie et pain de mort, puisqu'il est pain de résurrection, pain de rupture, pain de changement, pain de transformation, pain enfin d'initiation.»

«C'était un jour après son retour du Mont Sinaï, Moïse prit le sang et le répandit sur le peuple en disant : "*Voici le sang de l'alliance que l'Eternel a faite avec vous selon toutes ses paroles.*"[28]

«Jésus prend le vin avec lequel on bénit l'Eternel, Béni sois-tu Eternel notre Dieu qui nous a donné le fruit de la vigne, et il en fait le symbole du sang de l'agneau immolé deux fois par jour[29], symbole aussi de son propre sacrifice, de son propre sang, de l'éternel sacrifice de soi, don de soi pour l'amour de la fraternité. "Il prit ensuite une coupe ; et après avoir rendu grâce, il la leur donna, en disant : *Buvez-en tous ; car ceci est mon sang, le sang de l'alliance, qui est répandu pour certains, pour la rémission des péchés.*"[30]

«Sacrifice de l'esclave de la peur de la mort et du péché, sanctification du saut. "*Tu te souviendras que tu as été esclave en Egypte et que l'Eternel t'en a fait sortir.*"[31] "*Vous ferez cela en mémoire de moi.*"[32]

«Par un retournement prophétique, je veux dire qui annonce la volonté de l'Eternel, Jésus, devenant en la circonstance fils unique du Père, offre à l'Eternel de Se sacrifier en le sacrifiant, lui Jésus assumant le Christ, l'envoyé.

«Jésus devenu fils, l'Eternel-Père s'offre ses propres prémices, son premier-né, pour *monter*, s'approcher avec son sacrifice vers Lui-même, accomplissant l'objet de la création, se connaître. Se connaissant, il est unit dans l'éternité à l'amour du fils qui atteint l'infini.

«Jésus s'offre à son sacrifice et *monte* vers le Père en tant que prémices et prêtre, en tant que victime et sacrificateur, et réalise avec le geste absolu, l'union du créateur et du créé.

«L'âme sacrifie son fils, c'est-à-dire l'homme de terre et d'âme, pour monter vers son Père, l'absolu. Dieu, Père de l'âme, appelle l'âme qu'il a donnée. C'est la religion. L'âme sacrifiant ce qui la retient pour se lier à Dieu, monte vers Lui. Elle rejoint Dieu dans son sacrifice. Lorsque l'acte, son but et son auteur se joignent dans un seul geste, il y a sacrifice, c'est-à-dire montée vers l'Eternel.

«Jésus fait pivoter le sens de la création, et il inverse sa direction. Grâce au sacrifice de l'homme, Dieu descend dans le monde. Grâce à son sacrifice, l'homme monte vers Dieu. Il devient Dieu *vivant*, c'est-à-dire intime d'absolu.

«Et Dieu peut finalement devenir l'objet du sacrifice qui permet la connaissance. "*Dieu*, dit Maître Eckhart, *est un intellect qui vit dans la connaissance de lui seul, demeurant seul dans son silence.*"[33] C'est cela que nous cherchons à connaître.

«Et la mort est inversée.

«Jésus s'offre à ce saut et à l'exode qui le suit, pour une mort qui n'est pas la mort mais la vie, étant la liberté. Il se donne à l'Eternel, comme les Hébreux s'offrirent aux flots pour ouvrir la mer et furent sauvés. Il dépasse la loi pour l'accomplir et va sans attendre dans l'au-delà de la nature qu'est la vie, dans l'au-delà même de la surnature qu'est la loi, jusque dans l'intimité de l'Eternel qu'est l'exode.

«En s'offrant, Jésus s'offre pour tous. Ce geste a valeur de rémission aussi bien pour celui qui le fait que pour celui qui conçoit qu'on le fît, parce que liant l'homme à l'Eternel, il le libère de l'éphémère. Ce *pessah* a valeur d'un exode entier d'un seul instant, d'un instant plein.

«Et les disciples mangèrent le pain et burent le vin en mémoire de ce jour-là, de ce saut, de cette décision, tous les jours, depuis ce jour-là et eux-mêmes renouvellent leur élan.

«Non que l'Eternel ait soif de sang, c'est l'homme qui a soif d'absolu. Le sacrificateur est le sacrifié, c'est une avancée spectaculaire de l'humanité. Celui qui s'immole annonce le sens de son geste tout en instituant son rappel. Par là il précise la nature même de Dieu et par conséquent le rapport entre les hommes et Dieu, ce potentiel éternel qu'il transforme. C'est moins l'offrande que la part de soi qu'on y met qui permet de monter pour s'approcher. La pureté absolue est dans le sacrifice absolu ; Jésus s'offre entièrement sans autre offrande.

«Le Christ est en nous lorsque nous l'appelons. Bien plus que de façon symbolique. Il est toujours en nous. L'Eucharistie nous le rappelle en renouvelant l'alliance dans notre corps, dans notre âme et dans notre Esprit. "*Le but du christianisme est de faire vivre Jésus en soi*", a dit Paul.

«Jésus donne sa vie sur la croix du sacrifice en rémission des péchés du monde. Le péché est l'égarement dans une fraction d'espace, de temps ou de conscience, c'est le moment où nous nous perdons dans une intention plus étroite que le sacrifice, la pulsion de monter, lorsque nous ne chargeons pas nos gestes de sens, lorsque nous devenons plus Caïn que Abel. Lorsque nous mangeons du fruit de l'arbre de la connaissance du bien et du mal sans prendre l'Eternel pour témoin de nos jugements.

«Et Jésus, fils d'Abraham, autorise ses disciples à l'annoncer à toutes les nations pour les entraîner dans l'exode de l'alliance de l'Eternel fait de liberté, de confiance, de loi, d'espoir, d'amour et de fraternité.

«D'espoir surtout, parce qu'il faut en avoir pour accepter d'être celui qui commence. Avec le Christ l'élection est volontaire. Chacun peut entrer librement dans le joug de l'alliance du Père qui fait de nous des frères. Puisque l'esclavage est intérieur, la liberté l'est aussi. Elle est active. "*Tout ce que vous voulez que les hommes fassent pour vous, faites-le vous-même pour eux. Voilà*, dit le Christ, *la loi et les prophètes.*"[34] Les Hébreux connaissaient cette règle à l'envers : "*Ne fais pas à autrui ce que tu ne voudrais pas qu'il te fasse.*" Jésus la rend positive, fraternelle posée sur l'unité de l'homme. Il est tout proche, le royaume.

«Dieu, Elohim devient Père, et son peuple s'élargit pour englober l'humanité. "*Si vous appartenez au Christ, vous êtes de la descendance d'Abraham.*"[35]

«C'est chacun de nous que l'ange de l'Eternel a sauvé en retenant le bras d'Abraham pour abolir le sacrifice humain. C'est chacun de nous que l'Eternel a tiré de l'esclavage en Egypte, c'est nous encore qui avons traversé la mer à pied sec, nous qui avons été nourris dans le désert, nous qui avons reçu la Thora, nous que Jésus sauve de l'égarement de la monotonie en renouvelant l'alliance de la vie et de l'âme. Chacun de nous doit faire l'exode entier à la recherche de l'unité. "*Souviens-toi de toute la route que l'Eternel t'a fait parcourir dans le désert.*"[36] Chacun de nous doit traverser son désert pour y laisser l'esclave et en sortir un homme libre. "*Il faut naître d'en-haut.*"[37]

«Un jour ou l'autre, l'Esprit appelle chacun, comme il appela Moïse. Sommes-nous, ce jour-là, disposés à l'entendre ou résistons-nous comme Moïse, comme Jonas, comme Jérémie et tant d'autres ? Avons-nous le courage de renoncer à nos habitudes pour aller dans l'inconnu ? L'exode commence avec ce premier courage. Pour l'appeler et pour nous en souvenir, nous célébrons l'Eucharistie, tous les jours.»

Au loin, nous entendîmes une cloche solitaire battre le temps. Frère Marc se leva, nous donna rendez-vous pour le lendemain en souriant généreusement. Debout, il était petit et filiforme. Il appela ses bêtes faisant claquer sa langue et criant un chant des montagnes. Cela le rendit à la fois plus humain et plus parfait encore à mes yeux.

Nous descendîmes vers le monastère accompagnés du troupeau qui nous entourait. Nous-mêmes un peu brebis de ce pâtre.

Mon regard croisa ceux de mes compagnons de voyage ; j'y reconnus l'approbation et le plaisir que je ressentais de cette rencontre.

Le père abbé, ou la Providence, avaient bien vu en nous envoyant vers lui.

Chapitre 13

L'exode

«Heureux celui par qui le bien arrive.»
Epitome Clementina sur les actes de saint Pierre

«Quand vous vous serez connus
alors vous serez connus
et vous saurez que c'est vous
les fils du Père le vivant.»
L'évangile selon Thomas, 3

Le lendemain aux mâtines, le charme du petit moine nous avait conquis un peu plus. Nous n'écoutions que sa voix parmi celles du chœur. Il chantait gravement, avec esprit, en évitant les aigus qu'il aurait éraillés. Le soir, nous montâmes tôt et plus enthousiastes au rendez-vous nocturne. Frère Marc souriait chaleureusement. Nous étions heureux de le revoir et bientôt d'entendre encore quelques éclaircissements innovateurs de certains mystères des évangiles. Chacun s'assit plus près de lui ce soir-là. Le soleil déclina, il commença.

«Avez-vous des questions à me poser ?

Samten s'était enroulé dans son zen, Marie et Odyle disparurent sous leurs châles, j'avais apporté un pull et une écharpe. Une lumière d'espace s'écoulait d'un rayon de lune comme d'une porte entre-ouverte ; et des étoiles, comme les trous de serrure des portails de l'infini, perçaient d'éternels phares.

Sur la terre, une question me brûlait la langue.

- Pour le christianisme, Jésus est fils de Dieu. Cela pose un certain nombre de problèmes. Dieu, l'Eternel, peut-il... *techniquement* avoir un fils, est-il suffisamment proche de la création pour avoir un fils ? Pourquoi en aurait-il un ? Et pourquoi n'en aurait-il qu'un ? Tous les hommes ne sont-ils pas fils du créateur et de la création ? Si Jésus est messie, a-t-il accompli la promesse du monde futur annoncée par les prophètes ?

En m'écoutant l'interroger, le moine hocha la tête en pinçant les lèvres dans une expression de l'approbation interrogative ou de l'empathie intellectuelle. Il demeura pensif quelques secondes.

- Je ne sais pas répondre à votre question, mais essayons ensemble de méditer quelques pensées si vous le voulez bien.

Frère Marc ne répondait donc pas à partir de concepts personnels pré-fabriqués, mais de réflexions instantanées...

«Je pense à l'épisode du figuier desséché. Jésus vit un figuier qui ne portait pas de fruits, il le maudit et l'arbre se dessécha. Ce qui est stérile ne porte pas de fruit. Je vois dans cette histoire une parabole de l'homme sans foi. Jésus ne vient pas troubler le juste, mais le pécheur, l'égaré, l'homme sans foi, pour le convoquer à l'exil de soi pour un exode du repentir...

Le frère s'interrompit pour méditer. Il ajouta bientôt :

«Comme s'il fallait croire quelque chose, croire en quelque chose pour éviter la stérilité. Et pour conquérir le pouvoir de l'homme. Car juste après cet épisode, Jésus répond au disciple étonné par le miracle ou la métaphore, qui dit à cette montagne : *"Lève-toi et jette-toi dans la mer" sans avoir de doute au cœur, mais en y croyant, s'il croit en ce qu'il dit, cela sera pour lui, il le verra s'accomplir.*[38] Cela sera pour lui est une réalité suffisante.

«Je comprends votre question, me dit-il lentement comme s'il appelait une inspiration, elle est le centre de la foi chrétienne.

«Il faut croire quelque chose. La moindre pensée se fonde sur une autre pensée et la renforce. Croire est une grâce ou une décision, un besoin, un désir, une révélation. Quoi qu'il en soit, c'est la porte du chemin d'une possible ouverture.

«On peut croire en soi, en sa pensée, en son action, croire en autrui, croire que tout est possible, peut-être d'abord pour concevoir la vanité de ce tout. Croire que Dieu peut être appelé, puis se passer de l'appeler. Croire qu'il va répondre, pour ensuite entendre que tout parle de lui, puis comprendre que tout parle en lui. Et finalement croire que rien n'est vain hormis la vanité. Il faut croire pour agir, croire en l'efficacité de l'action, croire en l'existence. Il faut croire pour cesser d'agir avec avidité, pour cesser de créer l'enfer, pour essayer de faire advenir le royaume. Jésus demande la foi en lui à ses disciples comme une invitation à prendre une direction, un point de départ, un point de vue, pour le suivre où qu'il conduise, jusqu'au bout.

«L'homme sans foi est stérile. Qui peut bâtir sur rien ? Examinons ce que nous pourrions croire. Prenons un point de départ.

«L'Eternel est le créateur de la terre et des cieux. Mais lorsqu'il est Père, Il l'est de la foi et de la confiance que nous portons sur Lui. L'âme...

- ... L'âme aussi est contestable.

- Cela dépend de ce que nous entendons par là. Sur quoi pouvons être d'accord en ce qui concerne l'âme ?
- Sur rien d'*a priori*, précisai-je.
- Bien sûr... Disons... l'âme serait le creuset de la foi, ce qui contient et soutient ce que nous pouvons croire. Lorsque nous croyons en quelque chose avant de l'avoir encore démontré, en attendant de l'avoir démontré ou connu, je dis, c'est l'âme qui la porte. Restons dans la logique de la Bible avant de nous en éloigner.

«Dieu est le Père du souffle, "*L'Eternel Dieu forma l'homme de la poussière de la terre, il souffle dans ses narines un souffle (ou une âme) de vie.*"[39] L'homme est poussière de terre et souffle d'absolu, âme. La terre est la mère de l'homme. Dieu est le Père de l'âme. L'âme est le père de l'homme. Ces métaphores éternelles ne sont pas de vains symboles. Chacun est fils ou fille de son âme. Et mon âme est mon père. Elle me crée.

«L'âme serait ce que nous portons d'immuable, ou l'immuable qui nous porte tout au long de notre vie. Une part d'infini, principe et vecteur de toute chose. Elle serait l'éternel, le personnel et le constant appel religieux que l'on trouve chez tous les hommes, dans tous les temps, partout, comme si la présence de l'infini subtil était contenue dans la vie de l'homme, dans sa parole et dans ses gestes et connaissable d'une certaine façon, intuitive sans doute. Et reconnaissable, sûrement. L'âme serait la conscience vivante de l'infini subtil. Elle se révélerait par cette constante invitation à chercher, toujours au-dessus des choses, un sens, un goût, un point de vue qui procéderait de l'absolu, qui irait vers son *Père*. Elle désignerait cette incroyable équation où la fraction et le tout sont égaux parce qu'absolu, infiniment potentiel. L'âme serait cette qualité qui se manifeste dans le geste de Caïn d'abord, puis dans celui d'Abel qui offre et s'offre avec un sacrifice pour monter vers elle-même qui s'attire pour se connaître.

«Pouvons-nous continuer, me demanda frère Marc ?

Je lui donnai mon accord d'un sourire. Le christianisme de ce frère brillait d'une telle franchise qu'il le rendait lumineux.

«Donc, l'âme est le père de l'homme, Dieu est le père de l'âme. L'âme se manifeste à elle-même dans la conscience de l'homme par ses convocations à l'exode, dans ses appels de l'aventure spirituelle, dans cette invitation à monter avec le sacrifice pour s'unir à elle-même dans son unité d'où elle est issue. "*Dans cet être de Dieu qui est au-dessus de tout être et de toute distinction écrit Maître Eckhart, j'étais moi-même, je me voulais moi-même, je me connaissais moi-même, voulant créer l'homme que je suis. Et c'est pourquoi je suis la cause de moi-même selon mon être qui est éternel, mais non pas selon mon devenir qui est temporel.*"[40] Mais l'âme, créant l'homme, devient dépendante de lui pour se trouver.

«Du fond de son être, l'homme se demande la perfection que l'âme se réclame. "*Afin de devenir fils de votre Père.*"[41] Ainsi peut-elle vivre l'aventure humaine sans être séparée de son origine, car dans sa perfection elle est unie à elle-même au sein de sa cause, son Père, son créateur, la fonction transcendante primordiale, l'Eternel lui-même. Elle achève ainsi son exode. Alors nous pouvons dire avec Jésus-Christ, "*Le Père et moi sommes un.*"[42]

«L'homme s'unit à l'âme et au Père en devenant volontairement leur objet, en travaillant pour eux, en acceptant et en accomplissant leur volonté. "*Je me rends témoignage à moi-même*", dit Jésus en prenant ce point de vue. Le lieu d'où parle le Christ n'est pas de ce monde. "*Je sais d'où je suis venu et où je vais.*"[43] Il est le lieu de l'âme ou celui du monde devenu royaume de Sa volonté. Jésus reconnaît *a priori* la paternité de son Père dans toute situation. "*Je suis fils de Dieu.*"[44] "*Avant qu'Abraham fut, je suis.*"[45] De ce point de vue Eternel, il peut dire : "*Que ta volonté soit faite*", puisque cette volonté est celle de son origine et son terme. Cette volonté se traduit fort bien dans la fraternité, cette qualité de relation qui unit les hommes dans le principe unique.

«La vocation n'est pas seulement un appel mais un destin, une inaliénable destination. Chacun a fait des vœux à son âme avant de se créer. Chacun s'en souvient, vaguement ou précisément, un jour, à une certaine heure. Jonas, après sa retraite de trois jours dans sa mort initiatique décrite comme le ventre d'un gros poisson, reconnaît les siens et promet de les accomplir : "*J'accomplirai les vœux que j'ai faits.*" L'exode de l'âme appelle l'exode de l'homme. L'âme, qui crée l'homme par son exode, appelle l'homme à l'exode pour se retrouver.

«Moi, uni à mon âme et mon âme unie à son créateur, je suis lié à l'Eternel et à l'universel.

Frère marc regardait la terre à ses pieds. Une rafale de vent secoua les arbres à la lisière de la prairie.

«Voilà comment je ressens cela. Mais je ne suis pas docteur de la foi, ni père de l'Eglise», ajouta le moine avec une humilité plutôt joyeuse.

Le miracle dont j'avais rêvé se produisait. Frère Marc était sans doute l'homme chrétien que j'avais cherché. Le Christ, me semblait-il, parlait entre nous, ce soir-là dans la limpidité de l'âme, père de ces propos sur elle-même.

Le moine reprit de sa voix juvénile muante.

«"*Pour vous*, demande Jésus aux disciples, *qui suis-je*" ? Simon-Pierre répondit : "*Tu es le Christ, le fils de l'Elohim de la vie.*" "*Tu es heureux, Simon, car cette révélation t'est venue, non de la chair et du sang, mais de mon Père qui est dans les cieux.*"[46]

«Le fils de l'Elohim de la vie, je comprends "fils du souffle", fils du lieu spirituel de son émergence, fils de l'Eternel qui l'a donné, en filiation avec l'âme plus que fils de chair et de sang. C'est mon Père qui te l'a dit, répond Jésus, entraînant Simon dans sa filiation, et avec lui tous ceux qui le voient ainsi. Car l'âme reconnaît l'âme. Celui qui aperçoit en Jésus le Christ, c'est-à-dire l'envoyé de l'âme, l'âme elle-même, s'ouvre, avec cette conscience, à l'âme dont il est le fils, lui aussi. Simon est bien fils de son âme, s'engendrant comme fils de sa foi. Et nous sommes tous des fils uniques. "*Tous ceux qu'anime l'Esprit de Dieu sont fils de Dieu*"[47], fils de l'Un qui est père de son âme.

«"*J'aime le Père, j'agis comme il me l'a ordonné.*"[48] "*Il (Jésus) fait connaître ce qu'il a appris de son Père.*"[49]

- On pourrait concevoir le Père, l'Ame de l'âme, comme cet appel de la vérité qui transcende le monde.

- Cherchons-nous la vérité seulement ou la vérité et la perfection ? La vérité satisfait la raison et l'orgueil, mais elle néglige l'âme. L'appel de la perfection provoque l'homme (c'est-à-dire la mère qu'il porte en lui, la terrepoussière qu'il est aussi) et l'âme à s'unir dans le sein de l'absolu où l'homme se transforme. *"Nul ne peut venir à moi si cela ne lui est donné par le Père."*[50] L'Ame de l'âme appelle. Celui qui a le courage et la bonne foi de l'entendre, et non de demeurer sourd, fait le premier pas, le premier mouvement ascensionnel vers la perfection et la vérité qui vivent en lui. Il peut suivre le messager qu'est Jésus.

«Ces appels, je pense que c'est ce que nous nommons le Saint-Esprit. Ce sont les liens qui se tissent entre le Père et le Fils. Jésus les entend. Il conçoit que l'Eternel est Père de l'âme et qu'il est, lui, fils de l'âme. Il accepte ce rôle et nous invite à devenir fils, nous aussi. Pour devenir frères sur la terre. La voie est double. Grâce à leurs relations fraternelles les hommes sont frères, fils du même lien ; grâce à leur relation personnelle avec la perfection de l'absolu, les hommes sont fils d'absolu.

«Jésus est engendré et non créé... Il est créé, puis engendré : *"Le souffle sacré descendit sur lui (...). Moi aujourd'hui je t'ai engendré."*[51] L'homme créé est séparé, il devient fils de lui-même, fils de sa propre volonté et de son égoïsme. Séparé, il s'oppose au monde et à l'Eternel. *"Les fils du royaume* (ceux qui ne sont que fils de la terre) *seront jetés dans les ténèbres extérieures."*[52] Extérieures à la lumière de l'ascension. Engendré, l'homme est fils de la terre et fils de son âme, encore dans le lien universel avec son Père. Il est fils unique de son unique Père celui qui est *"tourné vers le sein du Père."*[53] Il ne s'oppose pas à une volonté qu'il ne conçoit pas comme séparée de lui. Il est aussi fils de sa foi. *"Vous serez parfait comme le Père céleste est parfait."*[54]

Frère Marc médita encore.

«*"Père, Père, pourquoi m'as-tu abandonné ?"*[55] dit-il en regardant le vide devant lui. Je ne crois pas que ce fut une question. Au moment de se retrouver, l'âme crie vers elle-même, et vers l'Eternel. Elle contemple le sens de sa vie. Elle comprend parfois le sens de toute chose au moment de s'unir à sa cause. L'âme pure, abandonnant le corps qu'elle a habité crie la vanité, et trouve l'absolu. Pourquoi l'avait-elle quitté ? Pourquoi s'était-elle faite homme ? Déjà elle a oublié. Déjà elle a quitté la terre, elle n'est plus qu'unie en elle-même. *"Qui aura perdu sa vie à cause de moi* (à cause du fils du Père, pour son âme) *la trouvera."*»[56]

Ce soir-là nous voulions poser de nombreuses questions. Samten commença :

«Un châtiment éternel n'a pas de sens ; comment une action limitée pourrait-elle produire une conséquence infinie ?

- *"Le royaume de Dieu est au milieu de vous, en vous, en votre sein..."*[57] Si le royaume est au milieu de nous, l'enfer serait-il ailleurs ? Voulez-vous que je dise qu'il n'y a pas d'Enfer ?...

S'il le disait, j'avais l'impression que cela changerait quelque chose.

«Prenons la chose ainsi : le bonheur est une certaine addition de conditions, plus quelque chose. Toutes les conditions du bonheur à elles seules ne suffisent pas au bonheur, tandis qu'avec cette chose, dont chacun parlerait différemment, et que j'appellerais le *sens*, les conditions sont moins indispensables. Inversement, les conditions de l'enfer ne font pas l'enfer. Je pense que l'enfer est un lieu psychologique duquel le sens et l'espoir sont absents.

«Dieu n'est pas dans l'enfer, mais tout autour, si vous me permettez cette image. Il suffirait de l'appeler pour que le lieu se transformât. Et alors, c'est un miracle. La personne que concerne un miracle est active dans sa manifestation. A Nazareth, dit-on, "*Il ne fit pas beaucoup de miracles à cause de leur manque de foi*"[58], et de même les Hébreux durent avancer dans la mer pour que les flots s'ouvrissent. Au sein même de l'enfer, on peut tendre le bras et c'est déjà ailleurs. L'enfer se réduit au moment où l'on est sans inspiration vers l'Absolu. Et par conséquent, sans courage, sans foi, sans terre promise, nulle part.

«Jésus sait que ce n'est pas le monde mais le rapport au monde qui forme la réalité, et aussi la déforme. Mais aussi la transforme. Il nous prévient qu'il faut connaître l'Eternel pendant que l'on vit : "*La vie éternelle, c'est qu'ils te connaissent.*"[59] Cette vie n'est pas tant à mériter qu'à pénétrer. Sans doute sait-il aussi que l'on n'a pas d'inspiration vers l'Eternel du sein de la mort où l'homme n'est plus que poussière sans âme, et l'âme, orpheline de la foi.

«L'enfer est un lieu d'homme sans âme, seulement fils de la terre. Il y a un enfer par individu où désirs, passions, désespoir, avidité, avarice, etc..., l'isolent dans une solitude *au-dessous*, où il manque toujours ce quelque chose, quelque chose d'*au-dessus*, comme une âme pour la vie, conclut frère Marc gravement.

- Alors que pensez-vous du mal et de la souffrance, demanda Marie avec de la tendresse... et de la souffrance.

- Je ne peux rien dire de la douleur d'un autre, et moi, je n'ai pas beaucoup souffert. Je ne sais pas si le mal existe vraiment, mais je sais comment il n'existe pas. Je ne peux que vous proposer quelques sujets de réflexion.

«Chaque souffrance est unique, chaque souffrance a un sens unique, physique, moral, psychologique. Elle est un enfer lorsque l'on n'y voit pas de sens. La douleur de la maladie de sainte Thérèse de Lisieux n'est pas celle de l'homme sans foi. Il y a des souffrances de l'exigence, il y a des souffrances de la douleur et celles du désespoir, ce ne sont pas les mêmes.

- Pourquoi le mal existe-t-il ?

- Comment existe-t-il ! Le mal n'existe pas dans l'absolu. Nous le créons, il existe en nous, par nous. Ce serait le passé que nous tirons dans le présent, nos fantômes, nos névroses, les erreurs que nous n'assimilons pas et qui se perpétuent en nous et par nous.

«Le mal serait peut être la part d'exil que l'on tire dans l'exode. Une sorte de fracture, de fractionnement, de doute. Dans l'exil on laisse quelque chose de soi dans l'endroit que l'on quitte, on tourne autour, on croit y retourner un jour. Dans l'exode, on prend tout avec soi. L'espérance n'est pas derrière. Dieu convoque à l'exode, pas à l' exil.

«L'exil est la poursuite de l'égarement, comme le péché, une fermeture. On tourne autour de soi, on est errant. L'exode est le parcours de l'inconnu de la volonté de Dieu. "*Que ta volonté soit faite.*" Dans l'exode on reçoit la manne, dans l'exil, on attend, affamé. L'exil contient un préjugé de l'avenir, une volonté personnelle ; l'exode est l'ouverture.

«L'âme chemine de la liberté au renoncement. Si dans la voie du renoncement, elle tourne autour de la liberté, elle est en exil, et finalement, elle ne va nulle part.

«Dieu manifeste l'infini de l'amour en créant et aimant un objet sans objet qu'est l'homme libre, miroir d'infini. L'homme qui se renonce trouve son âme dans son exode. L'homme qui ne se renonce pas tourne dans l'exil de son âme.

«Sur cela, je dirais que le mal n'est pas un problème de Dieu. "*Il fait lever son soleil sur les méchants et les bons.*"[60] Dieu ne peut pas choisir entre la victime et le bourreau.

«Nous sommes des âmes, non pas perdues dans le péché, mais égarées dans la connaissance du bien et du mal d'être. Nos attaches nous lient avec ce qui appartient au monde. La culpabilité de l'homme est dans son amour exclusif du monde et sa conscience exclusive de soi. "*Si quelqu'un aime le monde, l'amour du Père n'est pas en lui.*"[61]

- Comment Jésus ôte-t-il le péché du monde ?

- Le mal existe en chacun de nous, mais non dans l'absolu. En nous initiant à la transcendance, Jésus supprime le péché parce que le péché n'existe plus là où nous sommes alors. Ce n'est donc pas à un combat collectif qui serait une sorte de croisade contre le mal auquel Jésus nous convoque. Au contraire, dans une mission intérieure dont l'objet est le sacrifice, il nous invite individuellement à dépasser le mal qui nous enchaîne. Celui qui lutte crée et renforce l'obstacle qu'il veut écarter. Dieu ignore le mal. Jésus ne lutte pas ; fils de Dieu, il s'élève au-dessus et nous entraîne avec lui dans cet exode. Il montre que le sacrifice gagne toujours sur le mal, sans jamais y toucher, sans lutte. Le Christ montre à Dieu de ne pas s'investir dans le péché de l'homme.

«Le salut n'est pas donné, il faut monter avec un sacrifice. Jésus est rédempteur en ce qu'il provoque *mon* sacrifice, mais je dois aller vers lui. Je le rejoins dans le renoncement. Le renoncement abolit le mal.

«La seule qualité de fils de la terre nous condamne à ramper sur la terre. La double qualité de fils de la terre et de fils de l'âme nous permet de vivre à la fois l'union et la séparation. Le Christ, entièrement homme et entièrement Dieu aime les hommes d'un parfait amour divin et aime Dieu d'un parfait amour d'homme. Il élève le monde jusqu'à sa qualité sublime.

«Jésus en sa qualité de sauveur nous propose une relation différente, intime et responsable avec le Dieu unique. Il nous sauve en manifestant l'âme, la révélant ainsi à elle-même.

«Le verbe qui s'incarne dit que l'action doit impérativement précéder le discours pour que la parole soit vérité. Jésus donne à la parole sa vérité, et ainsi il la sanctifie. Le verbe se sacrifie dans son propre corps pour se lier à l'absolu qu'il n'a cessé d'invoquer. Ce verbe est rédemption, il commence à sauver le monde dès qu'il commence à se parler, à s'entendre. Il est actif, action, efficace, bonne nouvelle, évangile. Parole d'amour annonçant et créant l'amour. Parole de résurrection car il s'incarne de génération en génération. Il ressuscite en suscitant à nouveau le même exode.

«Le sacrifice nous rend vainqueur de la mort. Le sacrifice est la seule façon de *mourir vivant*, seule façon pour l'âme de se retourner à elle-même. Jésus ne meurt pas en ce sens qu'il a toujours été entièrement au service d'une âme qu'il conçoit comme immortelle. Son sacrifice prouve cette certitude et lui donne sa crédibilité. Il vit en nous et nous en lui dans le sein du Père universel dont il montre la voie. Le sacrifice est la résurrection.

- Frère, intervint Samten, votre religion ne manque pas d'intérêt. Pourquoi n'ai-je jamais entendu d'interprétations telles que les vôtres ? Pourquoi, plutôt que d'expliquer sa vérité, votre église la rend-elle si absurde en cachant sa lumière dans des ténèbres de mystères, et l'autoritarisme stérile de ses dogmes ?

- Les mystères forment sa mystique. Leurs secrets sont en vous. Et vous devez découvrir, non pas leur explication mais l'intuition de leur sens. Ainsi, les mystères dans le christianisme constituent des voies de la transcendance du sujet et de sa raison vers l'Eternel, ils stimulent la pulsion d'une action spirituelle.

«Le monothéisme ne nie pas l'existence du sujet, ni celle du monde, lama Samten, mais veut les élever au-delà d'eux dans la transcendance. Alors qu'il me semble, ajouta frère Marc prudemment, que le bouddhisme propose un point de départ où le sujet et le manifeste sont relativisés jusqu'au néant en rapport à l'absolu.

Samten fit une moue d'approbation attentiste.

«Ici, nous croyons en l'existence. Nous travaillons à partir de ce principe. "*Au commencement Dieu créa.*" Le monde existe, l'homme existe jusqu'au dépassement du monde et de l'homme dans le renoncement de l'exode et de la sainteté.

«Le monde est formé de rapport entre ses parties. C'est en jouant sur les rapports qu'on le transforme.

«Par exemple, le royaume de Dieu annoncé par Jésus dans *Matthieu*, existe dans des relations fraternelles indéfectibles entre les hommes. L'existence et l'essence demeurent mystérieuses. Le christianisme n'annule pas les mystères. Il en rajoute en en faisant une pédagogie. Les mystères ne sont pas à résoudre mais à absorber. Ils forment un lieu où l'individu peut s'investir dans un au-delà de la réalité manifeste jusqu'à ce que la lumière de l'universel, impersonnelle puisse le recevoir.

«L'homme existe. Il peut se dépasser par ses actions, mais aussi dans son propre imaginaire, dans sa capacité de briser son rapport immédiat au monde pour pénétrer le plus que lui, l'invisible, le temps, sa nature, l'au-delà de ses conceptions, jusqu'à des représentations même absurdes de l'univers qui sont des portes d'infini. Par exemple, l'art et la littérature sacrés, l'étude et la glose, la dévotion, l'altruisme et la charité. Le mystère devient un lieu d'échange. La glose est le lieu de l'échange de la parole sacrée ; la charité, celui du don et du recevoir ; la dévotion et la communion celui du rapport privé avec l'absolu incréé ; l'art et la littérature sacrés celui du rapport à la réalité créée, recréée, sur-créée, inspirée.

«La raison à elle seule nous a-t-elle jamais permis de vaincre l'égoïsme, bien qu'elle le condamne ? "*Je veux le bien que je ne fais pas, je ne veux pas le mal que je fais*", dit Paul. La raison nous permet-elle de nous transformer ? Nous voulons tous le bien, mais nous ne le faisons pas. Les mystères incitent la raison à s'ouvrir, à se questionner, pour se dépasser.

«Les mystères sont une des puissances du christianisme. Ils nous tirent, nous élèvent comme dans un sacrifice d'une part de nous-mêmes, la part étroite, vers l'infini. La liberté est un mystère de la création de Dieu, mais d'une certaine façon ce mystère nous ouvre à une liberté plus profonde, car elle nous délivre de nous-mêmes. De même la conception, l'incarnation, la rédemption, la résurrection, font éclater les barrières du possible dans lesquelles nos peurs, nos limites, notre matérialité tentent de nous enfermer.

«Le Christ vit en chacun de nous, plus que comme une pensée ou un souvenir, mais comme le point de vue de l'âme devenue une véritable présence. Il ressuscite en ce qu'il suscite.

- Justement, dis-je, Jésus ressuscite-t-il physiquement ? Comme il est le seul à l'avoir fait, il devient un fils unique de Dieu dans un sens que vous avez évité d'évoquer, singulier, extraordinaire.

- Il y a différents niveaux à la foi, différentes sensibilités. La foi du charbonnier sauve le charbonnier.

- Mais elle ferme sa porte à l'intellectuel.

- Non. L'intellectuel peut constater que cette question n'est pas intéressante pour lui, parce qu'elle ne change pas grand chose. Si vous ne pouvez pas croire en la résurrection, n'abandonnez pas Jésus parce qu'il ressuscite ; si vous pouvez y croire, n'adhérez pas à Jésus seulement parce qu'il ressuscite. Laissons sa force à ce mystère, ce qu'il évoque est aussi puissant que l'interrogation devant le ciel ouvert de la nuit.

«Nous avons vu que notre âme était notre père. Peut-être sera-t-elle capable de vous faire vivre après votre mort, peut-être ne le voudrez-vous plus alors...»

Les interprétations de frère Marc ne s'éloignaient jamais trop de la sérénité de l'intellectuel. Même dans ses élans les plus lyriques, son christianisme sans complexe gardait une saine prise de terre où ne manquaient ni la modestie du chercheur, ni le courage de la liberté de ses intuitions. Ses idées n'étaient pas celles d'un opposant, mais celle d'un homme libre. Ni enchaînées ni déchaînées.

Etait-ce sa jeunesse qui l'autorisait à disposer de pensées personnelles dans le carcan des dogmes, était-ce son statut de moine, ou les “nouveaux” chrétiens étaient-ils apparus alors que je l'ignorais encore ? Parlaient-ils, ou ce spécimen était-il isolé ? Le simple fait d'écouter un catholique portant robe, fût-il seul, tenir des propos débridés du joug dogmatique suffirait-il à ranimer l'espoir ? Je l'espérais.

«Vous prenez des libertés avec la tradition, mon frère, dis-je à ce jeune homme.

- Je demande à l'Esprit de l'Evangile de me guider. Jésus ne critique-t-il pas ceux des Pharisiens qui ne s'attachent qu'à la lettre ?

«Lorsque je ne comprends pas un article de foi, je ne l'accepte ni ne le rejette. J'attends que l'Esprit m'éclaire. Après tout, nous ne pouvons pas être différents de ce que nous sommes. La vérité et la perfection ne sont pas des semblants.

- Ainsi, vous acceptez que la dogmatique catholique ne représente qu'une possibilité des textes ?

- L'Eglise représente une possibilité non négligeable des textes. Mais, soyons sérieux et ouverts, elle aussi peut évoluer, elle aussi a évolué. Jung, Teilhard de Chardin, Maître Eckhart, Girard, Berdiaev, et d'autres existent et comptent, ainsi que la psychologie, la linguistique, les sciences et la politique. Le christianisme avec son génie...

- S'il lui en reste ! ajouta Odyle.

Le frère poursuivait

«... en tiendront compte. On ne peut plus faire semblant de penser sans eux, alors que l'on vit avec l'imprimerie, l'électricité et la télévision. Je suis un moine chrétien, mais je sais lire.

- En ce cas, est-il encore pertinent de continuer à vous référez aux textes ? Vous aussi les faites parler dans une direction... particulière.

- Les Ecritures demeurent le fondement de ma foi. Elle est aussi la racine culturelle de ma pensée et de mon époque. Toutes les sciences humaines puisent à sa source.

«Les textes de la Bible ouvrent à de nombreuses possibilités, bien qu'aucune n'y soit exclusivement justifiée. Même ce que j'en dis. Et le texte même n'est pas exempt de contradictions. L'infini et le mystère, et la lumière s'y trouvent liés comme s'ils formaient le message même. Babel nous montre que ce n'est pas en construisant des édifices que l'on monte vers le ciel et que l'on trouve Dieu, mais en tirant le ciel à soi. Ce n'est pas en répétant tous la même chose que l'on parle le mieux à Dieu, mais en s'adressant à lui directement.

«Le temps de la révélation sera peut-être celui de la grande union des pensées... avec un plus, avec ce quelque chose comme l'Eternel d'où elles ont jailli.

«Si nous nous refusons à mobiliser notre intelligence dans nos propres analyses, nous laissons ce champ collectif aux seules interprétations réductrices, exclusivistes et sectaires. En ce siècle, la pensée chrétienne n'est plus tellement cause ni inspiratrice de mouvements. Qui pourtant font exister cette pensée que ceux qui la vivent ?

Le frère nous recrutait-il pour ce déplacement avec lui ?

«Le monde est un exode de l'âme dans une manifestation d'elle-même... De ce point de vue, seul un exode dans cet exode conduit au retour en avant de l'âme vers elle-même. Dieu créant le monde sans se changer ne s'est-il pas lui aussi déplacé au sein même de l'immuable, de sa solitude vers la multitude. Lui aussi a sauté, Lui aussi s'appelle à son retour en avant.

- Dieu existe-t-il ? demanda Samten avec la douceur de son respect d'autrui.

- Le premier degré de l'existence de Dieu existe sûrement aussi, répondit le moine avec la même prudence, mais il n'est pas donné à tout le monde de le connaître ainsi.

- Dieu est-il une personne ? demandai-je.

Frère Marc se pinça les lèvres en élargissant les yeux.

- N'est-ce pas la même question ? Posons-la différemment. L'absolu est-il semblable à l'homme ? De quelle façon ? Nous en avons parlé avec l'exode.»

Quelque chose me choquait tout en me séduisant chez ce frère qui avait de la candeur bien qu'il possédât aussi la subtilité et la sage distance d'un aîné. Son éloquence appelait mon admiration, son intelligence gagnait mon respect, et sa liberté m'incitait à l'imiter. Il avait raconté sans mépris le parcours de ceux qui avaient hésité, alors qu'il n'avait pas dû faire attendre très longtemps l'appel qui l'avait saisi.

Ce qui m'irritait me venait d'une sorte de jalousie envers quelque chose que je ne connaissais que par ouï-dire, ce lieu d'où parlait frère Marc : sa vocation. J'enviai quelques secondes cette intuition d'un appel clair, exempt de doute que je n'avais pas eu, cette grâce. On ne peut pas regretter quoi que ce soit sans se nier complètement. “A chacun sa route”, me dis-je banalement pour me consoler. Mais ce pincement m'ouvrit une autre porte.

Plus qu'une explication, Marc nous offrait avec son audace, une méthode de réflexion. L'intelligence n'était pas proscrite de sa religion. On pourrait y soupçonner une trahison. J'y voyais un acte de foi plus fort que croire, parce que celui-ci assume l'homme dans sa quête de Dieu.

Il n'y a certainement pas deux personnes, fussent-elles de la même chapelle, qui conçoivent et ressentent Dieu d'une façon parfaitement semblable. Le dogmatisme clérical est une trahison de Jésus-Christ. Il prive chacun de sa relation personnelle, intuitive, avec son âme et son père. Le dogmatisme théologique est injuste et inopérant car il oblige à postuler un Dieu extérieur pour le soustraire à l'intime sensibilité du croyant et le fondre dans le moule pré-réfléchi du “prêt-à-penser”. Il devait être une structure ouverte, il est devenu un ordre dominateur. Finalement qu'importe la chapelle pourvu qu'on ait l'Esprit. J'avais eu tord jusqu'ici de me représenter l'église et Jésus-Christ comme indissociablement liés. Cette ouverture me fit l'effet de l'apparition du souffle lui-même.

Pour tout dire comme dans une confession, l'Eglise me faisait songer à ma mère. Avec effroi.

Pour ne pas devenir négligeable, ou un tant soit peu négligée, après que ses enfants eussent grandi, ma mère, dans toutes les conversations familiales, a adopté les opinions et les positions les plus conservatrices, les plus anachroniques et les plus irréalistes de façon entêtée. Elle devient ainsi à coup sûr le centre de contradiction incontournable, une place forte de l'inertie qu'il faut conquérir, le pivot de toute solution, et ainsi de toute séduction. La cohésion familiale se forme contre elle qui croit que c'est grâce à elle. Cependant, pour agir, il faut la nier. C'est le danger de sa politique. L'église, même critiquée, même malmenée, tire de l'existence de ses opposants. Elle continue à jouir de sa posture impériale, quand bien même son empire ne serait plus qu'un mirage. L'Eglise universelle ne signifie pas la conquête par le diktat, mais la présence de l'Esprit vivant afin que tous trouvent à y puiser et y participer.

Le christianisme est un miracle au centre de métaphores de miracles. Mais qu'est-ce qu'un miracle sinon la transformation d'un mirage par lui-même, grâce à une volonté qui le dépasse.

Nietzsche avait annoncé la mort de Dieu. Ce n'est pas Dieu qui mourrait, mais les églises. L'Eglise tuait Dieu à force de l'étouffer dans sa possessivité égocentrique. “*Le fils de l'Homme n'est pas venu pour être servi, mais pour servir et donner sa vie en rançon pour d'autres.*”[62]

Que ne suis-je pas moi aussi délivré de la camisole dogmatique. J'ai jeté Dieu pour me débarrasser de l'Eglise. J'eus envie de décider de jeter l'Eglise et de reprendre Jésus. N'avait-il pas été question de saut ici depuis trois jours ? La religion n'est pas la sanctification de l'imitation ?

Tant que je continuais à critiquer l'Eglise, elle me possédait. Elle n'existait qu'en moi. J'avais envie de faire sortir les dogmes de moi, de me convertir à un christianisme sans Eglise, de me tourner vers Jésus. Et de ne plus tenir l'Eglise comme représentative ni de Dieu ni de ses fils, mais seulement d'elle-même. La seule façon pour moi d'aimer Jésus c'était sans elle. Cette Eglise qui avait voulu remplacer le Père, il fallait bien la tuer, symboliquement, pour évoluer. A cette pensée, un frisson me parcourut l'échine comme celui de l'audace de la liberté, de la certitude et de la décision.

J'étais arrivé a-chrétien dans l'Eglise, je repartais disciple sans église. Je n'y perdais rien.

A la lecture de ce chapitre, le lecteur qui me fait la grâce de le lire m'aura estimé partial, plus sévère, plus intransigeant envers l'Eglise qu'envers les autres hiérarchies religieuses que j'ai évoquées dans cet ouvrage. Je le crains, je le confesse, il aura raison. Serait-ce rendre service à Jésus que d'épargner ses vicaires ? Serait-ce aimer mes frères que de taire mes observations ? On ne se permet de bouder que ce que l'on voulait aimer. On ne divorce que de ses proches.

Le père abbé nous avait fait savoir qu'il souhaitait que nous partions. Avant de prendre la route, devant la porte de la chapelle où l'on célébrait l'Eucharistie, je pris du pain, je rendis grâce, je le rompis, et nous laissâmes le Jésus de frère Marc se fondre en nous avant de prendre une route d'exode.

Chapitre 14

Le culte de l'invisible

«Vâyu (l'air) a tissé l'univers
En reliant comme par un fil
Ce monde et l'autre monde
Et tous les êtres ensemble.»
Brhadâranyaka Upanishad III,7,2

«Sans franchir sa porte
On connaît l'univers.
Sans regarder par la fenêtre
On aperçoit la voie du ciel.»
Tao Tö King XLVII, Lao-Tseu

«Il n'y a pas d'objectivité dans l'appréciation des faits qui s'enregistrent au sein de notre système nerveux.»
Henri Laborit, Eloge de la fuite

Sur la feuille de route qu'il a remise aux services de la police des douanes avant le décollage, le pilote avait noté Cukbra comme destination, mais nous ne nous y arrêterions pas. Nous allions chez les Yanomamis et je n'avais pas les autorisations requises. Je ne les avais pas même demandées ; il aurait fallu attendre des mois à Caracas et justifier d'une activité d'ethnologue ou de missionnaire. Je ne travaillais ni pour l'université, ni pour aucune église.

Le jour se levait. Le soleil nous éblouissait alors que la terre était encore sombre.

A l'approche de Cukbra, le pilote a piqué jusqu'à la cime des arbres. Nous avons zigzagué ensuite au-dessus de la jungle, entre des montagnes cylindriques aux sommets plats où des morceaux de jungle poursuivaient une existence séparée. Elles évoquaient de gigantesques gâteaux de rochers, monolithiques jaillis soudain il y a quelques centaines de milliers d'années de la surface végétale.

«On y trouve des insectes qui n'ont pas évolué de la même façon qu'en bas», hurla Alexandre, mon guide-traducteur vénézuélien, dans le vacarme des vibrations de la carlingue de l'avion-taxi.

Nous étions en dehors de la civilisation, en silence radio, hors la loi, dans la solitude de la jungle.

Il fallait aller très loin pour rencontrer les Yanomamis. Les autres tribus d'Indiens qui vivent plus près des villes et des aéroports, les Piaroas, les Guajibos, ont presque toutes été évangélisées par des missions catholiques ou protestantes. Même celles qui ont résisté à cette épreuve se sont transformées au contact des hommes venus d'ailleurs. Certaines, qui occupaient les territoires côtiers, ont été réduites par la colonisation intérieure à choisir entre le mode de vie des nouveaux venus et la mort lente des assistés. Les *Indios* se dégénèrent dans le rhum. D'autres tribus, qui vivent encore dans la profondeur de la forêt, sont devenues, dit la rumeur, des esclaves dans des concessions minières gérées par des missions, d'où l'on extrait or, diamant et émeraude. Et ils sont bien gardés. On ne peut absolument pas obtenir d'autorisation pour les rencontrer.

Les Yanomamis, quant à eux, ont été relativement préservés, sans doute grâce à leur situation géographique très reculée, au bout de l'Amazonie vénézuélienne et brésilienne, vers la source de l'Orénoque. Jusqu'à ce qu'une ruée vers l'or... Mais mon voyage, c'était avant.

Un secret irremplaçable s'est-il perdu dans le passé paradisiaque ? Le chemin de la sagesse est il à découvrir ou à retrouver ? Nos ancêtres vivaient-ils vraiment dans un Eden dont ils ont ensuite définitivement perdu le chemin ? Les hommes primitifs sont-ils plus intimes des mystères de la création ?

Je ne suis pas nostalgique de cro-magnon. Chez l'homme de la jungle, c'est l'homme primitif que j'espérais rencontrer, une sorte d'Adam. Je voulais lui parler, vivre avec lui, essayer de connaître son monde, sa magie, et surtout tâcher de découvrir comment on approche les *hékuras*[63] que les Yanomamis invoquent.

Peut-être me permettraient-ils de comprendre quelque chose de la naissance de la religion et le point de vue qui fonde le rapport avec le réel et le surréel.

Le petit monomoteur rebondit plusieurs fois sur le terrain rugueux de la piste d'une modeste mission récemment ouverte, à trois heures de Puerto Ayacoucho, quelque part entre Padano et Santa Maria de la Cusicas. Jour de chance, le *padré* était absent.

Une chaleur intense nous accueillit dans son haleine moite. En quelques secondes, je fus couvert de morsures d'insectes. La civilisation a produit l'avion, la nivaquine et la lotion anti-moustique. Voilà qui ne m'incitait pas à renier mes origines.

Au village voisin, Alexandre a engagé un guide et sa pirogue. Nous avons alors lentement remonté la rivière. Elle était basse. Des parois de terre de trois mètres de haut, de chaque côté, prolongées d'arbres gigantesques, formaient un long et profond couloir, presqu'un tunnel.

Lorsque nous allions arriver au village quelques heures plus tard, tous les habitants étaient réunis sur la rive, plus haut que nous. Ils nous observaient fixement depuis beaucoup plus longtemps que nous ne les avions remarqués. Ils n'échangeaient pas entre eux la moindre parole. Des hommes, des femmes et des enfants, nus, ou presque, nous ont regardés accoster. Notre guide a demandé la permission d'entrer. Elle nous a été accordée et nous avons été accueillis. Leurs moqueries et leurs rires ont fait éclater le lourd silence de la méfiance. Le charme de l'étonnement réciproque nous a unis. Ils me tiraient les cheveux, caressaient ma barbe de trois jours, me touchaient, me tâtaient, m'examinaient, et j'en fis autant, pour ne pas paraître farouche.

Les femmes, la poitrine nue, portaient un pagne de cordelettes sur les hanches. Les hommes étaient imberbes. L'un d'eux me montra avec fierté les trois longs poils qui poussaient sur son menton. Certains avaient noué une cordelette autour de leur prépuce, le sexe des autres était couvert d'un morceau d'étoffe. Ils étaient de petite taille, la panse bien en avant, cheveux noirs taillés en bol autour d'une tonsure. “Peau rouge” signifie “couleur cuivre”.

Quatre longues cases faites de troncs, d'écorce et de feuillages traçaient un vaste rectangle qui formait une cour dont un côté s'ouvrait sur la rivière. La jungle en décrivait les limites extérieures. De cette place centrale, on pouvait voir le ciel. Il devait être midi. Le soleil pesait douloureusement sur nos crânes, d'autant plus que nous avions navigué à découvert pendant plusieurs heures. L'air s'alourdissait de plus en plus d'humidité. Mes vêtements me collaient à la peau, les moustiques voraces les perçaient pour me dévorer.

C'est le commerce qui lie les hommes, étrangers les uns aux autres. Nous avons été invités à montrer ce que nous avions à échanger. J'avais emporté des couteaux, des lignes de pêche en nylon et des hameçons en fer, des briquets : merveilles pour des gens qui vivent à un âge technologique d'au moins cinquante-mille ans antérieur au nôtre. Ils savent fabriquer des outils en bois durci au feu, et quelques-uns en pierre taillée. La frénésie du commerce s'empara de la collectivité. Chacun courait chercher ses biens pour me les présenter, mais ils me proposaient tous les mêmes choses. J'ai acquis une sarbacane et des fléchettes, quelques objets de bois, et de la poudre hallucinogène, le *yopo*, faite d'écorce de *chapmi* brûlée puis mélangée à quelques plantes et broyée.

Après avoir sacrifié au troc, j'ai demandé à voir le *brujo*, le chaman. On me conduisit à la case qu'il habitait. J'ignorais tout du protocole à satisfaire. Les présentations furent rapide : les Yanomamis ne prononcent pas leurs noms. Sur le seuil, je lui fis une ample courbette respectueuse. Il nous reçut. Alexandre et notre guide suivaient ; le disciple du sorcier assistait à la réunion. Il faisait sombre à l'intérieur. Nous nous assîmes en silence sur le sable frais. J'eus l'honneur d'un morceau d'écorce en guise de siège. Je leur offris quelques cadeaux.

Il me semblait plus âgé que les autres, les joues creusées, pommettes hautes, des cernes. Ses paupières en amande lui faisaient des yeux égyptiens. Des rides profondes bordaient ses lèvres.

J'avais prévenu mes compagnons de ne prendre aucune initiative. Je ne désirais en rien effectuer un travail dont la rigueur aurait été celle de l'ethnologue qui refuse d'intervenir dans l'action pour observer le plus objectivement possible. Je savais que c'était dans mon intuition que je recevrai ce que j'étais venu chercher et qu'il fallait, pour n'entraver en rien notre rencontre, que toute action vînt de ma spontanéité ou de celle du sorcier. Je laissai encore quelque temps peser le silence. C'est lui qui ouvrit le dialogue, comme je l'avais souhaité, parce que c'est lui qui serait le guide.

«D'où venez vous ? demanda-t-il.

- Je viens de France. C'est un pays lointain, au-delà de la mer. Je suis venu pour te rencontrer.»

Les Yanomamis ne savent rien de la géographie. Comme chaque peuple, partout, depuis toujours, ils se croient au centre du monde. Leur nom signifie “les hommes, les êtres humains”. Le chaman ne pouvait pas savoir ce qu'était la mer. Il n'avait jamais dû s'éloigner de plus de cinquante kilomètres du lieu où nous étions. Je ne sais pas comment ce que j'ai dit lui fut traduit. Nous étions déjà dans l'abstraction. Il ne demanda pas d'explication.

«Que veux-tu de moi ?

Nous y étions.

- Tu es le *Brujo*.

Je lui dis que dans mon pays j'étais disciple de grands chamans, que je voyageais...

- Je vais chez différents peuples apprendre leur... religion.

Les Yanomamis ne possèdent pas un vocabulaire très vaste. L'exercice de la traduction se transforma en une âpre négociation dans laquelle je devais simplifier de plus en plus ce que je voulais dire. Ici, le mot religion posait un problème. Je le contournai :

«J'apprends avec les chamans. Je veux *voir* les *hékuras* avec toi», lui dis-je.

Il n'en parut pas aussi étonné que je ne l'avais craint. Il réfléchit un peu puis il accepta. Il donna quelques ordres à son assistant qui, dès ses premiers mots, avait bondi. Il dit, comme si cela eut constitué un obstacle, que je devrai prendre du *yopo* avec lui. Je tirai de mon sac ma provision récemment acquise. Il fit signe d'y renoncer : c'est sa poudre que nous absorberions.

Deux heures ne s'étaient pas écoulées depuis mon arrivée que j'allais déjà obtenir ce que je voulais. C'était presque trop facile. Cet homme était beaucoup moins étonné de me voir que je n'étais stupéfait de me penser près de lui. Le voyage en avion avait raccourci à trois heures une expédition qui eût pris trois semaines en remontant le fleuve. Je vivais un rêve, au bout du monde, près dc l'une des extrémités du temps. Pourquoi acceptait-il si vite ? A cause de mes cadeaux ? A cause du prestige que pouvait lui valoir mon intérêt pour lui, aux yeux des autres membres de la communauté ? Sans doute... Peut-être aussi crut-il ma démarche intéressante. Toujours est-il qu'il l'accepta et s'apprêtait à m'accueillir dans l'intimité la plus profonde de son âme et de sa culture.

Fait étonnant que j'ai lu dans un livre de Jacques Lizot : les Yanomamis oublient le nom des morts et brûlent leurs biens. Qu'est-ce que la culture pour un peuple qui pratique l'oubli ? Les *hékuras* me le diraient-ils ?

Je ne me faisais pas trop d'illusion... (sans doute pas assez). Mon dessein était moins ambitieux que mes intentions déclarées. Qu'espérais-je réellement des esprits ? Allaient-ils tout à coup surgir d'une fente du mur ? Cependant, je savais que ce qu'on arrive à connaître n'est pas toujours ce que l'on était venu apprendre.

Tout ce qui était dit devait être répété trois fois, en trois langues différentes. Le *brujo* s'y perdait. Je parlais anglais à Alexandre qui traduisait en espagnol de la jungle à notre guide qui, à son tour traduisait en yanomami.

Pour éloigner les moustiques, un feu brûlait près de nous, mais cela ne les empêchait nullement de faire des piquées audacieuses jusque sous mes pantalons de grosse toile indienne. Pour les chasser, le chaman lançait un bras au dessus de sa tête et frappait son dos du plat de la main sans y porter d'attention.

Mon chaman-sans-nom m'expliqua qu'il ne pouvait pas me montrer les *hékuras*, qu'il allait seulement m'accompagner sur le chemin intérieur qui menait vers eux, et qu'il m'appartiendrait de me débrouiller seul après, lorsqu'ils viendraient vers moi.

La lucidité métaphysique de cette indication et la franchise qu'elle supposait m'étonnèrent. J'étais devant un homme intelligent et honnête.

Il prendrait de la poudre avec moi, mais seulement pour me guider.

«C'est vers toi et en toi qu'ils viendront», insista-t-il, en bon pédagogue, me prévenant d'emblée des fausses pistes. Les *hékuras* n'avaient donc pas d'existence extérieure. Etaient-ils des manifestations intérieures ? Etait-ce si simple ?

Avant de commencer notre pèlerinage immobile, le chaman s'est déshabillé : il a ôté le tout petit pagne rouge qui lui couvrait le sexe. Il fut nu. Son prépuce était noué par une cordelette qui lui entourait la taille et maintenait le membre en position verticale. Il m'apparut que l'indécence ici se limitait à l'exposition du gland. Le prépuce est en quelque sorte le premier vêtement. Il ne me demanda pas de l'imiter. Une chance ! car j'eusse été indécent ; et de plus, dévoré à cet endroit si sensible par les moustiques insatiables.

Cependant, le disciple avait broyé finement du *yopo*. Il en chargeait maintenant l'un des orifices de sa sarbacane, l'autre rejoignit l'une des narines du chaman. Il souffla. La poudre roula dans le tube dans un bruit sourd et atteignit son but. Le sorcier fit une grimace.

Il prit six décharges.

Je préférai inspirer ma ration moi-même, à partir de la paume de ma main, mais cela fit le même effet et je fis la même grimace, j'eus la même douleur : picotements dans les narines, sensation de brûlure qui monte aux sinus et se répand aux yeux, larmoiements.

Bien que je n'en aie jamais mangé, je dirais que le goût de cette poudre évoquait celui de la terre, sec et gras. Dans mon nez, elle se transforma en une boue qui saturait les muqueuses et se dégageait par la gorge, envahissait jusqu'au palais, engluait, anesthésiait, et finalement provoquait la nausée.

On m'expliqua que l'esprit céleste, qui devait symboliser l'ordre cosmique, venait par le pilier central de la case collective auquel le chaman s'adosse parfois pour l'appeler. Le tube de la sarbacane figurait ce pilier. Il fallait donc que je prisse ma ration de drogue comme un homme de la jungle.

Les *hékuras* venant par le pilier, devenu pour une raison pratique, la sarbacane, par une indéniable logique, la poudre hallucinogène qui provoquait leur venue devait passer par le même chemin. Cependant, j'y vis autre chose, de tout aussi évident. C'est grâce au souffle d'un homme, à l'autre bout du tube, que la drogue parvenait à son but. Un autre homme, un complice et un témoin, une relation... Les *hékuras* étaient l'occasion d'entretenir une activité commune sans but déterminé.

Nous formions une sorte de cercle. Mes deux traducteurs à ma gauche, le disciple entre eux et son maître qui était presque face à moi, un peu sur ma droite.

Comment trouverai-je les esprits ? Que fallait-il attendre, ou surprendre...

Avant de perdre la raison tout à fait et de m'enfoncer dans les révélations hallucinatoires de mes intuitions, j'essayais de saisir quelques indices qui me permettraient de comprendre la nature de ce que je cherchais, pour cela, j'observais le maître.

Il était assis sur les fesses, les jambes pliées verticalement, les pieds écartés, les coudes posés sur les genoux, les bras étendus devant lui, le menton porté en avant, la poitrine offerte, comme ouvert. Bien entendu, je l'imitai.

Il demeurait parfaitement immobile, le regard fixe. Bien que presque face à moi, il ne me regardait pas. C'est alors que je me rendis compte que ses yeux me donnaient l'indication que j'attendais... Ils s'étaient transformés.

Les yeux. Encore les yeux ! La crainte de Dieu de rabbi Isaac, la perception de l'instant de swami Vichârava, l'observation de la vue avec lama Samten... La spiritualité prenait souvent la transformation du regard comme méthode. Auprès du chaman-sans-nom j'en prenais conscience avec force.

La position ouverte de son corps nu générait un regard, une qualité de regard, une attention qui sans doute s'observait elle-même tout en étant en osmose avec l'extérieur.

Les yeux contiennent et expriment des forces intérieures qu'ils posent ou projettent. Ils absorbent aussi des puissances extérieures qu'ils intègrent. L'intention transmet sa qualité au regard qui devient l'un de ses principaux vecteurs. Reconnaître n'est pas exprimer pour les yeux, comme écouter n'est pas dire, voir n'est pas regarder, ni réfléchir observer. L'attitude, avec tout ce qu'elle contient de la personnalité, de ses motivations et de ses désirs est une force qui produit une qualité de présence. Celle-ci se reflète et se transmet dans le regard qui étend alors ou intègre l'être dans l'espace.

Le maintien de sa tête par rapport au tronc, le menton tirant le cou, plaçait son regard comme en attente. La drogue lui donnait-elle un contenu ?

Regarder, c'est placer la force du regard en dehors de soi avec une intensité correspondante à l'intérêt ; on crée une relation entre un objet et soi ; tandis que voir, qui n'est pas circonscrit dans une intention, établit avec l'extérieur une relation générale, floue, plutôt ouverte, sans but. Observer est empreint de précision, on détaille l'objet comme si on se le décrivait, on veut en garder l'image ainsi que, au-delà de la vue, le contexte et son sens. Lorsque l'on veut *sentir* un objet, il faut jouer de ces trois modes visuels en convoquant la sensibilité et l'intuition. Sentir, c'est comprendre avec les yeux et le corps.

D'abord, je crus que le chaman-sans-nom se détachait de tout rapport au monde. Car on ne peut pas dire qu'il observait, regardait ou voyait.

Lorsque deux personnes “bien élevées”, civiles, non agressives, se rencontrent dans une situation agréable, elles posent l'une sur l'autre un regard dont la force ne parcourt à peu près que la moitié de l'espace qui les sépare ; chacune se contente de se projeter dans un périmètre que l'on nomme l'“espace vital”, qui est un espace-force. Si leur rapport s'anime, s'il faut convaincre, la force du regard s'étend, pénètre dans l'autre moitié de la distance.

Les yeux du chaman étaient sans force, vides, sans relation ; ne marquant aucune présence.

Le dominé, qu'il soit inhibé par le respect, la curiosité, la crainte ou son incompétence, réduit son espace force. Il se fait *petit*, absent. Le dominateur ou l'orgueilleux l'amplifie. Pour passer inaperçu, on retient toute force en soi, et bien sûr, on évite de regarder celui dont on ne veut pas être vu, car la tendance est forte d'interroger du regard... et de se trahir.

Lorsqu'un père gronde son jeune fils, il place la force de son intention dans ses yeux et la pousse jusque dans les yeux et le crâne de l'enfant, afin de lui insuffler sa volonté. C'est le regard de domination. On pénètre l'intention de son interlocuteur. Le fils baisse les yeux pour se protéger, ou alors défiant l'autorité, soutient le regard, défend son intégrité, projette toute sa force dans les yeux de son père : les intentions se jaugent, s'affirment, s'affrontent.

Le regard qui projette est long et intense, le regard qui appréhende est intériorisé. Celui du chaman n'était ni agressif, ni dominé.

La poudre avait formé dans mon nez, une pâte anesthésiante. Mes sinus irrités avaient gonflé. Une morve épaisse s'écoulait lentement dans mes narines et dans ma gorge. Le chaman haletait. Moi aussi. Ma déglutition se faisait péniblement. Je craignais l'asphyxie. J'avais besoin de cracher et de me moucher, mais je n'osais pas le faire.

Au lycée, celui qui espérait ne pas être interrogé baissait les yeux, mais le professeur cherchait parfois ceux dont le regard n'était pas franc. Alors, celui qui ne voulait pas qu'on l'interrogeât regardait le professeur avec une feinte indifférence, comme s'il voulait qu'on crût qu'il ne craignait rien, et celui qui, ce jour-là, savait la leçon, faisait semblant de craindre qu'on l'interrogeât, et le professeur, bien qu'il connût toutes les tromperies, s'y laissait prendre de temps en temps.

Les yeux du chaman étaient sans force, pourtant attentif, dans un... ailleurs qui n'ignorait pas le présent.

Une coulée de morve brunâtre, quittant la lèvre supérieure du sorcier fit une chute sur sa poitrine et continuait un lent parcours sur son estomac. Il se saisit d'un brin d'herbe et se racla la peau pour se nettoyer. Il cracha. Je me pinçai les narines, toussai, crachai, puis m'essuyai les mains sur les jambes de mon pantalon. Je pouvais enfin respirer un peu.

Il reprit sa posture, son regard.

Lors d'une conversation entre égaux, si l'on questionne quelqu'un, on pose le regard jusque sur les yeux, mais sans excès de force, seulement pour marquer l'intérêt et inspirer l'énergie qui appellera la réponse. Mais si l'on veut se faire une idée quant à la sincérité de la réponse, on scrute avec un peu plus de soin : la vigilance appelle l'énergie de la sincérité.

Les yeux du chaman étaient sans force mais attentifs, plutôt vides, mais... projetés vers l'intérieur.

Si l'on observe les objets pour les décrire, on en dessine les formes mentalement, on en déduit du sens, on examine : c'est un regard pointu, non pas puissant, mais concentré et mobile. Mais si l'on désire l'objet, le regard l'inclut dans l'espace-force personnel comme si on le possédait déjà. C'est celui de la convoitise. Et si l'objet nous est indifférent, nous le regardons comme une surface, comme une image, sans profondeur.

Le chaman interrogeait, mais il interrogeait l'invisible et pour cela, il scrutait à l'envers. Il n'était pas détaché du monde, il absorbait le monde. Il absorbait le monde, mais sans le convoiter, dans aucune attente.

L'observation et sa force dépendent aussi de codes sociaux : les Africains, par exemple, ne regardent pas dans les yeux ; c'est une règle de leur savoir-vivre. En Asie, on pose sur son prochain un regard plutôt doux. L'Occidental est très extérieur. Il scrute, observe, traque, et projette par son regard qui est vif.

Les yeux du chaman étaient mous, tendres. Tendres comme l'eau d'un lac, tendres comme si l'on pouvait entrer en lui en se coulant en eux. Il n'était ni absent à l'extérieur, ni absent à lui-même. Ses yeux étaient mous, mous comme l'attente indéfinie, à la limite de l'ennui. J'imitais ce regard autant que je le pouvais. C'est cette qualité molle qui m'en donna la clef.

Lorsqu'on imagine, on retourne la force du regard vers l'intérieur, juste derrière les yeux ; et lorsque l'on rêve éveillé, toujours vers l'intérieur, on observe un peu au-dessus, alors qu'on se souvient en poussant plus en profondeur dans le crâne, souvent même en fermant les yeux.

Bien que son regard fût intérieur, le chaman n'imaginait pas, ne rêvait pas, ne se souvenait pas. Il se servait de ses yeux comme de capteurs... des capteurs d'esprit. On eût dit qu'ils étaient des antennes à l'envers, des radars, comme des canaux... des sarbacanes encore ! Jusque dans la vue, jusque dans le cerveau, comme si un observateur, reculé en lui regardait du fond du crâne. Il voyait, mais comme un voyant, au-delà de voir, vide, non-investi, sans force et sans identité. "*Le sage a ses yeux dans sa tête*", dit l'Ecclésiaste.[64] Ce sorcier le savait.

Il avait renoncé à toute protection, à tout artifice. Ni soucis du paraître, ni pensées de l'être, ne devaient le traverser. Il était disponible à tout, offert, sans résistance. Il était offert comme son corps : nu et ouvert. Nu, mais comme un fauve, alerte comme un chasseur, parfaitement concentré pourtant, parfaitement détendu, mou. Si l'on peut sentir le monde avec les yeux, on le reçoit aussi par d'autres parties du corps : la peau, les cheveux et les poils, le nombril, l'anus, le scrotum, le gland, la paume des mains... etc, ainsi que par chacun des sens et sa capacité intuitive.

Le chaman était nu, mais pas comme le sont les Yanomamis : il s'était dévêtu... il avait ôté son seul vêtement. Nos prêtres se vêtent de l'étole pour entrer dans leur attitude sacrée. Ils ajoutent. Lui, retirait tout. Nu, il s'adressait à l'invisible, à lui-même. Il s'adressait à sa surnature. Nu, il l'accueillait. Nu, condition et expression de la sincérité, de l'authenticité, il l'approchait. Nu, parce que l'on ne peut pas à la fois être — résister — et recevoir complètement — accueillir — le plus subtil. Nu, cela dit tout. Nu et ouvert, féminin : sa verge verticale ornée de chaque côté de sa toison de poils noirs, entre ses cuisses levées donnait à son sexe l'image des lèvres vaginales. Dans cette apparente passivité attentive, il recevait la source spirituelle, un au-delà viril qui le pénétrait.

"Je me suis caché, parce que je suis nu", dit Adam à YHVH-Elohim qui l'appelle, comme s'il s'était soudain révélé à lui-même une image, une idée qu'il devait défendre. Le sentiment du moi le lui avait dit. Le sorcier devant moi était nu comme l'Adam des premiers temps, ni vulnérable, ni inquiet. Il était prêt à se faire prendre par les invisibles esprits, à recevoir dans l'âme, la parole de l'Eternel, quelle que soit sa forme.

Il faut être transparent soi-même pour voir en transparence, l'invisible. C'est cela, le secret de la pureté.

Une soudaine et vive affection me porta vers cet homme. Il était devenu pour moi un maître, un père spirituel, un sage. Cela créa la confiance dont j'avais besoin pour le suivre vraiment sur les traces qu'il m'indiquait.

La chaleur était telle que j'avais l'impression d'avoir la fièvre. Je suais, je tremblais. La fumée brûlante me suffoquait. Je me suis déshabillé. Je me sentis soulagé de cinquante-mille années au moins. Je me suis assis comme le sorcier, j'ai regardé comme lui et j'ai attendu.

Mon corps était devenu hypersensible, comme électrisé ; chacun de mes poils était hérissé, au garde à vous ; mes sens étaient en alerte maximum. J'ai ressenti une sorte de bourdonnement mental, un *buzz* qui faisait vibrer mon corps et mon cerveau. Lorsque je fermais les yeux, je voyais rouge. Des images se dessinaient sur cet écran de couleur. Bientôt, le monde a perdu de sa géométrie, la réalité est devenue autonome : ni extérieure, ni volontaire.

Je tâchais pourtant de ralentir ma pensée qui galopait à la vitesse de mes synapses survoltés par la drogue, de la concentrer sur mes sens, puis plus généralement sur *recevoir*. J'amplifiais mes facultés de perception en les investissant de toute ma conscience. Je devenais ce qui m'entourait et je ne percevais plus qu'à travers la *sarbacane*. Enfin, vidé de moi-même, je cessais de réfléchir. Je sentais, comme un animal guette, le plus minuscule, l'infime variation et son écho en moi.

Vue d'avion, la jungle ressemble à la chevelure dense et crépue d'une gigantesque tête de nègre. Elle est tranchée par les raies sinueuses des rivières et trouée de rares villages minuscules. De l'intérieur, c'est un enchevêtrement de vies végétales, chacune pour elle-même cherchant la lumière, toutes faisant de l'ombre. Le ciel y est presque inaccessible au regard. L'horizon est l'immédiat. On ne voit pas venir le tigre, le serpent ou le gibier. On le sent.

Sur la rivière que nous remontions avant d'arriver au village, un arbre déraciné bloquait presque toute la largeur du passage. Nous avions dû le contourner prudemment. L'arbre bloquera la rivière jusqu'à ce que la rivière l'engloutisse. Dans la jungle, l'homme ne domine pas la nature, elle est toujours plus forte que lui. Il vit avec elle plutôt que contre elle. Il ne la transforme pas, elle le modèle. Dans la jungle, l'homme ne dicte pas, il écoute.

Nous écoutions.

Dans les sous-bois, il fait sombre en plein midi, pourtant, au-dessus de la cime des plus grands arbres, un soleil vif, blanc, impassible, cuit l'air saturé d'eau, visqueux, peuplé. La vie en millions de formes danse ses millions de danses. Rampante, marchante, volante, elle est omniprésente comme une force, omnijallissante, nerveuse, fougueuse, qui grandit, se multiplie, pousse, traque, se détourne, est traquée, s'enroule, se dévore ; découvre sa loi. L'homme y est un hôte comme les autres. Il dispose encore de son instinct.

Odeur de boue, odeur de bois et de feuillage, odeur de qui-vive et de peur. Le temps est l'imminent. Et le bruit. Tout parle, même les feuilles, et écoute, alerte. Tout respire et observe. La mort surtout. Et le vent. Il étend le bruit, transporte les odeurs, masque les mouvements en courant dessus. Un vent messager tisse dans l'invisible des réseaux de pistes et de signes. Il informe, porte l'avenir, lui-même esprit du temps.

La jungle est une immense matrice spontanée, polymorphe et anthropophage, l'état de nature, la nature à l'état brut, brutale, fertile et inconsciente. Je pense à Shiva, le Dieu créateur, préservateur et destructeur : complet. A Elohim, pas encore YHVH, au soir du sixième jour, lorsque *"furent achevés les cieux et la terre et toute leur armée"*, ainsi que l'homme-de-terre, qui ne dominait encore rien, pas même lui-même. Dans la jungle, l'homme est encore dans sa genèse, pas encore tout à fait accouché. Depuis, j'imagine le jardin d'Eden, non comme un verger planté d'arbres alignés, mais comme cette forêt amazonienne spontanée et opaque. Il fallait en sortir pour *ouvrir* le regard. Le désert est une mer sans l'eau, où le fond de l'inconscient se révèle à la conscience dans l'aridité de tous les sens. Pays des prophètes où l'Homme debout regarde à travers l'air torride et flou, l'horizon où la terre et le ciel se rejoignent et convoquent l'infini. Il n'y a rien à entendre que les silences bruyants des vents qui parlent. Il n'y a rien à voir que l'étendue monotone et ses mirages. On regarde la lumière et écoute sa voix. On observe au fond de soi pour apercevoir le trait d'union de l'homme et du créateur de l'homme : "*Je serai.*"

La jungle pétrit un désordre informe d'actions et de réactions : d'effets. Ce n'est pas l'intuition qui prévoit, c'est l'instinct qui pressent. L'intelligence sert d'abord à survivre, car rien n'est dompté et pourtant tout est soumis... à la peur. Une force inconsciente à elle-même cherche une sécurité, une intuition sur elle-même. J'y sentais la nature dans son côté principalement féminin, l'eau sans le feu, la puissance sans la rigueur.

C'est dans cet environnement que flottent les esprits. Je les conceptualiserai comme des volontés sans désirs. Intentions sans finalités conscientes, manifestations d'énergies de la terre. Ils sont nommés, mais je ne suis pas sûr que le nom qui les évoque les décrive.

Ils sont transparents, un rien plus dense que l'air, invisible mais pas imperceptible : on les sent, dans l'alliance du sensible et de l'instinctif, du corps et de l'âme primitive, au seuil de l'intuition : on les sent comme on sent un danger, comme on discerne une intention derrière un souffle, comme on devine la mort, comme on pressent un événement, à cause d'un rien qui modifie l'attendu et annonce l'imprévisible. On le sème aussi, en agissant comme on ne l'aurait pas fait, en plantant un acte déterminant qui provoquera des réactions en chaîne jusqu'à manifester l'intention de son premier maillon. Le vol d'un papillon en Amazonie modifie le climat au Bengale, dit-on pour illustrer l'interdépendance complexe en physique. Le chaman-sans-nom le sait.

Il commença une mélopée un peu aride, une sorte de discours aux intonations chantantes qui dura longtemps.

Un vague souffle me caressa le visage et le dos. Le sorcier dit d'une voix grave et paisible, un peu troublante :

«Ici *hékura*[65] serpent.»

Le chaman sait que l'esprit n'est pas une apparition visible, mais qu'il est un sens en soi-même, une forme de soi simultanément et spontanément reçue et projetée à laquelle correspond et répond une forme de la nature plus vaste, plus puissante et plus permanente que soi, en soi. C'est un caractère de la jungle omni-jaillissante, matérielle et violente qu'il porte en lui, qu'il a appris à entendre, à recevoir, à développer, à reconnaître : l'eau, le vent, la mort, le tigre, la perdrix, l'âme des morts ; des réalités mobiles qui déterminent d'autres mouvements. Chaque chose est plus que ce qu'elle est. Les choses les plus dynamiques, ou celles qui portent plus de sens, sont encore plus que ce qu'elles sont. Elles forment les *hékuras*.

L'effet hallucinogène du *yopo* ne dure pas très longtemps. Le disciple avait broyé un peu de poudre. Il attendait avec sa sarbacane, un signe du sorcier. Je vis un des orifices du tube s'approcher de mon visage. Je le guidai vers mes narines.

Les esprits révèlent à la fois le sens général du monde et sa dimension instantanée dans l'expérience immédiate et personnelle qu'on en fait. C'est l'invisible, une dimension de la réalité qui prend sa source soit dans le tout petit très dense, soit dans le très grand diffus. On le voit dans le détail qui porte tout le sens, qui apporte une information, ou dans l'atmosphère, l'humeur. Il est une sensation du monde lorsqu'on tâche de le recevoir complètement. La drogue décuple la sensibilité et l'attention qu'on en a.

Immobile et attentif, le chaman observe l'infime et le diffus dans un monde entièrement sacré et il voit ce qu'il cherche dans le minuscule mouvement inhabituel et inattendu, dans un presque insignifiant qui pivote soudain autour de lui et en lui simultanément, l'alerte, et lui donne un sens. Sa drogue, dont la recette est personnelle et divine, lui permet de briser ses habitudes mentales, ses conditionnements personnels, de dépasser ses limites sensorielles, d'observer au-delà de la vue, physique ou mentale, d'entendre plus que les sons, de devenir plus mouvant, plus vaste, hypersensible, hyper-réceptif au minuscule en lui et à l'extérieur ; qu'importe car il vit dans un monde sans discontinuité.

Il ne prie pas, il écoute. Il n'observe pas le ciel, il regarde en lui et autour de lui. Il sent différentes dimensions au monde qui l'entoure, il les nomme, les interprète, les reçoit, s'imprègne du langage de leurs signes. La drogue multiplie les événements intérieurs. Il lie ce qui lui apparaît avec ce qui est. Ainsi, il voit dans le vent comme je lis les affiches dans le métro. Il n'attend pas l'intervention d'un Dieu tout puissant et protecteur, il va vers le mouvement et discute avec lui. Le Dieu-Un est transcendance, au-dessus, les esprits sont immanence, à côté.

Sans aucun geste, sans aucune parole, dans un rituel minimum qui se réduit à une préparation personnelle, comme un méditant de l'Orient, le *brujo* me montrait une posture à adopter, et avec elle la nature de ce qu'il fallait chercher.

Dans l'état où nous étions, nos paroles étaient rares ; les traductions étaient si laborieuses qu'elles devenaient opacifiantes. Je renvoyai guide et traducteur. Son disciple s'éloigna. Je demeurai seul avec lui.

Le sorcier parlait sa langue et moi la mienne. Nous nous comprenions fort bien. Nous parlions sans nous préoccuper de langue, et ce n'est que bien plus tard que je m'aperçus que nous nous étions compris autrement. Les mots prononcés ne faisaient que confirmer du chant de la voix, l'intention déjà comprise.

J'ignore ce qui s'est produit ensuite. Je me suis retrouvé couché sur l'épaule gauche. Je n'en ai pris conscience que lorsque le sorcier a entrepris de me replacer à la verticale. J'avais gardé les yeux ouverts et la réalité s'était renversée avec moi. L'axe de la terre avait viré, si bien que je n'avais pas constaté de différence. Lorsque je fus assis à nouveau, il me tourna de quatre-vingt dix degrés vers la gauche. Je faisais face à la porte close. J'ai eu des frissons, mes poils se dressèrent. J'ai ressenti une pression entre le plexus et l'estomac. Par réflexe je contractai mes abdominaux et plaçai mes bras devant moi pour me protéger. Le chaman-sans-nom me les tira doucement vers l'arrière. J'étais alors assis sur les fesses, les jambes écartées, le poids du corps reposant sur mes bras. Il me dit de me détendre et d'accueillir ce qui viendrait à moi. Il fit de grands gestes pour tirer le haut vers le bas.

«*Hékura* serpent, *hékura* vent, descendez, descendez, descendez... entrez en lui...»

Le soleil, bas, perçait en éclairs à travers le mur d'écorce et de feuillage. J'éprouvais un élan de plénitude qui rendit tout lumineux. Sentiments, perceptions, pensées se confondaient. Inexplicablement, je me suis souvenu de sainte Thérèse d'Avila, lorsqu'au commencement de ses béatitudes elle écrit : "*Tout n'est rien*", comme l'expression de son ouverture vers le splendide, parce que dans le rien, tout est possible, d'autres mondes pouvaient émerger. Un autre monde lui était apparu.

L'esprit serpent fit entrer le soleil dans la cabane et le suspendit, tout rond, au mur ; ensuite il renversa le décor tout entier, sur la droite cette fois. Lorsque j'essayais de contrôler ma position par rapport au monde, en observant si j'étais bien assis, je tombais sur le côté droit, comme pour rejoindre mon désir de cohérence avec l'axe. Pourtant c'est bien après que le monde eut basculé que je perdis l'équilibre.

Je sentis une présence. Ce n'était peut-être pas celle de l'esprit serpent ; j'imagine que c'était celui de l'Ame yanomami qui commençait à me pénétrer, l'esprit "homme de la jungle" ou mon propre esprit primitif enfoui dans une culture millénaire, dans un inconscient blindé de dizaines de siècles de terreur analytique et de logique de non-contradiction qui émergeait.

Il me manquait les années d'apprentissage qui eussent construit en moi le système intuitif de ce peuple, la racine de sa culture.

Je tournai la tête vers le haut pour regarder mon nouveau maître. Debout derrière moi, il m'observait. Sa sérénité m'empêcha alors de chercher ma peur.

Poussée par le vent, la porte s'ouvrit. Quelque temps plus tard, un petit perroquet vert apparut sur le seuil. Il hésita à entrer, puis s'approcha. A quelques pas de moi, il grossit jusqu'à devenir aussi grand qu'un chien. Je l'observais fixement. Il se tourna, de sorte que je le vis de profil. Je regardai son œil gauche qui ne bougeait pas, comme s'il me regardait aussi. Il me fascinait. Je me senti aspiré vers lui... Et j'entrais dans l'œil.

A l'intérieur tout était comme à l'extérieur. Nous étions dans la hutte. Toutefois, quelque chose était différent : ma compréhension. Le perroquet parlait, ou ne parlait pas, un langage qui m'était inconnu mais que je comprenais, sans même l'entendre. Il n'y avait pas de son, pourtant, je *voyais* des sons dans une sorte de sensation intelligible et précise.

«Chercher l'esprit, chercher l'esprit ! On ne peut pas comprendre l'esprit. Il vient et il repart. Il part.»

On entendit des voix, des pas. Immobile dans la case, je vis le village tout entier et la jungle autour.

«Ne pas penser. Ne pas penser. Les *hékuras* sont partout. Esprit du corps, esprit du poil, esprit de l'œil...»

Je traduirais ainsi l'enseignement de l'œil du perroquet : le *hékura* ne laisse voir ni la longueur de son action ni sa nature ; elle est rapide, précise, détachée. C'est une force qui n'agit pas sur la conscience. Son secret ne se trouve pas derrière les limites de sa perception. Il est l'aperçu plutôt que la conscience de percevoir. Et il ajouta cette idée que je ne compris pas :

«Il est une érudition de la liberté.»

J'ai eu alors l'impression d'étouffer. Je voulais tant continuer à écouter que je crois que j'avais cessé de respirer.

Ne pas essayer de capturer l'esprit, de l'arrêter, de le posséder, de le saisir, de le retenir, de s'en souvenir, d'en faire une certitude, car il n'existe pas ainsi. L'esprit est comme le temps. La possession est impossible.

«Alors, quelle possession est possible ? demandai-je au perroquet ou au chaman. Je ne sais pas au juste à qui je posai cette question.

- L'esprit rétablit l'équilibre qui fait parfois défaut et ainsi re-crée un monde uni, constitue et recompose l'harmonie mentale, affective, spirituelle.»

Volonté sans désir, c'est-à-dire au-delà des seuils de contingence, il permet une interprétation molle du réel qui autorise une transformation du réel.

Je fus irrésistiblement tiré de l'œil. Il y avait deux perroquets sur le sable de la hutte. Ils me donnaient l'impression de se parler l'un à l'autre en émettant des sons et en faisant crisser les deux parties de leur bec.

Etait-ce une hallucination ? Bien sûr. Le monde existe sur des systèmes d'interprétations qui en supportent la continuité. Ce que je comprends n'est pas différent de ce que je crois comprendre. Ce que je vois n'est pas différent de ce que je crois voir.

Ce qui permet d'établir la réalité d'un phénomène est la reproductibilité de l'expérience qui le révèle, le fondement théorique qu'on peut en déduire ou en induire, et l'objectivité de l'observation ; pour palier aux approximations de la subjectivité en ce qui concerne les sciences humaines, on utilise des analyses statistiques portant sur des échantillons de populations. Ces méthodes sont impropres à traquer et à expliquer l'intuitif, le poétique et le spirituel, car ce sont là des expériences intimes, non systématiques.

L'homme qui marche dans l'exploration des sciences se concentre sur l'intelligible. Il néglige tout rapport avec la magie qui le guide. A l'extérieur de soi, il observe un monde qu'il doit rationaliser, ou à l'intérieur, un monde auquel il doit trouver une structure qui soit collective, commune à tous. Il conditionne toute expérience intuitive en dehors de ce qu'elle a d'unique, dans des hypothèses dont les fantasmes, les névroses et les désirs sont les tiroirs. Rationaliser à tout prix. Je n'en suis pas guéri non plus.

Pour introduire le Dieu unique dans un monde déjà entièrement sacralisé, les missionnaires du Dieu unique ont dû aussi y introduire le profane : le péché, la culpabilité et ses nouvelles douleurs. Ils ont dû imposer un monde duel, partiel, imparfait, pour annoncer un autre monde, ailleurs, dans un autre temps, parfait, complet. Dans ce monde uni, le Dieu salvateur recevra les hommes les mieux culpabilisés dans l'infini soulagement de toute tentation profane. Mais ce Dieu n'est qu'une façon de vivre le monde, ce n'est pas le monde.

Le chaman est un poète qui fait œuvre de lui-même. C'est un prophète, aussi. Bien qu'il possède un savoir très limité, il sait lire son monde. Il ne se préoccupe pas d'objectivité, il sent sans expliquer, parce qu'il sait sortir du monde et y rentrer. Solitaire dans sa case, ou dans la hutte collective il voit le tigre roder autour du village, il interroge l'oiseau, le vent, l'eau...

Nous avons campé entre deux cases. Le soir, les jeunes et les vieux venaient nous regarder timidement. Les enfants et les chiens restaient à distance.

Les Yanomamis travaillent peu ; ils font de la cueillette, un peu de culture de plantain, un peu de pêche, parfois des expéditions de chasse. Cela les occupe deux à trois heures par jour, guère plus. Le reste du temps leur appartient.

L'Eden devait ressembler à ce mode de vie de chasseur-cueilleur, où le travail n'est pas investi par l'inquiétude, où le territoire n'est pas gravement menacé, où chacun a autant que l'autre.

Le lendemain, dans l'après-midi, le chaman a pris du *yopo* à la maison commune, le *shabono*, vaste hutte ouverte d'un côté dont l'architecture, avec celle du village est une carte de l'univers. Son pilier central est le centre du microcosme et l'axe qui permet de passer d'un monde à l'autre. Debout devant près de la moitié de la tribu assemblée, les uns assis sur le sable, d'autres couchés dans des hamacs, il a raconté ses visions.

«Ha ! Ici, là, dit-il en pointant du doigt vers l'orée de la forêt, un homme arrive. Il porte un gros poisson. Je lui demande : "Où l'as-tu pris ?" Il me dit : "Là-bas, dans la rivière." Comme il est gros son poisson...»

Il parlait en gesticulant, en mimant. Ensuite il allait s'asseoir, discutait avec quelques hommes, prenait une nouvelle dose de drogue, puis, poursuivait l'évocation de ses visions.

Plus tard, je lui rendis visite accompagné de ma suite de traducteurs. J'essayais de me rendre compréhensible mon expérience de la veille.

«Qu'est-ce que c'est que les *hékuras* ?

- Les *hékuras* sont proches de nous, fit-il en étendant son bras gauche.

- Où sont-ils ?

- On les voit, en les appelant ou en allant vers eux.

Les réponses du *brujo* me semblaient toujours un peu décalées...

- Sont-ils ici tout le temps ?

- Non, ils vont et viennent.

- Peut-on les approcher quand on veut ?

- Les *hékuras* alliés sont familiers.

- Et les autres ?

- Les *hékuras* ennemis sont terribles et méchants.

- Pourquoi ? Que font-ils ?

- Ils peuvent tuer, ils volent les âmes, entrent dans le corps et rendent malade.

- Comment font-ils ?

- Nos ennemis les envoient.

- Et vous, envoyez-vous vos *hékuras* à vos ennemis ?»

J'avais gaffé. Je sentais qu'il n'aimait pas ma question. J'avais surestimé notre degré de complicité. Tout à coup je venais de lui rappeler que j'étais étranger, et il me regarda comme un ennemi. J'en eus un frisson. J'essayais de me rattraper mais la lourdeur de la traduction creusait plutôt que ne comblait le fossé qui était apparu. J'avais encore des dizaines de questions à poser, je voulais savoir ce que signifiait "familier", comment les esprits tuaient, comment on les manipulait, etc... Je changeai de registre.

«Un chaman de mon pays m'a enseigné une formule qui appelle un grand *hékura*. Il devient l'allié de tous ceux qui l'appellent.»

La jungle fait-elle naître un missionnaire en chaque Occidental ? Ce n'était pas mon propos. Je pratiquais l'échange. Je donnais comme j'avais reçu. Je pris l'expression du visage de mon interlocuteur pour de l'intérêt. Je poursuivis :

«Il faut bénir ce Grand Hékura, alors il bénit à son tour. Pour l'appeler, on dit : "Bahouk attah Adonaï Elohim."»

Je lui fit répéter plusieurs fois cette formule. Ainsi, comme me l'avait affirmé rabbi Isaac, je faisais descendre la *chehina* (la présence divine) sur un morceau de la terre qui ne l'avait sans doute jamais reçue. Cela nous permit de reprendre notre entretien avec une confiance retrouvée.

«Comment les voyez-vous ?

-*Yopo* conduit vers les *hékuras*.»

J'essayais de comprendre ce que je prenais, sans doute à tort, pour des métaphores : chaque fraction du monde était une volonté. Une volonté d'homme pouvait dompter une volonté du monde, cela devenait une intention. Lorsqu'une intention était appelée elle devenait un *hékura*, allié pour l'expéditeur, ennemi pour le destinataire s'il y en avait un. Le processus était-il objectivement efficace ? Certainement pas, mais qu'importe, la manipulation des forces les rendait intimes. L'univers devenait tout entier personnel et sacré.

Ce n'est évidemment pas dans cette forme synthétique que je reçus cette explication, mais après des jours de questions et de réponses approximatives. Mon interprétation n'a qu'une valeur relative, je le précise à nouveau.

Lorsque j'ai interrogé sur l'invisible, j'ai dû affronter un obstacle de plus : l'inexistence du mot en yanomami, au moins pour mon traducteur. A force d'ellipses, de répétitions et d'insistance, je compris que seule l'attention rend visible le présent et le monde. Une mauvaise attention rend invisible, donc inaccessible, une partie du monde. Le présent est extensible, non dans le temps mais dans l'attention. Ainsi, tout ce qui est derrière moi est invisible parce que je n'en tiens pas compte. Je ne me pense que sur l'espace qui s'ouvre devant moi. Pour moi le monde est une image. Le sorcier se perçoit dans un volume qui l'entoure et dans lequel il s'inclut. Il se perçoit alors comme un des nombreux objets du présent et pour cela, il se rend capable de sortir de lui-même, et de se regarder.

L'invisible est vaste et beaucoup moins mystérieux que nous ne sommes habitués à le penser : il n'est pas ce qui, étant apparu, vient de disparaître sans aucun motif satisfaisant à la raison. L'invisible est ce qui contient beaucoup de sens et peu de support...

Le chaman n'a que faire de lier l'ombre d'un objet à l'objet, il y regarde autre chose, un autre objet, un signe que l'invisible lui montre. Le cri d'un oiseau est plus que le signal de la présence de l'oiseau. Que signifie-t-il ? Cela dépend du moment dans lequel il se signale.

L'horizon du sorcier n'est pas celui de la vue mais celui de l'ouïe qui élargit l'immédiat. Tous ses sens et son intelligence s'appliquent à cette tâche. Il sent l'ambiance du temps et la saveur de multiples mondes.

La nature lui offre les médiateurs dont il a besoin pour interpréter l'esprit d'un instant. De même qu'une lame du Tarot ou qu'une tâche d'encre pour un voyant témoignent, en le manifestant, de l'esprit d'une question.

Où sont les esprits ? Dans l'invisible. Où est l'invisible ? Il est très étendu. On le trouve dans les sous-entendus et les non-dits qui planent au cœur de notre pensée, qui porte des influences, aussi bien que dans un souffle de silence, comme une ratée dans les pulsations des cris du cœur de la jungle, qui annonce quelque chose, que l'appel d'une perdrix confirme et que le sorcier traduit dans un langage d'homme. Tout est médiateur de tout. Le chaman étend le monde visible.

Il ouvre sa poitrine et devient l'habitat des *hékuras*. Il crée aussi des volumes d'intentions dans lesquels il invite des *hékuras* alliés, leur parle, les subjugue jusqu'à ce qu'ils deviennent ses messagers.

Dire "hasard", c'est annoncer que l'on a renoncé à chercher le sens d'un événement fortuit ; dire "coïncidence", c'est annoncer qu'on a renoncé plusieurs fois à tenir compte des signes. Un monde entièrement sacré est toujours en ordre. Il ne s'y glisse pas de hasard. Tout y a toujours un sens. Tout est intertextualité de tout, à l'infini.

Le chaman écoute le sens des choses, mais il ne le mène pas tout à fait jusque dans une unité absolue. S'il a étendu le manifeste dans l'invisible grâce son attention, son intuition et son interprétation, c'est encore un monde de *choses*, bien qu'immatérielles. La somme des esprits ne compose pas l'Esprit unique. Le culte de la nature — multiple — ne conduit pas directement à celui de la surnature — unitaire et sans image — même s'il le précède. La jungle manifeste un invisible occulte. On n'y conçoit pas un infini créateur. La transcendance propose un saut inverse. Le Dieu-Un suppose un homme qui conçoive un invisible qu'il ne cherche pas à remplir. Il faut que se produise un saut qualitatif.

Le dernier jour, j'observai une dernière fois le rituel du *yopo* sans y participer. Regardant mes ancêtres spirituels d'avant Abraham, je pensai que le monothéisme n'était sans doute qu'une étape dans l'évolution spirituelle de l'humanité et dans la progression intellectuelle du concept de transcendance. L'absolu est-il limité ? Cette progression avance vers un absolu de plus en plus impersonnel, de plus en plus universel, de plus en plus absolu. Ainsi pensai-je aussi aux nostalgiques de l'Eden qui regardent en arrière un âge d'or perdu... à toute tentative de figer Dieu dans une révélation définitive. Pourquoi toujours penser Dieu au passé ? Lui aussi évolue.

Chaque homme porte son regard sacré dans le pieux étonnement qu'il est capable de porter aux choses puis, à une sorte de lui-même qu'il devine au-delà de ses habitudes et de sa volonté, jusque dans le respect du mirage comme mirage.

Un serpent de vent m'avait soufflé le souffle de vie d'un nouveau monde sans axe et d'un soleil personnel. Le monde peut bien se composer autrement.

J'imagine le premier regard sacré, il y a un ou deux millions d'années : un homme agenouillé sur la terre, les yeux au ras du sol, regarde pousser un brin d'herbe et s'interroge.

Chapitre 15

McCleod-Ganj

«Rien n'est indescriptible que le vide
Rien n'est immuable que ce qui n'est pas
Ce qui n'est pas est au-delà de la dualité
C'est la sagesse primordiale.»

«Il croyait m'enchaîner... il ne faisait
que brouter sa propre illusion.»
Euripide, Bacchantes

Ai-je bien transcrit ce que j'ai entendu ? Ai-je bien entendu ce que le maître a dit ? Bien sûr que non. Comment retrouver suffisamment de mon passé pour en évoquer la progression ? Les paroles du maître ont effacé un peu de celui qui les écoutait. J'ai été transformé. Qui parlait ? Qui écoutait ? Qui écrit ? Quelle illusion anime ces mots, et quelle vérité portent-ils malgré tout ? Le maître a parlé. Le disciple a écouté. Ce qu'il transmet n'est que sa propre voix.

Si l'on change le point de vue à partir duquel on appréhende le monde, le monde a changé. Le mirage est dans les yeux du perceveur. Le miracle est dans le changement. Je forme le souhait que ces quelques pages lui soient bénéfiques.

A un kilomètre de l'extrémité de la route, un village dans une vallée de l'Himalaya indien, trois morceaux de rues suffisent à le parcourir. Des maisons de briques et de ciment, des temples et des monastères. C'est la capitale du Tibet en exil. Elle abrite le refuge de sa sainteté le Dalaï lama.

J'arrivai de New-Delhi groggy par quatorze heures d'autobus et une nuit sans sommeil. Il faisait encore sombre. Une lueur rouge, dont les montagnes cachaient la source, embrasait un morceau de ciel noir. Elle se précisa lentement dans un éclat rubis qui irradia l'espace derrière le mont et bientôt jaillit à son sommet. Alors que le ciel obscur était encore ouvert sur l'univers, le rayon de feu frappa un drapeau de prière. Union de la nuit et du jour ; union de la lumière et du verbe. L'étoffe imprimée ondulait dans le vent qui caressait les mots et les emportait, recouvrant tous les êtres du monde d'intentions généreuses et de protections bienveillantes. L'enseignement du Bouddha et la lumière du jour s'élevaient ensemble pour éclairer les êtres et illuminer l'esprit.

Je retournerai à McCleod-Ganj pour y revoir le soleil se lever sur les drapeaux de prière.

Je sortais souvent avant l'aube pour regarder le soleil percer la nuit avant que le jour n'enferme le monde sur lui-même.

Déjà, dans leur maison, les hommes et les femmes se prosternent devant l'autel de leur foyer, offrant corps, parole et esprit à leur divinité de prédilection. Certains diront toute une *puja*[66], d'autres répéteront un *mantra*[67] quelques milliers de fois. Avant d'entrer dans l'activité du jour, chacun se donne la posture juste, se recommande de ses principes. Pour les faire vivre dans cette vie, on se forme dans l'attitude que l'on veut exiger de soi-même.

Dans le froid du noir des montagnes, un complot de faisceaux de lampes de poche se regroupent. Le rassemblement s'épaissit : des lamas, déjà souriant, leur zen couvrant leur tête comme un fichu de bonne femme marchent vers leurs temples.

Dans ces rues sombres et humides couvertes des brouillard nocturne, j'entends le timbre des *drilbus*, cloche rituelle qui symbolise la sagesse, battre les apparences et rappeler la vacuité des phénomènes. De graves voix scandent des mots cassés en rythmes syllabiques monotones et précis. Derrière des fenêtres entre-ouvertes, je vois les quelques lueurs que jettent les flammes des lampes à beurre sur l'autel des divinités. L'offrande d'encens s'échappe et se joint au vent qui relie tous les êtres.

Dans les *gonpas*[68], cymbales, hautbois, conques, damarus et tambours accompagnent les invocations et les récitations des rangées de moines.

C'est d'abord le sacré qui s'anime ici dans les cœurs et les gestes de ce peuple sans âme qui a tant d'esprit, aucun Dieu mais tant de foi, tant de patience et tant de vies. Immigré, fuyant le joug oppressant d'un conquérant qui leur nie ce choix, il parle de lui sans haine. "*Même ces tortionnaires, un jour, atteindront l'illumination*", déclara le Dalaï lama, le plus récent *tulku*[69] de la lignée des chefs politiques et spirituels du Tibet.

Dans l'humeur joyeuse d'un rêve éveillé où les gestes sont portés vers un fruit qu'ils ne connaîtront pas, qu'une autre vie, sans mémoire recevra sans reconnaissance, les vieilles et les vieux s'occupent de la mort et de la naissance. A petits pas hésitants, le chapelet dans la main droite, ils murmurent les *mantras* aux pouvoirs bénéfiques tout en se dirigeant vers le grand moulin à prière[70] du centre de la ville. La cloche tinte à chaque tour du grand cylindre de cuivre des nombreuses vertus accomplissantes, purificatrices de *karma*. Qu'au jour de la mort de ces corps un peu tordus, déjà rouillés, elles les dirigent vers une renaissance paisible ! Héritage à soi-même qui ne sera pas soi-même, jusqu'à ce que l'esprit purifié, poli comme un miroir illuminant, soit détaché des illusions qu'il reflète et libéré des cycles de création des mondes.

Le jour est sec qui naît derrière le voile de brume. L'air sera vif, transparent. Sous l'ardeur du soleil, l'ombre glisse sur les montagnes et découvre ses vibrantes couleurs. Le tendre vert des pâturages, l'émeraude bleutée des buissons, les masses noirâtres des sapins, le noir étincelant d'argent des roches d'ardoises, les ocres des maisons de terre, les gris des maisons de ciment, et les drapeaux multicolores qui battent le vent inlassablement, fidèles missionnaires des bons augures, gardes célestes qui lient les hommes aux sources intactes de l'esprit. Purifié par l'altitude, chargé de bénédictions, l'air me vivifie.

Lorsque l'aube s'efface devant le matin, l'esprit irradie les pensées des hommes qui s'y sont recommandés. Au centre des motivations, au cœur des activités, la compassion modèlera les rapports avec les autres, la conscience de la vacuité les unira.

Les vaches fouillent les ordures, les chiens se chamaillent pour se réchauffer, les chèvres trottent comme par mégarde. Les premiers autobus versent des vagues de voyageurs et des ballots de marchandises. Les mendiants sortent de leur hutte et s'installent à leur place au soleil. Les magasins ouvrent d'abord sur un sacrifice d'encens. Dans les temples, les moines interrompent la *puja* pour recevoir un bol de thé salé au beurre rance alourdi d'une poignée de *tsampa*.[71]

Sur ce morceau de montagne offert par Monsieur McCleod au Dalaï lama, le Tibet et sa culture, ses lignées initiatiques ont trouvé l'asile qui leur permettra de ne pas disparaître. Ils vivent. On a construit des temples, des monastères, avec des bibliothèques, des écoles, une université, un dispensaire, un hôpital et quelques hôtels.

Je frappai à la porte, entrai, saluai, levai les yeux. C'était *lui*.

Que dire de lama Amtrim Shérab ? L'évocation de son nom me plonge dans un léger sentiment de reconnaissance affectueuse. Seuls des mots d'amour et de gratitude peuvent exposer le sentiment que je lui porte. Lorsqu'un homme vous parle d'absolu, il vous ennuie ou il vous ravit. Je fus ravi.

Le sage raconte comment il voit le monde. Il fonde sa doctrine sur une tradition et l'incarne parfaitement. Son enseignement contient plus ou moins de théorie, plus ou moins de méthode ; son but est la transformation. Sa sagesse et sa lucidité ouverte lui permettent de modeler sa tradition aux besoins de son disciple.

Logan

Je l'ai dit, je souhaitais déjà aller au Tibet avant que je susse quoi que ce soit de ce pays et de sa culture. Pour moi, le mot *lama* évoquait un moine dans les neiges de l'Himalaya avant de nommer un animal du Sud de l'Amérique. Il est vrai que j'ai lu *Tintin au Tibet* avant *Tintin et le temple du soleil.*

L'histoire de ma rencontre avec mon lama commence bien avant mon premier voyage en Inde avec un enchaînement de circonstances, de rencontres et de voyages.

Accompagné de Wilhem et de Marie, j'avais assisté à la conférence que Sa Sainteté le Dalaï lama avait donnée à Paris. Nous sommes ensuite allés dans un café.

«Il n'y avait pas de surnaturel dans son discours. Il a examiné la nature du soi, la nature de la relation entre soi et le monde extérieur et la nature ultime de tout cela sans jamais convoquer de personnification de l'absolu.

- Les bouddhistes ne s'occupent pas de Dieu. J'apprécie cette économie.

- Bouddha n'offre pas la rédemption, il ne transfère pas sa connaissance par quelque procédé extraordinaire à quelques élus. Il enseigne une méthode de libération. En suivant ses traces, chacun peut se reposséder de son destin et atteindre l'ultime.

- Comme Jésus accomplit le sien, intervint Marie.

- Certes ! Et sans attendre de Dieu qu'il le fasse à sa place. Jésus, conclut Wilhem, propose qu'on l'imite. Et qu'on le prie si l'on veut, mais pour lui demander la force qu'il a manifestée.

A ma droite, à une table voisine, quelqu'un nous écoutait.

- Pour l'Occident, un Dieu a créé le monde. Il en est à la fois séparé et inséparable, l'Un contenant tout mais observant en lui une mystérieuse zone de liberté. L'Occident pense Dieu et le croit inaccessible. Pour l'Orient, l'ignorance, la source de la dualité et de l'ego, voile la conscience inaltérable de l'unité de l'esprit. Elle produit la conscience d'une réalité relative et y enferme celui qui y croit. L'Occident prie Dieu de sauver ce moi, l'Orient médite l'au-delà du moi jusqu'à ce que ce moi disparaisse.

- C'est l'ego qui les sépare. L'Occident postule : "*Je suis*" et réfléchit. Il réfléchit autour de lui un monde réel ; l'Orient relativise le moi et tâche de déconstruire le monde qui lui donne l'illusion d'être pour s'en libérer.

- L'Orient et l'Occident s'opposent et se complètent. Entre les notions de création et de manifestation, il y a l'ambiguïté de la valeur de l'action.

- L'action qui transforme le monde est la preuve de son existence.

- Mais la nature éphémère de ses fruits et de tous les phénomènes peut constituer l'illustration continuelle de leur irréalité.

- L'Occident se raconte l'histoire d'un péché originel, d'un Dieu personnel, de mystères, et espère en une rédemption ; l'Orient s'explique le sens de l'ignorance de l'absolu par l'appropriation des phénomènes par l'ego ; le devenir est celui de cette ignorance ; l'éveil de cet état d'ignorance est la libération.

«Tous deux héritent du passé. L'un, naît avec le péché de son premier ancêtre, l'autre avec un conditionnement karmique, une sorte de passif de tendances, dont il est vaguement l'auteur.

- Le péché justifie le mal pour les uns, le *karma* explique la souffrance pour les autres. Deux enfermements.

- Le *karma*[72] prive-t-il d'un destin, comme le déclare Malraux ?

- Encore faut-il avoir envie d'un destin pour se sentir privé ! C'est lourd, un destin. L'Occident vit une spiritualité poétique, romantique, éventuellement héroïque : il se donne des missions. Le culte de Dieu n'est pas libre du culte du moi. Le sacrifice qu'il demande élance l'ego dans le vertige de la transcendance. Il essaye de croire au miracle, mais il agit pour transformer le monde. L'Orient est plus pragmatique, plus scientifique en ce qui concerne la description des rapports de l'homme à la réalité. Il tisse les liens de l'absolu sur ce qui peut s'expérimenter. Le bouddhiste se passe de lyrisme. Il s'occupe de se transformer soi-même. Le monde aura alors changé.

- Déjà les Grecs disaient que le Bien ne peut-être que le Vrai.
- Mais qu'est-ce que le Vrai ?
- Demandons-nous plutôt : "*Comment est-ce, le Vrai ?*" !
- Les chrétiens pensent que le monde n'est pas parfait. Ils s'occupent de le changer.
- Donc, il n'est pas encore le vrai.
- Le christianisme n'est vécu collectivement nulle part...
- ... et le bouddhisme non plus.
- Alors le monde n'est pas sur le point de devenir le vrai.
- Se connaître, voilà ce qui transforme le monde !
- On peut devenir fils de l'homme, en devenant frère.
- En attendant, tout le monde souffre !

Cette proposition offrit un souffle de silence à notre discussion.

- La souffrance peut être un raffinement et une perversion. La générosité, la charité, le sacrifice transforment la douleur en exaltation. L'art aussi. Il y a de la beauté et de la transcendance dans les gestes de l'héroïsme, et de la création...
- C'est encore un comportement du moi. Même la générosité porte son montant d'égoïsme et de culte de l'image de soi. L'art est sublime lorsque son auteur disparaît sous son geste. Ne confondons pas l'art et l'artiste !
- L'artiste sublime.
- Sublimation n'est pas transcendance, de même que l'éblouissement n'est pas l'illumination. Sublimer un désir, ce n'est pas y renoncer, c'est le transformer. Le désir est encore là, avec le sujet.
- La sublimation s'appuie sur l'ego pour le dépasser mais, s'appuyant sur lui, s'adresse à lui, même de façon très subtile. La transcendance se passe de l'ego, elle le dissout.
- Non, la sublimation confronte son objet et l'élève.
- La transcendance dépasse tout objet.

Notre voisin intervint à ce moment-là. Il dit avec un fort accent anglo-saxon :

- Toutes les religions théistes sont dualistes. Dieu et la création sont séparés. L'homme est en quelque sorte condamné à demeurer dans une relation duelle avec tout ce qu'il peut connaître. L'Un est extérieur au système. Ce n'est que par une grâce extraordinaire que Dieu permet à un fidèle de dépasser la relation duelle, de transcender le monde, de s'anéantir.
- Qu'est-ce donc que la transcendance pour vous ? interrogea Marie.
- Ne confondons pas la transcendance et les chemins de la transcendance. Pour aller *au-delà*, il faut laisser quelque chose.
- Absolu pour absolu, saint pour saint, au niveau extrême de la religion, avec ou sans le moi, avec ou sans Dieu, le chemin de la liberté passe par un renoncement à l'essentiel du réflexe d'appropriation. "*Que Ta volonté soit*

faite" suppose la disparition de celle du sujet. L'ultime moyen des uns et des autres se ressemble.»

Etc, etc... Ces conversations ne s'achevaient jamais.

C'est ainsi que je rencontrai Ian, un Canadien du Saskatchewan en voyage en Europe.

Des mois passèrent. Un jour, je reçus la visite de Donald, un autre Canadien ami du premier. Mon adresse passait de main en main. Un an plus tard je recevais Logan, un diplomate américain nommé à Paris, ami de Donald.

C'est cette chaîne humaine qui me conduisit à Tachi-Jong, un monastère bouddhique situé près de McCleod-Ganj, en Inde.

Encore un regard en arrière

Vingt ans auparavant, alors qu'il venait de terminer ses études, Logan s'engagea dans le *Kennedy Peace Corps*, sorte de brigade civile de la bienveillance américaine, à la fois outil de propagande et force de bonne volonté. Ses volontaires allaient offrir leurs talents à des peuples qui en avaient besoin. Ils recevaient pour cela le salaire de la survie.

Pour une raison qu'il n'avait jamais vraiment éclaircie, Logan avait choisi de travailler pour les exilés tibétains. Il leur enseignait l'anglais.

Il resta trois ans à Tashi-Jong. Il œuvra à l'implantation de ce monastère alors camp de tentes qui accueillait chaque jour de nouveaux réfugiés qui avaient traversé à pied une grande partie du Tibet en se cachant des troupes chinoises d'occupation avant de franchir l'Himalaya. Ils atteignaient ce refuge précaire épuisés par le froid, la faim et un voyage de plusieurs mois.

Un jour, lama Amtrim Dordgé Shérab arriva.

Quand je lui fis part de mon projet de repartir en Inde, c'est ce lama que Logan me conseilla d'aller rencontrer. Dans cette histoire de chaîne de voyageurs qui se transmettent des adresses, cette fois c'est moi qui partais. J'avais une lettre pour le révérend de Tashi-Jong.

Le monastère était construit en dehors du village, sur les hauteurs de la vallée. Pour y parvenir, il fallait parcourir un sentier rocailleux qui traversait une forêt de grands arbres peuplée de petits singes. Des bâtiments regroupés autour d'un temple abritaient les lamas.

Plus de vingt ans après son départ, quelle reconnaissance émerveillée évoquait le nom de Logan ! Que de bénédictions il recevait de ce coin du monde !

«Puis-je faire quelque chose pour vous pendant votre séjour ? s'enquit le révérend.

J'exprimai le vœux de rencontrer lama Amtrim Shérab.

«Je vais essayer de vous obtenir une audience.»

Ciel ! Ce lama était-il si important, ou l'anglais de mon interlocuteur ignorait-il les nuances ?

On me présenta lama Popa, disciple de lama Shérab. Il avait sollicité une entrevue pour moi mais m'annonça que son guru faisait une retraite et qu'il ne pourrait pas me recevoir avant "quelque" temps.

J'attendrai.

Je venais aux nouvelles tous les quelques jours.

«Pas encore !»

Alors, je flânais dans le monastère, frayais avec des lamas, fraternisais avec les cuisiniers. J'obtins ainsi la recette des *momos*, les délicieux raviolis tibétains. Je devins familier du lieu.

Le mode de vie monastique des bouddhistes ne ressemble pas à celui des chrétiens : c'est une association d'individus, non une collectivité fraternelle. Chacun vit à son rythme, cuisine et se nourrit séparément, médite seul, pratique des *pujas* différentes.

En me promenant avec lama Popa je découvris l'endroit où habitait le lama dont j'attendais la disponibilité depuis plus de deux semaines. Il vivait un peu retiré du groupe de bâtiments du *gonpa*, une petite maison sur une colline, au bord d'un ravin.

Une nuit...

Les aubes se suivaient, je leur étais fidèle. Le premier rayon du soleil me remplissait de joie.

Cette nuit-là, je me sentais fort, comme si j'allais entreprendre quelque chose. Les chiens ne m'approchaient pas, ils n'aboyaient pas sur mon passage. Presque malgré moi, j'ai avancé jusqu'au village indien, au bout de la route, à un kilomètre de McCleod-Ganj. Je l'ai traversé, j'ai suivi le sentier montant. Il longeait un temple hindou consacré à Vishnou. Deux brahmanes achevaient leurs ablutions au réservoir. Nous nous saluâmes.

«Namasté !

- Namasté !»

Sans rien dire de plus, ils m'indiquèrent une direction, comme s'ils savaient ce que je cherchais. Il fallait continuer l'ascension. La nuit était très noire, ouverte sous la seule pâle lueur de la Voie Lactée entre quelques nuages. Le chemin se rétrécissait, il devenait de plus en plus escarpé. Tant que je n'hésitais pas, mon pied trouvait facilement où se poser.

Je n'avais rien à craindre puisque j'avais tout mon temps et rien à faire. Cette réflexion qui peut paraître absurde devint, depuis cet instant, une source de sérénité. La disponibilité appelle l'aventure. La force de la Trame Invisible muselle la frayeur et ouvre une détermination qu'elle guide.

Le sentier laissait le village. Il longeait des prairies, des champs en étages et pénétrait un petit bois de conifères. J'arrivai au sommet d'une colline. Une faible lumière, une maison, des bruits, le tintement précis d'une cloche, le battement lent d'un tambour, une plainte, un chant. Je n'osais faire un bruit. Une voix très grave scandait des syllabes en s'accompagnant d'un *damaru*[73] et d'une cloche. Cela ressemblait à une lente prière adressée à l'infinie lassitude.

Je reconnus l'ermitage de lama Shérab. Je n'y étais jamais venu par ce chemin. La maison de rochers taillés en cubes n'était composée que d'une seule pièce couverte d'un toit de larges ardoises. Tout autour, des drapeaux aussi longs que leur mâts la protégeaient comme autant de soldats de la compassion qui dispensaient leur solde de sollicitude au gré des vents.

Je m'approchai de la fenêtre. Une faible lueur éclairait un lama devant son autel. Le petit tambourin dans la main gauche, la cloche dans la main droite, il regardait devant lui et criait une syllabe qui ébranlait son corps.

«Hoye ! Hoye !»

Il prit ensuite une sorte de trompette en os dans la main gauche et souffla. Un gémissement presque animal m'étreignit. C'était le hurlement d'un loup blessé. La plainte de la déchirante solitude. La lamentation étouffée du mal de vivre. C'était l'offrande de soi à tous les êtres, plus tard je saurai cela. Il reprit la grave litanie brisée, scandée par le tambour, la cloche. Encore la trompette, encore le cri répété.

«Hoye ! Hoye !»

La flamme de la lampe à beurre éclairait son visage par intermittence, grossissant ses traits en des ombres grotesques, indépendantes du modèle.

J'étais effrayé de m'insinuer ainsi dans l'intimité d'un homme, mais fasciné de le voir. Il me paraissait étrange et familier, comme si mon audace était le fruit d'une certitude, *c'était lui*. Je me faisais accroire que j'allais me décider à bousculer le protocole pour arriver à lui parler. Mais je n'osai passer à l'acte.

Le premier rayon du soleil encore caché par la montagne frappa simultanément un drapeau de prière et la fenêtre, dans le clin d'œil d'un moment magique.

Etait-ce mon goût particulier pour cette vision qui me la faisait remarquer ou pouvais-je y voir un événement qui, se multipliant, constituait, en quelque sorte, l'écho de quelque chose qui m'était propre et me guidait ? La témérité choisit-elle ses alibis ? Qui choisit et qui est choisi ? Qui vit et qui le constate ? Qui observe les événements et qui observe l'observation ?

Je n'entendis plus rien à l'intérieur.

«*Come* ! *come* !

Je n'ai pas reconnu tout de suite le mot anglais.

«*Come* ! cria la voix. Come ! insista-t-elle avec plus d'impatience. J'étais découvert, mais pas si mécontent de l'être.

Je frappai à la porte, la poussai avec une timidité calculée.

«*Come* ! confirma le lama alors que je glissai ma tête dans l'entrebâillement. Je franchis le seuil, saluai à l'indienne, les mains jointes, levai les yeux.

Il était assis sur une planche enveloppée de couvertures, élevée à un mètre et demi du sol par un échafaudage d'anciennes caisses de thé converties en placard. Trois niveaux de caisses et de tables juchaient jusqu'à lui un autel plus peuplé de textes que de divinités.

Il tenta un sourire édenté plus effrayant que réjouissant.

«*Good ! Come ! Sit ! Yesterday, I dream visit.*

- *Tashi deleck*[74], tentai-je, épuisant tout mon vocabulaire tibétain en un seul souffle.

Divers objets étaient entassés dans ce qu'il restait d'espace : vieilles caisses, étoffes, bidons de *ghee*[75], sacs de riz... J'avais l'impression d'entrer dans un bazar.

Je m'assis dans le coin laissé vacant par la porte refermée.

«J'ai l'impression de retrouver mon regard d'enfance, lui dis-je.

Je voyais mon hôte dans une distance verticale comme celle qui éloigne le visage du petit garçon de celui des adultes. Je devais pencher la tête en arrière pour le voir.

- *No visit here*, me répondit-il en guise d'explication.»

Nous nous considérâmes l'un l'autre comme d'étranges apparitions.

Son visage m'impressionna. Je dus chercher en moi un peu de stabilité pour l'affronter. Il était sans affection, sans compromis. Rigoureux. Froid. Aucun de ses muscles ne bougeait.

La lampe à beurre répandait une odeur de cuisson et très peu de lumière. Par la fenêtre très étroite, le rayon du soleil illumina une *tanka* représentant une divinité nue qui semblait danser sur un lotus au milieu des flots. Suivant mon regard, le lama précisa :

«*This Tcheu yidam.*[76] *Tcheu puja.*

Sa voix grave était brutale dans son débit, mais très douce. Seules ses lèvres fines s'animaient.

«*Cut body, mind, self, into pieces*, ajouta-t-il figurant d'un geste économique un hachoir de sa main.

- *Atcha* !... dis-je en hindi, signifiant à la fois l'approbation, la compréhension et l'étonnement.

La rondeur de son visage et ses yeux évoquait le mongoles. Il était vêtu d'une vieille chemise jaune sous son zen rouge bordeaux, sa jupe portait des traces de gras. Ses mains crasseuses aux ongles longs et noirs reposaient sur son giron.

- *No hindi, no hindi.*

- *Atcha*, répétais-je stupidement.

Il sourit encore. Les dents manquantes lui faisaient l'expression du pirate devant son trésor. Je posais les yeux sur cet os long qui lui servait de trompette.

- *Tcheu* ! *Tcheu* !» répéta-t-il comme si ce mot expliquait tout.

Devant lui, sur la table, la cloche et le sceptre[77] trônaient comme des attributs de pouvoir. A côté, une boîte crânienne à l'envers servait de bol. Il eût fallu aérer un peu. *Tcheu*, sans doute.

La lumière illuminait maintenant son visage. Je le trouvais bon. L'habit y était peut-être pour quelque chose ; la relation qui s'établissait entre nous aussi. Il me regardait lorsque je ne le regardais pas. Je ressentis cette attitude comme celle du respect et de la bonté. Mais son corps conservait une immobilité que je ressentais comme une extrême froideur.

Ses yeux devinrent deux fentes horizontales surmontées de sourcils en accent circonflexe. On eût dit que deux idéogrammes chinois identiques m'offraient leur énigme.

Se penchant sur sa gauche, il donna une impulsion au moulin à prière de la grandeur d'un homme qui, du pied du lit, pour moi et pour tous les êtres répandit ses bénédictions.

Ses cheveux très noirs étaient tressés en une natte qui s'enroulait plusieurs fois autour de sa tête, comme une couronne.

«Vous bouddhiste ?

Il prononçait les deux *d* et le *h*.

Je lui racontai ma rencontre avec Kalou Rinpoché, je parlai de Kagyu Ling.

- Alors vous tout savoir.»

Il affirmait, le regard toujours égal. Il n'y avait pas d'ironie dans sa voix. Mais je ne pouvais pas prendre sa brève remarque au sérieux. Etait-ce un piège ? Se doutait-il que j'étais celui qui avait demandé une "audience" une quinzaine de jours auparavant ? Devinait-il ce que je voulais et commençait-il à m'en fermer l'accès.

«Moi tout savoir, mais moi toujours oublier que moi tout savoir, répondis-je en simplifiant la syntaxe à l'extrême.

- Alors vous, pratiquer encore.

Il était de ces vieux qui n'ont pas d'âge et de ces sages qui n'ont pas d'humeur mais un humour ambigu.

- J'ai besoin d'un guru, lui dis-je maladroitement mais avec sincérité.

- Moi non-guru. Moi non-prendre disciple.»

Il y avait bien une cause et une conséquence dans cette réponse mais elles ressemblaient trop à un refus. Ce lama ne voulait pas être dérangé.

Je me retins d'user du crédit de Logan pour l'attendrir essayant d'établir ma propre relation avec lui. J'avais lu certaines des histoires mythologiques de la tradition tibétaine où l'on raconte les difficultés que dresse le maître pour éprouver la force de l'aspiration du disciple. C'était une façon de faire commencer l'initiation avec l'accueil, et sans doute de montrer qu'en présence du maître, il n'y a pas de moment qui ne soit initiatique. Puis d'apprendre à le savoir de la vie aussi.

Je ne devais donc pas désarmer, au contraire. Je me détendis, cherchai une posture confortable et entrepris de raconter l'histoire de notre rencontre à celui qui était son objet. Façon de recréer l'unité...

Peut-être faut-il séduire les gurus, tout clairvoyants qu'ils soient. Il s'impatienta d'abord, mais très vite il m'écouta attentivement.

Malgré quelques rides, la texture de sa peau qui portait sur le bronze pâle avait conservé une étonnante qualité juvénile.

«Voyez-vous, lama, ajoutai-je pour conclure mon plaidoyer, comme est long le chemin de connections qui commença ici il y a vingt ans et qui aboutit ici ce matin. A lui tout seul, il est déjà une légende.

Il réfléchit comme s'il analysait la valeur de cette thèse.

- Hier je rêve visite, dit-il dans son anglais de télégraphe.

Cela m'avait paru effectivement suffisamment troublant pour que je n'ose pas employer cette perche tendue plus tôt.

La Trame Invisible avait tissé ce raccord.

Il m'interrogea sur mes pratiques. Je n'avais pas un très long parcours à lui soumettre.

- Pratique *Mahamoudra*, très bon. Suffisant pour atteindre éveil (*buddhahood*).

Il fallait que je reprenne l'initiative.

- Je suis venu de France pour vous voir !»

L'argument aurait de la valeur pour qui a une idée de la distance qui sépare McCleod de Paris, mais pour qui n'a jamais entendu jusqu'au nom de ce pays...

Il faisait grand jour. Lama Popa entra et se prosterna devant son guru. Maître et disciple se parlèrent en tibétain pendant longtemps. J'essayais de deviner le cours que prenait leur conversation, de ressentir si l'un ou l'autre était plutôt sympathique ou défavorable à ma demande. Je reconnus des mots qui revenaient souvent dans le flot des étranges paroles échangées, Kalou Rinpoché, Logan, France, Mahamoudra, guru.

Enfin, lama Popa, qui serait notre traducteur pendant les mois à venir, m'annonça le résultat de la consultation.

«Désirez-vous recevoir une initiation particulière ?

- Non... J'aimerais plutôt pouvoir comprendre le fondement des initiations, j'aimerais commencer par le commencement.

Il traduisit.

- Lama Shérab dit qu'il a pratiqué avec son guru depuis l'âge de sept ans. Il l'a quitté à l'âge de trente ans pour venir en Inde.

- Je n'ai plus sept ans, dis-je, il faudrait aller plus vite.

Ils sourirent.

- Lama Shérab accepte de vous enseigner, mais vous devrez d'abord faire des pratiques de purification.»

Il me "prescrivit" le *mantra* de Chenrézi, *Om Mani Padme Houng*, des prosternations à faire dans ma chambre en répétant la formule du refuge, et les cinq vœux : ne pas tuer, voler, mentir, ne pas avoir de pratique sexuelle qui soit néfaste à quelqu'un et ne pas s'enivrer.

J'acceptai tout cela dans l'ivresse de la victoire.

- Lama Shérab achèvera sa retraite la semaine prochaine. Vous viendrez alors.»

Je remerciai et pris congé.

J'étais ravi. Je souris au soleil-entremetteur, aux drapeaux protecteurs, et à moi-même. Je pouvais commencer le travail que j'étais venu entreprendre.

Devant leur temple, les deux brahmanes semblèrent me demander des nouvelles de leur initiative.

«Very good !» leur lançai-je en passant, ignorant ce qu'ils comprenaient du dessein auquel ils avaient contribué.

Pourquoi les brahmanes m'avaient-ils indiqué la direction de la maison du lama ? Que signifiait ce "*Yesterday I dream visit ?*" Je ne le saurai jamais.

L'air frais me réveilla comme d'un rêve en chassant cette question. Le soleil illuminait le paysage. La neige étincelait sur les sommets. Au fond de la vallée, le brouillard achevait de se dissiper. Entre les cultures en étages, des fermiers minuscules conduisaient les bêtes aux pâturages.

Bien que je susse que la seule cause de transformation rapide, une dévotion inconditionnelle, un don de soi sans retenue, m'était inaccessible, je ne pouvais m'empêcher d'espérer en un incroyable sinon impossible bouleversement soudain de ma vie. Je ressentis l'enthousiasme du sentiment amoureux naissant après une rencontre qui nous porte à croire que l'on peut entreprendre l'infini...

Ce lama était aussi raisonnable que je souhaitais qu'il fût. Cette qualité me portait à croire en notre bonne entente. Il ne m'avait pas paru ressembler à ces religieux qui pensent que l'on vient nécessairement vers eux avec l'envie de croire en quelque chose. J'ai croisé de nombreux hommes de foi de cette catégorie. Je ne parle pas d'eux, je les ai fuis.

Mon but n'était pas d'aller quérir différentes interprétations de la réalité du monde et de tracer le catalogue de leurs nuances plus ou moins dogmatiques, plus ou moins hérétiques. Je désirais pouvoir à la fois les comprendre et connaître leurs promesses, les expérimenter, m'y référer, me transformer en elles, aller un peu plus loin que l'information dans l'expérience qu'elles proposent afin d'essayer d'en vivre l'utilité.

Prendre refuge en l'éveil

De retour à McCleod-Ganj, j'achetai quelques cahiers, des stylos, et une *kata*. Dans leurs rapports protocolaires, les Tibétains s'offrent mutuellement des *katas*, écharpes en soie de couleur naturelle.

Elles sont toutes identiques. L'offrande d'une *kata* est donc celle d'un geste plus que d'un objet. Elle commence la rencontre et ainsi manifeste ce que l'on vient chercher et offrir dans la forme concentrée d'un premier acte où l'esprit de la réunion est planté comme une graine. Un regard accompagne l'offrande ; chacun y exprime ses intentions et ses attentes et y lit celle de l'autre.

Je me posais le problème de savoir comment offrir à lama Shérab la *kata* que je lui destinais et qui allait ouvrir notre relation. Que dirai-je dans mon silence respectueux plein d'intentions muettes ? La tentation est forte de demeurer dans la prudence de l'humilité. Prudence plus qu'humilité d'ailleurs ! Comme si je préférais me cacher plutôt que de rien exiger. Je n'avais pas peur de moi à ce point, et j'aimais mieux tout faire rater que compromettre mon exigence minimum. Non que je voulusse manifester de l'arrogance, ou une égalité qui n'avait pas lieu d'être. On dit que le disciple fait le guru. Il m'appartenait de contribuer à créer la qualité de relation que je désirais entretenir avec le mien. Je nous voulais tous deux libres. Je venais écouter avec déférence les paroles d'une tradition, la pénétration spirituelle d'un peuple. Je souhaitais la pratiquer, mais non l'accepter inconditionnellement.

Je serai modeste, comme l'intelligence consciente de son insuffisance, mais non humble comme un fidèle devant un pouvoir qu'il imagine. J'étais venu demander à un maître sa connaissance. Je la demanderai donc.

Je passai la semaine à me prosterner seul dans ma chambre en récitant le refuge en français.

"Je me prosterne devant l'état d'éveil, devant l'enseignement qui conduit à l'état d'éveil et devant la congrégation de tous les éveillés avec tous mes corps, aussi nombreux que tous les atomes du monde."

Ce souhait ne me déplaisait pas, je pouvais le répéter sans grincer. Mais mon corps protestait de se faire infliger un pareil exercice. Il me fallait me répandre sur le sol et me relever en pensant à offrir le corps, la parole et l'esprit à l'éveil tout en répétant la formule. Mes muscles n'en pouvaient plus de s'offrir. En dehors des heures de prosternation, je pratiquais le *mantra*. Labourage de crâne où le cerveau se liquéfie dans la répétition d'un groupe de mots.

La semaine suivante, avant le lever du soleil, je me présentai à la porte de mon guru. Il pratiquait la *puja* de *Tcheu*.

Il y avait un *choki*[78] à côté de sa porte. Je m'y assis et attendis en écoutant.

La voix très grave hachait la mélodie monotone rythmée des battements de tambour ponctuée du tintement d'une cloche.

«*Cut body, mind, self into pieces.*»

Dans ces octaves graves, la voix perd une grande partie de sa personnalité, celle du lama prenait la distance d'une sorte d'indifférence impersonnelle. Il ne suppliait rien, il ne produisait pas d'émotion. Il ne priait pas. Il se transformait dans un travail solitaire. "Bouddha n'annonce pas de rédemption collective", disait Wilhem.

Un sentiment de solitude m'étreignit avec la pensée que cet homme pratiquait seul. Qu'il était seul. Pendant quelques instants je fus traversé d'une angoisse, comme si cela me concernait. Son horizon physique se limitait-il à une montagne, une forêt, le ciel et une *puja* ? Etait-ce étroit ou vaste ? Je crus que j'avais à en décider comme s'il fallait que je pusse le partager. Je tentai vivement de refouler une telle pensée, mais elle se transforma en une crainte : j'éprouvais le sentiment que ce que j'entreprenais me mettait en danger, que j'allais souffrir. Mon corps le savait mieux que mon intelligence. Mais c'est mon intelligence qui me força à rester plutôt qu'à fuir.

Une seconde pensée me transperça encore d'angoisse : le lama pratiquait depuis plus de trente ans ! Plus de trente ans et il me paraissait encore presque tout à fait... normal.

Le premier rayon du soleil fendit le ciel. Les oiseaux manifestèrent l'apparition du jour. Le lama acheva sa *puja* par un silence prolongé.

«*Come* ! *Come* !

Je me présentai à lui en me prosternant comme j'avais vu lama Popa le faire. Je le fis avec joie. Je crois que je souriais. C'était une façon de m'affranchir de quelques-unes de mes images de moi-même et de tisser un lien spirituel avec la grâce de l'homme qui allait me parler, comme pour me préparer à mieux le comprendre. Je m'inclinai devant la promesse de l'éveil.

Le guru n'est pas seulement un professeur qui dispense un enseignement formel que l'étudiant écoute et avec lequel il apprend à composer intellectuellement. Il est aussi un maître de sagesse. J'entends par là qu'il transmet et suscite l'intuition juste qui manifeste la sagesse. La richesse de la relation s'établit entre l'un et l'autre sur un rapport personnel qui comporte des incursions dans la personnalité intime du disciple et n'exclut aucun sujet.

La *kata* dans les mains, je me suis incliné, puis redressé, enfin je la tendis. Lama Shérab la prit, reçut l'offrande d'argent et de bâtons d'encens. Nos regard se croisèrent. Le mien, je crois, disait que mon intelligence ne se renoncerait pas. J'étais humble, lucide et souriant. Le regard du maître était attentif.

Il me remit l'écharpe autour du cou comme s'il me bénissait. Le pacte était scellé.

En tant que mon lama, il devenait ma mère spirituelle, en tant que disciple j'avais le devoir de subvenir à ses besoins. Il est essentiel de payer les leçons que l'on reçoit. C'est aussi un moyen de se sentir libre de les posséder, de les intégrer et de s'en servir. Les sources de contraintes affectives sont déjà nombreuses, il faut éviter celle de la dette. On en prend conscience et s'en détache en servant le maître, on s'en acquitte en le payant. Ses conseils ne sont pas gratuits, ils ont une réalité matérielle, une valeur. Ils sont demandés et payés.

«*Sit* !»

Il m'interrogea sur mon hôtel, la ville. Il n'était jamais allé en Occident.

Lama Popa arriva. Nous nous serrâmes dans le petit espace entre la porte et les caisses. Lama Shérab commença la récitation du refuge.

«*Je prends refuge en l'état d'éveil, l'enseignement qui conduit à l'éveil et la congrégation des éveillés jusqu'à mon propre éveil. Que par l'activité vertueuse produite par la pratique du don et les autres perfections, je puisse réaliser l'éveil pour le bien de tous les êtres.*

Il expliqua la formule.

«L'essence du Bouddha est la bouddhéité, c'est-à-dire l'éveil. Elle est en chacun de nous en essence. En reconnaissant cette essence, en souhaitant la libérer afin qu'elle s'épanouisse et en prenant pour but l'obtention de l'état d'éveil, on prend refuge en l'éveil.

«L'enseignement qui conduit à l'éveil, le Dharma, constitue le chemin vers l'éveil, nous le prenons comme notre guide et nous souhaitons agir de notre mieux dans toutes nos actions afin de faire ce que l'on fait correctement.

«La congrégation des éveillés, la s*angha*, ce sont nos maîtres, nos prédécesseurs dans l'éveil. Nous prenons refuge en eux et en nous-mêmes en tant qu'essence d'éveillé.»

Lama Popa m'expliqua ensuite que je devais formellement demander l'enseignement et le payer symboliquement. Nous allions offrir un *mandala.*

Avec nos deux mains jointes, nous formâmes le *moudra*[79] du mont Méru et des quatre continents, et je répétai en anglais la prière au lama :

«*Grâce à la clarté de votre sagesse, vous qui êtes la compassion même, illuminez les ténèbres qui voilent mon esprit, éclairez mon intelligence et ma sagesse afin que je puisse atteindre la vraie compréhension de l'enseignement qui conduit à l'éveil.*»

Un *mandala* est une représentation symbolique des forces cosmiques sous forme d'un dessin, d'une sculpture ou d'un *moudra* qui sert de support à la méditation ou à une offrande. Il réunit différents éléments qui illustrent les forces complexes de l'univers, du monde, du corps, ou de la conscience. Dans sa forme simple, il s'agit d'un palais dont le centre est une haute tour et quatre portes aux points cardinaux.

Offrir un *mandala*, c'est offrir notre univers et ce qui le crée afin que notre lama nous offre en échange un univers plus harmonieux, plus libre des voiles qui couvrent la pureté de l'esprit.

Les deux réalités

«Deux réalités, dit lama Shérab en anglais et avec les doigts avant de poursuivre en tibétain. Lama Popa traduisait une phrase après l'autre.

«L'une est relative. C'est celle des relations entre des causes et des effets, entre un sujet et un objet, entre un moment et un autre moment, entre une pensée et une autre pensée.

«Prenons les sens. Ils m'informent que quelque chose se passe. En vérité, il se passe bien quelque chose, mais au lieu de le constater tout simplement, ma conscience divise ce qui se passe en deux. Il y a moi d'un côté et quelque chose de l'autre. La réalité dont je prends conscience est celle d'un rapport.

Le rapport d'un moi avec tout *l'autre*, avec tout ce que ce moi fait exister de façon extérieure en entrant dans une relation. Le rapport est celui d'un sujet avec un objet. Il n'est réel que relativement à ses conditions. Et le moi n'est réel que relativement à ces rapports. Cependant, il est aisé de comprendre qu'il n'existe pas de moi en dehors de ces rapports. C'est pourquoi nous disons que la réalité du moi est relative. Elle est empiriquement réelle, mais contingente, dépendante de causes et d'effets et composée de phénomènes impermanents.

«Reprenons l'exemple des sens. Les expériences que les sens font de leurs fonctions produisent des effets. Ces effets sont vécus comme intérieurs, leurs causes sont perçues comme extérieures. Le monde extérieur produisant des effets, nous croyons en son existence. Croyant en son existence, nous croyons en la nôtre.

«L'autre réalité est celle, non plus du rapport, mais de la situation. La première était duelle, la seconde est unitaire. Ce n'est plus la relation d'un moi et d'un événement qui fait la réalité, c'est l'événement tout seul, sans moi. Du point de vue de l'événement, il n'y a pas de moi. Il n'y a donc plus de moi pour diviser le monde. Les événements sont vides des qualités que le moi leur attribue. Ce point de vue est celui qui conduit à la libération. Je regarde le monde comme son créateur, avec une certaine neutralité émotionnelle et affective. Il n'y a ni jugement sur l'événement, ni douleur puisqu'il n'y a pas de sujet pour juger ou éprouver. C'est le point de vue dit “libre”, éveillé où est perçue l'essence vide des événements.

«Il y a un deuxième niveau d'éveil, où ce qui est perçu n'est ni réel ni non-réel, ni irréel, ni non-irréel.

Ceci dit, il fit une mine réjouie.

- Quel est le but de la vie ? Est-ce une de ces deux réalités ? demandai-je.

Il sourit et hocha la tête en me regardant avec une expression à la fois teintée de tendresse et d'incrédulité. Je le crus. Il dit :

- Avant répondre, je vous pose question, dit-il en anglais : la vie pour vous est-elle agréable ou est-elle désagréable ?

Lama Popa traduisait, imperturbable. Je ne répondais pas.

«Agréable ou désagréable, insistait le lama.

- Cela dépend des moments...

- Bien sûr.

«“Le but de la vie”, ce n'est pas une bonne question, elle contient trop de la réponse que l'on souhaite entendre. Elle contient déjà l'idée qu'il y a une vie, qu'elle a un but, et qu'il y existe un sujet interrogateur. Comment répondre à tout cela à la fois ?»

Je me souvins du jour où j'avais posé autrement la question sur Dieu, me demandant, non pas s'il *existe* ou non mais pourquoi je souhaiterais qu'il existât ou qu'il n'existât pas.

«“But” signifie plusieurs choses, poursuivit le lama, la limite et l'objectif, l'activité, et la conscience. Voyez-vous, le but de la vie n'est pas une spéculation, ce doit être une constatation ; ce ne doit pas ressembler à une privation, mais appeler une connaissance.

«De quoi sommes-nous sûrs, en ce qui concerne le but de la vie, dans le sens de limite. Ce dont nous sommes sûrs, c'est que nous allons mourir. Personne, absolument personne n'échappe à la mort. Voilà pour la limite.

«Posons-nous d'autres questions. Pourquoi, pour faire quoi sommes-nous en vie ? N'allons surtout pas imaginer une réponse, ou la spéculer. Observons. Observons ce que nous faisons pendant que nous sommes en vie.

«A chaque instant, nous allons vers ce qui nous est agréable et nous fuyons ce qui nous est désagréable. Nous vivons des sensations, des pensées sur des sensations, des états de conscience sur des sensations, dans les catégories agréables et désagréables, parfois, indifférentes.

«Qu'est-ce qui fait qu'une sensation est agréable et qu'une autre est désagréable ? Ce qui est agréable pour l'un est parfois désagréable pour l'autre, ce n'est donc pas la sensation-en-soi qui porte sa qualité. Ce n'est pas non plus l'expérimentateur puisque ce qui est agréable maintenant ne le sera peut-être pas plus tard... La qualité des sensations est une conséquence de pensées, de concepts, d'attentes. Nous pouvons déjà dire que nous sommes en vie parce que cela est agréable *et* désagréable. Le but de la vie en tant que son activité et son objectif, c'est aller vers ce qui est agréable et éviter ce qui est désagréable.

«Il reste deux questions : quel est le but de la vie en tant que finalité ? Quelle est la finalité de la quête de la jouissance et de la fuite de la douleur ? Quelle conscience suppose une telle finalité ? Pour connaître la finalité, tournons-nous vers la cause.

- La cause de la vie n'est peut-être pas sa finalité !

- La finalité des choses se trouve dans leur cause. L'arbre est contenu dans la graine, et le fruit dans l'arbre.

- Mais pas l'homme qui mange le fruit.

- Peut-être que si. L'homme qui a planté la graine n'avait-il pas l'intention de manger des fruits ? Ils sont aussi dans son geste.

«La cause de la vie est l'ignorance de la double réalité, l'ignorance du caractère relatif de la réalité du moi et l'ignorance de la réalité absolue, l'ignorance de la vacuité ultime des phénomènes.

«Maintenant, pour répondre à cette question il faut interroger l'auteur de la question. Qui demande, qui fait ces expériences agréables et désagréables ? Qui s'interroge sur les qualités des expériences, qui les cherche ou les évite ? C'est celui qui ignore le caractère relatif des phénomènes, celui qui attribue des qualités aux sensations.

«Considérez votre corps. Pouvez-vous dire de lui qu'il est vous ? Et s'il lui manquait un bras ne diriez-vous plus qu'il est vous ? S'il lui manquait deux bras, deux jambes, le nez, la bouche, l'ouïe, la vue, les dents, ne diriez-vous pas encore qu'il est vous ? Jusqu'à quel point ce corps est-il vous ?»

Je connaissais cette méditation sur l'identité au corps pratiquée dans l'hindouisme. La réponse, je l'avais lue, était que le moi n'a jamais été dans le corps, qu'on aurait beau l'y chercher, on ne pourrait jamais l'y découvrir.

Qui, devant un miroir n'a pas douté de son identité avec l'image de son visage. Qui, devant un miroir, ne s'est pas fait la grimace dans le but plus ou moins conscient de prendre de la distance avec son habitude de se voir, avec sa croyance en son propre masque, avec la crédibilité de cette association de matière et d'identité ?

«Cette main est une partie de votre corps qui est aussi composé d'autres parties, des doigts, la paume, des os, des veines, de la peau... Chaque partie est composée aussi. Laquelle est votre moi ? Cette main est un concept, non une réalité.

«Ce corps est-il vous ? Il n'a jamais été vous. Il ne sera jamais vous, poursuivait lama Shérab parce qu'il est un composé de phénomènes dont il est l'effet.»

Le Bouddha ose demander au moi d'approfondir l'hypothèse qui lui est la plus étrangère, celle que le moi a le plus refoulé : *il n'y a pas de moi*. Comment douterait-il volontairement et durablement de sa propre réalité. D'autant plus qu'il peut légitimement demander qui écoute la théorie de l'inexistence du moi sinon ce moi. C'est pourquoi Bouddha la fonde sur la théorie de la double réalité...

«Et votre pensée, est-elle vous ? demanda le lama après m'avoir laissé réfléchir un instant. Votre pensée ne change-t-elle pas ? Comment pouvez-vous dire *moi* de cette pensée-ci puis de celle-là ? Et votre idée de vous-même, est-elle vous ? Vous étiez enfant, puis vous êtes devenu un homme, lequel des deux était votre moi ? Ni l'un, ni l'autre.

Je me suis souvenu de cette méditation dans une situation plus concrète. C'était sur une plage nudiste du Sud de la France. *Et ce corps, est-il le moi ? Et cette pensée sur le corps, est-elle le moi ?* Non, bien sûr ! Mais le regard que ma nudité imposait que je posasse sur moi, avec le malaise que le regard des autres ne manquait pas de m'infliger, ne rendaient pas la réponse tellement claire. J'imaginais qu'on me détaillais — certains, effectivement, m'observaient. Je devinais des jugements, je les soupesais, séduction ou indifférence, ou même mépris ? Je supposais des projections et y répondais par mes propres projections. La réalité était entièrement fantasmagorique. Et dans cette illusion, je percevais mon attachement à ce corps, à mon image...

«Il y a deux réalités, poursuivait lama Shérab, celle des relations du moi, et celle des phénomènes. La réalité ultime prend le moi pour un phénomène comme les autres. Là est l'essence de la réalité, celle du point de vue de la vacuité ultime des phénomènes.

«Nous appelons réel ce qui a une existence indépendante. Non relative, c'est-à-dire non composée.

«Cette méditation sur le moi vous montrera qu'il n'existe pas un tel moi. Il n'y a qu'une double réalité.

- Mais qui est ici à écouter des propos sur l'irréalité du moi.
- Le moi n'est pas irréel, il est relatif à des rapports. Il établit des rapports entre les phénomènes et les subit ou s'en réjouit.

«Un moi, ignorant la réalité absolue, croit exister et dirige ses activités vers ce qui est agréable et s'éloigne de ce qui est désagréable. Ce moi, cherchant l'absolu, tâche d'entrer en rapport avec lui jusqu'à ce qu'il s'aperçoive qu'il n'y a pas de *rapport* avec l'absolu. Il s'affranchit de l'attachement aux rapports et bientôt il abandonne aussi sa qualité de moi. Alors, il découvre que tout est ni agréable ni désagréable, ni non agréable, ni non désagréable. Tout est égal. Dans cette égalité se trouve, non pas la fin de la vie, mais l'au-delà de la souffrance.

«Tel est l'état de conscience que suppose la finalité. Comment l'atteindre ?

«Nous pouvons méditer, sur les *skandhas*, par exemple. Considérez-les séparément et demandez-vous s'ils contiennent une chose telle que le moi.

- Qu'est-ce que c'est qu'un *skandha* ?

Mon ignorance interloqua mes interlocuteurs. Lama Shérab répondit :

- Un composé, un agrégat d'éléments qui forment une partie de ce qu'est un homme.

«"*Tous les dharmas*[80] (les phénomènes, qu'ils soient composés ou non composés) *sont sans soi. Tous les dharmas sont impermanents.*» Les *dharmas* sont les phénomènes ; toute manifestation animée ou inanimée perçue comme un objet de connaissance sont sans soi. Le point de vue des événements, les événements, sont sans soi.

«Les *skandhas*, ces composés d'éléments qui forment un homme, sont des *dharmas*, ils sont donc sans soi et impermanents.

«Plus tard vous méditerez là-dessus et vous le vérifierez.

«Le moi illusoire crée un monde illusoire dans lequel il vit. Le moi ainsi que tous les phénomènes sont à la fois existant et non-existant, existant relativement et non-existant ultimement. Le bouddhisme est le chemin qui conduit à la *réalisation* de cette réalité ultime.

- Qui meurt alors ?

- Il n'existe pas un moi. Il n'existe nul moi vivant ici et faisant les expériences de ceci et de cela. La vie du moi n'existant pas, la mort du moi n'existe pas non-plus. La mort est la dissolution des agrégats, c'est celle de la capacité de rapport. C'est la fin des relations, mais ce n'est pas toujours la dissolution de la dualité.

Depuis longtemps on entendait les corbeaux croasser sur les arbres. Le soleil était haut. Nous passions beaucoup de temps à essayer de nous comprendre.

«Méditez sur ce que nous avons dit. Nous continuerons demain.

Il conclut en disant :

«Qui a la foi peut pratiquer, qui n'a pas la foi doit étudier afin de comprendre complètement avant de pratiquer car il faut éviter que la pratique soit minée par le doute. Lorsque vous me direz que vous avez suffisamment confiance en l'enseignement du Bouddha, je vous indiquerai d'autres pratiques. Pour le moment, il faut étudier et vérifier.

Nous joignîmes les mains et fîmes cette dédicace :

«*Par la vertu que j'ai créée accomplissant cette action, puissé-je établir tous les êtres sans exception dans l'au-delà de la souffrance. Je dédis tout mérite pour atteindre l'éveil.*

- Vous continuer prosternation», me dit lama Shérab avant que nous nous séparions.

Les religions

Le lendemain, je quittai mon hôtel à la même heure et gagnai rapidement la maison de lama Shérab. Lorsque je voulus me présenter à lui, il me dit d'attendre. Je m'installai sur le *choki* du pas de la porte et regardai la vallée en contrebas les montagnes enneigées sur les côtés. Splendide séjour au pays de la carte postale. Des nuages de brume devenaient évanescents, disparaissaient lentement, puis, ayant disparu, laissaient alors surgir des formes dispersées ; un arbre, une maison, un morceau d'enclos, un temple, enfin, le paysage entier.

Ce n'est que bien après que lama Popa fut arrivé que lama Shérab me reçut. Il méditait, étudiait, faisait ses rituels, mangeait, enseignait sur sa planche et y dormait, assis.

Du plat de la main, se penchant vers sa gauche, il donna une impulsion au moulin à prière, comme s'il purifiait ses paroles dans le flot des paroles pures contenues dans le cylindre, répandues par son geste.

Après la prière du refuge, il commença :

«Que pouvons-nous connaître ? Voilà une question plus intéressante que les préoccupations métaphysiques. Avec ce que nous pouvons connaître, pouvons-nous découvrir ce que nous cherchons ? Pouvons-nous répondre aux questions que nous nous posons ? Examinons cela.

Lama Popa traduisait. C'était un joli garçon de vingt-cinq ans, petit, trapu et toujours souriant bien que très respectueux et fort discret. Sa joie faisait contraste avec la grave sérénité de son guru.

«Certains hommes croient en un Dieu créateur, mais ils ne le connaissent pas et le pensent inconnaissable. Cela les condamne à séparer la raison de la foi, la logique de l'intuition. Cette séparation n'est pas confortable. Il n'est pas agréable d'être divisé, cela est pénible et douloureux.

«Le Dieu créateur est décrit comme étant vivant, omnipotent, infini, permanent, parfait, miséricordieux et bon. Mais les hommes constatent que cette description de Dieu ne correspond pas à leur expérience du monde.

«Par exemple, Dieu est permanent, mais rien sur la terre ne l'est. Dieu est infini, pourtant on parle de la liberté de l'homme ; cette liberté doit être extérieure à Dieu. Quel est cet extérieur à l'infini ? Dieu est omnipotent et miséricordieux, mais le mal et la douleur existent et les hommes souffrent. Dieu est parfait, mais ni l'homme ni la création ne le sont. Les hommes qui croient en un Dieu Unique croient exister séparément de Lui. Est-il pensable que quelque chose soit différent de l'Unique ? Dieu est vivant, mais qui a créé Dieu ? Une chose peut-elle être sans origine contrairement à tout ce que nous connaissons ?

«Dans son sermon *Tevijja-sûtra*, Bouddha demande aux brahmanes : “*Y a-t-il un seul brahmane, parmi les brahmanes versés dans les trois védas, qui ait vu Brahman face à face personnellement ?*” “*Il n'y en a pas*”, lui fut-il répondu.

Lama Shérab ajouta directement en anglais :

«Vous voir Dieu créateur nombreux problèmes.

Il m'observa avec sollicitude pour vérifier si je comprenais.

«Enfin, la foi en un Dieu créateur ne résout jamais le problème de la dualité. L'homme qui prie Dieu crée le moi qui prie Dieu. Celui qui croit en un Dieu extérieur à lui crée un moi qui croit. La pensée de Dieu crée ou maintient une pensée duelle dans le sujet qui le pense. Et le moi en se créant se condamne à souffrir.»

“Ceux qui croient en Dieu semblent y tenir pour ne pas être responsables du monde", pensai-je. J'avais l'intuition que le salut serait moins de se culpabiliser de la souffrance du monde, que de souhaiter cesser de la nourrir, l'apaiser grâce à la connaissance spirituelle plus encore que par la générosité strictement matérielle.

Tout allait bien. On avait poussé quelques caisses et étendu un petit tapis. Comble de bonheur, je pouvais m'adosser au mur lorsque mes reins peinaient.

«D'autres hommes ont rejeté toute foi en un Dieu créateur, poursuivit le lama. Ils sont devenu athées, *sans Dieu*. Cependant, ont-ils cessé de se poser des questions sur la vie, la mort et le but de l'existence ? La vie les interroge, la mort leur fait peur. Et ils souffrent de n'apercevoir aucune réponse qui apaiserait leurs angoisses.

«Pour eux, la création est sans cause ni auteur, elle serait fruit du hasard. Une seule réalité existe, elle est matérielle. Donc, seule la perception sensorielle donne accès à la réalité. Toute autre réalité est subjective, sorte d'illusion à teneur émotive. Ils acceptent cependant des postulats scientifiques, dont celui de la causalité ; certaines causes produisent certains effets. Excepté en ce qui concerne le monde et eux-mêmes qui seraient apparus de l'interaction hasardeuse de phénomènes très complexes.

«Vous voir matérialisme être foi, et poser nombreux problèmes, sembla conclure lama Shérab avant de poursuivre en tibétain.

«Les matérialistes ne sont pas dépourvus de conscience morale et d'une éthique humaniste, mais ils ne semblent pas percevoir d'unité dans la manifestation, ni comprendre les interrelations des phénomènes et leur interpénétrations influentes dans leur existence individuelle. On ne se guérit pas du monde en s'en croyant séparé. On ne le comprend pas non plus en le regardant ainsi.

Lama Popa prenait grand intérêt à cette démonstration, comme s'il ne l'avait jamais entendue. Cela me rassurait un peu de savoir qu'il profitait du travail que ma présence lui imposait.

«Bouddha vivait en Inde. Les hindous sont non-théistes non-athées. Il n'y a pas de Dieu absolu, mais un absolu impersonnel transcendant, cause première et Soi fondamental, Brahman, principe unique, illimité, etc... Rien n'existe réellement en dehors de Brahman. L'univers est une transformation apparaissant d'une interaction de trois forces (*gunas*), création, conservation, destruction. Nous sommes le résultat de ces interactions et nous sommes aussi l'absolu car rien n'est jamais séparé de Brahman. Lorsque les êtres vivants croient exister séparément de leur causes, on les appelle *jivâtman*, des *soi* individuels. La relation des *jivâtman* avec la manifestation est *maya*, illusion. L'homme doit se délivrer de l'emprise de *maya*, la fascination de l'illusion, pour se délivrer des causes qui créent l'illusion du soi individuel (*jivâtman*), et connaître l'*atman*, alors identique à Brahman.

«Mais ce système de croyance pose aussi des problèmes insolubles. Quelle est la relation de Brahman avec l'*atman*, ou, comment Brahman, l'Illimité, peut-il avoir jamais été séparé de l'*atman* ? Sont-ils unis ? Alors, comment le soi croit-il exister séparément ? La réponse est *maya*. La séparation n'est qu'illusoire. La manifestation est un mirage. Pourquoi la souffrance, pourquoi l'inégalité des hommes concernant la souffrance ? La réponse est *karma*, le continuum des causes et des effets dans l'illusoire individu.

«Cela pose d'autres problèmes. Si l'individu est irréel, pourquoi souffre-t-il ? Comment *karma* peut-il avoir un pouvoir sur cela qui n'existe pas ?

«Nous voir demain quoi Bouddha dire.»

Chapitre 16

Les Quatre Nobles Vérités

«C'est par la souffrance que l'on apprend. S'il n'y avait pas la souffrance, vous resteriez plongé dans les plaisirs du monde. C'est par la souffrance que vous progressez. La souffrance doit toujours être considérée comme la bienvenue car elle conduit au détachement.»
Words of Ananda Mayee Mâ

J'arrivai à l'aube. Il ne me reçut qu'à midi. J'attendis sur le *choki*.

«L'enseignement de Bouddha est fondé sur ce que nous pouvons connaître.

«Il ne nuit à aucun être, le croyant et le mécréant ne sont pas inégaux.

«Il est unitaire. Il n'y a pas de séparation ontologique entre l'absolu et le relatif. Les agrégats qui composent une personne sont vides, c'est-à-dire dépourvus d'un soi.

«Les bouddhistes ne se préoccupent pas de questions sur Dieu, ils ne s'appuient que sur ce qui est connaissable. Que vaut-il mieux : spéculer à l'infini sur l'existence de Dieu et continuer à être enfermé dans la souffrance, ou connaître l'au-delà de la souffrance (*nirvana*), ayant cessé de spéculer sur l'existence de Dieu !»

Lama Shérab bougeait la tête en signe d'approbation et attendait après chaque phrase traduite pour constater ma compréhension. Il répétait l'idée principale de sa phrase précédente avant de la prolonger. Nous ne disions donc pas grand chose en une heure. Bien que mes souvenirs des propos de lama Shérab forment des phrases intelligibles, ce que j'en reçus a été beaucoup moins fluide.

«Bouddha atteint l'illumination lorsqu'il découvre la vérité universelle de la souffrance et le moyen de s'en affranchir. Son enseignement est fondé sur ce que nous connaissons, sur ce que nous pouvons observer, sur la vérité la plus collective du monde vivant.

«Bouddha Sakiamouni était prince de la famille des Sakia. Il quitta son palais, sa femme, son fils pour devenir *sâddhu*, étudier et pratiquer les religions. Il a connu le plaisir et il a connu les austérités ; il a rejeté les deux. Et alors, il s'aperçut que la réponse qu'il cherchait était toute proche de lui, elle était en lui et tout autour de lui.

«Le but du bouddhisme est de transformer l'ignorance qui attache un moi à des objets qui deviennent inévitablement des causes de souffrance, en connaissance de l'absolu qui est libérateur.»

La voix de lama Shérab était grave et douce. Il prononçait ces mots que je ne comprenais pas dans un rythme dépourvu d'émotion, sans lyrisme ni poésie. Il ne prêchait pas, il expliquait avec calme, s'adressant à la pensée, au cœur et à l'esprit avec respect, sans forcer le passage. Il était le guru, par la grâce de ma présence, mais il me laissait librement décider de ce que cela signifiait.

«Il ne s'agit pas de plaire à Dieu, ou à Bouddha, ou au guru, mais de transformer l'énergie vitale conditionnée par le *karma* en énergie pure, libre des circonstances et des conditions, libre d'espoirs et de désirs, libre de peurs et d'aversions, libre même du désir de changer.

«Vérifiable et expérimentable, l'enseignement du Bouddha ne connaît rien de mystérieux, rien d'incompréhensible, rien d'inaccessible et aucun postulat qui ne soit pas mis à l'épreuve du doute et de la vérification par chaque disciple. Sakiamouni est un homme, tous les hommes possèdent la nature de Bouddha, qui est la qualité éveillée de l'esprit.

«Avez-vous constaté l'impermanence des phénomènes ?

- Oui

- Pouvez-vous nommer un seul phénomène qui ne soit pas impermanent ?

Je réfléchis longuement, passai en revue toutes les idées qui défilaient dans ma pensée...

- Le verbe, la parole ne sont-ils pas permanents ? dis-je.

- Pourquoi le seraient-ils ?

- Le verbe est créateur de la création, dis-je, soudain judéo-chrétien.

- Cela est juste, mais la création est-elle créée ? Le verbe existe-t-il indépendamment ? Ce de quoi dépend le verbe est-il permanent ? Qui parle ? Qui pense ou prononce le verbe ?

«Tous les *dharmas* sont impermanents.

Voilà qui bousculait un peu ce que j'avais fini par accepter de rabbi Isaac...

«Rien n'est permanent, tout est impermanent.

«Bouddha annonce quatre Vérités correctes, justes, pures, inaltérables, nobles. La vérité du *dukkha*, la cause du *dukkha*, la cessation du *dukkha*, et le chemin conduisant à la cessation du *dukkha*.

«*Qu'est-ce que dukkha ? La souffrance, la misère de la souffrance, le malheur, la douleur, l'insatisfaction. La naissance, la vieillesse, la maladie, la mort sont dukkha. Etre uni à ce que l'on n'aime pas, être séparé de ce que l'on aime, ne pas obtenir ce que l'on désire, les cinq skandhas*[81] *sont dukkha.*[82]

«Telle est la première Noble Vérité.

«L'agitation des sens et de la pensée sont *dukkha* ; l'impuissance et le manque sont *dukkha*.

«Les phénomènes sont impermanents, le corps est impermanent, la satisfaction des désirs est impermanente. Observez le monde et observez-vous vous-même, observez *dukkha*. Pouvez-vous penser à une seule chose qui ne soit *dukkha* ?

- Je le crois. Tout ce qui me fait plaisir n'est pas dans la catégorie de la souffrance.

- Quelle est la cause profonde du plaisir ? N'est-ce pas l'insatisfaction ? Pourquoi irions-nous chercher du plaisir si nous étions serein. Le plaisir est-il permanent ?

- Non.

- Il faut le conquérir, aller vers les conditions qui le produisent. Cela demande des efforts. Une fois obtenu, nous irons vers la répétition du même plaisir, comme si nous étions liés à lui, ou encore nous irons vers une nouvelle expérience, et il faudra à nouveau affronter les obstacles.

«Le plaisir est relatif, impermanent, non-substantiel, insatisfaisant.

«Même le bonheur est *dukkha*. Il est impermanent ; il porte en lui les germes de sa disparition et donc de la souffrance.

Lama Shérab me laissa un peu de temps pour absorber cette idée.

«La seconde Noble Vérité indique la cause de *dukkha*. *Cette soif qui produit la ré-existence et le re-devenir, qui est liée à une avidité passionnée et qui quête une nouvelle jouissance tantôt ici, tantôt là ; c'est, la soif des plaisirs des sens, la soif de l'existence et du devenir, la soif de la non-existence.*

«Soif d'agir, d'approprier, soif d'être, soif de ne pas être.

«Cette soif comprend tous les attachements, désirs, plaisirs et, inversement, aversions, répulsions ainsi que l'identification à des idées, des principes, des dogmes. Elle se trouve dans l'ambition, la vanité, toutes les constructions de l'être qui veut être encore, être plus, être mieux, être dans certaines conditions. *Dukkha* a pour cause cette soif.

«S'adonner aux plaisirs des sens constitue une source profonde d'attachement. Cela lie un sujet à une catégorie d'objets et crée un soi qui veut être et être encore. De même, se laisser dominer par l'aversion, le désir de s'éloigner d'un objet, lie le soi à l'action. Désir et aversion sont des soifs.

«S'adonner aux mortifications est aussi une source profonde d'attachement qui lie un être à une activité dans le but de ne pas être, mais ce but est encore celui d'un soi.

«L'existence dans le mode relatif (celui des rapports dont nous avons parlé) est *dukkha* ; elle est produite par la soif qui produit et structure pulsions et actions et engendre le devenir et le re-devenir, c'est-à-dire le continuum.

«D'un instant à l'autre, cette soif nous enferme dans sa pulsion d'attraction-aversion. Elle nous tire d'un plaisir à un désir, sans cesse, et elle se reproduit ; soif d'un monde cohérent, contrôlable, dominé. Aversion pour l'idée d'un monde sans ordre, incompréhensible, incontrôlable. Soif d'un soi et des sensations du soi.

«Cette soif prend la forme d'oppositions, de rapports de force dont l'objectif est de superposer moi et mien sur tout rapport. Moi et autre luttent. Mais cette lutte n'est jamais hors de soi.

«*"Tout ce qui a la nature de l'apparition, tout cela a la nature de la cessation"*, enseigne Bouddha. C'est donc dans cette soif qu'on trouvera les moyens de vaincre cette soif. La maladie porte la guérison, l'attachement contient les racines du détachement. Le monde et moi sommes unis dans ce rapport qui se fait en moi. C'est donc à partir de ce moi que nous allons travailler.

«L'origine de *dukkha* est la soif. L'origine de la soif est la sensation ; la maîtrise de la sensation produit la maîtrise de la soif. Ceci amène la troisième Noble Vérité, la cessation de *dukkha. La délaisser, y renoncer, s'en délivrer, s'en débarrasser.*»

La troisième Noble Vérité

Mes journées n'étaient pas très pleines. Après ma visite chez lama Shérab j'allais prendre mon litre de café matinal à mon hôtel, je faisais mes ablutions, puis je méditais. Je recomposais et transcrivais aussi les enseignements du lama. Cela constituait une répétition utile. Lorsque je les relus, à plusieurs reprises les années suivantes, je trouvais chaque fois dans sa cohérence la source d'un élan.

L'après midi, ou ce qu'il en restait, je pris l'habitude d'aller à la bibliothèque, trois kilomètres plus bas à Lower Dharamsala. J'y lisais les *sûtras*[83] et les *tantras* du Bouddha ainsi que des ouvrages sur le bouddhisme. Cette redondance avec les enseignements de lama Shérab m'aida beaucoup à les comprendre mieux.

Il se donnait aussi des cours de tibétain et de sanskrit, je les suivis. J'y appris les différents sens de certains mots essentiels de la philosophie bouddhique.

Selflessness, le non-soi se dit *rambab*, le soi tombé. Le détachement, *vaïrâgya* en sanskrit, est l'absence de passion, un total lâcher prise, etc...

Je découvrais que *Shérab* signifiait "sagesse", la sagesse ayant la compréhension juste de tous les phénomènes par la vision de l'essence de vacuité. *Lama Shérab* signifie "Grande Mère de la sagesse des phénomènes". Cependant, je n'allais pas très loin dans ces cours, je les manquais souvent à cause des horaires changeant de mon guru.

Parfois, je flânais, je réfléchissais ou j'allais dans une *gonpa* entendre une *puja*, ou encore je faisais une promenade dans la montagne.

J'allais aussi à *L'Himalaya*, le café à la mode.

Sa retraite terminée, lama Shérab ne retourna pas dans l'enceinte du monastère. Il continua d'habiter cette maison au sommet d'une colline, au bout d'un sentier raide et tortueux. L'escalade qui me conduisait vers lui chaque jour m'évoquait une métaphore de l'exigence de sa doctrine dont l'enseignement ne constituait que la partie objective. La méditation consistait à parcourir, seul et immobile, les chemins sinueux de ma propre conscience et à les gravir jusqu'à la cime.

J'arrivais un peu essoufflé.

«Mon lama me racontait souvent cette histoire, commença lama Shérab. Un jour, un homme se blessa le pied. Il éprouva une intense douleur. Une pensée vint à lui. Il pensa que la douleur n'était qu'une réaction dans son esprit. Il trouva cette pensée intéressante. Une autre suivit : "L'esprit pouvait dépasser la douleur si on le contrôlait." Et "L'esprit pouvait devenir incontrôlable si on n'y prenait pas garde." A partir de ces pensées, il atteignit l'éveil.

«La soif d'être de l'être, nous l'appelons l'ego (*self*). L'ego est la structure de réalité dans laquelle le moi crée, maintient, perpétue sa réalité, son impression de réalité. Pour la maintenir et y fonctionner, il doit y agir, s'y poser et s'opposer à ce qui le met en danger.

«L'origine de *dukkha* est la soif. Ceci amène la troisième Noble Vérité, la cessation de *dukkha*, la maîtrise de la soif. *La délaisser, y renoncer, s'en délivrer, s'en débarrasser.*

«Ce que crée la pensée, la pensée peut le détruire. Ce que le soi attache, il peut le détacher. Les germes de l'apparition de la soif se trouvent dans les cinq agrégats (individuellement ou en corrélation). Les germes de la cessation se trouvent en eux aussi. Nous disons même que la cessation de l'activité se trouve au sein de l'activité.

«*"Dans ce même corps sensible, je postule le monde, l'apparition du monde, la cessation du monde et le sentier menant à la cessation du monde."*[84]

«Ce que nous plantons en nous, nous le récolterons. Nous pouvons aussi planter la liberté.

«Les agrégats sont produits et produisent des états conditionnés qui appellent et manifestent des soifs. Dans certaines conditions, ces soifs reçoivent ce qu'elles appellent.

«Il y a deux réalités. La réalité relative, celle des relations. Elle est connue par *namshé*, l'esprit dans son état conditionné par la dualité sujet-objet. La réalité absolue, qui est celle de l'au-delà des relations, est connue par *yéshé*, l'esprit dans son état pur, non conditionné, libre, éveillé.[85]

«Nous voulons transformer notre principe conscient de *namshé* en *yéshé*, l'état naturel de l'esprit et la pureté essentielle des phénomènes. Pour y parvenir, nous connaissons plusieurs méthodes. Nous pouvons transformer toutes les perfections en divinité, tous les sons en *mantra*, toutes les activités mentales en offrandes.

«Ainsi, nous aurons délaissé la soif, nous y aurons renoncé, nous en serons délivrés, débarrassés.

«*"L'extinction de la soif est le nirvana"*[86], l'au-delà de la souffrance. Le *nirvana* n'est pas un résultat de notre effort, il a toujours été. Il est connu par *yéshé*, mais le moi pris dans la soif ne peut pas le connaître.

«Maintenant, méditons ensemble. Observons la soif, cause de *dukkha*.»

Je regardais devant moi. Lama Shérab était au-dessus. A mon niveau, j'étais seul. La méditation est solitaire. La soif est intime. Je l'observai au sein même de ma présence au-dessous de lui.

Quatrième Noble Vérité

«Si nous sommes né, nous devons faire l'expérience de la souffrance. Nous devons souffrir de la vieillesse, des maladies, de la décrépitude et de la mort ; des manques et des frustrations.

«Lorsqu'il nous arrive de faire l'expérience de la souffrance, n'en soyons pas étonnés, nous devons nous y attendre. Prenons donc une attitude intelligente, constructive, positive ; pratiquons et développons les sens du renoncement, de la patience et de la tolérance ; réfléchissons aux enseignements et affermissons notre volonté. Le renoncement est l'abandon autant des plaisirs que des souffrances. C'est le commencement de l'aspiration à la libération.

«Si nous ne voulons plus avoir à supporter les expériences de la souffrance, nous devons chercher la libération. Si nous ne croyons pas que la libération soit possible, nous devons d'abord étudier et réfléchir sur le Dharma[87] de Bouddha jusqu'à ce que nous soyons prêts à accepter le Refuge des Trois Joyaux, c'est-à-dire l'éveil, l'enseignement qui conduit à l'éveil et l'exemple ou l'attitude et la pratique des chemins de l'éveil comme moyen de transformer notre destin que nous offre la lignée des lamas.

«La cause de la souffrance est l'existence dans l'ignorance de la réalité ultime. En transformant notre attitude mentale et notre mode de vie, nous transformons l'ignorance en connaissance.

«Ayant reconnu *dukkha*, Bouddha a tracé un chemin à trois voies et huit branches qui conduit l'esprit de sa forme *namshé* à sa qualité *yéshé*.

«“*Le sentier conduisant à la cessation de dukkha, c'est le Noble Chemin Octuple, la vue juste, la pensée juste, la parole juste, l'action juste, les moyens d'existence justes, l'effort juste, l'attention juste, la concentration juste.*” “Juste” signifie “attentif, conscient, vigilant”. C'est une posture de l'esprit. Le chemin juste évite les extrêmes du nihilisme et de l'éternalisme. Il se fonde sur l'esprit dans son état naturel, ouvert, infini, libre de ses propres créations.

«La vue juste et la pensée juste forment le sentier de la sagesse.

«La vue juste est conforme à la pureté de l'esprit. Elle perçoit les choses telles qu'elles sont, elle inclut la vacuité des phénomènes, elle ne s'égare pas dans le rapport sujet-objet, elle s'appuie sur l'impermanence de toute chose, elle ne place pas le moi au centre de la réalité.

«La pensée juste va au-delà du moi, donc au-delà de l'ignorance et au-delà de la souffrance. Elle se conforme à la vue juste. La pensée qui crée le monde peut le créer autrement. Evitons de nourrir les pensées de désirs ou de peurs et d'aversion. La pensée qui suggère le désir peut suggérer la vanité du désir, le renoncement. La pensée qui nourrit la haine peut nourrir l'amour et la compassion, la non-violence. La pensée juste conçoit et rappelle la vacuité des phénomènes, fondement de la voie de l'absolu.

«Parole juste, action juste, moyens d'existence justes forment le chemin de la conduite éthique.

«La conduite éthique découle de la sagesse. Du point de vue juste, notre comportement est juste.

«Que la parole soit vigilante, en relation avec la vue juste, que l'action soit toujours consciente d'elle-même. Que nos moyens d'existence ne soient pas des manifestations de la soif, qu'ils ne s'opposent pas au chemin de l'éveil.

«L'action, la parole et les moyens d'existence justes ne produisent aucune marque sur le principe conscient.

«S'abstenir de mentir volontairement, de médire, n'utiliser la parole que pour des buts nobles. Ne pas tuer ou voler, avoir des rapports sexuels qui ne nuisent à personne. Ne pas s'enivrer. S'engager dans une profession qui ne nuit à personne, vivre des fruits de son travail et ne pas nier à autrui les fruits du sien. Ne pas tromper ni tricher, éviter les jeux d'argent. Voilà les actions et les moyens d'existence justes.

«Tels sont très simplement les éléments de compréhension du chemin de la conduite éthique, essentiellement, éviter les actes de la parole, du corps et de l'esprit qui pourraient nous entraîner à perdre la vigilance et nous absorber dans une réalité exclusivement relative.

«Le chemin de la discipline mentale conduit à l'effort, l'attention et la concentration justes.

«L'effort juste exclut les deux extrêmes de la volonté du moi et du laisser-aller inconsistant. Par exemple, s'adonner aux plaisirs des sens ou s'adonner aux mortifications, car tous deux renforcent le moi. L'effort doit être utile, il cherche l'équilibre. Nous avons vu que c'est l'ignorance qui nous la fait désirer quelque chose. Ayant reconnu la vanité d'une chose, on y renonce naturellement. Le processus d'appropriation se dissout de lui-même.

«La concentration juste est la pratique de la méditation. Vous commencez par observer vos pensées et vos désirs. Vous observez ce qui surgit dans l'esprit, sans l'approprier, sans le rejeter. Vous laissez être. Vous ne nourrissez pas les pensées, vous les remarquer et vous les laissez se dissoudre. Vous demeurez dans une seule pensée, un seul acte, et vous laissez s'épanouir une équanimité consciente. Nous approfondirons la méditation plus tard.

«Mon lama me répétait souvent ceci : “Un arbre qui penche vers l'Est tombera naturellement en direction de l'Est.” Celui qui entend les enseignements de Bouddha, comprendra naturellement leurs bienfaits et prendra naturellement la voie de l'éveil.

«L'attention juste poursuit la concentration juste au-delà de la pratique de la méditation dans toutes les activités. C'est le travail de la vigilance.

«Maintenant, méditons ensemble.»

Ses yeux perdirent instantanément leur lien avec moi ou les choses. Je rectifiai ma posture et tâchai de l'imiter. Il était si haut perché sur son *choki*, si immobile, que j'avais l'impression d'être dans un temple devant un Bouddha statufié. D'ailleurs, j'étais dans le temple que lama Shérab avait créé autour de lui et qu'il habitait. Il y était l'officiant et le saint du saint, la doctrine et le fidèle. Il me permettait d'y pénétrer, et acceptait ainsi de devenir guru pour un disciple, laissant entrer un élément d'ignorance dans son univers. Tels sont la compassion du maître et le motif de respect du disciple.

Me regardant, il dit : «Vous répéter Mani *mantra*.»[88]

Il précisa qu'en le disant on cherchait l'essence du *mantra* : une absorption qui ne conçoit pas de sujet, d'objet et d'acte. Le *mantra*, l'acte de le dire et celui qui le dit sont unis dans l'essence même de la réalité : la vacuité.

Lama Shérab m'invita à le dire avec lui. Il ne prononçait pas vraiment les syllabes, mais seulement des sons vaguement reliés aux mots, cela faisait une onde sonore. Je l'imitai et m'y laissai absorber.

Enfin, il prononça la dédicace.

Dukkha

L'après-midi, perché sur mon *choki* dans ma chambre d'hôtel, je méditai. *Dukkha*, souffrance, misère.

Le rez-de-chaussée abritait les propriétaires du lieu, cinq familles de réfugiés tibétains qui s'étaient associées pour bâtir cette maison dont ils louaient l'étage supérieur. Une population d'une vingtaine d'enfants âgés de quelques mois à une dizaine d'années était maîtresse du lieu. Un vacarme continu fait d'éclats de voix, de cris et de pleurs, du martellement des pas, saturait l'espace sonore. J'entendais des rires, des appels, des courses de piétinements. Je devinais le geste obsessionnel du nourrisson découvrant la solidité de la matière grâce à sa résistance. Je sentais l'affrontement de la vie et des individus. *Dukkha*. Un enfant se plaint, un autre réclame avec la lancinante détermination impatiente et continue de la dépendance revendicatrice. Une mère à bout de patience menace. Encore des pleurs, des hurlements qui couvrent ceux du plaisir du jeu. Cris et disputes. *Dukkha*, l'impermanence du contentement, cycle récurent des besoins et des frustrations. *Etre uni à ce que l'on n'aime pas, être séparé de ce que l'on aime, ne pas obtenir ce que l'on désire*. Bouddha était-il à l'hôtel lorsqu'il découvrit la permanente vérité de la souffrance relative ?

Parmi les enfants, il y en avait toujours un qui pleurait, qui réclamait, qui manifestait une douleur qui était *la* douleur. De l'observatoire aveugle de ma chambre fermée, j'entendais une continuelle souffrance, une perpétuelle oscillation de la jouissance et du désespoir.

Les êtres vivants apprennent péniblement à comprendre leurs besoins, puis à comprendre leurs désirs et à les limiter, à saisir les conditions très relatives du bien-être et leurs significations.

Les tout-petits entraient et sortaient de la béatitude au rythme de l'instabilité de la sensation du confort. Précarité de la sérénité. Permanence de l'impermanence.

Les plus âgés ne se plaignaient plus guère à leurs parents, ils se disputaient entre eux. Ils avaient appris à supporter l'inconfort minimum irréductible de la vie, mais il leur restait encore à acquérir la maîtrise des désirs, des envies, ces appels que l'on invente pour se manifester à soi-même. Il leur fallait encore découvrir et accepter les limites que leur existence leur imposait. Et ces autres limites qu'autrui exigeait d'eux.

C'est à force de frustrations, de rejets, de coups, de traumatismes de toutes sortes que l'on apprend à s'accommoder de la souffrance, et même à oublier sa constance.

«*Le bonheur prévaut dans le monde sur la souffrance*», affirmait Darwin, peut-être un peu superficiellement. Je n'étais pas certain que c'était le bonheur qui prévalait, mais plus sûrement la soif, dont Bouddha précisait le contenu, l'espoir que contient la soif, le bonheur anticipé contenu dans l'espoir contenu dans la soif, l'activité concentrée sur le but d'éviter la souffrance devenue si réflexe qu'on n'y attache plus le prix de l'effort.

On oublie aussi vite le plaisir que la souffrance, mais leur force de détermination est en nous, dans chacune de nos actions, dès l'intention.

On apprend vite à éviter la souffrance extrême et à atteindre efficacement le plaisir, parce qu'on apprend la prudence : se satisfaire du possible.

Ainsi, la vie s'initie à se réduire, à se contenter, à s'imaginer facile de l'intérieur même de ses frustrations. Mais c'est toujours la soif qui s'exprime, même lorsqu'on serait prêt à prendre une goutte d'eau pour tout le fleuve dont on n'ose plus rêver. *La délaisser, y renoncer, s'en délivrer, s'en débarrasser.*

En méditant *dukkha*, j'entendais son assourdissante manifestation et j'en souffrais.

Je suis sorti. La souffrance était partout.

La joie, la compassion et dukkha

"*Les cinq agrégats sont dukkha*", dit Bouddha. *Dukkha* est la sensation que tous les êtres composés des cinq agrégats ressentent. Le bonheur serait une construction qui masquerait provisoirement *dukkha*, la misère, le mal-être, le mal de vivre, l'angoisse.

Qu'avais-je donc ressenti sur la route de la tombe d'Hadji Ali à Bombay ? Cette émotion minimum que j'avais identifiée comme la sensation de la vie pour la vie lorsqu'on ne construit rien dessus, et que j'avais appelée la joie ? Etait-ce une expérience du *nirvana* ? Elle avait été une illumination puissante, moment tout-rien ; moment de libération.

Je l'avais analysée comme une absence d'émotion, c'était une absence plus complète, une absence de soi qui ouvrait largement une porte d'absolu.

Depuis, j'appelais cette joie lorsque je l'oubliais, et elle me revenait comme me revenait l'impression de paix et d'infini que j'avais connue au bord du Gange à Bénares. Liberté de devoir, d'ambition, de paraître, qui m'avait illuminé d'une compréhension qui avait eu la force d'une certitude : il n'y a rien à faire. Ces deux événements considérables étaient confirmés par mes maîtres. La crainte de Dieu dont rabbi Isaac parlait, sa façon de ne pas quitter la beauté du monde ; l'unité de swami Vichârava, sa façon de montrer dans l'identité du perçu et du vécu, l'illusion de la séparation observateur-observé ; saï Baba qui montrait Dieu en assumant ce rôle. Et Jésus dit-il autre chose dans sa confiance en son créateur-Père : "*Que Ta volonté soit faite*" ? Confiance, joie, liberté.

Union de la beauté des choses dans leur observation du point de vue de Dieu, union du sujet et de l'objet, union de Dieu et de la créature *dans* la créature, volonté de Dieu, *en-soi* des choses, calme de l'esprit... Tout cela entoure quelque chose comme un point de vue qui ne serait accessible qu'en renonçant à quelque chose qui ne peut être que soi, soi moyen de la dualité, soi, sujet de la souffrance.

Si la nature n'a pas produit deux choses qui soient exactement semblables, c'est bien pour créer un ego sur cette différence. "Ne nions pas l'ego, travaillons avec lui", avait dit Wilhem. L'ego est une source de souffrance, mais aussi source de connaissance.

Toute chose ne ressemblant qu'à elle-même, en étant elle-même est sans doute image et ressemblance de Dieu. L'homme est le seul *objet* de la création qui puisse ressembler à plus que lui-même. Il prétend ressembler à Dieu. Cette croyance aboutit sa croyance en lui-même, la clôt, termine le parcours de la dualité au point où elle conçoit l'Un, dans l'absorption de l'objet en tant que soi, ou de soi en tant que l'objet. L'homme affirme ressembler à Dieu parce qu'il peut unir sa conscience avec tout et y concevoir sa propre image...

«Hier, j'ai médité sur les Nobles Vérités. J'ai vu *dukkha*. J'ai vu *dukkha* en moi, j'ai vu *dukkha* en tout, j'ai vu la souffrance des êtres, j'ai vu la souffrance, même des êtres qui ne savent pas qu'ils souffrent.

Lama Popa traduisait avec sa neutralité coutumière, comme si sa politesse lui interdisait de comprendre le sens des mots.

«Dans le plaisir du boutiquier qui voit un client venir, je vois *dukkha*, son angoisse. Je vois *dukkha* sur les sourires que l'on me fait. Et au restaurant, les Occidentaux fumaient, parlaient, racontaient leur voyage ; dans l'incontinence de leurs paroles je ressentais une douleur chronique. Les chiens se chamaillaient, chacun protégeant son territoire ; les singes essayaient de voler de la nourriture aux marchands. Et sur le visage de la petite vieille souriante qui égraine des centaines de chapelets de *mantras*, *dukkha* était là dans sa peur projetée sur une autre vie. Je vois *dukkha* au lieu de regarder la beauté du monde !

Je lui racontai ensuite ma découverte de la joie à Bombay puis la fable du savetier et du financier de La Fontaine. Il hochait la tête en écoutant la traduction de lama Popa. Il souriait.

«Avant, je croyais connaître la joie, la vraie joie, celle qui n'a pas de cause, celle qui n'est pas impermanente, maintenant je ne connais plus que la misère des êtres et du monde, conclus-je. Rendez-moi ma joie !

Il éclata de rire comme s'il avait entendu une bonne histoire. Reprenant un peu de sérieux il dit :

- Avant, vous regardiez sur les phénomènes, maintenant vous regardez dans les phénomènes. Cette vue est plus profonde.

«Il n'est pas nécessaire d'accorder une valeur esthétique ou émotionnelle à la réalité relative.

«Le bouddhisme ne cherche pas à nier les choses telles qu'elles sont. D'abord, nous regardons les choses telles qu'elles sont, ensuite nous regardons encore les choses telles qu'elles sont. La réalité relative est relative. Vos émotions n'ont pas l'importance que vous leur accordez.

«L'essence de toute émotion est vacuité-clarté. Inutile de réprimer ou de stimuler l'émotion, mieux vaut la prendre comme vous prendriez une pensée, pour ce qu'elle est, et rien d'autre.

«Avant tout, il faut préparer nos potentiels, les mettre en état d'être utiles. La première discipline est la discipline de l'esprit : pacifier, observer, méditer, connaître l'impermanence des phénomènes et leur vacuité. La discipline de la parole et du corps c'est l'action.

«Développez de la compassion pour tous les êtres.
- Qu'est-ce que c'est la compassion ?
- C'est une discipline de l'intention en premier, puis elle devient action.
- Qu'est-ce que le *nirvana*, lama ?
- *Nirvana* signifie l'extinction de l'attachement, l'extinction du moi.
- Cette joie, dont je vous parle, est bien au-delà du désir, de la soif, de vouloir être, au-delà de l'émotion, au-delà de l'appropriation, dans le laisser être.
- *Nirvana* est bien cette joie, mais continuelle, répondit-il. Votre joie est instable. Et elle est limitée à vous. La compassion voudrait inclure tous les êtres dans l'au-delà de la souffrance. Voilà d'abord une intention.

«Vous voyez que les êtres se précipitent vers la jouissance et n'y trouvent même pas la paix, vous voyez que les êtres sont absorbés dans *dukkha*, la souffrance, la peur, les névroses, la maladie, etc. Et vous voyez vos propres souffrances dans ces souffrances. Vous connaissez la vacuité du plaisir et la vacuité de la souffrance. Alors, dans cet élan de lucidité, vous souhaitez que cette souffrance cesse pour tous les êtres et vous agissez selon la vue juste dans le geste juste.»

Une autre fois, je posais à peu près la même question :
«Qu'est-ce que c'est que le *nirvana* dont on parle tant ?
Il souffla vivement sur la bougie qui s'éteignit.
- Souffler ?
- Oui, souffler sur le désir pour l'éteindre, souffler sur la sensation pour l'éteindre, souffler l'ignorance, souffler le moi, souffler tous les attachements...
- C'est donc un état actif ?
- Le résultat de souffler est le *nirvana*. Après avoir soufflé il y a l'extinction. La bougie est éteinte. Il n'y a plus d'ignorance, donc plus de croyance au moi, donc plus de douleur.»

Et moi dans dukkha !

Quelle que soit ma souffrance, une sorte de réflexe de lucidité me la faisait lier intellectuellement à un échec personnel. Pour moi, souffrance et échec accusaient mon incompétence et me portaient à me corriger. Plutôt que de subir, je tentais toujours d'agir. Agir supporte une part de souffrance, mais diminue l'angoisse.

Unissant souffrance, échec et incompétence, je les *assumais.*

Si l'on peut en faire porter la responsabilité à quelque chose de précis, le patron, la société, un ami ou un ennemi, des circonstances, Dieu..., la souffrance est-elle moins douloureuse ? Est-elle mieux soignée ? Quoi qu'il en soit, lama Shérab entendait éliminer la douleur et pas seulement son intensité.

Une attitude découlait de son enseignement : je le résumerai dans un antimème : “Je commence ma vie à chaque instant donc je suis responsable de tout.” Ou : “Je suis responsable de tout, donc, je commence ma vie à chaque instant”, comme si assumer tout le passé, toutes les circonstances sans discriminer prévenait tout blocage, les allégeait de toute emprise, les rendait égales et bientôt relativement neutres.

Reconnaître et assumer la souffrance devenait le seuil de sa cessation.

On peut traiter la souffrance, soit en intervenant sur les circonstances, soit en les acceptant, soit en faisant un compromis. On peut aussi affronter la cause fondamentale de la souffrance plutôt que son objet. Il s'agit alors de se transformer devant ce que les circonstances imposent. L'existence dans son essence, avant même ses circonstances, est *dukkha*, c'est sur elle qu'il faut agir. Cela donne à l'action une force supplémentaire : plutôt que de réagir à la frustration, on agit avec méthode sur cela qui souffre, soi.

Cela impliquait l'acceptation de la vie comme elle est, comme elle vient, comme elle devient, grâce ou malgré mes interventions. Dans cette perspective, la souffrance n'est jamais infligée par les événements, mais toujours par soi-même, en soi-même dans une forme d'incompétence qu'il faut travailler. Le seul échec possible, la souffrance, est inhérente à l'existence et n'est autre que mon insatisfaction.

Ne devais-je pas voir dans ma présence à McCleod et dans tous mes voyages une action inconsciente de mon insatisfaction ? Devais-je observer dans ma pulsion de bouger une tentative de masquer l'échec ontologique de vivre ? Pourquoi étais-je ici ? Quelle souffrance à la fois insupportable et subtilement enfouie dans d'autres motivations s'exprimait dans mes recherches du maître de sagesse et dans l'espoir toujours inavoué qu'il l'abolirait de quelques mots, plus que magiques, lucides. ? Quel espoir de l'insurpassable bonheur dessinait mes projets, quelles peurs se cachaient dans mes questions ? Les mêmes que tous les hommes... Tout le monde souffre, même si nous ne souffrons pas tous de la même façon ou des mêmes maux.

Ma souffrance était bien en moi-même. Quoi qu'il arrivât, je demeurais ma propre victime.

L'histoire de l'homme aux enfers

Lama Sagesse me regarda avec sagesse, dans le fond des yeux et dit :

«Mon guru m'a raconté cette histoire pour répondre à mes objections sur *dukkha*.

«Un jour, Yama, le seigneur des enfers interrogea un homme qui venait comparaître devant lui.

«"N'as-tu donc pas rencontré les trois messagers ? lui demanda Yama.

«- Non, je n'ai jamais vu les messagers.

«- N'as-tu jamais rencontré un vieil homme courbé par l'âge marchant en s'aidant d'une canne ?

«- Oh si, seigneur, j'ai souvent croisé de telles personnes.

«- Eh bien, si tu es ici maintenant, c'est parce que tu n'as pas reconnu en ce vieil homme le messager de la vérité de la décrépitude.

"N'as-tu pas jamais vu l'homme pauvre, seul et malade ?

«- Seigneur, j'en ai vu beaucoup.

«- Eh bien tu es ici maintenant parce que tu n'as pas reconnu que l'homme malade était un messager de la vérité de la souffrance.

"N'as-tu pas vu l'homme mort ?

«- J'ai vu, Seigneur, la présence de la mort.

«- Eh bien tu es ici maintenant parce que tu n'as pas reconnu le messager de la vérité de l'impermanence. Si tu les avait reconnus à temps, tu aurais acquis la sagesse du détachement et tu ne serais pas dans le monde de la souffrance surpris d'y être."»

Lama Shérab ne m'avait rien proposé d'insensé ou d'incroyable et promettait de ne rien me demander de croire. Au contraire, il s'appuyait sur ma capacité de vérifier pour fonder une méthode qui se voulait avant tout utile et qui prévoyait même d'aider les hommes à s'en libérer. La description du monde qu'avaient fait Kalou Rinpoché et lama Shérab était reconnaissable ; je pouvais m'y retrouver, y prendre place. La liberté de penser passe par la confiance en soi, avais-je découvert sur la route vers saï Baba ; je devais continuer à fonder le sens de cette expérience sur ma propre vigilance.

J'allai voir mon lama et lui déclarais ma confiance en sa doctrine, signifiant ainsi que j'étais prêt à pratiquer la méthode sous sa direction.

Il aperçut mon *mala*[89] enroulé autour de mon poignet. Il me le demanda pour le voir. Il le tint entre ses paumes et l'écrasa tout en disant un *mantra* que j'ignorais, ensuite, il souffla dessus et me le rendit.

«Voilà comment on bénit les choses ? demandai-je un peu moqueur.

- On purifie le souffle pour suggérer la pureté.

- Ainsi, les drapeaux de prières purifient le vent...

- Ils purifient le souffle qui vient, ils purifient le souffle qui s'en va.

«Vous continuer répéter *mantra* Chenrézi, *Om Mani Padmé Houng*, me dit-il avec ce sourire qui signifiait qu'il connaissait mes réticences.

«Je sais que ce n'est pas très intellectuel pour vous, mais faites-le... comme une expérience scientifique. Répétez le *mantra* aussitôt que vous ne faites rien, ou avant, lorsque vous cherchez quelque chose à faire.»

Peu à peu, j'en pris l'habitude. Je dirai que je m'occupais de ce *mantra* plutôt que d'autre chose, et peu à peu, il m'emplit de lui-même. Bien sûr, ne m'occupant que de lui, il finit par m'occuper complètement. Voilà que je croyais comprendre la raison pour laquelle lama Sagesse me prescrivait cet exercice.

Le Dalaï lama

Le soleil était brûlant, j'étais fatigué, je remontais de la bibliothèque. La pente était rude. Les trois kilomètres n'en finissaient pas, mes pas étaient de plus en plus courts.

Alignés au bord de la route, des gens attendaient près du virage qui contourne la résidence du Dalaï lama. On m'annonça que Sa Sainteté allait passer. J'ai voulu la voir aussi. J'ai choisi un endroit où m'arrêter et j'ai attendu le *darshan*[90] de l'homme-Divinité incarnée.

Précédée des voitures de ses gardes du corps qui protègent le chef d'état en exil, la vieille Mercedes de la couleur bordeaux des robes de lama apparut, avec, à l'avant, pour être mieux vu, le Moine Divin, le *tulku*, la manifestation de Chenrézi, l'union de la vacuité et de la compassion. Il souriait généreusement, sans doute à son propre spectacle dans celui de son peuple de fidèles qui le saluait en joignant les mains.

Lorsque la voiture arriva vers moi, je reçus la grâce d'un sourire radieux et d'un véritable regard, bien que très bref. Il me renvoya à moi-même en m'offrant la conscience de mon regard sur lui en même temps que la conscience du sien. Il y eut l'éclair de l'esprit unique dans cet échange. Au-delà de la conscience que j'en eus, cette rencontre précipitée me donna de l'énergie et de la joie. Toute fatigue avait disparu. Je trottinais vers mon hôtel.

La vue de Sa Sainteté le Pape ou ma rencontre avec le Grand Rabbin Sitruk ne m'ont pas fait le même effet. Cependant, la force bienveillante du rabb Asimov[91], ou la puissance entêtée de la bonté de mère Térésa m'ont inoubliablement impressionné.

Chapitre 17

Les agrégats

«Ce qui apparaît dans quelque chose et disparaît dans cette chose n'est autre que la chose.»
Patanjali

Depuis que je lui avais déclaré mon infaillible confiance et ma dévotion sans faille, lama Sagesse voulait qu'elles se manifestassent. Avant l'enseignement, je devais me prosterner dix, vingt, trente fois devant sa maison, autant de fois que je croyais utile de le faire.

«Cent mille fois !» m'a-t-il dit.

Je me demandais s'il déduirait de mon assiduité la valeur que j'attribuais à sa doctrine... et à son autorité ! Je crois qu'il s'en fichait.

Je dois dire que les exercices de dévotion produisaient une sorte de réjouissance, comme si leur accomplissement me délivrait, m'allégeait, me donnait un sentiment de l'ordre et de la propreté comparable à celui que j'éprouve lorsque j'ai fini de laver la vaisselle sale accumulée depuis une semaine. Difficile à commencer, agréable en fin de compte. Que faire d'autre ?...

J'attendais depuis l'aube. Il ne m'a reçu qu'à midi.

«Bouddha a prodigué plusieurs enseignements parce que nous ne sommes pas tous pareils. Chacun de ses enseignements est suffisant pour atteindre la libération du *karma* et l'éveil.

«La compréhension intellectuelle d'un enseignement agit

sur la conscience mentale et y produit un continuum. L'affermissement de cette compréhension grâce aux pratiques de méditation permet que se développe un processus de transformation mentale. L'ego est mental. Une transformation dans le mental change la perception de l'ego sur les choses et sur lui-même.

«*Etre uni à ce que l'on aime pas, être séparé de ce que l'on aime, ne pas obtenir ce que l'on désire, les cinq skandhas sont dukkha.*

«Les cinq *skandhas* sont *dukkha*, répéta le lama. Aujourd'hui étude *skandhas*. Cinq. Five *skandhas*, dit-il en attendant que je le regarde.

«Un *skandha* est un agrégat, un groupe de phénomènes dynamiques qui forment une partie d'un individu. Cinq agrégats composent les êtres vivants. Ce qui est formé, senti, vécu, jugé, compris, réfléchi, l'est par les *skandhas*. Chaque *skandha* construit une couche de rapports dynamiques. Chaque rapport se produit sur la dualité, et suscite différents états de la conscience relative. Chaque état de la conscience relative renforce l'ignorance, l'absence de conscience de l'unité fondamentale.

«L'esprit pur, *yéshé*, recouvert des voiles de l'illusion, devient *namshé*, conscience duelle d'individu, conditionnée par les traces des rapports duels, ignorant même ses propres habitudes et ses pulsions, jusqu'à ce que les voiles soient écartés par la connaissance. Cette connaissance, nous allons ici, aujourd'hui, nous la montrer et la connaître.

«*Namshé*, la conscience voilée du *samsara*[92], conditionnée par nos actions fondées sur l'aspect duel de la réalité relative, s'auto-produit, s'auto-reproduit et perpétue *dukkha*. La production des voiles, *karma*, peut être interrompue ; *namshé* peut être libéré de *karma*, et devenir *yéshé*, la conscience de base, pure, non conditionnée, non duelle, au-delà de la souffrance, conscience de *nirvana* qu'il n'a jamais cessé d'être.

«Si l'on sait comment se produisent les rapports entre le moi et les phénomènes, comment le monde extérieur est perçu et introduit dans les différents aspects de la conscience, comment et pourquoi ces rapports sont relatifs ? Si nous vérifions nous-mêmes, en nous-mêmes, les différentes étapes de la production de ces phénomènes et comment ils se relient entre eux, et si l'on aperçoit l'apparition du moi, nous pouvons, ayant compris et reconnu ce processus, comprendre l'apparition de *dukkha*, et comprendre la disparition de *dukkha*, aller au-delà de *dukkha*, se libérer de *dukkha* et nous transformer au-delà de la libération de *dukkha*.

«La pureté dans le bouddhisme n'est pas un concept moral, c'est une norme quasi-organique, l'esprit pur est non-attaché, libre, non-composé.

«Voici l'enseignement sur les agrégats.

Lama Shérab s'inspirait d'un texte tibétain auquel il se référait de temps en temps.

«Cinq agrégats composent les êtres vivants. L'agrégat des matières, de la sensation, de la perception, des formations mentales et de la conscience.

«L'agrégat des matières.[93] Ce sont les cinq organes sensoriels et l'organe mental.

«Les matières sensorielles, visuelles, auditives, gustatives, olfactives et tactiles sont perçues par des instruments, des organes de perception extérieurs.

Ces organes perçoivent des objets. Une faculté sensorielle effectue le contact nécessaire entre l'organe et la conscience.

«En quelque sorte, la matière a produit des instruments pour se percevoir.

«Dans l'agrégat des matières, l'organe mental produit et perçoit des objets mentaux que sont idées et concepts, et prend conscience des événements sensoriels.

«La dualité apparaît par les sens. Les organes sensoriels offrent une perception duelle de la réalité. L'objet est perçu à l'extérieur d'un sujet percevant. Le monde est divisé en deux. L'univers et moi. Moi et l'univers. Ce moi existe dans sa fonction de relation avec des objets de perceptions ; il est *relatif*. La réalité qu'il perçoit est *relative* à cette relation ; cette relation est elle-même influencée par le *karma*, c'est-à-dire une habitude imprégnée. L'objet et le sujet sont inter-dépendants, l'un tire une existence de l'autre dans la relation qui les lie. Ils n'ont pas d'existence propre. Ils n'ont pas de moi indépendant. Cependant, le moi créé dans la relation sujet-objet va *croire* en sa propre existence.

«Le monde perçu comme extérieur produit des effets. Le moi qui perçoit ces effets, croit en l'existence du monde extérieur. Croyant en cette existence extérieure, le moi croit en sa propre existence.

«Un enfant naît. Sa conscience est ouverte sur l'infini. Il fait des expériences avec ses sens. Peu à peu se développe une conscience de la différence *moi* et *ça*. Ses sens perçoivent, sa conscience divise. L'observateur apparaît sur un certain type d'observation qui ignore la qualité fondamentale non duelle de l'esprit. La conscience passe d'un mode unitaire *yéshé*, parfaitement lucide, ouverte comme l'espace infini, à un mode duel, subjectif, séparé de l'infini, limité, *namshé*.

«Ainsi apparaît la dualité, c'est-à-dire l'ignorance de l'absolu. C'est sur cette ignorance que se produisent les états de conscience samsariques liés à l'impermanence et à la souffrance.

«Du sein de l'ignorance nous pouvons transformer l'ignorance en sagesse en unifiant les deux facteurs de la dualité, dépassant la conscience de l'objet, devenant un avec l'objet sensoriel dans une complète absorption. L'objet autant que le moi sont vacuité, vide d'existence propre, dans ce vide il est donc possible de les unir.

«Vous pratiquerez cette méditation. Elle vous fera re-connaître l'unité.

Nous fîmes la dédicace. L'enseignement était terminé.

Je demandai à nouveau à quelle heure je devais venir.

- Quand vous venez.

- Mais... préférez-vous que je vienne à une heure précise ?

- Vous méditer ici c'est bien.»

De nombreux Occidentaux passaient à McCleod. La ville profitait de la manne qu'ils apportaient. Certains restaient plusieurs mois. Ceux-là pratiquaient le bouddhisme soit à l'école de rhétorique, soit auprès d'un lama. On ne reste pas à McCleod plus de trois jours sans cette raison. La ville n'était pourtant pas colonisée, au contraire. On aimait les hôtes, on les estimait. Leurs valeurs et leur mode de vie étaient appréciés, étudiés, imités, valorisés. La religiosité ne se limitait donc pas ici aux moines. Une ambiance de monastère joyeux et ouvert teintait les attitudes et les rapports des laïcs et des touristes.

Le lendemain.

En arrivant je me prosternai devant la porte close, offrant corps, parole et esprit à celui qui manifestait la vacuité et m'y attirait.

«La personne est l'assemblage des cinq agrégats. L'individu composé par eux est appelé individu, de même qu'un char, qui est composé de roues, d'essieux, d'un châssis, de chevaux, de planches... etc, est appelé un char. L'individu, comme tous les phénomènes vivants, possède trois caractéristiques principales, l'impermanence, la souffrance et l'absence d'identité propre. "*Tous les dharmas* (choses conditionnées et non-conditionnées) *sont impermanents, tous les dharmas sont sujets à la douleur, tous les dharmas sont dépourvus d'un soi.*"[94]

«L'agrégat des matières est le premier.

«Le contact entre un organe sensoriel et un objet extérieur, approprié par le moi, provoque des sensations, perçues par le deuxième agrégat, la sensation. Le rapport entre le moi et l'objet, établi par les sens, est prolongé d'un aspect qualitatif. Il est agréable, désagréable ou sans importance, neutre. Les objets mentaux que sont les pensées ou les idées produisent aussi des sensations.

«Le moi se construit un peu plus.

«La matière construit le rapport qu'elle entretient avec elle-même, ce rapport la stimule, lui répond. Les expériences physiques qui répondent à une perception sensorielle suscitent les sensations physiques qui construisent l'attachement au corps. Celles qui répondent à une perception de la pensée éveillent des émotions qui construisent l'attachement à la conscience duelle. Dans les deux cas il s'agit d'une interprétation. L'aspect émotionnel des sensations est une interprétation construite, plus élaborée, plus fantasmagorique que l'aspect physique. Une image subjective de soi veut s'y retrouver. Le moi veut se confirmer ce qu'il imagine être.

«Les qualités agréables ou désagréables se définissent par comparaison l'une avec l'autre.

«Le moi qui s'approprie les sensations physiques et les émotions, apprend à les attendre ou à les fuir, à les désirer ou à les éviter. *Dukkha* est intime à la fois de l'attente et de la fuite.

«Vous méditerez là-dessus. Vous observerez une sensation physique naître, vous la suivrez sans la juger, sans l'approprier, vous constaterez que, sans jugement, vous ne pouvez la classer. Vous observerez une émotion, vous la suivrez sans la juger, sans prendre une position par rapport à elle. Grâce à la vigilance ouverte, vous ne laisserez pas le moi de l'approprier. Vous constaterez que le plaisir et la douleur sont de la nature des sensations. Si le moi n'entre pas en rapport avec l'émotion, ou si l'on supprime l'interprétation du moi, elle devient sans importance.

«Continuez à répéter le Mani *mantra* me dit-il, mais dépassez-le, entrez dans son essence. Le *mantra*, celui qui le dit et l'action de le dire sont unis. Il n'y a qu'un phénomène.»

Je ne m'élevais pas au septième ciel, mais la répétition du *mantra* me procurait une quiétude agréable, ce "rien faire" s'assimilait à un vide, à de la pureté de vide parce que je préjugeais pas de cette activité. Si je ne tenais plus compte de moi, les cris des enfants se transformaient en une simple série d'événements.

Le temple de McCleod

Le temple de Namgyal est de construction récente. C'est le temple de l'exil, le premier que le Dalaï lama et le Tibet de la diaspora aient bâti en Inde. Bien que reproduisant une ancienne *gonpa* tibétaine, on y ressent le même vide que dans les temples nouveaux ; ou peut-être la même absence. Il manque ce que des siècles de prières et de rituels, d'intentions et de fidélité, de travail spirituel, incrustent dans les murs et les volumes de présence et de puissance, de souffrance et d'esprit. L'âme du lieu, en quelque sorte, est encore jeune. L'identité collective que forment les traces du passage des hommes est encore légère. Manque cette patine que laissent les fumées des lampes à beurre et des encens, manque un peu de l'ombre de lui-même que chacun sème dans un temple.

Mais ici la foi est forte, dynamique, belle. C'est une foi de culte et de culture, une foi qui tisse l'attente en semblant l'ignorer et dont chaque jour, chaque rituel est une victoire déjà, et un mot d'ordre, une résistance. De sa ténacité patiente, un peuple attend la justice, son pays.

Les "précieuses connaissances" qui furent transmises de maître à disciple sans interruption depuis des siècles, depuis Bouddha parfois, vivent, survivent à cette épreuve de l'Histoire.

Je suis entré, me suis prosterné trois fois. On m'a donné une place au fond. Les moines pratiquaient une *puja*.

"*Pour les êtres dont les errances dans la ronde sans fin des existences sont innombrables, pour ceux qui éprouvent d'intolérables souffrances, il n'est d'autre refuge que vous, Chenrézi*[95] *Protecteur. Accordez-moi votre grâce afin que soit obtenue l'omniscience des Bouddhas.*"

Adossé au mur du fond sur une estrade, un immense Bouddha d'or médite assis en lotus sur un trône de lotus d'or, symbole de pureté. Ses yeux ne regardent pas devant eux. Ils contemplent en soi. Pour ceux qui peuvent apprendre à voir, la doctrine est ainsi concentrée dans les codes de son art. L'imitation, qui est le meilleur des maîtres, et son objet sont simultanément enseignés dans la représentation de la posture de méditation.

Voici l'homme qui a considéré que Dieu n'était pas absolument nécessaire à l'accomplissement de l'homme. Qu'il y ait ou non un Dieu, quels que soient son nom, ses qualités, sa révélation, la souffrance demeure. Elle est commune à tous les êtres vivants. C'est d'elle qu'il faut s'affranchir. Bouddha propose qu'on s'en occupe. Il ne révèle rien qui soit une promesse. Bien qu'il semble ne rien faire, il ne propose pas d'attendre. Il a tourné sa curiosité vers soi et y a découvert la source de toute chose. Il observe le mouvement intérieur jusqu'à l'immobilité où même l'observation disparaît. La méditation est un moyen et une fin unis, porte d'absolu, trésor sans fond découvert pour avoir commencé à le chercher.

Mendiant volontaire qui a renoncé à tout, il tient dans sa main gauche le bol d'aumône du moine errant. Sa main droite repose sur son genou. L'aura de feu du pouvoir de la pureté auréole son corps.

"*Je les délivrerai de la souffrance*", se promit Bouddha. Je regardais ce regard, fasciné, soumis à la contagion de l'équanimité et de l'intégrité.

Je songeais à ce que déclare la représentation du Christ en croix, sacrifice de l'homme sacrifié par l'homme, qui annonce un monde sans souffrance. L'auto-sacrifice du Dieu vivant montre que Dieu ne peut rien pour les hommes, ne pouvant rien contre eux, et les appelle, jusque dans son sang à communier dans leur fraternité. Souffrance de l'impuissance qui fait écho au silence de Dieu.

"*Par la force des actes nuisibles accumulés depuis des temps sans commencement sous l'influence de la colère, il fut pris naissance en une condition infernale. Puissent tous les êtres qui éprouvent les tourments du chaud et du froid naître devant vous, sublime divinité. Om Mani Padme Houng.*"

C'est un homme et pas plus qu'un homme qui annonça cette doctrine, bien que son clergé l'ait un peu trahi en lui attribuant quelques pouvoirs surhumains. Dépourvu de théorie des origines et de mythe du paradis perdu, exempt de révélation miraculeuse, le bouddhisme ne s'attache qu'à l'essentiel. Il ne s'y traite d'abord que de moi, moi son lecteur, son auditeur, son disciple. Il me parle de la souffrance, de l'origine de la souffrance, des désirs, sources de la souffrance, du lien du sujet à l'objet, des extrêmes et du milieu, d'un au-delà qui est ici. Lorsqu'il me parle de libération, il ne se réfère qu'à mes prisons personnelles et mes ténèbres s'illuminent d'apercevoir les rouages de mon enfermement.

Sa métaphysique est purement conceptuelle, dernier vestige de l'illusion, elle n'est que relative, moyen. Il n'y a guère de mystère. Un seul postulat : l'esprit et l'ignorance sont co-émergents, ils apparaissent à eux-mêmes simultanément mais ne se modifient pas l'un l'autre.

"*Connais-toi toi-même*" demande une méthode peut-être autant que de la curiosité et du courage. Le bouddhisme fournit tous les instruments du parcours. Il bâtit la confiance grâce aux expériences qu'il propose, dès les premiers pas sur sa voie.

Il prend la pensée comme moyen de transformation, comme levier. La modification de la pensée modifie le monde, le corps, la conscience... et permet à chacun de garder le contrôle de son parcours, de demeurer *son propre refuge*.

Les rituels du bouddhisme tibétain lient la logique et des représentations symboliques de pulsions humaines universelles. Ses divinités, emblèmes des qualités ultimes, sont des productions de l'esprit créées par l'esprit et dépassées par l'esprit : purs moyens. L'intelligence se nourrit des enseignements et amorce la transformation ; les pratiques accélèrent le processus grâce au contenu actif et psychologique qu'elles mettent en œuvre.

Les flammes vacillantes des lampes à beurre animaient la sérénité statique de l'homme libéré, modèle de sa propre doctrine.

Contemporain de Bouddha, Socrate dans l'Athènes païenne cite l'inscription de l'oracle de Delphe à ses disciples : "*Connais-toi toi-même.*" Il sera condamné, peut-être pas pour avoir introduit de nouveaux Dieux dans la cité, peut-être pas pour avoir pressenti le Dieu unique, sans doute pour avoir compris la source de la création dans l'injonction de se connaître. Il choisit de mourir parce que cette mort est la démonstration ultime de l'ultime connaissance lorsque la peur de douter l'inflige au courage de connaître.

Emmitouflé dans une couverture, immobile, les yeux fermés, je cessai de regarder et de réfléchir et me laissai pénétrer des sons de la *puja*, ces monosyllabes prononcées en chœur dans un imparfait synchronisme sur les octaves les plus basses de la voix. Elles résonnèrent en moi jusqu'à m'envelopper de l'intérieur, étrange impression de retranchement intime, dont le rythme des sons accentuait la profondeur.

"*Moi-même, au fil de mes existences, puissé-je, par des œuvres égales à celles de Tchenrézi, libérer les êtres des mondes impurs et répandre la suprême Parole des six syllabes dans les dix directions. Om Mani Padme Houng.*"

Comme presque tous les Tibétains de la ville, j'égrainais des *mantras* avec la bouche et des perles avec les doigts. Je ressemblais aux petites vieilles et aux petits vieux dont je disais qu'ils pratiquaient une foi superstitieuse. Mais que savais-je de l'efficacité de la foi ? Sait-on d'où vient et où va une vie ? Je devenais tolérant de pratiquer un rituel, si simple fût-il, en raison du crédit que je prêtais à un lama.

La perception

«Le moi et la dualité sont apparus avec l'agrégat des matières, dit lama Shérab comme si trois jours ne s'étaient pas écoulés depuis notre dernier entretien.

«Le moi se projette ensuite dans la sensation. Il devient actif. Le troisième agrégat est celui de la perception. La perception saisit les caractéristiques.

«Des informations ont été transmises par les organes sensoriels, elles ont été reçues par la conscience. Dans ce rapport, un moi est apparu. Des sensations ont ajouté un aspect qualitatif, intériorisé, aux informations. Les trois types de sensations ont établi les premières caractéristiques — agréable, désagréable ou sans importance — et les trois modes de réactions — désir, rejet ou neutralité. L'agrégat de la perception saisit en détail les caractéristiques des phénomènes. Il saisit la forme, la couleur, le goût, il saisit les ressemblances, associe et dissocie, prend connaissance des détails. Il solidifie le rapport au phénomène. Il précise la sensation.

«Au niveau des sensations, le moi triait de façon simple, agréable, désagréable, sans importance. Au niveau de la perception, le moi affirme : "J'aime", "Je n'aime pas", "Cela m'est égal." Il s'étend, se construit, se définit. Il se dépasse, se projette. L'habitude, le fantasme ou l'attente construisent les contours des satisfactions et des manques, de la sécurité et de l'angoisse.

«L'agrégat des matières crée le moi, la sensation donne un sens qualitatif à ses relations, la perception l'affirme, l'accroît, le développe, le complexifie. Ce n'est pas l'objet qui est perçu, c'est le moi qui se perçoit à travers l'objet.

«La perception reçoit les sensations et étend leur champ à ce qu'elles ne manifestent pas. Le plein conçoit le creux. Le senti pressent le manque. De même que la couleur rouge est soit la vibration de la couleur rouge, soit la totalité du champ vibratoire des couleurs moins la zone du rouge, de même la perception s'appuie sur ce qui se manifeste et sur l'absence. Ici, la dualité est plus subtile. La perception s'appuie à la fois sur ce qui se produit et sur ce qui ne se produit pas.

«*Dukkha* est présent dans chaque événement de perception. Nous désirons parce que cela nous manque. Cela nous manque parce que nous percevons le manque. Et nous fuyons ou nous agissons pour échapper à la douleur du manque.

«Cependant, c'est grâce à la perception que nous pourrons faire l'expérience de la vacuité. Plutôt que de figer ce qui n'est pas sur ce qui est, nous allons nous entraîner à percevoir toute chose d'abord comme elle est, sans nommer, sans projeter, sans attacher, afin de recevoir *ce que c'est comme c'est*, la chose en elle-même, pour elle-même, dans son essence pure, vacuité et clarté.

«Nous percevons toujours d'abord *comme c'est* avant de placer les "rites du moi" entre l'objet et l'esprit. Le premier instant de perception est celui de la conscience de base toujours inaffectée, *yéshé*, toujours pure ; ensuite, les désirs et les peurs du moi affectent *ce que c'est* en s'inscrivant dessus.

«La méditation consistera à observer la perception d'abord en observant notre réaction. J'aime et je désire, je n'aime pas et je hais, cela m'est égal et j'ignore. A partir de nos réactions, nous observons la surface du moi par ses perceptions ; ensuite, nous rappelons la conscience de base qui perçoit la vacuité des phénomènes. Celle-ci dissout le moi.

«Lorsque la perception est purifiée, elle devient pur produit de la conscience de base, elle est alors spontanéité, intuition, inspiration, accès directe à la vérité. La perception de la vacuité est l'absolue de la perception.

«C'est cette conscience de base qui vous a fait voyager jusqu'ici pour étudier ce que vous avez reconnu intuitivement comme se rapportant à elle, et c'est à cause d'elle que j'ai accepté de devenir votre guru.»

Dans l'immobilité, je transformais *j'aime* et *je n'aime pas* en qualités vides.

Les formations mentales

Je retournai méditer au temple de Namgyal. Fidèle, le Bouddha d'or attendait ma disponibilité.

La connaissance théorique de soi que l'enseignement bouddhique proposait était impersonnelle : c'était celle de l'homme, non celle de l'individu unique que je suis. L'individu, je le rencontrais dans l'immobilité de la méditation ; l'homme, les Quatre Nobles Vérités et l'enseignement sur les agrégats, puis plus tard celui des douze causes interdépendantes m'en décrivaient l'anatomie psychophysique.

Le bouddhisme ne m'exhortait à rien, il me conduisait à m'observer. La connaissance de soi est libératrice de soi, à condition que l'on sache comment la découvrir et comment ne pas s'y perdre. La puissante présence de Bouddha dans sa représentation, source d'inspiration, m'y aidait. Mon lama m'y guidait avec son esprit, sa grâce, sa puissance influente personnelle et sa méthode.

Je me prosternai... Ces longues préparations commençaient à m'assommer.

«Si la réalité ultime est vide, l'enseignement sur la réalité ultime n'est-il pas vide aussi ? demandai-je.

- L'enseignement est un moyen, comme moyen, ultimement il est vide, mais du point de vue relatif, il est utile.

- Et les prosternations, ne sont-elles pas vides ?

- Elles seront vides quand vous le serez aussi.»

«On appelle la formation mentale, *karma*, ou l'intellect, ou la volition, le quatrième *skandha*, *samskara*. Cela signifie à la fois “conception” et “intention”. La soif de la seconde Noble Vérité.

«Depuis notre naissance, nos sens ont appris à saisir des formes, nous avons acquis une mémoire de nos rapports avec certaines formes, agréables, désagréables, neutres. Nous avons placé le moi au centre de ces rapports, j'aime ou je n'aime pas, je veux, je hais, j'ignore. Ces mémoires composent des tendances conceptuelles, intentionnelles, volitionnelles. Les tendances dirigent l'intellect vers des actions physiques ou mentales (des pensées, des idées) en rapport avec les six facultés sensorielles et leurs six organes. Le moi est ici au centre. C'est pour lui que les actions se veulent, c'est lui qui croit agir.

«L'intellect reçoit les perceptions, il nomme, étiquette, classe, trie. Il fait du monde un objet personnel, totalement intellectualisé, complètement soumis à sa compréhension. Il développe des filtres conceptuels et ne comprend plus la réalité qu'à travers eux. Il s'auto-conditionne. Avec la sensation, le phénomène était agréable, désagréable ou neutre, avec la perception, il devient approprié, j'aime ou pas, etc... Au niveau de la formation mentale, on le nomme l'“étiquette” : c'est bien ou mal, beau ou laid. Le subjectif s'étend vers l'extérieur.

«Le mental ainsi formé dirige la volonté, l'attention puis l'action dans ses schémas pré-conçus. Il ne se rend pas compte que ce qu'il croit vouloir est voulu par ses habitudes mentales, par ses déterminismes acquis, par son auto-hypnose : tout ce qu'il veut a toujours comme cause la croyance en un moi et comme effet la création, le renforcement, la re-détermination du moi dans le monde dans lequel il croit vivre. L'intellect est l'esclave du moi et de ses tendances (le *karma*) tandis qu'il se croit maître de son destin.

«Tout rapport sujet-objet est imprégné d'une attente, d'une conception, il est pré-formé. La volonté même de rapport dépasse le sujet. Celui-ci croit vouloir autant qu'il croit au moi, mais il est soumis à des formations mentales, à des caractères, à un jeu de pulsions, à un environnement culturel et physique, à un passé psychologique, à un passé qui précède même sa naissance. Vouloir est un effet, l'effet d'autres phénomènes.

«“*C'est la volition que j'appelle karma. Ayant voulu, on agit au moyen du corps, de la parole et de l'organe mental*”[96], dit Bouddha.

«Dans *samskara*, *sams* signifie “ensemble” et *kara*, “action”, soit une séquence d'actions, soit l'ensemble des actions à l'état latent, soit l'ensemble des actions qui reproduisent les *samskaras*.

«“*Cette soif qui produit ré-existence et re-devenir, qui est liée à une avidi-*

té passionnée et qui trouve une nouvelle jouissance tantôt ici, tantôt là..." Elle unit parfois le moi à ce qu'il n'aime pas, le sépare souvent de ce qu'il aime, le pousse à obtenir ce qu'il désire.

«Certaines actions sont produites par des formations mentales, d'autres produisent des formations mentales, enfin certaines sont produites et produisent. On appelle ces productions des "actions karmiques". Certaines sont purifiantes, on les nomme "vertus", elles sont libres de passion, de soif d'appropriation.

«Elles sont la foi, la conscience active, la discipline, l'équanimité, absence de passion, de colère et d'ignorance. D'autres sont aliénantes, elles sont imprégnées de l'ignorance fondamentale et la perpétuent ; ce sont la passion, la colère, l'orgueil, la peur, le dogmatisme, l'ignorance. D'autres actions sont neutres, elles peuvent être des vertus ou des aliénations, ce sont l'indolence, le remords, la spéculation intellectuelle, le savoir.

«Seuls les actes non-égocentriques ne produisent pas de formations. La répétition d'un *mantra* est un acte vertueux.

«Les intentions produisent le *karma*, mais des actions spontanées ou irréfléchies le produisent aussi. L'inconscient n'est pas libre de désirs. L'innocence n'est pas une vertu bouddhique, il n'y a nul Dieu à séduire. La connaissance est la seule vertu.

«Vous voyez donc que cette volition, cette soif et ce qui la déclenche sont le résultat d'une combinaison complexe de tendances psychologiques et physiques qui interagissent entre elles et sollicitent un mouvement, une action, et vous voyez que ce mouvement n'est pas indépendant.

«Nous ne sommes pas irrémédiablement enfermés dans le *karma*. Puisque notre volonté est liée à des tendances conditionnées, elles-mêmes effets de causes, nous pouvons transformer les causes en examinant nos formations mentales.

«Vous observerez les pensées qui s'élèvent, puis vous observerez l'instant qui précède le déclenchement de l'acte volitionnel qui déclenche les pensées.

«L'objet de la méditation sur les *samskaras* est de *transformer*. Transformer les tendances en transformant les actes volitionnels dès leur premier mouvement de manifestation. Comme agir en vue de cette transformation ne ferait qu'ajouter une tendance aux autres, dans cette méditation, on ne fait rien. On observe. Prendre connaissance de vos pensées, c'est du savoir, c'est de l'addition d'information. Juger vos pensées, c'est les placer dans le filtre soit de vos préjugés sur vous-même, soit d'un dogme. Observer ici, c'est regarder du point de vue de la sagesse, consciente de la vacuité des phénomènes.

«Fondamentalement, c'est l'ignorance qui se transforme en connaissance. La conséquence de cela est d'éliminer le *karma*, la tendance qu'a le *samskara* à se reproduire.

«Ce sont des actes volitionnels qui déclenchent le désir de méditer dans le but de se libérer du *karma*. Votre vigilance doit donc purifier même cette tendance. Vous méditerez sans intention. (Car sinon qui méditerait ? Un moi, un point de vue ignorant).

«Vigilance n'est pas concentration, c'est une ouverture sans jugement à ce qui apparaît, une conscience éveillée. Ce que vous faites contient son propre but. Il n'y a donc rien à attendre d'autre. Cette ouverture est la méditation, n'en cherchez pas d'autres.

Je saluai, il ajouta :

«Agissez avec le *mantra*. Agissez détaché de vous, dans l'union du *mantra*, dans l'union du vide, me conseilla mon lama. Cette absorption de l'esprit dans l'activité du *mantra* le libère de ses conditionnements.»

Assis derrière ma méditation, je transformais "je veux" et "je ne veux pas", dans un détachement de l'au-delà des concepts.

Om Mani Padmé Houng. J'avais tendance à penser à autre chose en répétant le *mantra*. Je recentrai calmement mon attention. Bientôt, je me rendis compte que cela n'empêchait pas le progrès. L'habitude de le répéter s'incrustait. Le *mantra* faisait son travail intérieur.

Il se disait dans ma tête avec ma respiration. J'éprouvais une sorte de bonheur à me l'entendre dire et à vivre dans sa référence. Il me rappelait la vacuité des phénomènes.

Mon rapport à la réalité (même si elle n'était que relative) était devenu plus doux, ou sans doute étais-je devenu moins présent.

«Le non-agir, me dit lama Shérab, n'est pas une absence d'action, mais la cessation de l'identification à l'activité des agrégats, cessation de la confusion de l'esprit, puis cessation des mouvements avides de l'esprit. C'est l'ignorance qui cesse d'agir. L'ignorance, dont dépendent les constructions mentales, cesse. Le non-agir est un agir vide d'un moi.»

"Hommage à celui qui est la réalité relative dans l'absolu."

J'atteignai quelques secondes d'union. Etait-ce l'essence du *mantra* ? Hors de la trinité de l'être, il y a l'unité sujet-objet-acte, dans un ni-lieu-ni-temps. Elle est vacuité.

Le disciple et son guru

Il y a peu de relations sans séduction. Entre un disciple et son maître, cette rare expérience se joue. C'est sans doute l'une des initiations les plus utiles et les plus fortes. Non seulement le guru n'est pas corruptible, il est lucide. Il voit les manigances et les renvoie. J'ai appris à cesser de séduire. La dévotion au guru attire une relation affective. Le guru en refroidit périodiquement l'ardeur, en brisant l'enfermement qui y naît. Si l'on se prosterne devant lui, ce n'est pas pour lui plaire, c'est pour s'effacer. Il ne faut pas vouloir plaire au maître pour parcourir son chemin de libération. Quelle libération y trouverait-on ?

Si je jouais au disciple attentif et soumis, lama Shérab perçait dans mes entreprises les expressions de mon besoin de l'approprier. Il y répondait en me permettant de lui rendre une multitude de services insignifiants. Je cherchai pendant longtemps le sens de son jeu. Il me montrait que la séduction, comme toute appropriation constituait un fardeau pour le séducteur, une construction mentale et affective qui devait aussi être brisée. La force du maître, sa bienveillance, sa compassion, notre intimité devaient m'inspirer, non me rendre dépendant.

Le cinquième agrégat : les deux consciences

«L'agrégat de la conscience, *namshé*, (*vijnana*) est le dernier. Le *karma* transmigre d'un instant à l'autre dans les *skandhas*, mais plus particulièrement par la conscience.

«Celle-ci crée le contexte qui permet aux autres agrégats de fonctionner dans un plan précis. Il ne s'agit pas de l'organe mental de l'agrégat des matières.

«*Yéshé*, l'esprit pur, est ce qui perçoit lorsque la perception est pure, non encombrée de quoi que ce soit d'autre que la perception. C'est une perception sans subjectivité. *Namshé* est l'esprit dans l'état où il est encombré d'un moi et du *karma*, ses tendances.

«Les formations mentales du quatrième agrégat voilent la conscience pure d'un contenu de tendances karmiques. Elles se manifestent en pulsions et en pensées dans des états de la conscience.

«La conscience, quant à elle, est liée aux pulsions, à la mémoire, au moi dont elle maintient la puissance influente, à tout le contexte inconscient. C'est une trame invisible...

Ce mot me fit frémir... Le lama poursuivait son explication.

«... qui donne l'impression que tout est cohérent, logique, solide. Elle donne au moi la ferme impression d'exister pleinement. La conscience suscite l'élan, le motif de l'activité, et son sens *a priori*. Mais ce sens est toujours relatif, il a toujours l'ignorance pour base, le moi pour sujet.

«"*La conscience peut exister, ayant la matière, la sensation, la perception, la formation mentale pour moyen, pour objet, pour support, et cherchant ses jouissances, elle peut croître, grandir, se développer*", enseigne Bouddha.

«La conscience n'est pas indépendante, ni permanente, elle a la matière pour objet, pour moyen, pour support et cherche sa jouissance, elle passe d'un objet à l'autre, et cesse lorsque les conditions qui l'activent, cessent.

«Quatre voiles recouvrent l'esprit pur : le voile de l'ignorance primordiale, l'esprit ignore sa propre nature. Le voile du conditionnement duel, l'esprit saisit un objet et un sujet séparés bien qu'ils soient tous deux illusoires, relatifs l'un à l'autre. Le voile des passions : des émotions jaillissent de la saisie sujet-objet. Le voile du *karma* : l'esprit est conditionné par les tendances que ses actes ont semé en lui.

«*Yéshé* et *namshé* ne sont pas différents fondamentalement. C'est la foi en soi qui crée les voiles actifs qui maintiennent une différence. C'est cette foi qui maintient l'esprit dans sa fonction duelle. La conscience perpétue cette foi en soi et lui donne une histoire, un passé, un avenir, des éléments de solidité.

«Si vous cherchiez de l'eau dans un désert, votre conscience dirigerait votre attention vers ce but ; vos sens, votre perception, votre pensée fonctionneraient dans ce but. Vous ne remarqueriez pas certains détails des paysages qui ne contiendraient pas d'indices utiles à votre recherche. Il se peut même que vous voyiez de l'eau là où il n'y en a pas.

«C'est ce que signifie l'idée que la conscience crée le contexte.

«Le *karma* impose son enchaînement à notre comportement. Vous avez sûrement constaté comment vos habitudes vous font agir de telle ou telle façon, comment elles modèlent vos actions et vos réactions, comment elles marquent votre rapport aux événements, comment l'événement qui bouleverse nos habitudes modifie votre comportement. Le *karma* est une sorte d'habitude au niveau subtil. D'abord, il place le moi au centre de tout rapport et il nous maintient dans le monde relatif de l'ignorance.

«A partir de ce centre, la conscience crée les décors qualitatifs du moi, ce sont les mondes psychologiques dans lesquels nous vivons, entrons et sortons alternativement ou quasi simultanément. Mais c'est le moi sous l'influence du *karma* qui projette son impression du monde.

«Coupez la chaîne de l'enchaînement dont les *skandhas* sont les outils.

«La méditation sert à ralentir le flot d'activité de la conscience, le ralentir pour le regarder, observer son contenu afin de découvrir ce qu'elle trame. Comme nous méditons, tout ce qu'elle appelle, tout ce qu'elle veut faire émerger, tout ce à quoi elle répond se dévoile du simple fait que nous ne réagissions pas. Nous observons. Nous acceptons de nous connaître en profondeur, dans la profondeur de nos impulsions.

«Comme nous ne prêtons pas au moi l'importance qu'il tente d'imposer, nous ne réagissons plus dans la fonction duelle habituelle. En méditation, il n'y a pas d'activité de relation, la méditation et le méditant ne sont pas séparés, ne sont pas objet et sujet mutuel, c'est ainsi qu'il y a un rapprochement vers l'unité.

«Ayant ralenti le flot des activités de la conscience, la méditation va apercevoir le moi comme un objet, comme un phénomène comme les autres. Elle va dissoudre son influence exclusive et son emprise dualiste. Il ne s'agit pas de haïr le moi, mais de le regarder, avec patience, avec la compassion que nous éprouvons pour tous les être pris dans l'ignorance.

«Le fait de n'être plus soumis aux illusions ne signifie pas la disparition du corps ou du monde. L'esprit n'est simplement plus dupe de ses créations, il continue à créer, mais il conçoit la qualité fondamentale de ses créations : vacuité.

«Lorsque *namshé* se distancie du moi, que les projections de celui-ci ne sont plus crédibles, que nous n'essayons plus de nous accrocher à nos habitudes, à nos pensées, à nos sensations, à nos émotions, à nos sens, *yéshé* apparaît bientôt. On voit alors clairement que *namshé* n'était qu'un mirage d'états mentaux.

«L'énergie libérée de ses entraves se transforme en énergie de sagesse.»

La Trame Invisible

La trame invisible... Tout est cohérent... La conscience entravée suit les mirages de ses voiles, une trame qui se poursuit en manifestant son dessin...

La méditation arrêtait le métier, observait le dessin, mais ne le tissait pas, l'effaçait, au contraire. Ainsi, elle détruisait les déterminismes. L'éveil consistait sans doute à apercevoir la trame blanche, et à ne plus la marquer, à vaincre ou à avoir vaincu l'envie de la tisser, "*la délaisser, y renoncer, s'en libérer, s'en débarrasser*", prescrit la troisième Noble Vérité. Une trame sans soif.

Quelle impression avais-je donc éprouvée à la gare d'Islamabad lorsque, laissant mon train partir, changeant de destination, j'eus le sentiment d'être guidé ? Qu'est-ce qui me prédisposait à cette sorte d'interprétation de la réalité ? Et que signifiait le rêve de lama Shérab qui avait précédé notre première rencontre ? Et les signes des brahmanes ? *A posteriori*, l'ego pousse la pensée à induire toutes sortes de justifications qui lui donne du poids. Pourtant, les événements ne portent-ils pas le sens du vecteur qu'ils tracent !...

Entre les événements neutres dépourvus de soi, et l'addition en séquence qui leur donnait un sens, s'incarnait une interprétation. N'était-ce pas la forme extérieure, manifeste, de ce moi que je suis... Et qui fait un monde, le mien ? Le sens de la vie précède-t-il la vie, ou le suit-il ? Le concept de *karma* n'est pas réductible à une simple collection de causes et d'effets, c'est la vie qui se vit avant de se penser. Sans même se penser. C'est la vie qui se pense, toujours en retard sur la vie. L'existence n'a de cohérence ou de réalité que dans l'appropriation qu'on en fait.

Le sentiment du monde que j'avais éprouvé était de l'ordre de l'intuition, une sorte de sentiment d'un monde inexistant dans lequel le moi se pressent. Je ne savais pas à Islamabad que j'allais rencontrer Kalou Rinpoché à Delhi et que j'en serais comblé, mais je reconnaissais mon désir, en quelque sorte, dans le dessein de mon retour. Comme dans un rêve, la Trame Invisible tisse d'invisibles ponts qui peuvent conduire la conscience à sa liberté. Sur l'autre rive, les ponts ne servent à rien. Sur l'autre rive il n'y a pas de trame.

N'allez pas chercher dans la lune

«Perché sur son arbre, un soir, un singe crut que la lune était tombée dans le lac : “Malheur mes frères ! La lune est tombée dans le lac”, hurla-t-il. Les autres singes accoururent à cet appel et constatèrent que la lune brillait au fond de l'eau.

«“Malheur, répétaient-ils, les ténèbres règnent sur le monde !” Et ils se lamentèrent.

«L'un d'eux voulut sauver la lune. Il grimpa dans un grand arbre sur l'une des berges suivi par les autres. Sur une branche, ils firent une chaîne. L'un tenait les pieds d'un autre jusqu'au dernier qui était au-dessus de la lune, mais croyant l'attraper, il ne tenait que de l'eau.”

«Cette histoire contient de nombreux sens, conclut lama Shérab. On peut y voir l'histoire des religions : devant l'angoisse de la mort et les peurs de la vie, les hommes inventent des solutions aussi illusoires que les problèmes qui les tenaillent. L'ignorance peut se transformer en sagesse, l'expérience de la vacuité des phénomènes ouvre à la conscience ultime. L'univers est tout entier dans le miroir de notre subjectivité.»

Shiné et lhagthong

Lama Shérab me fit adopter une posture droite.

«La méditation est une pratique du corps, de la parole et de l'esprit. Son but est de faciliter la tranquillité de l'esprit.

«Nous ne pouvons pas décrire l'esprit. Il n'a aucune caractéristique substantielle, aucune limite. La nature de l'esprit est vacuité, insubstancialité et intangibilité. La tranquillité de l'esprit se trouve dans l'esprit en son état naturel, vacuité, clarté et lucidité.

«Méditons ensemble.

«L'esprit ne peut pas être trouvé car il n'y a rien qui soit l'esprit. C'est par l'absence du moi et des formations mentales que l'esprit fait l'expérience de lui-même.

...

«Nous prenons conscience de ce qui se passe maintenant. Rien d'autre. Sans projeter sur l'avenir, sans nourrir le passé qui suinte dans le moment présent. Lorsque des pensées surgissent, prenez conscience que des pensées ont surgi. Ne les suivez pas, ne les poursuivez pas, laissez-les se perdre, se dissoudre.

...

«La respiration est une activité naturelle du corps. Respirez normalement, prenez conscience de votre souffle, posez doucement votre attention sur votre souffle.

...

«La nature de l'esprit peut être connue comme une expérience de l'espace infini, vide, sans forme dans la stabilité. Ce qui est important, c'est la stabilité. Stable, c'est-à-dire sans approprier, sans créer, sans projeter. Vide et ouvert.

«L'esprit peut tout percevoir, c'est son aspect dit “lumineux”. Il peut tout percevoir parce qu'il est vide.

«L'esprit a la capacité de connaître, d'imaginer et d'expérimenter. C'est sa caractéristique libre d'entrave et dynamique.

«Tout ce que l'esprit expérimente est l'esprit lui-même.

«Une expérience est un rapport entre un organe sensoriel, une conscience sensorielle (la faculté) et la conscience subjective. Ce qui est perçu comme extérieur par la conscience duelle (*namshé*) est en vérité un événement intérieur à l'esprit pur (*yéshé*) manifestant ses qualités de vacuité-clarté libre d'entrave. Cette union de l'événement et de la vacuité est la base de la méditation. Toute expérience se résorbe dans la vacuité de l'esprit, de même que toute manifestation se résorbe dans l'impermanence.

...

«Nous pouvons le vérifier en pratiquant cette méditation avec un objet extérieur comme support. Nous fixons du regard un objet devant nous et nous unissons la vue, la conscience visuelle et la conscience. Il y a vue, conscience et vacuité.

Je fixai un grain de riz tombé sur le sol devant moi. Nous demeurâmes quelques minutes dans cette méditation. Dans un univers sans moi, un grain de riz se regardait se regarder.

...

«Nous pouvons le vérifier en prenant un objet mental comme support. Nous créons un objet mental qui remplace l'objet extérieur, par exemple une bille de lumière...

«Nous constatons que l'esprit est capable de créer des objets. L'esprit fonctionne comme un organe sensoriel. La bille de lumière est perçue par la faculté sensorielle et la conscience, et nous avons l'expérience de l'esprit manifestant ses qualités de vacuité-clarté libre d'entrave, puisque l'esprit a lui-même créé l'objet de la conscience.

«Nous pouvons constater la qualité non-limitée de l'esprit en méditant sur cette bille que nous plaçons à quelques millions de kilomètres de nous dans l'espace.

...

«Nous pouvons constater la qualité omniprésente de l'esprit en méditant sur six billes placées aux six directions dans l'espace.

...

«Nous pouvons constater la continuité de l'esprit en méditant pour le bien de tous les êtres.

...

«Toutes ces qualités ne sont rien en elles-mêmes que vide.

«Au niveau de la stabilité et du calme de l'esprit, c'est une méditation *shiné* (*shamatha*). Au niveau intuitif, *lhagthong* (*vipasyana*), l'esprit constate le caractère éphémère, douloureux et impersonnel de tous les phénomènes physiques ou psychiques. Au niveau éveillé, l'esprit fait l'expérience directe et ultime du Mahamoudra, sa nature et de celle de tous les phénomènes, comme vacuité.

...

«Lorsque vous constatez une distraction, vous prenez conscience de la distraction et vous revenez calmement à l'expérience de la méditation. N'essayez pas de bloquer le flot des pensées. Restez détaché de vos pensées. Ne les suivez pas. Laissez-les apparaître et disparaître.

...

«Dans le mot *shiné*, *shi* signifie passif et passivité. *Né* signifie stabilité, un seul objet de concentration. *Shiné* est la méditation passive et stable de l'esprit. Posez votre esprit dans son état naturel, sans forcer un vide qui ne serait alors qu'une pensée ou un concept. Laissez-le être, ici et maintenant, sans élaborer les pensées qui apparaissent, sans les suivre. Vous les laissez passer.

...

«Si vous constatez que vous êtes très distrait, fixez l'esprit sur le souffle qui entre et qui sort de vos narines. Sentez-le entrer et sortir.

...

«Toute pensée vous montre que vous n'observez pas les choses telles qu'elles sont, mais que vous essayez de les interpréter. En essayant de les interpréter, vous souhaitez les rendre proches de ce que vous voulez qu'elles soient.

...

«Vous êtes libre d'inquiétude et d'espoir, libre de l'activité de méditer.

«Soyez attentif à la torpeur ou à l'agitation. Dans le cas de la torpeur, imaginez un point blanc sur votre front et levez le regard. Si vous êtes agité, imaginez un point noir devant vous et baissez votre regard.

...

«Les pensées sont un jeu passager de l'esprit. Ne jugez ni de leur qualité, ni de leur auteur. Laissez couler.

«L'esprit est le miroir des pensées. Esprit et pensées ne sont ni identiques, ni différents.

...

«Voici l'enseignement secret sur *shiné*.

«Toute manifestation de l'activité de l'esprit est transformée en sa qualité vide. Toutes les apparences sont vides. Le vide est la forme et la forme est le vide. Le secret est l'espace entre le vide et la forme.

«Le monde est composé des cinq éléments, terre, eau, feu, vent, espace. Notre corps aussi est composé des cinq éléments. Symboliquement, l'élément terre est associé à l'agrégat des matières (ou de la forme), l'eau à la sensation, le feu à la perception, le vent à la formation mentale et l'espace à l'esprit. Si vous retirez l'espace entre les éléments, il n'y a plus de forme, plus de sensation, plus de perception, plus de formation mentale. L'esprit est le fondement de toute expérience. Les éléments sont l'expression dynamique de l'esprit. Sans l'espace il n'y a pas d'expression.

«*Nirvana* et *samsara* sont identiques, leur différence tient en ce qui distingue l'absolu du relatif, l'attitude que nous portons sur le monde, la qualité de notre conscience. Toute expérience est à la fois *nirvana* ou *samsara*.»

Méditation lhagthong (vipasyana)

«*Lhagthong* signifie "vision pénétrante" : sur la base de *shiné*, la quiétude mentale, nous avons été capables d'examiner l'esprit lui-même. Maintenant, nous nous concentrons légèrement afin d'être un peu plus minutieux dans notre méditation et d'éviter la distraction. Examiner l'esprit cela consiste à observer sa nature. Où est-il ? A-t-il une couleur ? Vous faites une enquête. Non sur la conscience d'un soi, mais sur la nature de l'esprit. Vous observez l'esprit passifié.

...

«Ensuite, observez l'esprit dans sa nature mobile. Comment naissent les pensées et où vont-elles ? Laissez une pensée émerger dans votre esprit calme et lucide et observez la nature de la conscience qui s'est manifestée. Provient-elle de causes ou est-elle non-conditionnée. Observez les causes. Coupez la racine de l'ignorance en interrogeant vos pensées sur leur nature. le moi qui jaillit de l'ignorance de la réalité ultime.

...

«En examinant l'esprit paisible et mobile en alternance, vous constatez que les deux états de l'esprit sont semblables, comme l'océan et la vague. Ils sont d'une même essence, vacuité et clarté.

...

«Quand une pensée s'élève, soyez au courant qu'il s'agit d'une pensée. Ne tombez pas dans l'extrême du nihilisme qui consiste à spéculer : toute pensée est vacuité. Une pensée est une vivacité qui n'a ni naissance ni cessation ni durée. Saisissez la nature de la pensée intuitivement et non conceptuellement. Il n'y a pas de différence entre la nature de l'esprit paisible (sans pensée) et la nature de la pensée. Vous observez les pensées pour ce qu'elles sont : des manifestations de l'esprit. Vous les observez, c'est tout, sans tenir compte des sentiments et des émotions qu'elles pourraient susciter. C'est alors l'état de la vision pénétrante de la nature de la pensée, le *dharmakaya*, vacuité et clarté conjointes. L'esprit dans sa nature pure et les pensées sont de même nature, comme l'océan et la vague.

Cette méditation me permettait de me rendre conscient des pensées qui émergeaient en moi. Examinées du point de vue de la quiétude, elles perdaient de leur force de sollicitation.

...

«Il manque alors la continuité. Vous devez vous habituer à couper la saisie conceptuelle, cultiver cette intuition que l'esprit est les apparences. Gardez une attention ouverte, spontanée, sans préjugés ni opinion. Ne pensez ni à l'avenir ni au passé. Demeurez dans l'état d'inséparabilité des phénomènes et de la vacuité, dans l'essence des choses.

- Il y a donc plusieurs sortes de méditations...

- Soit nous faisons une méditation analytique afin de vérifier et de comprendre la nature de l'esprit, soit nous laissons l'esprit dans sa propre nature. L'esprit se connaît sans se chercher, car il n'y a ni sujet ni objet, ni méditant ni méditation. Il faut atteindre ce niveau intuitif.

«Les deux chemins sont complémentaires.

«Pour méditer, la première fois il faut avoir quelque chose comme la foi, accepter d'essayer. Ensuite, très vite, on sait parce qu'on a vérifié.

- Qu'est-ce c'est que la foi ?

- La foi, c'est un peu de confiance.

- Comment arrive-t-on à la confiance ?

- Avoir confiance est une sorte de certitude intuitive. Par exemple, si vous pensiez à sauter du toit de votre hôtel, vous croiriez que vous vous casseriez les jambes, mais en fait, vous n'en savez rien. La confiance est cette sorte de calcul. On prend un risque calculé.»

La méditation est une sorte de “rien faire” actif, vigilant. Pour l'Inde “rien faire” est une science libératrice, une philosophie de la connaissance.

Je regardais mon enfermement dans les variations de mes pulsions. Je regardais ce moi tant décrié assez exactement semblable à ce que le bouddhisme l'accusait d'être. Et je rompais sans doute, peu à peu, ces liens qui commençaient à brûler seulement d'être vus.

Ainsi, je prenais conscience des peurs et des soifs qui cherchaient à s'animer en moi. Soifs, mais aussi peur de ne plus avoir de soifs, de désirs derrière lesquels se cacher. J'avais peur de l'ennui, un état de peur d'être sans peur, sans attache.

La méditation dénonçait mon incompétence à vivre la liberté en me montrant ma dépendance. Cependant, j'agissais dans le plus vrai des sens d'agir, non pas bouger, mais laisser s'exprimer la puissance.

Il n'est pas possible de raconter les détails de mes expériences de méditation associées à chaque enseignement. Le simple souci de les écrire les eût transformées et sans doute en eût modifié les qualités libératrices en les imprégnant de la dualité inhérente à l'action d'écrire ou de se souvenir. Le bouddhisme de lama Shérab ne peut donc pas se réduire à ce que j'en rapporte, il participe de la pratique de la méthode. L'essentiel en est absent parce que l'essence de la transformation ne peut être qu'en dehors de la narration de la transformation. On pourrait peut-être la ressentir dans les espaces blancs des interlignes. Le mieux est de la pratiquer.

Je trichais en ce qui concernait les exercices de purification. Lama Shérab ne m'interrogeait pas sur de tels détails. Je lui en savais gré, car je n'aurais pas voulu entretenir avec lui un rapport de servitude. L'obéissance aveugle ne m'intéressait pas.

Chapitre 18

Chacun est notre propre mère

«Qui connaît autrui est intelligent
Qui se connaît est éclairé,
Qui vainc autrui est fort
Qui se vainc soi-même a la force de l'âme.»
Lao-Tseu, Tao Tö King

Méditation sur les agrégats

«Lama, qui pense, qui agit, qui meurt ?

- L'individu est une formation composée des cinq agrégats. Ces agrégats inter-agissent dans un flux, un courant où des événements se produisent selon la loi de causalité, "*ceci étant, cela advient.*"[97]

«L'individu n'a pas de soi. Il est l'assemblage des agrégats conditionnés.

«C'est la pensée qui pense, sans qu'il n'y ait jamais de personne qui la pense.

«Lorsqu'on analyse chacun des éléments qui composent un homme en y cherchant le soi ou l'origine du soi, on n'en trouve jamais aucun auquel nous puissions l'imputer. Cherchez-en un.

- J'ai une impression de cohésion lorsque je pense à ce moi. De même que le char que vous avez pris en exemple est *plus* que tous les éléments qui le composent, j'ai l'impression que le moi est ce plus que l'addition des cinq agrégats. Bien que production des agrégats, il les dépasse.

- Ce que vous venez de décrire est exactement ce que nous appelons l'ignorance. C'est une ignorance très intelligente, très sophistiquée, subtile, mais toujours l'ignorance. Le moi est relatif, il se prend pour plus. Se prenant pour plus, il va bientôt désirer se considérer comme absolu.

- Ce moi est son propre tout, même de façon illusoire, il se vit comme un tout, comme une histoire complète, comme un être unique, comme un rien qui a de la valeur.

- Est-il absolu ?

- Non... oui et non, n'est-il pas son propre absolu ?

- Etre son propre absolu ne signifie rien. Pas plus que prendre une illusion pour la réalité. Le moi est-il un mode de relation ?

- Sûrement... dis-je prudemment.

- S'il est un mode ou un moyen de relation, il est non absolu. Tout ce qui se passe en lui est transitoire. Quels que soient ses plaisirs ou ses souffrances, ils sont impermanents. Quels que soient son nom ou ses qualités, ils ne contiennent pas un moi.

«Ce qui fait apparaître l'ignorance contient ce qui fait apparaître la sagesse de l'ignorance qui est la sagesse de la cessation. "*Dans ce même corps sensible, je postule le monde, l'apparition du monde, la cessation du monde et le sentier menant à la cessation du monde.*"[98]

«Ce qui naît, ce qui meurt, ce n'est pas un individu mais des impressions poussées, tirées, portées par l'ignorance, par l'illusion fondamentale d'être, d'être soi, d'être *plus*. Un groupe d'agrégats se rassemble et l'ignorance dit : "C'est moi". C'est vrai, tant qu'il le croit. Relativement c'est moi. Dans l'absolu, cela est vacuité, comme tous les phénomènes. Méditons ensemble.

Lama Shérab me dit de prendre la posture de méditation.

«L'idée du moi est née avec l'agrégat des matières. Les sens ont saisi des objets. Il y a eu une perception. Puis il y a eu un objet perçu et un perceveur.[99] Pour saisir une idée, l'organe mental doit d'abord se différencier d'elle, puis en prendre possession.

...

Il prit sa cloche rituelle comme exemple.

«Observons ce mouvement qui fend l'unité de la perception. Observons le mouvement plutôt que l'objet.

Nous méditâmes ainsi quelques minutes.

...

«Au lieu de regarder un objet, regardons notre vue. Laissons la vue saisir la vue sans intervenir dans le processus.»

C'est cette méditation que lama Samten avait utilisée à Kagyu Ling pour me faire pénétrer la vacuité du phénomène de la réalité perçue.

«Il y a une perception mais on ne peut pas dire qu'il y ait un perceveur, ni un objet perçu. On peut dire : "Ça voit". On peut dire : "La matière se regarde". L'objet est vide, il n'existe pas par lui-même, et l'organe sensoriel est vide, il n'existe pas par lui-même. Il n'y a pas de moi dans la perception visuelle. Seulement une relation.

«Y a-t-il un moi dans la perception de la matière par les sens ? La perception change, nous percevons ici, puis là, avec la vue, puis avec l'ouïe, etc... S'il y avait un moi dans la perception nous ne pourrions jamais percevoir quoi que soit d'autre que ce moi. Mais nous percevons cette cloche, et maintenant ce *dordgé*, fit le lama comme un prestidigitateur en escamotant l'objet. Le moi n'est donc pas la perception.

«Un jour, un homme brûlait de l'encens. Il se rendit compte que le parfum ni était ni n'était pas, il n'était ni apparu ni non apparu. Cet incident futile le conduisit à l'éveil.

«Il y a une voie vers l'illumination dans ces mots.

«"*La forme est vide et le vide est la forme. Le vide n'est pas autre chose que la forme et la forme n'est pas autre chose que le vide. En dehors du vide, il n'y a pas de forme et en dehors de la forme il n'y a pas de vide.*"»[100]

Nous répétâmes l'expérience avec les autres sens ainsi qu'avec la pensée en tant qu'objet.

«"*La forme est vide, et le vide est la forme.*" Le problème est dans l'affirmation de quelque chose, le choix de l'un de ces extrêmes. Le secret, c'est l'espace entre eux.

«La saisie de l'objet provoque des sensations agréables, désagréables ou indifférentes. Nous nous concentrons sur les sensations qui se produisent en nous à la suite d'une perception sensorielle. Le chant d'un oiseau, la vue de cette cloche... Observons d'abord le mouvement dans l'agrégat des sensations plutôt que la sensation.»

Il fit tinter sa cloche rituelle. Le timbre était plutôt agréable. Il faisait vibrer quelque chose en moi comme une jubilation. La sensation observée avec tant d'attention devenait un mouvement fébrile, un transport, quel qu'en soit le motif.

...

«Observons la sensation seule. Au lieu d'accepter une sensation agréable ou de refuser une sensation désagréable, au lieu de prendre possession de la sensation, laissons-la naître et mourir. Laissons la sensation saisir la sensation. N'intervenons pas.

...

«Il y a bien une sensation, mais elle n'a ni sujet ni objet. On peut dire : "Ça sent". On peut dire : "La sensation se sent."»

Nous méditâmes ainsi quelques minutes.

«Y a-t-il un moi dans la sensation ? Le moi est-il une sensation ? Les sensations changent. Si le moi était une sensation, nous ne pourrions jamais rien ressentir qu'une sensation unique. Mais nous sentons différentes sensations à différents moments. Le moi n'est donc pas la sensation.

«La sensation n'existe pas indépendamment de son objet et son objet n'existe pas indépendamment de la sensation. Il n'y a pas de moi dans la sensation. Seulement une relation.

«*La sensation est vide et le vide est la sensation. Le vide n'est pas autre chose que la sensation et la sensation n'est pas autre chose que le vide. En dehors du vide, il n'y a pas de sensation et en dehors de la sensation il n'y a pas de vide.*"

«Le problème est encore dans l'affirmation de l'un des deux extrêmes.»

Nous pratiquâmes cette méditation en l'élargissant peu à peu aux autres agrégats, la perception, la formation mentale et la conscience.

«Nous avons reconnu que les sens saisissent les objets des sens, que l'organe mental saisit les objets mentaux que sont les pensées et les idées ; que la sensation saisit la sensation, que la perception saisit la perception ; que la formation mentale saisit la formation mentale et la conscience saisit la conscience.

«Nous avons reconnu qu'aucun des agrégats ne contenait de moi. Nous avons reconnu qu'ils sont vides d'existence propre, qu'ils existent relativement à leur fonction, de façon impermanente et sans soi.

«Nous avons reconnu que toute cette activité se déroulait sans sujet. Que le concept de sujet était créé, fabriqué, illusoire, impermanent, relatif et fondamentalement vide, comme les agrégats eux-mêmes.

«Il y a un corps, mais il n'y a pas de moi. Il y a des paroles, mais il n'y a pas d'auteur. Il y a des actions mais il n'y a pas de sujet. Il y a un esprit, mais dans sa nature pure, sa conscience est celle de l'esprit lui-même et de la vacuité des phénomènes.

«Les agrégats s'unissent au moment de la conception du corps dans la matrice et se séparent au moment de la dissolution du corps. Le moi n'existe pas dans l'absolu, il n'existe que comme une illusion. L'ignorance de ceci est la cause de la naissance, du devenir, de la souffrance et de la mort.

- Un homme n'est donc pas plus que la somme des parties qui le composent ?

- *Plus* ou *moins* ne nous intéresse pas. Ce tout est-il réel ? C'est cette question qui nous occupe.

- L'esprit n'est-il pas au-delà de l'homme ? Qu'est-ce que l'esprit ?

- L'agrégat des matières est le corps lui-même, c'est le phénomène physique ; les phénomènes psychiques sont les agrégats de la sensation, de la perception, de la formation mentale et de la conscience.

«Il y a une perception pure et une perception impure. Il y a l'absolu et le relatif.

«Nous pouvons aussi pratiquer cette méditation en liant les agrégats comme une série. A partir de la conscience, nous observons des contextes qui se forment sur l'esprit, de ces contextes nous laissons émerger des formations mentales, désirs, aversions qui sont examinés par la perception, sentis par la sensation comme agréables ou désagréables, et enfin perçus ou justifiés par les sens et le mental comme objets intérieurs.»

Karma

«S'il n'y a pas de soi, qui sème et qui récolte les fruits du *karma* ?

Il fit un sourire ambigu. Ses yeux reprirent l'expression d'idéogramme chinois que je leur connaissais de temps en temps.

- Vous, moi et tous ceux que votre existence vous amène à rencontrer ! répondit-il.

«Observez cette situation. Ne suis-je pas en train de récolter quelques-unes des conséquences de votre ignorance ? Et les membres de votre famille, vos amis, ne récoltent-ils pas ses fruits ?

«Les actions physiques et mentales contaminées par l'ignorance produisent des tendances, ces tendances sont celles de la reproduction.

«Les actions sont contaminées par l'ignorance parce que les *skandhas* (agrégats) sont contaminés par l'ignorance. Nos *skandhas* eux-mêmes ont tendance à se reproduire.

«La croyance en un moi permanent est produite par l'ignorance. Le moi produit un attachement pour lui-même. L'attachement a tendance à produire sa cause, source d'attachement encore. La cause de l'attachement est l'ignorance. C'est donc l'ignorance qui a tendance à se reproduire, pas le moi auquel vous croyez être attaché.

«Le moi n'est ni immortel, ni mortel, il n'a simplement jamais eu d'existence que relative.

«Cet attachement à un moi, produit par l'ignorance, produit à son tour l'égoïsme et la soif. Soif qui est la cause de *dukkha*.

«Nous sommes comme la flamme de cette lampe à beurre. D'un instant à l'autre, y a-t-il une continuité de la flamme ? Est-ce la même flamme ou une flamme différente ? Ni la même flamme, ni une flamme différente. Il y a continuité du feu, pas de la flamme. La flamme est une conséquence, non une cause indépendante d'elle-même. De même, le moi est une conséquence de phénomènes très nombreux, mouvants, changeants. Il y a une continuité de l'ignorance, pas du moi.

- Mais alors, s'il n'y a pas de moi, on peut faire tout le mal que l'on veut ?

Me regarda-t-il sévèrement ? Je le crus.

- Le *karma* n'existe que dans le point de vue de l'ignorance et de l'ego. Le *karma* agit sur une conscience mentale conditionnée qui croit en un moi. Dans l'absolu, il n'y a pas de *karma*. Prenez toujours la conscience de la vacuité des phénomènes comme point de repère. Dans la conscience de la vacuité, dans la pureté qui dépasse le moi, pourquoi nuiriez-vous à autrui ?

«Tous les êtres sont liés d'une façon ou d'une autre.

«Le monde dans lequel nous vivons est une production de certaines causes, semons donc de meilleures causes. Si vous en semiez de mauvaises, à qui feriez-vous du mal sinon à vous-même ?

- A quel moi-même ?

- A ce moi-même qui est en toute chose.

- Mais il n'y a pas d'âmes !

- Mais il y a l'ignorance. Vous feriez du mal à vous-même en croyant à ce moi, en perpétuant l'ignorance.

Il fit une pause avant de poursuivre.

«Il existe plusieurs niveaux d'enseignement.

«Le bien attache moins que le mal. L'attachement suscite la douleur. Il vaut donc mieux suivre une conduite éthique qu'une conduite égoïste, faire le bien plutôt que le mal, cultiver la compassion plutôt que la haine et la colère. A un niveau supérieur, la compassion pour tous les êtres est un chemin de libération qui vous permet de dépasser le moi et d'atteindre l'éveil. Au niveau ultime, l'esprit ne quitte pas la conscience de la vacuité des phénomènes. Il n'y a ni bien, ni mal parce que le bien et le mal sont relatifs.

«Le soi et la douleur existent lorsqu'on oublie l'essentiel. Tous les *dhar-*

mas sont impermanents, tous les *dharmas* ont pour qualité la douleur, tous les *dharmas* sont sans soi.

«“*Je vous ai enseigné à voir la conditionnalité partout, en toute chose*”,[101] dit Bouddha.

«En tant qu'individu, vous êtes la totalité de la réalité relative, faites-en une réalité vivable. Du point de vue de l'esprit pur, tous les phénomènes sont vacuité. Il n'y a pas de moi, donc aucune nécessité de défendre un moi. Rappelez-vous le Chemin Octuple des Quatre Nobles Vérités.

«Dans tous les cas, vous ne faites pas ce que vous voulez. Au niveau superficiel vous êtes soumis à vos tendances incontrôlées, au niveau profond il n'y a qu'union de la vacuité clarté.»

L'Himalaya

Le soir au restaurant, c'était la réunion internationale. Les peuples et leurs cultures, de l'Amérique à l'Australie, de la Suède à l'Afrique, l'Israël et le Liban, se rencontraient autour des tables. A force de se croiser dans les rues, et de prendre des repas côte à côte, parfois de suivre des cours ensemble, on finissait par se connaître. Voyages et spiritualité étaient les thèmes les plus fréquents des conversations.

Le *karma* en faisait partie. Ce “Grand Ordonnateur du destin”, ce “Grand Dévoreur du hasard” nous avait réunis et, à travers chacun de nous, il ne parlait que de lui.

On en faisait un concept dérisoire, sorte de jugement dernier que la réincarnation rendait répétitif. On l'imaginait comptable, juge et créateur. Un bouddhisme de catéchisme existait omniprésent dans la récupération des concepts par un ego toujours très existant, qui ajoutait à ses caractéristiques celle d'être bouddhiste... et réincarné.

De quoi parlons-nous, sinon de nous-mêmes ? “L'inconscient est structuré comme un langage”, dit Lacan ; le *karma* aussi. Il parle et il est éternel ! C'est toujours lui qui *s'agit* ou s'agite.

Un Hollandais se tordit la cheville en se promenant dans la montagne.

«C'est ton *karma* !» lui déclara-t-on avec un aplomb de possédé.

Et des pesées méticuleuses faisaient des comptes d'apothicaire pour apercevoir dans la cause de l'accident une purification qui se déguisait dans un règlement de compte cosmique...

«En ce moment, je suis malade tout le temps ; je dois être en train de me purifier du *karma* de ma vie précédente, dit une femme très sérieusement.

«Tu peux aussi avoir pris du *karma* négatif de ton entourage», lui répondit son amie.

Comme cela m'était douloureux à entendre. Chacun son *dukkha*, question de *karma*, bien sûr !

Je prêchai : «Le *karma* n'est pas un démon qui pousse des peaux de bananes sous nos pieds.

«N'imposez pas au bouddhisme le catéchisme moraliste qu'il n'a pas ! Il n'est pas une éthique abêtissante, mais une méthode spirituelle, une “méthode d'au-delà”.

Je savais que j'imitais lama Shérab.

«Votre concept de *karma* ne vous libère pas. Il n'est donc pas utile. Il vous plonge dans une extrême préoccupation pour le moi. Vous dites "mon *karma*", il y a un *mon* de trop. Le centre de l'action de purification ne doit pas être le moi, mais l'ignorance. L'ignorance vaincue, le moi sera dissous.»

Je louai intérieurement mon lama, et Logan qui m'avait guidé vers lui, de m'avoir permis de connaître un bouddhisme qui ne passât pas par la superstition.

«Toute chose est un ensemble. L'individu n'existe pas, il est le nom d'une composition, d'un ensemble, comme une voiture ; il est le nom de la manifestation d'un courant, comme une rivière. Le nom de la chose n'est ni la chose ni son nom, car la chose n'a pas d'existence en soi et le nom nomme quelque chose qui n'existe pas par soi-même.

«La cause du courant est la soif. La recherche des causes reliées à l'individu plutôt qu'au courant tend à renforcer sa soif au lieu de l'affaiblir», disais-je à mes interlocuteurs.

Mais ils voulaient tout expliquer, pourquoi *cette* maladie, pourquoi *ce* malheur, lier une cause à un effet précis. Ranger, imposer un ordre plutôt que subir une absence d'ordre. Quant à la cause de cette pulsion explicative, elle me semblait plus simple : l'angoisse du vide et du silence qu'il impose.

Wilhem avait dit : "*Le karma, c'est la fragilité des choses, c'est ce qui bouge autour de toi. Pénètre dans le volume des choses avec une grande humilité, afin de ne pas les troubler, et de pouvoir les regarder comme elles sont. Sans trop te regarder avec.*"

Ma propre réaction était-elle libre ? Je répondais à des questions sur le bouddhisme et en vantait les mérites. Mais le bouddhisme était dans ma parole pour me valoriser. Parler d'une doctrine de libération en étant prisonnier de soi, n'était-ce pas ternir sa lumière ?

"*Pour vivre la vie, il faut se libérer des conditions de sa naissance...*, avait ajouté Wilhem mystérieusement. *Nous agissons à cause du besoin de se regarder soi-même. Le sage n'a plus besoin d'agir pour se regarder lui-même, il se voit dans l'extérieur.*"

Il se parlait aussi de vibrations... Qui y prête attention sent ce qui est diffus dans l'atmosphère d'une personne ou d'un lieu, la lourdeur ou le pétillement invisible qui règne autour. Il n'y a pas de quoi se prendre pour un grand mage. Mais dans ce restaurant, l'attention portée aux vibraz*zzionnes* les rendaient sujets plutôt qu'objets de connaissance. Obsession. Montrant son extrême sensibilité avec une telle lourdeur on ne faisait qu'exposer un volume d'égocentrisme.

Le monde subtil vibrait bon ou mauvais, des ondes propices ou négatives comme si l'humeur de celui qui se prenait pour le poste de radio n'y était pour rien.

C'était pénible, ces effervescences de l'ego qui récupère la rumeur d'un lieu spirituel où il n'est pas sensé exister pour exister plus grossièrement encore, fût-ce sur l'ombre du vide.

Mais de quoi pouvons nous parler que de nous-mêmes, dans un langage quelconque...

Des rumeurs circulaient sur les pouvoirs extraordinaires de certains lamas ! Un bouddhisme mythologique s'insinuait dans les cœurs avides de croyances comme pour justifier la confiance qu'on lui portait alors qu'on le connaissait plus comme une fable que par ses pratiques. Sur de si frêles mobiles se justifiaient l'impulsion de décider que la vérité était ici plutôt qu'ailleurs. Sous de si obscures fondements venait briller l'espoir d'un monde meilleur.

"*La pratique religieuse du type de la superstition ne nous protège pas des malheurs, elle empêche l'esprit de laisser monter des pensées malsaines dans l'esprit*", avait dit lama Shérab avec indulgence.

A l'autre extrême, un déçu du voyage initiatique, nostalgique du paradis perdu, me dit :

«Il n'y a plus d'homme libéré.

- L'homme libéré, c'est moi, lui répondis-je. C'est toi. Il n'y a que celui-là que tu puisses vraiment libérer. Le détachement des détachés, la sainteté des saints peuvent t'apporter la confiance, mais pas le détachement, ni la sainteté. Cherche ta force plutôt que celle des autres.»

L'Américain

Un jeune Américain apparut ce matin-là comme un joli papillon, en passant vers ailleurs. Le révérend du monastère l'avait envoyé à lama Shérab. Le plus étonnant c'est qu'il le reçut immédiatement. Il m'invita à assister à la rencontre. Lama Popa traduisait. Nous étions écrasés les uns les autres dans le tout petit espace de plancher tandis que lama Sagesse, sur son perchoir, regardait le garçon avant de l'inviter à parler.

Celui-ci dit qu'il écrivait un livre sur la *Vérité*. Il cherchait des sages à travers l'Asie et leur posait une unique question.

Il mit son walkman-enregistreur en marche et interrogea :

«Quelle est la Vérité ?

L'américain se mit en position de méditation. Ses yeux bleus comme l'azur grands ouverts, fixèrent le vide devant lui. Il attendait.

- Non, désapprouva le lama, écoutez ce que je vais vous dire, vous méditerez après. Permettez à votre intelligence de contribuer à votre effort vers la libération. Quelle que soit la voie spirituelle que vous pratiquiez, l'intelligence est votre meilleur atout, car ce qu'elle a bien pénétré vous donne la satisfaction et devient votre allié. L'esprit qui est obstrué doit se servir de lui-même pour se libérer, puisqu'il ne connaît pas sa nature pure.

«Après notre conversation, nous méditerons ensemble et je vous donnerai le lien spirituel de notre progrès.

Le jeune homme ne modifia pas trop sa posture. Lama Shérab entonna la prière du refuge, puis il dit :

«Vous voulez une vérité-minute ! Une vérité pour *news magazine*... Moi, je vous dis qu'il ne faut pas chercher la vérité parce que la vérité que vous cherchez n'existe pas.

«Vous croyez dans la réalité du monde parce que vous croyez en la réalité d'un moi. Vous croyez en vos sensations, même en celles qui ne vous plaisent pas, parce que vous croyez en ce moi. Vous croyez en vos désirs et en vos peurs parce que vous croyez en la réalité de votre moi. Et cependant, vous doutez de la continuité de ce moi... Finalement, pour ne pas avoir à vous défaire de ce moi, vous préférez croire en une chose que vous appellerez la vérité. Vous connaissez la souffrance et la cause de la souffrance, mais vous voulez une autre vérité. Peut-être la voudriez-vous plus complaisante avec votre complaisance...

«Nous pouvons nous libérer des chaînes de nos attaches de plusieurs façons.

«Au niveau des désirs et de l'attachement en pratiquant le détachement. Au niveau des sensations et des émotions en cultivant l'équanimité. Au niveau du corps et du mental en percevant le vide de leur forme. Au niveau des formations mentales en pratiquant les purifications qui effacent les traces karmiques. Au niveau de l'ignorance en pratiquant les méditations qui développent la conscience de la vacuité des phénomènes et du moi. Alors, quand il n'y a plus ni être ni non-être, vous êtes la vérité, mais la vérité n'est rien. Elle n'existe toujours pas.»

L'entretient était terminé. Lama Shérab médita avec le visiteur et le renvoya.

Je sortis avec lui.

«N'oubliez pas la réponse de rabbi Hillel à un païen. Vous la trouverez dans le Talmud, dis-je à l'Américain.

- C'est en Israël ?»

Non, à Babylone ! avais-je envie de répondre, mais il m'aurait cru.

"Enseignez-moi toute la Thora pendant le temps que je peux tenir sur un pied", dit un païen à rabbi Chammaï. Chammaï le chassa en le frappant avec la règle de maçon qu'il avait à la main. L'homme s'en fut trouver rabbi Hillel qui le convertit : "Ne fais pas à ton prochain ce que tu n'aimerais pas qu'il te fasse, voilà toute la Thora, lui dit-il, le reste n'est que commentaire, va et étudie-les."[102]

«Quelle énergie ce lama ! s'exclama le visiteur alors que nous nous étions éloignés.

- Je ne fais pas consommation d'états mentaux ou émotionnels, répondis-je sans agressivité. L'énergie dont vous parlez, c'est le nom que vous donnez à l'effet de sa pureté sur votre capacité à la ressentir.

Je voyais bien qu'il ne voulait pas m'entendre. Pourtant, j'ajoutai :

«A quoi vous sert-il de rechercher les sensations des forces des autres ? Vous remplacez certains attachements par d'autres, que vous projetez. Lama Shérab vous l'a bien dit, vous voulez croire plutôt que vous transformer. Sa grâce est en vous autant qu'en lui, ne la réduisez pas à une substance nourricière, utilisez-la pour vous élever au-delà de son discours, non en-dessous.

- La pensée est tellement limitée !

Toujours la même réponse chez ceux qui ont renoncé à la rigueur et à l'intelligence le jour où on leur a annoncé qu'il fallait renoncer à l'ego.

- Bouddha s'est exprimé avec des mots», répondis-je un peu trop irrité pour passer pour un sage.

Une des catégories d'actions karmiques aliénantes du quatrième agrégat est le dogmatisme. La recherche des *forces* n'était-elle pas de cette nature ? Mon interlocuteur n'oubliait-il pas que chercher ne sert qu'à découvrir celui qui cherche ?

Il ne m'a pas aimé. Il ne voulait pas de mes conseils. Devais-je seulement en donner ? Je tombais dans le piège du dogmatisme que je dénonçais, à prêcher ainsi quelque chose. A chacun son parcours... La tolérance commence lorsqu'on accepte comme chemins possibles ceux que l'on croit être des erreurs.

Sur quoi s'appuie le droit que l'on se donne de donner des réponses ? Je me suis longtemps interrogé sur cette question avant de commencer à parler des religions puis à écrire.

L'une des règles de l'enseignement des sages est la demande : il faut qu'une question ait été posée. Comment s'en sortir dans le contexte d'un livre ? Sur l'hypothèse que toute question est la même question. Si mon lecteur est, comme Adam, un homme formé de *adama* (la glèbe), il est aussi Adam-Ma l'homme-question, comme le font remarquer les cabbalistes non sans un peu d'humour. En conséquence, et bien que tardivement, que mon lecteur veuille bien poser une question avant de continuer la lecture de cet ouvrage. N'importe qu'elle question spirituelle.

La compassion commence par soi-même

Une des causes principales de la souffrance est la dépendance, qu'elle soit d'ordre pratique, affective ou spirituelle. Le manque révèle ma dépendance qui est *dukkha*. Inversement, l'indépendance reflète la liberté.

Ma dépendance s'éveillait de souvenirs d'amis, de femmes, de chaleur humaine. Manque. Il me manquait de parler, de me connaître par reflet. Il me fallait quelque écho de moi-même. Il me manquait d'être caressé, de me connaître par contact. Réminiscences, jaillissement des forces qui appellent ce moi à naître. Et le punissaient d'y résister en le menaçant de le déprimer. Mais je savais mieux repousser maintenant ces allusions du passé et les désirs d'agir. Mieux, mais pas complètement.

J'avais peur. Peur de moi, peur d'une souffrance encore inexistante, que la solitude annonce. Elle n'était que l'incapacité temporaire de s'étonner de soi-même que la peur décuplait en la transformant en l'ennui.

La dépendance réclamait un goût, une expérience particulière. Le bien-être devenait conditionnel d'un désir. Il me fallait des sensations précises, des situations connues. L'ennui n'en faisait pas partie, je le refusais.

Pendant mes méditations, de nombreuses pensées de désirs jaillissaient. Elles étaient souvent suivies de la sensation de l'ennui.

Pratiquant une méthode de libération, je continuais à m'accrocher aux objets de ma dépendance, comme un naufragé s'accrocherait encore à sa bouée une fois sur le pont du bateau de sauvetage... Comme s'il me fallait quelque chose à quoi me retenir. Quelque chose à retenir pour avoir quelque chose à détacher, et me justifier encore d'une activité. D'une activité de détachement ! Je craignais aussi de laisser mon impatience saper cette expérience bouddhique. Double dépendance opposée. Tension.

J'allais draguer au café, sachant que cela ne mènerait à rien. J'y passais une soirée comme on se soigne d'une maladie chronique, sans panique ; et mon équilibre me revint, un peu plus stable que la veille d'avoir pratiqué ma représentation et d'y avoir repéré ses systèmes.

Nous sommes tous les filles de joies les uns des autres, ainsi que nos miroirs mutuels, les reflets de nos projections.

Le lendemain, j'eus une sensation intense de ma solitude et de celle de tous les êtres. Je me sentais étrangement étranger au monde. La solitude était ma seule référence, source et effet de vérité, de souffrance et d'existence.

En me faisant prendre conscience de la souffrance inhérente à la vie, le bouddhisme me faisait pénétrer en cela que je refoulais autant que possible. Dans cet abîme, je compris que la compassion ouvrait la seule issue au désespoir dans lequel *dukkha* et la conscience de *dukkha* me plongeaient. Elle me permettait de concevoir un rapport avec les autres qui ne soit ni une extériorisation de l'individu, ni l'exercice d'une consolation. Elle s'ouvrait très vaste parce que ne concevait pas de destination précise, elle découvrait une intimité spirituelle avec toute les êtres.

La compassion est d'abord un concept, c'est une action mentale si on la comprend et l'adopte. Elle devient ensuite l'attitude qui fonde tout rapport. Je n'en étais pas là, mais j'avais l'impression d'entrevoir le but du chemin que je désirais parcourir et la qualité de la relation qu'il impliquait avec les autres.

Ne confondons pas l'amour de soi et la compassion pour tous les êtres. C'est l'amour de soi qui s'exprime et se projette lorsque la charité choisit son but ; c'est l'amour de soi qui se manifeste dans nos sacrifices les plus héroïques. Il faut dévoiler cette illusion de plus, que l'ego, en quête d'absolu, construit dans la subtilité de ses ruses. La compassion est le sentiment que la liberté éprouve pour l'enfermement, que la vacuité suggère à l'ego, que l'éveil porte sur l'ignorance. Elle n'a pas de limite parce que l'ignorance n'en a pas ; elle implique donc tous les êtres.

Je retournai au café.

Je crus que la compassion, c'était se reconnaître dans l'autre, déceler la partie semblable en chacun ; je crus que c'était découvrir la couche de faux-semblant qui couvre la souffrance, je crus la ressentir en décelant des mensonges ordinaires, conscients et inconscients, que mes compagnons incarnaient. Non, ce niveau là de la compassion était celui de la sympathie, comme si *souffrir avec* était une solution ! L'addition de l'ignorance ne fait pas le salut.

Et si sympathie et compassion sont le même mot, l'un de racine grecque et l'autre latine, ils sont ici différents quant au sens que je leur donne.

Je retournai au café.

En apercevant la souffrance des autres, je vis que je n'en étais pas affranchi. Je jouais les mêmes jeux. Je compris que je devais m'inclure dans la compassion que je souhaitais générer pour tous les êtres.

J'étais moi aussi séparé, étranger à l'esprit éveillé. Il me fallait m'inclure dans l'irréductible souffrance qui se manifeste dans tous les moments où la conscience perd la conscience de l'absolu.

Qui crée ce regard qui contient la souffrance que j'aperçois de l'autre ? De même que mon ignorance est l'ignorance, ma compassion est la compassion, et ma souffrance toute la souffrance. Celle que j'éprouvais pour la souffrance de tous les êtres devait aussi entrer dans le vaste filet salvateur de la compassion. Ma propre ignorance, ma souffrance, tous les voiles qui m'enfermaient, faisaient partie des poisons de l'ignorance douloureuse.

En me faisant prendre conscience de la souffrance inhérente à la vie, le bouddhisme me faisait pénétrer en cela qu'il dénonçait comme *l'effet absolu*, si j'ose dire, pour m'offrir immédiatement son issue salvatrice. La compassion était cette sollicitude spirituelle de l'esprit pur pour tout ce qui est voilé par l'ignorance.

Je puis mieux l'exprimer en utilisant une référence commode : c'était comme si Dieu me montrant Sa pitié pour tous les hommes permettait que je ressentisse la pitié et la miséricorde qu'il m'adressait, à moi aussi.

Avant de découvrir les Quatre Nobles Vérités, Bouddha pratiqua les austérités et les mortifications avec cinq ascètes. Lorsqu'il renonça aux mortifications, ses cinq compagnons, mécontents, l'abandonnèrent. C'est peu de temps après que, seul, il atteignit l'éveil et qu'il alla ensuite retrouver ses anciens compagnons pour leur en expliquer le fondement, la souffrance. Les Quatre Vérités Nobles fondent la *Voie du milieu*, son premier sermon. L'abandon, la solitude, l'incompréhension ne furent-ils pas pour quelque chose dans l'éveil de Bouddha ?

«Je n'ai pas l'impression de souffrir beaucoup... avais-je dit un jour à lama Shérab.

- Il y a beaucoup de souffrance dans le monde», se contenta-t-il de me répondre.

Je lui parlais de moi, il me parlait de tous. Ainsi, il m'invitait à prendre les situations en charge, sans rien infliger ni à moi, ni aux autres, ni aux situations.

«Considérez la vacuité comme unique point de repère. Libérez-vous de la souffrance, atteignez l'éveil, cela aussi est de la compassion», ajouta-t-il une autre fois.

Je m'y appliquais. J'y pénétrais, avec frayeur encore, dans une volonté raisonnée et avec un sentiment d'intrépidité.

L'insertion dans le monde sert à vérifier tout progrès.

Je retournai au café.

Je me référais à la vacuité pour relativiser les relations et à la compassion pour y pénétrer sans m'y perdre. Le point de vue absolu est lucide, clair, incisif, non pas froid, au-delà des émotions. Dans cette transparence, on aperçoit violemment la douleur des autres ; on la ressent, non dans une sensation mais dans une conscience des rapports *ignorants* qui la suscite. La compassion, c'est observer cette douleur en soi sans la laisser voiler quoi que ce soit. Puis la dissoudre dans l'absolu en la relativisant. Ayant fait ce travail sur soi, il peut devenir pour les autres un reflet de leur liberté.

"*N'aime pas les autres plus que toi-même, mais comme toi-même !* m'avait dit Wilhem. *On ne peut rien apprendre en se niant soi-même. Il faut laisser sa valeur à l'individu si l'on veut qu'il donne de bons fruits.*

"*Comprenons que nous faisons du mal comme si nous croyions que nous al-*

lions encore apprendre quelque chose du mal que nous faisons, avait-il poursuivi. *Les hommes ne s'occupent pas d'apprendre à vivre mais de cacher des peurs.*

"*La confiance ne se construit pas sur une foi aveugle en un maître ou un Dieu, mais sur la connaissance de soi en tant que le reflet de leur liberté. Cette connaissance accomplit l'estime de soi dans la confiance. C'est sur de telles bases que chacun peut travailler à se transformer.*"

Mais comment se référer à la vacuité et parler ? Comment parler sans créer d'auteur ? Rabbi Isaac avait soulevé ce problème et y avait répondu à sa façon... "*La parole rend le monde profane, c'est le silence qui le dit... Utiliser la parole comme moyen du silence...*" Avec mon rabbi, j'avais renoncé au bavardage. Depuis longtemps je n'acceptais de parler que d'essentiel, sans orgueil, pour le rendre plus intime. Comme des chrétiens aiment à évoquer Jésus pour le sentir *au milieu d'eux*, puissance du Royaume.

Je regardais le monde comme un objet et comme un acte, image de ma perception et création de ma conscience. J'eus une impression d'infinitude, comme si se juxtaposaient ma perception des choses et ma conscience de leurs relations. J'inclus alors la compassion dans mes méditations.

«Pendant cette méditation, avait dit lama Shérab, nous observons. Nous acceptons de nous connaître en profondeur, dans la profondeur de nos motivations.»

Là, dans mes motifs d'activités, dans la profondeur de mes motivations, j'aperçus une pulsion de fuir la souffrance de l'immobilité de la méditation, pulsion qui allait générer d'autres souffrances plus vastes... provenant de la soif d'agir, de l'ignorance.

Pour n'y point succomber, quoi que j'aperçusse, il me fallait m'interdire de juger ce que je découvrais de moi-même. La compassion était le gardien de cette interdiction. La conscience de la vacuité des phénomènes en était le fondement raisonnable : qui jugerait qui, de toute façon ?

Je pensai à ce *diabolos* qui produit cette scission qui, créant une double dépendance action-méditation, nous possède. Ce moi qui me fait vouloir une autre volonté que celle de Dieu, comme dit Maître Eckhart ; ce qui n'est pas de l'ordre du renoncement. Ce moi qui est prêt à sacrifier la vérité pour un mensonge qui est plus confortable. Là où Dieu même ne peut rien. Qu'appeler.

Ils sont tous notre mère

«Cinq agrégats composent les êtres. Il existe des êtres, relativement aux agrégats, mais pas de moi. La conscience duelle produit un moi illusoire. Ce moi n'existe pas indépendamment des rapports qu'il établit selon le mode duel. Il est un phénomène de l'ignorance de l'absolu. Ce moi, produit de l'ignorance, engendre désirs et attachements, haine et aversion, et indifférence. Il est le sujet et l'objet de la souffrance, l'auteur et l'acteur du jeu de l'être. S'il en est ainsi pour vous, il en est de même pour tous.

«Pour se libérer de *dukkha*, seule la connaissance de la vacuité des phénomènes est efficace. Le sujet et l'objet sont transcendés, ils sont portés au-delà de *dukkha* par cette connaissance.

«Lorsqu'il n'y a plus de moi, il n'y a plus de lui, plus d'autre. En vérité, il n'y a jamais eu de moi et d'autre du point de vue absolu, mais nous ne le savions pas. Maintenant, nous le savons. Il n'y a plus que connaissance et ignorance.

«Alors, la compassion, qui a d'abord été une discipline de l'intention, peut devenir une discipline de l'action, en toute liberté, en parfaite lucidité. Elle devient ainsi une discipline de la connaissance.

«La compréhension intellectuelle de ceci crée un chemin qui conduira à la libération. On ne peut pas savoir ceci et ne pas le savoir en même temps... La compréhension intellectuelle et la pratique de ceci vous conduira à la libération plus rapidement encore.

«Rien n'est connu qui n'est agi.

«La compassion n'est ni charité, ni pitié, ni une forme d'amour de soi projetée sur un autre ou sur la souffrance. Elle est vide, comme tout autre phénomène, vacuité comme toute autre action, elle est aussi libre que vous l'êtes, elle vous montre votre liberté et vous permet d'approfondir votre connaissance de la vacuité en *l'agissant*.

«Le bouddhisme dit que d'une façon ou d'une autre, dans un état quelconque, dans un temps sans importance, chaque être a été et sera notre mère. En tant que notre mère, chaque être a pris soin de nous, nous a nourri, habillé, soigné, enseigné.

«Chaque être s'est déjà sacrifié pour nous, chaque être, à cause de nous, a développé de l'attachement, a perpétué des formations mentales, du *karma*, c'est pourquoi il est encore dans l'ignorance, c'est pourquoi il souffre maintenant.

«En méditation, nous considérons chaque être comme notre propre mère et nous développons des intentions de compassion. Nous souhaitons sincèrement que tous les êtres s'affranchissent de la souffrance, nous souhaitons prendre sur nous-même toutes les causes qui produisent cette souffrance. Nous visualisons tous les êtres, amis et ennemis, parents et inconnus, et nous prenons leurs souffrances. En prenant ainsi les souffrances des autres, nous détruisons nos propres soifs. En échange de leurs souffrances, nous leur offrons notre bonheur et les causes de notre bonheur. Nous pensons qu'ils reçoivent et atteignent le bien-être physique et mental permanent et nous nous en réjouissons.

«Ensuite, nous agissons avec le corps et la parole en vue de les aider sans oublier que l'ignorance est la cause de la souffrance. C'est une action sans soif, sans saisie et sans devenir. Elle ne nous lie pas, au contraire ; la pratique de l'action libre nous libère.

«La pratique de la compassion nous transforme et transforme le monde. Les sens, les sensations et les perceptions, les formations mentales et la conscience, tous les agrégats sont purifiés par cette qualité de relation qui ne pose pas le moi au centre de nos rapports. Bientôt, il n'y est plus nulle part, la compassion l'a remplacé.

«Voilà la force de la compassion !

«Ultimement, ce n'est pas pour la souffrance que l'on génère de la compassion, mais pour l'ignorance.»

Attendre la patience

Le guru ne se trompe jamais parce qu'il n'attend rien. L'erreur n'est une erreur que si on avait projeté un but à l'action. Il n'y a pas d'erreur sans projection. Il y a un événement et un enseignement.

Si je montrais trop d'enthousiasme, lama Shérab y décelait sans doute trop d'avidité pour des paroles et des concepts. Il réduisait ses explications, sautait des jours, me faisait attendre des heures sur le *choki* du pas de la porte. S'il croyait que je m'ennuyais ou que j'attendais, il me faisait attendre encore. Quelle préparation me permettait-il de construire ? Mon aspiration était-elle plus grande alors ? Je dois avouer que oui. Je me suis habitué à méditer longuement grâce à ses stratagèmes. Et sa présence toute proche renforçait ma sérénité.

Il jouait avec mon impatience et mon attachement au savoir, de façon à me donner le temps de connaître, de pratiquer un peu les différentes méditations par lesquelles il concluait ses enseignements.

C'est dans sa *divine* bonté qu'il me faisait attendre.

«N'essayez pas de bloquer le flot des pensées. Laissez-les apparaître et disparaître. Ne les suivez pas. Laissez les disparaître. Restez spectateur de ce qui se passe.»

Après que j'eus passé des heures à regarder la vallée, il me renvoyait sans me donner d'explications. J'y voyais sa façon de montrer son détachement pour toute œuvre et son mépris du temps. Le disciple est à la disposition du maître. Il est l'union du sujet et de l'objet de sa méthode, union de sa sagesse et de sa compassion. Tels sont la règle et le jeu. Chaque jour devenait plein même dans l'inactivité. Le lama me montrait les mystères du mouvement en m'obligeant à ne pas bouger.

«Dépassez l'attente pour dépasser la souffrance.»

Finalement, je faisais ce que j'étais venu faire. J'avais accepté le principe que la connaissance ne se limite ni à une accumulation d'informations, ni à une addition d'expériences. Je n'étais plus pressé. Alors j'attendais, heureux d'attendre, heureux de découvrir la joie d'attendre, bien aise de rencontrer la satisfaction de ce bonheur facile, presque infime, proche de la cessation de *dukkha*. Je regardais encore ma patience se regarder afin de ne pas m'égarer dans des motifs de désirs. Je regardais le temps.

Temps vide lorsqu'il est vide d'attente. Temps libre lorsqu'il est libre de motif. La Trame Invisible se donnait une couleur unie.

Lama Shérab laissait sur un rocher les restes de sa nourriture pour les singes et les oiseaux qui vivaient dans la forêt. Cela constituait tout l'exercice physique de sa journée. Pour son âge qui devait être très avancé, son corps avait conservé une splendide silhouette, et pour quelqu'un qui passe tous son temps et même la nuit assis, il se tenait, debout, dans une posture étonnamment droite.

Je ne peux presque rien dire de cet homme avec lequel j'ai pourtant passé beaucoup de temps. Il n'était personne en cela qu'il ne s'incluait pas dans sa relation avec moi. De plus, je devais me garder de le juger. Telle est aussi la règle du jeu : ce n'est pas de sa personne que j'obtiendrais ce que je désirais, mais de ma capacité de dépasser sa personne pour apercevoir cette conscience pure, source de sa sagesse.

Il était toujours froid et chaleureux, comme sa voix à la fois ferme et douce. Immobile dans l'émotion, dompté, uni, intransigeant et débordant de compassion.

Méditation

Une ligne bleu clair traçait le relief de l'horizon sur le ciel noir. Un éclat rubis la tinta en l'élargissant. Le premier rai rouge du jour toucha la ville tibétaine.

Sur le *choki*, où j'étais installé, je regardais le monde et mes pensées comme des scintillements singuliers de lumière et d'étranges relations dont je n'interrogeais pas le sens.

J'ai observé le levé du jour.

J'ai pensé à manger quelques biscuits.

Lama Shérab est sorti. Il est passé devant moi sans me voir ou en m'ignorant. Je n'ai pas alimenté cette pensée.

Un souffle de vent a réveillé les arbres et mon attention.

Quelque part une bufflonne a mugi.

Le temps.

Un singe est venu en éclaireur à quelques pas de la maison. Il l'a examinée, comme chaque matin, comme s'il la voyait pour la première fois. Lorsqu'il m'a vu, il s'est assis et a attendu de ma part une réaction. Je l'ai regardé attentivement mais sans force, ni faiblesse, très indifférent émotionnellement, sans un geste, sans un froncement de sourcil pour lui dire qu'il pouvait vivre sa vie tranquillement, mais pas trop près.

Un temps vide, conscient, mais sans mémoire.

La vallée apparaissait plus clairement.

Les oiseaux s'éveillaient en se le disant à haute voix.

J'ai pensé à Paris, à mes amis. Pas un jour sans un souvenir quelconque de mon passé. J'ai eu envie de boire quelques bouteilles de vin avec eux.

La vallée. Du temps.

Lama Shérab est rentré chez lui sans me regarder.

L'ennui.

Accepter l'ennui.

Facile à dire.

L'ennui. Un vide peuplé d'appels muets. Une tension implosante. La souffrance de vouloir s'étendre et de ne rien pouvoir pour le faire. Lassitude du banal. Une dépendance sans objet précis.

Il commence à faire chaud.

La vallée. Des étendues vertes. Des étendues brunes.

Si je faisais du café.

La vallée.

Le temps.

Du temps vide, conscient et sans mémoire.

A quelle heure lama Shérab me délivrera-t-il de moi ?

Au fond c'est très agréable.

Encore un concept.

C'est très agréable, ce rien.

Tant que je ne projette rien.

Du temps.

Souffle du bonheur d'être là. Certitude d'être là. D'être là où il faut que je sois. Où je veux être. D'être bien.

Le temps.

L'auvent de tôle chauffé par le soleil commence à me cuire.

Sensation de la faim : je comprends "besoin d'avoir besoin".

Calme.

Pensées banales, insignifiantes. Quelle heure est-il ?

Ennui, miroir d'insignifiance.

Accepter l'ouverture sans la remplir.

Calme.

Du temps, de la joie, de l'ennui, du calme...

Offrir l'univers

«Que doit-on faire pour contrôler les désirs. Bien que je sache qu'ils sont vides, illusoires, etc... ils n'en gardent pas moins leur force.

- Toute pensée vous montre que vous n'observez pas les choses telles qu'elles sont, mais que vous essayez de les interpréter. En essayant de les interpréter, vous souhaitez les rendre proches de ce que vous voulez qu'elles soient. Qui souhaite de telles choses ? Observez en vous cet élan vers la création de l'objet tel qu'il n'est pas... Vous observez l'objet dans le but de vous créer à ses dépens. Ainsi, l'objet perd sa nature essentielle, vide et ouverte, pour devenir votre objet, une manifestation de vous-même. Voilà comment la réalité s'établit en vous, relative à vous. Rien n'est extérieur à vous.

- On ne peut plus rien faire... même pas penser !

- De même que le non-agir est une qualité de l'action, contrôler sa pensée c'est éviter de s'attacher à elle.

«Pensez encore si vous voulez, mais n'y croyez pas.»

Il se pencha sur la gauche. Petits tours de moulin. *Mantras*, *pujas*, évocations de divinités, saintes motivations défilaient sur elles-mêmes en cycles de purification. La force des mots imprononcés régit un univers où le silence n'est pas encore la vacuité.

«Ne résistez pas bêtement à vos désirs. Ne travaillez pas à essayer de ressembler à une image idéalisée de vous-même ou de l'humanité. Essayez d'être serein, n'essayez pas d'imiter la sérénité. Déracinez la cause des désirs.

«Les sensations et les émotions des plaisirs renforcent les désirs et ne les épuisent jamais. Les désirs renforcés deviennent des tendances qui cherchent à se reproduire. Si vous devez absolument vivre un désir, percevez-le dans l'expérience simultanée de la sensation et de la vacuité.

«La conscience duelle est perpétuellement à la recherche de son complément mais perpétuellement frustrée de l'unité.

«Ce n'est pas la jouissance qu'il faut désirer. La jouissance confirme votre désir, me dit lama Shérab. Renoncez à la jouissance, votre désir diminue. Faites de votre désir un motif de méditation.

«Lorsque vous faites l'amour, observez, dans l'état d'interpénétration que vous attendiez, ce qu'a été le manque qui a ensuite éveillé le désir. Renoncez à la jouissance afin de renoncer à la possession et observez l'union du désir et de l'objet. Ne soyez pas vous, soyez l'esprit, clarté et dynamique.

«Et lorsque vous en aurez assez de faire et de refaire l'amour, lorsque vous voudrez vous délivrer du désir sensuel, regardez toute femme comme votre mère et toutes les jeunes filles comme vos sœurs. Le désir est suggéré par la réalité relative interprétée par l'ego. Si l'ego modifie l'interprétation, il modifie le phénomène.»

Le lendemain, alors que nous offrions le *mandala*, comme avant tous les enseignements, je vis, à la place du Mont Méru et des quatre continents, un *lingam* dans la *yoni*, un phallus pénétrant la vulve. L'offrande de ce symbole au guru était bien celle de l'univers, mais elle représentait aussi le désir, sensuel aussi bien que spirituel, illustré par l'ardeur, la puissance de l'infini et de la manifestation unies qui me créent. C'est ainsi que je devais penser cette oblation. L'univers entier avec toutes ses richesses, tous ses bonheurs mais aussi ma capacité de créer un univers, les causes de bonheurs, tous les désirs étaient inclus dans l'intention de mon offrande...

Yidam : le tantrisme

«Lama, qu'est-ce que c'est que les *yidam* que l'on crée pendant les *puja* ?

- C'est une visualisation d'une divinité. Nous déplaçons notre focalisation de nous-même à une divinité afin de déplacer notre attachement sur une création pure, vacuité. Notre identité est alors perçue comme mobile, et donc inexistante fondamentalement. Le moi devient la divinité, mais comme c'est lui qui a créé la divinité, il s'aperçoit que tout est vide.

- Je pensais qu'il n'y avait pas de divinité dans le bouddhisme !

- *Yidam* signifie "esprit et alliance" ou "esprit ferme". Alliance de l'esprit encore voilé du disciple, avec l'esprit non voilé, illimité et lumineux sous la forme d'une divinité qui l'attire vers sa nature essentielle à mesure qu'il l'assimile en lui.

«Dans une première phase, vous créez la divinité, vous la pensez, vous la visualisez, vous vous identifiez à elle, vous êtes la divinité. Vous réalisez alors que l'esprit et la divinité sont un.

«Cette méditation est d'abord une conception mentale.

«Parce que vous êtes capable de créez un *yidam*, vous pouvez concevoir que votre moi est créé aussi. Vous échangez votre identification au moi contre l'identification à la divinité. La divinité étant une forme subtile essentiellement vacuité et clarté, vous êtes essentiellement vacuité et clarté. La divinité étant illimitée, formation de l'esprit sans entrave, vous êtes l'esprit illimité. Vous vous détachez du moi limité pour vous assimiler à un non-moi illimité. Vous élargissez alors toutes les apparences à cette perception pure, vacuité et clarté.

«Dans une deuxième phase, qu'on appelle la phase d'achèvement, la divinité se résorbe dans la vacuité et l'esprit demeure en lui-même, sans création, sans objet.

- On crée donc une illusion volontairement pour se montrer l'illusion de toute chose ?

- Beaucoup plus. Cette illusion n'est pas vide comme les autres. Chaque divinité recèle le pouvoir actif d'une qualité comme la compassion, la connaissance, la perfection, la vacuité, etc...

«Cette méditation pénètre un aspect de la relation esprit-corps : l'attachement et l'aversion sont des fruits de la croyance dans le moi en tant que ce corps. Le méditant et tous les êtres sont le *yidam*. L'esprit médite le *yidam* qui est visualisé comme le corps. Par la méditation, notre corps et celui de tous les êtres sont la divinité. Le corps de la divinité est vide bien qu'apparent et apparent bien que vide. Ainsi peut se produire une vision pure dépourvue d'attachement.

«Le *yidam*, corps formel de l'éveil, est une expression de la vraie nature de l'esprit. D'abord création mentale, il devient une apparence naturelle de l'esprit. Cette création, qui était relative, devient ultime.

- Une création peut-elle devenir ultime ?

- Lorsque vous récitez des *mantras*, n'est-ce pas ce que vous faites ? Vous transformez la parole, qui est relative en une création ultime, c'est-à-dire pure.

«Toute transformation s'effectue à un niveau grossier puis à un niveau subtil.»

Chapitre 19

Les Bardos

«Cet esprit éveillé, insurpassable, authentique, je fais vœu de lui donner naissance ; l'ayant généré, de m'en souvenir ; m'en souvenant, de l'accroître.»
Rituel de Tcheu

L'enseignement sur le Bardo Tödol

J'appris la mort de Logan. Il ne sera donc jamais plus revenu à Tashi Jong où il avait tant d'amis. Le révérend organisa une *puja* afin que nous puissions tous souhaiter à notre bienfaiteur un passage paisible dans les *bardos*. O Logan, je te souhaite une dissolution sans obstacle.

«Que se passe-t-il après la mort ?
- Demain, demain.»
De nombreux lendemains plus tard.
Lama Shérab chercha un texte dans la pile sur son autel devant lui. Il le trouva. Tenant une feuille à la fois près de ses yeux de biais pour trouver la lumière, il lut pour lui-même pendant plus d'une heure en approuvant du chef. Enfin, il dit en anglais comme un juge une sentence :
«*There is no death* — il n'y a pas de mort.
Il se tut. J'attendis quelque temps avant d'oser :
- Est-ce tout ? (je sollicitai du regard).

- Vous, méditer et penser si oui il y a mort, ou non il n'y a pas mort», dit-il en anglais

Il ne savait pas dire : "Vous reviendrez quand vous serez prêt", mais j'avais compris.

Tout l'enseignement était contenu dans cette première idée, mais la suite devait être la démonstration dont j'avais besoin.

Qui vit, qui meurt ? Qui meurt, qui vit ? Dans quelle séquence faut-il envisager ces questions ?

La mort existe en ce qu'elle est connue de l'extérieur, avec celle des autres... Mais si la mort n'existe pas, au sens tibétain d'exister, c'est qu'elle ne concerne que le sujet relatif, pas l'absolu... Lama Shérab avait suffisamment dénoncé l'ego pendant les mois précédents pour que je susse à qui attribuer la mort.

Pourtant, paroxysme de *dukkha*, la mort est bien l'un des plus douloureux problèmes humains. Si elle existait, la mort pouvait mettre un terme à *dukkha*. Mais si elle n'existe pas, la non-mort ne nous condamne-t-elle pas à vivre... à reproduire *dukkha* à l'infini ?

Qui mourait cette mort inexistante ? Si personne ne meurt, la vie, qui n'est jamais celle d'un individu que de façon illusoire, vit à l'infini son illusion... Cela ne me rendait pas particulièrement joyeux, mais plutôt méfiant. Je l'avoue, je n'avais pas envie d'une mort qui ne fût pas... mortelle. Si la mort est affolante, la vie dans la perpétuité de l'infini l'est aussi.

Etait-elle donc un problème insoluble ? Insoluble... Une vie et une mort sans solution... sans question ? sans dissolution... unie ?

Le lendemain matin, lama Shérab me dit qu'il n'enseignerait que la nuit.

«La nuit, c'est mieux pour comprendre.»

Je remontai à son ermitage après le coucher du soleil.

Le ciel était paisible. De légers nuages parcouraient la clarté lunaire. Les branches des arbres vibraient dans la lueur. Je hurlai, de frayeur. Un animal s'était précipité sur moi et avait surpris ma tranquillité. Un singe, un chat... ou un démon jailli du dedans de moi, me montra que mon attachement à la vie dépassait de loin toute volonté.

«Il n'y a pas de mort. En vérité, la mort n'existe pas. Dans l'absolu, que signifierait la mort d'un individu qui n'a pas d'existence réelle ?

Lama Shérab parlait très lentement et très calmement, en sollicitant mon accord, comme si tout ce qui avait déjà été dit dût inévitablement nous conduire à cette conclusion.

«Ne cherchez pas un sens métaphysique à la mort. Son sens est physique : tous les phénomènes composés sont impermanents.

«Nous savons que notre corps est éphémère, pourtant, nous continuons à nous attacher à lui. Nous persistons à ne concevoir la réalité que par rapport à lui, alors que nous savons qu'il va mourir. De même que si nous sommes nés nous devons accepter de souffrir, de même si nous nous identifions au corps, nous devons accepter de mourir.

«Si notre rapport au monde est relatif (à la saisie dualiste sujet-objet), le moment de la mort le fera cesser...»

Lama Shérab m'observait plus que d'habitude. J'eus l'impression qu'il modulait ses propos en fonction de ce qu'il apercevait de ma capacité de croire et de ma volonté de savoir. J'abandonnai toute curiosité et adoptai la sérénité.

«C'est comme s'éveiller d'un rêve. Nous nous rendons compte que nous rêvions, que nous nous rêvions dans un monde créé par nous-mêmes, que nous croyions vivre un événement dans lequel nous nous attribuions un rôle. Nous pensions *moi* et nous nous différenciions du reste de l'événement que nous pensions *autre*, bien que nous en ayons conçu la totalité. Le contenu du rêve n'était-il pas conçu entièrement par le rêveur ? Pourquoi ne s'identifie-t-il qu'à une partie de son rêve ?»

Cette façon d'expliquer la réalité relative fut pour moi la plus efficace. En effet, je reconnaissais que même en rêve, je divisais une réalité entièrement pensée par moi en un pôle extérieur et un pôle intérieur. Dès lors, je ne pouvais plus penser mon rapport éveillé autrement que comme un tout conçu par l'esprit dans lequel je ne m'attribuais qu'une partie de la création... et de la responsabilité.

«La réalité relative au moi, insistait le lama, n'est pas plus réelle qu'un rêve. Pas plus qu'un rêve ne vaut la peine que l'on craigne de s'éveiller, elle ne vaut la peine que l'on s'attache à elle au point de craindre la mort.»

Lama Shérab dormait assis, comme si, dans le sommeil aussi bien que dans l'état de veille, il poursuivait cette méditation où, conservant la vigilance de l'esprit, il contrôlait pulsions et créations mentales, subjuguant ses rêves pour ne pas risquer de plonger hors de la conscience vacuité-clarté du Mahamoudra. Ce que je prenais pour de la froideur était sans doute cette même attitude. Il refusait qu'il y eût un rapport affectif entre lui et moi parce qu'il refusait la dualité. Il me traitait comme il se traitait lui-même, sans *moi*.

«C'est dans l'esprit (*namshé*) que se déroulent les expériences des phénomènes. L'esprit dans sa qualité vacuité, clarté et dynamique est au-delà des phénomènes, au-delà de la création et de la cessation des phénomènes, au-delà de la mort et de la naissance des phénomènes. Lorsque nous l'ignorons, nous nous attachons à l'individu. Attachés à l'individu, nous appréhendons la réalité relativement à lui, et nous saisissons un moi séparé des phénomènes.

«Ignorant l'unité de l'esprit, nous sommes soumis au pouvoir de l'attachement au moi. Attachés au moi et à nos relations avec les phénomènes, nous croyons que les phénomènes sont réels et que la mort est une réalité absolue. Méditons là-dessus.»

Il pouvait y avoir quelque chose de sinistre dans l'atmosphère de notre conversation, la lueur si faible de la flamme qui n'éclairait que le visage du lama, l'odeur de la graisse brûlée, la pénombre froide autour de moi.

Lama Shérab ressassait la même idée comme pour m'y enfouir. Je voulais essayer de résister, mais la répétition m'empêchait d'éviter cette réalité que j'avais déjà expérimentée, que je perdais toujours ensuite et que je retrouvais plus tard par intermittence. J'y adhérais, je prenais conscience que j'y adhérais. Et je mourais. Je prenais conscience que je mourais dans une vraie mort qui n'existait pas. Ne devais-je pas évacuer cette conscience qui était encore trop celle d'un moi ? Et cette pensée aussi ?

Je ne sais si je me suis endormi dans cette obsession. Le temps a fui. Je crois que j'ai sombré dans un état de sommeil les yeux ouverts, parfaitement conscient du lieu, des personnes et complètement détendu, comme dans l'instant précédant le chute dans l'endormissement. Et peut-être ai-je rêvé que je rêvais que je rêvais d'un monde sans forme.

Au matin, lama Shérab me dit de revenir la nuit prochaine.

«*Bardo* signifie état transitoire de conscience. Il y a six *bardos* dans le cycle du *samsara*. Trois *bardos* concernent la vie et trois *bardos* concernent la mort. Etats transitoires de conscience, ils n'existent que relativement à la conscience relative, *namshé*. Ils décrivent des états de l'esprit conditionné. *Yéshé*, l'esprit dans sa nature pure, n'expérimente pas d'états de conscience ; il est la conscience infinie.

«Le premier *bardo* est appelé l'état transitoire de conscience de la nature phénoménale entre la vie et la mort. Après notre naissance, enfant, nous avons fait des expériences sensorielles. Notre mémoire conserve la marque de ces expériences. Nous avons développé et enrichi un état de conscience propre à la réalité relative des sens, des sensations, des perceptions, des volitions et de différents états de conscience. Nous avons perçu, appris, reconnu. Nous avons agi, pensé, vécu dans un monde qui était réel relativement. Nous avons cru vivre dans un monde de phénomènes alors qu'en vérité, nous avons vécu dans un monde de relations, de liens. Nous avons cru qu'un individu réel, c'est-à-dire indépendant et séparé, faisait l'expérience de phénomènes réels, c'est-à-dire indépendants et séparés, alors qu'en vérité, il n'y a pas de différence entre le sujet et l'objet, entre l'expérimentateur et l'expérience. Nous avons pris le champ de conscience phénoménal pour réel alors qu'il n'est qu'un état transitoire de conscience, relatif aux phénomènes.

«Cet état transitoire de conscience est celui de la conscience relative habituelle, appropriative, subjective.

«Le deuxième *bardo* est celui du rêve. Entre le sommeil profond et la veille, nous sommes plongés dans l'état transitoire de conscience du rêve. Nos tendances tirent notre conscience dans des créations mentales oniriques heureuses ou malheureuses. Pendant le rêve, notre conscience est soumise au pouvoir des apparences du rêve, elle est dans la nature du rêve, ignorant la nature de cette conscience, de même que dans l'expérience du premier *bardo* nous avons tendance à ignorer la nature relative des phénomènes.

«Le rêve n'est réel que relativement à l'état de conscience de rêve, pendant le rêve. Lorsque nous nous éveillons, nous reprenons l'état transitoire de conscience de la nature phénoménale. Cet autre état de conscience nous permet de savoir que nous rêvions. C'est parce que nous vivons des états de conscience différents que nous savons qu'ils sont transitoires.

«Le troisième *bardo* est celui de la contemplation et de la méditation. La conscience expérimente sa propre nature, c'est l'état transitoire de la conscience sans entrave, éblouie, lucide, ouverte, sans attache. Lorsque le méditation est pure, l'esprit se libère de ses voiles.

«Méditons comme cela.»

J'entrai avec lama Shérab dans la vacuité de l'esprit.

Il nous ramena à l'état de conscience du premier *bardo* en tournant le moulin à prière. Impulsion de bienfaits aussi vides que l'absolu qu'ils invoquent. Au centre du cercle, le vide, moyeu du joug, du *yog*, du *yoga* ; dans ses couches de feuillets imprimés, des formes pures de subtiles manifestations tournaient sur elles-mêmes.

Il dit :

«Trois *bardos* concernent la mort. Le *bardo* du moment de la mort, le *bardo* des illusions karmiques, et le *bardo* de la recherche de la matrice.

«Le *bardo* du moment de la mort décrit le processus de la dissolution du corps. C'est la conception à l'envers.

«Le corps prend naissance grâce à l'association des cinq éléments. Au moment de la mort, les cinq éléments se dissolvent les uns dans les autres, du plus grossier au plus subtil puis le plus subtil se dissout dans une énergie plus subtile encore.

«Symboliquement, l'élément terre ou solide se fond dans l'élément eau, liquide, puis l'eau se fond dans le feu, la chaleur ; il y a désintégration. Le feu se fond dans l'élément air ou gazeux qui correspond aux courants d'énergies, puis, enfin, l'air se dissout dans le principe conscient, subtil niveau d'énergie vitale, l'espace.»

Observée dans l'absence d'émotion de ce regard factuel, la mort m'apparaissait aussi banale que la disparition d'une cellule dans mon corps.

«Le processus de décomposition du corps débute avant le moment de la mort, c'est l'agonie. On commence par ressentir une distance, une faille entre le corps et l'esprit. Cela produit des sensations particulières qui peuvent être douloureuses.

«L'esprit a pris naissance dans ce corps avant la naissance. Il quitte maintenant ce corps qu'il a habité. Il va entrer dans la *claire lumière*.

«Si nous savons comment notre corps et notre conscience se sont composés, nous craignons moins leur dissolution et nous risquons moins de nous laisser submerger par la peur et la souffrance.»

La nuit était glaciale. Le vent soufflait sous la porte et glissait sur mon dos. Je m'entourais de mon châle-à-tout-faire. Mon corps était ainsi séparé de ma tête. Débarrassé de problèmes d'inconfort, mon mental errait dans l'écoute de l'aventure de la mort des Tibétains.

Lama Shérab parlait avec plus de prudence et de douceur encore que la veille. Son ombre, bousculée par les vacillements de la petite flamme de la lampe à beurre, se déplaçait sur le mur avec derrière lui, ressemblant à une gigantesque *mahakala* surgissant de l'esprit, prête à s'insinuer dans la peur...

«Notre corps est un phénomène organisé, donc impermanent. Chacune de ses parties est composée des cinq éléments. Elles ont un aspect grossier[103], un aspect subtil, un aspect énergie et un aspect esprit. La conception les assemble, la mort les sépare. Méditons là-dessus.

«Vous méditez sur la dissolution du corps, vous simulez mentalement le processus de la dissolution. L'élément terre se fond dans l'élément eau, puis l'eau se dissout dans l'élément feu, le feu dans l'élément gazeux. Finalement tout est résorbé dans l'espace. L'espace étant l'élément symbolique de l'esprit, l'esprit médite sur l'esprit ; c'est ce qui est appelé la claire lumière, lucidité sans aucune pensée, béatitude de l'unité.»

Dans cette méditation, la mort n'existait pas.

«A la conception, l'aspect subtil du corps, l'énergie et l'esprit sont intimement liés. Ils pénètrent dans l'œuf fécondé de la mère. A ce moment-là, il n'y a pas encore de conscience. Après vingt-neuf jours, l'énergie commence à développer un réseau complexe de canaux d'énergie à partir du canal central situé légèrement en avant de la colonne vertébrale pour aboutir aux organes internes, aux membres et aux organes sensoriels.

«Le corps qui se développe est habité par l'esprit. Lorsque le corps est usé, malade, inapte à véhiculer correctement les énergies subtiles, l'esprit doit le quitter. Cela s'appelle la mort.

Lama Shérab se pencha en avant, il ajouta :

«Disons comme ceci : l'espace doit quitter le phénomène.

Il se tut un instant.

«En tant qu'expérience de la vacuité, la mort se produit couramment pendant la vie. Dans le silence qui se glisse entre deux pensées, votre esprit, *namshé*, a connu *yéshé*, l'esprit dans sa propre nature, vide de conception dualiste. Mais les formations mentales ont recomposé la saisie dualiste d'un moi qui pense, et vous avez oublié l'état de vacuité.

«Votre ignorance de la réalité ultime et votre attachement au moi sont la cause de la souffrance. Elles ont aussi la cause de la souffrance du moment de la mort.

«Au moment de mourir, certaines pensées produisent les sensations de l'angoisse. Ne considérez pas ce que vous laissez. Vous ne laissez rien qui ne soit vide en essence. Méditez sur la vacuité des phénomènes, renoncez à toute source d'attachement. En pensée, offrez tous vos biens, vos affections, vos haines et vos soucis à Bouddha, à votre *yidam* ou à votre lama. Il vaut mieux mourir aussi libre et détaché que possible. Offrez l'univers à la vacuité de l'esprit.

«Si vous n'avez pas atteint l'illumination pendant votre vie, vous pouvez l'atteindre à ce moment-là. L'atteindre, c'est la reconnaître.

«Au moment de la mort, pratiquez la lucidité non-duelle de l'esprit, le calme et la vacuité. L'esprit conscient de la nature véritable de phénomènes est libéré du *karma*. Méditons là-dessus.»

La mort est l'idée d'un monde sans moi. Pour éliminer la peur de la mort, je dois m'habituer à l'idée d'un monde sans moi. Je peux aussi visualiser mon propre cadavre, m'habituer à l'idée que le corps n'est pas moi. Je peux méditer sur la vacuité des phénomènes et de mon attachement à moi-même.

«Les sens physiques et mentaux sont affaiblis, reprit lama Shérab. Nous ne pouvons plus avoir de sensations agréables. Nous en concevons du chagrin.

«Les éléments se dissolvent les uns dans les autres, puis le souffle extérieur, la respiration, les battements du cœur, cessent. Le corps commence à refroidir. L'esprit retourne alors dans le canal central.

«Le grain principiel[104] père descend du sommet de la tête dans le *chacras*[105] du cœur, siège de l'esprit. Une lumière blanche apparaît à l'esprit. Presque simultanément, le grain principiel mère monte de la base du tronc jusqu'au chacras du cœur. Une lumière rouge apparaît. Les deux grains principiels sont unis. Le souffle intérieur cesse. Puis il sort du corps. La conscience duelle est interrompue. L'esprit connaît l'expérience de sa nature pure, vacuité et clarté. C'est le niveau le plus calme, le moment de la *première claire lumière*.

«Les six consciences se fondent dans la conscience de base. La production des trois poisons (désir, aversion, ignorance) cesse.

«Si l'esprit reconnaît sa nature ultime dans cette expérience, il atteint l'illumination au niveau où le calme a été reconnu. Sinon, il tombe dans une sorte de sommeil profond, inconscient, obscur, pendant trois à quatre jours. Lorsqu'il se *réveille*, le *bardo* continue.

«La claire lumière se divise en une lumière rouge et une lumière blanche, la conscience duelle réapparaît. L'esprit prend l'expression de cinq rayons de lumière qui s'organisent en cinquante-huit divinités irritées et quarante-deux divinités paisibles, images de nos tendances latentes et des impressions qu'elles créent.

«Les phénomènes psychiques continuent à se produire. L'esprit dans sa qualité duelle et libre des limites du corps physique fait apparaître tout ce qu'il imagine. Nous disons : le corps mental visite son univers.

Le lama me regarda et prit un ton moins neutre.

«Pouvez-vous imaginer un tel pouvoir !

«Beaucoup plus que comme en rêve, l'esprit a la capacité de produire les images de ses désirs et de ses angoisses. Chaque pensée est une apparition. Tout ce qui est conçu par l'esprit semble se réaliser. C'est un terrible piège. Le *karma* suscite les tendances à se manifester, la conscience continue à être voilée par des pulsions d'attirance et de répulsion et à créer les mondes samsariques.

«Le corps mental change continuellement. A peine la lueur d'une attirance cesse qu'une autre jaillit. Pas un mouvement de répit, pas un moment pour prendre conscience de la vacuité de ces attractions, de ces répulsions. Les sens n'ont plus les limites du corps. Les six champs de conscience sensoriels perçoivent tout ce que l'esprit fait apparaître. La conscience entend, goûte, voit, sent, simultanément le chaud, le froid, le bon, le mauvais, le claire, l'obscur, ...etc. Des mondes apparaissent et disparaissent à la vitesse de l'imagination, dans l'intensité des désirs, des peurs, des névroses, des haines. Les impressions qui en résultent sont fracassantes. L'esprit non maîtrisé et non limité par un corps est capable de produire les pires cauchemars. Cette conscience duelle omnipotente sans la sagesse est une sorte d'enfer.

«Les divinités terribles l'affoleront. Elles symbolisent ce moi omnipotent si peu apte à vous procurer la paix, si tourmenté par lui-même. L'esprit, si concentré sur ses créations, pourra-t-il se souvenir qu'il cherche sa propre nature ?

Le lama se pencha en avant. La flamme de la lampe à beurre se refléta dans ses yeux. Je ressentis les hurlements des désirs déchaînés dans le *bardo*. Sur son sourire, je vis les expressions de la terreur et de la bonté : l'impuissance.

- Qu'est-ce qui fait ces expériences ? demandai-je. L'esprit est-il une "chose" qui sort du corps ?

- C'est le corps mental. Ces expériences se font. Le *karma* expérimente ses propres pulsions.»

Lama Shérab pencha un feuillet vers la flamme et lut :

«“*Ton corps de désirs est un corps de tendances et de vide. Le Vide ne peut blesser le Vide ; ce qui est sans qualité ne peut blesser ce qui est sans qualité.*”

«Vous seul pouvez répondre.

«Méditons là-dessus.»

Imaginer ma mort

J'imaginais ces avidités qui vivent en moi et qui m'aspireraient vers elles dans le *bardo*... qui s'attireraient vers elles-mêmes dans le *bardo*, comme elles s'attirent dans les pulsions de mon corps et dans les soifs de ma conscience.

L'une de ces divinités ressemblerait à un mont de vénus voluptueux. Une autre, ou serait-ce la même, manifesterait mon propre phallus et son énergie envoûtante, pulsion de la chair pour elle-même, et la soif de soi par l'autre, l'autre toujours forme de soi, projection de sensations...

“*Même si tu fuis, la lumière te suivra, car elle est inséparable de toi.*”

J'aurai peur de souffrir, ce qui est déjà une souffrance, et j'aurai peur d'avoir peur de souffrir, ce qui est un abîme sans fond, comme un hurlement rentré qui couve tous les moments d'une terreur sans fin, insensible et persistante. Note grave et entêtée dans l'accord continu d'une basse qui soutient le chant de vivre en imposant son rythme, son timbre, sa texture.

“*Rien ne peut te faire de mal, tu n'es plus capable de mourir. Tu n'as plus de corps.*”

Je serai attiré par la divinité du verbe être que je conjuguerai au passé et qui me conjuguera au futur. J'interrogerai le sens de cette dialectique fébrile, et j'en trouverai plusieurs, ou peut-être n'en trouverai-je aucun et poursuivrai-je le verbe “être” à l'infini, pour ne pas le trouver vide.

“*Un être ayant de fortes tendances, manquant de l'habitude de la sagesse et d'une pure affection pour elle, peut être tiré en arrière par le pouvoir de ses mauvaises tendances que lui ont manifesté les lumières et des sentiments de crainte et de terreur.*”

J'aurai une lascivité toujours étonnée de son propre réconfort, abandonnée à sa complaisance, redondante dans sa luxure. Concupiscence envoûtante et assumée.

Je connaîtrai l'écartèlement de la patience et de l'impatience simultanées. Une schizophrénie déchaînée, éclatée hors du cadre de la douleur maîtrisée, fulgurante dans sa souffrance contradictoire, créera le monde infernal.

“*...Tu fuiras, mais le chemin sera barré par trois horribles précipices et tu te sentiras près d'y tomber. O fils noble, ce ne sont pas de vrais précipices, ce sont la colère, la convoitise et la stupidité. Y tomber signifie entrer dans la matrice et retomber dans le cycle des renaissances...*”

Je voudrai sentir et goûter, et sans doute désirerai-je ce corps qui sait assez bien s'y prendre pour sentir et goûter.

Ça voudra agir et être mu.

“*Tu seras poussé ici et là par le vent en perpétuel mouvement du karma ; ton intellect n'ayant nul objet sur quoi se poser sera comme une plume poussée par le vent sur le coursier du souffle.*”

Ça connaîtra l'infini, mais je déciderai encore de me créer. De quoi me plaindrai-je ? J'aurai tout ce que je n'ai pas abandonné.

L'esprit est d'une implacable logique avec lui-même...

O Esprit, pourquoi continues-tu à me créer, pourquoi insistes-tu à me faire vivre ? Pourquoi t'agites-tu sur tant de circonstances changeantes ? O esprit, pourquoi me fais-tu accumuler tant de choses. Tant de savoir et tant de moi ? Esprit, pourquoi luttes-tu sans fin avec et contre toi-même ? Quand cesseras-tu d'errer dans les méandres de tes mondes ? Quand briseras-tu les chaînes de tes amarres ? O esprit, quand laisseras-tu le tranchant de la sagesse te libérer des circonstances que ton génie s'amuse à inventer ?

Le monde que ma conscience laissera à la conscience sera très peu lucide de lui-même.

Naître ou renaître

«Mais, reprit lama Shérab en se redressant, de même que pendant la vie l'esprit pouvait reconnaître la nature des phénomènes et se libérer de la souffrance, de même dans le *bardo*, l'esprit peut reconnaître l'illusion de ses créations, car ses pratiques spirituelles aussi l'ont marqué ! Il peut méditer et se rendre compte qu'il est le créateur des phénomènes qui apparaissent, réintégrer l'état de non-dualité et se libérer. C'est la *deuxième claire lumière*.

«"*Médite en toute impartialité, sans répulsion, sans attraction. Ne sois pas attaché à cette lueur, si tu as une faible puissance mentale, n'aie pas d'affection pour elle.*"

«Il s'agit de faire ce que vous avez fait en méditation : apercevoir vos propres créations sans agir, sans juger.

«S'il ne reconnaît pas ce qui se produit, l'esprit s'installe dans le *bardo* de la mort, l'état transitoire de développement et de manifestation du corps mental, ou l'état transitoire des illusions karmiques.

«Alors, sans corps, il est sous l'emprise du sentiment du moi, bien qu'impersonnel, et prisonnier de la conscience duelle. Tout ce qui apparaît à l'esprit est produit par l'esprit sous l'influence des potentiels karmiques. Les apparitions qui jaillissent sont les divinités paisibles et irritées qui manifestent ses désirs et ses peurs. Elles l'attirent et l'effrayent, mais attraction et répulsion sont un même phénomène perçu différemment. "*Ne cède ni à la frayeur ni à la séduction*", nous prévient le Bardo Tödol. Lumière, apparition et esprit sont un. Il n'y a rien en dehors de l'esprit. Si l'esprit reconnaît cet état, si l'esprit reconnaît que tout est produit par l'esprit, il *réalise* l'éveil.

«Méditons là-dessus.»

Je reconnaissais dans la description des phénomènes fantasmagoriques du *bardo* les tensions intérieures qui cherchent à se manifester pendant certaines méditations agitées. "*La mort n'existe pas*" était ici illustré par cette ressemblance. Les forces d'évocation des désirs et des répulsions seraient plus puissantes encore sans l'inertie du corps et de la matière.

«Si l'esprit est incapable de se maîtriser, reprit lama Shérab, il peut prier une divinité de l'aider à atteindre un champ pur.[106] Un champ pur est une apparition, comme tout autre production de l'esprit, mais grâce au calme qu'il apporte, il peut l'aider à se maîtriser et à prendre conscience de la vacuité des phénomènes. C'est un "moyen habile". L'esprit voilé cherche l'esprit pur et aperçoit l'unité paisible de l'esprit, hors d'atteinte des forces karmiques.

«Délivré des mondes samsariques, l'esprit peut approfondir l'éveil, dépasser le champ pur qui est une production et atteindre la véritable illumination de la nature de Bouddha, ni être ni non être.

«Chaque sorte de sagesse éveille un champ pur. Souvenez-vous des cinq sagesses.[107]

«C'est le moment de pratiquer l'une des quatre forces. Soit la force du souhait, aspirer à atteindre l'état d'éveil de son lama. Soit la force du renoncement parce que la saisie égocentrique est la cause du devenir, c'est le moment de rompre la chaîne des causes interdépendantes. La mort est une apparence illusoire comme toute chose. C'est l'ego qui meurt, renoncez à l'ego. Soit pratiquez la force du bienfait parce qu'elle nous délivre de nos propres souhaits égocentriques. Souhaitez du bien pour tous les êtres, en pensée prenez leurs souffrances et donnez leur tous vos bienfaits. "*Que leur négativité mûrisse en moi, que toute ma vertu mûrisse en eux.*" Soit pratiquez la force insurpassable de la méditation où l'esprit demeure dans la vacuité et la compréhension du relatif et de l'absolu.

«Si l'esprit n'a pas reconnu la vacuité des apparences de l'état transitoire de développement et de manifestation du corps mental, poussé par la conscience marquée par les pulsions karmiques, il va entrer dans le troisième *bardo*, celui du devenir, l'état transitoire du retour à la forme.

«L'esprit cherche une forme physique. Les phénomènes psychiques attirent les phénomènes physiques pour se compléter dans une incarnation.

«L'esprit, jouet de ses propres tendances, comme en rêve, pris dans des hallucinations qu'il prend pour la réalité, apprend peu à peu à utiliser ses pouvoirs comme un enfant apprend à utiliser ses sens et à comprendre leurs messages.

«Il est encore temps de reconnaître que toute manifestation est une production de la conscience duelle.

«Sinon, attiré par ce qui lui procure du plaisir, repoussé par ce qui lui procure de la souffrance, sujet de joies et de peurs, l'esprit va agir, réagir, faire, devenir. Pour *vivre* ses désirs et ses aversions, l'esprit sans limite va chercher à se limiter. Il cherche une naissance dans l'un des six mondes.[108] Il va être attiré de plus en plus précisément par l'un des six règnes de la manifestation.

«Un règne n'est pas une caste, une classe sociale, une race, une nationalité, mais une structure de manifestation de tendances. Des émotions attirent l'esprit dans le sein maternel. C'est un contexte qui naît ou renaît, un monde karmique.

«L'esprit entre dans une matrice et se mêle aux substances sexuelles du père et de la mère qui sont faites des cinq éléments. Les phénomènes psychiques se joignent ainsi aux phénomènes physiques. Cela produit une sorte d'évanouissement. L'esprit n'est plus conscient de rien.»

La mort que racontait lama Shérab n'était plus qu'une série d'états transitoires, de passages dans un passage, un cheminement de la conscience dans ce qu'elle est, ce qu'elle contient et ce qui la meut. Rien n'était en dehors de l'esprit. Rien. Ni sa peur ni l'objet de sa peur. Ni ses désirs, ni sa soif.»

J'étais frappé par la logique interne au bouddhisme que le *bardo* prolongeait, enrichissait et précisait. L'enseignement sur les agrégats décrivit ce qui forme et nourrit le rapport au monde, le *karma* montrait le jeu des images et des voiles qui créent et recréent le moi dans le théâtre d'ombres qui le sépare de l'esprit ouvert et l'entraîne dans un devenir. Le *bardo* offrait un gros plan sur les liens de la mort et de la naissance.

J'admirais la méthode. La pédagogie s'appuie sur ce qui lui est connu pour transporter l'intelligence dans ce qui lui est encore inconnu. Avant d'aborder les différents états de conscience de la conscience dépourvue d'un corps, lama Shérab avait pris soin de décrire les états de conscience de la conscience incarnée. C'est en s'appuyant sur ce que je pouvais connaître, la veille, le rêve et la méditation, que le lama abordait ce qui m'était inconnu, le trépas, la mort et la naissance.

«*Samsara* évoque le cycle à la fois instantané et infini des productions conditionnées de l'esprit. Productions conditionnées par des tendances que l'esprit développe à force de connaître et de croire.

«Le *nirvana* n'est pas un ailleurs transcendant. Il est un autre rapport de l'esprit à ses productions : il n'y croit plus. Il renonce à la crédibilité des rapports et donc aux sensations que produit sa foi en lui-même.

«L'esprit est à la fois dans le *samsara* et dans le *nirvana*, dans les cycles de productions et dans l'état de cessation des productions. A la fois *yéshé* et *namshé*, conscience fondamentale pure et conscience duelle. L'esprit connaît selon un de ses deux modes.

«Avec la mort du corps, l'esprit passe au-delà du temps. Ce n'est pas la vie éternelle, c'est la conscience infinie, atemporelle. Non pas perpétuelle, mais hors du courant, hors de l'écoulement, hors de la durée.

«La mort ne concerne que l'ego. L'ego n'est pas la réalité. Au-delà de l'ego, la mort n'a pas de réalité. L'esprit pur n'est pas concerné par les contingences de l'ego et du temps.

«Au moment de la mort, l'esprit qui reconnaît sa nature pure est libre de *karma*, il demeure dans la claire lumière où il était déjà. Si *namshé* est purifié, libre de toute tendance, *yéshé* est dévoilé, le *karma* est dissous, les potentiels d'expériences ne peuvent se lier à rien. L'esprit est libre comme l'espace infini.

Lama Shérab recommençait à répéter la même idée de différentes façons en s'appuyant sur chacun de ses enseignements.

«Chaque élément est interdépendant des autres éléments, il contient les autres éléments et tous apparaissent de la vacuité.

«Chacun des agrégats est lié à tous les éléments et à l'un d'eux en particulier. L'agrégat des matières est lié à la terre, la sensation à l'eau, la perception au feu, la volition à l'air et la conscience à l'espace. Lorsque les agrégats sont réunis, il y a un corps, une conscience, une pensée, un monde.

«La mort est celle du corps. Cela signifie que l'agrégat des matières est séparé des quatre autres au moment de la mort. Mais l'élément terre est présent dans les autres agrégats.

«L'eau, le feu, l'air et l'espace et leurs agrégats subtils, c'est-à-dire leur capacité à connaître, rejoignent l'élément terre de l'agrégat des matières dans le sein maternel, et reconstruisent un être vivant et un monde. Pensez au *man-*

dala qui symbolise l'univers. L'axe central, le mont Méru représente l'espace infini. Chacun des continents désigne l'un des éléments. L'air-vent, le feu-chaleur, l'eau-liquide, la terre-solide.

«Les agrégats attachés à la relativité sont marqués par des attractions et des aversions qui les tirent et les poussent vers leurs objets, ils migrent d'un moment à l'autre, d'un corps à un autre. Mais l'individu qui n'a jamais existé n'existe toujours pas. "*Tous les dharmas sont sans soi.*"

«La libération de la souffrance n'est possible que par la libération de l'ignorance. Il ne se passe pas grand chose en fait. Il n'y a pas de continuité spécifique.

«Les cinq agrégats se composent et se recomposent infiniment sous la forme des êtres vivants. D'une façon ou d'une autre, dans un état quelconque, dans un temps sans importance, ces mêmes agrégats ont été ou seront votre corps et votre esprit. Ils sont vous. Cependant, au-delà des illusions de l'ignorance, qui est moi et qui est l'autre ? La pratique de la compassion est l'action de cette connaissance.

- Il n'y aurait donc pas de libération possible tant qu'un seul être demeure dans l'ignorance ?

- Voyez comme autrui est une forme de soi-même dans la réalité relative et une même essence dans la réalité absolue. L'ignorance et la connaissance sont co-existants... L'esprit est infini et vide. Il est voilé, séparé de la connaissance de sa propre nature par l'ignorance. Il n'existe pas une telle chose que l'on pourrait nommer *mon yéshé*, *mon* esprit pur. L'esprit est pur. *Mon* esprit est forcément voilé par l'ignorance.»

Le mythe de la ré-incarnation

«Comment allons-nous en sortir ?

- Sortir de quoi ? demanda-t-il d'un air que je crus faussement naïf.
- Sortir de l'ignorance, sortir de la souffrance.
- Mais, grâce à la connaissance !»

J'étais fatigué. Je savais qu'il avait tout dit, mais quelque chose me faisait paniquer. Une impression d'enfermement, une sorte de condamnation, de responsabilité trop grande. Je résistais. Il n'y avait aucune libération... personnelle. L'intransigeance de la pureté ! La mort n'apportait aucun salut. C'est immédiatement qu'il fallait se libérer, *s'éveiller*. Mais dans quel but ? Voilà que je comprenais pourquoi les maîtres insistent sur l'idée qu'il n'y a pas de but. Quelle est cette conscience qui s'incarne ?

Lama Shérab me dit ce que je n'arrivais pas à formuler :

«Vous voudriez croire que l'esprit est un phénomène. Vous voulez le saisir, le posséder. Méditez là-dessus, retrouvez l'esprit, vacuité, clarté et non-obstruction.

«Ne dissociez pas les enseignements que vous avez reçus. Ils forment un tout. Une automobile par exemple, est composée de différents éléments, des roues, un moteur, un châssis, un volant, des phares, ...etc. Une automobile est conditionnée par les éléments qui la composent, n'est-ce pas ? "Automobile" est le nom d'un phénomène composé. De même en est-il d'un homme. Pouvez-vous trouver un homme en dehors des cinq agrégats ?

«Vous êtes le produit de vos actes, de vos désirs, de vos aspirations, de vos états mentaux ; vous êtes aussi celui de votre monde, de votre entourage, des livres que vous avez lus, des gens que vous avez rencontrés, des accidents qui se sont produits sur votre route et qui en ont dessiné le cours. La cause de votre être est irretraçable, et son déterminisme n'est pas tracé, il est simplement marqué de tendances.

«Le *karma* ne conditionne pas à lui seul les conditions de l'existence, les lois naturelles — atmosphérique, biologique, physique et psychologique[109] — les influencent aussi.

«"*Tous les dharmas sont impermanents.*" Les agrégats se dissolvent au moment de la mort. Nous pouvons le constater en ce qui concerne l'agrégat des phénomènes physiques. Le corps se décompose à l'endroit où on le brûle ou l'enterre. En ce qui concerne les phénomènes psychiques, ils commencent à se former dans la matrice, ils continuent à se développer avec la naissance et les expériences. Ils sont sujets et objets des expériences que nous faisons, des apprentissages, de l'éducation, des parents, de la société, du climat, de la région du monde où nous évoluons...

«"*Tous les dharmas sont dénués d'ego.*" Les agrégats sont des *dharmas* (phénomènes), ils sont dénués d'un soi. Qui pourrait donc hériter d'un agrégat ? Ce sont les *dharmas* conditionnés qui naissent et se transforment, pas des hommes, ni des destins.

«Les êtres humains se ressemblent en ce qu'ils sont composés d'agrégats de même nature ; ils vivent des catégories semblables d'expériences. Il y a un *karma* collectif humain en cela que les hommes vivent une relation similaire dans la réalité relative du monde. Nous voyons, nous sentons, nous entendons tous de manière à peu près semblable.

«Au moment de la mort, le corps mental, constitué des corps subtils de la parole et de la pensée, se détache. *Yéshé* ou *namshé* se séparent du corps et de son monde. Il n'existe toujours pas d'individu. C'est un monde, un *mandala*, qui s'incarne. Pas un individu. C'est une vie dans un monde qui se constitue. Un contexte.

«Ce sont donc les ascendants, les descendants et des histoires inachevées, des milieux, des générations, des lignées... des fantasmes, des projets, des illusions qui apparaissent réunis dans un esprit.»

Ma mère et mon père m'ont imaginé. Une ambition héréditaire me précède et m'influence... Mon père aurait voulu que je devinsse médecin parce qu'il ne le fut pas lui-même. Des influences de cette sorte sont-elles les miennes ou sont-elles autres ? Elles sont miennes. On ne peut se débarrasser d'un fardeau que si on le reconnaît. Voilà pourquoi, en méditation, on invoquait les amis, les ennemis et les démons, c'est-à-dire le contexte entier, en y incluant nos propres nœuds névrotiques, nos fantômes personnels, pensai-je. A mon tour, j'influence ou je crée des situations qui deviennent indépendantes de moi, se perpétuent, évoluent, migrent.

La vie existe dans un milieu, dans une nature, dans un langage. Ils me précèdent et m'appartiennent. Ce sont des circonstances qui glissent en moi et en dehors de moi, migrent, transmigrent.

Un point demeurait un peu flou. Qui mourait ? Qui naissait ? Puisqu'il n'y a de moi qu'illusoire, la personne non existante renaissait-elle ?

«Comment peut-on parler de la réincarnation ou même de la transmigration d'une personne qui n'existe pas ?

- Le désir de la continuité est un désir de l'ego. Personne ne meurt puisqu'il n'existe pas de moi indépendant.

«Le moi n'a pas d'existence pendant la vie, il n'en a pas non plus au moment de la mort, ni dans le *bardo*, et il ne naît ni ne renaît, répondit lama Shérab laconique. Il sourit et ajouta :

«Le moi a de la difficulté à entendre cela.

En effet. Il me fallait une réponse plus "solide".

- Si l'individu qui, bien que n'ayant aucune existence absolue, croit exister, cet individu précis, cette conscience, ce *karma*, se réincarne-il ?

- Le moi n'a pas d'existence. Ce n'est donc ni la même personne ni une autre personne qui prend naissance.

Il sourit comme un maître bienveillant devant l'intransigeance de la vérité.

«L'esprit expérimente des états de conscience. Tous sont transitoires. Le calme de l'esprit est au-delà des états de conscience et des mondes.

Du temps en silence.

- On n'est donc vivant que volontairement, dis-je, en quelque sorte par une volonté qui ignore la puissance de ce qui la meut, une volonté plus forte que la volonté consciente. La volonté possessive d'une mémoire pourtant impersonnelle.

«Moi et mes rapports au monde sommes un seul et même phénomène. Impermanent. Agrégats sans soi marqués par l'ignorance, ajoutai-je.

Lama Shérab approuva, mais mes propos me laissaient insatisfait. Je comprenais, mais je résistais.

«Sur quel véhicule le *karma* peut-il transmigrer ? Le moi est illusoire. Le corps mental de ce moi existe-t-il ? Quelle est sa nature absolue ?

- La nature ultime de phénomènes est vacuité, répondit-il.

- Il y a bien une conscience qui expérimente ses propres mouvements dans le *bardo*...

- Une conscience omnipotente qui ne se maîtrise pas expérimente *dukkha*, l'infini de *dukkha*. Cette conscience sans borne préfère se limiter.

- Alors l'esprit apprend à se maîtriser en prenant des formes... plus stables ?

- L'esprit et l'ignorance sont co-existants. *Namshé* fait l'expérience de la souffrance, tandis que *yéshé* ne connaît ni souffrance ni félicité. *Yéshé* est l'esprit infini, pur, clair et sans obstruction.

«Sagesse et ignorance sont deux qualités de l'esprit. L'une et l'autre existent séparément et simultanément depuis des temps sans commencement. L'ignorance n'est pas *mon* ignorance, mais l'ignorance, la pulsion duelle de l'esprit, un état impersonnel. Nous l'appelons *âlayavijnâna*, conscience héréditaire, conscience qui hérite de la conscience, disons "conscience-réservoir", *namshé*. Pendant la vie, nous avons agi et réfléchi dans l'ignorance, nous avons posé des actions sans réfléchir aux conséquences, nous avons créé et étendu *karma*. Les conséquences de nos actions ne retombent pas uniquement sur nous, d'autres personnes en ont bénéficié ou souffert. Des actions sans nombre à chaque instant modifient les relations de la manifestation avec elle-même, marquent la conscience ignorante de leur vacuité, agissent sur les agrégats.

«Lorsque notre corps est usé, il disparaît. Les actions de ce corps poursuivent leurs effets dans la conscience-réservoir *namshé*. Les éléments de ce corps se dissolvent, mais ils constituent d'autres éléments.

«Les fantasmagories du *bardo* sont impersonnelles, elles se vivent sans identité dans l'océan infini de *namshé*. La pulsion de s'incarner de *namshé* existe depuis des temps sans commencement. C'est une goutte de cet océan métaphorique, de la même nature que l'océan qui se manifeste en un être. Des circonstances influenceront l'être qui apparaît : ses parents, son milieu, sa culture...

- Le *karma* est donc complètement collectif ?

- Non. Relativement collectif. Lorsqu'un homme et une femme s'unissent, c'est la conscience duelle qui agit. Lorsqu'un enfant naît de cette union, c'est encore une conséquence de la conscience duelle. La pulsion de s'incarner de *namshé* est contenue dans l'action de s'unir des hommes et des femmes devenant notre père et notre mère.

«Dans le ventre de la mère, un enfant se crée. Les agrégats qui se composent à partir des éléments qui s'unissent et croissent sont aussi une conséquence de l'union de deux êtres.

«La conscience de l'enfant est la conscience *namshé* et *yéshé*, la sagesse et l'ignorance co-émergent de tous les temps depuis des temps sans commencement.»

Je ressentis une sorte d'exaltation. Pendant quelques secondes, je vécus cette vérité dans l'intensité d'un éblouissement de toute ma pensée, soudain, au-delà de toute contingence, de toute forme individuelle, où tout ce que j'avais entendu prenait sens. La réponse était là, dans une sensation. Je désirais qu'elle fût formulée pour qu'elle prît du poids.

Lama Shérab attendit.

«Tout progrès spirituel véritable ayant marqué la conscience duelle n'est pas perdu. Si nous versons une goutte d'eau dans l'océan, elle ne séchera pas jusqu'à ce que l'océan lui-même soit totalement sec.

«Nos souffrances sont des états psychologiques, non des faits réels éprouvés par des êtres réels. Des états psychologiques s'éprouvent.

«Une mère perd son enfant. Elle éprouve une souffrance en rapport avec son amour et son attachement. La mort est inéluctable. Le simple désir que la mort arrive plus tard est une source de souffrance potentielle, un acte (mental) qui portera ses fruits, *dukkha*.»

L'enseignement de lama Shérab ne prenait pas la réincarnation et le *karma* dans leur interprétation dogmatique la plus répandue. Il ne liait pas le *karma* à l'individu, ni la réincarnation à la continuité d'un être. Pour lui, les actions karmiques de n'importe qui retombaient sur tous, y compris sur l'individu. Avec lui, le bouddhisme s'affranchissait d'une dimension morale étriquée qui s'est imposée sur lui au fil du temps. Il s'attachait de façon cohérente à la continuité de l'esprit, à sa qualité infinie qui le rendait collectif. La dédicace répétée à la fin de chacune de ses leçons cristallisait leur sens profond en une intention collective, seule intention qui soit pure. “*Puissé-je établir tous les êtres sans exception dans l'au-delà de la souffrance.*”

Je poursuivais mes vaines interrogations :

«Ce n'est donc pas moi qui atteins la libération, mais des agrégats... Ce n'est pas moi non plus qui devrais supporter les conséquences de mes actes...
Il m'interrompit.

- Le bien et le mal sont des concepts relatifs.

«Tous les êtres ont été ou seront notre propre mère. Voudrions-nous faire souffrir notre propre mère si nous pouvons l'éviter ? Nous agissons de façon pure afin d'alléger la somme des souffrances qui atteignent les êtres, des êtres qui sont ou seront notre mère. Et nous le faisons gratuitement, librement. Ainsi, nous sommes libres.

«Avant et après chaque enseignement nous nous relions à la lignée des sages et nous dédions notre activité à la libération de tous les êtres ! Il n'y a ni soi ni non-soi. Tout concerne tous. Tout homme qui suit une voie spirituelle se transforme, et se transformant, il transforme tous les êtres.

«C'est la compassion qui inspire l'esprit non attaché au sens de l'individu, libre des causes de la souffrance et de la peur, à pénétrer le monde relatif pour y travailler au bien de tous les êtres. Nous faisons cela en enseignant à notre disciple, ici-même. L'esprit refuse de laisser l'esprit livré à l'ignorance.

- Le voyage de la conscience jusque dans une matrice est donc une métaphore ?

- Le père est le phénomène ; la mère est ce qui est conscient du phénomène, le père est la compassion, la mère est le vide. Le père est l'intelligence, la mère est le vide.

Il prit sa cloche et son *dordgé* et les croisa sur sa poitrine pour illustrer l'unité de la vacuité et de la méthode.

«Il n'y a pas de soi, donc pas de salut pour le soi.

«Rien n'est jamais extérieur à soi. Il n'est donc pas nécessaire de sortir de soi, mais seulement de réaliser la relativité des rapports que le soi produit.

«Rien n'est jamais extérieur à l'esprit, le soi non plus. Développez en vous la conscience pure et posez-lui vos questions.

Je ne le fis pas au moment même.

- Est-il possible qu'un jour il n'y ait plus de renaissance pour aucun être ?
- Qui cela concerne-t-il ?

Bien sûr, c'est encore *moi* qui posait une telle question.

- Est-il possible qu'un jour il n'y ait plus de souffrance dans l'univers ?
- Il est possible pour chaque être de se libérer de la souffrance.

Encore une fois, je pensais au futur, lama Shérab répondait au présent. "*Maintenant seul existe*", disait swami Vichârava.

«Vous voyez bien, poursuivit-il, que le *karma* est la vie elle-même. *Samsara* et *nirvana* sont des états mentaux.

«Tous les *dharmas* sont impermanents. Même le monde est éphémère, même l'univers est impermanent. Lorsque l'univers arrivera à son terme, que restera-t-il des *karmas* ? Tout a toujours été fondamentalement vide, vacuité et clarté.

«Ce n'est donc pas pour *vous* libérer que vous pratiquez le bouddhisme, mais pour libérer l'esprit attaché à l'ignorance par compassion pour lui, pour tous les êtres, et pour vous-même.

«Calmez tout espoir de résultat. Il n'y a pas de libération future. Seule est possible une libération de l'instant. Cessez de désirer, même la libération. Là est la libération.»

Voilà ce que je craignais d'entendre. Voilà ce qui, entendu, me rendait libre, malgré moi.

Le soleil éclaira la fenêtre. A travers le vieux rideau jaune à moitié déchiré un rayon de lumière d'or illumina la pièce.

"Je me prosterne devant l'état d'éveil, devant l'enseignement qui conduit à l'état d'éveil et devant la congrégation de tous les éveillés avec tous mes corps, aussi nombreux que tous les atomes du monde.

"Grâce à la clarté de votre sagesse, vous qui êtes la compassion même, illuminez les ténèbres qui voilent mon esprit, éclairez mon intelligence et ma sagesse afin que je puisse atteindre la vraie compréhension de l'enseignement qui conduit à l'éveil.

"Par la vertu que j'ai créée accomplissant cette action, puissé-je établir tous les êtres sans exception dans l'au-delà de la souffrance. Je dédis tout mérite pour atteindre l'éveil."

Le Gange et la feuille

Je traversais le petit bois qui précédait la maison du lama, c'était le printemps, un printemps des montagnes, apparu soudainement, d'une heure à l'autre, aurait-on dit, quelques jours plus tôt ; et maintenant, les bourgeons éclataient. Et cela faisait des explosions sur mon passage, des "poufs". J'observais le phénomène. Arrive le moment où la feuille compresse tant le cocon qui l'enserre qu'il craque et alors, libérée, comme accouchée, elle l'écarte, et s'élance dans sa propre aventure, une autre et la même, une nouvelle vie ou la vie. Son flux, dirait lama Shérab.

Une poche se déchire dans le ventre des mères et la vie en éclôt... et ça crie. La vie. Le phénomène de la vie s'exprime dans une manifestation qui est son propre sacrifice. L'individu sera toujours sa victime. Il veut avoir, être, résister. Alors que la vie ne s'occupe que de son élan.

Cela me faisait penser à la chute de Gangotri où le Gange est encore dans les pentes de l'Himalaya, à la fois dans la jungle et dans la montagne. Il bouillonne, bouscule, tourbillonne, rue, se fracasse, hurle et se précipite. Le spectacle est immense, terrifiant et monotone, tant que l'on reste en sécurité sur la berge. Hallucinant, vertigineux lorsqu'on s'approche. C'est l'un des grands lieux de pèlerinage de l'Inde. On se baigne dans le sein du fleuve divin, mère purifiante qui abolit toute forme en l'absorbant.

Mais le courant est fort. Un secret de la puissance de la nature se mêle au mystère de sa qualité purifiante. Ceux des amants de la mère que leur foi entraîne trop loin le découvrent. Et ne reviennent pas.

Le bourdonnement continu que produisait le fracas de l'eau couvrait toutes les fréquences de son de la parole, comme le *Om* primordial à partir duquel l'univers fut créé. Il s'y prononçait simultanément tous les mots de toutes les langues, et j'y pouvais entendre ma pensée comme une résonance de mon propre vacarme dans l'intimité divine des hurlements du fleuve. Vertige qui m'attirait à mon tour dans les tourbillons hallucinants. Tel devait être le chant tentateur des Sirènes qu'Ulysse entendit à l'Ile du Trident.

La feuille naît froissée. Elle se détend lentement, de l'intérieur de ses fibres, et s'étire vers la lumière. La force contenue dans l'infime mouvement continu de sa croissance, aussi bien que dans la cataracte impatiente du Gange me montrait celle qui me suscite, ce courant qui me crée et me maintient en tant que ce que je suis, la croissance qui me pousse, m'agite et me transforme. L'infime et l'énorme se joignaient en moi dans ma conscience du mouvement.

Le Gange songe-t-il à se libérer de son activité ? Et la feuille ? Comment le pourraient-ils, pourquoi le tenteraient-ils ? Rien n'arrête le courant des effets et des causes. La vie se manifeste à elle-même dans une force insouciante de soi.

Dans ce flux, naissait le bouddhisme, une méthode de connaissance de soi qui lui permettait de dépasser la souffrance qu'il suscitait, mais non de stopper le courant.

Ni moi ni les saints n'allons dans un quelconque paradis que d'un instant à l'autre, dans un temps sans commencement qui alors atteint non sa fin mais sa conscience.

Je n'est pas une personne, voilà ce qu'il y a à comprendre.

Le *moi*, c'est la vie, c'est *namshé* ; le *je*, *yéshé*, voilà l'éternité, non l'infini du temps, mais l'au-delà du temps. Parce qu'elle n'est pas une personne, l'éternité est infiniment proche et distante, comme l'*alpha* et l'*oméga*.

D'un côté il y a le *moi* de la vie, l'événement, l'action, la subjectivité, les nœuds psychologiques, le *karma*, et de l'autre côté, il y a ce que c'est, la vue pénétrante, sans les voiles de la subjectivité, au-delà des astres, de la mythologie, de la complaisance.

Je ne parle pas, il connaît dans le silence. Il ne s'interroge pas sur son *karma*, sur l'horoscope ou la destinée, il perçoit tout cela comme la force qui en lui désire tout cela.

Si le moi concevait le vide, il serait le vide. Mais il en a trop peur. Cette peur du vide, c'est l'explication de la vie. Reconnaître cette peur, c'est déjà apercevoir le *je* éternel impersonnel. *Je* reconnaît l'éternité de la sagesse de cette conscience et s'y complaît en la contemplant tandis que le moi goûte encore à l'ivresse d'être né.

Moi ne connaîtra la liberté que lorsque plus aucune de ses actions ne sortira de lui, qu'il n'en sera ni l'auteur ni le moyen, ni le résultat.

Moi s'aime, quelles que soient les formes qui expriment son amour. Je ne peux qu'aimer, sans aucune condition. Il ne peut pas préférer *moi*, et *moi* demande cet impossible. "*Dieu aime sa création*", dit-on plus près de chez nous, mais n'a-t-on pas remarqué qu'il en reste éloigné ? *Je* n'investit pas l'ego et *moi* ne peut pas incarner l'éternel.

Départ

Depuis plusieurs jours, je ne pensais qu'à partir.

Le bouddhisme approchait les problèmes spirituels avec optimisme, il promettait de conduire jusqu'au bout de son ambition : l'éveil dans cette vie, à commencer par cet instant. Lors de mon séjour à Kagyu Ling, j'avais fait une expérience superficielle de la vacuité des phénomènes. L'enseignement de lama Shérab avait fondé cette expérience sur différentes façons d'envisager la connaissance de soi et m'avait permis de l'approfondir, puis de la dépasser en pratiquant d'autres méditations.

Le monde avait pris de la légèreté, comme si, ne s'appuyant sur rien, il avait gagné de l'ordre. Finalement, quelle qu'en fût la raison, j'avais changé. J'étais devenu plus calme. J'étais moins opaque pour moi-même. Je me sentais mieux.

Cependant, j'hésitais à m'engager complètement dans l'aventure spirituelle que le lama proposait et cela me donnait des doutes sur moi-même. N'avait-il pas eu raison d'essayer de me refuser comme disciple ? Est-ce que je ne manquerais pas l'essentiel si je n'allais pas jusqu'au bout... Le bout ! Le premier jour, devant sa porte, j'avais été saisi d'une angoisse à la pensée qu'il était seul et qu'il pratiquait depuis plus de trente ans. Pouvais-je trouver le désir de m'arrêter ici et d'y passer ma vie ? En avais-je la volonté et le courage ? Trahirai-je quelque chose en partant ? Ces questions étaient-elle seulement pertinentes... Elle m'habitèrent quelque temps.

A Delhi, je m'étais rendu sur la tombe d'Hazrat Inayat Khan, prophète du siècle dernier. Cet homme avait milité pour que dans chaque lieu de culte, des endroits consacrés aux autres religions fussent aménagés et il souhaitait que pendant les rituels l'on priât et honorât aussi à la façon des autres. Cela aurait introduit une tolérance éclairée dans les temples et les pratiques. Il imaginait des mosquées contenant une petite église, un temple hindou et une synagogue. Des temples hindous où un Christ recevrait sa part de fleurs et d'encens... Sa transcendance ne niait pas la pluralité des hommes et des méthodes. Si l'absolu est singulier, les hommes le cherchent de multiples façons.

Je ne suis pas tant pratiquant de cultes religieux qu'étudiant de leur doctrine. Plus que tolérant, je vais vers elles.

Ma fidélité était vaste. A fréquenter plusieurs de ses voies, je parcourais un chemin spirituel qui liait entre eux les fils de l'immanence et de la transcendance. Parcours nomade et fraternel, composé de détours autour des hommes pour apercevoir leur dieux. Ni fidèle ni mécréant, j'étais un regard sur le monde et sur l'esprit qui l'habite. Je m'approchais lentement de ses vérités en me transformant en leur sein.

Les questions qui m'assaillaient exigeaient-elles que je choisisse, c'est-à-dire que je m'arrête ? Pour aller au bout de la voie spirituelle faut-il aller au bout de l'une d'elles ? Ne devais-je pas continuer à tracer la mienne ?

Car pour moi, bien que je ne les comparasse pas, l'une expliquait l'autre, la nourrissait, l'éclairait. J'étais sûrement plus fidèle à l'absolu et à moi-même en poursuivant mon voyage qu'en épousant dès à présent l'une de ses formes.

Je savais maintenant que l'absolu est connaissable. Cela me poussait non à rester mais à aller voir ailleurs. Fort de ce que j'avais appris et pratiqué, je voulais éprouver d'autres méthodes, encore explorer le monde.

Depuis le début de ce parcours, ma curiosité s'était transformée. Ce n'était plus ce que les religions disent de Dieu que je voulais savoir. Je voulais connaître la connaissance du Suprême lui-même.

Atteindrai-je un jour la sagesse ou l'éveil ? L'éveil s'atteindrait ! Il n'y a rien à faire. Ni m'arrêter, ni continuer. Il n'y a qu'à laisser le temps porter le temps. Laisser la Trame Invisible manifester des traces qui la conduiraient vers elle-même.

Au café *L'Himalaya*, quelqu'un me parla d'un cheikh qui habitait dans le Nord du Pakistan...

J'avais suivi quelques-uns des cours sur l'islam offerts à la mosquée de Paris ; je n'y avais rencontré que le catéchisme du Coran. J'étais curieux de rencontrer un soufi, ces musulmans qui vivent leur religion au-delà de la lettre jusque dans la *proximité* avec Allah, "*dans le flux d'une vague dont la source est l'Eternel*".

Eux aussi ont élaboré un chemin vers l'esprit dans une méthode de transformation de l'être. Je voulais aller à sa rencontre et la pratiquer, si cela était possible.

De toute façon, je n'avais rien d'autre à faire. Je ne désirais vraiment rien d'autre que de poursuivre mon sacerdoce auto-proclamé de moine sans chapelle.

J'allais proposer mes adieux à lama Shérab. Je le remerciai de sa bienveillance et le bénis intérieurement en parcourant en un instant, du mieux que je le pus, l'étendue de son enseignement. Je lui tendis une *kata* ; il la reçut puis me la rendit :

«Moi aussi, me dit-il en souriant généreusement, j'ai beaucoup appris de notre rencontre...»

Il me libérait de toute obligation. Les êtres éveillés n'attachent pas d'un quelconque besoin de reconnaissance. La gratitude que je ressentais accusait mon propre attachement à des idées de dette, de séparation, de différence et de temps.

"*Ayant atteint le but au départ,*
je suis libre de tout espoir et de toute peur.
Libre de toute anxiété,
je transforme toute activité sur le chemin du nirvana."[110]

"*Par la vertu que j'ai créée accomplissant cette action, puissé-je établir tous les êtres sans exception dans l'au-delà de la souffrance. Je dédis tout mérite pour atteindre l'éveil.*"

Chapitre 20

Le mouroir de mère Térésa

«On doute de bien des choses, pas du cadavre.»
André Malraux, Le Miroir des limbes

«La majorité des hommes disent : "La mort est une illusion." Ceux qui envisagent la certitude de la mort sont sur la voie de la sérénité.»
Bouddha, Dhammapada 6

«Prions les uns pour les autres afin de réaliser ce pourquoi nous existons, c'est à dire être des saints et être l'amour et la beauté de Dieu dans le monde d'aujourd'hui.»
Mère Térésa

«Si je regardais les foules, je ne commencerais jamais.»
Mère Térésa

Calcutta

L'homme est arrivé, étendu dans un scooter à trois roues qui sert au transport des marchandises aussi bien qu'à celui des cadavres et des agonisants que la faim, la misère et la maladie sont sur le point d'achever.

Nous l'avons porté sur une civière. Il puait.

Je venais de m'engager comme volontaire dans ce mouroir

que mère Térésa a fondé à Calcutta. Andy, un jeune Hollandais, allait m'expliquer ce qu'il convenait de faire pour aider ces gens à vivre ou à mourir.

Quant au nouveau venu, il fallait d'abord le laver. Il était extrêmement faible, et si maigre que j'eus l'impression de tenir des os lorsque je le soutins par le bras. Il protestait en gémissant. Le bain lui paraissait-il futile, ou son orgueil résistait-il à ce qu'il prenait peut-être pour une humiliation ? Ses intestins pendaient douloureusement hors de lui.

Lyon, un vendredi en Novembre, quelques mois plus tôt

A la suite de trois opérations chirurgicales et d'une semaine d'intenses souffrances, ma mère avait perdu un œil. Elle ne voyait pas grand chose avec celui qui lui restait. Je l'avais accompagnée dans cette épreuve, assistant impuissant et protecteur quasi passif. Presque hagard, je suis rentré à mon hôtel. J'étais abattu, désespéré pour elle, meurtri par filiation. Saisi d'une obsession vertigineuse, je ressassais sans fin le film des événements qui avaient conduit à cette catastrophe. Des émotions douloureuses et inutiles m'assaillaient, m'étreignaient. Pour les fuir, j'allumai la télévision et essayai de poser ma pensée sur ce qui s'y passait. Je cherchai un repos, je trouvai la piqûre qui abolit la douleur. Bernard Pivot et ses invités bavardaient à Paris, dans un autre temps, dans un autre lieu, dans un autre monde : celui, rassurant et familier des idées, celui dans lequel on peut de tout parler sans rien sentir, tout décrire, jusqu'à l'horreur sans frissonner, se dire terrifié en souriant.

Je suis autant qu'un autre l'enfant gâté de la modernité occidentale, aseptique jusqu'au déni. J'allai à Calcutta pour me baigner dans une fraternité sans repère et affronter la vie dans toutes ses apparences.

Calcutta

La merde a une odeur, la douleur a des visages ; la vie est une histoire qui se vit... jusqu'à la mort ; et la mort... n'offre que l'ineffable mystère de l'attachement de chacun avec sa vie, et la peur de se perdre...

Dans le rapport de force que se livrent l'être et l'inévitable non-être, l'homme qui a peur de sa mort vit en dessous d'elle, en esclave. S'il vainc sa peur, il gagne un pouvoir. Etrangère, la mort est l'Ennemie. Intime, elle est une alliée. La vie, avec la mort, devient le moyen d'un projet qui la dépasse et la guide. Pour essayer d'apprendre à vivre d'égal à égal avec elle, j'ai cherché à la rencontrer... S'il n'est pas possible de la connaître, du moins essayais-je de l'approcher. Je ne suis pas au monde pour en rétrécir le spectacle, ni pour conserver intact un quelconque héritage d'innocence, ni pour opposer pureté à connaissance, mais pour casser, brûler, piller, abuser mon corps et mon âme afin de presser l'expérience jusqu'à en sortir du sens et de toute circonstance tirer du savoir. C'est un projet.

L'odeur me terrifiait ; elle me paralysait, attaquait ma volonté, la contournait, et agissait sur mon corps qui se cabrait, se révulsait. Refusait. La vérité de mon action se révélait dans l'évidence de cette résistance. J'ai eu envie de fuir. Fuir.

Goa, quelques années auparavant

L'autobus qui me transportait de l'aéroport à Pangim avait écrasé une vieille femme qui traversait la route dans un virage. La campagne était déserte. La mer d'Oman sur notre gauche semblait nous ignorer. Les vagues venaient s'écraser mollement sur la plage. Les palmiers frémissaient. Dans l'autobus, nul ne bougeait. Le chauffeur s'était effondré sur son volant, les passagers indiens n'osaient ni remuer, ni parler, ni se mêler de ce drame. Pendant deux très longues minutes, personne ne se porta au secours de la blessée. J'occupais un siège de la banquette arrière. Derrière moi, la route...

Une vieille femme gisait désarticulée, sur l'asphalte brûlant ; la robe déchirée, les membres écartés, dénudée. Une jambe décharnée jusqu'aux os, du tibia au fémur ; l'autre, cassée en deux par le milieu, formait un angle droit inhumain. Les bras en croix, le crâne enfoncé. Du sang coulait de ses oreilles. Elle respirait.

Un missionnaire anglais se décida à agir. Il entreprit de sortir du véhicule ; je le suivis sans un mot. Il examina la blessée et déclara qu'on ne pourrait rien pour elle. Il alla chercher une écharpe dans son sac de voyage pour confectionner un auvent qui abriterait le visage de la femme du soleil.

Il faisait une chaleur torride. Sèche, dure, étouffante. Il était midi. La luminosité éblouissante du jour évoquait un rire et semblait montrer l'insouciance du ciel face aux drames humains. S'il est un étonnement universel, c'est que le monde ne s'assombrisse pas lorsqu'un malheur frappe les hommes.

Tout était immobile. Pas un bruit, pas un souffle. Le temps sans doute s'était arrêté. La mort à l'œuvre suspendait la vie autour d'elle.

Je cassai quelques branches aux arbres des alentours. Pour les installer de telle sorte qu'elles demeurassent stables et pussent supporter un châle, je devais m'approcher du visage de la femme. Une flaque de sang s'était étendue près de sa tête, formant une auréole rouge foncé. Elle cuisait sur le sol, exhalant une odeur qui eu sur moi l'effet d'un poison. Elle me noua la gorge, paralysa mes poumons ; mon estomac se convulsa. Je perdis le contrôle de mon corps ; mes gestes devinrent saccadés, maladroits, tremblants. Des crampes douloureuses reproduisaient par sympathie les blessures du corps mutilé.

Le sang. Le sang humain qui cuisait sur le sol me saisit dans son hurlement. “*La voix des sangs de ton frère crie !*” Son odeur pénétrante et entêtée tournait en moi. Infiltrant la pensée et de la raison, le sang s'adresse au sang directement ; et agit. Il éveillait les forces d'auto-défense de la vie qui, pour cela, concevait la pensée de la séparation entre moi et l'autre. La vie dressait son filet de démarcation : la mort est un tabou, d'abord pour le corps. *La voix des sangs de ton frère crie* la solitude. La mort rodait. C'est mon corps qui me le dit.

Sur l'asphalte de la route, ce sang me stupéfiait avant de me repousser violemment. Le dégoût et la répulsion sont des mouvements qui déchirent la continuité du monde. Et pourtant, d'une certaine manière j'étais plus calme qu'à l'ordinaire, sans hâte ; vide. En regardant la mort se pencher sur cette vie je puisai à une source de sérénité.

La mort, l'équanime et fidèle mort, l'invariable mort dans le cyclone de l'existence me transmettait ses qualités en m'attirant dans sa paix tandis que mon corps ne l'écoutait pas. Il voulait fuir.

L'homme blessé fait peur. Il n'est pourtant pas menaçant, mais à qui l'observe, il cause une incommensurable inquiétude. Son impuissance mesure la nôtre.

L'homme blessé nous fait peur : nous avons peur de sa peur. Qui ne s'identifie pas au souffrant un seul instant ? Au sein même du sentiment de séparation qu'il a provoqué, il nous attire dans une communion au centre de la condition humaine, au-delà de l'individu, dans une relation avec l'espèce. Devant la mort, l'unité des hommes et de la vie se découvre dans ce sentiment de crainte diffuse : "Suis-je bien dans l'essentiel ?" La mort de l'autre est la mort tout court, et son agonie est l'agonie de chacun.

Fuir. Pour s'approcher de quoi ? S'éloigner de la souffrance pour pouvoir continuer à espérer qu'elle n'existe pas. Fuir pour demeurer dans le déni des choses, fuir parce que ce qui nous terrifie nous terrasse.

Mon impuissance se muait en désespoir. Toutes mes défenses, tous mes artifices se réduisaient à rien pour me placer comme nu devant l'essentiel encore quelques minutes : elle se meurt, elle va mourir, bientôt, elle ne sera plus.

La blessée, tel un miroir brisé, renvoyait en les séparant, les masques et la vie, la vie et la mort, le deuil et la mort, le trépas et la mort.

Je m'éloignai de quelques pas pour me ressaisir.

Certains animaux abandonnent un des leurs, blessé. La fraternité, cet élan du cœur, n'est pas un instinct. Elle s'acquiert et se construit.

Concevoir une limite à la communion, n'est-ce pas déjà la trahir ? Se séparer, même un instant, même en pensée, n'est-ce pas déjà abdiquer...? La douleur, le malheur, en ce qu'ils ont d'irréductibles, d'incurables, et la mort, accusent notre infinie solitude de créature.

Fuir, c'est aussi vivre quand l'autre meurt.

L'effrayant silence planait autour de nous. Même la mer, à quelques pas semblait immobile. Tout attendait.

La femme respirait péniblement, de plus en plus lentement, de moins en moins souvent... La vie en elle se battait encore. Elle faiblissait. Il fallait qu'elle s'épuisât. L'agonie montre les limites de l'être et de sa volonté. Même lorsqu'il accepte la mort, il doit l'attendre ; une vie indépendante de son renoncement continue à se battre. L'individu est infime ; la force qui crée et maintient la vie n'a rien à voir avec lui. L'essentiel se joue ailleurs, malgré lui, dans l'invisible, avec l'invisible mort.

Calcutta

Niral Hriday, "le mouroir", comme on l'appelle en raccourci, est une sorte de vaste maison d'un seul étage dont les deux plus grandes pièces servent à la fois de dortoir, d'hôpital et de foyer. On veut y accueillir chacun comme le Christ lui-même.

Un groupe de volontaires, sorte de brigade internationale et spontanée de la charité, s'affaire auprès d'une quarantaine d'hommes et d'autant de femmes de tous âges qui attendent sur des grabats la mort, ou la vie. Sur le ton d'une cordialité enjouée, on les lave, on les nourrit, on les masse ; on essaye de leur parler, on les regarde avec amitié, on les rassure, on les console, on les appelle à vivre et parfois, on les regarde mourir en leur tenant la main. On les aime, comme on le peut, autant qu'on le peut, d'un amour qui s'enseigne, et se travaille, qui s'éduque et se mérite ; et s'élargit infiniment, en faisant l'économie du choix. On les aime d'un amour sans attente, consommé par le geste, qui transmute toute émotion en force, qui transforme celui qui le découvre en lui et le reçoit.

Cela s'apprend.

Mon corps a dû s'initier à aimer ces hommes dans toutes leurs indignités, à remplacer le confort par la fraternité, à donner de l'être plutôt que de l'avoir. J'ai compris alors que l'opposé de l'amour n'est pas la haine. La haine exprime un appel perverti, un désir qui s'énonce dans un rejet. Non, le contraire de l'amour c'est le dégoût, cette force qui jaillit dans le corps et exprime sa violente résistance à l'union. Le dégoût refuse l'autre comme il est, l'amour le prend sans condition.

Contre ma répulsion aucune pensée, aucune volonté n'était efficace. Je voulais soigner mais mon corps ne m'obéissait pas bien. La vue du mot "amour" suspendu au mur dans un cadre me délivra de ma paralysie. On ne peut rien contre le dégoût, sauf aimer. Rien de ce qui vient de son enfant ne repousse une mère. J'ai appris l'amour maternel et j'ai voulu l'étendre à tous, le mener au-delà de l'attirance et du rejet, à l'humain, puis à la vie.

Mère Térésa aide les hommes qui ont besoin d'aide. Elle aide aussi les hommes qui ont besoin d'aider, en leur permettant de se joindre à elle. Sa mission est action et inspiration : elle n'enseigne pas, elle montre. "*Aimer, c'est agir*", dit-elle. Rien n'est requis, tout est don. Ses gestes témoignent de l'amour. Afin d'essayer de rencontrer cet amour, pour approfondir le côté du cœur, on l'imite. "*Dieu aime le monde à travers nous*", dit-elle encore.

Dieu est cet autre qui a besoin d'aide. "*Dans la mesure où vous l'avez fait à l'un de ces plus petits de mes frères, c'est à moi que vous l'avez fait.*"[111] A la question du sens de Dieu, la recherche de l'axe vertical qui avait guidé mes premiers pas dans les chemins spirituels s'ajoutait un axe horizontal, l'immanence par l'esprit de fraternité révélé par autrui.

Les volontaires traitent ces hommes comme des envoyés de Dieu et ces hommes prennent les volontaires pour des émissaires de Dieu. Le mot "hôte" prend ici tout son sens : celui qui reçoit et celui qui est reçu sont mêmes parce qu'ils se transcendent.

Seul le sacrifice d'un peu de soi assure le *qorban*, la montée, disait frère Marc. Faire le bien en espérant de la reconnaissance est un commerce avec autrui, faire le bien en espérant l'affection de Dieu est un commerce avec Dieu. Pour rien, le bien a la valeur infinie qui atteint l'Infini. Comment se donne-t-on soi-même ? Ce n'est pas facile. Je n'ai trouvé qu'une seule réponse : *avec simplicité*. Sans trop réfléchir, pour laisser le cœur guider, sans attente, pour rien, avec l'amour du bien. "Pensez à Jésus !" Ce conseil est affiché sur les murs. Le christianisme recèle cette force qui a inspiré tant d'organisateurs de la charité active.

Mère Térésa est le guide spirituel de cette mission, sa simplicité est l'inspiration de tous. Pendant le temps de mon séjour à Calcutta, j'ai eu deux occasions de la rencontrer. Ce ne fut pas au mouroir mais à ce que l'on appelle "Mother's house" — la maison de Mère.

La première fois, c'était après la messe. Elle avait dû entrer après tout le monde et s'asseoir au fond de la salle car je ne l'avais pas vue en entrant. Au moment de sortir, elle bénit quelques-uns des volontaires qui l'avaient entourée. C'est ainsi que je la reconnus. Elle était très petite, et frêle, un peu perdue dans son *sari* blanc à rayures bleues. Un maigre sourire sur ses lèvres fines plissait la peau de son visage. Les mots d'encouragements qu'elle prononçait pouvaient s'adresser à des volontaires comme à des mourants, des mots de saint dont il faisait bon recevoir le murmure. Je ne lui demandai rien. Elle me regarda de ses petits yeux, grands de bonté. Je me contentai de la douceur sévère, comme entêtée, et de la joie qu'ils exprimaient.

La seconde fois, j'étais venu à "Mother's house" pour solliciter l'autorisation d'aller à la léproserie. Mère Térésa lavait le sol, à genoux, une serpillière dans la main. Elle travaillait sans hâte, toute son attention portée à ce qu'elle faisait.

La leçon me servirait au mouroir et ailleurs. Celle dont l'action avait permis que soient fondés cent-soixante centres à travers le monde, continuait à se plonger à la source de son inspiration en accomplissant aussi bien les tâches les plus simples que celles qui réclamaient sa grâce et son intelligence. En la regardant, je savais que j'étais en présence d'une sainte, et je reconnus l'austérité que m'avait prescrite saï Baba.

Pratiquer la charité c'est lui permettre d'exister. Mère Térésa fait exister l'aide dans l'amour du prochain. "*Je regarde un homme. Si je regardais la foule, je ne commencerais jamais*", dit-elle. Aider sans choisir, commencer, aimer, espérer, inspirer. C'est admirable. Ainsi peut naître un monde plus fraternel. Car on ne peut pas sauver de la mort.

Toute action collective exige qu'on s'entende sur un dessein. Quel est le but de la vie ? Est-ce vivre?... "Quel est le but de votre voyage en Inde", me demandaient ici et là quelques Indiens bavards. "Le même sans doute que celui de mon existence, leur répondai-je, apprendre à mourir."

La mort est ici

Une mort à accueillir ou une mort à vaincre. Ils arrivent souvent à cette limite-là, ces hôtes des dernières heures, couverts des plaies d'une gale qu'ils portent depuis des années ; un membre enflammé, au bord de la gangrène à cause d'une blessure mal soignée, à cause de l'ignorance, surtout ; souvent, consumés par la lente brûlure de la tuberculose ; rongés par la lèpre, poussés au bord de la vie par la famine, le froid, la rue, la crasse ; vieillards de trente-cinq ans, agonisants qui ont parfois passé des jours et des nuits enroulés dans une couverture le long d'un trottoir, prêts, sans doute, à mourir déjà, morts peut-être à eux-mêmes... Nous les accueillons, nous les soignons, nous nous efforçons de les sauver.

Nous essayons de travailler pour la vie, contre la mort. Comment justifier cette mission ? Quel instinct, quelle ignorance, quel égoïsme, quelle certitude nous poussent à choisir... la vie ? A lutter contre la mort ?

«Pourquoi prolongez-vous nos souffrances, demande un lépreux à un missionnaire improvisé médecin ?

- Parce que je crois à la vie après la mort, je crois que cette souffrance vous est utile, qu'elle vous prépare à la rencontre de Dieu, qu'elle est peut-être voulue par lui. Je ne peux me justifier qu'ainsi», ajouta-t-il, pour moi.

Celui qui questionne est hindou, il croit en la réincarnation, il a hâte de changer de peau, il a hâte de mourir. Celui qui répond croit qu'il n'y a qu'une seule vie et que la rencontre de Dieu la suit.

Que faut-il aider : la vie ou la mort ? De quel droit ? La vie se donne le droit autoritaire de lutter contre la mort, combat immémorial et naturel, droit de prendre la mort pour ennemie héréditaire, fraternelle et absolue.

La charité est un devoir. Est-elle aussi un droit ? La vie est un droit ; est-elle aussi un devoir ? Lorsqu'ils sont rétablis, on renvoie nos hôtes défendre leur vie eux-mêmes, ailleurs. En les sauvant, nous les condamnons à mourir une deuxième fois. Comment justifier cette charité sans doute un peu sauvage ? Il n'est de réponse qu'intime : "Jusqu'où, autour de moi, est-ce encore moi ? Si je sens que l'autre est une forme de moi-même, je peux l'aider. En l'aidant je confirme qu'il est moi-même. Le missionnaire, comme lui-même, aime son prochain. Ce prochain, comme lui-même, il veut qu'il vive."

Aider à vivre ou aider à mourir, finalement le choix n'est peut-être pas tout à fait le nôtre. J'étais aussi venu approcher la mort. J'étais venu à sa rencontre. Elle n'avait pas la dignité que je lui avais attendue. Je croyais contempler une mort solennelle et puissante, je découvrais la vie, puante et dégoûtante. On ne meurt pas toujours dans un combat noble, majestueux, en regardant la mort au fond des yeux, défiant l'invincible. On meurt souvent comme on naît, incontinent, sénile, débile, usé, perdu, couvert de sang et d'excréments, sans vernis et sans fard.

Et si nous nous battions contre la mort, nous luttions surtout contre la douleur et l'outrage.

Des enfants étaient là sur ces grabats de mourants. Et des adolescents aussi, à l'extrémité de la tuberculose, irrécupérables et conscients de leur état. Calmes, la plupart du temps, mais soudain désespérés, impuissants et lucides, regardant d'autres mourir et attendant leur tour. Condamnés.

La peau très pâle, son épaisse chevelure blonde et sa joyeuse bonté donnaient à Andy une apparence de demi-dieu mythologique descendu sur terre pour aider les hommes. De ses yeux exorbités, l'homme le regardait comme une apparition. Il essayait de suivre ses mouvements. Nous l'avons habillé, puis allongé sur son grabat. Je suis resté à côté de lui en tenant sa main jusqu'à ce qu'il s'endorme. Il devait avoir quarante ans, ne possédait qu'un ballot que deux mains jointes pouvaient contenir, et ses vêtements. Son visage était décharné, profondément ridé, épuisé ; un visage de la misère épousée de l'abandon. Il était maigre, douloureusement fragile, déjà évanescent. Le docteur volontaire l'examina. Il prescrivit une intraveineuse. L'infirmier chercha dans son bras squelettique une veine suffisamment forte pour y enfoncer l'aiguille mais n'y parvenait pas. Le patient gémissait. Nous le dérangions.

Si le vivant arrogant croit pouvoir défier la mort, le mourant ne bluffe plus. Il se bat. Contre la mort, contre lui-même dans son refus de l'inévitable, contre la douleur, contre ou avec sa peur ; il se bat avec le temps ou contre le temps. Il se bat sans plus reconnaître ses alliés et ses ennemis. Et lorsqu'enfin il accepte, s'il a gardé quelque conscience, il se concentre, il se prépare. Il va franchir la ligne de démarcation du monde. Il va connaître ce que nul vivant ne sait.

Aucune philosophie n'a jamais réussi à banaliser la mort, à la rendre négligeable ou familière. Toute foi se vérifie à cet instant final.

Son souffle devenait rare et profond. A chaque inspiration, son corps se cabrait, la tête tirée en arrière comme pour ouvrir plus large la voie à l'air ; sa poitrine se soulevait fortement, puis très vite s'affaissait, comme écrasée par l'effort. Pendant le temps d'un repos furtif, il restait immobile ; puis, dans une impulsion soudaine et vive, il rappelait brusquement son souffle, en se cabrant encore, et encore...

L'homme dans l'agonie savait-il qu'il allait mourir, qu'il mourait ? Sait-on jamais qu'on meurt ?

Il ouvrit les yeux. Il me vit, sans me voir. Il voyait sans identifier. Savait-il où il était ? Il regardait, mais je ne crois pas qu'il s'interrogeait. Son regard ne cherchait pas, n'examinait plus dans les détails, il était tourné vers l'intérieur comme si un spectacle hallucinant le retenait en soi. Soi dans le trépas. Soi devant la fin de soi.

La mort rôdait autour de nous. Elle dansait, elle dansait avec la vie. Aujourd'hui, elle l'avait choisi. Elle dansait avec lui. Avant de l'emporter, elle se montrait ; avant de le toucher, elle s'approchait. Je la vis, comme à Goa, dans l'invisible devant moi. Je la vis presque sur lui, sur ce corps sec qui se levait et s'écrasait, je la vis sur ce visage au masque rigide, je la vis comme on peut voir son visage de vieillard sur le visage encore jeune d'un homme. Je vis dans l'hésitation du souffle l'infime rappel de l'invitation de la mort.

L'homme bougeait la tête, de gauche à droite, de droite à gauche, en séquence, comme s'il entretenait une conversation à deux personnages qu'il jouait tour à tour, hésitant un peu de temps en temps.

Il regardait quelque chose qu'il ne reconnaissait peut-être pas tout à fait et qu'il connaissait pourtant. La mort. Elle, savait tout de lui. Il l'avait déjà souvent rencontrée couverte d'autres masques — la faim, le froid, la maladie, le désespoir. Le dernier jour, se montrant à découvert, elle jouait avec lui son dernier jeu, le jeu du dernier secret, le jeu de l'initiation. Elle lui parle, comme un amant à sa future maîtresse, le charme, le rassure... Partons, lui dit-elle, partons où rien ne te cherchera plus, allons dans ce désert immense où l'on n'a besoin de rien et qu'il ne sert à rien de traverser... Viens, viens... Elle use ses résistances, ses réticences, ses peurs ; démonte ses émotions, une à une détend ses attaches, le détache de lui-même. Elle le séduit, elle l'attrape, elle l'embrasse, elle l'étreint, elle le prend...

Tout en l'homme est voué à l'échec s'il croit en lui, avais-je compris à Bénares des années auparavant, s'il croit en ce qu'il est, en ce qu'il fait, en ce qu'il dit, il est perdu. L'être et le désir d'être rendent aveugle à cette imparable destinée en gonflant les sentiments du soi. La grandeur n'est que relative à ce qui la mesure. La vie, ce qui la définit, se rapporte à ce qui la compose et la décompose. La mort est le point d'ancrage. Elle rend tout égal, c'est-à-dire simple et nul.

Je songe à la première révolution que l'Histoire rappelle. En Egypte pharaonique le peuple réclama le droit à la même éternité que les princes et le clergé. L'égalité devant la mort est une conquête de l'insoumission. Là, tout doit être égal. Là, tout doit être juste.

L'homme respirait encore. J'ai posé ma main sur son front, croyant apaiser son inquiétude. Pensais-je lui donner l'illusion qu'il n'était pas seul ? Nous étions quatre autour de son grabat, alors que lui, n'y était plus tout à fait. Son corps devenait froid comme une énigme que sa simplicité rend inabordable.

Si l'homme avait été immortel, il eût pris son éternelle existence pour un enfer. C'est la mort qui rend la vie acceptable. C'est la mort qui lui procure l'issue, comme l'éveil au rêve, comme le sommeil à la nuit. C'est la mort qui lui donne un sens. De même que le péril fait le courage, l'éphémère est nécessaire à l'éternel. L'infini prive infiniment du sens. La vie est duelle, dualité et affrontement. La mort est seule ; unitaire. La vie se souvient d'elle-même quand elle se souvient de la mort.

J'ai mis ma main dans la sienne, comme pour maintenir, sinon sa conscience, du moins son corps en contact avec la vie et l'y retenir, bien que j'eusse été incapable d'en justifier le dessein. L'existence appelle l'existence. La vie crée les contrastes qui la réfléchissent. La vie crée la vie, et la mort.

Le travail du mourir s'achevait. Depuis longtemps son corps était sans force. La mort abordait. Le mourant allait entrer dans le secret de sa mort ; plus rien ne le concernait.

Du point de vue de ceux qui accompagnent le mourant, la mort se définit par l'absence de vie, tout simplement ; mais du point de vue du mourant, la mort est peut-être le moment de son détachement, l'instant où il renonce à vivre encore, que ce soit avant ou après son dernier souffle. Ce passage est solitaire et l'instant du trépas m'a semblé imprécis. L'instant du dernier instant n'est pas toujours celui des derniers mouvements du souffle et du cœur. Lorsqu'on regarde la fin de la nuit et le lever du jour, une pâle luminosité se lève lentement et allège l'ombre jusqu'à ce que l'ombre soit devenue clarté, alors, comme si l'on avait raté le temps précis du passage, on constate tout à coup qu'il fait jour. Il y a un moment où le fil qui relie la vie à la vie va se rompre, se rompt, s'est rompu. Et ce n'est pas le souffle qui l'indique. C'est l'âme, peut-être. On ne l'y sent plus. C'est avec un peu de retard que l'on observe la mort du mort. Son absence.

Lorsque la poitrine de l'homme s'affaissa finalement, il était déjà passé au-delà du souffle. L'expiration ultime était un soupir sans vie ; le dernier mouvement du corps ne la contenait plus.

Il ne faut pas confondre dans un même sentiment le deuil, le trépas et la mort. La mort ne concerne que le mort et la mort elle-même. Et les Dieux, qui regardent "leurs peuples de feuilles que le vent jette à terre."

La tentation du chagrin guette notre sincérité et notre vigilance de bénévole. L'amour, ici et ailleurs, est-il celui d'un désir, ou est-il la conséquence d'un choix lucide ? L'amour qui attache portait une intention. Le chagrin en marque le deuil. L'amour pour rien n'attache personne. La mort ne le blesse pas. L'homme mort est libéré. Notre mission consistait à faciliter les conditions de son passage.

Il était très tard. Je l'ai laissé pour la nuit.

Dehors.

Je suis parti. J'ai préféré rester seul pour demeurer encore avec lui, avec son silence, avec le parfait silence de la mort. Une intimité de derniers sacrements m'unissait à cet homme dont je ne savais rien. Je voulais la conserver comme un don de la vie à la vie. Je crois que toute parole l'eût trahie.

Dans le soir très noir des villes de l'Inde, ébloui des taches de lumière des lampes des étals, saturées de cris, d'odeurs, d'obstacles, j'ai ressenti une grande allégresse devant le soulagement extrême de la mort, l'ultime liberté possible.

Un brouillard descendait sur Calcutta tandis que la fumée de millions de feux invisibles opacifiait le ciel du soir d'une poussière acre. Le repas, la vie. Je me sentais étranger aux deux ; sans faim, sans désirs.

Celui qui ne craint pas la mort, ici, dans l'extrême de la misère, ou ailleurs, est le seul qui ne vive pas en enfer. Ici, dans cette misère-ci ou dans n'importe quelle autre...

Je ne trouvais pas en moi les émotions douloureuses du deuil, la frayeur du vide, les peurs de la mort dont on parle tant. Comme à Goa, mon âme tirait de la mort une source de sérénité. Je ne ressentais pas le besoin de me tourmenter de l'ineffable mystère de l'au-delà. La quiétude de l'absence me procurait toute les réponses.

A défaut des sentiments du deuil, j'avais une impression de la mort, sans forme et sans image, comme un effet d'opium, chaud, léger, sans émotion... dans une distance... dans une certaine in-différence, non comme un déni, comme un refus du tragique.

Deux enfants, comme deux anges vinrent me prendre par la main et marchèrent avec moi silencieusement. On me connaissait dans le quartier. J'éprouvai dans ces petites paumes la force que j'avais essayé de transmettre plus tôt au mourant et qui m'était maintenant rendue, plus puissante et plus pure. Je remerciai la vie pour ses détours inattendus.

Paris

Je pensais à Paris. Sans doute est-il plus facile d'y vivre. Peut-être pas d'y mourir...

Une ancienne conversation avec des amis me revint en mémoire. Wilhem, Marie, Odyle, Eric...

«... mais la mort est un scandale !

- Quel point de vue faut-il favoriser pour dire cela ?

- Celui de la vie, bien sûr ! Le mien.

- Une vie d'individu qui serait éternelle serait plus scandaleuse encore. Et aurait moins de sens. L'individu est une forme limitée dans une création limitée. Sa finitude est cohérente avec ce caractère. Comment le fini pourrait-il connaître l'infini sans se modifier ? La mort n'est pas scandaleuse, elle est logique. Et puisqu'elle est obligatoire, évitons de la penser superflue.

- Scandale signifie obstacle. La mort, au contraire, est la dynamique par excellence. Elle stimule les entreprises de l'individu qui sait qu'il va mourir ; elle enrichit la conscience en lui posant un obstacle insurmontable ; elle renouvelle la nature en lui permettant d'évoluer...

- Ainsi elle n'est pas absurde non plus.

- Au contraire, elle est l'intelligence de la vie, l'au-delà de la forme.

- Nous sommes une pulsion de vie coiffée d'une conscience...

- Ou peut-être une conscience qui accouche d'une vie.

- La naissance modifie le monde. La mort modifie la naissance. Des cycles de conscience s'entre-pénètrent, s'enrichissent, et disparaissent.

- Cependant, cette conscience se laisse absorber par sa propre création. Elle y croit tant qu'elle craint le moment où elle devra l'abandonner.

- Elle prévoit sa disparition très en avance sur l'événement. Cette séparation entre l'événement et la pensée engendre l'anticipation angoissée de la mort.

- J'étais un jour dans une barque avec des amis, loin du rivage. Nous coulions. L'eau s'accumulait rapidement. J'ai pensé : “Il en est ainsi. Je nagerai. J'atteindrai peut-être le rivage, sinon, tant pis.” Pourquoi vous inquiéter de ce sur quoi vous ne pouvez rien ?

«La raison n'a-t-elle aucune force sur les émotions ? Est-elle incapable de modifier les élans irrationnels ? Ne sombrons pas dans la complaisance... surtout lorsqu'elle est si douloureuse. L'appréhension d'un événement est souvent plus terrifiante que l'événement.

- J'accepterai plus facilement de mourir que de souffrir.

- C'est encore là une proposition malhonnête. Tu accepteras de souffrir si la mort n'est pas sûre au bout de la souffrance.

- C'est vrai. Je voulais dire que je crains plus encore la déchéance physique et psychique et les détestables dépendances de la décadence et de l'agonie.

- La souffrance peut être utile. Elle nous amène à accepter l'inacceptable de notre propre disparition, elle nous use, elle nous rassasie de vie et finalement nous conduit à franchir volontairement le trépas.

- L'acharnement à survivre est dérisoire... comme si la vie était sa propre fin...

- ... (peut-être l'est-elle...)

- ... un peu plus de temps, un peu moins de temps, vivre pour vivre, vivre seulement pour ne pas mourir, vivre sans oser se demander pourquoi, et à refuser la mort, refuser en quelque sorte de jamais le savoir.

- Nos frayeurs se vident de contenu lorsque nous acceptons de les examiner, d'analyser leurs causes, d'affronter les fantasmagories qui les animent.

«C'est la peur de la vie qui anime celle de la mort. On se dit qu'on n'a pas vécu, qu'on n'a pas assez vécu, qu'on ne veut pas mourir avant d'avoir réalisé certains projets, avant d'avoir dépassé certaines étapes par soi fixées, voir fantasmées. On veut avoir eu un enfant, avoir fait des voyages, atteint des ambitions. On veut devenir une star, un héros dans sa famille, dans son milieu, dans le monde. Mais ces projets réalisés, ces étapes dépassées, on en invente d'autres, on ne peut toujours pas se séparer de soi, ni même envisager son propre départ... sa propre absence, quelque chose d'autre se cachait derrière les mirages de nos projets.

«En vérité, on ne veut pas mourir avant d'avoir vécu un moment plein, plein et conscient. C'est ce moment que nous cherchons. Derrière chaque projet, derrière chaque geste, il y a cet espoir, il y a cette aspiration. Ils peuvent devenir réels si on ne se laisse pas absorber par l'alibi de l'acte, l'image du but.

- ... Si on ne résiste pas à la beauté du monde et à la vérité de l'instant.

- ... Mais on se résigne à ne vivre qu'à la superficie des choses, et on renonce à leur sacrifice.

«Le sacrifice contient l'éternité, l'infinitude. On se rassure de la limite, de l'étroitesse de la possession qui nous permet d'exister avec les choses plutôt que de nous dépasser au-delà d'elles. Alors nous cherchons encore, nous désirons toujours autre chose, toujours autre chose.

- Ce plein est-il accessible ?

- La qualité pleine est possible quelles que soient les conditions dans lesquelles nous vivons, quels que soient nos moyens intellectuels, nos capacités de nommer, de décrire, de conceptualiser, car elle existe en chaque événement dans notre rapport avec lui et avec nous-même. Même s'il nous prend avec retard.

«Une œuvre au musée, un paysage, un regard, un étonnement quelconque, ma compréhension soudaine de quelque chose... Chaque chose contient l'univers entier, toute la lumière.

«Le moment plein peut aussi bien arriver quelques secondes avant le trépas, lorsque tout espoir s'efface et que, enfin acceptant de se faire face, on accepte tous les paramètres de sa propre histoire, y compris celui de disparaître.

«Le moment plein est aussi un moment vrai, intègre, imprégné d'une honnêteté qui nous approche de la lucidité, d'une ouverture qui nous donne accès au *tout* contenu dans l'événement. Plein, parce qu'il n'appelle pas le manque, ni la répétition. Plein est ce rapport complet qui unit ma vie, son histoire, sa conscience et l'infini.

- Cela me fait penser à un passage du Zohar. Rabbi Siméon racontait à rabbi Eléazar sa rencontre avec Elie ; celui-ci lui avait révélé la signification des mots : "Qui *a créé* Cela". A la fin de l'histoire de Siméon, Eléazar et ses compagnons se prosternèrent devant lui et dirent en pleurant : "*Si nous n'étions venus au monde que pour entendre ces paroles, cela aurait suffi !*" Le moment était plein.

- Je suis perpétuellement sommé d'accepter ce que je suis afin de renvoyer à mon âme l'image fidèle de ce qu'elle projette pour se connaître. Maître Eckhart le dit plus fortement : "*Dans cet être de Dieu qui est au-dessus de tout être et de toute distinction, j'étais moi-même, je me voulais moi-même, je me connaissais moi-même, voulant créer l'homme que je suis. Et c'est pourquoi je suis la cause de moi-même selon mon être qui est éternel, mais non pas selon mon devenir qui est temporel.*" Il faut que mon âme puisse travailler avec des matériaux véridiques, et non avec les mensonges dont l'ego se sert pour se faire plaisir. L'âme enrichie de son propre travail peut alors mourir sereine, elle n'est pas venue en vain, comme dirait l'Ecclésiaste.

- De ce point de vue enfin lucide, *"je suis la cause de moi-même"*, je peux faire face à mes besoins et à mes peurs, à mes désirs et à mes dégoûts. je peux regarder le temps et la chute du temps que sera ma mort, je peux vivre dans l'axe de mon centre et mourir en regardant l'être éternel dont parle Eckhart.

- La mort devient un scandale dans le point de vue des religions qui la théâtralisent en un procès qui s'achève avec une sentence. C'est absurde, bien sûr. Dans un univers impermanent, rien ne peut avoir de conséquences permanentes. Mais nous ne sommes pas imperméables aux influences, même celles qui sont irrationnelles, et l'omniprésence culturelle de ces thèses extravagantes finit par nous pénétrer, et nous angoisse.

- Les religions placent la morale qu'elles représentent au centre d'une loi universelle qui transcende la vie, afin de se poser comme seules interlocutrices, uniques intermédiaires de Dieu. Pour imposer leurs prétentions, elles sont prêtes à désespérer les foules...

- L'espoir qu'elles apportent s'appuie sur le désespoir qu'elles suscitent.

- Infiniment miséricordieux, Dieu me juge infiniment moins sévèrement que moi-même.

- L'examen est double. L'individu fait face à l'éternel. Sur la conscience personnelle pèse un regard collectif. Double aussi est le passage. Il faut laisser le corps pour entrer dans la mort, il faut laisser sa personne pour entrer dans l'infini.

- Double mort ! La mienne et celle des autres, celle qui me prend et celle qui m'abandonne.

«Elles proposent des émotions différentes. Nous n'aimons pas penser que le monde puisse nous survivre, que la vie à laquelle nous avions part ne subisse plus notre influence, ne sollicite plus notre assentiment. Nous n'aimons pas non plus que ceux que nous aimons, qui sont une partie de nous-même, puissent nous quitter, nous priver de cette partie de nous-même.

- Ceux qui prétendent nous aimer essayent de nous faire porter une obligation de vivre assortie d'une culpabilisation de mourir. C'est insupportable, cette possessivité jusqu'au trépas !

- Le deuil est le travail d'un manque de soi. Le trépas est le travail de la dissolution jusqu'à l'inexistence de soi.

- Rarement accomplie. Même mort on veut vivre. On organise un contenu au sillage de la mémoire. On prévoit sa pierre tombale. On laisse des traces de notre passage, des enfants, une œuvre, un héritage... On voudrait se survivre. Vanité. Se survivant même pour quelques millénaires, qu'aura-t-on réussi qui ne soit pas éphémère ? Les civilisations sont mortelles, semblait découvrir Valéry, le monde l'est aussi.

- Le mépris de l'être nous met à l'abri de ses résistances et de ses alibis.

- C'est une solution.

- Croyez-vous ! L'individu qui est son propre tout craint légitimement de disparaître. La vanité de l'expérience de vivre ouvre un abîme que le cynisme ne couvre pas.

- Je n'ai pas dit cynisme mais mépris. Je dirai : distance, recul, qui nous donne à relativiser l'être à la dimension qu'il a, non à la dimension qu'il croit ou espère avoir.

- Au passé, nous sommes l'histoire d'une action dans une structure ; au futur nous sommes une probabilité d'action dans une structure...

- C'est un peu froid.

- Aussitôt que j'essaye de me définir, qu'est-ce que je dis ? Des bêtises, des trivialités. Des noms, des dates, des lieux, éventuellement des accomplissements, des aspirations, surtout des identifications, des valeurs... des broutilles en regard de l'Infini. Interroge-toi : qu'est-ce qui meurt ? Comment te définis-tu ? Quelles que soient tes réponses, elles représenteront une construction d'idées, des images, des appels... de l'identification, de l'éphémère... Nous sommes morts déjà si souvent.

- Interrogeons-nous aussi sur les raisons pour lesquelles nous voudrions vivre un jour encore. A quoi prétendons-nous tenir ? Nommons ce qui nous tient en vie et nous retient à la vie. Notre trivialité apparaît très crue aussi dans ces réponses.

Personne n'osa essayer.

- Nous tenons à quelques-uns de nos projets, à quelques émotions, à quelques relations et surtout à quelques alibis que nous appelons nos responsabilités. Ces riens sont tout.

- S'en passer, les quitter, y renoncer ne devrait pas être si incroyablement angoissant.

- Mais tout cela, c'est la vie.

- Peut-être, ou bien ses pièges...

- Les morts et la mort en font partie.

- Est-ce la vie que l'on désire ou s'agit-il plutôt de nos désirs qui se désirent, et notre conscience qui se justifie ?

- Soyons sérieux, la vie est la seule chose que nous ayons.

- C'est peut-être parce que tu le crois que tu es avide ; avide au point d'en souffrir.

- Qu'avons-nous d'autre ? L'âme ?

- La mort est le plus puissant appel à observer en soi au-delà de soi. Et peut-être à découvrir une âme, en effet. Sors de toi, regarde plus haut.

- C'est pourquoi la mort est un cadeau, le plus beau de tous les cadeaux.

- Pessimisme déguisé ! Retournons la question. Comment te proposes-tu d'accepter la mort ?

- En vivant mon propre deuil, en accouchant ma mort dans ma conscience, intellectuellement et émotionnellement, en me séparant dès maintenant de toute idée de moi. Il manque au rite de passage celui de nos propres funérailles. Les moines ou les *sannyassins* vivent à la fois leur mort et leur deuil en entrant dans la vie spirituelle.

- Le but est le chemin, la vie n'est pas un projet, c'est un instant. Dans chaque instant, connais le contentement qui lui est co-existant, détache-toi du souci des images de toi — de toi à toi et de toi aux autres.

- L'être vaut-il mieux que le non-être ? Là est la fameuse question.

- Ne sont-ils pas mêmes ?

- Ou obstacles mutuels.

- La mort est le moment où la métaphore qu'est l'être disparaît.

- La mort en sera la révélation.

- Un peu tardive, ne trouvez-vous pas ?
- Et encore ! Es-tu sûr que la mort te dévoile le mystère que tu n'auras pas percé ?
- Rien de tel n'est sûr.»

* * *

Mes deux protecteurs m'avaient quitté à la limite de leur quartier. Une vieille me tira de mes souvenirs par la manche.

"Ne leur donnez rien", disait sœur Priscilla, la responsable du mouroir, vous en faites des mendiants professionnels !

Je l'observai, comme un message. Rien ne la distinguait des autres ; elle était l'appel, sans plus... la réponse à Wilhem ou à Eric :

«Dans quelles conditions accepte-t-on de vivre !

- La question ne se pose pas.»

Cette femme en témoignait.

Mourir n'entre pas dans une forme du courage. Le courage se mesure au risque que l'on prend pour vivre dans des conditions précises ; on agit pour vivre, non pour mourir. Notre capacité à accueillir la vie ne provient pas de la passion, qui réduit, mais du détachement, qui ouvre, à soi et aux événements de sa propre histoire.

Suis-je prêt à mourir immédiatement, sans la moindre réticence, sans évaluer le juste et l'injuste de ce destin, sans imaginer ce que j'aurais voulu faire, devenir, vivre et revivre ; sans résister ? Celle-ci me paraissait la seule question valable. La capacité à accueillir la mort découle du détachement, de soi et de son avenir, de ses projets, de toute idée de but. La capacité à accueillir la vie lui est liée.

Le lendemain, Nirmal Hriday

Je le retrouvai dans la pièce qui sert de morgue. Il avait les yeux ouverts. Sa bouche édentée sur son visage décharné formait un "O", comme s'il cherchait un dernier souffle, expirant sans fin. Il semblait qu'il était mort comme par surprise, comme s'il allait revenir tout de suite. Ne sait-on donc pas qu'on meurt ? Je me suis étonné de ce que l'on puisse mourir en oubliant de fermer les yeux, comme aller en voyage en oubliant de verrouiller sa porte. Pour le dernier départ, cela n'a sans doute pas d'importance.

Le corps vide de vie ouvre une béance qui peut être un vertige. Pendant un instant, devant le cadavre, j'ai eu peur d'avoir peur. Ensuite, mon impression ressembla à l'ivresse que j'éprouve lorsque je regarde le ciel.

Andy et moi l'avons déshabillé ; ne parvenant pas à ôter sa chemise, j'ai dû la déchirer et la faire glisser sous ses reins. La toilette n'était pas nécessaire.

A toucher la chair durcie et froide, mon corps *apprenait* la mort par le cadavre ; en corps à corps, la matière à la matière adressait un contraste, une conscience. Un message. Le contact du vivant avec l'inanimé impose une connaissance qui, plus que les autres, prend une part de virginité, initie. Le corps est une chose à l'image et à la ressemblance d'un homme.

Pour certaines castes ce rapport est impur. La mort ne procède pas du relatif ou de l'appréciation ; elle n'est ni du bien ni du mal, ni du beau ni du laid. Elle est de la Vérité. Elle est l'un des liens de l'Absolu.

Les yeux de l'homme exprimaient cela qui n'exprime rien. Son regard sans force aucune était au-delà de la différenciation, dans un nulle part, vitreux mais transparent, vague, sans borne.

On meurt comme dans un rêve, dans le délire final de la pénombre vivante et molle d'une réalité qui s'achève, achève de s'achever, s'efface, et bientôt disparaît complètement. Tentant de m'approcher de cette invincible permanence, je me suis demandé : "Est-ce l'être qui se retire du monde ou le monde qui se retire de l'être ?" La mort est le moment où la mort n'a plus aucun pouvoir. Mais l'on meurt sans fin de ne pas vouloir mourir...

C'est un devoir fraternel et un privilège que de prendre d'un homme son dernier souffle et de lui fermer les yeux. Je lui ai dit :

«Va, mon frère, et ne reviens pas.»

J'ai posé ma main sur son front avec fermeté, je l'ai glissée sur son visage, appuyant sur ses paupières, et je me suis étonné qu'il ne les rouvrît pas. Il eut alors son expression définitive. Je vis qu'y persistait la douleur, que l'absence de vie atténuait ; mais je n'y vis point la paix. Le corps a rendu l'âme. La paix est peut-être ailleurs.

Nous l'avons déposé dans un linceul que nous avons fermé de quatre épingles à nourrice. Pour aider à mourir, il faut conquérir la confiance du mourant et lui promettre implicitement que l'on se chargera de son cadavre avec autant d'amour, ou même plus, qu'il ne ressent pour son corps. Ainsi est-il allégé du souci de son avenir matériel.

Il n'est pas d'homme définissable, pourtant chacun s'épuise à se raconter, à s'exprimer, à chercher sans fin une limite rassurante ; sa béance l'affole. La mort met fin à ses enquêtes, à ses mensonges, à sa mémoire aussi ; enfin elle rend vide l'espace de l'Esprit.

L'homme, arrivé presque inconscient, n'a pas pu donner son nom. Il est mort libre ; attaché à aucun des biens de ce monde, à aucun des plaisirs qu'offrent la chair et les sens ; libre plus encore que les plus mystiques savants de sa religion, lui, en ignorant sûrement presque tout ; libre, parce que n'ayant aucune raison de vouloir vivre encore, sinon pour attendre un peu plus la règle du jeu que l'être joue avec sa cause. Il est mort libre et peut-être "*heureux comme ceux qui ont une âme de pauvre car le royaume des cieux est à eux.*"

Je marchais dans les rues de Calcutta dans le quartier de Laz Bazar. Un homme allongé sur le sol en plein soleil n'avait pas la force de se traîner jusqu'à l'ombre. Près de lui des enfants jouaient, insouciants comme des enfants, habitués déjà à tous les spectacles de la vie. Quelque chose avait changé dans mon regard : la plus terrifiante misère n'altérait plus la beauté du monde, comme si cette beauté était devenue inconditionnelle, détachée des circonstances. J'avais l'impression de rire et de pleurer simultanément. L'impression de la lucidité et de la compassion, un sentiment sans objet. Mes peurs et mon sentiment de moi-même n'y étaient pas. Voilà le monde, voilà la vie. C'est comme cela, c'est Cela.

Et voilà que devant la misère indienne je compris que la pauvreté était une récompense et la maladie une bénédiction. Je me suis souvenu que Jacob avait réclamé la maladie à Dieu. Et Dieu la lui avait accordée. Elle permettait aux hommes de se préparer à mourir ; elle leur donnait le temps de se détacher du monde avant de le quitter. Je suppose que la lèpre fut la première, car elle trace le parcours du parfait départ. Elle avance lentement en insensibilisant. Celui qui en est atteint perd le tact, puis le goût, puis l'odorat, enfin il devient sourd et aveugle. Il perd les membres et le visage. Le monde se retire de lui progressivement avec les défaillances du corps, et lorsqu'il meurt, il n'a plus qu'une très vague idée intellectuelle et plus du tout sensorielle de ce qu'il quitte. Peut-être faut-il désirer la lèpre, afin de se débarrasser doucement de la vie et de mourir libre. De mourir mort.

Je pensais que si la réincarnation était inévitable, il valait mieux renaître en Inde, dans une famille pieuse, pour apprendre le Dharma, et pauvre afin d'être protégé de l'attachement aux biens du monde.

A la réunion hebdomadaire des volontaires, chacun était invité à parler de son expérience au mouroir. Nombreux furent ceux qui expliquèrent que ce travail leur avait permis d'apprendre la charité : savoir se donner avec le don. “Nous recevons bien plus que nous ne donnons”, disaient-ils. Ils ajoutaient qu'ils se sentaient débiteurs. Tous s'accordaient pour dire que chacune des journées passées à aider les emplissaient de joie et d'amour. Je partageais leur délicieuse exubérance, cependant, l'intimité de la mort m'avait aussi profondément pénétré et changé.

«J'ai vu des gens mourir et cela m'a rassuré, déclarai-je à mon tour. La mort lointaine, abstraite, refoulée, vecteur de peur, s'est transformée en moi. Je l'ai vue, je l'ai touchée, j'ai constaté qu'il y a une fin à cette histoire de vie, et je pense que c'est plutôt une bonne nouvelle.

«La mort n'est pas un échec. Sans doute est-ce parce que je sais qu'on meurt que je puis accepter de vivre et de jouir de vivre ; d'être en vie avec la vie, sans en être tout à fait l'esclave et, heureusement, pas pour toujours.

«“*Penser que la vie se termine définitivement est de toute beauté*” répond, sans le savoir peut-être, Thomas Bernhard à Malraux : “*La mort est la seule certitude qui n'apporte pas la paix.*”»

Les volontaires furent d'abord atterrés par la déclaration de mon sentiment qu'ils estimaient si étranger aux leurs, mais ils y virent bientôt ce qu'il pouvait contenir d'amour de la vie, d'optimisme et de force. Il les libérait de leurs émotions stéréotypées, empruntées, conformes, attendues, en brisant le moule émotionnel qui formait leur attitude ; il leur permettait de se réapproprier la liberté de sentir individuellement, et de vivre la mort, fût-elle celle d'un autre, avec la totalité des expressions de leur sensibilité, y compris celles de la joie, de la paix, de la légèreté. Ils y puisèrent finalement ce qu'il portait de véritable foi chrétienne. Ils purent regarder avec moi cette lumière qui brille dans la mort, tel un phare pour le temps du retour.

«Il vaut mieux accompagner un mourant en représentant la sérénité, en proposant l'allégresse, plutôt que pétrifié d'une angoisse qu'on a bien du mal à masquer.

Et j'ajoutai :

«Le jour de ma mort, je ne voudrais pas, à mon chevet, quelqu'un qui pense qu'elle est une mauvaise nouvelle. Cela me garantit qu'il n'y aura pas grand monde...»

Nous avons tous ri à l'évocation de ma mort. Je pris cette réaction pour un progrès.

Je pensai à cet ascète que décrivait Malraux, qui dansait et se tordait de rire en criant “bravo” à l'illusion du monde. J'ai demandé au missionnaire comment il comprenait “*Heureux les pauvres...*”

«La pauvreté n'est pas la misère. La pauvreté est l'acceptation du non-attachement, un moyen quasi volontaire de s'approcher de Dieu, de l'essentiel. La misère est l'esclavage de la survie. “Heureux les pauvres” car il ne leur manque rien ; ils sont riches du plus grand de tous les biens, le contentement ; tandis que les nantis sont prisonniers de ce qu'ils possèdent, sont enfermés dans leur avidité de vouloir plus et encore.»

Ou est-ce Dieu qui fait les riches et les miséreux et si peu de pauvres dans ce monde de misère et d'opulence ?

La mort est rarement à la hauteur de l'idée qu'on s'en fait. Le corps, incontournable témoin, à lui seul altère sa dignité. La tombe ou le bûcher lui rend la présence absente du mystère et la majesté de l'invisible.

J'ai voulu qu'il n'arrivât pas seul à sa dernière demeure. Je l'ai accompagné en ambulance au cimetière musulman et j'ai prié Allah pour Lui recommander cette âme.

L'héritage est cette étincelle de mort que laisse le disparu aux privilégiés qui ont tenté de l'accompagner sans le suivre, de mourir avec lui sans mourir, qui se sont approchés de la mort et en ont gardé la présence comme une force.

Je voudrais mourir comme Salomon, seul, debout, les yeux ouverts face au ciel du couchant, et je crois bien que je sourirai.

Chapitre 21

Non, aucun Dieu Que Dieu

Quand on vint solliciter sa direction spirituelle à Ibn Hûd, il interrogea : "Dans quelle voie ? Celle de Moïse, celle de Jésus ou celle de Mahomet ?"

***Avertissement :** le cycle d'enseignement dont je trace ici le parcours dura un peu plus de trois mois, pendant lesquels je fus totalement isolé. On pourra le lire en une heure, ou choisir de respecter le rythme que cheikh Assam avait imposé à sa transmission, et suivre les conseils qu'il me prodiguait.*

Le village, couleur ocre-beige, me donnait l'impression d'être tout entier construit en terre battue. La poussière recouvrait tout, telle une couche de peinture, uniformisant toutes formes visibles dont on eût pu croire qu'elles fussent sorties du sol comme des champignons de la pluie.

Les silhouettes des hommes et des femmes glissantes ou immobiles dans leurs robes blanches ou noires ne modifiaient pas cette impression de Lune habitée. Le petit marché faisait une maigre mais salutaire exception colorée qui me semblait être une concession récréative à un univers uni et sévère. Le sang des boucs abattus à la boucherie coulait dans un sable qu'on recouvrait de sable.

Ce hameau, que les cartes géographiques ignorent, charmait la paix dans la solitude des contreforts des chaînes des Himalaya pakistanaises. Il était relié au pays par une petite route rapiécée et un câble électrique qui acheminait le courant sporadique d'une modernité suspecte.

Deux conversations avec des inconnus m'y avaient conduit. L'une, à Dharamsala, avec un jeune étudiant occidental de l'école de rhétorique de Sa Sainteté le Dalaï lama, m'avait amené à connaître l'existence d'un sage érudit dont il avait entendu parler et la région où il habitait. L'autre, dans un autocar avec un voyageur pakistanais m'avait tracé l'itinéraire final. Il avait entendu parler de celui que je cherchais sans même savoir son nom mais dont la sagesse parmi les fidèles commençait à être proclamée. Je m'y suis rendu dans le petit camion qui ravitaillait, deux fois par semaine, cette population isolée.

Le vent par rafales poussait d'invisibles obstacles et soulevait un brouillard de poussière sous un soleil de fer rouge qui me cuisait les joues.

«Salam alekoum !

- Alekoum salam !»

Ici, on se saluait en se croisant. Les passants lançaient sur moi des regards discrets mais curieux.

Je me promenais en quête d'une inspiration. Comment découvrirai-je l'homme que je cherchais ? Comment demander ? Irai-je à la mosquée interroger le muezzin ? Par je ne sais quelle crainte de l'intolérance, je voulais éviter d'ébruiter la raison de ma présence. J'attendais un événement, une occasion.

«Salam alekoum ! avais-je lancé alors que j'allais croiser un homme sur la route.

- Alekoum salam, répondit-il en traînant sur la dernière syllabe comme pour arrêter ma marche. Je m'étais arrêté. Nous demeurâmes face à face, immobile et silencieux. Sa longue *kurta*[112] encore assez blanche le couvrait jusqu'aux genoux. Un turban coiffait son crâne. Sa barbe noire cachait la plus grande partie de son visage gratté par le vent et le sable comme un rocher millénaire ; de la terre s'accumulait dans ses rides. Je ne voyais vraiment que ses grands yeux noirs brillants, et leurs longs cils nonchalants qui m'assuraient qu'il était vivant.

«Que cherches-tu ici ? me demanda-t-il dans un anglais de petite école.

Je ne me sentais ni l'envie, ni la force de répondre à l'interrogatoire dont on afflige les étrangers, ou d'entretenir une conversation qui me demanderait de sortir de mon univers et de l'impression d'irréel que m'offrait ce lieu.

- Je regarde les arbres, les hommes, les fourmis et le ciel, et j'écoute ce que je vois.

Il rit, je souris.

- Que te disent-ils ?

- La patience... la paix, l'action... et le temps, dis-je très lentement.

- La joie est sur toi ! s'exclama-t-il.

- Qu'elle te caresse aussi.

- In cha Allâh», (Qu'il plaise à Dieu) dit-il en traînant sur la dernière syllabe et en ouvrant les mains devant lui comme pour accueillir son souhait.

Il me dévisagea. J'acceptai cette interrogation muette. Puis il me posa quand même les “dix questions”. D'où viens-tu ? Où vas-tu ? Restes-tu ?

Es-tu déjà venu ? Que penses-tu de notre pays ? Pourquoi voyages-tu ? Avec qui ? Pourquoi es-tu venu ici ? Où es-tu allé déjà ? Quand, pourquoi, où, combien de temps ?

«Je suis toujours pour toujours où je suis, jusqu'à ce que j'aille ailleurs voir et faire la même chose, autrement. C'est partout le même monde, presque les mêmes hommes, les mêmes questions, les mêmes ignorances. C'est toujours avec moi que je suis, et c'est pour cette rencontre avec toi que je suis venu.

- Allalou Akbar ! (Allâh est grand).

J'enchaînai, comme dans la prière :

- La ilâha illah-lâh (Il n'y a de Dieu que Dieu).

Il écarquilla ses grands yeux.

- Es-tu musulman ?

- S'il n'y a qu'un Dieu, je suis musulman aussi.

J'avais insisté sur *aussi*.

- Mais... connais-tu Mahomet, le prophète ? insista-t-il.

- Je connais les prophètes, dis-je en feignant un ton de savant.

- Dans ce village habite un cheikh, que Dieu le bénisse, qui enseigne la foi. Viens avec moi, je te conduirai chez lui.»

La chance s'ouvrait-elle à mon dessein. Cet homme me conduirait-il chez celui que je cherchais ? Je n'en doutai pas. J'acquiesçai. Il se présenta : Abdoul Azis. Nous marchâmes en silence l'un derrière l'autre dans un dédale de ruelles pierreuses, étroites et quasi désertes. Nous foulions des éclats de pots et traversions des nuages de fumée montant autour de feux de détritus. Nous longions, en les rasant pour en prendre l'ombre, des murs de terre percés de portes basses et carrées. Mon guide s'arrêta devant la seule de la ville qui était ouverte.

«C'est ici, dit-il avec respect, avant d'avancer dans une cour intérieure étonnamment paisible que quelques arbres baignaient d'une ombre protectrice. Au fond, je découvris une maison basse de briques brunes dont la porte était ouverte. Abdoul appela :

- Cheikh Assam ! Cheikh Assam !»

J'étais arrivé.

Il n'attendit pas de réponse pour entrer, il se déchaussa et m'invita à le suivre. Nous entrions dans une tanière. Nous fûmes immédiatement dans la nuit. Je ne voyais rien, pas même la *kurta* blanche de mon guide. Pendant un instant, j'eus l'impression d'être seul, seul au monde. Mes yeux ne s'habituaient pas assez vite au changement de clarté. J'avançai d'abord à tâtons avant de me souvenir qu'avec un peu de confiance, si on se laisse porter par lui, le corps sent les choses lorsque les yeux ne voient pas. Au bout de la salle, un homme assis ranimait la braise d'un foyer creusé à même le sol en terre battue. Il portait un turban et une robe blanche. Une bougie était placée à côté de lui. Il l'allumait. Je me suis installé sur un tapis posé sur un autre tapis. Peu à peu je pus distinguer la longue barbe grise de celui que j'étais venu trouver, puis les contours de son visage, anguleux, sévère. Il n'avait pas de moustache. Ses yeux ne m'apparaissaient que dans des éclairs lorsqu'il tournait un peu la tête et que les petites flammes du feu s'y reflétaient. Pourquoi ce feu dans ce climat torride ? Pourquoi ces volets clos en plein jour ?

Abdoul et cheikh Assam se parlèrent d'abord très calmement en ourdou, puis demeurèrent silencieux. Longtemps. Je savais qu'ils m'examinaient, autrement que par le regard. Consciemment, je rassemblai mes forces pour les dissoudre. Je fis l'effort de cesser de percevoir, de cesser d'analyser, de cesser de penser. Je me fis plus paisible, plus immobile intérieurement, moins attentif à moi-même, comme absent, pourtant lucide, vigilant.

Le cheikh bougea et se racla la gorge comme pour me prévenir qu'il allait parler. Il me posa quelques-unes des dix questions. Puis, il me demanda dans un chuchotement, dans un anglais parfait :

«Quelle est ta religion ?

Il avait une voix douce, presque suave, pourtant plutôt aiguë, mais sans force, comme s'il se parlait à lui-même.

- En Inde je suis hindou, ici je suis musulman, ailleurs je suis parfois juif, chrétien ou bouddhiste. J'écoute partout ce que l'on dit de Dieu.

- Allalou Akbar. Allâh, qu'Il soit exalté, est le seul Dieu. Cela veut dire "le *tout incluant* est le plus grand."

- C'est une formule mathématique !

- Beaucoup plus que cela. Allâh est plus grand que l'addition de tout, et beaucoup plus petit que chaque fraction du tout. Car plus grand n'est pas une quantité mais une qualité. Quelle est la religion de ton père insista-t-il ?

Je n'avais pas envie de répondre à cette question.

- Si la religion se transmettait avec la naissance, on n'aurait pas besoin de l'étudier, ni de se parfaire, et personne ne pourrait se convertir.

Il hochait la tête imperceptiblement, longtemps après que j'eus achevé ma remarque.

- Dieu comme héritage commence par être la langue de ton père, m'expliqua-t-il d'une voix douce et patiente, mais certainement, on peut changer de religion.

Il ne me demanda rien pendant quelque temps. Je questionnai :

- Ne faut-il pas dépasser la religion ?

- Pour dépasser une chose, il faut d'abord la connaître. Nombreux sont les chemins de la Vérité. Toutes les religions révèlent la Vérité.

Il s'exprimait avec emphase dans des certitudes qu'il montrait solides mais qui me paraissaient suspectes, par principe.

- Mais où la cachent-elles, dis-je.

Il ne répondit pas tout de suite, il me regarda comme s'il allait trouver une réponse sur moi.

- Là où tu peux apprendre à la trouver.

Je ne compris pas qu'il parlait de la découvrir en soi. J'insistai, non tant pour démonter quelque chose, que pour essayer d'éviter d'établir entre nous un rapport de catéchisme.

- Lorsqu'on ne trouve pas la Vérité, on ne reçoit que l'ordre d'obéir. C'est avilissant. Quel Dieu peut-on connaître dans l'obéissance aveugle ? L'homme qui aime Dieu ne doit-il pas répandre la *Vérité* que Dieu lui a montrée, l'offrir, comme s'il l'offrait à Dieu ?

Je citai un vers de din 'Attâr :

- "*Pour ton âme demande au Seigneur la connaissance afin que tu répandes pour Lui tout ce qu'il te donne.*"

Le cheikh goûta cette évocation.

- La connaissance est exigeante, on ne doit pas la donner, mais seulement en montrer la voie à ceux qui la cherchent. Certains ont besoin d'espoir et de devoir.

Il parlait anglais avec application, en roulant les *r* plus qu'il ne faut ; sa voix, bien qu'aigrelette contenait une force de volonté puissante, de la patience et de la précision. Mais ses longs silences, nombreux, étaient plus pénétrants encore que les mots qu'il prononçait. Je repris :

- Certains hommes ne savent pas même questionner, on leur suggère ou leur ordonne de croire ; cela n'a pas de sens. On ne peut croire malgré soi ; nul ne peut forcer la foi, et une religion est hypocrite qui se contenterait d'une foi d'apparence. Au nom d'un nécessaire ordre collectif, les docteurs des dogmes se sont appropriés Dieu et le Bien, et privent l'individu de la Vérité ou de la connaissance qui sont essentielles à sa liberté.

- Que crois-tu que contiennent ces vérités ?

- Au-delà de la loi, il y des directions qui mènent l'homme et son âme vers l'absolu.

Il approuva.

- Ici on ne s'occupe que de l'âme, ajouta-t-il. La seule guerre sainte est une guerre contre soi-même, personne d'autre. Que cherches-tu ?

- Dieu, directement... La présence... Et la connaissance de la mort, dis-je en essayant de faire semblant de ne pas hésiter.

- Que sais-tu de la mort ?

Je fus surpris par cette si simple question. On ne sait rien sur la mort que des théories ; on la croit inconnaissable.

- Je ne connais la mort que par ce qui meure, dis-je enfin honnête.

- Tu ne connais donc que le temps, répondit-il sur le ton du médecin qui fait un examen du corps.

- La connaissez-vous ?

La conversation se déroulait lentement. Quelques mots étaient jetés dans le silence et la ténèbre. Dans cette lenteur, tout était possible. Même changer. Je me sentais déjà un peu dépassé.

- Depuis des millénaires, les sages ont percé son secret, se contenta-t-il de répliquer tout en balançant sa tête.

- Puis-je le connaître, dis-je trop vite.

Il réfléchit longuement.

- Cela dépend de ce que signifie "connaître", finit-il par avancer prudemment.

- Pourquoi la mort est-elle un secret ? demandai-je pour éviter sa question.

-Parce que la vie ne veut pas la connaître. Les hommes en ont peur et la fuient ; la mort est mystérieuse et injuste pour la vie qui ne se comprend pas. Telle est la nature du secret : la mort ne se cache pas, l'homme se dissimule.

«Cette connaissance n'est pas facile à porter. Si tu ignores que tu possèdes un trésor, tu ne crains pas les brigands. Mais si quelqu'un vient te dire que cet objet, auquel tu ne prêtais guère attention, est un trésor, alors tu le caches, tu t'inquiètes, ou bien, pour vaincre l'inquiétude, tu te détaches de lui, tu penses à lui comme s'il ne t'appartenait pas de toute façon... L'homme est son propre trésor, il prend la mort pour un brigand, et il est inquiet.

- Acceptez-vous de me parler de la mort ?

- C'est un très simple secret, c'est un long chemin. Combien de temps comptes-tu rester ici ?

- Le temps qu'il faudra... Le temps... de mon permis de séjour.

Je ne savais pas à quoi je m'engageais. Cet homme m'inspirait confiance. C'est pour cette rencontre, que j'avais entrepris ce long voyage. Il poursuivit :

- Qui t'a envoyé vers moi ?

- Dieu sur toute chose n'est-il pas tout puissant ?

Il ne dit rien pendant un long moment.

- Qui connaît la mort n'a plus peur de rien, sauf de lui-même... et de cela il ne peut pas se cacher, ni fuir.

«D'abord il te faudra du courage ; du courage pour cesser de fuir, ensuite tu n'en auras plus besoin, Allâh t'aidera... s'il Lui plaît de t'aider. "*C'est Lui le chercheur. Dieu guide vers sa lumière qui Il veut.*"[113] C'est Lui le Guide spirituel de l'univers.»

Il m'annonça qu'il me recevrait tous les deux jours, un peu avant le coucher du soleil, et après la prière du soir, puis il me renvoya. C'est ainsi que je reçus la parole de ce *pîr*[114] pendant plusieurs mois.

Je logeais chez un habitant dont on m'avait dit, au marché, qu'il avait une chambre inoccupée. C'était une pièce aux murs bombés au bout d'une maison de pierres et de planches, dont le sol en terre durcie n'était pas plat non plus. Elle s'ouvrait sur une cour intérieure protégée par des murets de cailloux liés par de la terre. Un palais de simplicité et de paix. Je prenais mes repas avec le propriétaire et ses enfants, en silence car nous n'avions aucune langue commune. Sa femme nous servait. Nous étions assis sur des tapis dans la plus grande pièce juste à côté de la cuisine. Elle officiait devant un four de boue dans lequel elle introduisait des morceaux de branches et de bouses sèches dont elle conservait la cendre qu'elle utilisait comme poudre à récurer la vaisselle. Des jarres gardaient l'eau et les réserves de grains tandis que des niches dans le mur servaient au rangement des ustensiles.

Une image en couleur de la Mecque vue du ciel présidait sur l'assemblée.

Deux jours plus tard...

«Salam alekom cheikh, dis-je en me penchant en avant, la main sur le cœur.

- Alekom salam, répondit cheikh Assam gravement et calmement. Il me tendit la main, je lui donnai la mienne, il la garda longuement entre ses paumes.

Je m'assis à la même place que la première fois. Il me dit de m'approcher.

- Plus près, plus près.

J'étais à moins d'un mètre de lui.

Nous demeurâmes longuement silencieux. Puis il dit :

- Tu peux tout connaître par toi-même, en t'interrogeant longtemps, immobile à l'extérieur comme à l'intérieur, ou en interrogeant Dieu, ou en priant, ou en ne priant pas. Tu peux ainsi connaître toutes choses, et la mort aussi. Les sages nous ont transmis leurs méthodes de recherche et ils ont décrit pour nous les fruits que produisent ces méthodes. Lorsque nous lisons ce qu'ils ont écrit, ou ce que d'autres ont écrit sur eux, nous ne cueillons de leur méthode que la description d'un chemin et son but, mais nous ne connaissons pas le fruit. Nous chercherons le fruit.»

Il parlait aussi lentement que lors de notre première rencontre, laissant de l'espace entre les mots et les phrases. Il se tut un moment. Je risquai une question :

«Y a-t-il vraiment un Dieu ?

Il tiqua, comme si ma question était stupide ou plutôt grossière. En vérité j'avais voulu évaluer le maître à la qualité de sa réponse. J'étais satisfait par ce silence presque abrasif. Il poursuivit :

- Que nous apprennent les religions sur la nature de Dieu, sur l'Homme et la Création ? Toutes donnent à ces questions presque les mêmes réponses, chacune grâce à ses prophètes, dans ses caractères, ses métaphores, son langage.

Il emprunta un ton plus personnel.

- On dit qu'un principe est créateur. Tout en est issu : la création et les créatures, le tangible et l'intangible, l'Homme et l'Ame. On dit d'abord de ce principe qu'on ne peut rien dire de lui. On peut le connaître, on ne peut pas le décrire, et l'on éprouve de la difficulté à parler de lui. On dit pourtant qu'il est le Potentiel, le Permanent, le *Tout*, l'Un, l'Ineffable, le Seigneur. On dit "Dieu", "l'Esprit", "l'âme". C'est le *Pîr*, le Guide spirituel de l'univers.

Il se tut longuement, puis ajouta :

- Va, regarde en toi ce que tu peux trouver qui ressemble à cela.»

Et il me renvoya. Je m'étais attendu à un long discours, comme ceux de rabbi Isaac. Notre rencontre n'avait pas duré une demi-heure. Et j'avais maintenant deux jours à passer dans ce désert de montagne.

Je parcourais les rues du village en me répétant ce que le maître m'avait dit, cherchant Dieu en tout, le *Tout* en chaque chose, traquant l'immuable, tâchant de sentir l'ineffable. Je ne trouvais pas grand chose, seulement ce que je souhaitais trouver, rien de permanent, quelques impressions vagues, évanescentes, désirées ! Je ne trouvais que moi. Fallait-il pratiquer les méditations que lama Shérab m'avait enseignées ? Je rentrai dans ma chambre, et m'obligeai à ne rien faire, ni bouger, ni penser ; je cherchai en moi un au-delà du dicible, éternellement potentiel, j'observai, autant que cela se peut, une sorte de vide mais qui était encore ma quête du vide.

J'étais assis à ma place devenue habituelle, j'avais fait les salutations d'usage. Cheikh Assam avait encore gardé ma main dans la sienne, puis pendant longtemps, nous n'avons pas échangé un seul mot. Par le silence, cheikh Assam m'obligeait à l'imiter aussi impérativement que s'il m'en eût donné l'ordre. J'apprenais quelque chose sans pouvoir dire ce que ce pouvait être. Je crois que, en quelque sorte, il m'inspirait sa connaissance. Enfin, il dit :

«Ce n'est pas le créateur qu'il faut haïr, c'est la créature. Il faut aimer Dieu. Allalou Akbar, Dieu est plus grand, tout est inclus en Lui. Tout. Il est le *tout-incluant*, le plus grand. Va, cherche cela en toi.»

Et il me fit signe de partir. Le soir, la nuit, pendant la journée j'éprouvais le monde aux propositions du maître et m'observais en elles. Je regardais ce qui changeait du monde et en moi à travers elles. Aimer Dieu était aimer le plus grand, un plus grand inaccessible, impensable. Sans doute fallait-il le ressentir. Par la pensée, je faisais une poche et j'y plaçai tout ce que j'étais, puis je me plaçai à l'extérieur. Qu'était alors cette impression qui naissait en moi d'un au-delà du tout ?... J'y demeurai.

Le feu était allumé ; parfois avant un moment de silence, cheikh Assam jouait à remuer les braises. On n'avait pas ici découvert la cheminée. Un trou entre le mur et le toit servait à évacuer la fumée, mais avant qu'elle n'en trouve le chemin, elle faisait, elle aussi, son détour initiatique et me suffoquait un peu.

«L'absolu est tout. Allâh est grand. Allâh est plus grand. Le Tout de l'Absolu est le plus grand, plus grand que l'addition de tout. Plus grand que la quantité, il y a la qualité ; le plus d'Allâh est un *plus* qualitatif au-delà de toute qualité, qui appelle en chaque fidèle un changement qualitatif. Ce *plus* est la révélation elle-même, la révélation de la qualité ultime, au-delà de toute description, au-delà de toute qualité, au-delà du monde et de ce qui fait le monde. Tu dois chercher ce mode *sans qualité*.

«Le Dieu que tu peux connaître est aussi impeccable que toi dans l'instant où tu l'appelles, conclut-il. Il murmura ensuite quelques mots en ouvrant les mains devant lui.»

Je cherchais un *plus* qualitatif dans la privation de toute qualité. La transcendance est une soustraction et non une aspiration. Le monde existe en moi avec mes propres limites. Lorsque je me définis, je me limite. L'infini est ce *plus* que soi sans qualité. Allâh est plus grand que la somme de tout. Infini est sans qualité. Je cherchais un regard sans qualité, sans *a priori* sur le monde, sans jugement. Sans choix. Une indécision sans sujet ni objet, qui révélerait l'indéterminé qui précède toute qualité... toute qualification. Je tâchais de m'y suspendre.

«Lâ ilâha Illal-lâh. Il n'y a aucun de Dieu, que Dieu.

Il répéta la formule de nombreuses fois, très lentement. En arabe comme en anglais, il la brisait, en deux temps distincts.

«Lâ ilâha. Illal-lâh. Non, aucun Dieu. Que Dieu. Aucun Dieu. Que Dieu. Que Dieu.

Il ajouta :

«Il est vivant, immuable, unique, infini, transcendant toute limite.»

Il demeura silencieux pendant longtemps avant de me renvoyer.

Immuable, quel mot vertigineux ! Que pouvais-je trouver d'immuable en moi ? Qu'est-ce qu'un *je* au-delà du temps, du contraste, de la conscience du partiel et du spécifique ; de l'identité ? Un plan général, au-delà de tout. Unique, donc central, unifiant. Infini, sans limite, sans mouvement. Illal-lâh, *Que Dieu !* avait répété cheikh Assam en appuyant sur chacun des mots comme s'il souhaitait que j'entendisse quelque chose qu'il ne voulait pas dire autrement. Me suggérait-il d'abandonner tout autre rapport au monde et à moi-même que ceux que cette série d'adjectifs suggérait et d'entrer dans le monde de Dieu avec lui ; que Dieu ! Il n'y a pas d'autre réalité que Dieu. Ou y en a-t-il ? Non, "*Que Dieu*" ! "Vivant" et "immuable" offraient une contradiction insoluble, ou alors proposaient un mode de vie, un mode de relation : "*Que Dieu*" encore. Je tâchais de demeurer dans cette attitude, et même d'y agir. Qu'était ce Dieu ? Une sacralisation intensive ?

Le village était propice au mode d'existence contemplatif ; austère comme un cloître, rien n'y était agressif. Ni les hommes ni le choses n'adhéraient. Les images qu'il offrait de lui-même semblaient brumeuses, comme un peu liquides dans le flou de l'air chaud. Ses habitants parlaient fort peu entre eux et s'ils parlaient, ils chuchotaient. On se saluait en se croisant, on s'arrêtait rarement. Souvent les rues étaient désertes. Le silence privait la *réalité* de toute convention, ainsi elle était plus vide, moins solide. Le silence ici s'élevait comme une prière et il protégeait plus sûrement qu'une muraille.

C'est à ce moment que je décidai d'adopter le costume local. Dans ma nouvelle robe blanche, j'essayais de me dissoudre dans la poussière des chemins rocailleux et des maisons de glaise.

Je m'étais déchaussé puis assis tout proche. Ce jour-là c'est moi qui garda sa main. Nous demeurâmes longtemps sans rien dire.

«YHVH est l'être nécessaire et potentiel. Regarde en toi ce qui correspond à cela, me dit cheikh Assam, il est à la fois vivant, immuable, nécessaire et potentiel.»

Longuement, silencieusement, il considéra avec moi ce qu'il venait de dire, puis il me congédia.

Nécessaire, il n'y en a pas d'autre ; potentiel, Il est toute chose ; potentiel, Il est sans fin, l'infini des activités possibles ; nécessaire, Il est toute pensée ; potentiel, Il rassemble tout en Lui ; nécessaire, toute chose en émerge ; potentiel, Il est avant, pendant et après tout ce qui se manifeste, donc au-delà du manifeste ; nécessaire, Il existe en lui-même. Vivant et immuable, vivant *mais* immuable.

Cheikh Assam introduisait la religion racine de l'islam dans son enseignement, cela n'avait pas manqué de me surprendre, mais aussi de me plaire. Rabbi Isaac n'était pas très loin...

Je n'avais personne à qui parler, mais je ne souffrais pas trop de la solitude. Grâce au silence, j'étais plus concentré sur les *regards* et les recherches que mon pîr me prescrivait de pratiquer. Peu à peu, ils m'habitèrent. La méthode et le silence étaient efficaces : j'avais l'impression continue de ne pas pénétrer le monde mais seulement de glisser dessus.

«Il n'y a qu'un seul être. Rien n'est en dehors de lui. Cet être est Brahman, disent les Upanishads, Cela, le Soi sans qualité de chaque chose. Il est éternel et pur, increé et absolu. Existant en soi.

Va, cherche en toi ce qui correspond à cela.»

Je liais "vivant" et "immuable" à "sans qualité" et "pur". C'est dans un rapport impersonnel avec la création que je cherchais Brahman. Ce qui n'a pas de qualité est infini. Ainsi qu'indescriptible. Le monde sans description s'ouvrait devant moi et m'échappait pourtant.

Le monde devenait beaucoup plus large, et moi beaucoup moins présent à mesure que je domptais le silence.

"Quelle est la religion de ton père ?" m'avait demandé le cheikh lors de notre première conversation. J'avais refusé de lui répondre, je n'avais pas voulu choisir. Ne sachant pas dans quelle *voie* traiter ma question, le *pîr* n'avait sans doute pas choisi non plus, il m'enseignait l'hindouisme après l'islam et le judaïsme...

«Isaïe, la paix soit sur lui, nous dit ce que Dieu lui a inspiré : "*Je suis le premier et le dernier, vous êtes mes témoins, c'est Moi* YHVH *qui fait toutes choses*"[115] et Mahomet, le prophète, sur lui la grâce et la paix, ajoute : "*Il est le premier et le dernier, l'apparent et le caché, et sachant toutes choses*"[116]... "*Il est le soutien universel, Il n'engendre pas et n'est pas engendré. Il n'a pas d'égal.*"[117] Va, regarde en toi, cherche en toi.»

Cheikh Assam avait insisté sur *fait*, attirant mon attention à la fois sur la qualité créative de la divinité et le caractère continu de l'action de créer, car *fait* est conjugué au présent. Je méditai sur : "*Je suis le premier et le dernier.*" J'imaginai un commencement et une fin de plus en plus rapprochés jusqu'à ce que je comprisse qu'il s'agissait de l'unité de temps : l'instant, qui est à la fois caché et apparent, où tout apparaît et disparaît, qui contient tout et n'est rien, qui est unique... car *rien ne lui ressemble*. N'est-ce pas ce que swami Vichârava avait jadis essayé de m'expliquer lorsqu'il insistait sur *maintenant — ab, ab, ab, now, now, now* ? Le moment de l'instant est innocent du passé et inconscient de l'avenir. N'est-ce pas aussi le silence de Chabbat !

"*Il n'engendre pas*, dit le prophète de l'islam, *et n'est pas engendré.*" Pure est cette qualité de non-attachement.

«Allâh est plus grand. "*Ne prie à côté d'Allâh aucune autre divinité*, dit le Coran, *Nulle divinité excepté Lui ! Toute chose périt sauf Sa face. A Lui le jugement. Vers Lui vous serez ramenés.*"[118]

«Aucune valeur, aucune sorte de rapport au monde ne valent ceux de la divinité unique. L'idolâtrie, c'est attribuer de la valeur à autre chose qu'à Dieu. Rien sinon Dieu n'a de valeur. *La ilâha, illah-lâh*. Aucun Dieu, non aucun Dieu, que Dieu.

Il fit une pause avant de poursuivre :

«Il n'y a aucune divinité sinon Lui. "*Toute chose périt, sauf Sa face.*" Rien, aucune idée ni aucun objet n'existe à côté de Lui. Tout ce que nous percevons, tout ce que nous savons est une pensée, une construction, une construction périssable, une forme, "*toute chose périt*", même les pensées. L'idolâtrie, dit cheikh Assam calmement mais avec force, c'est aussi croire en la réalité des choses.

«Ce que nous connaissons d'un objet n'est pas l'objet en soi, c'est notre perception que nous percevons. Avec l'imagination, la réflexion, la compréhension et la perception nous construisons un monde, un monde sensible et réfléchi. Mahomet, le prophète, sur lui la grâce et la paix, demande à Dieu : "*O Allâh, montre moi les choses telles qu'elles sont.*"[119] *Haqîqat*, la Vérité, la réalité, est au-delà de la perception, au-delà de la réflexion, dans l'objet lui-même, dans l'objet en soi, sans toi. "*La connaissance consiste à comprendre la chose elle-même, telle qu'elle est*", indique notre saint, al Ansârî.[120]

Encore un silence pour essayer de voir le monde sans moi.

«La foi sert à donner du crédit à une certaine façon de voir le monde : sans qualité et sans soi. La révélation est l'explication qui conduit à la Vérité, *haqîqat*, qui signifie aussi la réalité. Il s'agit d'une façon de comprendre la réalité qui est la Vérité. L'homme parfait n'en sort jamais ; il n'entre plus dans le moi. Il vit le monde comme Dieu, qu'Il soit exalté, sans jamais s'y laisser prendre.

«Regarde le monde en soi, sans toi.»

L'expérience des méditations que lama Shérab m'avait fait pratiquer me permettait d'obtenir rapidement ce que le cheikh me demandait.

Il y a un tel monde, plus délicieux qu'aucun plaisir, peut-être l'ai-je senti alors pendant un instant, soutenu par le pîr. Je l'avais connu à Kagyu Ling et en d'autres occasions.

«"*Toute chose périt sauf Sa face.*" Toutes les perceptions, toutes les compréhensions, toutes les images s'annulent devant Sa face qui est sans image. A Lui le jugement. Pas à toi. Au sans-image, au plus grand, laisse le jugement. Si tu juges les choses, tu juges de leur réalité. Si tu juges de la réalité des choses, tu n'es pas dans l'absolu des choses. Tu es en toi, dans une plus petite réalité. Si tu laisses le jugement, "*Vers Lui vous serez ramené*", conclut l'*aya*.[121] Ouvre-toi au sans image qui est le plus grand, et Il te prendra en lui, dans son immensité sans fin d'où tu viens.

«Va, c'est déjà trop pour une seule journée.»

En arrivant chez cheikh Assam, je sortais brutalement du jour ; lorsque je le quittais, il faisait nuit. Il n'y avait plus rien à voir, plus d'image... mais des ombres dans lesquelles je pouvais reconnaître ce que devinait ma mémoire et ce que je projetais d'images, car je modifiais ces ombres en remaniant leur interprétation.

Il fallait que je fusse sans moi pour retrouver ce Soi d'Allâh sans qualité et sans jugement. "*Il est aussi difficile d'être tout que d'être rien*" avais-je lu dans Ramdas. Est-il aussi difficile d'être Dieu que de devenir son fidèle ?

«Il y a deux réalités, disent les bouddhistes. Une réalité relative à soi, c'est-à-dire aux appropriations de l'ego, à l'ignorance, et une autre, pure, absolue, sans soi. Il faut chercher en soi la vacuité lumineuse et dynamique de l'esprit pur.

«Cet esprit, disent-ils, il est trop proche, trop simple, trop beau, et trop profond. Il faut le chercher en soi. Allez, va...»

Le principe des deux réalités du bouddhisme et leurs méditations m'étaient familiers, mais auprès de cheikh Assam, ils devenaient des amis, des alliés qui me permettaient de comprendre que le soufi parlait à sa manière de la même chose.

Trop proche, il est plus proche de soi que l'ego qui le colonise ; trop profond, il est inaccessible à la pensée ; trop simple, il est terriblement immédiat, évident, précédant toute pensée mais déjà effacé, oublié, annihilé par le mental ; trop beau, il dépasse toute description, il est plus désirable que tout désir.

Les définitions que me proposait mon pîr semblaient circonscrire un point de vue tel qu'il n'y en eût pas de plus désirable ou de plus grand, tel qu'aucun autre ne fût plus vrai et que, pour certains hommes, tout sacrifice en fût digne. Pourquoi ne le ressentais-je pas ainsi, moi aussi...

«L'atman des Upanishads est le Soi subtil et permanent. Subtil parce qu'il n'est pas le moi du corps, ni celui des fonctions de l'être, ni celui de l'ego. Il n'est pas causal. Permanent, il dépasse le temps des vies et des morts, il est de la nature de Brahman, l'absolu impersonnel. Le *purusha* des Védas est l'âme cosmique en tant que le principe spirituel de la création. Dans la Bhagavad-Gîtâ et les Védentas, l'*advaïta* est le concept de non-dualité du Soi individuel et du Soi suprême, le principe d'unité de la non-existence. *Prakrti* est la nature initiale en repos, avant toute création, avant tout désir. Lorsque toutes les énergies demeurent dans un équilibre qui annule leurs effets, il n'y a alors ni âme, ni conscience, ni action, ni émotion, ni avidité, ni inertie, ni passivité, ni ignorance...

«*Prakrti* et *purusha*, la manifestation unie à l'Esprit, c'est toi. En toi, *âtman* doit reconnaître Brahman et le rejoindre dans l'*advaïta*, l'unité de la non-dualité. Pour cela *âtman* doit dompter *maya*, les formes et les apparences, et les reconnaître pour ce qu'elles sont.

«Imprègne-toi bien de ces principes, rappelle-toi de ce que tu cherches ; à partir de toi-même décèle l'unité de l'univers, observe ce qui est permanent et ce qui ne l'est pas, reconnais ce qui est toi, ce qui ne l'est pas et ce qui est au-delà. Dans cet état, découvre la non-création et la non-dualité. Va.»

Comment devais-je m'y prendre ?

Ma présence devant cheikh Assam ne reflétait-elle pas déjà la recherche de l'équilibre des forces de la manifestation en moi ? Ne reflétait-elle pas l'*âtman* en quête de son état d'origine ?

N'avais-je pas déjà renoncé à accumuler de l'être par le savoir pour essayer de connaître, n'avais-je pas sacrifié l'habitude de reconnaître pour enfin découvrir ? N'étais-je pas ce contenant des appels à la fois du plaisir et de l'au-delà ? N'étais-je pas venu, au-delà de moi-même, jusque dans ce village... Mon *pîr* me demandait d'aller plus loin, plus loin... Mais où et comment ?

Au-dessus de ces forces qui s'annulaient, je pensais à l'*advaïta* comme l'union, au-delà des mirages de *maya*, d'un Soi spirituel et du moi se transcendant. Un instant à la fois, tout était possible, disait swami Vichârava.

J'allais chez mon hôte chercher le répit d'un peu de chaleur humaine. Il était prévenant comme un père avec moi, bien que nous eussions à peu près le même âge. Son silence était léger, naturel, car l'homme était bon, affectueux, respectueux de l'âme.

Il avait trois enfants de moins de douze ans. Deux fils et une fille. Les garçons allaient à l'école coranique de la mosquée le matin. La fille s'occupait de la vache et des deux chèvres qui habitaient dans la cour pendant la journée et passaient la nuit dans la chambre qui jouxtait la mienne. Nous mangions des dattes et du lait caillé avec des pains plats que la mère nous préparait. Le vendredi, nous avions un morceau de viande dans un ragoût d'oignons avec du riz. Les nuits étaient glaciales. Je regagnais ma chambre avec un brasero qui finissait par m'asphyxier plus qu'il ne me réchauffait.

Il prit le livre des Upanishads, l'ouvrit, sans le lire il dit :

«"*L'Esprit*[122] *n'est jamais né, il ne meurt pas non plus ; il est venu de rien, rien n'a jailli de lui non plus. Le commencement est non né, éternel et sans fin. Il est invulnérable bien que le corps soit fragile.*"[123]

Lorsqu'il reprit, il lut :

«"*Cela* (l'Absolu invisible) *est tout, tout est ceci* (les phénomènes visibles). *De l'invisible est apparu le tout visible. Bien que le tout visible soit apparu de ce tout invisible, le tout ne s'en est pas trouvé changé.*"[124]

«Ceux qui ont écrit cela veulent te montrer quelque chose. Sens l'effet de que ces mots produisent sur la pensée. Il se tut.

«"*Où que vous vous tourniez, là est la face de Dieu*[125], *Il est le premier et le dernier, l'extérieur et l'intérieur.*"[126]

«Va, regarde en toi ce qui correspond à cela.»

Si aucun des facteurs "cela" ou "ceci" de cette équation n'était égal à zéro, l'égalité qu'elle suggérait était impossible. Ce n'était donc pas une équation. Au niveau qualitatif, ce qui apparaît de l'invisible ne change pas l'invisible. L'Absolu n'est pas modifié par le manifeste, bien que le Tout manifeste en soit issu. Le visible n'est pas assez réel pour modifier l'invisible.

L'Esprit et l'invisible des deux propositions sont mêmes, mais en position contradictoire. Rien n'a jailli de l'Esprit, le tout visible est apparu de l'invisible. Cependant, dans les deux cas l'Esprit et l'invisible sont un informe vide. L'extérieur est l'intérieur.

C'est un vertige que j'atteignais. Par la pensée je faisais vaciller la pensée qui, lassée de chercher un chemin impossible dans les paradoxes de ces énigmes, s'interrompait. Ma paix était alors profonde, venue du renoncement de l'intellect.

Le lendemain, alors que je me promenais dans la montagne, je ramassai sans le choisir, un simple caillou sans caractère particulier. Lorsque j'eus trouvé un endroit où m'arrêter, je le posai devant moi et l'observai. Je contemplai l'univers. Non dans le caillou, mais dans le geste de le poser là.

«"Islam" signifie "soumission". Non une soumission à un maître ou à une doctrine, mais une observance. On s'en remet à la Vérité : "*Nulle autre divinité qu'Allâh. Allâh n'a pas de second.*"[127] "*Tout est dépendant d'Allâh*", qu'Il soit exalté. C'est Lui le Guide.

«"*Pour trouver la présence de Dieu, dépouille-toi de toi. L'Esprit de Dieu est sans conception. Dieu n'est ni dans le monde, ni hors du monde.*"[128] Va, regarde en toi...»

Je sortis.

Il faut se passer de *soi*, mais comment faire ! *Soi* imagine ce qu'il est, *soi* s'imagine dans un monde, *soi* imagine Dieu, l'imagine hors du monde. Ni hors du monde, ni dans le monde ; Dieu n'est pas un lieu géographique, ni une personne, ni une intention. Dieu est le regard de Dieu sur le monde, lorsque moi je n'y suis pas. J'essayai de demeurer dans cette attitude.

Depuis que je portais la robe, je n'avais plus de forme précise, j'étais intégré dans le paysage humain. Personne ne s'occupait de moi et cela facilitait mon intégration dans le monde et hors du monde. Les villageois étaient discrets sans être anonymes, chaleureux, invisiblement, sans qu'ils ne se sentissent obligés de le montrer.

J'étais incapable d'entretenir des rapports humains prosaïques. J'allais pourtant à la buvette, où l'on servait un thé vert très fort et un peu salé qui ranimait violemment ma vigilance au milieu de l'après-midi. Les hommes s'y rencontraient. Ils parlaient fort peu, se satisfaisant d'être ensemble. De temps en temps quelqu'un jetait quelques mots au silence. Nul ne répondait immédiatement. On buvait du thé, on fumait un *narghilé* rempli d'un tabac humide et mielleux piqué de hachisch que l'on penchait vers soi pour ne pas trop bouger. J'appréciais cette ambiance de communion éthérée, j'y étais tranquille.

«Par une large définition que le Dieu Krishna donne de Lui, la Bhagavad Gîtâ nous offre une précision sur ce que nous cherchons, me dit cheikh Assam avec bonne humeur, ce soir là. Nous devons chercher Krishna en nous, ajouta-t-il, avec gravité, comme pour m'insuffler sa volonté. Il lut lentement :

«"*Je suis le but, le soutien, le seigneur, le témoin, la demeure, le refuge, l'origine, la dissolution, la permanence, le réceptacle, le germe, l'immuable.*"[129]

«Cela est Krishna. Tu es Krishna. Va, cherche cela...»

Cheikh Assam me proposait une nouvelle charade. Il ne s'agissait pas de découvrir un mot (ce mot n'existe pas), mais plutôt d'adopter la posture qu'elle suggérait. Dans ma méditation, je traquai le sens des termes, et en déplaçai l'ordre.

Le "but" et l'"origine" devaient signifier le rassemblement du temps dans l'instant, comme *le premier et le dernier* ; pour le "soutien" et le "témoin", je pensais à l'acteur-témoin en chacun, la conscience de soi, l'association de celui qui fait le monde et de celui qui le regarde ; le "réceptacle", la "demeure" et l'"immuable" pouvaient être le corps, l'âme et l'Esprit ; le "germe" et la "dissolution" comme l'essence de la création, potentielle et éphémère ; la "permanence" serait le créateur ; le "seigneur", ce *tout* à réunir.

Les concepts ainsi ordonnés structuraient la précipitation de la réalité qui, dans une dislocation de son unité, apparaît d'instant en instant à l'Esprit, à la pensée et au corps tout en demeurant unis et immuables dans l'immobilité du Témoin qui l'observe.

«Que cherchons-nous ? commença-t-il ce jour là. Que cherchons-nous ? répéta-t-il de nombreuses fois, laissant de longs silences entre chaque interrogation. Pense aujourd'hui à ce que tu cherches. Et il se tut longuement.

Une femme voilée nous apporta du thé.

- Mon épouse, dit le cheikh.

Je ne savais pas comment me comporter avec elle. Je la saluai de la tête. Il sourit et reprit le cours de l'entretien :

- Que cherchons-nous...»

Je pensais que nous cherchions l'essentiel, encore fallait-il avoir une idée de ce que pouvait être ce que nous passons une vie entière à chercher à définir. Etait-ce une réduction ou une extension, était-ce proche ou lointain. J'étais renvoyé aux questions premières : pourquoi la vie, quel est son sens, son but, son intention ? Que faut-il apprendre d'elle ? Faut-il quoi que ce soit ? même la transcendance... Pendant un instant le doute avait jailli. Ces questions avaient-elles un sens ? Nous cherchons une simplicité lumineuse, une question sans question, un rassemblement, une perfection qui ne soit pas une ambition, une réalité sans auteur, un auteur sans ego, un créateur uni à sa création... Un point de vue.

Il poursuivit :

«Si nous découvrions ce qui est constant d'un moment à l'autre, immuable, inchangeable, nous pourrions savoir ce qu'est la vie. Ce qui hier, aujourd'hui et demain était et sera même, et pourtant aura tout créé, ta vie surtout. YHVH, que son nom soit sanctifié, enseignent les juifs, existe, mais pas par l'existence. Il se tut, ferma les yeux. Moi aussi.»

Je pensais à un miroir, l'objet qui existe le moins parce qu'il reflète toujours autre chose. Les choses lui donnent une existence mais est-elle la sienne ?... Je pensais à l'histoire du guru, du disciple et du fleuve à propos de l'immuable. Le courant ne change pas, mais qu'est-ce que le courant ? La force qui fait apparaître le monde plutôt que le monde. Lorsqu'on ne croit plus au monde, on peut connaître Dieu. N'est-ce pas cela la foi ?

Quel est le sens d'exister sans l'existence ? Cette question était erronée. Ce n'est pas le sens qu'il me fallait traquer, mais l'être, l'*état* que cela suggère. *"Dépouille-toi de toi."*

«*"Allâh vous a créé, puis Il vous rappellera."*[130] Nous voulons le connaître avant qu'Il ne nous rappelle. Car, lorsqu'Il nous rappellera, comment saurons-nous que c'est Lui ? Comment reconnaître ce que l'on ne connaît pas ? Comment faire ?», m'interrogea cheikh Assam en hochant la tête tout en me regardant fixement... Il ajouta comme s'il me livrait la clef d'un secret : «*"Il est celui à qui rien ne ressemble."*[131]

Il se tut.

«Dieu est proche de toi lorsque tu es sans désir, sans intention. Lorsqu'aucun désir ne t'appellera, Dieu t'appellera.

«Va, détruis tes désirs.»

Rien ne lui ressemble, "rien ne lui ressemble" résonnait dans ma pensée. Dieu serait une éternelle innovation !? Ce que je crois être retourne à ce qui a fait cette idée de moi.

Détruire mes désirs ? Même si je le voulais, le pouvais-je ? Cheikh Assam ne m'avait pas dit comment on détruit les désirs... mais il n'oubliait rien. Je suis créé par Allâh. Je suis son désir comme d'autres choses sont les miens. Il vous rappellera. Allâh est le guide du retour. Je joue avec mes désirs jusqu'à ce que je découvre le désir d'Allâh, et alors, qui désire qui ? Il y a un rassemblement. Le désir d'Absolu éventuellement remplace tous les autres. Rien ne ressemble à celui-là. J'appelai Allâh à l'aide en me réclamant de son désir.

«Il y a deux réalités, disent les soufis, la réalité matérielle et la réalité spirituelle. La réalité des choses n'est pas la réalité d'Allâh. Unis toute chose en un seul acte, en une seule essence. Que l'extérieur soit l'intérieur, et l'intérieur l'extérieur. Là est la réalité spirituelle. Va.»

"La forme est le vide et le vide est la forme... en dehors du vide, il n'y a pas de forme et en dehors de la forme, il n'y a pas de vide", avait dit lama Shérab citant la *prâjna pâramitâ*. L'extérieur et l'intérieur de toute chose s'unissent dans la conscience qu'elles sont vides. Là est la réalité spirituelle.

Il lut, un livre à la main :

«"*Trente rayons convergents, réunis au moyeu, forment une roue, mais c'est son vide central qui permet l'utilisation du char. Les vases sont faits d'argile, mais c'est grâce à leur vide que l'on peut s'en servir. Une maison est percée de portes et de fenêtre et c'est encore le vide qui permet l'habitat. Ainsi l'être donne des possibilités, c'est par le non-être qu'on les utilise.*"»[132]

Voilà qu'on arrivait en Chine ! La pensée fait le mouvement. L'Esprit vide, neutre, *non-être* prend conscience du mouvement.

"Potentiel et nécessaire" me revenait en mémoire. L'être est infiniment potentiel, le non-être est nécessaire. L'extérieur et l'intérieur s'unissent. Le vide donne son Esprit au contenant.

Plusieurs semaines s'étaient lentement écoulées. Au début, je m'étais un peu ennuyé à méditer deux jours entiers sur une petite phrase. Maintenant, je n'attendais plus rien. Je m'étais soumis à la volonté et au rythme de cheikh Assam. Cela avait apaisé ma soif d'agir. Je réfléchissais, contemplais, méditais comme il me le prescrivait. Lentement j'avais gagné la patience : faire ceci ou cela c'est encore faire, j'apprenais et je pratiquais "ne rien faire", j'étais sans désir, tout entier volonté et patience, hors d'atteinte des appels du monde... C'est par le non-être qu'on utilise les possibilités de l'être.

Au cours de notre rencontre suivante, cheikh Assam me proposa de pratiquer un exercice qui devait m'aider à atteindre un goût d'extase : le *dhikr*.

«Cela signifie à la fois invocation, souvenir, appel, rappel et incantation, me dit-il.

«Après les ablutions, choisis un endroit calme et silencieux. Adopte l'humilité, pense qu'Allâh, que Son Nom soit exalté, te regarde. Ne pense à rien d'autre. Regrette les actions et les pensées qui ne sont pas dignes de ton exigence d'Absolu, puis contrôle ta pensée, empêche-la d'errer. Pense que, quoi qu'il arrive, tout ce que tu crois être sera dissous dans la mort ; cette mort commence avec le *dhikr*. Lave ton cœur de toute pensée, laisse ton passé et ta mémoire. Ferme les yeux. Attire le paix sur toi. Si ta pensée est agitée, pense à moi dans ton cœur droit. Puis concentre tes facultés sur Allâh, le plus grand que tout. Le but est d'être sans toi pour aller avec Allâh.

«Le *dhikr* te conduit à la Proximité ; parfois, il te prend jusqu'à l'Intimité où tu sens l'infini te frôler. De cette station, tu peux accéder à l'Unité. Tu te dissous. Il ne reste qu'une étape à franchir, celle où tu es dissous.»

Il me demanda de penser au plus grand et au plus petit, alternativement. En inspirant, je devais prononcer le nom "Allâh" et penser au plus grand ; en expirant, je devais prononcer le nom "Allâh" et penser au plus petit. Il fallait essayer de ressentir l'absolu que ce nom signifiait, puis continuer sans penser à rien, en se laissant aller dans un souffle devenu divin. Il ajouta que je ne devais pratiquer cet exercice que quelques minutes à la fois, à voix haute ou silencieusement, comme je préférerais, mais sans aller jusqu'à l'extase.

Cela me projetait dans une sensation de pulsation, cosmique, d'abord agressive, puis qui devenait enrobante lorsque je me détendais et se transformait en un vacuum. Passé le vertige et l'ivresse, je m'oubliais dans une forme lumineuse, ovale, sans dimension, à la fois blanche, brillante et translucide ; vibrante, pétillante, dynamique. Cela me permettait d'entrer dans le vide sans passer par une méditation conceptuelle. J'en sortais hilare, "béni de Dieu", comme aurait dit Abdoul Azis.

«Quels sont les deux premiers commandements de Moïse ? me demanda-t-il.
- "*Tu n'auras pas d'autres Dieu devant ma face*" ; "*Tu ne feras pour toi ni sculptures, ni images...*"[133]

L'ombre sympathique de rabbi Isaac jaillit dans le clair-obscur entre la fente de la fenêtre et le feu.

- "*Car rien ne Lui ressemble !*"[134] dit le Coran. Le premier commandement nous indique comment il faut prier en même temps qu'il nous annonce qu'il n'y a qu'une seule chose à chercher. "Tu ne feras ni image, ni sculpture", dit le second. Alors, que reste-t-il ?» Il se tut, regarda le feu, puis tournant la tête vers la fente de la fenêtre, il dit : «Rien.»

«L'homme fut créé à l'image et à la ressemblance de Dieu. Quelle ressemblance ? Rien dans la création. Alors quoi ? Si ce n'est dans la création, ce doit être avec la faculté de créer, de créer le monde. Et non de l'interpréter.

«L'alliance de YHVH, que son nom soit sanctifié, avec Abraham, sur lui la grâce et la paix, précise que l'homme doit se couper d'une part de lui-même pour découvrir dans sa relation au monde ce qu'il doit découvrir de l'Absolu : sans image, ni de lui-même ni de quoi que ce soit. Pour retrouver ce qu'Adam, que son nom soit béni, a perdu, Abraham, sur lui la paix et le salut, se déplace. Il sort de chez lui, il va ailleurs, comme toi, me dit-il. Adam interprète le monde. Il découvre, une autre ressemblance que celle de Dieu. Avec l'image de soi, il est perdu. Il était nu. Abraham, sur lui la paix et le salut, se circoncit. Il change son image, pour s'approcher de Dieu. Il se coupe de sa pudeur, il tranche la honte de la séparation. Il ôte symboliquement son masque d'homme devant Dieu.

«L'alliance est le commencement d'un nouveau monde dans un nouvel homme, elle est la marque et le rappel du permanent commencement de la sacralité.

Rabbi Isaac eût sûrement approuvé, apprécié, même.

«Allâh, qu'il soit exalté, est plus grand que tout. Ce plus grand existe en toi, lorsque toi tu n'existes plus ; car lorsque tu existes, tu réduis le Tout à toi, et lorsque tu n'existes plus, tu intègres le Tout en toi ; tu l'intègres en toi, pourtant tu ne changes pas. Ainsi, Il est potentiel et nécessaire, infini et permanent. Va, cherche en toi ce qui correspond à cela.»

Il se tut, puis me renvoya.

Voilà qui était lumineux. Je devais être la victime d'un sacrifice par moi voulu, même Jésus s'y retrouvait. Ni image, ni sculpture, ni concept, ni structure, pensais-je, le monde ne se laisse appréhender que dans un étonnement permanent. Sans soi... Un étonnement qui ne laisse aucune place à un *a priori*. J'essayai de demeurer dans cette attitude.

De grands troupeaux de chèvres à longs poils traversaient le village accompagnés de familles de nomades. Les hommes et les enfants les encadraient de tous côtés tandis que les femmes, enrobées de couvertures de laine multicolore, le visage assombri par le hâle et de profondes rides, suivaient avec les petits chevaux chargés des tentes et des bagages, batteries de cuisine, tapis et édredons. Une errance, un mirage mouvant.

Les hommes paraissaient sévères. Leurs sourcils épais et rapprochés ajoutaient à leur regard pénétrant la gravité d'un respect de soi-même qui n'approche pourtant pas la vanité. Leurs yeux, habitués à chercher loin la brebis égarée, semblaient transpercer les corps et les visages trop proches. Leur réserve virile construisait autour d'eux un silence dont le mystère ne résistait pas à leur sourire. Ils étaient minces comme les grands marcheurs. Le turban leur composant une double tête les grandissait d'autant. Ils riaient de me regarder les regarder avec un permanent étonnement.

Cheikh Assam se racla la gorge, ranima le feu, sourit, s'approuva du chef, et me raconta cette histoire :

«Jadis, en Inde, vivait un homme dont on dit qu'il s'appelait Sarmad. Il venait d'un pays lointain, de Perse ou d'Arménie, peut-être d'ailleurs. Il avait été commerçant avant de se convertir à l'islam et de s'installer en Inde. Bien qu'il eût volontairement adopté cette religion, Sarmad refusait de dire le Kalma[135] en entier. Il ne prononçait que sa partie négative, "*Lâ ilâha*" — Il n'y a aucun Dieu —, laissant "*Illal-lâh*" — que Dieu —, dans le silence. Il fréquentait la cour de l'Empereur et se promenait nu.

«Un jour, les *ulémas* le convoquèrent et exigèrent qu'il dît le Kalma complet.

«"Comment le pourrais-je ? répliqua Sarmad. Jusqu'à présent je n'ai connu que l'aspect négatif du Kalma. Je ne suis pas encore parvenu à connaître l'aspect positif de la deuxième partie."

«Le conseil des *ulémas* déclara Sarmad hérétique, et le condamna à mort.

«On rapporte que le lendemain, sur l'échafaud, Sarmad souriait et dit :

"*Je dois me sacrifier pour Toi. O Viens, Viens.*
Quelle que soit la forme que Tu prennes,
Je Te reconnais bien.
Un bruit est survenu
Et du sommeil de la non-existence
Nous ouvrîmes nos yeux,
Voyant que la nuit tumultueuse demeurait immobile,
Nous nous sommes rendormis."

«Sarmad plaça alors sa tête sous le sabre du bourreau.

«On dit qu'après avoir été décapité, Sarmad prononça le Kalma entier trois fois. *Lâ ilâha Illal-lâh*, Il n'y a aucun Dieu que Dieu.

«Aujourd'hui cet homme est vénéré comme un saint. Tu trouveras sa tombe à Delhi, à côté de la grande mosquée.[136] Allez, va.»

Je pensai à Pascal qui, évoquant les apôtres torturés, déclarait qu'il croyait en ces témoins qui se font tuer plutôt que de nier ce qu'ils ont vu.

"Lâ ilâha, Lâ ilâha" — il n'y a aucun Dieu, non, pas de Dieu... Sarmad était un de ces témoins qui refuse jusqu'à la mort de faire un faux témoignage, qui ne parle de Dieu qu'avec la plus sincère honnêteté. Et s'il dit : "*Aucun Dieu*", il parle de ce qu'il sait : "*Aucun Dieu est Dieu*". La mort ne vaut pas un mensonge pour cet homme de foi. Et il dut recevoir sa condamnation comme un signe de l'amour véritable du Tout Puissant. Elle l'exilait de lui-même, l'affranchissait de l'homme que l'homme qui connaît Dieu ne veut plus assumer.

Sans aucun doute cheikh Assam m'avait conté cette légende pour que je questionne à la fois son intention et le sens du message du saint.

Le religieux a besoin d'un Dieu précis pour soutenir sa foi. Le mystique se passe même de Dieu pour élever sa foi. Sarmad exprimait et témoignait de cette vérité, insupportable pour les uns, évidente pour les autres.

Celui qui donne sa vie au Dieu-aucun-Dieu qu'il ne cessait cependant pas d'invoquer, m'invitait à m'interroger sur la nature de sa foi. Le sage est fidèle de sa connaissance du aucun, du rien, de la négation. Elle le porte plus loin. Telle est la nature de la sagesse. Sarmad était capable de nier jusqu'à Dieu pour la connaissance du véritable Absolu tout-contenant et vide. Il connaissait une certaine absence de Dieu que cheikh Assam reconnaissait, une absence de Dieu plus fidèle à Dieu qu'aucune image conceptuelle que l'islam ait créée d'Allâh. "*Lâ ilâha*", non, aucun Dieu. Sans Dieu, le sens de la création est la révélation de l'infinie ouverture du sens. Le sens précis est cherché par l'ego. "*Quelle que soit la forme que tu prennes, je te reconnais bien.*" Il n'y a aucun Dieu dans un monde qui n'est *que Dieu* ; aucun Dieu parce qu'il n'y a pas de séparation réelle entre l'homme et son créateur ; pas de lieu, pas de temps ni de conscience sans Lui.

«Qui prétend affirmer l'Unité de Dieu Lui donne par là même un associé... et renie ce qu'il dit, avait ajouté le *pîr*. Dire de Dieu "rien" est encore trop dire, déjà devenir idôlatre.

"Lâ ilâha", non, aucun Dieu, est la première relation à établir avec Dieu afin de s'affranchir de toute tentation concernant la divinité ; ni appropriation, ni exaltation, ni personnification et, bien sûr, aucun intermédiaire. Il n'y a aucun Dieu parce que certainement, Dieu est athée et qu'il n'y a que cela qui soit vrai.

Alors la négation de Dieu jusqu'au martyr conduit Sarmad aux portes de l'absolu qu'il connaît et où il vit l'omniprésence de la Vérité-Réalité. Il lui donne du sens et témoigne pour Lui, Allâh, l'Unique, le tout-contenant et le vide. "Le Guide Spirituel de l'univers", comme avait déjà dit cheikh Assam.

Un lama bouthanais ou tibétain assista à notre rencontre suivante. Il était assis non loin de moi et ne dit pas un mot tant que je fus là. Il me sourit et se contenta d'approuver de temps en temps. Cheikh Assam parla :

«Les bouddhistes l'appellent Mahamoudra, le grand symbole, l'expérience de la nature de l'Esprit, la sagesse (intérieure) apparue avec l'ignorance simultanément.

Là, j'étais en pays connu.

«Les phénomènes existent-ils ? Existent-ils indépendamment de leurs causes ? Qu'elle est la réalité de ce qui n'existe que par sa cause ?... La cause elle-même. Les phénomènes sont éphémères, transitoires, dépourvus d'une existence absolue ; ils sont relatifs, des relations.

Je croyais entendre lama Shérab.

«Ce que nous percevons comme réel est le lien qui nous attache au phénomène : des sensations, des pensées, des émotions. Les phénomènes sont des relations, mais dans l'absolu ils sont vides, vides de sens, et de jugement.

«La nature ultime de l'Esprit est pure parce que sans cause, sans lien, sans qualité. Dans le vide, tout peut apparaître. L'expérience de la nature de l'Esprit conduit à la sagesse de la vacuité des phénomènes. La vacuité n'est pas le rien, elle contient toutes les qualités.

«Cette expérience de la vacuité est celle de l'union du relatif et de l'absolu, la ré-union de la dualité observateur-observé, au-delà des oppositions cela existe-cela n'existe pas, au-delà de l'être et du non-être, dans une observation des phénomènes, vide de jugement, d'émotion, de projection, de caractère. *Tathâta*, ce que c'est, comme c'est, conduit au *dharmadhâtu*, au-delà de l'être et du non être, dans l'état primordial.

«La vacuité est celle de l'observateur ; et le vide, dans l'observation, n'est pas un néant, c'est un potentiel sans borne, comme l'espace, la conscience infinie qui connaît toute chose. Entre deux pensées, il y a un vide. Cette absence de création mentale, c'est ce que nous cherchons. Il faut méditer là-dessus, examiner en soi la stabilité profonde de cet instant de ... rien illuminant.

Il avait hésité sur le mot rien, comme s'il essayait de traduire une idée plus précise. J'osai alors lui poser une question personnelle.

- Vous parlez fort bien l'anglais...

Il sourit, me regarda avec amusement,

- J'ai fait des études de philosophie à Oxford, me répondit-il, il y a longtemps, avant la Seconde guerre des Européens.

Il ne s'appesantit pas sur ce thème.

«Ce n'est pas néant (*nothingness*), ni vide (*void*), absence plutôt, absence d'être (*selflessness*).

«“*C'est Lui qui est le premier et le dernier, le manifeste et le caché.*”[137] Lui contient la pluralité, mais il reste Un et Unique. Il y a sûrement plusieurs réalités, mais Une est la vérité de la réalité, celle qui dit : “Illal-lah” — *Que Dieu, que Dieu*.

«Lorsqu'Abraham vit une étoile, il dit : “Voici mon Dieu.” Mais l'étoile disparut et il dit : “Je n'aime pas ce qui disparaît.”[138] Lui seul est permanent.

«Nulle définition ne peut être donnée de l'inconnaissable. Mais l'inconnaissable n'est pas infréquentable.

Alors que je m'étais levé et que je le saluais très bas, il ajouta :

«Ne parle à personne, ne regarde personne, n'écoute personne... N'écris pas de lettre, ne lis aucun livre. Ne te nourris que de ce que nous disons ici.»

Je pris congé en remerciant.

Cheikh Assam me faisait pratiquer une à une toutes les religions. Force m'était de constater qu'elles menaient à une méditation sur la nature de l'Absolu et du réel qui entraînerait à l'union de l'immanence et de la transcendance.

Le vide, entre deux pensées, est un instant d'absence de création, l'état potentiel nécessaire à un infini commencement. Un état d'abandon.

Il commença ainsi :

«“*Lui, Allâh, est Un ! Allâh, l'impénétrable.*”[139]

«*Un* n'est pas un chiffre. Allâh, qu'Il soit exalté est Un, non par l'unité, ce n'est pas une quantité, par l'état. *Une* est l'essence de toute chose. Il n'y a pas de variation en lui, ni d'évolution, ni de temps. Et, “*rien ne lui ressemble. L'Eternel est près de tous ceux qui l'invoque*”[140], dit David, que son nom soit béni. Et Mahomet, le prophète, sur lui la grâce et la paix, dit : “*Je réponds à l'appel de celui qui M'invoque, quand il M'invoque.*”[141] Alors invoque-le !

Je l'invoquai.

«Va, observe les choses, décris-les, et constate dans l'infinité de ce que tu pourras dire, qu'Il n'est pas là, qu'Il est plus, toujours plus. Alors décris Dieu lui-même, par négation ; plus tu diras ce qu'il n'est pas, plus tu t'approcheras de lui ; et plus tu t'approcheras de sa nature, plus tu t'apercevras, comme David, sur Lui la paix et le salut, qu'il est près de toi, et tu diras comme lui : "*Pour toi le silence est la louange.*"[142] Dieu, qu'il soit exalté, dit à Moïse, sur lui soit le salut et la paix : "*Je serai qui je serai*"[143], "Je serai *m'envoie vers vous.*"[144] "Je serai", voilà l'ouverture, le nom qui est à la fois la clef et la porte, le sens même de Dieu.»

A la fois le clef et la porte... me répétai-je, quelle idée étrange.

Je passai la journée suivante sur une colline déserte à quelques kilomètres du village. J'observais devant moi une autre colline déserte. Quelle essence a cette création ? Quel Absolu Dieu peut-il être. Je ne puis connaître que moi-même, et je cherche en moi ce qui ne ressemble à rien...

Je me souvins d'un traité où maître Eckhart souligne du détachement "*qu'il ne veut ni ceci, ni cela, qu'il ne veut être rien et qu'il conduit l'homme à la plus grande ressemblance avec Dieu. Rejetez donc les images et unissez-vous à l'être sans forme*"[145], conclut le mystique chrétien.

J'observais la colline en face de moi. Son silence. Sa "louange" dirait le roi David, "*tathâta*" dirait Bouddha, l'"Etre suprême" disent les Upanishads. "*Le monde est une description*" dit Juan Matus à Carlos Castanéda. J'observais une absence de définition, de parole, de jugement, d'appréciation, d'image intérieure. J'observais ce qui est, un "je serai qui je serai" de toute chose. J'observais une observation qui ne s'interrogeait pas.

Je prenais maintenant le premier et le dernier comme deux stations confondues sur une échelle de causalité qui ne pouvait être que circulaire. Tout commencerait et s'achèverait dans une même position. "*Allâh vous a créé, il vous rappellera.*" Un même silence précède et achève toute pensée. C'est lui qu'il faut entendre... L'appel et la réponse sont mêmes. "*Je réponds à l'appel...*" "*Quand il m'invoque.*"

Dieu est près de tous ceux qui l'invoquent. Je l'invoquais. J'allais en dehors de toute pensée qui eût moi pour objet ou sujet. Qui est la clef, qui est la porte, où est le seuil ? Le premier "je serai" serait la clef, le second la porte. Peu importe l'ordre. "Qui" est le seuil. A la fois question et réponse. "*Je serai qui je serai.*"

L'attribut (que l'on associe à Dieu) prive l'absolu de sa nature infinie. La réflexivité ouvre sur l'infini. Cheikh Assam m'avait recommandé de me taire, de ne penser à rien, à rien d'autre que ce qu'il disait. Le monde divin est sans parole, sans image..., etc. L'être s'oppose à l'Esprit en cela qu'il s'oppose au silence, dirait rabbi Isaac. Je me sentais très proche d'un grand silence. D'une porte et d'une clef qui s'ouvrent mutuellement. Une autonomie.

La voix suppliante du muezzin creva la nuit :

«Allâhou Akbar» — Allâh est le plus grand.

Le lendemain :

«Certains croient qu'il y a un Dieu. Ils l'imaginent extérieur. Certains croient le connaître en eux, et certains le nomment... Certains ont renoncé à le chercher.

Il se tut longuement. Puis reprit :

«Ni image, ni idole, ni visage. Ni dans le ciel, ni sur la terre. Ni la lumière. Ni un symbole, ni une qualité, ni un attribut. Ni dans la pensée, ni dans l'imagination, ni un rêve.

Il se tut. Puis reprit :

«Chacun peut découvrir en lui la ressemblance de Dieu. Dé-couvrir le créateur — le permanent, immortel, infini, éternel, ...etc —, aller au-delà. Au-delà. Au-delà de soi, au-delà des causes. Devenir Tout, la vacuité-clarté, l'Un, ...etc. *Sans mot*, acheva-t-il brutalement.»

Un jeune garçon, timide, vêtu d'une longue *kurta* apparut dans l'embrasure de la porte. Il approcha prudemment et vint s'asseoir sur les jambes du maître.

«Va, me dit le cheikh, cherche Cela, mais ne cherche pas trop fort, ajouta-t-il en me montrant un rare sourire, on ne peut pas demander Cela, car Cela n'est pas soumis aux lois de causalité. Allâh fait ce qu'Il veut.»

A chaque rencontre, je trouvais cheikh Assam dans la pénombre, assis dans la même position, sur des couches de tapis superposés, comme s'il n'avait pas bougé pendant mon absence. Des livres posés à côté de lui, différents d'un jour à l'autre, témoignaient d'un changement. Il avait derrière lui une sorte d'armoire en bois beige aux motifs illisibles grossièrement sculptés qui lui servait de bibliothèque. Des ouvrages y étaient entassés à la manière chinoise, en pile : des manuscrits tibétains dont je reconnus la forme longue, recouverte d'étoffe rouge et jaune, d'anciens livres arabes et persans, reliés richement, écrits à la plume, et dont les pages étaient enluminées de dessins d'or. Parfois, certains d'entre eux étaient ouverts, empilés avec d'autres éditions plus modernes.

Un jour, j'ai remarqué, à cause des timbres, qu'il avait reçu un paquet provenant des Etats-Unis. Sans doute y avait-il un disciple ou un correspondant. Il est arrivé qu'une petite table basse soit devant lui ; un cahier d'écolier, quelques pages arrachées, soigneusement rédigées ; il écrivait peut-être des lettres, calligraphiées en différents alphabets.

Il y avait d'autres pièces dans cette maison, j'entendais parfois des voix d'enfants et de femmes. J'apportais de temps en temps des sacs de farine, un peu de légumes, une bouteille d'huile que je déposais discrètement dans un coin de la salle, où ils rejoignaient d'autres paquets.

En sortant, je croisais parfois d'autres visiteurs qui arrivaient. Certains habitaient le village, mais on venait aussi de loin. Ils embrassaient les mains du cheikh avec leurs joues.

Je rentrai chez moi. Dans ma chambre, des sacs de jute me servaient de tapis. J'installai une bougie devant moi, m'emmitouflai dans mon sac de couchage et j'observai mes pensées jusqu'à rejoindre l'état où elles se ralentissaient. Alors, je regardai Cela.

Quelques semaines passèrent ainsi.

Chapitre 22

La mort à la carte

«La prière n'est valide qu'avec la connaissance.»
Parole du Prophète

«...Et laisse tomber toutes les mesquineries courantes des hommes qui vivent leur vie comme si la mort n'allait jamais les toucher.»
Carlos Castaneda,
Voyage à Ixtlan

«Savez-vous que les livres de Ibn 'Arabî, 'Attar, Isfarayini, Rûmî, et d'autres saints soufis sont interdits dans presque tous les pays islamiques, notamment le Maghreb ?»
L'auteur

«Alors, as-tu compris, l'as-tu approché ? me demanda un soir cheikh Assam.

- Quoi ? demandai-je surpris.
- Ce qui crée le monde, précisa-t-il avec gravité et patience.
- J'ai compris... j'ai senti... je crois, dis-je en hésitant. Mais le moment où je parviens à ce *tout-incluant* ne dure pas, il fuit, je retombe en moi.

Le cheikh oscilla la tête de haut en bas en souriant. Il prit son tison de bois et se mit à jouer avec les braises.

- "*Celui qui crée le Grand Luminaire*"[146] dit David, sur lui la paix, dans les psaumes... "*Celui qui crée, non qui a créé*", précise le Zohar des juifs. Dieu crée le monde à chaque instant. A chaque instant. L'œuvre du commencement est constamment renouvelée. La création n'est pas fixée, elle n'est pas stable, elle est un processus, une dynamique. Tout, même toi, est une création instantanée et répétitive, cohérente en toi, par toi. Essaye de percevoir l'instant de la création, l'instant répétitif de la création.»

Il se tut. Je me souvins de rabbi Isaac qui m'avait dit à peu près la même chose. Je me souvins encore de mon swami de Delhi : "*Un instant à la fois, tout est possible.*" La pédagogie du cheikh était différente de celle de rabbi Isaac. Isaac m'étourdissait d'informations et de déductions. Avec Assam, une seule idée devait nourrir de longues méditations. Je laissais mes souvenirs pour pratiquer ce qui m'était suggéré. Cheikh Assam reprit :

«La pensée se crée sans cesse, il faut la ralentir. La regarder comme un monde qui se crée, de lui-même. Et enfin, essayer de percevoir l'instant d'absence de création.»

Avant de me congédier, il me fit pratiquer le *dhikr*. Il observa le rythme de mon souffle, le corrigea et rectifia ma prononciation du nom d'Allâh. Il pointa son index sur mon cœur et me dit de penser à Lui.

Ensuite, il ajouta un élément à l'exercice. En expirant, je devais dire : "Lâ ilâha". En inspirant : "Illal-lâh". Aucun Dieu, Que Dieu.

«Jusqu'à l'anéantissement.

«Lorsque ton esprit est troublé, pense au *dhikr*, lorsque tu fais quelque chose et lorsque tu ne fais rien, pense au *dhikr*. Allâh, qu'Il soit exalté, est sa propre réponse.

«Allez, va. Il te faudra beaucoup de patience, de vigilance, d'attention et d'efforts.»

Nous pratiquâmes le *dhikr* de plus en plus souvent.

L'Esprit crée l'être et sa pensée, alors l'être et sa pensée se prennent pour l'Esprit et empêchent l'Esprit de se percevoir et de se reconnaître dans son silence. De connaître son silence...

Deux jours plus tard :

«L'essentiel est que tu aies vu en toi ce que nous cherchons, car alors tu le retrouveras de plus en plus facilement, de plus en plus longuement. Une attitude crée le monde, une autre la dévoile. David, la paix soit sur lui, dit : "*Donnez de la puissance à Elohim.*"[147] Cela signifie que la pratique et le souvenir de cette attitude donnent la force et la présence du dévoilement. Et Isaïe, sur lui le salut, dit : "*Ils me feront un sanctuaire et je résiderai en eux*"[148] ; c'est donc bien en soi qu'il faut construire le temple pour accueillir la *Chekina* (la présence divine). "*Je réponds à l'appel*", promet Allâh.

Il se tut. Puis :

«La spiritualité consiste d'abord à sortir du monde, ensuite elle permet d'accueillir Dieu. "*En vérité tu es un Dieu qui se cache*"[149], dit Isaïe, la paix soit sur lui, et Dieu lui répond : "*Tournez-vous vers Moi et vous serez sauvés.*"[150] Dieu se cache, mais il est très proche... Il suffit de se tourner un peu, de regarder autrement. Nous appelons cela "le regard vers Dieu", c'est le "regard de la permanence". Il correspond à l'entrée dans le jardin divin.

- Il se cache, mais lorsque je le dévoile, je n'arrive pas à me maintenir dans cet état de conscience.

- Ce n'est pas un état de conscience. Conscience de quoi, de qui ? C'est un état sans conscience, conscient de lumière.

«La proximité divine de l'homme est voilée. Observe ce voile en toi, sens ce qui te sépare de Lui, et ensuite dépasse-le.»

J'ai entendu des idées identiques énoncées par des hommes de religions différentes, parfois politiquement ennemis, à des milliers de kilomètres les uns des autres. De l'Orient à l'Occident, tous les mystiques que j'ai rencontrés emploient la métaphore du voile.

«"*Entre vous et nous, il y a un voile.*"[151] Entre l'homme et Dieu, il a un voile, poursuivit cheikh Assam, qui est à la fois un désir et une liberté. La séparation entre le créateur et la créature permet à la créature d'exister comme une personne, libre, dans un spectacle d'existence. Inversement, l'absence de séparation, la dissolution du voile, donne accès à l'Absolu, mais détruit l'homme. "*Il n'a pas été donné à un mortel qu'Allâh lui parle sinon par révélation ou derrière un voile.*"[152] "*Nul ne peut me voir et vivre*",[153] dit YHVH, que son nom soit sanctifié, à Moïse, sur lui la grâce et la paix ; lorsqu'on est avec l'Absolu, on n'est plus avec soi. David, la paix soit sur lui, nous révèle un moyen, il dit : "*Dieu est ton ombre, près de ta main droite.*"»[154]

Cheikh Assam disait Dieu, Allâh, l'Esprit ou l'âme dans un sens quasi identique.

Aussitôt sorti, je regardai l'ombre de ma main dans le faisceau de ma lampe de poche. Pendant un moment, immobile je perdis toute volonté sur mon bras. Dans le temps de suspension de toute décision, une force sans volonté se répandit en moi, écartant plus encore ma volonté sur moi-même. L'ombre de mon bras était-elle moi, comme moi j'étais une extension de l'Esprit ?... Différent en apparence et pourtant issu d'une même intention... Je suis à mon ombre ce que Dieu est à moi. Pour animer mon bras, il me fallait me reposséder de ma volonté, être.

Alors que je bougeai le bras et que l'ombre se modifia, j'observai en elle les effets de ma volonté, sa manifestation et, dans cette manifestation, je contemplai la création tout entière ; et sa source, ma volonté qui est aussi le *voile*.

«Allâh, qu'Il soit exalté, se définit comme la source de toute chose, alors que l'être se définit par les effets qu'il subit et qu'il produit. L'être est attiré à l'extérieur de lui par ses besoins et ses désirs ; les sens l'informent, sa pensée et sa mémoire le maintiennent dans une intention à peu près cohérente, les émotions et les sensations l'instruisent sur les qualités de ses relations avec l'extérieur et avec lui-même, la conscience lui permet de se connaître et de se reconnaître. Ainsi, il a de bonnes raisons de croire, mais c'est une foi et une habitude, que les seules réalités sont celles qu'il perçoit, comprend ou ressent.

«Chaque parcelle de poussière est un univers entier, mais l'homme ne le voit pas. Il n'existe qu'une seule véritable réalité, l'Unicité.

- On dit souvent que Dieu est en soi...

- Dans quel soi ? m'interrompit-il. Où, comment faut-il le chercher ? Que faut-il chercher ? Que cherchons-nous ?

Il prit un livre dans une pile à côté de lui, l'ouvrit et lut :

«On demande à Bayezid Bestami, sur lui soit la paix : "Par quel moyen peut-on parvenir jusqu'à Dieu ?" et il répond : "*En se faisant aveugle, sourd et muet*" et il ajouta ce que le Seigneur lui dit : "*Quiconque renonce à lui-même arrive jusqu'à Moi.*"[155]

«Isaïe et Matthieu, sur eux soient la paix et le salut, donnent une indication : "*Vous aurez beau entendre, vous ne comprendrez pas, vous aurez beau regarder, vous ne verrez pas*"[156] : ce n'est pas avec l'ouïe ou la vue qu'il faut le percevoir, nous disent le Prophète et l'Apôtre.

«"*C'est par Mon œil que tu Me vois et que tu te vois*", dit Ibn Arabî.

Il prit un autre livre.

«Ecoute ce juif d'Egypte, la paix soit sur lui : "*Si tu désires t'approcher de la présence divine, alors tu dois te rendre compte que tu es une créature insignifiante. Tu dois te purifier de tes souillures, te nettoyer.*"[157] Quelles souillures ? Toi !

Il fit une pause. Puis :

«"*Celui qui existe par lui-même a créé les sens extérieurs. C'est pour cela que l'homme voit l'extérieur, mais pas l'Esprit intérieur. Le sage désirant l'immortalité détourne ses yeux de l'extérieur et regarde l'Esprit en lui.*"[158] Cela vient de l'Inde. Ces sages ne parlent-ils pas d'une même chose ? Même Lao Tseu, le Chinois, la paix soit sur lui : "*Toutes choses naissent de l'être, l'être naît dans le non-être.*"[159] La Bhagavad Gîtâ ajoute : "*On dit que les sens dépassent les objets sensibles, la faculté mentale dépasse les sens, la faculté intellectuelle dépasse la faculté mentale, mais celui qui est au-dessus de la faculté intellectuelle, c'est Lui.*"[160]

«La faculté mentale c'est la pensée, le soi pensant ; la faculté intellectuelle est le principe de discernement, la conscience en tant que principe non fragmenté ; Lui, c'est l'Esprit suprême, on l'appelle aussi Ishwara, la manifestation personnelle de Brahman, l'*âtman*, le témoin ; pour moi, c'est Allâh, et tu le nommes peut-être le Père ou YHVH. Sont-ils mêmes ? Ceux qui se sont "abreuvés à l'eau pure" de la connaissance le savent bien, les autres les croient différents. Seuls ceux qui sont très ignorants se permettent de penser leur absolu différent de celui des autres. Ignorants, ils ne savent pas de quoi et de qui ils parlent. Ils disent ce qu'il leur convient de dire pour des raisons qu'ils placent plus haut que l'Absolu.

Cheikh Assam prit un livre, et lut à haute voix une phrase de temps en temps :

«*Contemple le monde entièrement inclus en toi-même... Tu es l'écorce du monde en son propre sein, sache que tu es toi-même l'âme de l'univers... contemple le non-être qui est la preuve de l'être... Ce n'est pas de toi que provient ta permanence, c'est de Lui... O intérieur qui es aussi l'essence de l'extérieur... Elève-toi au-dessus du temps et de l'espace, laisse ce monde et sois toi-même un monde pour toi-même.*"[161] Va.»

Par moment, dans la pénombre traversée de fumée qui me brûlait les yeux, transporté par le discours du cheikh, tout me paraissait irréel, mais limpide, vertigineux et mouvant et pourtant, je me sentais plus stable qu'à l'ordinaire, uni. L'expérience de l'Esprit n'était-elle pas cette sensation consciente d'une conscience totalisante qui se révélait sans avoir ni sujet, ni objet, ni auteur ; comme si, ni la pénombre, ni cheikh Assam, ni moi, ni le feu, ni les livres, ni même le discours ne formaient la réalité, ni cette somme qu'était l'événement au-delà de ses composants, ni son sens qui n'aurait été qu'un choix, mais sans fin, ce qui les précédait dans leur jaillissement du néant, comme si un monde uni précédait un monde manifeste dans une infime fraction de temps, constamment.

La présence physique du cheikh me donnait un immédiat sentiment de bénédiction, de paix sans raison, une sorte d'évanouissement du souci du moi. Son influence perdurait bien après ma visite.

«Lorsqu'on accepte que toute chose soit... (il hésita) plus qu'elle-même, se résolut-il à dire, et lorsqu'on regarde en toute chose sa qualité précieuse, — toute chose ! même la pire — me précisa-t-il, on peut ressentir l'état spirituel du monde, notre rapport spirituel avec lui, l'Absolu dans son aspect à la fois fondateur et éphémère... et très précieux...

«Alors, toute chose t'apparaît comme Dieu et Dieu commence à relever les voiles qui te séparent de lui, et toi, tu cesses de le voiler ; alors toute chose devient pour toi la manifestation de Dieu — la manifestation, pas Dieu ! — son miroir, un certain miroir de toi sans toi.

Il me laissa quelque temps pour découvrir ce regard en moi.

«Lorsque tu apparais dans les choses que tu observes, Dieu s'en retire, la manifestation est alors le miroir de toi.

Il attendit encore.

«"*Dieu*, nous dit Ibn 'Arabî, *est le miroir dans lequel tu te vois toi-même, comme tu es Son miroir dans lequel il contemple Ses noms. Or ceux-ci ne sont rien d'autre que Lui-même.*"[162] C'est pourquoi la beauté n'apparaît que dans la sévérité de la volonté divine.

- Qu'est-ce que la beauté ?

Il sourit comme un pédagogue.

- L'en-soi des choses, dit-il en suivant sa logique. Comme ibn Wâsi le dit : "*Je n'ai jamais rien vu sans y voir Dieu.*"

- Qu'est-ce que la volonté divine ?

- La lumière de la pureté qui te guide dans tes exigences les plus hautes, les crée et les maintient. Comme Shiblî le dit : "*Je n'ai jamais rien vu d'autre que Dieu.*"

Il me laissa m'absorber dans cet état, puis :

«Vois le monde comme un état spirituel.

«Ouvre les mains devant toi, et ouvre-toi à l'offrande de toi. Lorsque tu détournes ton regard des choses créées, tu vois leur créateur, en toi.»

«Ecoute ce Bayesid, la paix soit sur lui : "*Le cœur dans lequel pénètre l'amour de Dieu repousse et rejette tout autre amour... Quiconque a la connaissance du seigneur très haut détourne forcément son visage de ce bas monde et des créatures.*"[163]

Il se tut. La chaleur du feu me cuisait les joues et la fumée me brûlait les yeux. Le cheikh, lui, était impassible, comme immuable.

«Il n'y a rien à choisir. Aime sans choisir, aime toute chose également et complètement, aime de l'amour de Dieu. Comme le rapporte Jean, le chrétien, la paix soit sur lui : "*N'aimez ni l'univers, ni ce qui est dans le temps et l'espace. Si quelqu'un aime le monde et l'univers, l'amour du Père n'est pas en lui.*"»[164]

Il se tut longuement.

«Mahomet, le Prophète, sur lui soit la grâce et la paix, nous dit : "*Sache qu'en vérité Dieu se cache entre l'homme et son cœur.*"[165]

Après encore un long silence il me renvoya :

«Pense à tout ceci et regarde en toi le plus précieux : l'ultime amour infini.

«Encore une chose ! Le silence après le *dhikr* est plus important que le *dhikr* lui-même. Va»

"Entre l'homme et son cœur"... Mais qu'est-ce que son cœur ?

Je cherchais un amour qui ne soit pas un état d'âme. Il faut s'aimer bien pour apprécier le monde, quoi qu'il soit. Le mépris de soi-même anéantit l'amour de la vie, l'Amour comme vertu de l'âme. Je pensais à Elisabeth de la trinité qui appelle Dieu en le priant : "*Aide-moi à m'oublier*". Il n'y a d'amour de Dieu, ou d'amour de soi, ou d'amour de l'Amour, que dans un oubli de soi. S'oublier pour s'aimer. Seul un amour qui ne soit pas le reflet de quelque chose peut être infini. Reflet de moi, il a mes contours, physiques, mentaux, même métaphysiques ; il a ma finitude, il demeure dans mes appropriations.

Pratiquement, il s'agit de ne rien choisir, aurait dit rabbi Isaac, ni une partie de la création, ni soi.

Je cherchais donc, non un amour de créature pour une partie de la création mais un amour pour le créateur, un amour de la faculté de créer, un amour de l'étonnement d'être plutôt que de l'être, un amour de l'infini.

Entre cet amour et l'homme, il y a Dieu, ce lien, cette réminiscence.

L'agressivité de quelques moustiques avides m'appela à observer la banale difficulté d'accès à cet amour transcendant. Je songeai à Henri Laborit qui définit l'homme biologique : "*La raison d'être de l'être, c'est être.*" "Survivre" dicterait ses règles à "vivre". L'homme, pourtant, invente, conçoit, déduit, projette, ou rencontre un plus à l'être, une autre raison d'être qu'être, un sens moins fini qui rende être plus grand que lui. Entre l'homme et son cœur, il y a Allâh, le Guide spirituel, un autre cœur, le cœur des choses. Le saint du saint. "Celui-là est à droite", avait dit cheikh Assam.

Cheikh Assam prit un livre :

«"*Tu devras demeurer ferme durant une longue période, réduisant ton appétit des occupations qui ne sont pas nécessaires, jusqu'au moment où cette attitude, cessant de requérir un effort, te viendra avec naturel ; ta faculté imaginative deviendra limpide et tout ce qui est gravé sur la table bien gardée...* (il me regarda pour ajouter : cela signifie la connaissance spirituelle, la loi et les secrets de la loi et poursuivit) "*...te sera manifesté. ...Tu parleras des mystères scellés.*"[166]

Il joua avec la braise fumante et nous demeurâmes l'un devant l'autre dans cette pièce sombre où nous cherchions sans hâte la table des mystères.

J'avais déjà l'impression de m'y consacrer un peu, et d'avoir découvert quelques-uns des mystères...

Il prit un autre livre :

"*Sans franchir sa porte, on connaît l'univers*
Sans regarder par sa fenêtre
on aperçoit la voie du ciel
Plus on va loin moins on connaît.
Le saint connaît sans voyager
Comprends sans regarder
Accomplis sans agir."[167]

J'étais transi de reconnaissance pour cet homme qui vivait comme un saint et me donnait tant. Il me regarda en me souriant. Je voulais pleurer, pour rien, pour me dissoudre dans des larmes. Il me faisait participer à sa grâce en me tirant sur son parcours, sans franchir sa porte. Et il me faisait faire ce que je n'avais jamais réussi à faire : rien, accomplir sans agir. Il détourna les yeux, je baissai les miens. Et nous demeurâmes longtemps dans cette impression. Je me suis souvenu que vaincre une peur donne un pouvoir ; ce jour-là, j'avais conquis quelque chose. Un sens de l'être sans qualité.

Il prit un autre livre :

«"*Toutes les créatures, toutes leurs actions, leurs habiletés ne peuvent atteindre Dieu, ni s'élever jusqu'à lui ; aussi l'âme doit-elle se dépouiller de tout créé, de ses actions, de ses habiletés, c'est-à-dire de sa manière de juger, de goûter, de sentir ; c'est dégagée de tout ce qui n'est pas semblable ou conforme à Dieu, qu'elle arrive à recevoir sa ressemblance avec Dieu ; il n'y a plus rien en elle qui ne soit la volonté de Dieu, et elle s'est transformée en lui... Le moyen pour l'âme de parvenir à l'union divine consiste dans la pureté et l'amour, c'est-à-dire dans le dépouillement et l'abnégation.*"[168]

Dans cette pièce aux volets clos, d'où je ne vit jamais sortir cheikh Assam, à nouveau nous appréciâmes en silence ces paroles de saint. Puis dans un autre livre :

«"*Lorsque c'en est fini de celui qui regarde et de ce qui est regardé,*
Lorsque c'en est fini de celui qui réfléchit et de l'objet de réflexion,
Lorsque c'en est fini de l'acteur et de l'acte,
Lorsque c'en est fini du protecteur et de ce qui est à protéger,
C'en est fini de l'auteur et de l'œuvre,
Alors le fruit devient réalité."[169]

Il referma le livre avec grand soin. J'eus un frisson... comme si quelque chose sortait de moi. Je me sentis resserré et parfaitement serein. Union d'opposés, ni ceci ni cela ; la réalité n'existe que lorsque je suis le monde... le fruit est l'union qui devient réalité.

Cheikh Assam continua :

«"*Celui dans le cœur duquel s'implante l'amour de la mort, Dieu ne lui donne d'affection que pour les choses durables et lui fait prendre en haine les choses périssables.*"[170]

«Le Coran est très clair sur cela, dit le *pîr* en jetant une bûche dans le feu qui éternua un brouillard d'étincelles. Il prit le livre du Prophète, tourna les pages comme quelqu'un qui sait où trouver ce qu'il cherche et lut :

«"*La Vie Immédiate est seulement à la ressemblance d'une eau que nous faisons descendre du ciel... Nous en récoltons les fruits comme si, la veille, ils n'avaient pas existé. Ainsi nous avons rendu les signes intelligibles pour un peuple qui réfléchit.*"[171]

Il se tut, pour me donner le temps de comprendre. Puis :

«Je t'ai d'abord lu les paroles d'un juif, puis celles d'un chinois, le troisième livre fut écrit par un mystique chrétien, ensuite, ce fut celui d'un bouddhiste et enfin, les paroles d'un soufi avant celles du Prophète, sur lui la grâce et la paix.

«Elles décrivent des routes qui peuvent mener vers Lui ; qui sait laquelle t'y conduira, qui sait si aucune peut t'aider. Si tu lisais tous les livres de la sagesse, que t'en resterait-il sans la puissance du maître spirituel de l'univers. Il ne suffit pas de comprendre avec l'intelligence, bien que cela puisse être utile, il faut changer le corps et l'âme, se transformer, réaliser en acte, vivre cette purification des désirs et des tendances jusqu'à connaître, pénétrer d'amour et de désirs la présence de l'absolu, puis demeurer dans cette présence... Nous pourrions en parler pendant des années, la décrire de mille façons, à quoi cela servirait-il ? Si ton cœur est ailleurs, à quoi bon ; si ton cœur est avec Lui, tu n'en as pas besoin. J'ai ouvert pour toi quelques-uns des chemins qui permettent d'aller au-delà de l'être, de dépasser la pensée, les sens, la mémoire, la conscience, les tendances, les aspirations affectives, les soifs, les références intellectuelles et émotionnelles. Toi seul peut dé-couvrir (*uncover*) ce que tu cherches, ton lien avec le principe qui te crée, la connaissance de la puissance et l'amour.»

"*L'amour de la mort*", la mort... résonnait dans mon cœur comme une proposition banale. J'en étais étonné.

Je saluai très bas mon *pîr* avant de le quitter. Je m'assis dans la cour, contre un arbre. Où est mon cœur ?

Entre les deux, entre plusieurs états, il balance, comme on dit dans la chanson. Je pensais à "*Dieu se cache entre l'homme et son cœur.*" Entre l'homme et son cœur, Khoraçari plaçait l'amour de la mort... Tout ce qui est périssable, c'est-à-dire *tout*, tire l'existence dans l'absurde. La mort renvoie au centre, appelle un essentiel. La seule chose durable, impérissable est un point de vue : le point de vue de Cela sur Cela.

Se débarrasser de soi ? pensai-je, Mais comment ? Accepter de mourir ? Qui peut dire qu'il ne tient pas à lui ? Ah, si je pouvais aimer la mort... Je cessai de penser et bientôt, je m'endormis.

Moi ! décidai-je enfin en m'éveillant. Moi, je décide que je ne tiens plus à moi. (Combien de temps y croirai-je ?)

«Nous ne cherchons pas la foi, croire en quelque chose ne nous intéresse pas. Nous devons cependant aller plus loin que comprendre, plus loin que l'obéissance, plus loin que la loi. Croire sans comprendre, croire en renonçant à l'intelligence, ce n'est que de la superstition. Faire sans comprendre, la dévotion sans recherche intellectuelle, ce n'est que de l'espoir, ce n'est pas encore assez. L'espoir est un élan ; il lui manque une méthode. L'aspiration est la puissance méthodique qui rend l'espoir négligeable. Un rapport émotionnel avec la divinité, c'est insuffisant si ce n'est pas le seul rapport que l'on ait au monde. Savoir sans connaître, ce n'est qu'une accumulation, une forme de possession, d'avidité.

«La raison à elle seule est incapable d'absolu. "*Cet âtman, on ne peut pas l'atteindre par la discussion*"[172], disent les hindous. Tous les sages le disent depuis toujours. La raison ne peut pas se dépasser, raisonner jusqu'à démontrer son inexistence, car, démontrant son inexistence, elle demeure dans l'existence.

«L'intelligence te donne le but intellectuel qui t'inspire la continuité dans ta recherche. Le savoir et la compréhension contentent ta raison et te donnent de l'assiduité. Mais le trésor n'est pas une déduction, ni une spéculation, ni une idée, ni un savoir, ni un rituel... La dévotion te donne l'amour. La compréhension et la dévotion ensemble te donnent le commencement de la connaissance : l'ouverture de l'âme qui laisse entrevoir la grandeur du trésor, la proximité. Mais c'est d'une pratique assidue de ce point de vue que dépendra l'Union avec l'amour du créateur. Alors, "*Où que vous vous tourniez, là est la face de Dieu.*"[173]

«Pour atteindre le but, il faut accepter de n'être rien. Plus tu t'approcheras du but, plus tu accepteras de n'être rien. "*Celui qui voit tous les êtres dans l'Esprit et l'Esprit dans tous les êtres, l'Esprit ne le quitte pas.*"[174] Voilà ce que disent les Upanishads. Rien. Que l'Esprit. Que Dieu.

«La Bhagavad Gîtâ tout entière est une méthode de libération qui mène à la connaissance du but : "*Le sacrifice, le don, l'ascèse sont des moyens de purification.*"[175]

Il prenait des livres les uns après les autres, lentement ; parfois il les ouvrait mais ne lisait pas, souvent il les tenait fermés entre ses mains un peu noircies par le feu et la cendre, comme s'il lisait à travers avec ses paumes.

«"*Lui est avec vous où que vous soyez*"[176], dit le Coran. Dieu donne l'inspiration de l'appel de la perfection. Un *hadîth* propose : "*Adore Dieu comme si tu le voyais, car si tu ne Le vois pas, Lui te voit.*"

«Va, va, dit-il pour clore cette rencontre, je parle trop.»

«Bientôt nous parlerons de la mort, m'annonça-t-il calmement.

J'avais oublié que le premier jour c'est de la mort que j'avais demandé à cheikh Assam de me parler.

«Nous avons d'abord examiné la nature de Dieu, ensuite nous avons essayé de comprendre comment on peut le trouver. Tout au long de ce parcours, nous l'avons cherché. Maintenant, nous allons parler de toi, de l'être, de soi. Toi, qu'est-ce que c'est ?

- Rien ! dis-je avec conviction.

Il sourit gentiment.

- Ce n'est pas totalement rien, dit-il plus sobrement.

«Nous avons une pensée qui pense et nous croyons être cette pensée. Cette pensée pense la réalité. Nous avons des sens qui nous offrent une forme causale de la manifestation. Nous avons une fonction affective qui produit des émotions auxquelles nous nous identifions. C'est à peu près tout. Il y a aussi quelques détails : la mémoire qui conserve des traces de la pensée et de l'émotion ; la conscience qui permet de juger, c'est-à-dire d'associer et de comparer des éléments de la pensée avec des valeurs et de se les approprier, de se croire réfléchi en eux ; il y a des principes qui sont au fond des méthodes de réflexion, des fondations pour la pensée.»

Et il ajouta en faisant un rare geste large : «etc... etc...

- "*Je pense donc je suis*", dit Descartes, le philosophe français, que son nom soit...

- ... Il prend ainsi une partie pour le tout. Il exprime la tentation qu'il ressent de se limiter à la pensée, c'est-à-dire à ce qu'il entend, veut, imagine et sent, de limiter le monde à soi, et l'âme aux mouvements intérieurs dont on prend conscience. Il faut faire très attention aux limites que la pensée crée pour se protéger. Si on la laisse dominer, alors on devient ce que l'on pense. "Je suis ce que je pense."

- Descartes pense que l'âme cesse d'exister lorsqu'elle cesse de penser...

- Je dis qu'on commence à prendre conscience de l'âme lorsque la pensée se tait.

Il laissa entrer le silence, puis reprit :

«La pensée crée un homme dans un monde précis ; sans la pensée, il n'y a pas de monde précis, ni d'homme dans un monde. L'âme peut alors se révéler. La capacité de se penser se nomme elle-même "moi". Sans la pensée, il n'y a plus de moi, il n'y a plus que la vie. C'est pourquoi le moi craint le silence, le non-être. La pensée ne les conçoit pas. L'être ne peut se concevoir ne se concevant pas, et s'il ne conçoit rien d'autre que lui-même, s'il ne cherche ni âme, ni Dieu, ni Absolu, il est possédé par un unique et puissant désir de lui-même, par un puissant attachement à lui-même et au monde qui n'est que le monde de sa pensée, son monde. Ainsi il se maintient dans une pensée de lui-même et du monde. Finalement, le monde est le sens que chacun donne... à sa pensée dans sa pensée, dans sa pensée ! répéta-t-il. Le monde, ce que nous croyons du monde, soi, ce que nous croyons de soi, n'est que la relation que chacun entretient avec lui-même...»

Je pensai à un livre d'Alexandra David-Neel que j'avais emporté dans ce voyage et dans lequel j'avais lu : "*Toutes nos explorations mentales et physiques s'effectuent en vase clos. Ce vase étant notre individu matériel et spirituel. Nous ne sortons jamais de nous-mêmes. Il ne peut y avoir d'évasion hors de soi-même, ni hors du monde où l'on vit, car ce monde n'est pas hors de nous, il est en nous.*"[177]

Cheikh Assam poursuivit :

«"*L'homme pris dans l'avidité de sa soif prend le mirage pour de l'eau et n'y trouve rien.*"[178] L'eau est le mobile de sa recherche en raison du mobile de la vie qui y est contenu, commente Ibn 'Arabî[179], sur lui la paix et le salut. S'il se laisse prendre par l'avidité de sa soif, ou de son désir, il ne trouve rien que la soif qu'il avait déjà, un désespoir, un mirage dépourvu de sens. Mais s'il comprend que la soif lui offre le motif de sa quête, il va se rendre compte que le mirage est un but en lui-même et qu'il lui montre sa propre nature. Alors, qu'il boive enfin de l'eau ou regarde un mirage, l'assoiffé connaît la Vérité.»

Il ferma les yeux. Son visage exprimait sa paix. Ses pommettes hautes lui faisaient une sorte de sourire permanent, tel celui que l'on trouve sur les représentations de Bouddha en méditation. Je pensai : "Si je n'étais resté avec ce cheikh que pour entendre ces paroles, cela m'aurait suffi."

Il reprit :

«La qualité de perception, la perception de l'objet et l'objet appartiennent à la nature de l'Esprit...

Il prit un gros livre, l'ouvrit sur ses jambes, chercha une page :

«Ici ! Le *suramgama sutra*, de Bouddha : "*Ce qui perçoit la perception est la réalité absolue.*"[180] Il referma le livre. C'est pourquoi notre Coran explique : "*Où tu te tournes est la face de Dieu.*"[181] C'est pour cela qu'il faut apprendre à voir les choses comme elles sont, afin qu'il n'y ait rien d'autre dans la perception. Regarder ce qui perçoit la perception avec l'objet, cela permet d'approcher la réalité absolue, Allâh, qu'il soit exalté, l'éternel témoin, le Guide. "*Allâh de toute chose est témoin*"[182], dit le Prophète, sur lui la grâce et la paix.

«De même que l'intérêt que l'on accorde à ses rêves fait qu'on s'en souvient, de même l'attention que l'on accorde au spectacle de la conscience en tant que spectacle, permet que l'on prenne conscience de l'absolu et du relatif en soi et dans le monde. La pratique de cette attention lui donne sa force. "*Souvenez-vous de moi, je me souviendrai de vous, remerciez-moi, ne m'effacez pas.*"[183]

«"*Pour les gens de Vérité, le monde et leur moi sont une seule chose.*"[184] "*Quand Je l'aimerai*, révèle un *hadîth*[185], *Je serai l'oreille avec laquelle il entendra, l'œil avec lequel il verra, la main avec laquelle il frappera, le pied avec lequel il marchera.*" Tout se transforme pour celui qui pratique cela.

«Va, conclut-il, et regarde par ce qui perçoit la perception. Va.»

Des années auparavant ce miracle s'était produit une première fois à Kagyu Ling avec lama Samten. Je rappelai cette attention encore et encore.

«"*Allâh vous a créé, il vous rappellera.*" Il y a deux réalités. Celle d'Allâh, dont nous avons parlé, et celle du moi, de l'être, créateur d'un monde relatif à lui, éphémère, impermanent ; créateur de pensées et créateur de lui-même comme il se pense, se conçoit, se définit, change, évolue, se construit dans un continuum de sensations, d'idées, de désirs, d'émotions, et comme ses tendances qui lui sont plus ou moins conscientes le fondent, comme il jouit, souffre, comme il dit : "Je suis, j'existe."

«L'âme (le témoin, le guide) crée un homme, ou un être, si tu préfères, qui croit exister parce qu'il se pense, sent, ...etc. Sa pensée et ses autres fonctions le réduisent à elles, voilent le principe créateur qui les crée et qu'il est fondamentalement, voile sa cause. Il perd ainsi la réalité de l'absolu. "*Des ténèbres il fait une mystérieuse retraite*", dit David, que la paix soit sur lui. Dans les ténèbres du corps et de l'être, au fond de l'ignorance, quelque chose est éternellement vigilant. Nous l'appelons l'âme.

Et il se tut longuement avant de poursuivre :

«Lorsque nous rêvons, dit-il, nous croyons en la réalité des situations de nos rêves, pendant nos rêves. Pourtant lorsque nous nous réveillons, nous

nous apercevons que le rêve n'était réel que dans la réalité des rêves. Pendant que nous sommes concentrés dans une activité, rien n'existe que ce qui la concerne, le reste du monde disparaît de notre conscience, jusqu'à ce que, par exemple, un chien aboie devant notre porte et nous attire ailleurs, dans un autre monde. Lorsque nous imaginons quelque chose, le monde entier est celui de notre imagination, lorsque nous prenons conscience de nous-même, le monde se réduit à soi, lorsque nous sommes absorbé dans un film de cinéma nous ne sommes plus nous-mêmes dans notre histoire, nous sommes quelqu'un d'autre dans une autre histoire, et lorsque nous le pensons, le monde est ce que nous pensons de lui. Chaque état d'attention n'existe qu'en lui-même, dans sa réalité formelle, un instant à la fois.

«Allâh nous voit même si nous ne Le voyons pas. "*Car nul ne voit Dieu que Dieu*", dit un *hadîth* ; c'est pourquoi nous disons "Lâ ilâha" — Non aucun Dieu. Mais si nous voyons la main de Dieu en toute chose, nous commençons à comprendre "Illal-lâh", que Dieu. Cette attention nous ramène à la raison fondamentale, "*Que Dieu nous montre Dieu. Consacre-toi à Lui totalement.*"[186] J'ai vu Dieu par Dieu, dit le Messager, sur lui le salut et la paix.

«As-tu compris ?

- Une certaine attention, celle d'Allâh, Maître spirituel universel, transcende les autres et les modifie. Cette attention se voit elle-même en vérité.

- "*Et ils connaîtront qu'Allâh* (le Guide) *est la vérité évidente.*"[187]

«Dans cette attention, nous faisons l'expérience de l'absence de l'être, de sa vanité et de son mensonge. "*Nous frappons par la vérité sur la vanité ou le mensonge, et elle l'anéantit. Malheur à ce qu'ils s'imaginent.*"[188]

«*Don't misunderstand me*, ne nous y trompons pas, la vie n'est pas un rêve — le rêve est une expression d'une partie de l'être. La vie est l'expression de ses moyens dans ses formes, précisément. Elle nous paraît solide, fiable, et elle l'est, dans ses moyens et dans ses formes. Avons-nous la capacité d'appréhender la totalité des possibles ? Non ! et de loin. En vérité, nous n'avons accès qu'à une très mince bande de la réalité possible, une minuscule fraction du potentiel. Nous ne voyons pas dans le noir, pourtant il s'y passe des choses bien que nous les ignorions. Nous n'entendons pas ce qui se dit en ce moment dans une autre maison, pourtant quelqu'un y parle peut-être. Notre pensée ne fait qu'une histoire — celle de cet être en particulier. L'être est l'histoire de sa pensée et de ses expériences. A quoi bon vivre deux ou trois siècles ? On peut accumuler du savoir, pas la connaissance d'Allâh. Pour posséder le savoir, l'éternité n'est pas suffisante, pour connaître le Guide, un instant est assez. Il faut déplacer l'attention, de celle de l'appréhension à celle du discernement. Veille cette nuit sur ces paroles.»

«Nous savons que l'homme meurt, que même les objets les plus solides ne sont pas inaltérables. Tout se transforme, tout disparaît. Notre idée du monde change aussi, varie ; ma pensée de moi-même me crée dans une certaine idée de moi-même, dans une image. Mais cela change aussi, grâce à Dieu ! Les idées et les pensées que j'ai de moi-même et du monde, à chaque instant créent un être dans un monde ; mais elles changent car je ne pense pas toujours la même chose. Ma pensée précédente disparaît, et avec elle, le monde et moi changeons. Ma pensée précédente meurt, et avec elle, un être et un monde disparaissent. Elle n'est plus que potentielle, en tant que souvenir, et potentielle en tant que création, mais dans l'instant où une autre pensée l'a remplacée, elle est morte. La pensée crée un monde extrêmement impermanent, car elle est comme cela. La mémoire lui donne un semblant de continuité, mais elle ne contient que des ombres, elle aussi est impermanente. Elle est mortelle.

«La pensée crée un être qui croit penser la pensée. L'être crée, par la pensée, un être mortel. L'être créé par l'impermanente pensée est un être impermanent, mortel. La pensée qui est mortelle crée la mort. Elle est la mort. L'homme qui s'identifie à sa pensée se crée comme sa pensée. L'homme qui s'identifie à sa pensée crée sa mort.»

J'ai eu froid dans le dos. Il se tut, joua avec le feu, ajouta des branches ; le brasier se ranima. Il avait parlé de sa voix très douce, sur le ton du discours logique, avec un peu de solennité. Les flammes dansaient comme des bouquets de pensées.

"Qui suis-je ?" pensai-je... Que suis-je ?... Si je réponds à cette question, je crée la mort. Quoi que je dise, je ne définis que du transitoire, que du vent. Quoi que je dise, je ne peux que créer la définition d'un attachement ou de son contraire, une répulsion qui sont tous deux la mort. La façon de cheikh Assam de présenter la mort par sa cause ressemblait à celle de lama Shérab ; pourtant ce n'était pas tout à fait la même... Qu'importe. Je dis :

«Nous avons pourtant un sentiment de continuité...

- ...Dans une logique de non contradiction qui permet à l'être de s'affirmer fortement dans un continuum cohérent de pensées... Cela lui donne une impression d'existence dans un système où il se reconnaît, auquel il s'identifie. S'il devenait une seule fois incohérent, le système perdrait sa validité, et bien sûr, cela arrive à chacun de nous ! Lorsqu'il nous arrive de nous contredire, nous nous disons : "J'ai changé d'avis", comme si la pensée nous avait conduit dans un cul de sac et que nous reprenions son cours en amont. La continuité n'est pas une garantie de vérité. "*La conjecture* (et l'imagination) *ne tient lieu de rien contre la Vérité.*"[189]

«Pour les soufis, Vérité, Réalité, Création et Dieu se disent à partir d'une même racine : *haqq*. "*Nous lançons la Vérité contre la vanité* (le faux)."[190]

«L'être est le centre du monde, l'être et son monde sont une construction d'idées impermanentes, et fondamentalement chimériques. Comme la mémoire permet aux pensées de rejaillir, c'est la mémoire qui donne un sentiment de continuité.

«Un instant ou cent ans, quelle différence ? Une pensée ou cent millions de pensées... La vie par la pensée naît et meurt sans cesse.

- Ce que nous sommes en train de dire, c'est aussi de la pensée.

- Lorsque nous sommes perdus dans un labyrinthe, il faut bien créer des repères dans le labyrinthe pour en sortir un jour. C'est avec l'être que l'on change l'être. C'est l'être qui doit se détacher de ses tendances et libérer l'Esprit qui le crée. Avec la pensée, nous produisons les repères de ce parcours. Après la mort, il serait trop tard.

«"*Ton Guide connaît qui est guidé.*"[191] Seul le regard de la permanence que le Guide nous a offert, nous conduit à la jonction divine. "*L'Esprit et les anges se tiendront debout sans parler, sauf ceux qui diront la Vérité.*"[192]

«Qui a peur de la mort ? L'être, répondit-il lui-même, le même que celui qui a peur du vide, le même que celui qui crée la mort. L'être qui croit en lui, croit en sa mort. Et la crée.

Il se tut. Je pensai : "*Je suis ceci* va mourir, *je suis* ne meurt pas."

«Et l'être refuse sa mort, la craint ou la nie, s'en défend, comme l'aveugle craint en permanence un obstacle qui serait devant lui ! L'être élabore sur la mort des théories auxquelles il croit. Le plus souvent les théories de l'être placent l'être au centre de la mort... comme si l'aveugle pouvait avoir confiance en ses yeux !

«Et un jour l'homme se rend compte qu'il va mourir, que son être est mortel, qu'il meurt. Il devra mourir à la nature, à sa pensée, à sa mémoire, à ses sens, à tout l'organique, mais meurt-il à son désir d'être ? Acceptera-t-il de mourir ? Par son refus de mourir, il réclame une suite à son histoire, il continue à poursuivre l'être. S'il n'a pas connu *haqq* et son Guide, ni l'Esprit, ni la vacuité, ni la vanité, ni rien d'absolu, comment pourrait-il les chercher ? L'être, aveugle à ce qui le crée, se réclame ce qu'il connaît : *moi*. Ne connaissant rien d'autre que lui, il se désire, de ce même désir qu'il imposait sur la Vérité, de ce même désir qui créait son existence où la Vérité était niée ou ignorée. Il se désire de ce désir qui lui impose une mort qui ignore l'absolu, il se désire et se réclame une éternelle suite.

«La Katha Upanishad des hindous décrit cette vérité merveilleuse : "*Il n'y a que ce monde, il n'y en a pas d'autre, pensant ainsi il tombe sous mon joug encore et encore*",[193] dit Yama (la mort), à Nachikitas.

«Et le Coran nous le rappelle : "*Notre Guide, tu nous fais mourir deux fois et tu nous ressuscites deux fois.*"[194]

Il prit son Coran, gros livre qu'il feuilletait à l'envers.

«Pendant le Voyage Nocturne de Mahomet, sur lui la grâce et la paix, Dieu, qu'Il soit Exalté, lui parle : "Ils ont dit : *Quand nous serons ossements et poussière, serons-nous rappelés en une nouvelle création ?* Réponds : *Soyez pierre ou fer ou tout autre objet qui s'impose à votre esprit, vous serez ranimés !* Ils diront : *Qui nous fera revenir ?* Réponds : *Celui qui vous créa une première fois.* Ils secoueront la tête vers toi en disant : *Quand cela ?* Réponds : *Peut-être est-ce proche. En ce jour, Allâh vous appellera et vous répondrez par Sa Louange et vous penserez n'être demeurés que peu de temps dans vos tombeaux.*"[195]

«L'âme, aveugle à elle-même parce qu'aveuglée, voilée par l'être aveuglé par lui-même, contaminée, disent les bouddhistes, par ses tendances, par ses penchants disent juifs et musulmans, par son ignorance de la Vérité globalement, a soif et faim de vie, de vivre ! Tout objet qui s'imposera à ton esprit, ce que tu crois être, *Il* le fera être. "*Allâh sur toute chose est puissant, et sa miséricorde infinie.*" Il exaucera ta volonté égarée qui ignore sa propre puissance.

- Comment l'âme existe-t-elle ? hasardai-je.

- L'âme est le souffle de vie avec tout ce que tu y ajoutes. Elle est la forme informe de l'infini sur laquelle une forme s'est imposée. C'est à la fois le créateur, la créature et leur union. En quelque sorte, ce serait une projection, l'expression et l'impression spirituelle de l'être au-delà de sa forme. Informe, potentiel. Si l'être est détaché de toute chose et de lui-même, son âme est déliée du monde des formes ; il n'y a alors aucune différence entre l'homme, l'âme et l'Esprit ; s'il est attaché, son âme l'est aussi, et il ignore l'Esprit. En se rapprochant de l'Absolu, l'âme se détache progressivement du monde, par étape. *"Il a inscrit dans leur cœur la foi."*[196] L'âme est attachée, mais elle peut aussi exalter la Vérité.

- Que sont les penchants ?

- Des fragments d'être qui possèdent une certaine autonomie, une énergie qui, comme un parasite, tire sa source de l'être. Des formes que l'être crée, qu'il alimente et qui l'attirent, parfois malgré lui.

Il se tut, avant de résumer :

«L'être qui n'a connu que lui-même, se désire, se veut, comme ses penchants se réclament, le réclament. L'être s'appelle à exister. Alors, au-delà de la vie, jusque dans la mort, il continue à désirer sa vie et à l'appeler.

- Mais, par quel moyen ? Que reste-t-il de l'être qui puisse porter un tel désir ?

- L'Esprit de la création ! Dieu, l'être potentiel, permanent, le témoin, ce qui crée l'être et son monde. *Celui* ou *Ce qui vous créa une première fois*, dit le Coran.

«Nous avons d'abord traqué l'Esprit afin que tu le connaisses. L'Esprit crée l'être et son monde à chaque instant, tel YHVH, que son nom soit exalté, la création. Nous avons constaté les deux réalités dont l'une est éphémère. Si l'homme n'ôte pas le voile qui le maintient dans son monde et lui cache l'absolu, il ignore l'Esprit. Si son âme ne s'est pas délestée de ses penchants, elle est liée dans le monde, elle ne ressemble pas au créateur du monde, mais à la créature. Elle demeure une créature.

«Même les étoiles inertes et sans conscience, ou les cailloux, par la faculté de cohésion de leurs atomes, ont une sorte de résistance à être.

«Le créateur ne distingue pas, comme l'homme le fait, la vie éveillée, le rêve, la concentration, la mort. Dans l'absolu de la Vérité, il n'y a pas de mort, parce qu'il n'y a pas de vie, "*Dieu n'est pas Dieu des morts mais des vivants, car pour lui tous sont vivants*",[197] dit Luc, la paix soit sur lui. Il n'y a que des états successifs, de perceptions et de sensations impermanents, de désirs et de tendances, d'idées et de pensées. La création, qui n'est qu'un désir de l'Esprit vers Lui-même, qu'on le nomme l'amour ou la conscience, appelle sa manifestation, comme le désir appelle l'actualisation de son objet, jusqu'à ce qu'elle prenne conscience de ce qu'elle est, et s'en détache. "*Allâh vous a créé, il vous rappellera.*" Il vous rappelle.

«Tout étant de la vérité témoigne de la Vérité. A nous de la voir.

Dans un rare geste théâtral, il se pencha vers moi. Cela n'était jamais arrivé.

«Le monde est ce que nous voulons qu'il soit ; et il prend bien des formes et des saveurs, bien des valeurs. Il peut aussi bien n'être rien, poussière. Pour que nous puissions joindre l'Absolu, nous devons connaître l'Absolu. L'Absolu, pour se dissoudre en lui-même doit se reconnaître, et pour cela créer une forme qui le connaisse. L'homme est une forme de l'Absolu qui peut écarter les voiles qui le séparent de lui-même.

«Allâh, le Guide, se crée dans des formes de la Vérité : "*Où que tu te tournes est la face du Guide.*" Certaines sont des hommes. L'homme, tiré du néant, s'appelle lui-même à être à travers ses pulsions, ses tendances, ses penchants, ses désirs, ses pensées, jusqu'à ce qu'il n'appelle plus rien. Alors, il peut mourir. En Lui est le retour.

«"*Avant les semailles, ils ont moissonné*", dit le saint. Il *retourne* avant de mourir.

«Mais si la Vérité épuise sa forme éphémère avant de s'être reconnue, avant d'avoir connu son essence, elle continue à perpétuer un désir de forme, un besoin d'être. Voilà la mort.

«Voilà la mort... En vérité, la mort est ce que tu veux qu'elle soit. Ta mort sera exactement ce que tu voudras qu'elle soit.»

Perçant entre le mur et le volet, le dernier rayon du soleil apparut au centre de la pièce, comme une lame de lumière rouge, horizontale, immobile dans la fumée qui la traversait. Au même moment, des chiens aboyèrent furieusement. On eût dit un feu d'artifice. Le rai disparut brusquement. La nuit était tombée. Je me répétais avec obsession, comme pour n'en rien perdre : "La mort est ce que tu veux qu'elle soit." Cela me paraissait si simple, si simple... Comme l'énigme qui ne pose problème qu'à cause de la résistance qu'elle crée dans l'interrogation qu'elle provoque, pensai-je. C'était si simple que je craignais de l'oublier.

«Va maintenant», dit-il avec un rien de lassitude.

Cet homme qui devait parler fort peu, me faisait l'honneur et le sacrifice de longs discours. Je n'étais rien pour lui, et il me donnait ce qu'il avait de plus précieux. Bien qu'il fût distant, j'éprouvais pour lui ce sentiment que j'avais si souvent éprouvé pour ces hommes qui se donnent avec leur connaissance, pour l'amour de l'amour et de la Vérité. Ma reconnaissance était plus grande que ma capacité de la montrer. Je ne voulais pas partir.

«Encore un instant, cheikh. Comment est-ce que tout a commencé ?

- Tu me demandes ce qu'est la mort ?

- Non, ce qu'est la vie. Enfin, comment et pourquoi elle... naît.

- Qui pose cette question ? La réponse à ce que tu demandes est contenue dans ta réponse à ma question. Qui ?

- Voulez-vous dire que seule la pensée peut poser une telle question ?

Il ne répondit pas, je poursuivis.

«La conscience s'interroge...

- ...Ce que tu appelles la conscience est un discours de la pensée...

- ...La conscience réfléchie.

- La conscience tire son existence du contraste, donc de la différence, du changement et du temps. Si tout était blanc, je ne verrais rien. Pour voir, ma vue s'appuie sur les contrastes. Il en est de même pour la conscience. Pour avoir conscience je dois fabriquer un contraste en moi. Mais il faut un point neutre, un repère vide, un recul, un *vacuum*, pour avoir conscience de cette conscience. L'Esprit est juste derrière.

«La vie qui s'interroge est celle de la pensée. Sans la pensée, il n'y a plus de question.

- Que reste-t-il alors ?

- Des tendances.

- Reprenons ma première question. Comment l'Esprit a-t-il commencé à créer des êtres ?

- L'Esprit est un *vide dynamique*, le mot “potentiel” dit cela. Il crée simultanément et perpétuellement une infinité de créations.

- Mais y a-t-il un commencement, un point de départ, une raison qui déclenche ?

- Il n'y a pas de commencement. Il n'y a pas d'être. Il n'y a que Dieu. Que Dieu. “*J'ai tiré les créatures du néant afin de me connaître*”[198], révèle un *hadîth*. Ne cherche pas de commencement. Il n'y en a pas. Dieu est infini. Sans commencement ni fin, le premier et le dernier. Pour me connaître... Sa Vérité l'est aussi.»

Je sortis. Cet enseignement changeait la vie... “La connaissance oblige”, avait dit cheikh Assam le premier jour. Je rentrai dans ma chambre, allumai une bougie, réfléchis et méditai. Si le passé et le futur n'existent pas autrement que dans la pensée, il n'y a pas de temps, il n'y a pas de mort non plus car la mort n'existe que dans l'avenir. Je meurs à un futur projeté, à une identité et à des désirs, à la mémoire d'un passé. Du point de vue de l'Esprit que nous avions cherché pendant les semaines qui avaient précédé, du point de vue du point vide de l'être, il ne pouvait pas exister de mort.

Ce musulman ne parle-t-il pas de la réincarnation sans la nommer ? Le souvenir de lama Shérab m'envahit. “*Il n'y a pas de mort*”, avait-il dit. “*La mort est ce que tu veux qu'elle soit*”, disait mon *pîr*. Y avait-il une différence ? La mort est celle du moi. Lama Shérab prenait le point de vue de l'esprit pur au-delà de l'ignorance, cheikh Assam ne passait pas au-delà d'un moi encore présent, mais lui montrait la conséquence de sa complaisance.

Je pensai à Adam et à l'arbre de la connaissance. “*Mourir tu mourras*” prévenait le Dieu-puissant. Mais il y a tant de morts... “C'est une promesse ! Une bonne nouvelle !”, avait déclaré rabbi Isaac. La genèse traite-t-elle de la conscience de la mort dans la vie, ou, dès le début induit-elle la finalité de la conscience telle que cheikh Assam la montrait ? Un retour. Ouvre-t-elle plus simplement à la capacité de s'interroger ?

“*Vous connaîtrez la Vérité et la Vérité vous rendra libre*”[199], dit Jean ; une vérité utile est annoncée et révélée en même temps, dans le même instant. La vérité et la liberté se trouvent dans la connaissance de l'Esprit dont Jean annonce l'avènement. Etais-je libre ? Je sentais que je pouvais l'être, que je pouvais le décider. Je ne le décidai pourtant pas encore.

Lorsque je méditais sur l'Esprit en tant que vacuité, et qu'une pensée venait me tirer, le monde se créait. Ce monde et moi dedans, je ne nous détestais pas.

Le lendemain, je sortis me promener dans la campagne. De larges voies de galets montraient la route que les torrents creusaient lors de la fonte des neiges. Des murets de boue et de pierres délimitaient des parcelles de champs cultivés de toutes figures et couleurs, dans la forme du génie des hommes. Ici et là, comme des îlots, d'immenses rochers sortaient de terre. Des ruisseaux jaillissaient de tas de cailloux au flan des collines et irriguaient les cultures. Travaux d'hommes soucieux d'avenir, responsables de familles, honnêtes dans leurs rapports avec les autres et la terre. De loin, le village couleur de glaise sur fond de poussière m'apparaissait comme le mirage d'un labyrinthe. Et ma pensée comme un labyrinthe de pensées.

Apprendre à vivre, est-ce apprendre à mourir ou est-ce apprendre à ne pas vivre ? C'est ce que rabbi Isaac avait dit, lui aussi. Que faut-il faire ?

«Que faut-il faire alors ? demandai-je le jour suivant.

- Que faut-il être, plutôt, ou ne pas être, ajouta cheikh Assam en souriant.

- Que faut-il vouloir ?

- Que veux-tu vouloir ?

J'approuvai sa formulation de ma question.

«La mort est pour chacun, ce que chacun veut, mais aussi peut et croit d'elle. Cela est le plus dangereux. Il y a plusieurs morts ; chacune se définit dans le secret parcours de la vie, par sa position entre le tout et le rien, entre l'*alpha* et l'*oméga*, entre la manifestation et le créateur, dans son intimité avec l'unité, par sa proximité avec l'indéterminé.

«Quoiqu'on puisse imaginer ou spéculer sur la mort, on l'imagine à partir d'une élaboration de la pensée dans la manifestation, avec l'être, soi, au centre ; quoiqu'on puisse désirer, ou même vouloir désirer, c'est encore avec soi au centre du désir. L'effet de toute pensée est de créer et de perpétuer son auteur, ainsi en est-il du désir et de la volonté : avec l'objet de la pensée, du désir, de la volonté, s'actualise le penseur, sa volonté d'être. On ne désire jamais sans soi. Celui qui s'imagine une mort s'enferme dans un destin dont il demeure le centre. L'homme qui choisit une mort, choisit un homme. Non la mort.

«L'Esprit crée tous les mondes de chaque être, tous ses paradis et tous ses enfers, toutes ses images, il crée l'être et ses décors, l'illusion et le mirage. C'est à la fois le piège et la soupape de la création : sa cohérence, sa cohésion, mais aussi sa prison.

«Même vouloir mourir est encore trop, trop vouloir. Qui veut mourir ? Qui veut même ne plus vouloir ? Mourir, c'est cesser de créer, cesser d'imaginer, cesser d'approprier. C'est au néant que la mort convoque. Mais es-tu capable de néant ?

«Ainsi, aucune religion ne ment, ni ne se trompe : chaque réponse quant à la mort a valeur de vérité. L'éternaliste et le nihiliste ont tous deux raison, car en ce qui concerne la mort, l'opinion détermine, pour peu qu'elle ait la force de la foi, qu'elle soit le reflet d'une intime et profonde sincérité.

«Ceux qui sont attachés à eux-mêmes, en vérité à l'idée qu'ils se font d'eux-mêmes, ne comprenant pas qu'il s'agit d'une chimère, désirent continuer à être. Ils se désirent. Ils désirent leurs désirs, nourrissent leurs chimères. La prison de l'être qu'est le monde les enferme. L'être qui est la prison du monde, les aveugle. Le paradis, dont on leur a suggéré l'espoir, est encore leur monde, avec l'être au centre ; et ils imaginent la béatitude avec l'avidité habituelle de l'être, comme un plaisir qui n'aurait pas de fin. Ils auront ce qu'ils voudront. Allez, va maintenant.»

Il y a une mort, “à la carte” ! dis-je à haute voix en m'amusant à parler français. Je ne savais pas comment ressentir cette nouvelle. Au menu de la mort, il y de multiples possibilités. Possibilités... *L'être donne des possibilités, c'est par le non-être qu'on les utilise... Toutes choses naissent dans l'être, l'être naît dans le non-être...* Mais y retourne-t-il ?

De nombreuses citations choisies par mon maître me revenaient en mémoire, ainsi que ses propres mots. "Tu nous fais mourir deux fois." "Le monde est ce que nous voulons qu'il soit." "La mort est ce que tu veux qu'elle soit." Etait-ce une bonne ou une mauvaise nouvelle ? Je n'osais en décider de peur de penser qu'il n'y eût pas une angoisse plus terrible au monde. Je le pressentais pourtant. Je sentais sans vouloir l'exprimer le piège que constituait cette liberté.

J'aurais préféré une mort plus facile. Celle que mon *pîr* décrivait renvoyait impitoyablement à soi, à une prise en charge de son destin dans une lucidité dé-espérée. La mort pour cheikh Assam était celle de l'être qui devait apprendre la modestie en comprenant l'irréalité de sa condition, et se sacrifier à l'Esprit en lui prêtant sa conscience.

Ce soir-là j'allai à la mosquée.

«Hayyi lalal-falâh, Allâhou akbar ! — Venez à la délivrance, Allâh est le plus grand !» convoquait le muezzin pendant que quelques fidèles s'installaient en ligne, épaule contre épaule, dans la petite mosquée verte du village.

Allahou Akbar Allâhou Akbar
Lâ Ilâha Illal-Lâh

Allâh est plus grand. Rien n'est absolu que l'absolu, tout est relatif sauf l'absolu, aucun moi si non le Soi du Lui, Allâh, le Guide Spirituel.

«Venez à la prière, venez à la délivrance
Pas de divinité si ce n'est Allâh.»

Chacun, dans sa pensée, accomplissait la *niyya*, la purification de ses intentions, avant de se dépouiller de ses facultés conceptuelles, puis le *takbir*, afin d'accéder au plus grand que tout en glorifiant Dieu. La prosternation est la recherche d'un état d'extinction de toutes les prétentions individuelles de créature afin de s'approcher dans l'annulation de l'au-delà du tout d'Allâh.

«Gloire à mon Seigneur-Guide le sublime.»

Ensuite, par le *fâtîha*, chacun reconnaissait qu'il représentait Dieu :

«Maître du jour de la rétribution
C'est toi que nous adorons
C'est à toi que nous demandons aide.»

Gloire à Dieu en tant que source originelle et permanente réalité essentielle ! On dit l'*ihlâs* :

«Il n'engendre pas et il n'est pas engendré
Et il n'a pas d'égal.»

A chaque prosternation, je tâchais de me dissoudre corps et âme dans la lumière de celui qui n'est accessible qu'au non-être.

«Gloire à l'immense, gloire au sublime
Allâh entend qui le loue, à lui la louange.»

Enfin, saluant mes voisins et le monde entier à travers eux :

«Que la paix soit sur vous
Ainsi que la miséricorde d'Allâh.»

Salam, Salam, salut au monde, salut à mon étonnement renouvelé de la Vision du Guide de la Vérité. Cinq fois par jour, on doit pouvoir s'en souvenir.

Alors que je sortais de la mosquée, un groupe d'hommes se forma autour de moi. Ils voulaient me serrer la main, m'embrasser. Je comprenais mal ce qu'il m'arrivait.

«*Murîd* ? m'interrogeaient-ils, *murîd* ?

"Etes-vous disciple du *pîr* ?" essayaient-ils de me demander bien qu'ils le sussent sans aucun doute.

On apporta du *tchaï* et on s'assit sur des tapis dans la cour. Un jeune homme qui parlait anglais me pria de prier pour lui. Effaré, je lui rétorquai que je n'en étais pas digne, qu'il se trompait sur moi, mais il insistait :

«Prie pour moi, suppliait-il presque, car tu es plus proche de Dieu que moi. Moi, je suis né musulman, je n'ai aucun mérite, tandis que tu l'es devenu...

Et pourquoi pas. Je ne suis ni digne ni indigne. N'est-ce pas Allâh qui me parle en ce jeune homme ?

«Tu te trompes, lui répondis-je, Allâh est tout proche de toi. *Il connaît tes pensées les plus secrètes, même les plus belles*. Je prierai pour toi, et toi, prie pour moi.»

De retour dans ma chambre, je songeai que toute réflexion sur la mort renvoie à une mort précise : la mienne, celle du sujet, et au test de l'attachement à soi-même dans la forme d'une question unique : "Suis-je prêt à mourir en cet instant ?" Toute réticence dénonce l'être. Cheikh Assam m'avait prévenu contre son emprise et la tentation du monde : il faut qu'il n'y ait plus de sujet. La mort n'est qu'un problème de vivant. Mort à soi !

"*Mort à soi pour se connaître*", m'avait soufflé Hadji Ali du fond de sa tombe à Bombay, des années auparavant. Voilà que cette intuition atteignait son sens. *Ce qui est libre est éternel... L'extase est sans nom... Purge les senteurs de ton âme... Mort à soi pour connaître la joie.*

Chapitre 23

La délivrance est fidèle à la vie

«Sache ce qui est au-dessus de toi,
cela veut dire sache que tout dépend de toi.»
Michna 'Abot II

«Libre des masques que je fus,
je serai dans la mort mon oubli pur.»
J. L. Borges

«Mon cœur, ne t'élève pas en évidence contre moi,
ne sois pas mon adversaire devant le cercle divin.»
Livre des Morts Egyptiens

«Nous avons cherché l'Esprit créateur, puis nous avons observé l'être avant de nous interroger sur la mort ; aujourd'hui, nous allons parler de la vie, de la vie de l'individu.

Il y avait de nombreux livres à côté de lui. Comme d'habitude, il allait les tenir sans les ouvrir ou les ouvrir sans les lire.

«"*Il fait vivre et il fait mourir*"[200], dit le Prophète, sur lui la grâce et la paix, "*Il donne la vie une première fois, puis la redonne, vers Lui sera notre retour en totalité.*"[201] La destinée de l'existence est l'anéantissement dans le tout d'Allâh plus grand que tout. Tout ce que nous sommes retournera à l'infini sans qualité lorsque nous l'aurons connu.

«L'autre jour, tu m'as demandé ce qu'il fallait faire, ou vouloir être ; Bestami, notre saint, la paix soit sur lui, répond à ta question dans sa prière à Dieu : *"Jusqu'à quand y aura-t-il entre toi et moi le moi et le toi ? Supprime entre nous mon moi, fait qu'il devienne tout entier ton toi, et ne soit plus mon moi."*[202]

«S'il faut faire quelque chose, c'est se débarrasser de soi, dit-il comme s'il m'incitait à accepter la dernière proposition d'un marchandage impitoyable. Connais-tu sainte Thérèse d'Avila, sur elle le salut et la paix ? me demanda-t-il en ouvrant plus grand les yeux.

Je fis un signe d'assentiment. Gardant grand ouverts ses yeux, il lut :

«*"Je vis sans vivre en moi, de telle sorte que j'espère mourir parce que je ne meurs pas."*[203] N'a-t-elle pas compris la même chose que toi ? Tu m'as demandé ce qu'il faut vouloir ! Il faut vouloir mourir. *"Meurs avant de mourir"*, dit un *hadîth*.

Il avait pris un autre livre :

«*"Qui se trouve lui-même, le monde n'est pas digne de lui"*[204] dit Thomas, la paix soit sur lui, dans son évangile. Car il a dépassé le monde et s'est dépassé lui-même en trouvant son essence. Il n'a plus rien à faire de la quête des plaisirs et de la raison d'être.

Il lut ensuite dans une énorme et lourde Bible ancienne, aux feuilles épaisses qu'il traduisit de je ne sais quelle langue.

«L'Ecclésiaste, que son nom soit béni... Le *pîr* traduisait silencieusement.

«*"C'est bien ! Mieux les morts qui sont déjà morts que les vivants qui sont encore en vie. Mieux encore, celui qui n'a pas existé."*[205] Celui qui a tout annulé sans effacer le profit de son passage.

Cheikh Assam feuilleta quelques pages :

«*"Si son âme, si l'être de son âme n'est pas rassasiée de bonheur et ne s'est pas rassasiée de bonheur, même un avorton est mieux que lui ! Car il est venu dans la buée et il s'en va dans la ténèbre, il n'a pas vu la lumière. L'avorton a plus de repos, de paix, que lui."*[206] Rassasié de bonheur, satisfait, l'âme en paix, sans désir, mort à soi-même pour être enfin détaché ! Voilà ce que l'âme doit chercher.

«Celui qui ne trouve pas la satisfaction ni la satiété, est venu pour rien dans le monde, car son âme n'y a pas trouvé le repos. Il s'en va dans la ténèbre de l'aveuglement et dans la malédiction de l'ignorance de la Vérité, dans l'obscurité de l'agitation, dans la brume de la vanité car il est encore attaché à ses penchants, comme un esclave à un boulet.

«Quel repos est possible en ce monde, quelle satisfaction ? La course des plaisirs est infinie. Quel repos y trouverait-on ? Dieu Seul, "Que Dieu", est la seule source de satiété. Car *"Toute chose revient à son point de départ"*[207], dit le Prophète, sur lui la grâce et le salut.

«*"Henoc marcha avec Dieu, puis Henoc ne fut plus, parce que Dieu le prit."*[208] Dieu le prit tout entier ! Son âme entière était déjà avec Dieu.

«Jésus-Christ a vaincu la mort et il l'a montrée pour nous en indiquer les chemins. Il appelle chacun à regarder en soi ce qui est permanent afin d'apercevoir ce qui doit être sacrifié.

«Les prophètes et les saints nous suggèrent le choix du salut. Tu peux soit leur faire confiance, soit chercher toi-même en toi-même.

«Va. C'est assez pour aujourd'hui.»

Le lendemain, au *tchaï-shop*, j'observais les villageois. “Savent-ils ce que le cheikh dit ?” me demandai-je ? Je les voyais insouciants... Non. Paisibles, plutôt. D'autant plus que leur nonchalance me montrait mon tourment. La révélation du *pîr* m'inquiétait. Elle me sortait de ma quiétude. *Sa* mort me terrifiait parce qu'elle n'était pas sûre. La certitude de la mort est une angoisse, mais l'incertitude de la mort est un enfer !

On entendait le muezzin ponctuer les jours, absorber le temps et rappeler l'attention sacrée à ceux qui s'étaient peut-être laissés absorber par le monde.

“*Allahou Akbar, Allahou Akbar*
Ach-Hadou An La Ilâha Illal-lâh
Allâh est plus grand, Allâh est le plus grand
J'atteste qu'il n'y a aucun Dieu que Dieu.”

Le soleil rougissait les sommets des montagnes avant de les effacer dans une ombre d'eux-mêmes, puis dans l'ombre de la ténèbre. Le monde visible s'élevait vers le ciel dans l'infini étoilé du vertige. Des chacals hurlaient quelque part l'appel d'une funèbre faim.

Il fallait espérer la mort. Fallait-il la désirer ?

“Qui meurt ?” avais-je demandé à lama Shérab. “Le moi n'a pas d'existence. Ce n'est ni la même personne ni une autre personne qui prend naissance. C'est un contexte”, avait-il répondu.

Seul l'incréé échappe à la mort, avais-je lu quelque part. Chacun doit travailler à n'être plus créé, à naître à l'envers, vers l'Esprit qui fait naître, jusqu'à n'être qu'Esprit. Ce chemin n'est pas derrière soi, il est devant. S'il faut être mort avant de mourir, il faut mourir avant la mort. Il faut mourir deux fois. C'est un travail.

«Il n'y a de Dieu que Dieu, Il n'y a *que Dieu*, que son nom soit exalté. Il n'y a rien d'autre ! L'absolu est. Il faut le connaître, puis se fondre en lui avant de disparaître dans la mort. Que chercher d'autre ? Toute autre chose n'est que distraction.

«Mawlawa, notre saint, la paix soit sur lui, dit : “*Il n'est pas de crime plus grand que ta propre existence.*”[209]

- Jean l'apôtre ne dit-il pas cela aussi : “Si le grain ne meurt, il reste seul...”

Cheikh Assam m'interrompit.

- ... Il reste ! Il reste, seul avec lui-même. Seul. “*Qui aime son être le perd.*”[210] “*Il a vécu pour rien.*” C'est l'existence qu'il faut haïr. L'âme venue dans le monde et l'univers doivent mourir dans le monde et l'univers. Ibn Attâr, ce poète, ce fidèle, sur lui la paix et le salut, nous le dit très bien :

“*Si rien ne sommes, c'est bien parce que nous sommes...*
Dans l'annihilation il n'y a pas de résurrection...
La rémission ne vient pas du trépas,
Ta salvation est dans le n'être pas.
Connais-tu repos plus doux et plus insigne faveur
Que de mourir et d'être délivré de son moi.
Tu es mortel, meurs à la vie,
Car si tu meurs à toi-même tu es délivré...
Tu n'as d'autre ennemi que toi-même.”[211]

Il lisait d'abord dans une langue que j'ignorais, il en était transporté comme s'il goûtait à la vérité pure du sens des mots et du son de sa voix, ensuite, il traduisait ligne à ligne pour moi, doucement, afin que je m'imprègne de la conséquence de la lecture et de l'urgence de comprendre pour atteindre le but qu'il avait arrêté pour moi.

«Mourir est un but de la vie et non celui de la mort.

«Le Coran, qu'il soit sanctifié, nous prévient : "*Ont-ils pris des patrons en dehors de Lui ? Allâh est le Patron : Lui seul fait revivre les morts.*"[212]

«"*Celui qui vient à son Seigneur en coupable, à lui est destinée la Géhenne où il ne meurt ni ne vit.*"[213] La Géhenne est *ni vie ni mort*, Allâh, que son nom soit exalté, fait re-vivre les morts. Ce n'est pas l'homme qu'il fait revivre, c'est sa mort. Il prend son âme et la sème à nouveau. Ou alors, Il laisse la mort où elle est et prend l'âme dans le jardin des âmes. "*Vers Lui le devenir.*"[214] N'oublie pas ce que c'est, Lui.

Il demeura silencieux avant de reprendre :

«Mourir est un but. La Bhagavad Gîtâ nous prévient : "*Ceux qui célèbrent le culte des divinités vont aux divinités, ceux qui célèbrent le culte des mânes vont aux mânes, ceux qui offrent des sacrifices aux êtres inférieurs vont aux êtres inférieurs, ceux qui m'honorent de leurs sacrifices viennent à moi.*"

«Ainsi parle Krishna.[215]

«Ce que ton âme appelle appelle ton âme», ajouta le *pîr* sentencieux.

Cette réflexivité en convoqua une autre : "Je serai qui Je serai." La ressemblance avec l'Absolu est sans attribut. Si je suis quelqu'un ou quelque chose, je serai cette personne ou cette chose. Il y avait déjà longtemps, le *pîr* m'avait dit : "*Le Dieu que tu peux connaître est aussi impeccable que toi dans l'instant où tu l'appelles.*" Il s'agissait de devenir aussi impeccable que la Vérité du néant créateur.

«Il y a donc une vie après la mort ?

- *No*, répondit-il en traînant longuement sur le *o*. Il y a des vies après des vies, et ensuite il y a une mort après la vie.

Etait-ce rassurant ?

- Qu'est-ce que le jour de la résurrection dont on parle tant ?

- Nous dirons "la vie derrière", comme les musulmans. La vie derrière la vie n'est pas la vie. Avant de vivre, où étais-tu ? Lorsque tu auras épuisé la vie, tu retourneras derrière. "*Celui qui donne un commencement à toute chose*",[216] "*Vers lui sera notre retour.*"[217] Derrière le commencement.

Après un long moment, cheikh Assam prit un livre relié de cuir dont les pages avaient été écrites à la main, il dit :

«Kabir ; O Kabir, ce saint, ce poète, cet élu, la paix et le salut sur lui, Kabir en quelques mots a dit tout ce qu'il faut savoir et désirer :

"*O ami*
Espère en Lui pendant que tu vis
Connais-Le pendant que tu vis
Comprend-Le pendant que tu vis
Car la délivrance est fidèle à la vie
Si tu ne brises pas tes liens pendant la vie
Quel espoir de délivrance attends-tu de la mort ?

Ce n'est qu'un rêve que de croire que l'âme
Le rejoindra parce qu'elle a quitté le corps
Si tu le trouves maintenant, tu le trouveras alors
Si non tu ne feras qu'errer dans la cité de la mort
Si dès aujourd'hui tu es uni à Lui
Ainsi le serras-tu après.
Baigne dans la Vérité, reconnais le vrai guide
Aie foi en le Nom Eternel
Prend appui sur l'esprit de la quête
Je suis moi-même l'esclave de cet esprit."[218]
«Que te dire de plus ? Va.»

Les saints parlent d'un autre monde. Un monde dont une vérité est le centre et où rien n'est autour. Le monde d'un absolu sans accessoires. Un monde absolument vide de l'être.

Lâ Ilâha Illal lâh. Puisque *je* n'existe pas, il n'y a pas de Dieu. Dieu est Dieu pour *moi* lorsque *je* est séparé de Lui. Si *je* n'existe pas, il n'y a aucun Dieu. Il n'y a alors que Dieu. Non, aucun Dieu, que Dieu ! Je compris mieux la légende de Sarmad, maintenant, et le sens de son entêtement.

En quelques jours, la mort était devenue pour moi un lieu de liberté. "*La mort est ce que tu veux qu'elle soit.*" Il était loisible d'en choisir, il était permis d'y réfléchir. Cependant, ce que j'en déciderais modifierait la vie, marquerait son sens, modèlerait son ambition et sa finalité. La vie et la mort prenaient dès lors la même direction, elles devenaient intimes l'une de l'autre et non plus antagonistes.

Délivré du "prêt-à-croire" des catéchismes de tous horizons, que voulais-je en penser ? L'inventaire des possibles n'était pas aussi long que mon enthousiasme avait d'abord été grand. Paradis, enfer, vie encore, néant, Dieu... Quelle mort donnait du sens à la vie ? Quelle vie préparait cette mort ? Quel serait mon testament à moi-même ?

Devant le terme de la vie, souhaiterai-je que cela continue, encore un peu, encore une fois ? Qui aura vécu ma vie, et qui la désirera encore ? Qui ne la désirerait plus ? Pourrai-je me léguer une liberté qui soit plus qu'un souhait ?

Je disqualifiais le paradis et l'enfer qui n'étaient que des formes fantasmatiques de vies, des créations, encore. Vivre encore n'était que le recul d'une échéance inéluctable, évidente. Le néant peut-il être un projet ? Peut-être cela n'avait-il aucune importance. Lama Shérab et cheikh Assam avaient insisté sur l'aspect absurde de cette question. Celui qui prétend désirer le néant le désire à partir de lui-même. C'est ce *lui-même* qui doit mourir. Alors la question ne se pose plus. La mort que cheikh Assam suggérait avec tous les saints dont il lisait les œuvres était celle qui conduit à Dieu en tant qu'Absolu. *Un sans second*. Une union qui est au-delà de la réunion des pôles de la dualité. "La mort doit ressembler à la mort, pas à autre chose", pensai-je, parce qu'il n'y a pas de mort, il n'y a *que Dieu*. "*Connais-Le pendant que tu vis... Car la délivrance est fidèle à la vie...*"

Quel sera mon héritage à moi-même ? Me serai-je vraiment connu, reconnu ou me serai-je malgré tout évité, trompé. Serai-je repus de moi-même et de jours, ou serai-je inassouvi, encore prisonnier de vouloirs ? Serai-je encore attaché à la création plutôt qu'à ce que la création annonçait et enseignait d'elle-même ? Mon héritage sera-t-il aussi vide que je le souhaite ?

Pour mourir, il fallait ne rien faire perdurer de soi, ne rien faire exister en soi malgré soi, laisser au monde ce qui appartient au monde.

Après un long silence, il commença à parler :

«Pour la religion, l'ultime destin spirituel est le retour de l'Esprit à l'Esprit, de l'âme à Dieu. Mais comment l'âme qui ne connaît pas Dieu pourrait-elle Le retrouver pour retourner vers Lui ? Ce destin n'est qu'une promesse, s'il n'est pas tiré par un engagement, par un enseignement et une victoire de la connaissance ! *Que Dieu* ! L'adhésion aveugle aux règles de la morale conduit à la purification des actions, pas toujours à celle des intentions. Si l'étude n'est qu'un jeu de concepts dans la pensée, c'est de la philosophie, l'homme et sa pensée y sont les maîtres, pas Dieu ! L'Esprit de l'Absolu n'y est pas, ni la Vérité. Si la prière est une demande, et n'est pas un moyen d'anéantissement, à quoi sert-elle ? Les hommes prient dans les mosquées et dans les temples ; demandent-ils à Dieu de les emporter ou le supplient-ils de les laisser vivre encore un peu, un peu mieux...?»

Je me souvenais d'un beau *raga* indien qui chante la supplique éternelle de l'homme devant la mort :

"*Dis-moi O passeur, O dis-moi quel est ton nom*
Comment pourrai-je traverser si je ne sais pas ton nom ?"

Pour tirer ses fidèles de la vie à la mort sans retour, de l'ignorance à la connaissance, Shiva souffle à l'oreille du mourant le *mantra* de passage, le nom du passeur. Avant de mourir, ne faut-il pas entrer dans cette posture qui permet qu'on entende le nom du passeur, s'ouvrir à cette attention qui n'appartient plus à la vie, mais à la mort... ? Entrer déjà hors de la vie ?

«En ce qui concerne la mort, reprit le *pîr*, les religions suggèrent ce qu'il faut espérer de Dieu. Cela est bon pour le fidèle qui n'est jamais allé plus loin que les cinq prières quotidiennes. Il sera sauvé sûrement ! L'espoir est un puissant sauveur, c'est un ange. L'espoir tient la miséricorde dans sa main droite et l'humilité dans la gauche. Ensemble, elles sont plus fortes que toutes les pensées que tu puisses féconder. A toi, qui es si intelligent que tu n'es capable de rien espérer, à toi qui as tant étudié, qui sais tant de choses et en connais si peu, à toi, Dieu demandera plus parce que tu lui as demandé plus. Il demandera ce qu'il t'est si difficile de Lui donner, le silence. Toi qui crois n'avoir pas besoin d'espoir, tu devras connaître le silence de l'infini dont tu as tant parlé...

J'entendis la voix grinçante de rabbi Isaac avec son accent de polonais mécontent qui me souffla de l'intérieur de l'oreille : *Chabbat, Chabbat*. Le silence.

«Les soufis vont plus loin que la *sharîa* (la loi), plus loin que la morale, plus loin que la raison. Ce que nous cherchons est inimaginable. Nous cherchons une mort qui, elle aussi est inimaginable, sans concepts...

- Comment faire ?
- Ne pas s'identifier avec ce qui meurt.

«L'homme sage détruit tout ce qui l'attache pendant qu'il vit, il s'approche du vide de soi pour connaître Dieu avant de mourir. Il meurt avant la mort et ainsi atteint mieux que l'immortalité, l'Immortel, l'Increé. Il se dissous dans l'acide du néant.

«"*Uni au Tao*, dit le Chinois, la paix soit sur lui, *se maintenant dans le Tao, il dure toujours. Que sa personne disparaisse, il n'y a plus de péril.*"[219] Rien ne peut l'atteindre, pas même la mort.

Il se tut. Il reprit :

«Et l'hindou dit : "*Celui qui a la connaissance de cela qui est sans nom, sans forme, sans solidité, non impermanent, ainsi que sans goût, sans odeur et éternel, sans commencement et immuable, au-delà du non-manifeste, celui qui a la connaissance de cela échappe à la bouche de la mort.*"[220]

- Quelle mort ? O saïb.

- Si tu cours après le paradis et fuit l'enfer, tu cherches ou tu fuis des choses créées, donc séparées de Dieu.

«Bestami, sur lui le salut, nous indique cette voie : "*Les initiés qui ont donné les deux mondes pour entrer en possession de l'amour de Dieu l'ont acquis à bon marché.*"[221]

«"Les deux mondes" ! Celui-ci et l'autre. La création et le paradis, celui de l'être et celui de l'âme. Bestami nous dit que c'est Dieu seul qu'il faut désirer. Que Dieu. En l'homme se joue une bataille : le manifeste contre la transparence, l'être contre l'ange. Dans l'âme se joue une autre bataille : la rémanence contre l'annihilation. Le fruit de la connaissance n'est pas une récompense, c'est une libération.

«Jacob le patriarche, la paix soit sur lui, a lutté avec l'ange et il a prévalu. Il possède les deux mondes : il a gagné sur l'homme et il a vaincu les attaches de son âme. Il a gagné sur l'ange, c'est le combat de l'âme contre elle-même et ses vains espoirs. Il est avec Dieu.

«Le paradis et l'enfer n'ont-ils pas été créés avec le monde ? Ils font donc partie de la création. Ils ne sont pas en dehors d'elle. Ils ne sont pas ce que nous cherchons.

«"*Ceux qui tentent d'arriver au ciel*, prévient la Bagavad Gîtâ, *l'ayant atteint, ils goûtent dans le lieu céleste les divines jouissances des Dieux. Leurs mérites une fois épuisés, ils rentrent dans le monde des mortels.*"[222] Le "ciel" n'est pas un lieu d'Absolu. C'est encore le lieu d'un désir et d'une fuite.

«La mort est ce que tu veux qu'elle soit, mais il faut connaître et être maintenant cela que tu veux qu'elle soit. Tant qu'on n'a pas décidé de cesser de fumer, on continue. Tant qu'on a pas décidé de mourir, on ne meurt pas.

Je pensai à lama Shérab. Si l'esprit est incapable de se maîtriser dans le *bardo*, il peut prier une divinité de l'aider à atteindre un champ pur. C'est un moyen habile. Cheikh Assam conclut :

«"*Le paradis est promis à qui s'est purifié.*"[223] Qu'est-ce que le paradis pour qui s'est purifié ? Voilà le secret du paradis. Celui qui s'est purifié connaît le Grand Silence.»

Je pratiquais maintenant le *dhikr* de deux façons : dans un chuchotement quasi silencieux, j'aspirais Allâh et expirais Allâh pendant une dizaine de minutes, ensuite j'expirais Lâ Ilâha puis inspirais Illal-lâh, que Dieu. Le *dhikr* m'évoquait le *mantra* de Chenrézi que j'avais répété des centaines de milliers de fois à McCleod-Ganj, mais le rythme respiratoire donnait à cette méthode un autre but que celui de l'absorption méditative dans l'unité du *mantra*, de l'action de le dire et de celui qui le dit. Sur le *choki* de lama Shérab, je suspendais la création en l'unifiant ; dans la pénombre de ma chambre pakistanaise j'avais l'impression de résorber l'univers et de le recréer à chaque souffle, de le créer sacré, de le rendre proche de l'unité, mais par une action plutôt qu'une suspension, de m'élever au-delà de moi dans mon propre souffle.

Non, rien n'existe, que l'Absolu en ce qui apparaît. Tout est relatif. Sauf l'Absolu. Ma pensée s'éteint, elle se ranime du souvenir d'Allâh, le maître de l'éternel commencement. Illal-lâh. Lâ Ilâha, le passé disparaît, l'instant sans commencement ni fin jaillit de l'inspiration, Illal lâh. Un être naît sans être encore, sans contenu, dans une première aspiration...

Une sorte d'instinct spirituel me faisait accélérer ou ralentir le rythme du *dhikr*, creuser ou suspendre mon souffle afin d'éviter le vertige physique qu'eût provoqué l'hyper ventilation. Une autre exaltation m'attendait, plus profonde, ni physique ni mentale, une exaltation du cœur qui montait du bas de corps vers le haut de la poitrine jusqu'au sommet du crâne. Allâh, le Guide spirituel de l'univers faisait vibrer ma gorge et mes tempes ; Il me travaillait de l'intérieur dans une sorte de vibration de la matière, des cellules, de la vie...

De la négation du personnel à l'affirmation de l'impersonnel universel, dans le souffle de Disparition-Apparition-Disparition... *Tohu Bohu*, sans forme-forme-sans forme-forme..., une boucle se formait des mots pensés, où la dernière syllabe du *kalma* disparaissait dans la première. LâIlâhaIllallâh-IllâhaIllallâhIllâhaIllallâhIlla...

C'est le silence qui suit la remémoration (*dhikr*) qui offre l'épanouissement de son effet. Je ne pensais qu'à Lui et Il était avec moi. Une lumière intérieure à la vue suivait la vibration. Ma respiration se suspendait d'elle-même. Un monde sans forme et sans moi, immobile, suintait d'une énergie de paix et de tranquillité. Allâh avait dissous sa manifestation et ma volonté dans sa racine éternelle.

Quelque chose avait changé. De l'allégresse dans l'humeur d'habitude sévère de cheikh Assam, un courant d'air frais, une fenêtre entre-ouverte, le feu éteint, une odeur de feu froid... Je m'installai comme j'avais coutume de le faire, observais le vide et le silence. Avec beaucoup de douceur, le maître me dit que l'enseignement se terminerait aujourd'hui et qu'il allait s'isoler pendant plusieurs semaines.

«L'absolu n'a pas de qualité, il est au-delà de l'infini. On ne peut rien dire de lui. Ce qui est sans nom est Cela qui libère, est cela qui conçoit le nom, le mot, ce qui crée la source du monde et du *je* de la vie et de la mort, ce qui dépasse le conçu et le concevable. Lao Tseu le Chinois, la paix soit sur lui :

"*De même en est-il du nom des choses,*
Ils ne sont pas les noms d'origine.
La source de l'univers est cachée dans la non-existence."[224]

«Et Jean le chrétien, sur lui le salut : "*Au commencement était le verbe, et le verbe était avec Dieu, était Dieu. Il était au commencement avec Dieu, tout fut par lui, et rien ne fut sans lui.*"[225]

«La véritable mort, l'heureuse mort du corps et de l'âme est là, dans la source du verbe, dans la non-existence, dans la permanente lumière du commencement, dans la compréhension de la source, là, au-delà de la vie et de la mort, où la vie n'a pas de nom, où la mort n'existe plus.

«Saisis bien la conséquence de cela sur ta vie.

«"*Quiconque était aveugle en ce monde sera aveugle dans la vie future et plus égaré encore*"[226], nous dit Mahomet, le Prophète, sur lui la grâce et la paix. Et Ibn Attâr dit : "*Celui qui a gardé son âme aveugle à l'autre monde, il sera là-bas comme il est ici-bas.*"[227]

«Ta mort sera-t-elle vraiment la mort ? Ou ta mort sera-t-elle une vie... Prendras-tu ta vie dans ta mort ? Ne pense plus à la mort du point de vue de la vie, regarde-la du point de vue de la mort... Tu n'auras plus ta mémoire, ni ton corps, mais si tu n'es pas mort à toi, tu t'attacheras à toi, à cette parcelle de manifestation que tu crois être. Tes penchants et tes tendances se colleront aux visages de ton âme et la marqueront plus profondément que tout désir d'Absolu. Et alors tu ne mourras pas. Vois-tu que tu pourrais bien ne pas réussir à mourir !

«Les hindous appellent cela la ré-incarnation, dans le cycle de l'existence. Peut-être est-ce l'enfer, peut-être n'est-ce que la vie ? Qu'importe, ce n'est pas la mort si ce n'est pas l'Absolu.

Il laissa passer un grand moment.

«On peut se désirer roi, riche et puissant... L'Esprit ne crée pas une fonction relative du monde relatif, il crée la manifestation d'un "bouillon" de tendances, l'ombre minuscule d'une goutte d'un désir qui se poursuit dans une cascade et qui se cherche dans un flot.

Il s'interrompit encore.

«Mort, tu seras à l'image de tes actes et à la ressemblance de tes intentions qui sont l'essence de tes actes. Ressembleras-tu à Dieu ? "*Dieu regarde le cœur.*"[228] "*Lui l'intransigeant.*"[229]

«La mort est notre maître car elle permet que l'on se souvienne de l'essentiel et que l'on s'interroge dessus. Elle pose toujours la même question : "Est-ce que ce que tu fais pourrait être la dernière chose que tu fais ? Es-tu prêt ?" La réponse ramène inévitablement au centre de soi-même. Elle appelle une décision avant de devenir un sentiment.»

"Si je ne suis pas prêt à mourir maintenant, alors quand ?", pensai-je. Une ultime journée, encore un moment sera toujours désirable pour faire ce que je n'ai jamais fait ou pour faire encore ce que j'ai déjà fait.

«Accepter la mort, n'est-ce pas déjà la désirer ?

- Ne te réfugie pas dans une illusion pour en vaincre une autre. On ne peut pas désirer la mort...

Il me laissa réfléchir, avant d'ajouter :

«Tout désir crée son auteur. La mort n'est qu'un moyen. C'est Dieu que tu désires. C'est la Vérité qu'il faut vivre.

Il se tut.

«De même qu'on ne contrôle pas ses rêves, que l'on rêve malgré sa volonté, de même nos tendances nous dirigent invisiblement et nous emportent dans le tourbillon de leurs conséquences. Une vie entière, parfois, ne suffit pas pour réussir à dominer puis à effacer ce qui nous attache. L'Amour de l'Absolu doit susciter une volonté plus forte que tout désir et purifier l'être de lui-même jusqu'à ce qu'il s'efface aussi ; jusqu'à être mort avant la mort afin d'imposer à la vie un être sans prise ; afin d'imposer à la mort une âme *dévoilée.* "*Invoque le nom de ton Guide, sois pur pour Lui, consacré totalement.*"[230]

«La mort est ce que tu veux qu'elle soit à condition que ta volonté, tes désirs et leurs sources, tes penchants, soient en accord avec elle. La véritable mort demande qu'ils soient... évanouis, inexistants.

«"*Abandonne l'attachement et la faiblesse*, lit-on dans le Bardo Tödol, *tu te sentiras attiré, ne sois pas effrayé, ne sois pas attiré par la terne lueur causée par l'accumulation de tes sentiments d'attachement, ne sois attaché à rien, abandonne tes tendances habituelles, ne sois pas faible, si tu restes attaché tu n'auras aucune chance d'atteindre la libération...*"[231]

Il se tut.

«Du point de vue de la morale, l'objet de l'attirance peut être pur ou impur, permis ou interdit, tandis que du point de vue spirituel, il n'y a pas d'objet extérieur ; le pur et l'impur sont en soi, dans l'attirance, la répulsion et le détachement, dans les motivations et les intentions, dans le sens que l'on donne à ses actions. Le pur et l'impur exigent une vigilance personnelle aiguë. Ce qui importe n'est pas la privation, bien qu'elle soit un moyen, mais la distance. On ne se purifie jamais de rien d'autre que de soi.»

Il s'interrompit encore.

Qui mieux que moi connaît mon hypocrisie ? Je pensai à cette phrase du livre des morts égyptiens que je venais de comprendre :

"*Mon cœur, ne t'élève pas en évidence contre moi,*
ne sois pas mon adversaire devant le cercle divin."

Je ne pourrai jamais rien me cacher à moi-même, je suis mon juge le plus impitoyable et mon pire ennemi quoi que je fasse, surtout si je me laisse tranquilliser par des espoirs ou des rêves. Dans le livre Haguiga du Talmud, on rapporte que "*l'âme elle-même du pêcheur témoigne contre lui.*"[232] A qui d'autre qu'à elle-même ?!

Cheikh Assam reprit, comme s'il suivait mes pensées :

«"*Tout ce que tu as fais de bien ou de mal, tu le verras rassemblé autour de toi*, révèle Mahomet, le Prophète, sur lui la grâce et la paix, *tu es le miroir de tes actes.*"[233] Tu es à toi seul l'accusé, le témoin, le procureur et le juge. Comme l'annonce David au nom de Dieu : "*Celui qui dit des mensonges ne subsistera pas en Ma présence.*"[234] A qui mentirait-il, celui qui ne peut plus tricher ? "*Allâh sait ce qui est dans leur être.*"»[235]

"Où ira-t-il alors ?" pensai-je. "En lui-même", répondrait le *pîr*.

Il s'empara du livre de la Bhagavad Gîtâ et lut :

«*A l'exception des œuvres accomplies pour un but sacrificiel, l'action est ce qui enchaîne en ce monde... Libre de tout attachement, acquitte-toi de tes œuvres.*"[236]

«Repens-toi de tes actions, mauvaises ou bonnes, car qui sait dans quelle motivation tu as fait même le bien... alors le mal ! L'un comme l'autre, attachés à des intentions, cela veut dire à des effets, sont des liens. Le bien accompli en vue d'une récompense pendant la vie ou après la mort lie son auteur... "*Mes actions ne me souillent pas, car je ne convoite pas leur fruit*",[237] lit-on plus loin. "*La récompense du bien est-elle autre chose que le bien ?*"»[238]

Il se tut. Il était tard. Une partie de moi acceptait volontiers la mort "vide", cette mort totale jusqu'à la mort de la mort, mais une autre aimait le monde et s'y trouvait bien. Qui était la première et qui était la seconde ? Une voix lointaine, peut-être celle de l'âme avec ma démarche même, avec ce voyage jusqu'à ce *pîr* et avec lui, appelait l'âme, l'Esprit, le non-être, le Témoin, un soi plus vrai. Je l'entendais, je la connaissais, elle existait. Une autre voix m'appelait à la vie et à en jouir. J'aimais la vie, faut-il le préciser. Je n'avais pas plus de problèmes que quiconque, et peu de propension à m'autodramatiser. L'ascétisme me paraissait juste, mais ne m'attirait pas. Ma démarche spirituelle n'était pas mue par le désespoir. Je ne la prenais pas comme le radeau un noyé. Une partie de moi mourait tandis que l'autre, qui aimait le monde, y demeurerait. L'Absolu se prêterait-il à un tel marchandage ?

Finalement, la vie éternelle n'est pas différente de la vie ordinaire.

Le cheikh avait-il dit cela ou était-ce moi qui le déduisais ?

Je pensai à la prière de nos messes dominicales : "*Conduis-nous à la vie éternelle.*" Que demande-t-on dans ce souhait ? Quelle vie, quelle éternité ? Avec quelle intention ? Valait-il mieux sacrifier à cet espoir répété ? Est-ce moi, ma personne, mon histoire, qui demande l'éternité, ou est-ce l'âme, le principe de vie sans qualité, sans identité qui se rappelle à sa source ?

Dieu, dans sa miséricorde, dont on dit qu'elle est infinie, n'offre-t-il pas plus que nous ne puissions ou sachions espérer ?

Cheikh Assam me laissait le temps de réfléchir.

La purification ultime de soi malgré soi n'est-elle pas un "bonus" de la foi ? Je dis :

«Qu'entend-on par "la miséricorde d'Allâh" ?

- La miséricorde d'Allâh est infinie. Infinie ne signifie pas puissance. La miséricorde d'Allâh est aussi grande que la tienne. "*Je réponds à l'appel de celui qui M'invoque quand il M'invoque.*"[239] La mort est un cadeau de Dieu. Elle est l'expression la plus pure de Sa miséricorde. Elle est infinie, cela veut dire qu'il n'est jamais trop tard pour te libérer de tout. La mort te donne une chance de retrouver ton âme et de te délivrer de toi, comme le réveil te permet de sortir de tes rêves, et de tes cauchemars, et le sommeil te tire du monde.»

Une mouche s'acharne sur la vitre pour sortir pendant que j'écris ces lignes. Elle voit le ciel et veut s'en aller dans sa direction, mais elle ne comprend pas l'obstacle que constitue la vitre. Quant à moi, je conçois l'Absolu et cherche à m'en approcher sans me rendre compte que mon invisible attachement à moi m'en sépare.

«Lorsqu'Allâh nous éveille d'un cauchemar, ne nous montre-t-il pas Sa miséricorde ? Lorsqu'il nous tire de la vie, que fait-il d'autre ? Il est miséricordieux, mais Sa miséricorde peut-elle t'atteindre ?

Il se tut encore.

- "Tu nous fais mourir deux fois, et Tu nous ressuscites deux fois"... Qu'est-ce que cela signifie ?

- La réponse dépend de qui pose la question. L'amant de la Vérité meurt une fois pendant sa vie — c'est l'annihilation de l'être — et une fois au moment du trépas — c'est la mort du corps. Il meurt deux fois et ressuscite deux fois : après l'annihilation, il vit une autre qualité de vie dans la proximité du Guide, dans la Vérité. Après la mort, il vit sans vivre éternellement.

«Celui qui n'a pas entendu l'appel de la Vérité meurt une première fois au moment du trépas, mais son désir d'être perdure, il meurt une seconde fois au sein même de la mort pour vivre encore.

- Cela cessera-t-il ?

- Il vit encore deux fois pour mourir deux fois à nouveau, jusqu'à ce qu'il aperçoive le *rappel.*

«L'homme désire vivre et se condamne à vivre. Telle est la racine la plus profonde de la condition humaine, et de la vie. Certains ont réussi à dépasser tous les obstacles et toutes leurs attaches, ils nous ont transmis les méthodes qui ouvrent l'infini de l'au-delà.

«Repens-toi. Repens-toi de toi. Efface de ton cœur tout ton passé, tout ce qui t'attache. Décide-le ! Tu n'es que l'esclave de toi-même.

«L'homme le plus grand est celui qui cherche le plus grand. Celui qui perçoit le monde comme Allah, perçoit aussi au-delà du monde. A quoi bon posséder le monde ! Tu ne possèdes pas même ta propre personne. Quels que puissent être tes espoirs dans le monde, un seul vaut ta peine : l'union avec l'Un. Qu'aucun autre désir ne te possède. Que t'importe ta vie quand tu connais qui te crée ?

Il s'interrompit longuement. Puis, dans une surprenante ferveur, il dit :

«Purifie-toi de toi, laisse le doute à l'être, laisse la vie à l'illusion, connais le Suprême, renonce au monde, renonce à toi, brûle tout désir, renonce à toute autre vie, décide une fois pour toutes de ce qu'est l'essentiel, exige ta mort à toi-même, cherche au-delà de toutes les causes, au-delà du commencement, au-delà du souffle qui précède le mot.

Le feu devait être ce symbole actif où l'on brûlait la vie... Ce jour-là, l'absence du brasier me montrait à quoi il avait servi. L'ardente chaleur qui nous entourait d'habitude faisait monter une fièvre enivrante dans laquelle le Guide de la Réalité invoquée s'élevait plus facilement.

«Cherche cela. Appelle-le ton "Bien-Aimé". Laisse en ton cœur s'allumer un feu de passion pour Lui. "*Nul ne voit Dieu que Dieu.*" Va en paix.»

Il s'était tu depuis très longtemps ; je me suis levé, je l'ai salué très bas. Il n'a pas bougé ; ses yeux regardaient fixement le vide comme s'il était absent. Je suis parti en silence.

Dehors, il faisait nuit sur le ciel limpide et noir. La voûte céleste montrait l'immense qui n'est pas l'infini. Que la vie est belle ! Que l'Absolu est grand plutôt que vaste. J'avais le sentiment de la limpidité que l'on éprouve d'avoir compris quelque chose.

Cette nuit-là, je fis un rêve étrange et agité. Je voulais décider de me retirer dans un monastère, mais cette idée m'écartelait. Ce n'était pas un rêve fait d'images, mais de groupes de mots jetés. Je m'agitais dans des pensées contradictoires.

"Je veux m'enfermer, et pourtant, je veux vivre ! Je ne veux pas renoncer aux plaisirs, et pourtant, je veux m'enfermer pour guérir de vivre, m'enfermer pour sortir, m'échapper. Je rêve de ne plus jamais sortir. Jamais ! Ne pas être. Et pourtant, je veux être encore, encore être. Je dois m'offrir à moi-même, enfin m'offrir de ne plus paraître. Je veux ne regarder qu'en dedans, attentif et vigilant, ne plus jamais sortir d'une ultime vigilance. Je veux me cloîtrer, je veux ne plus vouloir sortir, regarder en dedans jusqu'à ce qu'il n'y ait plus rien à voir. Rien ! Rien à voir en dedans. Rien à voir. Ne plus jamais sortir. Ne plus jamais revenir. Jamais rien vouloir. Rien. Brûler ! Etre cendre, c'est encore trop être. Moins que cendre. Moins. Moins. Rien. Rien. Ne rien vivre. Mais attention, je ne veux pas fuir. Je connais la beauté de vivre dans la lumière, je connais des charmes de la vie, des plaisirs, des délices, je connais même la joie, la joie de vivre, la simple joie de vivre. Je ne veux pas fuir, je veux partir, m'isoler, me cloîtrer, disparaître. Je ne veux pas vivre, je veux moins, beaucoup moins. Il me faudrait un ermitage sans porte, un large tombeau, et la douceur, après la douleur, après que s'éteigne être-désirer, la douceur de ne rien vivre, la douceur de ne rien voir, la douceur de ne rien faire, et la douceur de ne plus être vu. La douceur glorieuse de l'émotion tarie. Ne plus rien voir. Et ne plus rien dire. Rien dire. Jamais plus rien dire. Pas un mot. Plus un mot ! Jamais. Ne jamais plus rien choisir : ni les mots ni les sens. Ne plus choisir. Rien ! Ne rien chercher. Jamais plus rien chercher. Rien. Jamais. M'évaporer doucement dans la douceur, agoniser dans la douceur. Ne plus bouger. Plus bouger. Pas même un cil. Rien plus jamais. Respirer, on doit pouvoir s'en passer. Cesser de penser surtout. Cesser de penser le grand défi du silence. Le grand silence au-delà de penser le silence. Ne rien penser. Permanente stabilité. Rien plus jamais bouger. Pas même une cellule, surtout pas un neurone. Au-delà de l'expérience, l'immuable ! Il n'y a qu'une beauté, la mort. La mort. La tranquillité de la mort. Ne pas être, c'est encore trop. Oublier. Oublier d'oublier. *Fatum*. Accompli. Achevé. Il faut mourir. Je veux mourir. Perdre toute forme. Plus de forme. Apprendre à n'avoir plus de forme. Mourir, pour mourir vraiment. Mort. Etre mort. Etre mort sans être. Maintenant. Dès maintenant. Ne jamais rien. Rien. Jamais. Jamais Rien. Jamais. Rien que mourir. Mort. Moins qu'avoir été. Plus que mort. Est-ce trop demander ? Est-ce trop espérer ? Ne rien demander. Rien, ni demander, ni espérer. Surtout pas. C'est encore trop. Rien. Rien. Rien en trop. L'univers est la prison de la conscience. Sortir du créé, et sortir de l'incréé qui le couve. Sortir de la conscience. Sortir. Partir. S'évaporer. Disparaître corps et âme dans le profond tombeau. Le plus profond tombeau qu'aucun nom ne décrit. Qu'aucun nom n'a jamais décrit. Jamais. Sans nom. Sans nom. Au-delà de quoi qu'il arrive. Au-delà de celui qui est sans nom. Sans fin."

Je m'éveillai, immédiatement lucide, au cœur d'un bien-être immense et du plus grand calme. Je contemplai mon rêve comme on se souvient d'un voyage. Puis je me rendormis. Je rêvai à nouveau.

J'étais dans un espace noir sans borne. Non pas flottant, cela impliquerait que j'eusse eu un corps ; Esprit ! comment dire autrement, en voyage ou visité. "Ici, suggérait l'espace, tu deviens aussi vaste que l'univers, que tous les univers, tu n'as plus rien à écarter. Vie et mort sont naissances de l'éphémère dans l'éphémère, formes qui se déforment. Vivre et mourir sont mêmes. La cause de toute chose est plus petite que soi. La forme des formes n'est que toi. Devenu comme l'un d'eux, tu feras des mondes, comme Brahman les rêves, et comme Elohim les fait, ou se donne à croire qu'il les fait."

Deux jours plus tard, je retournai voir cheikh Assam. Bien qu'il m'eût dit que son enseignement était terminé, il m'accueillit sans surprise.

«Cheikh, vous m'avez donné plus que je ne demandais, plus que je n'espérais, plus qu'un homme donne à un autre homme. Avec patience, vous m'avez ouvert les yeux. Permettez-moi de rester avec vous et de vous servir.

- Je n'ai pas besoin qu'on me serve, dit-il, en me souriant. Il ajouta :

«Tu es venu vers moi. Tu m'as demandé la proximité, et la connaissance de la mort. Je t'ai donné tout ce que j'ai pu. Nous avons marché ensemble à partir de la station où tu te trouvais. Mais tu as fait seul ton chemin. Avec toi, j'ai parcouru le mien, non le tien.

«Je ne veux rien de toi, Allâh, qu'il soit exalté, s'occupe de tous. Seulement donne-moi ton cœur. Donne-moi ton cœur et j'accepterai de le prendre, donne-moi ton cœur afin que tu ne le donnes à rien d'autre. A moi, il ne pèsera pas. Tu me donnes ton cœur et je te donne ma liberté. Donne-le moi si tu peux.

«Si tu doutes de quelque chose, appelle-moi dans ta pensée et dans ton cœur, je t'aiderai. La connaissance est exigeante. Ne pâlis pas devant elle. Ne te repose pas. Sois le conquérant. Ce qui t'advient, ne l'esquive pas.

Il se tut.

«Tu peux rester un peu dans le village, ensuite rentre chez toi, et alors, alors seulement, reviens si tu le souhaites.»

Je passai cette nuit-là dans la montagne. Il y régnait une odeur de pierres chaudes et le ciel chuintait un silence de vent étoilé.

J'aime la vie ! Tous les hommes aiment la vie. Je confonds sans doute l'amour de la vie et l'amour de moi-même, l'amour de la vie et le conditionnement du plaisir, l'amour de la vie et la peur de la mort... C'est moi que j'aime plus que la vie... J'ai rencontré nombre de saints et de sages qui aiment la vie d'une toute autre façon. Il y a certainement dans le don de soi, l'ascèse, le sacrifice, la dévotion autant de jouissance que dans le vin, les plaisirs, les bonheurs d'apprendre, les aventures du corps et de la pensée. Quelle vie est celle que j'aime ? Des formes de manifestation s'aiment en moi. Les saints diraient que l'amour de Dieu est bien meilleur encore... "*L'amour de la mort*", dirait Bayesid Bestami. "La vie est un cadeau de Dieu", ai-je entendu dans mon enfance. Cheikh Assam dirait plus précisément que Dieu (l'Esprit créateur ou la vie) donne la vie à la vie qui veut se vivre, une forme de lui-même. "*La mort est un cadeau de Dieu*", dit-il aussi. Dieu prend la vie "*rassasiée*" comme le proclame l'Ecclésiaste. Dieu donne sa mort à Job *repus* de jours.

Comme si la vie était un parcours qui conduisait, de la condamnation de Dieu à Adam — "*mourir, tu mourras*" — à la réalisation de Lacan — "*la mort, il n'y a que ça de vrai*" — ; parcours de la prise de conscience de la mort et de son caractère inévitable à la conscience de ce qu'elle est vérité ; jusqu'à la reconnaissance de ce qu'elle est, pour l'individu, un absolu crédible et donc un lien avec soi-même qui devient le lien avec ce qui ne sera même plus soi-même... La vie serait le chemin de cette vérité qui débute avec le désir de vivre et s'achève avec la satisfaction d'avoir vécu.

"*Un instant à la fois, tout est possible.*" Même la mort.

"Puis-je mourir maintenant ?" m'interrogeai-je. "Oui, me répondis-je, je ne tiens à rien suffisamment." Cela durerait-il ?... "Puis-je mourir ici ?" me demandai-je comme si le temps n'impliquait pas le lieu. "Oui", pensai-je. "Puis-je vivre ici... Combien de temps ?" Je ris aux étoiles ! "Un jour à la fois", dis-je à haute voix en imitant l'intonation de cheikh Assam, heureux de répondre à cette question en évitant son piège. Je recentrai ma réflexion sur la mort. Répondrai-je de la même façon à Paris ? M'y interrogerai-je seulement ? Peut-on être prêt à mourir et avoir des rendez-vous dans son agenda ? Je pensais que oui. On peut agir sans désir. Cela aussi sans doute est une décision d'abord.

Je considérai mes attaches, mes affections, mes responsabilités, mes orgueils... Ma vie et son attraction sur moi, mes attirances vers elle.

Pris séparément, ce à quoi je prétendais tenir le plus était raisonnablement relativisable jusqu'au dépit, puis négligeable, parce qu'infiniment vain. Mon lien avec ces choses dévoilait sa suffisance, sa futilité à la simple lumière d'une interrogation. Finalement, à quoi tient-on sinon à la volonté de vouloir tenir à quelque chose ?

Pourtant, le tout de mon inventaire dépassait la somme de ses éléments. La force de vivre, l'instinct de vie dans sa nudité indécente et dans sa simplicité glorieuse, dans son honnêteté tranquille réclamait, dans sa considérable force passive, l'expérience de vivre, comme si elle comprenait que tout inventaire des raisons ne signifiait rien, que cela se passait ailleurs, où elle, la vie, se vivait vraiment, au-delà de ses auto-explications, au-delà de toute tentative de justification, au-delà des événements qui la constituaient, dans son dialogue muet avec elle-même.

Et pourtant encore, le tout de mon inventaire était plus vain que chacun de ses éléments, unitairement dérisoire et totalement ridicule. Nul. Allalou Akbar, Allâh le Tout-incluant est le plus grand, plus grand et plus petit que chacun de ses éléments. J'en arrivais à dire avec mes propres pensées l'un des premiers enseignements du *pîr* : "*Plus grand n'est pas une quantité mais une qualité.*"

A tout bien considérer, dans l'instant de mon interrogation, j'acceptais vraiment, sans réticence et sans regret de renoncer à tout dans la mort, à tout pour la mort. Maintenant, ou n'importe quand, je serais prêt à mourir, cela me paraissait acquis. Pouvais-je renoncer à ce qui m'attache et vivre ! Cela était beaucoup moins sûr. Je mesurais ainsi l'ampleur du travail qui m'attendait. Il fallait vivre, pour pouvoir vivre et mourir sans condition. Renoncer aux plaisirs en plein désert, cela était certainement plus facile que d'y renoncer lorsqu'ils seraient accessibles. Rester dans ce village était le plus facile et le moins *vrai*. Cheikh Assam, en me prescrivant de rentrer chez moi avait compris ma question mieux que moi-même : l'attachement ne pouvait se résoudre, mon détachement ne pouvait s'accomplir que chez moi, en un instant ou par un plus long travail.

Un très grand silence précéda l'aurore. Le minuscule commença à s'affairer dans un grouillement souterrain juste à mes pieds. Dans le brouillard glacé du point du jour qui inondait la vallée, je descendis au village. Des corbeaux délassaient leurs ailes dans un premier vol, des chiens aboyaient à l'aube, la fumée déjà suintait des maisons. Des vies s'éveillaient, se préparaient à aller quérir le fruit du vivre ; d'autres allaient se terrer en attendant la nuit, tandis que la mort suivait chacun de nous d'aussi près que lui-même.

Les arbres, le ciel, les fourmis et les hommes disaient la patience et le temps, l'action et la paix. "*Celui qui connaît la mort n'a plus peur de rien*, avait chuchoté cheikh Assam le premier jour, *sauf de lui-même.*"

De sa voix chantante, le muezzin proclamait sans se lasser :

«*Hayyi 'Alal-Famlah — venez à la délivrance.*»

Je suis allé faire mes adieux. Nous restâmes assis en silence presque face à face, une dernière fois, puis le *pîr* me bénit.

«Allâh mahaq. (que dieu soit avec toi).

- God is with you. (Dieu est avec vous).»

Et j'embrassai la terre à ses pieds.

* * *

Je rentrai en France. Dans l'avion, j'étais assis à côté d'un musulman portant *djellaba* blanche et *chéchia* de dentelle. Il avait visité les lieux saints de l'islam indien et pakistanais et rentrait chez lui satisfait de son pèlerinage. Je lui dis combien j'appréciais sa religion :

«Cinq fois par jour, on interrompt toute activité pour se souvenir de l'absolu et s'y consacrer mentalement aussi bien que physiquement ; cinq fois par jour, on se penche vers le Guide de la Vérité ; cinq fois par jour... Jusqu'à ce qu'on ne pense à rien d'autre. L'islam est cette soumission. Le plus intéressant, à mon avis, c'est que l'on se prosterne devant le vide, pas devant le Prophète, pas même devant le Coran, ainsi peut-on se souvenir que rien, pas même le texte qui parle de Lui, ne peut convoquer en soi la vacuité essentielle qu'Allâh à révélée et par laquelle on le connaît...

- Je prie cinq fois par jour depuis que j'ai treize ans, me dit mon voisin avec trop de fierté, comme s'il ne m'entendait pas. Il ajouta avec l'air d'un homme trop docile qui répète une promesse entendue : ceux qui obéissent aux injonctions de Mahomet rejoindront Allâh dans son paradis.

Une colère de découragement me parcourut l'échine. Je ne pus m'empêcher d'essayer de secouer les certitudes de cet homme.

- Et les autres ?

- Ils vont en enfer !

- Le savez-vous ou le croyez-vous ?

Il prit une forte respiration pour répondre :

- Ils iront en enfer ! Son visage me paraissait tourmenté dans une sorte de jouissance perverse, détestable, humiliante et pitoyable qui masquait une inquiétude profonde, enfouie très loin, comme acquise aux premiers moments du temps où il s'est interrogé.

- Ne priez-vous pas pour eux ?

Ma suggestion l'étonna. J'en profitai pour insister.

«Dieu n'est-il pas infiniment miséricordieux ? Voyez-vous Monsieur, ce que cela signifie ? La miséricorde n'est pas contenue dans les limites égoïstes des hommes. Si Allâh était vraiment exigeant, nul ne mériterait jamais son paradis. Qui est vraiment pur ? Priez donc, Monsieur, qu'Allâh accueille même votre pire ennemi en son sein, ainsi peut-être vous sera-t-il reconnaissant de votre bonté.

«Pour ceux qui les observent, les commandements d'Allâh servent à s'approcher de lui, un peu en avance, pendant la vie. Celui qui ne leur obéit pas risque de vivre en dehors de cette joie. Voilà tout. Si pour vous, Monsieur, Dieu représente la frustration que vous inflige l'obéissance à ses préceptes, imaginez l'enfer que vous trouverez au paradis !

Mon interlocuteur étouffait de rage, mais bien qu'il m'eût pris la gorge de ses deux mains, son visage exprimait de la gratitude et m'invitait à poursuivre :

«Vous pensez aller au paradis ! Mais qui y pense ? Tant que vous direz : “Moi je veux aller au paradis”, vous en serez éloigné, parce qu'on ne peut pas aller au paradis avec un moi en soi. Auprès d'Allâh, il n'y a pas de moi. On ne peut l'approcher que lorsqu'il n'y a plus de cette idée du *moi* entre Lui et vous. Allâh le tout puissant ne peut rien contre ce moi qui est en vous et qui vous tient séparé des autres hommes et de Lui. Ce ne sont pas vos péchés, ni votre corps ni cette terre qui vous empêchent de rejoindre Allâh, c'est votre moi.»

Il pressait trop fort, j'étouffais... et je me réveillai pour respirer enfin.

Presqu'immobile dans son coin, mon voisin égrainait son chapelet en me regardant avec inquiétude. Il me sourit. Je décidai de lui parler un peu et de lui raconter mon rêve.

Chapitre 24

J'habite où tu habites

«Chacun des patriarches était parvenu, par une voie personnelle, à la connaissance de Dieu. Et chacun d'entre eux le servait à sa façon.»
Baal Chem Tov

«Tout me paraît songe ce que je vois, et que c'est moquerie avec les yeux du corps.»
Sainte Thérèse d'Avila
Vida XXXVIII

«Namasté[1] babou ![2] s'exclama swami[3] Vichârava derrière moi.

A sa façon, il me montrait que c'était lui, encore une fois, qui m'avait trouvé. Il ajouta :

«Etes-vous devenu *satyavrata*[4] ?

Devant mon regard effaré il poursuivit :

«Etes-vous l'homme qui ose la vérité qu'il a perçue.

Ce n'était pas une question.

- Namasté swami, répondis-je, joignant les mains devant moi et m'inclinant profondément. Il me rendit ce salut. Ses yeux pétillant de vitalité et de malice semblaient s'amuser de chaque partie d'un tout dans lequel j'étais inclus. Il souriait, un peu comme un amoureux semant de la bonté ; il irradiait simultanément le dynamisme et le détachement. Il me paraissait très en forme, rajeuni, tenant droit le torse nu, ferme et mince. Il portait le *dhotî*[5] et était coiffé d'une sorte de turban orange.

- Alors, vous m'avez retrouvé, poursuivit-il dans son anglais tout aussi désarticulé et mâché que jadis, me montrant ses dents blanches dans leur écrin de barbe grise.»

Quatre ans avaient passé depuis nos conversations de Delhi.[6] J'avais bien essayé de le suivre à Bénares, mais je n'avais pas eu la patience de l'y trouver ou de l'y attendre. Et j'avais été appelé ailleurs, pour ma rencontre avec Kalou Rinpoché.

Cette fois, avec les mêmes indications qu'avant, le nom d'une *gâth* et celui du swami, j'avais tourné en rond pendant plus de deux heures dans les dédales de ruelles à la recherche de l'*ashram*.[7] Les larges gestes imprécis aussi bien que les mentons des marchands et des passants m'avaient indiqué des directions parfois opposées et qui semblaient ne mener nulle part, comme si une collusion de la tromperie entourait le refuge de celui que je cherchais. La pensée de ne pas trouver mon but me hantait d'une angoisse sourde. Mon sac à dos me tirait les épaules et je commençais à traîner les pieds. Je résolus de renoncer à toute aide extérieure, décidé à ne suivre que mon intuition. Je m'arrêtai d'abord dans un *tchaï-shop*[8] pour me reposer. J'appelai ensuite une inspiration bienveillante et reprit ma recherche avec juste ce qu'il faut de volonté pour marcher. J'arrivai bientôt devant une arche de vielles pierres grises.

«Han, han[9], me dit la bouche, pleine de *bétel*[10], d'un vieil homme assis auquel je n'avais rien demandé.

D'une cour à l'autre, je montai deux étages, trouvai une terrasse où des habitants me firent signe de monter encore. Je parvins enfin au dernier niveau d'un bâtiment qui avait peut-être été jadis un palais mais qui, depuis, était devenu l'abri d'au moins une dizaine de familles et de plus encore de vaches et de chèvres.

Les premières paroles du swami semblaient devoir m'informer qu'il savait par quelles difficultés j'étais passé et quelle décision j'avais dû prendre pour le rejoindre. Il me montra un endroit où déposer mes bagages, commanda deux *tchaïs* et m'invita à le suivre. Nous traversâmes une cour carrée habitée par deux vaches et quelques *sâddhus*. Un escalier conduisait à une vaste terrasse ouverte sur le ciel et l'horizon. Je me déchaussai et m'assis à côté de lui sur un *choki*.[11] Il sourit et ne dit rien. Un soleil de midi dans un ciel d'azur irradiait d'une lumière brillante le Gange qui glissait mollement dans son lit. Nous étions en hiver, l'hiver de l'Hindoustan, clair et doux.

«What are you looking for at this time now, sir ?

Son anglais approximatif s'ouvrait sur de nombreuses interprétations : que cherchez-vous, cette fois-ci, à cette heure-ci, maintenant, monsieur. Je compris néanmoins parfaitement le sens de la question.

- Ce paysage à lui seul justifie mon voyage, dis-je vainement pour lui échapper.

- Hum, fit-il dans une neutralité feinte. Il ajouta : combien de temps le justifiera-t-il ? Pouvez-vous rester assis sur ce *choki*, disons... une semaine, sans bouger, sans aucune activité, sans désir ?

Me défiait-il ? Non, il me montrait un chemin à parcourir. Il reprit :

«La Vérité est-elle changeante, monsieur ?

Les questions les plus simples, posées par lui, m'invitaient à la prudence.

- Non, répondis-je sur un ton entre l'affirmation et l'interrogation.

- Alors, que cherchez-vous ?

- Ce qui est permanent.

- Hum. Ce qui est permanent. Comment le trouverez-vous, monsieur ?

Comme je ne répondais pas, il poursuivit :

- Est-ce le temps ?

- Non, bien sûr.

- Pourquoi ?

- Le temps est le canevas même sur lequel s'opère le changement. Il est la cause du changeant et lui-même est causal...

- Hum... Alors c'est hors du temps ?

- Oui, dis-je en me méfiant de la chausse-trappe dans laquelle il allait fatalement me pousser.

- Le temps est-il *de la* vérité alors ?

- Non...

- Et, ce qui est permanent, est-ce l'espace ?

- Non.

- Parce que l'espace est changeant ?...

- Peut-être pas. Il est vide.

- L'espace n'est pas la Vérité alors ?

- Nnnon. L'espace est sans doute causal aussi.

- Ce qui est permanent, est-ce la causalité ?

- Non, la causalité même est causale.

- Alors, ce n'est ni le temps, ni l'espace, ni la causalité, où est-ce ?

Je devais prendre l'habitude de laisser les maîtres répondre à leur propres questions.

«Vous cherchez l'Infini, monsieur, m'informa gravement le swami dans un sourire.

Comme je m'en montrai étonné, il poursuivit :

«L'infini n'a pas de limite, il est tout-contenant ; il n'a pas de forme, ni de cause ; il est en dehors de la contingence de l'impermanence. Il n'est pas dans le temps mais il contient le temps, il n'est pas dans l'espace, mais il contient l'espace, et la forme ; il n'a pas de cause, mais des causes et des effets se produisent en lui. L'infini est omniprésent, il est donc permanent.

Le *tchaï* arriva.

«Le temps, l'espace et la causalité sont des formes de la conscience. Le moi qui vit et agit dans ces formes est lui aussi une forme de la conscience. Il est une pensée.

«Vous cherchez l'infini qui est permanent, monsieur, il n'y a nulle part *où* aller le trouver. Il vous faut renoncer à la question "où" et ne vous consacrer qu'à la question "comment". L'infini est une vérité sans besoin. Alors, renoncez au chercheur et à toute recherche. Ne cherchez rien.

- N'est-ce pas là toute la difficulté ?

- Comprenez-vous, ajouta-t-il sur un ton de pédagogue mais comme s'il ne tenait pas compte de ma remarque, l'infini ne peut être qu'unitaire, n'est-ce pas. Il est sans commencement ni fin, il est donc a-causal. Tout ce qui est causal est fini, contenant son commencement et sa fin.

«Dépassez donc la conscience du moi, dépassez même le concept d'individu, car il n'est pas unitaire, donc non infini. L'infini que vous désirez est permanent. L'infini est une sorte de conscience de l'un. L'un est la source de toute chose. Si quelqu'un cherche l'un, en fait, il y a deux. Avez-vous compris ?

- Oui, répondis-je, bien que cette démonstration eût été un peu rapide pour moi. J'ajoutai :

«Vous me demandez ce que je cherche pour me montrer qu'il n'y a rien à chercher, et vous m'indiquez que la Vérité ne peut être que le concept d'infini qui se connaît dans un état de permanence que je ne peux pas connaître en tant qu'individu.

- En vérité, monsieur, personne ne cherche aucun but, car il n'existe pas une personne qui cherche et donc pas de but non plus, conclut-il.

Nous bûmes notre verre de thé.

- Puis-je rester ici ?

- Bien sûr. Nous avons une chambre pour vous. L'ami américain qui l'habitait est parti pour Madras en pèlerinage. Vous y serez bien. Et seul, ajouta-t-il, comme d'habitude en lisant ma pensée.

- Et lorsqu'il reviendra ?...

- Alors Dieu s'arrangera avec les problèmes qu'il se crée, ajouta-t-il en riant de mon inquiétude.

«Prassad ! Prassad ! cria-t-il.

Un vieil Indien répondit à l'appel de la cour inférieure.

«Allez le voir.

Je me levai, et saluai le swami en m'inclinant. Il me toucha la tête en souriant :

«Soyez le bienvenu, dit-il, à la fois accueillant et détaché de cette formalité.»

Installation

Prassad me conduisit à une petite cellule sombre, meublée d'un *choki*, d'une paillasse carrée posée sur le sol devant un autel où une image allégorique de Shiva regardait l'espace vide d'un infini peuplé d'êtres et de symboles. Une porte à deux battants et une fenêtre de bois s'ouvraient sur la galerie qui entourait la cour. Il fallait choisir entre l'intimité dans le noir opaque ou un peu de lumière peuplée de regards curieux. Je disposai mon sac de couchage sur le lit de bois, ma bibliothèque de voyage à côté de la représentation du Dieu et les objets utilitaires dans des niches creusées dans les murs. Je me retrouvai seul, face à moi-même devant ma motivation au tempérament primesautier.

Je passai le reste de la journée sur mon lit, à réfléchir. Qu'étais-je venu faire ici ? Dans cette première conversation, le swami avait établi une sorte de programme. Il avait immédiatement posé un but qu'il avait aussitôt déplacé hors de toute perspective de but. Etais-je prêt à faire les efforts que je souhaitais exiger de moi-même ? J'étais habitué à ces violentes remises en question qui m'assaillaient dès mon arrivée quelque part. Elle ne persistaient pas.

Elles manifestaient les plaintes de mon corps et les résistances de l'intellect qui sait qu'il va se faire bousculer. Bien que je crois utile de partir en voyage, rien en moi n'aime les déplacements que ma capacité de m'étonner, et il lui arrive d'avoir des faiblesses.

L'*ashram* n'était pas vraiment une communauté. Swami Vichârava avait transformé sa maison, dont il n'occupait qu'une pièce, en foyer collectif ouvert à tous. Au long du jour, des *sâddhus* arrivaient. Ils recevaient asile pour la nuit, parfois, ils restaient plusieurs jours. Ils s'installaient un peu partout, sur la terrasse et sous les galeries qui desservaient une dizaines de chambres. Trois Occidentaux et quatre Indiens occupaient ces dernières. Swami logeait dans une petite pièce à l'avant du bâtiment, face au Gange. Elle s'ouvrait sur un balcon couvert d'une marquise où il passait ses journées en méditation. De sa fenêtre, on voyait l'autre rive du fleuve ; des villages de cultivateurs, leurs maisons de boue à l'abri de quelques arbres géants. Un jour, les regardant avec lui, je demandai :

«Et ceux qui ne s'interrogent pas, que...

- Ils s'interrogent ! m'interrompit-il. Tout le monde s'interroge, même les animaux. Tout ce que l'univers crée de vie s'interroge d'une façon ou d'une autre sur le destin.[12]

- Même les moustiques ?

- Et pourquoi pas les moustiques ? La vie se pose des questions. La vie progresse dans une sophistication de la question qu'elle se pose. L'homme tâche de répondre.

«Observez les animaux d'une même espèce, monsieur ; ils n'ont pas un caractère identique. Certains sont plus calmes, d'autres, plus courageux, ou encore plus solitaires. Ils ne vivent pas plus un même destin que les hommes. Tous les hommes se préoccupent de la transcendance, fût-ce pour la nier. Tous cherchent la foi. Celle des simples gens les sauvera plus sûrement que vos pensées élaborées. Vous ignorez tout de la force de la vie, monsieur. Cherchez-la en vous. Entrez en elle.

Jadis, devant deux mendiants, à Delhi, il me l'avait montrée.

«Pensez vous encore être l'auteur de vos actes ? Croyez-vous être venu jusqu'ici par vous-même ? C'est l'Unique qui désire se connaître à travers vous, et non vous qui désirez connaître l'Unique. Pour apercevoir cette attitude, délivrez-vous de l'attachement à vos paroles, à vos pensées et à vos actions.»

J'ai dormi un peu, et puis j'ai pensé à mes maîtres, rabbi Isaac, cheikh Assam, Paresh Babou le parfumeur de Bombay, mère Térésa, frère Marc, saï Baba, le sorcier yanomami sans nom, Wilhem. Cette évocation me rendit à mon courage. Le timbre grave d'une lourde cloche me tira de mes réflexions.

Un peu avant le coucher et le lever du soleil on se réunissait sur la terrasse avec swamiji, ainsi qu'on l'appelait ici, pour une méditation collective ou pour l'écouter parler. Il s'exprimait en hindi et certains jours traduisait lui-même en anglais. Le plus souvent, frère Thomas, un chrétien disciple de l'*ashram*, s'en chargeait. Les peuples de l'Inde parlent quinze langues et mille-six-cent-cinquante-deux dialectes. L'hindi n'est pratiqué que dans les régions qui entourent Delhi. La version anglaise était donc nécessaire aux Occidentaux aussi bien qu'à de nombreux Indiens. Ceux qui ne comprenaient ni l'une ni l'autre langue écoutaient avec le cœur. Swamiji prenait place sur le *choki*. *Sâddhus*, disciples et quelques visiteurs l'entouraient, assis sur des paillasses ou sur des couvertures, à même le sol. La plupart du temps il ne disait rien. Son puissant silence nous soutenait dans une élévation mimétique involontaire. Parfois, nous méditions sous sa direction, ou nous répétions des *mantras*.

Vichâra, le discernement

«Que savons-nous, monsieur, dit-il ce soir-là au soleil couchant. Sur quoi pouvons-nous compter ? Tout ce qui vit, meurt. Nous savons que nous allons mourir. Nous pouvons prendre la mort comme but de la vie.

- Swamiji, interrompit Michael, un hôte américain qui pratiquait la précision, le but est-il la fin ou la finalité ?

- Du point de vue de la vie il n'y a pas de différence.

«Notre conscience nous permet de prévoir que ce corps, cet intellect, ces sens qui nous donnent accès au monde manifeste, toute cette organisation vivante d'appréhension va se désorganiser. Elle est marquée de finitude, elle n'est pas infinie.

«Nous savons qu'il y a la mort.

Il ferma les yeux.

«A quoi nous identifions-nous ? Utilisons la méthode du discernement (*vichâra*[13]). *Néti, néti* — pas ceci, pas ceci. A quoi puis-je identifier *je* ? Cette main, est-ce moi ? Alors, qui est celui qui a perdu un bras ? Ce cœur, est-ce moi ? Des personnes vivent aujourd'hui avec le cœur d'un autre dans la poitrine. Et ce cerveau qui produit tant de pensées, est-ce moi ? Mais alors, aussitôt que je pense à autre chose, qui suis-je ? Et lorsque je change d'avis sur un sujet, qui suis-je ? Pensez à cela.

Il fit une pause. J'avais déjà lu quelque part cet enseignement classique de l'hindouisme. Lama Shérab aussi l'avait utilisé. Il faut s'imaginer sans ces nombreuses choses auxquelles *je* s'identifie. Que reste-t-il au bout de ce discernement ?

«Et la mémoire ? Suis-je celui qui possède mes souvenirs, reprit le swami ? Que m'arrive-t-il, alors, lorsque j'oublie quelque chose ? Et l'ego ? Le sentiment du moi existe-t-il ? Celui-ci aussi est changeant. J'étais un enfant, je suis devenu un homme, je serai un vieillard, qu'est-ce qui liera tous mes âges ? Un sens du moi immuable.

La silhouette d'ombre de swamiji, immobile sur son piédestal se détachait dans le rouge bleuté du ciel. Il ferait noir dans une minute. Son turban orange remplacerait l'astre de lumière.

«A quoi vous identifiez-vous ? Vous dites : "Je suis indien, j'appartiens à telle caste, à telle classe, à telle famille, je vote pour tel parti, je suis le fils de tel père, je suis le père de tels fils, j'exerce telle profession." Alors, vous ne vous vous appartenez même plus. Vous êtes possédé par des formes extérieures à vous-même.

- Mais swamiji, ce sont des conventions, interrompit Michael.

Swamiji se racla la gorge avant de répondre.

- A quoi vous servent-elles ? N'oubliez-vous jamais que ce ne sont que des conventions ? Vous devrez questionner chaque convention, chaque attitude, chaque petit morceau de mémoire jusqu'à ce que vous soyez libre de vos conditionnements. Vos conventions sont-elles de nature à vous permettre de connaître l'absolu indifférencié ? Votre identité ne doit vous servir qu'à savoir de quoi vous devez vous délivrer, et non ce à quoi vous devez continuer à vous attacher. L'identité est un leurre, monsieur, un piège qui vous fige dans une croyance en vous-même.

«Ce matin, vous vous êtes réveillé et vous avez retrouvé les sensations de votre personne, avec le sentiment de votre continuité historique personnelle, c'est-à-dire votre mémoire. Cette histoire personnelle est faite de changements. Derrière tous ces changements, il y a un même *je* qui vous donne une impression de continuité. Vous changez de pays, vous changez d'habitudes, vous changez de nom, vous changez votre cœur et vous lisez de nombreux livres qui vous apportent quantité d'informations et vous êtes encore le même *je*.

Swamiji fit une nouvelle pause.

«Aucune partie de notre corps ne peut nous réduire à elle. Nous ne pouvons attribuer *je* ni au sang, ni aux os, ni au sperme, ni aux éléments, ni aux sens, ni à l'intelligence, ni à aucune émotion, ni au passé, ni à l'avenir.

«Ni ceci, ni ceci. Alors quoi ? Vous vous identifiez à un projet, alors vous vous attachez à un certain aspect de votre volonté, et cette volonté est elle-même liée aux changements, à l'impermanence et à la mort. Vous vous identifiez à un souvenir ? Alors vous vous figez dans une image passée de vous-même. Vous n'êtes plus celui-là, vous êtes mort. Pensez que vous êtes mort. Qui est ce *je* ?

Il fit une pause afin que chacun puisse s'interroger.

«Lorsque vous rêvez, qui est ce *je* ? Et pendant votre sommeil profond, lorsqu'il n'y a plus aucune pensée, qui est ce *je* ? "*Les modifications de l'état mental sont toujours connues parce que l'Esprit qui y préside n'est pas modifié*", dit Patanjali.[14] Pensez à cela, à cela seul. Un témoin constant et immuable préside à tous les changements que nous traversons. C'est lui qui nous intéresse.

Il fit une nouvelle pause.

«La méthode du discernement, *vichâra*, a pour but de vous faire connaître que ce que vous appelez "moi" n'est qu'un réflexe d'appropriation des expériences, et qu'il n'est pas réel. Vous le constaterez par vous-même.

«*Vichâra* est la pratique du discernement entre ce qui est permanent et impermanent, entre ce qui est réel et ce qui est illusoire.

Swamiji faisait de nombreuses pauses. Cela me donnait le sentiment que chacune de ses phrases achevait son enseignement. Je fermai les yeux pour me concentrer. Il reprit :

«Aussitôt que vous ressentez plaisir et souffrance, que vous faites des projets, que vous prenez le monde avec trop de sérieux, avec trop d'avidité, pratiquez cette méthode, et recommencez inlassablement. Cherchez le témoin immuable derrière chaque expérience.»

Lorsque je rouvris les yeux, il avait disparu.

Chacun émergeait lentement de sa méditation, puis se levait. Il faisait nuit. Je restai sur la terrasse à regarder le fleuve et le ciel devant moi.

Swamiji appelait "témoin" ce qui ressemblait banalement à la conscience réfléchie : "Je sais que je regarde un arbre." Quelque chose m'échappait.

Michael, l'inlassable questionneur, vint interrompre mes réflexions. Il avait adopté le léger vêtement du swami. Ses cheveux blonds était taillés très court. Il avait un regard ferme et direct qui proclamait une candeur et une spontanéité délicieuses. Dans son pays, il vivait dans un *ashram* dont l'organisateur était un disciple de swamiji. Michael était en quelque sorte venu à la source. Ses nombreuses questions, je le découvrirai plus tard, n'étaient que de pure rhétorique. Elles n'émanaient d'aucun doute sur la doctrine que notre maître enseignait. Sans rien me demander, il se présenta, puis m'informa des horaires et des habitudes avec l'affabilité d'un hôte. Sa présence fraternelle me fit du bien.

C'est un peu soulagé que je regagnai ma chambre ce soir-là, après le dîner. Je m'y retrouvai comme à l'abri de moi-même en moi-même, protégé contre mes doutes et mes propres exigences mêlés. Je laissai ma pensée discourir librement en la laissant s'amuser des états d'âme qu'elle engendrait.

Le lendemain, swamiji poursuivit l'enseignement de la veille.

«Il n'y a rien qui soit le moi. Lorsqu'on se rend compte que le moi véritable n'est ni localisable ni définissable, alors peut se produire l'expérience de la connaissance du Soi.

«L'ego disparu, que reste-t-il ? Il reste une forme sans identité, bien qu'encore différenciée (*jîva*).

«En sanskrit, nous disons "*vyakta*" pour le moi, l'ego. La racine *vi* signifie "séparé", et *akta* signifie "couronner", "sacrer" ou "oindre". *Vyakta*, c'est moi-roi. C'est aussi la matière, le défini, le déterminé. *Avyakta* — sans ego, au-delà de l'ego — est le non manifeste, le non moi, la cause sans cause. *A* est un préfixe privatif. *Avyakta* signifie donc "non différencié", "non séparé", "indéfini", "latent". C'est alors qu'il signifie l'état non-manifesté de la nature avant la création, ainsi que sa destination finale. Le défini vient de et va vers l'indéfini.

«L'ego est *vyakta*, le mental est *vyakti* et l'Esprit, le Soi *avyakta*. L'Esprit est non séparé.

«Le moi est toute chose. Lorsqu'on *réalise* que toute chose est le moi, le moi disparaît, il est le Soi.

«Vous le trouverez en cherchant qui pose les questions.

«Le témoin est le même dans le sommeil profond, le rêve et l'état de veille, il est immuable à travers tous les changements d'états mentaux.

«L'éternel ne peut pas être un objet d'expérience. Il est une expérience sans auteur et sans objet. C'est l'expérience du pur état d'être. Un état d'être-sans-qualifier. La connaissance de Brahman n'est que le retour à l'immuable et toujours existant ; l'état dans lequel plus aucune expérience de différence, de séparation, n'existe en vous.

«Lorsque ayant pratiqué le discernement (*vichâra*), vous avez constaté que le moi et l'ego ne sont pas Lui, il ne reste que Brahman. Sur cette fondation : "*Il n'y a que Brahman*", vous pouvez voir Brahman en toute chose. Du multiple, nous parvenons à l'Un ; de l'Un, nous transformons le multiple.

«Méditer, c'est retirer l'Esprit du monde des apparences qui le fascine et le concentrer sur le réel, l'Un, Brahman, le pur état d'être.

«Votre volonté vous appartient-elle ou appartient-elle au Suprême ? Vous êtes venu jusqu'ici pour pratiquer la connaissance. Qui veut cette connaissance ? Est-ce l'ego qui veut prendre ou le Suprême qui veut laisser ? Interrogez votre motivation. Si vous dites : “C'est moi Untel qui suis venu chercher la connaissance”, comment Untel pourra-t-il recevoir ce qui ne peut jamais être reçu ? Il n'y a rien a chercher. *Vichâra* est la pratique de l'élimination, une sorte d'hygiène spirituelle. Le moi ne retourne jamais au Suprême, c'est le Suprême qui se trouve lui-même. C'est le Suprême lui-même qui cherche le Suprême.

Emmanuel

«J'ai l'impression que le swami commence un cycle d'enseignement, dis-je à Emmanuel, un co-disciple dont je faisais la connaissance. Que faisiez-vous avant que j'arrive ?

Il était français, avait été ingénieur en informatique avant de tout abandonner pour venir en Inde apprendre le cithare sous la direction d'un guru.

- Il commence sans cesse. Il répète souvent qu'il faut rappeler sa motivation et rabâcher les fondements de façon à les raffermir pour éviter les égarements et les découragements. En quelque sorte, il prévient des embûches en les prévoyant.

«Ce swami est unique, poursuivit-il, parce qu'il donne de vrais enseignements. Alors que la plupart des gurus hindous répondent à des questions et guident les disciples dans leurs pratiques ; lui, fonde les principes qui régissent les réponses.»

L'après-midi, Emmanuel allait prendre sa leçon de musique. Le soir, il lui arrivait de jouer de son instrument dans sa chambre. Alors, une onde de sons rejoignait et unissait chacun. Des notes égrainaient une paix qui enrobait tout mouvement en elle-même.

«Mon guru (son maître de cithare) m'enseigne la pureté et me fait pratiquer l'art de la musique, dit-il ; swamiji m'enseigne la philosophie et me fait pratiquer la purification. Ici, en Inde, la pratique de l'art est une des portes de l'Esprit, elle est indissociable de la pratique de la spiritualité...»

La matinée, commencée à l'aube, s'épuisait lentement. Je restai longtemps sur la terrasse. Tant que le soleil ne brûlait pas trop. La vue du Gange m'apaisait. Aussitôt que quelques volontés d'agir me tourmentaient, lorsque mes pensées tentaient de prendre le contrôle du monde, je posais mon regard sur le fleuve qui me prenait dans son éternité pacifiante où je puisais un contentement serein.

Le témoin

Le soir, swamiji poursuivit sa méditation.

«Nous appelons “connaisseur” ce qui prend conscience de notre conscience des changements. Ce connaisseur, pour être capable de prendre conscience des changements doit être à l'abri des changements. C'est lui l'immuable, le pur, le non conditionné. Il est la conscience absolue, sans objet. Il n'est pas l'observateur, mais au-delà de l'observateur, de l'observation et de l'objet observé. Lorsque vous entrez en lui, l'ego n'existe plus.

«"*Cet Esprit non-né est sans forme. Il contient le dehors et le dedans. Il est sans fin, sans vie et sans mental ; pur, plus haut que le plus haut impérissable. De lui naissent la vie et le mental et tous les organes des sens...*"[15]

Swamiji nous laissa méditer sur ces différentes propositions. Il reprit :

«Je frappe des mains...

Il applaudit.

«... Vous m'avez vu frapper des mains, vous avez entendu, votre conscience a enregistré cet événement, mais derrière, c'est le connaisseur immuable qui a perçu cette conscience. Il ne s'est pas arrêté sur elle, elle ne l'a pas transformée.

- Qu'est-ce que sont les traumatismes ? demanda Michael.

- Des voiles, monsieur. Entre les événements et le connaisseur, un certain nombre de filtres actifs se sont formés qui modifient vos perceptions et donnent au connaisseur des informations altérées. Le connaisseur est toujours pur. Les moyens d'appréhension ne le sont pas. Il faut les purifier.

«Ne pas nommer, ne pas identifier nom et forme facilite la prise de contact avec le connaisseur. Méditer, c'est cesser d'appliquer nom et forme sur les événements.

«Pensez à cela et pratiquez-le», conseilla swamiji avant de se lever et de disparaître.

"Ce n'est pas la conscience réfléchie, pensai-je. *Je sais que je sais* est approprié par l'ego. C'est le *yéshé* de lama Shérab, l'Esprit sans voile..."

«Si je m'identifiais à la conscience, commença swamiji le lendemain matin, alors je disparaîtrais dans mon sommeil. En effet, pendant que je dors sans rêver, je disparais dans l'éternel immuable. Libre d'ego, je ne suis personne. Je suis avec le Soi. Le sommeil sans rêve nous permet de faire l'expérience de l'infini.

«Moi, c'est l'ego ; c'est lui qui prend conscience de mes pensées et surtout de leur succession, de leur rupture et de leur continuum ; il se les approprie. Ce moi existe dans l'état de veille et dans les rêves. Il est affecté par des changements. Il est conditionné : sujet aux conditions des causes et des effets. Il est relatif, existant par relations entre des causes et des effets.

«Le Soi est l'essence inaffectée de ce moi. Il est ce moi en état inconditionné. Il est au-delà du manifeste, cela signifie au-delà du relatif, enveloppe de causes, *anandamaya*, au-delà de la *maya*, au-delà du plan des relations causales des événements.

«*Drik*, *drishya* et *drishti* — le spectateur, le spectacle et la vision — ont une même racine : le moi, l'ego.

«Sont-ils séparés ou sont-ils unis ?

«La conscience vient du mouvement. Le mouvement est causal. *Chit*, l'intelligence, signifie "animé". *Achit*, l'objet inanimé est sans mouvement, non intelligent. Un spectateur regarde un spectacle. S'il devient le spectacle, il fait disparaître le spectateur. Il n'y a plus alors qu'un phénomène. Que le spectacle soit le spectateur, il n'y a plus, encore, qu'un seul phénomène. La racine du spectacle, *drishya* et du spectateur, *drik*, est la même, il s'agit de l'ego animé par le mouvement de la pensée, *chit*, produit par *drishti*, la vision qui est aussi la conception du monde.

«Constatez cela.

Swamiji fit une longue pause.

«Considérez maintenant que vous-même, cet ego, n'est qu'un objet qui fait partie du spectacle. Pour y parvenir, vous devez changer de point de vue, adopter le point de vue de Cela, Brahman, l'immuable indifférencié.

«L'union du spectacle, du spectateur et de la perception, sans différence, nous l'appelons *advaïta* : non-deux, non-dualité. Dans cette union réside *ananda* qui signifie "au-delà", ainsi que "béatitude".

«Cette union n'est pas à créer, elle est à dé-couvrir en renonçant à la dissociation. Il n'y a rien à chercher, il s'agit de dissoudre l'élément qui crée la différence, de relativiser la séparation.»

Le soleil se levait. Apparu orange dans le brouillard du petit matin, il magnifia le monde dans une aura rosée avant de l'éclairer d'une blancheur laiteuse en montant un peu plus. Le temps que l'astre mesurait pourtant n'existait pas ; les objets qu'il révélait non plus...

«Le créateur est la création. Il n'y a pas de spectacle sans spectateur, concluait swamiji. Le spectateur est le créateur du spectacle. Sans spectateur, il n'y a pas de description du spectacle, insistait swamiji, pas de spectacle.

«Qui regarde ? C'est celui que nous voulons connaître.

«*Chit*, l'intelligence, le mouvement, ne peut prendre conscience de Soi que du point de vue de l'immobile. Ce point de vue, c'est l'intelligence pure. C'est *Cela.*»

Prassad

Prassad était à la fois le cuisinier, l'intendant, le gardien et notre mère à tous. Petit et maigre comme un paysan indien, la peau foncée, les dents rougies du *bétel* qu'il mâchait en permanence, il parlait peu, semblant se concentrer sur ses gestes. Il s'occupait aussi de nos deux vaches. Bien que très âgé, il était encore extraordinairement énergique et rempli d'une bonté qu'il répandait autour de lui. Notre bien-être était son seul souci. Chacun lui donnait de l'argent selon ses moyens. Les riches payaient pour les autres, comme il se doit. Seuls les singes étaient ses ennemis :

«Fermez bien votre porte, me dit-il en hindi avec tant de gestes que je crus qu'il les imitait, ils chapardent !»

Lorsque nos agiles cousins faisaient une descente silencieuse en formation de commando, Prassad partait en gesticulations hystériques tel le capitaine Haddock dans ses fureurs. Cela faisait bien rire tout le monde. Qui était le singe de l'autre ?

Vers une heure, la cloche annonçait le repas. D'autres bruits non équivoques précédaient l'appel et le rendaient inutile. Nous nous asseyions alors en deux ou trois rangs. Ceux qui possédaient un bol ou une assiette le plaçaient devant eux, les autres recevaient un segment de feuille de bananier en guise de plat. Le repas, d'une simplicité étouffante, se composait de riz bouilli mouillé d'une sauce à base de lentilles ou de quelques morceaux de légumes. Prassad passait dans les rangs en déversant à la louche de larges portions contenues dans ses seaux. On formait des boulettes de nourriture avec les doigts. L'après-midi, certains essayaient de dormir, d'autres buvaient du *tchaï* monté d'une échoppe voisine. Je pratiquais l'une ou l'autre des méditations enseignées, le *vichâra* (discernement) ou la répétition d'un nom de Dieu ou d'un *mantra*[16], le *"jappa Shivo'ham, so'ham"* — *"Je suis Shiva, je suis Lui, je suis cela."*[17]

Shiva

Je m'installai dans ma chambre sombre devant l'autel. Le chromos d'un Shiva androgyne me montrait le regard vague, presque flou, du Seigneur des méditants, voyant sans investir le regard, indifférent à tout, immobile. La rondeur imberbe du visage adolescent était éclairée d'un demi-sourire, mi-amusé, mi-bienveillant qu'il aurait pu adressé au *sâddhu* chevelu, mains jointes qui, face au ciel, devant Lui, rendait hommage au *lingam*[18], symbole de Sa puissance.

Deux larges anneaux ornaient ses oreilles. Un cobra pacifié lui servait de parure : Shiva, vainqueur du poison, vainqueur de la mort, guide des *sâddhus*, vainqueur de la peur. La mère-terre émergeait de son chignon : Shiva, énergie de la matière primordiale, *purusha* de *prakriti*, première cause de la manifestation. Sur son front, la flamme du sacrifice au milieu des trois traits de santal, marque de l'oblation. Shiva, vainqueur de *maya*.

Le croissant de lune, astre masculin, fils de la bienveillance, le coiffait. Ses longs cheveux se transformaient en un fleuve tumultueux, le Gange à sa source, sur lequel nageait un crocodile monté d'un Shiva rayonnant d'or assis dans une fleur de lotus. Shiva méditant regardait Shiva méditer. Ainsi se montre-t-il à lui-même le chemin qui conduit vers Lui. *"Shivo'ham So'ham."* A sa gauche, un trident rappelait le combat et la victoire sur les trois états de conscience, sur les trois forces et sur les trois aspects de la manifestation.[19] Un *damarû*[20], dont la vibration reproduit le "Om" de la pulsion première de *purusha*, rappelait le quatrième état de conscience, la transcendance des trois premiers.

Je l'observais pendant des heures, me concentrant tantôt sur la peau de tigre, symbole de force, dont les hanches du Dieu étaient drapées ; tantôt sur son *damarû* qui rythme l'apparition et la destruction du monde, ou encore sur le collier de crânes représentant le jeu des vies et des morts que domine Shiva le *yogin*. Shiva personnifie l'amour, il est ainsi créateur et destructeur, il personnifie la vie, et donc la mort et le temps.

Lorsque je pratiquais une des méditations dans ma chambre sombre et fraîche, j'avais le sentiment de pouvoir rester immobile pour l'éternité. Mais voilà, on ne peut pas être dans l'éternité et penser à elle, il faut être l'éternité. Quand on pense à elle, on est déjà ailleurs, dans le premier maillon d'une chaîne de pensées vite devenue une construction mentale formant un point de vue, allant vers un but, portant un désir. L'éternité est un sentiment d'absolu qui ne doit pas se penser. Il faut ne rien vouloir, pas même vouloir ne rien vouloir. Il faut ne rien penser, oublier même de ne pas penser. J'avais déjà rencontré ce problème à McCleod-Ganj.

"Restez immobile en cherchant l'immobilité aussi longtemps que vous le pouvez. Soyez exigent. Mais ne soyez pas héroïque. C'est l'ego qui serait héroïque", disait swamiji. Il s'agit de ne pas renforcer l'ego.

Dans ma méditation, naissaient bientôt des velléités, des appels, des mouvements mentaux qui convoquaient leurs corollaires manifestes de plus en plus irrésistiblement. Au début, j'en sortais plus tourmenté que je n'y étais entré. Les pratiques de la pacification mentale provoquent d'abord de larges remous. Le calme vient après quelques tempêtes.

Le réveil de Bénares

Bien avant l'aube, le bruit s'éveillait. Il commençait doucement, dans le noir de la nuit avec la *puja* du *mohant*[21] du temple voisin. Elle s'ouvrait en mélodieuses litanies intimes se répandant dans un murmure chaleureux à travers l'espace nocturne du quartier. Mais, comme une mère qui appelle son enfant, le *brahman*[22] criait de plus en plus fort comme si les dieux étaient sourds ou refusaient de s'éveiller. La *puja* s'achevait avec force coups de cloche, tambour, trompette et hurlements.

Il était alors l'heure où la grande mosquée, avant les autres, rappelait les fidèles à la prière. La voix solitaire du muezzin transperçait la ville endormie d'une plainte éraillée.

Allah est plus grand, Allah est plus grand
Non, aucun Dieu que Dieu
J'atteste que Mohammed est son prophète
Venez à la prière...

Quelques minutes de silence précédaient le réveil des autres mosquées dont les haut-parleurs quadrillant l'espace multipliaient, en canon, la somation liturgique :

Venez à la prière
Venez à la délivrance
La prière est dressée
Allah est plus grand, Allah est plus grand
Non, il n'y a aucun Dieu que Dieu.[23]

Venaient ensuite les *pujas* privées. Nos voisins en s'éveillant se réclamaient de l'Absolu, se rappelaient à l'attention de nombre de Dieux, se purifiaient, faisaient des offrandes de nourriture, de gestes et de musique. Cymbales, tambours, conques et cornes alternaient avec les litanies. Enfin, à quelques pas de l'*ashram*, les élèves de l'école de sanskrit ânonnaient en chœur, au saut du lit, une psalmodie répétitive. Les voix du sacré sortaient des ténèbres et pénétraient jusque dans les rêves.

Cela est sûr, c'est l'homme le sacrifice
Qu'il ait faim ou soif,
Et qu'il n'obtienne pas le bonheur
Cela constitue son initiation.
Qu'il mange et boive, qu'il se sente heureux

Cela constitue sa libation
Qu'il rie, qu'il mange,
Ou qu'il se couche avec son épouse
Que cela soit un hymne.

Ses austérités, sa sincérité
La charité qu'il dispense
La voie du non-nuire qu'il pratique
La véracité de sa parole
Ce sont ses oboles.

Il est attendu, il est venu au monde
Ce n'est que le commencement du rituel
La mort sera son bain funèbre.[24]

Alors, le vacarme de l'aube annonçait l'apparition du soleil. On s'éveillait, déjà on s'appelait, on se chamaillait, on se racontait toutes sortes d'histoires. On allumait les radios. Les chansonnettes indiennes se disputaient leurs chants d'amour. Et la cloche de l'*ashram* m'invitait à la méditation. Les enfants réclamaient, les marchands s'annonçaient. Les chiens aboyaient une dernière fois avant de déserter la rue.

Coups de marteaux, en échos, sur les blocs de charbon pour préparer le premier repas, chacun chez soi ; tintements des vaisselles métalliques ; encore des prières, celles des lève-tards, accompagnées des cris des oiseaux. Premiers meuglements des vaches, premiers scooters démarrant et déjà klaxonnant.

Bénares entrait dans son chaos quotidien.

C'est dans ce tumulte insensé que commençait la méditation de swami Vichârava avec l'apparition sur le Gange des premiers rayons d'un soleil majestueux et indifférent.

Les trois voies

Swamiji se racla profondément la gorge.

«Nous voulons connaître l'Absolu, monsieur. “Mais comment faire”, me demande-t-on souvent. Nombreux sont les chemins qui conduisent à *parâtman*.[25] L'amour, la dévotion, l'action dans la volonté de Dieu, la dissolution de l'ego, l'investigation, la méditation sur une seule pensée, puis sans objet... Choisissons-en une. Celle qui nous convient le mieux, ou pratiquons-les toutes avant de choisir. Chacun des chemins est suffisant en lui-même, alors plusieurs ensemble...! s'exclama le guru.

«Pratiquons-en plusieurs, sembla-t-il décider.

Swamiji parlait à nous tous, mais j'avais l'impression qu'il ne s'adressait qu'à moi. J'entendais le *you* anglais comme un vouvoiement formel. En toute circonstance, il ponctuait ses phrases d'un *sir*, respectueux et singulier comme s'il dirigeait ses propos vers chacun en particulier.

«Entre le moi et le Soi, un artifice de séparation s'est interposé. C'est l'ego. Par la dévotion (*bakti*) nous nous purifions. Purifier, cela signifie rendre simple, uni, sans mélange. La dévotion nous purifie des voiles qui nous séparent de l'absolu impersonnel. Ces voiles, ce sont nos émotions, nos tendances, nos caractères.[26] La dévotion unit l'âme et Dieu, qui sont de même nature, en effaçant tous les artifices de séparation, en soumettant l'ego, grand individualiste, à l'amour et à la volonté de Dieu jusqu'à ce qu'il renonce à lui-même. Ainsi la dévotion nous purifie de la tentation qui est dans la nature de l'ego de s'approprier l'expérience de vivre.

Swamiji parlait lentement, comme s'il dictait. De longs silences ponctuaient ses propos. Son corps, bien qu'immobile et droit, n'était pas raide. Il ne bougeait pas.

«Si nous voulons que l'absolu — personnel ou impersonnel — soit proche de nous, il faut l'inviter. Nous le faisons de deux façons. Nous lui faisons une place en nous, et nous l'appelons. Lui faire une place, c'est garder son souvenir sur nos lèvres, dans notre pensée et avec chacun de nos gestes, jusqu'à ce que notre cœur lui soit ouvert. En même temps, nous l'appelons, sans arrêt, le jour, la nuit, pendant toutes nos activités, jusque dans nos rêves. Lui faire une place et l'appeler sont une seule activité, une seule motivation.

Il fit une longue pause. Des groupes de corbeaux traversaient le Gange vers Bénares.

«Comme nous aurons le souvenir de Dieu dans notre pensée, nous n'en aurons pas d'autres. Sans autres pensées, la force et le poids de nos habitudes mentales et physiques vont considérablement s'alléger. Ce que nous dirons sera empreint de Sa présence, ce que nous ferons, nous le ferons avec lui, pour Lui. Nous nous purifions. Le pouvoir de l'ego va faiblir ; la tendance qu'il a de jaillir pour s'approprier va décliner, et la place de Dieu en nous va croître. Nous serons avec Dieu et Dieu sera avec nous.»

Swamiji disait "Dieu" pour signifier l'Absolu personnel ou impersonnel, Brahman, le Suprême, ou toute autre divinité. Il disait aussi "Cela". Après une dizaine de minutes de silence il reprit :

«L'ego a créé et soutenu de lui-même une image qui nous rendait prisonniers d'elle ; il a maintenu nos névroses, nos peurs, nos crispations. Il nous a rendus faibles, vulnérables, limités. En réduisant le pouvoir de l'ego, Dieu va nous rendre plus forts, plus puissants, plus libres ; insouciants, immenses.

«Ne vous soumettez pas à Sa volonté en conservant la vôtre, monsieur. Supprimez vos désirs pour L'accueillir. La soumission à Sa volonté n'est pas un culte de la faiblesse. Sa volonté est la force suprême. L'amour de Dieu remplace facilement l'amour de soi-même.

«Les effets de nos actions mentales et physiques passées (*karma*) auront peu à peu moins d'adhérence. Nos prédispositions (*samskaras*) vont s'alléger, se dissoudre. Et tout cela grâce à notre dévotion au seul nom de Dieu.

«Le disciple de Bakti renonce à sa volonté, le disciple de *karma* renonce au fruit de l'acte, le disciple de *jnana* renonce au monde en tant que réalité.[27]

Swamiji fit une dernière pause, puis nous invita à chanter avec lui son *mantra* de dévotion.

«Je suis Shiva, c'est-à-dire le créateur, je suis Cela, c'est-à-dire la création. Créateur et création s'unissent dans ce *mantra*, tandis que le sujet se dissout en lui :

"Om, Om, Shivo'ham Shivo'ham,
Om, Om, so'ham, so'ham
Shivo'ham so'ham, shivo'ham so'ham, ...
(Om, je suis Shiva, je suis Lui, je suis Cela)"

Méditation

En méditation, j'apercevais de façon récurrente différentes façons que j'avais de tricher. Je regardais ma propre carapace et de quoi elle se composait. Tant d'à-peu-près, tant de semblants.

J'avais déjà pratiqué les méditations sous la direction de lama Shérab, puis de cheikh Assam, mais il fallait toujours reprendre la dissolution, refaire une partie de chemin déjà parcourue.

La préoccupation de soi provoque la création d'une image. Cette image appelle son auteur à la défendre ou à la briser.

L'un et l'autre appels, bien qu'opposés en apparence, sont d'une même essence : être, même négativement.

Penser n'est qu'être quelque chose. On pense pour se définir ; pour chercher quelque chose à être, pour ne pas cesser d'être. Penser est un réflexe conditionné de l'être qui ne peut pas se supporter trop vide, trop peu.

"Etre et ne pas être", me disait rabbi Isaac... "Celui qui ne supporte pas le vide", disait cheikh Assam.

Alors, ne sachant comment m'en sortir, je m'ouvrais, je m'ouvrais à moi-même, non seulement dans le sens d'être disponible, mais aussi dans celui de devenir honnête. J'acceptais, même un tout petit moment, ce moi, assez laid, comme il était, plutôt que comme je le fantasmais. Alors la patience devenait un peu plus durable comme une véritable force.

Jnana marga

Le soir, swami Vichârava poursuivit son enseignement des trois voies.

«Monsieur, nous voulons que l'intelligence travaille dans le sens du but que nous nous sommes fixé. Pour l'atteler à cette tâche, nous ne devons ni l'ignorer, ni la contraindre, mais la contenter. Lorsque nous négligeons l'intelligence, nous risquons de la voir sursauter d'indignation, parsemer notre parcours de doutes, de révoltes et ainsi ruiner notre effort. Nous allons canaliser nos forces intellectuelles dans la direction de Dieu. Nous pratiquerons la voie de la connaissance (*jnana marga*).

«Nous pratiquerons aussi l'observation de la pensée (*pratyâhâra*). Nous laisserons notre pensée nous montrer ce qu'elle contient, ce qui surgit en elle et ce qu'elle désire nous faire connaître, mais nous serons seulement spectateur, nous ne l'alimenterons pas en énergie, en attention. Peu à peu, notre pensée deviendra plus calme.

«Ensuite, nous pratiquerons l'introspection analytique (*vichâra*). Elle découle du raisonnement *néti néti* — pas ceci, pas ceci. Puis nous pratiquerons la discrimination du relatif et de l'absolu (*vijnâna*) afin de ségréguer entre l'ignorance et la connaissance, entre l'état de conscience duelle et l'état de conscience de l'Un (*advaïta*). *Vijnâna* nous conduit à percevoir Brahman dans le monde manifeste.

«Nous pratiquerons la concentration sur une seule pensée (*dhâranâ*). D'abord sur un point fixe dans le corps, puis sur une visualisation ou une idée utile. Ensuite, par l'absorption intérieure (*dhyâna*), nous appercevrons l'Esprit dans la manifestation. Nous prendrons conscience, en les séparant, des sens extérieurs, des sens intérieurs et de la conscience qui est la réaction mentale qui suit leurs mouvements. Cette méditation fait apparaître la conscience dans sa stabilité. Enfin, en *samâdhi*, la conscience est au-delà du moi.

«Chacune de ces méthodes conduit à l'absolu.

«Simultanément, nous allons pratiquer le contrôle du souffle (*prânâyâma*), qui rendra stable le mouvement des énergies dans notre corps.

«Alors, nous éprouverons nos progrès et nous nous renforcerons en agissant par et dans la lumière de l'absolu. Nous commencerons par négliger notre propre confort, nous travaillerons au bien des autres. *Toi* prendra le pas sur *moi-moi-moi*. C'est le *karma yoga*, la voie de l'action. Tout ce que nous ferons, nous le dédierons à Dieu, nous n'en prendrons pas les fruits. Nous aiderons autrui, nous serons bons, corrects de façon active.

«Ainsi, notre continuum causal (*karma*) sera sans auteur parce qu'il sera sans profit personnel, sans intentions que celle du bien des autres. La purification-dévotion nettoie le passé, le *karma yoga* purifie l'avenir.

Il fit une pause avant de nous inviter à répéter avec lui le *mantra* de Shiva : "*Shivo'ham, Shivo'ham, Shivo'ham...*"

«Nous sommes le moyen de l'Absolu, fusionnons notre volonté en lui. *Shivo'ham, Shivo'ham, Shivo'ham...*»

Un sentiment de tragique

Mes premiers jours à l'*ashram* ne furent pas faciles. Mes forces s'effritaient avec ma santé. Je fus d'abord atteint de "digestions précipitées" précédées de crampes à l'estomac et à l'abdomen qui m'épuisaient. Le bruit m'empêchait de me reposer. Mes nuits étaient habitées de vains espoirs de m'endormir enfin et pour longtemps. Ma volonté devenait fragile. Je songeais à partir, à fuir pendant que je pourrais encore en trouver la force. La poussière, la saleté, la surpopulation, les pollutions et tout ce qui hurlait son existence autour de moi devint une source d'agression insupportable. Alors, Bénares la magnifique devint Bénares la douloureuse. Le magique se transforma en horrible.

Pendant les séances de méditation que je m'imposais l'après midi, ma pensée devenait excessivement agitée. Mon corps n'était qu'une tension ; j'étouffais. Le sens de l'humour et de la dérision ne m'étaient plus alors d'un grand secours. Les périodes de *japa*[28] pouvaient, elles aussi, devenir un calvaire. Il me semblait que mon cerveau se liquéfiait. La syllabe sacrée le travaillait par le vide. Et me brisait. J'en sortais zombifié, prêt à tous les blasphèmes et les parjures ; perdu mais encore prisonnier en moi-même, privé d'identité, mais aussi de volonté.

«La douleur n'est que l'expression de votre résistance, monsieur, répondit swamiji, à mes plaintes. C'est l'ego, c'est l'ego, monsieur.»

Avant que j'eus emménagé dans ma chambre, Prassad l'avait nettoyée. Dans son souci de propreté, il avait jeté un nid qui avait été construit par un couple de moineaux dans une sorte de hublot qui s'ouvrait entre la porte et le plafond vers la galerie. Les deux oiseaux étaient revenus. Perchés sur un crochet, ils protestèrent en piaillant. Ils semblaient m'accuser, me réclamer des comptes. “Regarde ce qui arrive par ta faute, inconscient ! Où irons-nous maintenant ? Tu as ton nid, toi !” Les cris de cette injustice me hantèrent longtemps.

Un irrépressible sentiment de tragique s'emparait de moi, avec d'autant plus de force que j'étais faible, comme si la santé était la puissance de maintenir dans son regard des interprétations confortables des apparences et des impressions. Mon corps malade, mes structures de pensées et leurs références, qui retenaient d'habitude l'angoisse existentielle, affaiblies par mes pratiques quotidiennes, cédaient aux assauts d'états d'âme d'intensités émotionnelles, dont j'avais cru depuis longtemps avoir définitivement triomphé. Ils me submergeaient maintenant. Le monde était devenu le théâtre d'un drame sans issue dont la douleur et l'impuissance constituaient la trame. Ce que Malraux appelait la “condition humaine” se révélait à moi, violente et vaste en s'étendant dans un sentiment tragique et universel de la vie.

Tragique, parce que la vie ressemblait à la longue lutte de l'Evolution contre l'Individu qui tente de gagner un droit à une existence que les forces de la nature ignorent.

Au coin de la fenêtre de ma chambre, une mouche se débattait, prise dans la toile qu'une araignée avait tissée. Une seule de ses pattes était engluée sur un fils, mais, n'ayant aucun point d'appui, elle ne parvenait pas à se dégager. Elle s'épuisait à se débattre. Alertée par les vibrations sur sa toile, l'araignée apparut. Courant sur le piège, elle se jetait sur la mouche, la piquait, la mordait, tissait sur elle de nouveaux fils. Fallait-il sauver l'insecte pris au piège ? Devais-je devenir le Dieu sauveur des mouches, mais ainsi le démon du panthéon des araignées ? L'une défendait sa vie. L'autre aussi. J'ai assisté au spectacle, comme Dieu. L'araignée tissa un cocon autour de sa proie, puis commença à la dévorer vivante. Elle la suçait, la vidait. Il lui fallut deux heures pour achever son repas. Alors, elle se retira dans une fente du bois. Une coquille transparente et des ailes restèrent au coin de la fenêtre pendant plusieurs semaines.

Tragique, parce que chacun n'avait peut-être pas le choix du mal qu'il devait faire pour simplement exister. Quoi qu'il fît, chacun avait raison, chacun vivait sa propre histoire, chacun vivait ses propres crimes légitimes. La conscience des véritables choix qui régissent sa vie tant au niveau psychologique que spirituel est avant tout soumis à des paramètres matériels.

Une des roues d'un chariot surchargé de lourds sacs de farine était embourbée. Le buffle harnaché tirait en vain. A bout de force, l'animal tomba à genoux, écrasé par la charge. Son maître le frappait, tout en soulevant et tirant lui aussi.

L'Inde est encore une société a-cosmétique. L'apparence n'y est pas apprêtée dans un souci esthétique. L'infirmité, la souffrance, la précarité, la résignation, l'ignorance, et l'indomptable misère règnent, exhibées avec naturel. L'autre vivant, humain ou animal, accuse l'implacable des besoins inassouvis, enseigne ses inquiétudes dans le travail de la vie, affronte, devant soi, un monde pénible, très inégal, qui renvoie à soi, à une position, à une opposition, sans ménagement. Bouddha a fait de la souffrance, *dukkha*, la première des Nobles Vérités, vérité de la souffrance physique et mentale, vérité de la souffrance dérivée de la nature enchaînante de l'existence et vérité de la souffrance dérivée de la nature impermanente et conditionnée des phénomènes. L'Inde est initiatique en cela qu'elle transforme. Elle montre, au-delà du spectacle, le spectateur, ses réactions, ses puissances et ses impuissances. Elle transforme la légèreté en sentiment du tragique, l'indifférence en conscience collective, voire universelle.

Ce n'est pas en faveur du monde et de l'évolution que l'individu doit se dissoudre, mais pour la conscience de la transcendance.

J'allais un jour au centre ville en *cyclo-rickshaw*. Un inextricable embouteillage empêchait toute circulation. Les policiers essayaient de démêler l'écheveau de véhicules de toutes sortes qui se bloquaient mutuellement. L'un des agents assena à mon conducteur un coup de *lathi*[29] dans les côtes pour l'enjoindre de circuler. Mais il n'y avait nulle part où aller ! Comment cet homme pouvait-il être à ce point aveugle, insouciant de la justice, inconscient de la souffrance d'autrui... Se croyait-il lui-même invincible et à l'abri de toute infortune ?

Un cafard habitait avec moi. Dès qu'il sentait ma présence, il courait en tous sens dans une fuite éperdue pour sauver sa vie nullement mise en danger. Un soir, je l'ai retrouvé écrasé entre les pages de l'un de mes livres. Je l'avais sans doute tué par mégarde...

Sur les marches de Kedar gâth, une chienne avait mis bas une portée de cinq minuscules petits chiots. A coups de pattes et de dents, un jeune chien du quartier empêchait les petites créatures d'atteindre les mamelles et la nourriture et se gavait du lait de la chienne indifférente.

Les enfants pleuraient à longueur de journée. Les *sâddhu*s défilaient, intimes et étrangers, comme une ombre fuyante d'un moi même inaccessible.

Deux fois je vis mon visage en rêve. Je ne l'aimais pas. Il se montrait fixe comme le masque raidi que l'ivresse donne à l'expression. Il trahissait une fausse sincérité qui dénonçait le pire des mensonges. Les souvenirs d'événements où j'avais été injuste ou arrogant, ou simplement trop fort, insouciant de la faiblesse d'autrui, me revenaient en mémoire avec la charge émotive des regrets. Ils me tourmentaient comme des fantômes. La tragédie du mal sous-jacent à chaque activité de la vie ne quittait plus mon regard. Je me sentais séparé de la beauté du monde. Etranger. Et même l'évocation de rabbi Isaac ne rétablissait que faiblement l'harmonie perdue.

Par réaction sans doute, j'alternais dans un excès inverse. Tel Gide dans *Les nourritures terrestres*, je pouvais soudain trouver au monde les goûts des joies intenses. Même mes crampes d'estomac pouvaient devenir des sensations de délice.

«Laissez vos humeurs exister sans vous, monsieur. N'en soyez que le témoin, m'avait dit swamiji, un sourire doucereux et bienveillant suspendu à son regard. Il vous faut cette maladie pour affaiblir vos résistances. Votre cuirasse de voiles est si forte que rien d'autre que des émotions douloureuses ne pourraient la percer.

«Pour surmonter vos inquiétudes ou votre tristesse, pour maîtriser votre agitation, répétez-vous quelque chose, conseillait le guru. Dites, par exemple : "Ceci n'est pas assez sérieux pour s'en inquiéter" ou "Le Soi se donne un spectacle"... Trouvez votre propre contact avec l'Eternel, un mot qui relativise le spectateur et le spectacle...

- Je dirai *anitya.*»

En sanskrit, "éphémère" se dit "non éternel", *anitya*, qui signifie aussi "non absolu", "non invariable". Tout ce qui se passe en soi et hors de soi est *anitya*. Seul le point de vue à partir duquel on accepte cette vérité est *nitya*, éternel. Et délivrance.

J'habite où tu habites

Quelque temps plus tard, je sortis pour aller vérifier si Dieu ne serait pas, plutôt que dans ma cellule, au *tchaï-shop* ou dans les ruelles du quartier. Je n'avais pas parcouru cent mètres qu'il me répondait.

Une femme s'adressa à moi en hindi. Je l'écoutai poliment puis tâchai de lui faire comprendre que je ne comprenais rien à ce qu'elle disait. Bien que cela eût été clairement établi, elle n'en continuait pas moins à me parler, et moi, à l'écouter. Elle faisait de vastes gestes, s'exprimait de plus en plus fort, comme si l'ignorance d'une langue était une forme de surdité. Des passants s'arrêtaient pour participer à notre dialogue de sourds. Et j'essayais maintenant de trouver un moyen de m'esquiver. Avant que je n'aie déterminé une action, une femme distinguée se fit interprète. Elle dit :

«Cette femme vous dit : "*J'habite où tu habites, mais j'ai oublié où c'est. Conduis-moi chez toi.*"

Quel étrange message ! Ma traductrice me laissa entendre qu'elle croyait mon interlocutrice un peu folle. Elle ajouta gentiment :

«Je vous suggère de continuer votre chemin.»

L'invisible parle souvent à travers les enfants et les simples d'esprit. Quel beau message il m'envoyait ! Ne m'indiquait-il pas qu'il était proche, que j'étais sur la bonne voie. Il m'encourageait.

Le lendemain, dans le demi-sommeil qui précède l'endormissement, ma pensée éclata comme une bulle de savon. Dans le vrai silence qui suivit, j'entendis distinctement deux mots prononcés avec une tendresse impérative : "*Reste ici.*" Je ne doutai pas que ce fût un ordre de l'invisible. Le grand silence de la paix se poursuivit. J'étais délivré du doute et de la dépression.

Chapitre 25

Brahman, la cosmogonie

«Ne pense pas à l'avenir,
Ne pense pas au passé
Garde ton esprit en état de fraîcheur.»
Nagarjuna

«Om.»

Des jours passèrent sans qu'il ne s'y passe rien. Des jours pour vivre de rien. Des riens de vie pendant des jours. Des jours pleins. De beaux jours, sans aucun souvenir.

Un matin, swamiji nous invita à répéter le *mantra* à une syllabe, *Om*. Nous allions nous y consacrer pendants plusieurs semaines.

«Om est le nom ultime du Suprême, monsieur, dit-il, la première cause, le premier son. *Atman* est identique au Suprême. Méditer sur *Om* en tant que l'*âtman* vous permet de diriger vos pensées sur le Suprême, monsieur, et de traverser l'infini au-delà des ténèbres de l'ignorance.

«*Om, Om, Om, Om, Om, Om, Om, Om, Om, Om, Om, Om, Om, Om...*

«*"En faisant de son propre corps le bois de friction inférieur, et de la syllabe Om, le bois de friction supérieur, par la pratique de cette friction qu'est la méditation, on peut voir le Dieu comme on verrait quelque chose de caché"*[30], lut swamiji.

«De leur friction surgissent le feu qui détruit l'ego et la connaissance suprême, commenta-t-il.

«*Om, Om, Om, Om, Om, Om, Om, Om, Om, Om, Om, Om, Om, Om...*»

Des heures de *Om*, des jours de *Om*. Mes premiers jours de *Om* furent laborieux. Le mental résistait à sa propre entreprise d'anéantissement. Les *Om* l'assaillaient, lui faisaient perdre son sens de lui-même. Et il se révoltait. Tâchant de rendre vains ses propres efforts, il créait ses doutes, essayait de ruiner sa propre attente en s'inventant des motifs de dérisions, des blasphèmes. Le mental n'est-il pas l'auteur de la mauvaise foi, dont l'ego est le bénéficiaire ? Ainsi cherchant sa purification, il faisait en sorte de ne jamais en approcher de trop près.

«*Om, Om, Om, Om, Om, Om, Om, Om, Om, Om, Om, Om, Om, Om...*»

Le matin ou le soir, swamiji lisait un verset dans un des textes sacrés de l'hindouisme, ou alors il livrait une petite phrase à notre réflexion.

«"*Celui qui, obstruant toutes les portes des sens, bloquant le mental à l'intérieur du cœur, fixant dans la tête son souffle vital, pratiquant la méditation yogique en émettant cette prière qui est l'unique syllabe Om, et ne pensant qu'à Moi*"[31], s'en va, abandonnant son corps, celui-là parvient au but suprême.[32]

«*Om, Om, Om, Om, Om, Om, Om, Om, Om, Om, Om, Om, Om, Om...*»

Une autre fois, il dit :

«*Om* salue la vibration primordiale, cause de toute cause. Concentrons-nous sur elle. Perdons-nous en elle. Elle est vérité éternelle.

«*Om, Om, Om, Om, Om, Om, Om, Om, Om, Om, Om, Om, Om, Om...*»

Encore des jours et des semaines de *Om*. Des jours à traduire toute apparition en vibrations, à regarder la source des mirages comme un seul mouvement.

«*Om* résume tout ce que nous savons de l'Absolu et nous le rappelle.

«*Om, Om, Om, Om, Om, Om, Om, Om, Om, Om, Om, Om, Om, Om...*

«*Om* crée, *Om* résorbe, *Om* absorbe.

«*Om* dénonce *maya*, *Om* absorbe *jîva*[33], *Om* montre l'*âtman*. *Om* est le condensé énergétique de la présence (de l'Absolu) en vous.

«*Om, Om, Om, Om, Om, Om, Om, Om, Om, Om, Om, Om, Om, Om...*»

Om faisait disparaître toute velléité de penser.

«*Om* symbolise l'évolution et l'involution. Il est le phénomène des phénomènes.

«La répétition du *mantra* est l'expérience renouvelée d'une action gratuite. Sans acteur, sans bénéficiaire, pour elle-même. Lorsque nous répétons le *mantra*, nous ne le faisons pas pour celui qui dit "je" mais pour le témoin.

«*Om, Om, Om, Om, Om, Om, Om, Om, Om, Om, Om, Om, Om, Om...*

«*Om* est prononcé par Brahman et ne cesse jamais de vibrer. C'est le verbe divin sous forme subtile. L'essence de tous les sons dans les trois temps.

«*Om, Om, Om, Om, Om, Om, Om, Om, Om, Om, Om, Om, Om, Om...*»

Assis en lotus sur le *choki* de la terrasse, swami Vichârava devenait une silhouette, un contour sur fond de ciel. L'homme qui médite n'a plus de présence. Il n'est plus une personne. Le dos dressé, le corps souple, détendu, il regardait fixement le point du vide quelques centimètres devant son nez. Il lui arrivait aussi de poser son regard ici ou là, comme s'il bénissait les choses. "Le moment", aurait-il peut-être dit. Je ne voyais pas d'appropriation dans son regard. Une affirmation, tout au plus : "Shivo'ham so'ham". Je suis Shiva. Je suis Cela.

Cet homme n'avait pas de désir, ni aucun projet. Il vivait comme il vivrait quinze ans plus tard. Chacun de ses jours était le même, une même cérémonie dont la vie était le centre, et le moyen de *sat-chit-ananda*, existence-connaissance-béatitude.

Il avait avec *Cela* qu'est chaque chose, une seule qualité de relation, peut-être était-ce l'amour. Il me la suggérait ainsi. Lorsqu'il posait les yeux sur moi, je me sentais objet et sujet de bénédiction, source et réceptacle de béatitude.

«*Om* salue les personnifications formelles de l'absolu impersonnel. *Om* salue Brahman, le créateur, *Om* salue Vishnou, le conservateur, *Om* salue Shiva, le destructeur.

«*Om, Om, Om, Om, Om, Om, Om, Om, Om, Om, Om, Om, Om, Om...*

«*Om* est la vérité éternelle en une syllabe. La présence de l'absolu à la source et dans la conséquence de toute chose.

«*Om, Om, Om, Om, Om, Om, Om, Om, Om, Om, Om, Om, Om...*»

Om, parcours solennel du combat du mental contre lui-même, s'utilisant pour s'anéantir. Et s'anéantissant dans le bourdonnement continu du premier moment d'une création dépourvue de créateur, devenant de plus en plus impersonnelle, désincarnée.

Peu à peu l'absence de *moi* s'installait. Ce Soi qui n'est personne ne le remplaçait pas. Un vide prenait la place. Le mental s'allégeait. Mon regard sur le monde était devenu distant de façon continue. Très peu de jugements altéraient le contenu du spectacle de la vie. Je vivais dans un flottement.

«*Om, Om, Om, Om, Om, Om, Om, Om, Om, Om, Om, Om, Om, Om...*

«*Om* est la vibration de l'union. Gardez-la, dans votre cœur, monsieur, sous la forme d'une lumière. Elle absorbe votre corps et votre mental dans l'infini de la Vérité qu'il n'est pas nécessaire de penser.

«*Om, Om, Om, Om, Om, Om, Om, Om, Om, Om, Om, Om, Om, Om...*

«Que la syllabe *Om* nous donne la saveur de notre but.

«*"Là où tous les centres nerveux se joignent, tels les rayons au moyeu de la roue. Là, demeure l'âtman, se manifestant diversement. Médite sur cet âtman sous la forme du Om. Puisse aucun obstacle ne se dresser devant ta traversée de l'autre côté des ténèbres."*[34]

«*Om, Om, Om, Om, Om, Om, Om, Om, Om, Om, Om, Om, Om, Om...*»

Lorsque je pense à ce moment, d'un mois environ, consacré à cette activité unique, je ne me souviens de presque rien. C'est peut-être cela, la pureté. J'en garde une impression agréable dont le souvenir est pacifiant. Mais je sais que ma mémoire a évacué les difficultés que j'avais alors de ne penser qu'au *Om*. Telle est sans doute la purification. «*Om, Om, Om, Om, Om, Om, Om, Om, Om, Om, Om, Om, Om, Om, Om, Om, Om, Om, Om, Om, Om, Om, Om, Om, Om...*» Tout est *Om*.

Méditation

Immobile, attentif, j'attendais le moment où je cesserais d'attendre quelque chose. Immobile dans cette attente, j'étais attentif à mon attention sans essayer de me concentrer sur elle. Tension-dé-tension. Le souffle, rythme la déprise. L'individu ressemble à un terreau où s'affrontent les forces du destin et de la volonté, des volontés et des pulsions, des désirs et d'autres exigences, de la morale et du plaisir, d'idées sur la vie et d'événements de la vie. Conscience et inconscience négocient des compromis que nous ignorons. La méditation, immobile, attentive sans être concentrée, montre ces jeux.

«Ne jugez pas, disait swamiji, observez. Si vous jugiez vos pensées, vous les nourririez tout en essayant de les refouler.»

Quel jeu ?

Avant d'avoir changé, on doit *jouer* à être l'autre que l'on veut devenir. La transformation passe par une dé-formation de ce qui l'empêche. On adopte une attitude pour qu'elle devienne une habitude. Simultanément, il faut dissoudre ce qui l'empêcherait d'émerger. L'apprentissage passe par la mimique de ce qu'il faut apprendre et par le renoncement à ce qu'il faut laisser. Avant de l'avoir acquise, et pour la pratiquer, on fait d'abord semblant d'avoir conquis telle ou telle qualité. Cela passe par le vide, une vacance.

Il faut distinguer entre le vantard qui se targue d'un caractère ou d'un mérite qu'il n'a pas et ne cherche pas à gagner, et le disciple d'une qualité qui fait des efforts pour l'attirer, la maîtriser, la laisser vivre en lui en écartant doucement ce qui l'en empêche.

Dans le jeu que Dieu se joue à lui-même pour se trouver, l'ego est l'adversaire qu'il faut soumettre. Une bonne tactique est celle qui l'affame. S'il n'est pas nourri pendant suffisamment longtemps, il faiblit. Pendant que l'ego est faible, l'Esprit gagne de la puissance. Le silence et la solitude affament l'ego.

Durant mon séjour à l'*ashram*, j'entretins peu de relations avec mes condisciples. Nous nous évitions affectueusement comme pour nous garantir de ne pas sombrer dans la tentation qui est dans la nature de l'ego, et que nous devinions, de fabriquer des rapports, de se projeter dans des mirages.

L'ami et le familier sont des agents conservateurs. Nous connaissant, ils veulent nous reconnaître. Pour nous reconnaître, ils stimulent celui qu'ils connaissent en nous. Et nous, pour les séduire, nous répondons à leurs attentes. Demeurant inconnus les uns pour les autres, nous pouvions mieux jouer avec les qualités dont nous ne faisions que l'apprentissage. Et nous pouvions conserver notre intégrité.

Des conversations qui eurent impliqué notre passé nous eussent maintenus dans les structures mentales auxquelles nous souhaitions échapper. Celles qui eurent traitées de l'*ashram* ou de nos *sadhana*[35] eussent établi entre nous des rapports de comparaison, d'émulation, de mérite et peut-être de hiérarchie. Chacun travaillait seul, en lui-même.Un chaleureux silence entourait nos rencontres et le sourire des yeux remplaçait même le salut. Parfois, nous disions ènsemble quelques milliers de *mantras*. Cette activité nous rapprochait tout en stimulant notre volonté. Un sentiment fraternel nous unissait autour du swami devenu père et mère, sans que rien n'eût à l'exprimer, à le formaliser.

Un *sâddhu* très âgé, qui ne voyageait plus, était le plus ancien pensionnaire de l'*ashram*. Il ne parlait jamais à personne et ne quittait pas sa chambre parfois pendant plusieurs jours. Lorsqu'il paraissait, il traversait la cour comme une ombre plus esprit que chair, pour aller au bord du Gange saluer le soleil à son lever. Il marchait voûté sans rien regarder que ses pas, comme s'il était ailleurs, abandonné où rien n'existait.

Un jeune savetier qui vivait dans son échoppe près de Kedar gâth venait régulièrement matin et soir. Il participait à la méditation puis s'en allait rejoindre famille et travail. Déjà père de deux enfants, il ne devait pas avoir beaucoup plus de vingt ans. Il portait long jusqu'aux épaules ses cheveux luisants et noirs. Il affichait toujours une joie souriante bien que son visage exprimât naturellement une sévérité soucieuse en contraste avec son âge.

Cosmogonie

La théorie cosmogonique de l'hindouisme nous fut transmise par petits morceaux. Swamiji nous l'offrit entre d'autres inspirations quotidiennes et d'innombrables interruptions, comme si l'invisible montrait qu'il n'était pas nécessaire de s'en préoccuper beaucoup. Je la livre comme je ne l'ai pas reçue, en un bloc qui recouvre le macrocosme et le microcosme.

«Qu'est-ce que l'univers ? Où est-il ? demanda swamiji en regardant autour de lui comme quelqu'un qui aurait perdu quelque chose.

«Dans l'absolu, l'effet n'est jamais différent de la cause, monsieur. Ils sont une même chose sous différentes formes. N'importe quel effet contient toutes les causes jusqu'à la cause première et en potentiel contient tous les effets. Dans l'absolu, l'univers est toujours avec sa cause. Et il est tout entier dans chaque chose. Chacune de ses fractions le contient tout entier, insista swamiji avec emphase ce jour-là.

«Où est l'univers ? Il est avec sa cause, monsieur. En vérité, il ne l'a jamais quittée. Brahman est l'univers. Le Soi universel est l'univers.

- Comment peut-on trouver la cause de l'univers, demandai-je ?

Il me répondit comme s'il me l'avait déjà répété cent fois :

- En cessant de chercher, en cessant vraiment de chercher. Mais cela vous pose quelques difficultés, monsieur. Nous allons y regarder de plus près.

«Deux principes créent et animent l'univers : *purusha* et *prakriti*.»

Purusha

«*Purusha* est le principe ultime, l'âme universelle, l'Esprit cosmique, la force de vie qui pénètre la matière dans son premier état et donne son principe actif. Il constitue l'aspect subjectif de la nature dont il guide, dirige et régule l'évolution. Il est la cause efficiente de l'univers qui donne une apparence d'intelligence à toutes les manifestations de la matière. En tant que source, *purusha* est universel, éternel, infini, indestructible, sans attribut, sans qualité, sans activité, indivisible, immatériel, sans forme, sans cause, immuable, incréé, et ne créant rien non-plus. *Purusha* est l'arrière-plan stable, l'écran sur lequel se manifeste le mouvement, le témoin immuable sur lequel se forme un sentiment de continuité. Dans le Védenta, on l'appel l'*âtman* ou *paramâtman*, l'âme universelle, celui qui sait, le perceveur, celui sur lequel apparaît le mouvement. Tant au niveau cosmique qu'au niveau individuel, il y a trois plans de *purusha* : le plan céleste, le plan subtil et le plan sensoriel.

«Au niveau symbolique, il est masculin. C'est l'homme originel et éternel ; le *lingam*. On le connaît comme un point minuscule dans le cœur.

"*Tout ce qui fut et tout ce qui sera*
La loi d'immortalité, c'est purusha[36] :
Quand les dieux préparèrent
Le sacrifice
Ils prirent purusha comme offrande."[37]

Prakriti

«"*Ce qui n'existe pas ne peut pas être amené à l'existence par une quelconque cause.*"[38] *Prakriti* est la matière primordiale. Elle existe avant toute chose en tant que substance originelle non-manifeste ; subtile ; manifestation dans sa phase potentielle. Sans cause, elle est la cause première. A-causale elle est éternelle, indestructible, immanente, immobile, informe, inanimée et inintelligente, omnipénétrante, infinie et omniprésente. Toute manifestation est *prakriti*. La cause et l'effet sont différents états d'une même chose. L'effet et la cause existent ensemble. L'effet est une évolution de la cause, monsieur. Cette chose qui existe avant toute autre, c'est *prakriti*. L'univers est l'évolution de cette matière primordiale non manifeste. "*Son centre est partout et sa circonférence nulle part*", dit-on souvent. D'elle tout est apparu, en elle tout disparaît. Elle est l'aspect objectif de l'univers. Substrat éternel qui compose le monde des phénomènes.

«C'est la Shakti en tant que puissance créatrice ; symboliquement féminine.

- Comment une chose peut-elle apparaître de rien et être objective ?
- *Prakriti* est existante dans le sens de l'existence en soi.

Brahman

«"*Celui qui préside à ce qui fut, à ce qui sera et à tout ce qui est...*"[39]

«Le principe ultime des Védentas. "*Celui duquel procède la création, la préservation et la reconstruction de l'univers, est Brahman.*"[40]

«Brahman signifie "croître", "s'étendre", "gonfler". Brahman est l'expansion ultime, ce qui a atteint l'évolution absolue. Il est l'unique âme universelle qui existe par elle-même, source de toute chose où toute chose retourne. L'ultime évolution déjà contenue dans la cause première. Brahman est *a-sat*, non-être, non-manifeste dans sa forme passive, toute potentielle. Il est *sat*, être et étant dans sa forme active. C'est alors qu'on lui confère les attributs de *sat-chit-ananda*, être et vérité universelle, conscience et intelligence, au-delà et béatitude. Il est le créateur, le préservateur et le destructeur. En lui tout apparaît dans une infinité de formes, mais lui est immuable. Dans son essence, toute cause est toujours dans l'effet. La forme change, la substance est la même. Brahman est à la fois *nirguna*, sans qualité, pur Esprit, et *saguna*, avec qualité, pure matière. Pur Esprit et pure matière comme *purusha* et *prakriti* ensemble. Comme eux, immanent.

«*Purusha* et *prakriti* ne sont pas différents. Ils sont deux aspects d'un même concept. La manifestation est l'interaction des deux aspects d'une même chose : l'Esprit et la matière, conscience et inconscience, sujet et objet, objectif et subjectif, connaisseur et objet de connaissance.»

L'activité

«*Prakriti* est la matière primordiale en état transcendantal. Elle se compose de trois *gunas*, trois composants, trois forces, ou trois activités spontanées : *sattva guna*, *rajas guna* et *tamas guna*.

«*Sattva*, vérité, équilibre, ce qui est réel et existant. Etre, Esprit pur sans mouvement, la stabilité, le calme. Nous disons aussi la lumière en tant que la vérité qui illumine et révèle la manifestation et sa nature.

«*Rajas*, le mouvement, ce qui est influencé. Energie active. Ce pouvoir de la nature qui affecte et meut les deux autres constituants, mais aussi les équilibre. Source du mouvement et du changement, force de travail inhérente à la nature. L'*impétus*. Chez l'individu, la passion à l'origine de la formation karmique, ainsi que l'état de veille.

«*Tamas*, l'inertie, l'obstruction, la limite, la passivité, la résistance. L'aspect contraignant de la nature. Obstrue, enveloppe les autres activités. Chez l'individu, l'ignorance, la lourdeur, l'opacité.

«Les trois *gunas* sont indispensables l'un à l'autre. Ils forment la racine de la réalité, l'essence de toute chose. Lorsqu'ils sont en équilibre, il n'y a aucune manifestation. Lorsque l'équilibre est rompu, un cycle d'évolution commence, et le monde des phénomènes apparaît. Des cycles de création-préservation-destruction co-existent simultanément à l'échelle cosmique, à l'échelle humaine, à l'échelle biologique, ...etc.

«La méditation est la pratique par laquelle nous recherchons l'équilibre des trois *gunas*.

Swamiji liait en une seule explication les thèses des différentes écoles philosophiques hindoues.

- Quelle est la source du premier mouvement qui rompt l'équilibre des gunas de la *prakriti*, demandai-je ?

- *Mahat* ou *Mahâtattva*, le Grand Principe, le grand étant, l'intelligence cosmique en tant que potentiel dans son pouvoir de s'étendre, de se révéler et de s'affirmer. L'énergie indéterminée et indifférenciée prend une direction : l'évolution. C'est le premier effet de la *prakriti*. Du besoin, de la part de l'Esprit, de satisfaire un désir, naît le mouvement, la volonté qui déséquilibre la nature primordiale en repos en usant de la force de *rajas guna*. Alors, *sattva* se manifeste immédiatement sous forme de lumière pure, puis *tamas* intervient.

«C'est de *Mahâtattva*, l'intelligence, l'essence, le principe, qu'apparaît la matière, comme c'est du subtil que surgit le grossier et non le contraire.»

Ahamkara

«*Mahâtattva* est l'intelligence cosmique, c'est-à-dire l'intelligence en soi (et non l'intelligence de quelque chose), *ahamkara* est l'individu cosmique. *Aham* signifie "je suis" et *kara* signifie "faire", "agir".

«C'est le principe d'individuation. Il limite, sépare, classe la diversité qui émerge de l'équilibre rompu. C'est l'état de conscience active dans lequel *je* — l'aspect lumineux de la conscience — s'identifie à *Cela* et ouvre la voie à une forme d'état duel de l'univers non encore manifeste.»

Manas

«Le cinquième principe, *manas*, est la pensée cosmique. La racine *man* signifie "penser" ; cela inclut la perception, la connaissance et la cognition. L'univers idéal devient un objet qui apparaît. *Manas* s'attache à la relation avec la partie *cela* du tout de l'univers, "*Je suis cela*". *Mahatattva*, *ahamkara* et *manas* sont non séparés. Ils apparaissent simultanément.

«Le cosmos, monsieur, a créé les phénomènes et les capacités de connaître, simultanément. Les sens subtils perçoivent les éléments subtils, les sens grossiers perçoivent les éléments grossiers.

«Les *indriyas*. Ce sont cinq fonctions sensorielles cognitives et cinq capacités actives. Ce sont des fonctions de connaître et d'agir de *manas*, pas des organes.

«Les fonctions sensorielles sont : l'audition, le tact, la vision, la gustation, et l'olfaction. Elles apparaissent simultanément avec les *tanmâtras*, la matière élémentaire, qui sont l'essence du son, l'essence du contact, l'essence de la forme, l'essence de la saveur et l'essence de l'odeur. Ce sont des manifestations de l'énergie, sans forme et sans volume.

«Les capacités actives sont : le pouvoir d'exprimer, le pouvoir de procréer, le pouvoir d'excréter, le pouvoir de saisir, le pouvoir de mouvoir.

«Les *tanmâtras*, les éléments subtils, donnent existence à cinq formes dans lesquelles la substance cosmique se différencie. On les a appelées les *mahâbhutas*. Ce sont l'éther, l'air, le feu, l'eau et la terre.»

Après le dîner, je suis monté sur la terrasse pour contempler le Gange. Les bateliers tendaient une offrande de lumière au fleuve duquel ils tiraient leur subsistance. Des gongs aux différents timbres et des tambours battaient l'appel qu'une conque faisait vibrer dans la paix descendue en chacun, au cœur du sacrifice à accomplir.

"*Ils prirent purusha pour offrande...*"

Une lampe à huile aux multiples mèches, comme une torche éclatante illuminait le miroir noir du fil de l'eau en s'y reflétant. Don de la clarté à l'ombre, sacrifice du feu par le feu à l'Ame immortelle, oblation de l'homme, cérémonie de chaque jour dédiée au temps.

"*La lumière seule est le Brahman suprême.*"

Enfin, le silence. Silence des crapauds tissant la trame du silence. Silence des chiens qui aboient sur le silence. Une brise fraîche soufflait du Nord. Le monde existait. Le monde n'existait pas.

Atman et jîva

Assis sur son *choki*, swamiji se berça longuement avant de trouver son immobilité.

«*Atman* est l'âme, le Soi universel, principe vital, l'Esprit suprême. En tant qu'Esprit pur, *âtman* s'identifie à *purusha*, il est la cause "instrumentale" du monde manifeste. Il est indivisible, immobile, immuable, éternel. Il provoque les changements par sa simple présence. Il est la partie *chit* de *satchitananda*, la conscience universelle par opposition à la matière universelle qui est *achit*, sans conscience.

«Lorsque l'*âtman* s'identifie au perceveur, il perd la capacité d'engendrer la projection. Pour connaître l'*âtman*, nous devons d'abord le différencier de la nature ; pour cela nous devons séparer les éléments de la triade impérissable, perceveur, objet perçu, perception, afin de les connaître de façon séparé. Ensuite nous pouvons identifier l'*âtman* au créateur.

«Ce qui compose l'univers compose aussi l'homme. Comme le cosmos, l'homme est fait de *purusha* et de *prakriti* ensemble, univers subjectif et objectif, Esprit et matière, énergie et manifestation.

«*Prakriti*, la matière subtile qui compose l'univers et contient les trois *gunas*, se trouve aussi au niveau psychologique de l'homme. Ils agissent l'un sur l'autre selon les modes de transformation, coopération, et suppression. *Sattva* révèle, *rajas* déplace et *tamas* obstrue.

«Au plan des forces mentales individuelles, *sattva* est l'illumination ou la force de la vérité ; elle cause le plaisir, la foi, la ténacité, le pardon le courage, la concentration, l'humilité, l'indifférence, le détachement, la compassion et l'action pure.

«*Raja* est l'énergie ou la force de l'action ; elle cause le raisonnement, l'opinion, l'égoïsme, l'envie de blesser, l'habitude des pensées obscures, le soupçon, l'insulte, la critique, le mensonge, le doute, la rancune, l'insouciance, et les diverses sollicitations des sens.

«*Tamas* est la répression ou la force d'inertie ; elle cause l'indolence, l'imprudence, l'ignorance, l'indécision, la paresse, la peur, l'avarice, le chagrin, l'orgueil, la lassitude, les convictions erronées. Elle manifeste la volonté d'établir des distinctions, le désir de la foi, de la connaissance, et de l'étude. Elle développe la mémoire.

«Ces qualités appartiennent au fondement psychologique des phénomènes. Elles s'ajoutent, se posent sur l'*âtman* et forment le corps subtil de l'individu, *jîva*, dans sa spécificité en tant que le véhicule de l'âme. Elles sont non éternelles et retournent éventuellement à leur source.»

Jîva

«*Jîva* signifie la vie, la vie individuelle, personnelle. Il est l'*âtman* devenu inconscient de sa nature véritable, universelle, une âme de vie individuelle distincte de l'âme universelle. Il est l'Esprit universel limité par un corps et des sens. Il anime l'inanimé. Intangible, il prend conscience du tangible.

«*Jîva* donne le sentiment d'être et celui de la continuité. Il est le témoin individuel. Il est une fraction différenciée, individualisée de *purusha* et *prakriti*. Ame de l'individu, il est de la même nature que Brahman, l'Absolu, avec une seule différence de degré, de même que l'eau d'une tasse puisée dans l'océan est l'océan. *Jîva* est le principe de vie, source des souffles vitaux et de *manas*, le mental. Il assume des vies successives dont les formes traduisent et manifestent ses identités profondes et les motivations de ses actes.

«Un homme est formé d'un corps subtil et d'un corps grossier. Ils sont composés de dix-huit éléments : *buddhi*, l'intelligence, la faculté de détermination ; *ahamkara*, l'ego ; *manas*, le mental, la faculté de penser ; et forment ensemble *chitta*, le contenu mental, la faculté de percevoir, de comprendre et de connaître. L'homme possède aussi cinq pouvoirs de connaître, *karnendriyas* ; les cinq éléments subtils, *tanmâtras* et cinq éléments grossiers *tanmâtras* que l'on appelle alors *bhûtas*.»

Les babouins venaient écouter swamiji. Ils nichaient dans un grand arbre à cinquante mètres. Un puissant mâle précédait son groupe en éclaireur. Il s'installait sur un coin de la rambarde et de là, devenait guetteur et garde. La troupe suivait, petits et grands en file indienne, les plus jeunes accrochés à leurs mères, dans un parfait silence. Comme nous ne bougions pas, ils prenaient confiance et s'approchaient. Si swamiji ne parlait pas, ils restaient quelque temps avec nous, apprenant la méditation par leur étonnement de nous voir à la fois vivants et immobiles. Je les regardais me voir et me voyais en eux. Lorsque swamiji donnait un enseignement, ils semblaient subjugués par cette voix assez forte qui sortait de ce corps sans colère. Gare aux lunettes ou à tout autre objet posé à côté de soi !

Ils interprétaient un sourire comme une menace et une main tendue comme un geste d'intimidation. S'ils prenaient peur, leur face changeait. Leur expression courante de l'attente se transformait en celle de l'étonnement qui se modifiait alors en frayeur puis encore en menace. Leurs yeux s'ouvraient, leurs lèvres se retroussaient et ils montraient leurs dents, comme des chiens menaçants, puis, si ce bluff avait réussi à repousser la source de ce qu'ils avaient pris pour une agression, ils se calmaient immédiatement, sinon, ils mimaient un assaut qu'ils savaient arrêter à temps. Lorsqu'ils s'étaient lassés de nous voir, les babouins organisaient une descente vers la cuisine. Bientôt, on entendait Prassad défendre héroïquement le garde-manger.

Tanmâtras. La matière subtile élémentaire

«Les cinq fonctions sensorielles, ou capacités de connaître, tirent leurs informations des cinq organes sensoriels. Les cinq capacités actives fonctionnent à travers les cinq organes physiques. L'existence est le jeu de ces expériences en une chaîne sans fin. La vie est ce qui les unifie.

«L'intégration de l'être dans la manifestation se poursuit avec les *tanmâtras*, les cinq éléments de la matière subtile, *indriyas* : l'essence du son, du contact, de la forme, de la saveur et de l'odeur.

«Alors peuvent apparaître les éléments plus grossiers, les *bhûtas*, ce qui naît à être, différenciation de *prakriti* en cinq formes, perceptible par les sens, à travers des *véhicules*. L'éther, ou le vide qui est le véhicule du son, l'air qui est celui du toucher, le feu avec la forme, l'eau qui est le véhicule de la saveur et la terre, la plus basse vibration de la nature, qui est le véhicule de l'odeur.

«Les véhicules sont des agrégats d'éléments subtils dont les vibrations, ralenties par les forces de la nature, deviennent perceptibles par les sens du corps physique que l'on appelle les *bhûtas*.

«Telles sont les cinq formes dans lesquelles la matière cosmique *prakriti* apparaît, transformée par les trois qualités de mouvement, les *gunas*. Toutes les manifestations phénoménales sont des modifications de ces principes.»

Emmanuel au cithare

C'était un soir, et puis la nuit, une nuit indienne, très douce et très noire ; une nuit dans ma cellule, chaude et solitaire ; une nuit de liberté, solitaire et immobile ; une nuit de coupure d'électricité que la flamme jaune de ma bougie brûlait en craquant ; une nuit de l'*ashram* peuplée de prières. Je semais des *japas* dans ma conscience et dans l'espace. Un tendre et fragile silence semblait unir en une vague de tendresse la rumeur de la nuit. De l'autre côté de la cour, Emmanuel accordait son cithare. Il s'échauffait les doigts et le cœur. Les notes passaient les murs, traversaient l'espace, pénétraient le temps et résonnaient dans ma poitrine. Je répandais les noms de Dieu au rythme vibratoire des cordes de l'instrument.

Emmanuel commença à jouer. Une phrase apparut, matériaux de bâtisseur, en éléments d'une construction jetés sur le *tchikari*[41], fondation de l'univers. En quelques coups rapides, brutaux, symétriques, il délimita le point de vue manifeste des forces sombres. Il les répéta, proposa un commencement au temps. Le *tchikari* bondissait et rebondissait, entêté, bourdonnant, tissant la trame du support. Le musicien précisa la forme, la sculpta, établit le lieu. Il déforma ensuite son point de départ, le dé-composa. Les forces puissantes s'éparpillèrent, chacune des notes se multiplia, se répandit, construisit de nouveaux lieux, comme si des mondes en germes jaillissaient sur le *tchikari* entêté bondissant et rebondissant, bourdonnant, tissant la trame des créations, la créant et la recréant à chaque instant.

Le thème se transformait d'événements, il se modifia. C'était bien la même âme mais dans une vie différente... Un jeu de *maya* et de *karma* enchaînant des effets à une production d'élans. Emmanuel semblait le transporter dans un rêve. Il tirait, étirait ces sons et créait une atmosphère de songe dans laquelle ils s'extasiaient. Cela me plongeait dans un univers d'espaces limpides, dans un temps étoilé d'instants précieusement ciselés comme des joyaux pénétrés de lumière. Ce nouveau monde de visions transparentes, bien qu'encore sensible, devenait impersonnel, trop peu dense pour être possédé, trop éthéré pour supporter un sens. Le *râga*[42] atteint un instant hypnotique, suspendu, haletant, d'une vibration si aiguë qu'elle caressait l'infime. Et le *tchikari* bourdonnait une trame du réel, battait le *Om* du son primordial.

Reprenant ces sons de la première construction, le musicien les allégea en quelques bonds. En trois instants chaque lourde note était dé-tendue, éclatée, puis dispersée dans son propre écho en atteignant son rapport plus subtil. Le *tchikari*, qui donnait naissance au son, le résorbait en lui comme l'esprit en méditation sur Brahman perçoit qu'il conçoit le monde, s'identifie à lui, puis en dissout l'apparence dans son essence.

Ce travail achevé, il rassembla sa phrase musicale, en sépara les éléments, rendit une dernière fois à chacun d'eux sa clarté, les détendit, puis, très vite les unifia en une collision de tons et de couleurs rapide à l'extrême jusqu'à un éclatement. Tout devint vaporeux, sans forme et sans force, désuni, incertain, inaudible et pourtant, je sentais encore les vibrations qui n'étaient plus.

O Emmanuel, quelle méditation ! Ce soir-là, *maya* fut une créature inspirée jusqu'à utiliser ses propres fascinations pour découvrir son créateur en elle-même.

L'âtman

«Il est important de comprendre comment fonctionne le cosmos. Mais c'est très vague, le cosmos. Nous devrions peut-être essayer de comprendre comment fonctionne un homme. Cela, au moins, nous pouvons le vérifier.

«Nous avons cinq sens extérieurs. Ils établissent un contact avec un extérieur. Nous avons cinq sens intérieurs ; ce sont des capacités qu'a notre cerveau d'accueillir l'information captée par les sens extérieurs. Pendant notre sommeil, nous n'entendons pas, nous ne sentons rien..., non pas parce que nos oreilles sont bouchées : les sens internes de l'audition sont bloqués.

«Cinq sens extérieurs, cinq sens intérieurs. Il faut qu'une conscience reçoive les événements sensoriels.

«Nous entendons beaucoup de bruit ici...

Un marchand de légumes hurlait : “Deux roupies le kilo de pommes de terre !” Des enfants jouaient en riant aux éclats, une radio chantait une histoire d'amour, le conducteur d'un scooter réclamait le passage, le doigt rivé sur l'avertisseur.

«... mais vous n'entendez que ma voix. *Manas*, l'organe mental, trie l'information et n'en transmet que quelques-unes à *buddhi*, l'intelligence. *Manas* gère. Si nous étions dans la rue, en ce moment, nous sauverions notre vie en nous précipitant sous un porche avant que cette moto ne nous écrase ; mais nous sommes déjà à l'abri, alors nous ne prenons pas une telle décision. *Buddhi* décide. Il décide d'accueillir certaines informations et d'en ignorer d'autres.

«*Manas* est le mental, le siège de la fonction de relation. Il constitue le groupe de procédures cognitives qui ont la capacité de découvrir des relations et d'effectuer des opérations mentales. Il regroupe les informations et les rationalise, mais, en le faisant, il limite la conscience. En outre, *manas*, en association avec les fonctions sensorielles cognitives et les capacités actives, est le siège des désirs. Il a la capacité de se concentrer, de rejeter et de sélectionner. Il sert d'intermédiaire entre les organes et les fonctions sensorielles.

«*Buddhi* est le siège de l'intelligence, la capacité de perception et d'intuition, la compréhension directe. Là est la sagesse, la conscience pure, dépouillée de la vivacité du *moi*.

«*Mahat* est l'intelligence universelle, tandis que *buddhi* est l'intelligence individuelle empirique, c'est-à-dire celle de l'*âtman* séparé, *jîva*.

«Je ne vous demande pas de me croire. Essayez.»

Il fit une longue pause. Pour l'homme, essayer d'attraper son mental est comme pour le chien essayer d'attraper sa queue. Pour se percevoir, le mental se conceptualise comme un objet, puis, essayant de l'analyser, il se rend compte que cet objet n'est pas lui.

Swamiji reprit :

«Il faut un objet pour que la lumière s'y arrête. Il faut un écran pour que l'on puisse voir les images provenant de la lumière projetée à travers un film. Il faut qu'une intelligence en soi puisse accueillir les objets d'intelligence. Il y a, à l'arrière plan de l'intellect, une intelligence en soi. Elle n'est pas l'intelligence de quelque chose, elle n'est pas l'intelligence en tant que mouvement, mais une intelligence stable, un point fixe, immuable, inaltérable, comme l'écran du cinéma. Le témoin immobile qui perçoit ce qui est en mouvement sans se mouvoir lui-même, nous l'appelons l'*âtman*, l'âme.

«C'est en elle que sont le temps et l'espace. La manifestation en est le substrat. L'âme est l'existence, elle est toute chose, elle est la vie.

«Pour accueillir le mouvement, elle doit être immuable. Immuable, elle est au-delà des changements. Au-delà des changements, elle est immortelle.

«Méditez ainsi : "Qui dit *je* quand je dis *je*." Qui est le véritable auteur de mes questions, de mes actions, de mes pensées, de mon sentiment d'être. Qui est l'ego, qui est l'âme. Cherchez, utilisez la méthode *néti néti* — ce n'est pas ceci, pas ceci. Et trouvez !» Ajouta-t-il en riant.

Il fit une longue pause. Je pensai : "*Je ne suis pas, je ne suis pas lorsque je ne qualifie pas ce que je ne suis pas.*"

"*Mère divine*". Un *sâddhu* comptait ses *paisas*[43] dans le creux de sa main. C'était le fruit des aumônes de sa matinée. Peut-être n'y en avait-il pas assez pour prendre un repas. J'allais y ajouter une grosse pièce d'une roupie, mais voyant mon bras avancer, il ferma sa main et se retourna vivement, comme s'il avait craint que je le volasse. Enfin, il vit que je ne lui voulais pas de mal. La grosse pièce trouva le chemin de ses mains et je poursuivis ma route.

«Mère divine ! cria t il alors que j'avais parcouru quelques pas. Mère divine !»

Ce n'était pas un appel, c'était l'expression de sa reconnaissance. Il était revenu de son trouble. Il nommait "Mère divine" le geste et la force qui le nourrissaient, malgré sa méfiance.

Maya, la méprise

«*Maya* est la puissance d'égarement qui lie l'âme à la nature plutôt qu'à Brahman. L'*âtman*-Brahman est en quelque sorte victime de sa propre projection. Le fait que l'on perçoive la forme plutôt que la substance, ce qui paraît plutôt que ce qui est, ce qui est grossier plutôt que les vibrations subtiles, c'est *maya*. *Maya* est l'univers de la forme, l'aspect objectif de l'ignorance (*avidya*, non-connaissance), dont l'aspect subjectif est l'ignorance spirituelle, l'illusion des formes. Elle nous fait croire que le monde manifeste est le seul, elle nous fait penser et percevoir un monde multiple plutôt qu'un monde unitaire. *Maya* masque le réel (le transcendant) et projette l'illusoire.

«Toute chose dans sa forme manifeste contient sa forme subtile. Elles sont effets et causes mutuels, avec des petits changements de forme. Ainsi, le monde nous paraît stable bien qu'il s'y passe continuellement des mouvements et des changements.

- Et le temps, qu'est-ce que c'est ?

- Le temps, monsieur, est le calcul, l'énumération des interactions qui constituent le parcours de l'évolution de sa forme la plus subtile à sa forme la plus grossière et inversement. Le temps n'existe pas *dans* la manifestation mais il existe *par* la manifestation.

- Et l'espace ? demanda Michael.

- Les objets ont une position relative les uns par rapport aux autres. La conjonction de ces positions est l'espace.

«La vie est une expansion de ce qui est éternel. Les interactions des forces (*gunas*) se manifestent en des différenciations infinies. Ces forces inter-agissent jusqu'à créer des champs spécifiques d'inter-actions qui sont des centres spécifiques de manifestations limités et déterminés : les systèmes solaires, les planètes, les Hommes, un homme.

«Chaque phénomène est simultanément grossier (manifeste) et subtil. Ce qui est manifeste en vous subit le temps, mais Brahman est immuable. En samadhi, le temps n'existe pas.

Quelqu'un posa une question.

- Je ne comprend pas, swamiji, je ne peux pas nier que j'existe !... Est-ce que j'existe ?

- Ce qui vous déroute, monsieur, c'est l'imprécision de votre langage. Ce corps, vous l'appelez "*moi*", cette pensée, vous l'appelez "*moi*", lorsque vous rêvez, vous vous appelez "*moi*", et le matin en vous réveillant vous vous souvenez de ce *moi* que vous avez quitté la veille avant de vous endormir. Et vous pensez à ce rêve où vous étiez un autre en disant moi encore.

«Lorsque vous souffrez, cette sensation, vous l'appelez "*moi*", et lorsque vous êtes content, vous dites encore "*moi*", "*je*"... Tous ces *moi* sont une suite de phénomènes. Il faut bien qu'une conscience (toujours identique) produise ce *moi* qui n'est jamais le même.

«"*Le monde apparaît en toi comme des bulles dans l'océan. Sachant que l'âtman est Un, trouve la dissolution dans ton propre moi.*"[44]

«Comprenez-vous, monsieur ? Qui est ce *moi* qui est tant de différentes choses. Il est une même chose en différents états, n'est-ce pas ? Il est une conscience infinie qui produit les phénomènes finis. Il est un état acausal qui produit le phénomène des causes et des effets, il est l'immuable qui produit les mouvements.

«C'est à cela qu'il vaut mieux s'identifier. C'est cela qui nous permet de transcender. Cela, nous l'appelons l'"*âtman*".

«Illimité, il est sans mouvement. Lorsque vous vous déplacez en acte ou en pensée, vous risquez de vous séparer de l'Un. Gardez cet Un devant ce que vous appelez "*moi*".

«*Moi* cherche à être. Etre est causal, on est quelque chose par quelque chose. Etre est conditionné, soumis à des conditions d'être. Ce qui est causal est non infini, déterminé, et changeant. Etre, prenant naissance, va mourir.

«L'infini ne change pas. Il exprime des forces qui prennent formes (*maya*). Ce sont les manifestations. Bien que manifesté, l'infini est toujours le même. Vous n'avez pas besoin de le chercher, Il est déjà en vous. Vous êtes l'infini.»

Un autre jour, quelqu'un posa cette question :

«Pourquoi ne pouvons-nous pas vivre comme Dieu dans un monde uni ?

- La pensée définit, elle limite. Elle ne peut pas penser l'infini. Mais vous pouvez le connaître en tant que le témoin de vos pensées et de vos actions, monsieur. Le témoin regarde les noms et les formes mais demeure toujours séparé d'eux. Vous pouvez connaître l'infini en pratiquant le renoncement ; le renoncement, c'est refuser à l'ego ses tentatives d'appropriation. Vous pouvez pratiquer la dévotion ; la dévotion est la pratique de l'amour de l'universel pour le créateur et la création. Vous pouvez pratiquer la compassion ; la compassion est le sentiment d'union avec autrui, quel qu'il soit. Vous pouvez pratiquer l'aide à autrui sans attente de récompense. Vous pouvez pratiquer l'introspection et la concentration.»

Kîrtan

Les soirs de fêtes, ou sans qu'il n'y ait d'autre raison qu'une inspiration soudaine, les *sâddhus* organisaient un *kîrtan* (chants et danses dévotionnels en groupe). Un harmonium apparaissait ainsi que des cymbales, des tablas et des tambourins.

Om, Shri Ram jay Ram jay jay Ram
Om, Shri Ram jay Ram jay jay Ram[45]

L'un des *sâddhus* proposait des phrases musicales en s'accompagnant de l'harmonium, et chantant des noms de Dieu ; un autre jouait du tablas ; nous répétions à l'unisson en frappant des cymbales. La fête attirait les voisins, les passants. On chantait la gloire des avatars de Vishnou, en battant des mains, lentement d'abord :

Hare Krishna Hare Krishna
Krishna Krishna Hare Hare
Hare Rama Hare Rama
Rama Rama Hare Hare[46]

Puis en accélérant le rythme, en forçant la voix...

Jay Krishna, Jay Rama,
Jay jay Krishna Krishna
Jay jay Rama Rama[47]

Cela faisait un bruit assourdissant. On chantait, on sautait, on dansait, on se réjouissait d'attirer la divinité. On espérait aller vers elle. Qui se laissait appeler approchait de se perdre. Qui parvenait à se perdre, gagnait des instants de proximité divine. Qui se donnait à son Dieu le connaissait. Là était la victoire.

Jay Ram jay jay Ram

Le tintement métallique des cymbales faisaient bourdonner les tympans. On ne s'entendait plus, on criait.

Krishna Rama Krishna Rama
Rama Rama Krishna Krishna

Qui chantait, qui dansait, qui battait des mains ? Le fidèle, la dévotion ou le Dieu envahissant les corps et les âmes se révélant à lui-même...

Il fallait beaucoup insister pour que swamiji prenne le rôle du célébrant de notre chœur. Mais alors, l'homme qui répondait à toute question avec ce mélange unique de cynisme et de bonté, du point de vue tranchant d'une vérité qui ne se compromettait pas de relation avec le questionneur et qui, pourtant, l'impliquait, l'homme qui amenait l'interrogation au néant, dans l'absolu, et l'interrogateur au-delà de lui-même, vers l'absolu, vers son néant, l'homme lucide qui parlait de lucidité comme un amoureux, et l'homme bon qui parlait de la bonté avec l'intransigeance qui seule pouvait la révéler, notre guru, se transformait en amoureux de l'amour pur dans un chant dévotionnel sans retenue. Il incarnait une lumière s'adressant à sa source.

Sankara Shiva Sankara Shiva
Sambhû Mahâdeva
Sankara Shiva
Sankara Shiva Sankara Shiva
Sambhû Mahâdeva
Sankara Shiva...[48]

Il manifestait Bakti. Sa forte voix devenait l'offrande d'une intention cristaline. Et nous l'imitions autant que possible.

Le *kîrtan* se poursuivait jusqu'à l'aube. Pendant la nuit et au matin les miracles se produisaient. Les transes transperçaient les fatigues. L'extase se posait sur un essoufflement. Plus simplement, une joie profonde que la dévotion suscite possédait chacun tout au long de nos concerts divins.

Atman est Brahman

«L'âme, *âtman*, est le témoin, monsieur, nous l'avons dit maintes fois. Le témoin, pour prendre conscience des changements qui se produisent doit être lui-même à l'abri des changements, et certains d'entre nous l'on constaté. A l'abri des changements, l'âme est immuable. Immuable, elle est au-delà de la causalité, des effets et des causes. Au-delà de la causalité, elle est éternelle. Eternelle, elle est au-delà de la mort, immortelle. Immortelle, elle est au-delà de la vie. Si elle ne subit ni mort ni naissance, elle est ni incarnée ni ré-incarnée. Elle est increéée. Increéée, elle est au-delà de la manifestation, qui est causale. Elle est immatérielle, donc, non composée, donc non conditionnée, sans commencement ni fin. Infinie et immortelle. Elle existe de tout temps, avant et après n'importe quel mouvement. L'âme est. Elle a toujours été, elle sera toujours. Infinie, elle est partout. Partout, elle est omnisciente. Partout, elle est tout. Tout, elle est omnipotente. Elle est cela. Elle est. Elle est *satchitananda*, être-vérité, existence-intelligence, béatitude-au-delà.

«*Atman* est Brahman, parce que Brahman est ce que nous venons de dire de l'*âtman*.

- L'âme évolue-t-elle ?

- Non, bien sûr, monsieur. Un principe éternel est au-delà des changements, donc de l'évolution aussi bien que de l'involution. *Atman*-Brahman est. Il a toujours été, il sera toujours.

«L'âme, *âtman*-Brahman n'est ni la vue, ni l'ouie, ni la pensée, ni la forme, ni la non-forme, ni l'énergie, ni la force, ni l'essence de quelque chose, ni autre chose, car tout cela est causal. L'âme est au-delà de la cause.

- Que sont la sagesse et l'intuition ?

- L'âme.

- Ce corps a-t-il une âme ?

- Ce corps est le spectacle et le spectateur que l'âme se donne à elle-même. L'âme a des corps. *Jîva* est l'*âtman* en tant que personne. L'*âtman* est l'âme sans la personne.

- Mais vous avez dit que l'âme ne s'incarnait pas...

- L'âme est.

- Mais ce corps souffre, ce mental souffre. Pourquoi l'âme se donne-t-elle un tel spectacle ?

- La souffrance est une interprétation d'une sensation. Un nom et une forme. Allez au-delà du nom et de la forme. L'*âtman* ne connaît pas la souffrance. Qui connaît l'*âtman* ne souffre pas. L'*âtman* est sans cause, alors que la souffrance est causale.

- Mais, bien que relativement, la souffrance existe...

- La souffrance, comme le plaisir, sont des effets de l'ignorance. Ils naissent tous deux de l'attachement et de l'appropriation.

- Le nouveau-né souffre déjà.

- Il souffre. Son corps hurle son attachement à lui-même.

«Cessons de questionner. Vérifions. Méditons sur Cela qui est immobile en nous, Cela qui est neutre en nous, Cela qui perçoit les changements sans changer lui-même. "*Je suis Cela*" qui est au-delà des causes et des effets.

Swamiji se tut. Nous méditâmes. La pensée s'agite beaucoup avant de percevoir l'immobile... et de s'immobiliser un peu.

- Brahman, l'Absolu, est-il connaissable ?

- Tout ce que l'intellect peut connaître est limité, non infini, non absolu. La faculté intellectuelle est ainsi. Nous ne pouvons donc pas connaître Brahman avec la pensée. Cependant, nous pouvons connaître Brahman en allant plus loin que le connaissable, dans le sujet éternel de la connaissance, l'essence de toute connaissance, le témoin.

Il se tut.

«Nous ne cherchons rien de nouveau, intervint swamiji, l'*âtman* est éternel. Il n'y a donc rien à trouver, tout ce que nous pouvons faire est de cesser de percevoir et de juger, cesser de nommer et de concevoir, cesser de penser et de projeter, laissez le *moi* se taire, laissez le Soi se trouver.»

Microcosme

«L'homme est un centre d'énergie et de manifestation, c'est-à-dire de transformation des relations des *gunas*. Chaque homme crée de la manifestation, et pour cela transforme de l'énergie subtile en manifeste. Nous pouvons le constater en observant ce qui se passe lorsque nous allons du désir à l'intention, de l'intention à l'action.

«Les transformations qu'un homme produit le transforment lui-même. Non seulement il agit dans la manifestation qui lui paraît extérieure, mais il agit sur ses propres centres subtils, ses composants d'individu séparé, de microcosme. Les marques persistantes qui s'imposent sur l'*âtman* immuable, nous les appelons les *samskaras*, ensemble-actions. Ce sont les impressions mentales qui marquent le corps subtil comme une mémoire, et y dépose des dispositions persistantes. Ce sont ces impuretés dont nous essayons de nous débarrasser lorsque nous pratiquons les purifications et les méditations. En vérité, *jîva* se purifie.

- Qu'est ce que la conscience, interrogea Emmanuel ?

- Perceveur et objet perçu s'associent, nous appelons cette activité la conscience. Qui est conscient ? Certainement pas l'objet. Est-ce le sujet ? Le sujet est le siège du sentiment intime qui permet de diviser le monde en deux catégories : moi et ça. Mais même en tant que séparateur, le sujet est lui-même objet, instrument de quelque chose. De quoi le sujet est-il l'instrument ? De l'*âtman*. La conscience n'apparaît que lorsque le témoin, l'*âtman*, entre dans une relation particulière avec quelque chose.

«Comment le savons-nous ? En pratiquant la discrimination. Nous ne pouvons pas démontrer positivement l'existence de l'*âtman* parce l'*âtman* est plus subtil que la pensée. Pourtant nous pouvons comprendre qu'il n'est ni un objet de connaissance ni un instrument de connaissance. Et nous pouvons en faire l'expérience.

«Le mental est l'instrument de l'expérience, l'ego est l'appropriateur de l'expérience et l'*âtman* est le fondement de toutes les expériences.

- Si l'*âtman* est infini, pourquoi ne perçoit-il pas toute chose ? A-t-il le don d'ubiquité ?

- L'*âtman* n'est pas localisable. Il n'est pas un corps. Il est existant et non-existant. Pour entrer en relation avec les phénomènes, il a besoin d'instruments de perception.

«Le mental le limite. Bien que nos organes de perception soient en contact simultané avec le monde extérieur, le mental ne perçoit qu'un objet de perception à la fois. Les organes sensoriels externes informent les facultés sensorielles internes, mais *chitta* et en particulier *manas* trient les informations. Le mental est l'instrument de réception. Il a la capacité de percevoir, de sentir, de penser, de prendre conscience, de comprendre.»

Plus tard, alors que je croisai swamiji dans la cour, il me demanda :

«Maintenant que vous savez tout ceci, avez-vous changé ? Etes-vous la personne que vous désiriez devenir ? Avez-vous satisfait tous vos désirs ?

- Peut-être pas, répondis-je, mais tout me paraît plus clair. J'ai compris comment Brahman l'immuable projette l'impermanent, comment l'infini devient fini. Mais il reste un dernier mystère. Comment cela a-t-il commencé ?

- Non monsieur, cela n'est pas un mystère. Cela n'a pas commencé. On peut le montrer de plusieurs façons.

«Cela commence très simplement. Vous dites "je" et vous croyez que cela a commencé. Mais si vous cessez de dire "je", cela cesse immédiatement. Cela recommence lorsque vous vous réveillez après votre sommeil, quand vous reprenez conscience de votre corps, quand vous vous identifiez à lui, quand vous reprenez possession de votre mémoire. Et lorsqu'après les mille péripéties de la journée, vous pouvez encore dire "moi", cela continue. La source de *je* est dans le cœur, avec la lumière de Brahman. Entrez en elle, elle est le savoir et le non-savoir.

- L'ignorance existe-t-elle ?

- Le monde des relations n'existe qu'en lui-même, et non dans l'absolu. Dans l'absolu, rien n'a jamais quitté sa cause.

«Mais le savoir ne vous apporte rien. Il faut le constater et pour cela vous purifier.

«Dans les Upanishads, on dit que la création est issue d'un *rishi*.[49] Ce *rishi* est dans votre cœur, immuable. Le sage que vous cherchez est en vous.»

L'éclipse

Cette nuit-là serait celle d'une éclipse complète de la pleine lune. Cela signifiait que la ténèbre allait s'attaquer à la lumière, que ces deux forces ennemies allaient lutter l'une contre l'autre une fois encore, comme cela se produisait depuis le commencement des temps. Le mal pouvait gagner sur le bien, emporter l'astre qui illumine la nuit et dominer à jamais le monde des ombres. Seule la purification pouvait aider la lumière et empêcher la victoire de l'obscurité, car ce qui est en soi est aussi autour de soi.

Des familles entières de villageois, des *sâddhus* venus de toutes les régions avoisinantes, le peuples des pauvres, des mendiants, et des justes qui soutiennent le monde, par milliers envahissaient la ville et ses *gâths* pour prendre en charge le devoir de purifier la terre en se purifiant soi-même et ainsi affaiblir le mal en renforçant le bien.

On se faisait raser la tête, on se baignait dans le Gange, puis on faisait la tournée des *darshan*[50], des saints et des images des temples. Ensuite, on attendait la nuit, accroupi ou assis sur un morceau d'étoffe. Les femmes préparaient les repas sur des feux de bouse qui produisaient de beaux brouillards d'une fumée épaisse et grasse. Un *pandit*[51] me dit :

«Voilà l'ignorance et la superstition indienne !

- Cette superstition produit au moins une action personnelle et non une peur inhibante, lui répondis-je. Cette foi sauvera ces gens plus sûrement que toutes vos pensées, m'a dit mon guru dès mon arrivée à Bénares. Que chacun prenne la responsabilité de la pureté et le monde se sera sauvé du mal.»

La lune montait, souriante, chaleureuse et brillante dans son intimité distante, dominant de son insouciance le ciel noir de l'infini inconnu. Des vapeurs de nuage, tissant un voile devant la face lumineuse, abritaient un arc-en-ciel nocturne, circulaire comme une offrande de guirlande de fleurs. Sur la terre, les hommes priaient.

A l'heure où Bénares s'endort, une première clameur parcourut les berges. Une ombre avait commencé de s'attaquer au disque brillant qui lui cédait.

Certains priaient leur Dieu, d'autres répétaient leur *mantra*, peut-être un peu plus vite que d'habitude. Les tambours battaient avec acharnement le rythme du combat éternel ; flûtes et clarinettes, dans une plainte langoureuse et pressante, emportaient les paroles vers les cieux. Ici et là des harmoniums accompagnaient des *kîrtans*. Chacun faisait ce qu'il était venu faire. L'inquiétude n'y était pas.

La face lunaire se réduisit à un profil et continuait de s'amenuiser. Une nouvelle clameur frissonna dans la foule, comme pour arrêter l'inéluctable. Les tambours doublèrent la cadence. Ce n'était plus que vrombissement piqué des aiguës des clarinettes.

La terre, masquant le luminaire de ses nuits, se plongeait dans son ombre.

Le ciel mystérieux des étoiles nous regardait le regarder. Les riverains, en familles, se frayaient des chemins vers le fleuve pour s'y plonger. On se hâtait maintenant de se baigner et de perdre la forme dans le courant sans forme. On se coulait tout entier dans l'eau froide sans échanger un mot, sans un cri pour le frisson glacé, sans un soupir contre la sombre brise. La purification est intime comme une intention. Le silence qui montait soudain de ce peuple, bruyant et bavard, à lui seul constituait un miracle. Ce fut un vrai silence. Celui des hommes qui retiennent même leur souffle. Un silence de prières. Elles furent bientôt entendues.

Un croissant de lumière jeta un coup d'œil à son reflet, dans le Gange impassible. L'amie reparaissait, brillante, nette, intacte, plus belle d'avoir été priée, louée, adulée, plus étonnante d'avoir été cachée, plus éternelle d'avoir triomphé. Le père-lune avait disparu, mais on l'avait appelé et il était revenu... Magie de l'éclipse.

Il avait semblé que la terre s'était arrêtée pendant le temps de l'attente. Elle poursuivait sa course comme si elle la reprenait, après avoir bondi, car le temps, pendant un temps avait perdu son cours. Deux heures nous avaient fait parcourir la moitié d'un mois ; deux heures encore nous feraient achever le mois lunaire d'une nuit.

Le bien avait vaincu et avec lui l'espoir, tout l'espoir des hommes, justifié en une cérémonie, non de la superstition mais de l'appropriation âme par âme de la pureté. On rentrait chez soi, on préparait une couche dehors. On s'invitait à partager des morceaux d'abri, à diviser à l'infini la même petite pièce.

«A-t-on célébré, pour le vivre, un triomphe attendu, ou croyait-on à la disparition de la lumière ? demandai-je à swamiji.

- Ne répondez que pour vous-même, monsieur. Il n'est pas si facile de se purifier. Alors, prendre sur soi le *karma* des autres ! Se donner la force de reconnaître qu'il n'y a de salut qu'ensemble, et pourtant savoir aussi que l'on peut si peu pour autrui que quelques intentions.»

Il dit cela sans émotion, ni chagrin ni espérance, simplement, dans une chaleur sereine dont la patience fut immense et forte. Je regardais le Gange de la terrasse où nous étions remontés. Swamiji allait passer la nuit à célébrer une *puja*. Il avait installé une table basse sur son *choki*. Un texte, une cloche et différentes offrandes attendaient qu'on les unissent par des gestes, des pensées et des paroles.

«La foi qui anime ce peuple ne cesse de m'exalter, dis-je dans l'élan d'une ivresse de sacré.

- Bientôt, ils deviendront matérialistes, comme ailleurs, avant qu'ils ne se mettent à chercher l'Esprit perdu, comme ailleurs. Swamiji fit un bref silence avant de s'exclamer : le pouvoir de l'objet, monsieur !...

«Les religions ont pour but de proposer aux hommes un autre état de conscience, un état qui doit les délivrer d'eux-mêmes. Quand ils seront libres, ils devront chercher à s'attacher à nouveau, pour chercher encore cette liberté qui les attache. C'est aussi de la liberté qu'il faudra s'émanciper... Tel est le sens de la création, monsieur.»

Personne au monde ne m'a appelé monsieur avec tant d'insistance.

Brahman, le miroir

«Brahman est cela. "Cela" est neutre. Ni masculin ni féminin, ni vous ni moi, ni bien ni mal, ni bon ni mauvais, ...etc. Brahman observe le spectacle et le spectateur. Il est le témoin. *Atman* est de la même nature que Brahman.

«Prenons l'exemple du miroir. Des images se reflètent en lui. Peut-il en prendre possession ? Peut-on prendre les images qui sont dans le miroir ? Peut-on voir le miroir lui-même ? Le miroir choisit-il les images qui se reflètent en lui ? Est-il utile pour lui de les juger ? Non. Brahman est le miroir. Tout se reflète en lui, lui ne change pas. Il est neutre, il est le témoin, il est "je suis cela", il est. Les images sont une formation de la lumière, la lumière vient d'ailleurs, tout ce que nous voyons dans le miroir a d'autres causes que le miroir. Si nous regardons dans un miroir sale, nous voyons des images à travers le filtre des formes qui souillent sa surface. Ils nous empêchent de voir les images comme elles sont. Les formations mentales sont les traces de ces formes qui nous empêchent de comprendre la réalité comme elle est.

«Ces formations mentales sont des *samskaras*, les dispositions et pré-dispositions, nos caractères, nos tendances, nos attirances et nos peurs tenaces. Elles sont causales, on peut s'en débarrasser. S'en débarrasser cela se dit "*moksha*" — se libérer. Libéré, nous voyons la réalité de façon tout à fait neutre, nous ne projetons rien sur elle. Nous devenons un miroir sans tâche, sans histoire, sans mémoire, sans émotion, sans ego. Un vrai miroir, en somme.»

Brahman : de la manifestation à l'infini

«Brahman est l'Esprit cosmique universel. Qu'est-ce que cela signifie ?

- La manifestation est une vibration (*vâyu*) de *purusha* sur *prakriti*. Brahman est la vibration à l'état stable. Une vibration potentielle, éternellement potentielle. C'est un état où tous les possibles existent à l'état de puissance. Tout existe sans vibration, sans mouvement.

«La création dont vous croyez être le témoin est une vibration potentielle que vous croyez réelle. C'est la pensée qui la manifeste.

«Au commencement, les forces (*gunas*) étaient en équilibre. A la fin, l'équilibre est recouvré. Alors, tout ce qui fut manifeste retourne à l'état potentiel. Toute chose n'est qu'une conséquence de ce déséquilibre. Toute chose est Brahman sous une autre forme. Cette forme s'appelle la "manifestation". En vérité, il n'y a pas de création, il n'y a qu'une transformation. Il n'y a jamais que des transformations.

Swamiji laissa passer un long moment avant de reprendre :

«La manifestation est une projection de Brahman. Nous connaissons les projections, nous devons retrouver Brahman. Pour connaître Brahman-*âtman*, nous devons retrouver la source des projections. Comment ? En ne plaçant rien devant l'*âtman*. L'*âtman* n'est pas visible, il n'a pas de forme. On ne voit que ses projections, comme on ne voit jamais un miroir mais seulement ce qu'il reflète. Sans projection, l'*âtman* est un miroir qui ne reflète rien. Arrivé à la source de nos projections, nous les faisons cesser. Brahman-*âtman* est sans image, sans mouvement. Lorsque les images cessent, c'est Lui.

«Le mot "manifestation" rassemble en un seul tous les autres. Le mot "Brahman" peut nous permettre de transcender la manifestation comme une clef qui nous permet d'ouvrir la porte de l'infini.

«Nous plaçons devant nous des formes et des noms. Prenons cet oiseau qui passe dans le ciel. Otons-lui son nom — oiseau — et sa forme — l'image. Que reste-t-il ? Il reste *Cela*. Prenons ce *moi*, ôtons-lui toute description, toute identification, que reste-t-il ? Il reste *Cela*.

«Le monde causal est un monde de nom, de forme, de temps, d'espace et de matière. Le monde de l'Un, non-deux (*advaïta*), est un monde sans nom et sans forme. Pour connaître *Cela* ne placez rien devant *Cela*.»

On l'aura remarqué, l'hindouisme ressemble au bouddhisme ou, au contraire, le bouddhisme a puisé abondamment dans l'hindouisme. La libération est leur but commun. Le rapport à la réalité, l'existence relative du sujet, la qualité impersonnelle de l'absolu et la méditation comme moyen de dissoudre les voiles en font de proches parents.

Méditation

Très vite, au bout de dix minutes, je ne pouvais plus tenir en place. Je me levai, inspirai un grand coup, marchai un peu puis m'assis à nouveau. Des pensées prenaient possession de ma pensée. En vérité, je les attachais, je m'attachais à elles pour ne pas rester seul, rester vide. Alors, je les suivais et ma méditation n'était plus qu'une réflexion égocentrique qui s'achevait sur une auto-évaluation, la plupart du temps négative, décourageante. Je me prenais à mes propres pièges, mes jugements auto-dévalorisants m'oppressaient d'autant mieux que, parce que dévalorisants, ils me paraissaient plus authentiques, plus sincères : "Tu fais semblant... semblant de méditer, semblant d'aller quelque part. Que fais-tu dans un *ashram*. Tu perds ton temps. Tu veux croire que tu n'as pas de but ? Peux-tu seulement respirer sans but..."

Un lézard, beaucoup plus impassible que moi, examinait l'espace autour de lui pour y déceler le mouvement et peut-être en happer l'auteur s'il passait à portée de sa langue.

La tentation est grande de se juger lorsqu'on est immobile, dans une non-activité qui n'a rien de valorisant. L'ego ne la rate pas, il se crucifierait pour reprendre l'initiative. Mais je me raisonnais : "Ne crois pas être arrivé parce que tu es parti. De la patience !" L'appel de la patience suffisait à me rétablir dans une sorte de patience.

Un jour, j'ai compris que derrière celui qui se juge, il y a quelqu'un qui appelle à l'aide. C'est pour lui, qui veut connaître l'infinie pureté, qu'on a pris la voie spirituelle. C'est lui qui dirige derrière l'ego, bien que celui-ci essaye de détourner ses gestes en les calomniant d'intentions tricheuses, en les dégradant. Et c'est de lui que vient la puissance de la patience.

Il n'a qu'un désir, celui de l'Absolu. Il a des moyens : cesser de vivre de mensonges, d'apparences et d'identifications. Cesser de vouloir être quelqu'un, et être seulement.

Chapitre 26

Spiritualité, suicide de l'ego

«Un jour vécu dans la sagesse et la méditation,
Ce jour-là vaut mieux que dix années vécues dans l'ignorance et la paresse, qu'un siècle vécu dans la luxure et la sensualité.»
Bouddha, Dhammapada 110

Maya, le relatif et l'absolu

«Le monde existe-t-il ? N'existe-t-il pas. A-t-il une réalité ? Oui *et* non.»

Swamiji était très souriant ce matin-là. Michael écoutait le cou tendu comme une oreille dressée avec l'enthousiasme qu'on lui connaissait. Thomas, toujours neutre, traduisait avec l'expression d'absence de celui qui a tant de respect pour les propos du maître qu'il craint, à s'en faire peur, d'en rien altérer. Emmanuel paraissait de temps en temps, mais toujours en retard, aux rassemblements quotidiens. Prassad balayait la cour en guettant les babouins. Indifférents, des *sâddhus* s'asseyaient ici et là, et mâchaient leur *mantra*. Je m'installais dans l'habitude de n'en avoir pas trop. Mais l'habitude est une qualité sournoise. Quand on s'aperçoit qu'elle nous tend son filet, on est déjà dedans. Les jours se suivaient en se ressemblant comme des jumeaux. A ce moment précis, je pensai qu'un café noir, qui ne pouvait être que bon, aiderait le soleil à se lever. Le ciel montait, du bleu foncé au rose.

«Regardez ce bateau...

Justement, je le regardais. Une lourde barge noire chargée d'un mont de troncs d'arbres et de branches, appareillait de la rive opposée. Deux hommes à la proue ramaient avec force à contre-courant ; un troisième à la poupe tenait le gouvernail en fumant un *bidi*.[52]

«... Nous sommes sur le toit d'une maison de Bénares et nous percevons un bateau sur le Gange. Trois hommes sur ce bateau s'en vont livrer leur chargement. L'un d'eux regarde de ce côté, à quoi pense-t-il ? Nous n'en savons rien ; l'autre est tourné vers l'autre rive ; peut-être observe-t-il quelque chose qui le fascine. D'ici, nous sommes trop loin pour le voir. Le troisième savoure l'air frais du matin mélangé à la fumée d'un *bidi*.

«Chacun vit dans un monde. Il n'y a pas au monde deux mondes identiques. En vérité, il n'y a jamais qu'un monde au monde, c'est celui du perceveur. D'une certaine façon, un peu confuse, il nous semble vaguement devoir y avoir toujours quelque chose de plus ; plus de mondes que celui que nous percevons, que celui que nous sommes. Il nous semble toujours un peu confusément n'y avoir pas assez de moi au monde. Un moi incomplet manque d'un monde qui lui semble toujours plus vaste que lui. Nous ne percevons jamais rien d'extérieur à notre corps. Le monde que nous ressentons est notre corps. C'est une suite de sensations (phénomènes relatifs aux sens).

«Le monde apparaît dans la pensée. Il y est conduit par les sens extérieurs et les sens intérieurs. Il est ensuite approprié par l'ego qui est la fonction qui crée l'impression d'un intérieur et d'un extérieur. C'est lui qui dit : “Je sens ceci, je vois cela”... etc. L'ego s'approprie un monde relatif (aux sens), causal (dont tout phénomène est l'effet d'un autre phénomène), et duel (où tout phénomène est soit extérieur, soit intérieur). Ce monde-là est *maya*.»

Les moineaux, ludiques, faisaient des voltiges audacieuses au-dessus de la terrasse. L'approche du printemps leur inspirait les chants et les danses de l'amour. *Maya* a des aspects délicieux. Un vieux babouin, sur le toit voisin, assis comme un sage, goûtait la chaleur du soleil montant en nous regardant distraitement. Il s'occupait de ses poux avec la nonchalance de l'âge.

«La cause de l'univers et l'univers sont une même chose sous différentes formes, disait swamiji. Cette même chose, c'est Brahman. On dit que Brahman signifie “l'expansion”. L'univers est l'expansion d'un phénomène. L'*âtman* est *Brahman*. L'*âtman* est le témoin de la conscience. L'*âtman* est le témoin de toute chose. C'est l'écran sur lequel les phénomènes relatifs apparaissent et disparaissent. Le phénomène n'a pas d'existence véritable (absolue) en ce sens que son existence est assujettie à celle d'un autre phénomène.

«Le monde manifeste apparaît et disparaît dans le corps qui est son véhicule. Le corps est une manifestation de l'âme. L'univers est une forme de l'âme. L'âme seule est réelle : elle est la cause du phénomène et le phénomène lui-même.

«Pour retrouver l'âme, nous pratiquons la discrimination (*vichâra*). Ce corps est-il moi, cette partie de ce corps, cette pensée..., etc ? Cette pratique nous permet de repousser le corps, la pensée, la mémoire, l'ego, d'éliminer l'univers comme objet de croyance et par soustraction de trouver le Soi, l'*âtman*-Brahman immuable et permanent.

«Nous pratiquons ensuite la concentration sur une seule pensée afin de maîtriser les apparitions des phénomènes, surtout, pour éviter de nous laisser absorber par la chaîne causale des phénomènes. L'intellect dit : “Je suis lui, je suis cela, je suis Shiva” afin de développer en lui le réflexe de relativiser les phénomènes. Nous ne nous laisserons plus absorber par les phénomènes parce que nous connaissons une autre réalité, une réalité plus stable, plus neutre, sans plaisir ni douleur, celle de l'*âtman*. “*Je suis Shiva*”, le créateur et le destructeur des phénomènes, c'est-à-dire des illusions, c'est-à-dire de *maya*. Nous relativisons nos rapports avec le monde pour entrer en connaissance avec l'*âtman*.

«Nous pratiquons aussi le *samadhi* (méditation) pour participer au silence. Silence des mots, silence du moi, afin de sortir du monde en nous retirant des phénomènes des sensations et des pensées.

«Pendant ces pratiques, l'ego privé d'attention est privé d'énergie. Il perd la force de sa faculté d'appropriation. L'âme se retrouve en ce qu'elle est vraiment, non voilée par les phénomènes, immuable témoin.

«Pensez à cela, puis méditez.»

Il se tut. Des babouins, fascinés par swamiji regardaient swamiji fasciné par eux qui leur souriait. Quelle *maya* exemplaire ! “*Tout est un jeu de Dieu*, disait-il souvent, *Dieu se manifeste à lui-même !*”...

Maya existe et n'existe pas

Le soir, il poursuivit.

«Voilà le bateau qui revient, il est vide...

La barge descendait le courant. Les deux rameurs ne ramaient plus. Ils fumaient des *bidis*. L'homme de poupe tenait le gouvernail.

«... Des états transitoires s'animent sur un état permanent, immuable. Nous prenons le monde causal pour le seul monde. Cet état d'ignorance de l'absolu est *maya*.

Il se racla la gorge avec conviction. Une petite lampe jaunâtre éclairait par intermittence un brouillard de moustiques.

- Comment le monde est-il une méprise si Dieu y est partout ?

- Si vous voyez le monde comme Dieu, le monde n'est pas *maya*, car vous n'y êtes pas. *Maya* existe et n'existe pas.

«*Maya* produit des formes sur l'immuable. Elle est composée de permanent et d'impermanent (*para* et *apara*). Ainsi elle existe et elle n'existe pas. La racine *ma* en sanskrit signifie “construction”, “mesure”, “mouvement”. La manifestation apparaît comme une construction, qui est elle-même un mouvement entre l'immuable et l'impermanent. *Maya* est le phénomène des formes. Elle est le monde relatif construit avec quelques fractions de possible. *Maya* existe. Le changement perçu à cause du mouvement est apparence. Le mouvement est réel, *maya* existe, mais les formes qu'elle produit n'existent pas. Le changement n'est qu'une forme instable, impermanente, produite sur autre chose.

«Pensez à cela.

«*Shivo'ham, Shivo'ham...*»

Swamiji s'était tut. Nous étions dans la contemplation-conscience de l'Un. *"Je suis Shiva."*

Il se leva et dit enjoué :

«Voilà, le bateau a disparu. Mais il est par là, dans la nuit, ou peut-être n'y est-il pas.»

Le nom et la forme

Le lendemain matin, il poursuivit.

«Lorsque je perçois des formes et que je les nomme, je me différencie d'elles. J'entre dans l'influence de *maya. Maya* est le voile d'apparences qui subjugue l'ego et sépare le perceveur de l'objet perçu. Pour contrôler *maya*, il faut faire cesser la différenciation. Pour cela, écarter le voile d'apparences que tissent les noms et les formes. L'ego n'a alors plus rien pour se différencier et donc ne peut plus rien s'approprier. Dans ce cas, il n'existe plus.

«Alors la dualité disparaît dans l'unité qui est la seule réalité.

«Lorsque le perceveur perd la conscience de l'unique, *maya* apparaît, elle est l'état, fût-il temporaire, de l'ignorance de l'Un, l'être sans cause. La conscience de *maya* est déjà la libération de sa fascination. La connaissance du concept de *maya* est suffisant pour gagner la libération de son joug.

Swamiji se tut, ferma les yeux. Puis il dit comme s'il voulait se résumer.

«*Maya* est la description du monde, *maya* est le nom et la forme, *maya* est le continuum de la pensée, *maya* est le phénomène de l'appropriation du réel, *maya* est l'identité du penseur, *maya* est sa mémoire, *maya* est ce qu'il oublie, *maya* est l'espoir, *maya* est la vanité. *Maya* est la recherche du bonheur, *maya* est le jugement sur les choses, *maya* est la définition du bien et du mal. *Maya* limite le Soi dans le moi.

Il reprit son souffle.

«*Maya* appartient à tous les artifices de l'ego, *maya* est le désir d'être. *Maya* est la peur. *Maya* est la peur de mourir, du trépas et de la mort. *Maya* est la soif d'être, de faire, de paraître, de connaître, de vivre...

«Je suis le créateur de *maya*, je suis aussi son destructeur. *Maya* est *yama*[53], la mort du moi dans le Soi. Le Soi seul est immuable et non duel, c'est pourquoi nous disons *"Shivo'ham, so'ham"* — "Je suis Shiva, Je suis Cela, Je suis Lui."

Michael posa une question :

- Lorsque nous méditons, nous essayons de faire cesser le mouvement. Lorsque nous réussissons, il n'y a alors qu'une seule existence. Ensuite, des pensées surgissent, et nous plongeons en elles. Elles nous attirent vers tel ou tel phénomène. Nous les créons autant qu'elles nous créent. Nous sommes alors de retour dans un monde précis qui s'oppose au monde...

Swamiji l'interrompit. Comme il le faisait souvent, il répondit à une question que Michael n'avait pas posée.

- Lorsque vous faites un projet, monsieur, vous quittez la conscience de l'instant pour imaginer un autre temps, inexistant. Un projet est un appel évidente de manifestation de *maya*.

«La voie spirituelle n'est pas sans danger. Si vous ne pratiquez pas dans l'humilité et le détachement, si vous persévérez à la prendre comme un but, un projet, vous renforcez, sans le vouloir, sans en prendre conscience, ce que vous vouliez affaiblir. Le projet, que l'on peut caresser, de devenir un saint homme, un homme libéré, peut devenir une *maya* plus forte, plus subtile que la *maya* ordinaire des gens simples.

«N'essayez pas de refuser le monde comme irréel, monsieur. Pour qu'il y ait un refus, il faut qu'il y ait un auteur de refus. En refusant vous créez et vous renforcez ce que vous vouliez faire disparaître. Acceptez d'abord le monde tel qu'il est. Il est la manifestation de l'Etre universel, une apparition sur l'absolu. Après avoir réalisé Cela vous pourrez le dépasser. Le transcender. Vous ne pouvez dépasser que ce que vous avez *réalisé*.

«C'est pourquoi nous pratiquons le *japa*. Cette formule doit nous aider à modifier notre appréhension la plus intime, la plus subtile, du monde. Essayez simplement de cesser de vouloir.

«Il y a deux étapes distinctes qui sont identiques du point de vue de l'absolu. D'abord, il faut accepter le monde tel qu'il est et ensuite le rejeter comme illusoire. En l'acceptant tel qu'il est, vous passez du phénomène à l'absolu. Vous pouvez voir que tout dans le monde est Brahman ; ainsi, vous trouvez son unité, le créateur Lui-même. A partir de la conscience de l'Un, vous voyez que l'absolu vous apparaît dans toutes ses manifestations. Si Dieu est éternel et infini, il ne vous a jamais quitté. C'est vous qui ne pensez pas à lui, parce que vous pensez à d'autres choses. Ces choses sont *maya*.

«*Shivo'ham, so'ham*.

Michael prit sa respiration pour intervenir, swamiji l'interrompit en se levant :

«Peu importe votre question, je ferai la même réponse. Cherchez qui la pose, monsieur.»

Le soir, juste avant de sombrer dans le sommeil, alors que je dés-investissais le monde, au moment où l'ego s'affaisse dans la fatigue du corps, j'entendais ma pensée parler toute seule, comme autonome. Elle rebondissait dans des mots mous.

Les jours s'écoulaient sans que rien ne s'y passe. Des jours de rien. Il faut passer par beaucoup de rien pour approcher le vide. Des jours de silence, des jours de Chabbat quand je pensais à rabbi Isaac.

Perplexité

La pratique des différentes méditations et les explications de swamiji ne me mettaient pas à l'abri de certains embarras.

Bien que le monde ne fût pas une chose à prendre très au sérieux, et que j'en eusse une conscience de plus en plus présente, la quête spirituelle, avec ses astreintes, l'était ! Ne faisait-elle pas partie du monde ?

Cette pensée récurante déclenchait en moi de la perplexité. Pas de l'angoisse, mais une envie presque panique de tout abandonner, de me plonger dans le monde et de m'adonner à la quête de tous ses plaisirs pour n'en plus chercher la transcendance que dans une immanence terriblement horizontale.

Autour de l'*ashram*, dans la ville, un peuple insouciant et bruyant s'était résigné à l'idée de vivre des dizaines, voire des milliers de vies dans l'alternance des bonheurs et des malheurs, des plaisirs et des souffrances. Bien qu'il ne fallût point entretenir la pensée d'un but, je conservais secrètement l'espoir de réussir à sortir de la vie... *de mon vivant*. Dans les moments de doute, la tâche me paraissait insurmontable, le succès improbable, voire vain, car la purification est infinie ; plus on se déprend de ses attaches, plus on découvre en soi des attaches plus subtiles, plus sournoises.

Ma motivation se perdait dans le vague de ces pensées qui l'effritaient un peu plus. J'en parlai à swamiji.

«Que voulez-vous faire d'autre ? me répondit swamiji en cessant de lire son journal. C'est vous qui vous prenez trop au sérieux. Lisez le *Times of India*, on raconte là-dedans ce que font un tas de gens pour se convaincre les uns les autres qu'ils sont très très sérieux. Aller sur une plage ou au cinéma !? Rentrer chez vous ? me répondit-il.

Etait-ce une suggestion ou une question ? Son sourire teintait ses propos de toutes sortes de nuances, surtout celles que mon imagination pouvait y déceler, celles que le sentiment d'être rejeté guettait. Le miroir du guru est redoutable, car il n'existe qu'en soi, et bien qu'on le sache, on s'en inquiète.

«Voulez-vous faire autre chose ? Le pouvez-vous ?

- Faut-il absolument choisir entre Brahman et moi, entre le plaisir et la connaissance, entre la *sadhana*[54] et l'activité mondaine ? demandai-je, connaissant la réponse.

- Vous, oui.

Je ne répondis pas, il poursuivit :

«En vérité, vous pensez trop à vous, monsieur. Moi-moi-moi. Qu'est-ce que *je* fais, pourquoi, combien de temps, pour atteindre quoi ? Telles sont les questions que se pose l'ego. Vous vous trouvez devant votre ego qui se révolte parce qu'il commence à s'ennuyer.

«L'ego est très subtil. En remettant en question son propre projet de se dépasser, il le récupère juste au moment où il allait se dépasser. Ainsi il continue à déterminer vos allées et venues vers l'absolu éternellement relativisé par des doutes. L'ego prend très au sérieux le combat qu'il se livre. Au bord du saut final, il vous appellera toujours à reculer. Mais peut-être qu'à ce moment-là, Dieu vous aidera. Ne faites rien. Méditer, c'est ne rien faire. N'oubliez jamais qu'il n'y a rien à faire, rien à chercher. Si vous devez faire quelque chose, pensez à Dieu, peut-être vous accordera-t-il sa grâce, conclut-il mi-pince sans rire, mi-bienveillant.»

Les sâddhus

Les *sâddhus* étaient pour moi un *darshan* continu. J'adorais les observer. Je ne me lassais pas de les fréquenter. D'eux, je prenais une inspiration de la sainteté combattante, de l'héroïsme du moi en route vers le Soi, glorifié par les Dieux. Ces hommes qui avaient été artisans, commerçants, ouvriers, industriels étaient devenus mendiants volontairement, quittant pour cela femme, enfants, village, situation, jusqu'à leur toit et leur nom pour les remplacer par le jeûne, le froid, la route et Dieu. Un Dieu qui devait tout remplacer, même l'espoir de l'atteindre, afin d'atteindre en Soi, sa propre demeure et d'y fonder toute chose. Quelle force ! Quelle conviction ! Quelle victoire déjà que ce départ !... Les *sâddhus* ne lassaient pas de convoquer en moi l'admiration et d'accuser ma faiblesse.

Je n'admire aucun comportement humain autant que celui-là, parce que celui-là demande des qualités que j'ignore encore, un courage qui n'est pas celui du sacrifice brutal, mais celui du lent détachement de soi jusqu'à n'avoir rien, ne paraître rien, n'être rien.

Chaque *sâddhu* incarne l'unique histoire d'un renoncement, une aventure de la confiance en Dieu, le roman d'une grâce. Chacun d'eux, ivre de ses victoires sur lui-même, avance dans l'inconnu de l'indicible.

La spiritualité est un suicide de l'ego

«La spiritualité, même la sainteté, ne sont qu'un style de vie, comme d'autres ! affirma ce soir-là un jeune visiteur indien qui avait passé la journée à l'*ashram*.

- Oui monsieur, vous avez raison, répondit swamiji.

L'autre paraissait perplexe, swamiji ajouta :

«Vous n'approuvez pas ma réponse, monsieur ? Réfléchissons ensemble.

«Quels sont les buts et les moyens de la voie spirituelle ? Nous pourrions dire que la liberté est le but de la voie spirituelle. Quels sont les moyens de la liberté ? La purification, et les moyens de la purification sont la dévotion, l'action du don et la connaissance. Connaissez-vous un autre style de vie dont les préoccupations ressemblent à celles-là ?

L'interrogateur ne répondit pas.

«Moi, j'en connais, poursuivit swamiji. Dans n'importe quelle profession, dans toutes les positions de la vie sociale, on peut se consacrer à de telles préoccupations actives. La spiritualité est un style de vie *au milieu* de chacun des autres. Cependant, il a une particularité : la spiritualité est un style de vie qui a pour fondement et pour objectif la disparition de l'ego décidée par l'ego, c'est le suicide de l'ego. Dans quel but ? Pour permettre au témoin de connaître le témoin.

«L'Esprit, ou Dieu, est d'abord un désir, un projet, un choix. C'est d'abord l'ego qui désire s'approcher de Dieu, qui choisit de s'intéresser à Lui plutôt qu'à autre chose, qui fait le projet de parcourir une voie spirituelle, et qui appelle la grâce. Mais, pendant ce parcours, il s'aperçoit que ce qu'il croyait être un but n'en est pas un, que celui qu'il appelle "moi" n'est rien dans le point de vue qu'il cherche, il se rend compte que le relatif ne peut pas connaître l'absolu. L'ego va devoir se renoncer, se sacrifier afin que le témoin, délivré de lui puisse ressembler à l'*âtman* qui crée le monde sans se l'approprier.

«"*Il connaît ce qui est à connaître, et personne ne le connaît.*"[55] L'expérience de Cela dépasse son auteur. Qui Le connaît n'est plus une personne.

«Dans un mouvement d'humilité, l'ego se sacrifie, ou se dépasse, pour laisser l'*âtman* connaître l'*âtman*. Le moi s'abdique au profit du Soi universel et impersonnel. Par quel moyen ? En abandonnant l'appropriation des expériences de la vie, en s'éloignant du manifeste, en s'approchant du subtil.

En devenant conscient de ce qui le transcende. En comprenant qu'il est un phénomène comme les autres phénomènes, relatif et impermanent. Dans quel but ? Pour devenir libre. L'ego s'aperçoit qu'il n'est qu'une métaphore d'un monde plus vaste et plus entier que lui, il décide de sortir de sa petite histoire pour pénétrer l'histoire de la vie. Il décide de préférer l'infini sans lui au fini avec lui, il décide qu'aucun but n'est préférable à tout autre but. L'ego abandonne son point de vue pour n'en avoir aucun. L'ego se transcende, mais il n'y a pas d'ego dans la transcendance.

«Cela peut se faire dans n'importe quelle position de l'existence sociale.»

Frère Thomas

Frère Thomas était le traducteur le plus régulier de swamiji. Chaleureux jeune prêtre catholique originaire de l'ancienne colonie portugaise de Goa, il préparait un doctorat de philosophie hindoue à l'Université de Bénares.

Spirituel et fort peu conformiste, il gardait une parfaite indépendance de conscience qui se manifestait dans les libertés qu'il prenait avec la doctrine catholique officielle. L'Inde est très éloignée de Rome. Il venait, auprès de swamiji, pratiquer le savoir philosophique dispensé dans ses cours universitaires.

Un soir, après la méditation, j'eus avec lui une rare conversation.

«Le dénuement du sage témoigne de sa liberté, avait-il dit en observant un groupe de *sâddhus*. Ces hindous sont certainement plus proches de l'évangile que biens des chrétiens. "*Quiconque ne renonce pas à tous ses biens ne peut être mon disciple*"[56], a dit Jésus...»

Il paraissait plus âgé que les vingt-cinq ans qu'il devait avoir, pas très grand, mince, sérieux sans être sévère, ses lunettes au cadre noir assombrissaient les expressions de son visage. Portant *kurta*[57] et jeans, il unissait par le vêtement les deux civilisations qu'il chevauchait. Il me dit que la retransmission télévisée annuelle de la messe de minuit faisait le plus mauvais effet dans ce pays où le plus grand sage est nu.

«Voyez-vous, comme contre-publicité, on ne peut pas mieux imaginer ! Trop de costumes riches, dit-il avec émotion, mais quels hommes sont dedans ? Que savons-nous d'eux en tant que personnes. "*C'est à leurs fruits que vous reconnaîtrez les faux prophètes*"[58], murmura ce prêtre qui citait d'abondance. "*Ce n'est pas l'or qui pourra vaincre l'or*" car, rapporte Luc, "*là où est votre trésor, là aussi est votre cœur.*"[59]

Essayant d'éviter l'inévitable et justifiée critique tiers-mondiste sur la pompe du Pape, je tâchai de tourner cette conversation :

- Comment conciliez-vous l'*advaïta-védenta*, philosophie non-dualiste qui pose l'absolu dans l'homme et prend l'individu pour irréel, et le christianisme qui prend pour véritable un individu séparé de Dieu dans un monde réel ?

- Le monothéisme, comme le *védenta*, joue sur la dualité et l'unité. Adam est séparé de Dieu, mais le même Dieu fait une alliance avec Abraham. Il y a donc des hommes qui reçoivent Dieu, retrouvent l'unité et l'annoncent, comme s'il fallait passer par le multiple pour découvrir l'un.

«Voyez-vous, l'individu qui choisit l'amour et la vérité n'est pas séparé de Dieu, répondit frère Thomas avec assurance. Le christianisme est une méthode dualiste au service de l'unité, principalement, mais pas uniquement, fondée sur la dévotion. A partir de l'amour de Dieu, on conçoit l'unité du monde et l'on se justifie d'agir dans la vérité, l'amour et la charité. *"Nul ne peut rien arracher de la main du Père. Moi et le Père nous sommes un."*[60] Cette parole mystérieuse montre l'unité permanente et incorruptible de tout ce qui paraît duel, l'intimité de l'homme et du créateur...

Les Dieux personnels

Jusqu'ici, ma relation avec les Dieux personnels avait été un peu dédaigneuse. L'absolu étant incontestablement impersonnel, pourquoi, pensai-je, solliciter une transcendance non absolue ? Pourquoi réduire l'infini dans une illusion ? Cette analyse intellectualiste ne représentait pourtant pas honnêtement ma position, car je connaissais la présence de l'invisible par ses messages et ses signes ; mais la présence n'est pas l'existence, seulement une manifestation interprétée.

Des scrupules m'empêchaient de prier Dieu ; une sorte de modestie voulait me faire prétendre que je n'étais pas assez important ni assez sérieusement dans un quelconque besoin pour déranger le Grand-Tout-Puissant-Bienveillant. Si Dieu était omniscient, il n'était pas nécessaire qu'on l'appelât. Celui qui s'occupe de tout sait tout. A quoi bon le solliciter ? Il *fait* ce qu'il faut. Non que je voulusse me sentir l'égal de Dieu, je préférais me faire croire que je n'existais pas assez pour prier. Raison vaniteuse certes, mais raison ambitieuse.

Tous ces motifs étaient arrangés pour justifier un *a priori* de l'inexistence des Dieux-personnes, car toutes mes raisons pouvaient facilement être retournées par d'autres raisonnements. En vérité, je ne savais pas comment poser le problème des Dieux personnels. Ma pseudo modestie cachait bien maladroitement l'orgueil de vouloir me penser au-dessus de besoins spirituels affectifs, et ma lâcheté ou mon entêtement m'empêchait de vouloir tenter ce qui risquerait de déranger mes idées ordonnées sur le sujet.

«A quoi sert-il de prier ? L'absolu est-il ou non une personne ? demandai-je à swamiji.

- Entre l'absolu impersonnel et nous, il y a des divinités. Dieu ou les Dieux existent comme vous existez. Ni plus ni moins que vous, autrement. Lorsque vous demandez de l'aide à *Ishvara*[61], pourquoi ne vous l'accorderait-il pas ? N'oubliez pas qu'Il connaît un dessein plus vaste que le vôtre, Lui pense en termes de l'évolution. Vous, en quels termes pensez-vous ?

«En priant Dieu, vous alimentez l'énergie qui vous viendra en aide.

«Il arrive que Dieu ne vous accorde pas, comme vous l'attendez, l'aide que vous lui demandez. Cela ne signifie rien quant à son existence.

- Que pensez-vous du culte des idoles, demanda frère Thomas.

- Tous les cultes sont utiles. Dieu n'est-il pas entièrement en chaque chose ? Pourquoi bouderait-il l'idole ? Dieu est partout parce qu'il est en celui qui Le regarde.

- L'idolâtrie veut limiter Dieu à l'objet qui le représente, insista notre traducteur.

- En Inde, nous pratiquons le culte de différentes façons, monsieur. Nous disons que nombreuses sont les voies qui mènent au même but. Dans l'hindouisme, l'idole est un moyen, un support mental, un lieu de concentration énergétique, un souvenir visuel concret, une expression humaine de l'impression divine, un symbole, etc. Tous les hommes ne parviennent pas ensemble au même degré de capacité d'abstraction. De même que l'homme fait, avant sa naissance, la totalité du parcours évolutif, de même l'âme doit faire le parcours spirituel tout entier, passer du premier étonnement de la conscience au culte des objets puis à celui des Esprits, puis à celui des Dieux personnels pour arriver au concept de l'absolu impersonnel puis à cette connaissance.

Pendant que swamiji parlait, je sentis un regard posé sur moi avec insistance. Un *sâddhu* me regardait. Je le voyais à peine. Il était enroulé dans une rude couverture couleur muraille, son visage était couvert de cendre, ses cheveux emmêlés formaient des mottes décolorées qui tombaient comme des branches de saule. Il ouvrait et fermait ses paupières, et ses yeux brillaient dans l'ombre comme deux pulsars éloignées. Il n'avait pas d'âge, comme tous ceux qui vivent sans toit.

«L'idée que Dieu se manifeste ne me paraît pas insensée, poursuivit swamiji, mais penser que Dieu ne puisse avoir qu'un seul avatar, n'est-ce pas devenir idolâtre, en limitant Dieu ? L'idée que tout ce que Dieu a révélé de lui-même soit contenu dans un seul livre, n'est-elle pas aussi une forme d'idolâtrie qui aurait pour support des mots ?

«Même une idée abstraite peut devenir une idole. Cela dépend de celui qui la pense, n'est-ce pas, monsieur ? Certains pensent qu'il n'y a qu'un Dieu, mais en même temps ils pensent que Dieu est séparé d'eux, différent et hors de la création. Comment cela est-il possible ? Si Dieu est infini, comment croire qu'il y ait des endroits où il soit absent ?

«Certains pensent que le bien et le mal sont des choses séparées. S'il n'y a qu'un Dieu, créateur de tout, le bien et le mal peuvent-ils être réellement différents ? Lorsque vous priez Dieu, vous vous placez dans sa volonté, pour renoncer à la vôtre, vous vous souvenez de son amour infini pour le partager. Qu'importe alors son nom !

Le *sâddhu* qui m'observait fit un commentaire que frère Thomas traduisit :

- L'esclave de Dieu est un homme libre.

Swamiji sourit. Un long silence berça ce paradoxe. Le *sâddhu* reprit :

«Dieu seul est libre. Swamiji ajouta :

- Cherchez la volonté de Dieu pour trouver la liberté.

- Le Dieu personnel pose le problème de sa propre création, dis-je, car s'il est personnel, il a une existence et il fait partie de la chaîne des causes et des effets. De plus, dans une sorte de perversion logique, il impose son existence à celui qui le prie, car il faut être une personne pour prier le Dieu personnel. Le Dieu impersonnel est incréé. On ne le prie pas, on doit s'élever jusqu'à l'impersonnel pour le rejoindre. Le rejoindre, c'est le connaître.

- Dieu, en vérité, est à la fois personnel et impersonnel, avec forme et sans forme. Les Dieux personnels (*shakti*) sont des aspects dynamiques de Brahman, monsieur.

Le *sâddhu* continuait à me regarder avec une intensité telle qu'il commençait à me gêner.

«Pourquoi Cela qui est la cause de tout n'aurait-il pas créé des formes subtiles et dynamiques de lui-même sous formes de Dieux ? poursuivait swamiji. Celui qui espère Dieu le croit extérieur, celui qui connaît Dieu le sait intérieur et extérieur. Pourquoi tous devraient-ils emprunter le même chemin ? La vision de Dieu est une vision du Soi dans son parcours de l'incréé vers la manifestation, entre l'invisible et le visible.

«Les deux chemins sont justes. Celui qui connaît Dieu, personnel ou impersonnel, le voit partout. Sous forme de *maya* ou dans le soi des phénomènes.

- Pourquoi a-t-on besoin de la foi ?... essaya de demander Michael qui fut interrompu.

- Nous n'avons besoin de rien ! Nous sommes déjà tout. Il n'y a rien à atteindre. Il n'y a qu'à lever les voiles. Il n'y a rien à croire, il y a à connaître. La foi dont vous parlez n'est que la recherche de votre motivation qui est elle-même à la recherche de votre volonté. Votre volonté d'entreprendre l'inévitable... l'inévitable chemin de l'absolu. Votre présence ici n'est-elle pas pour vous une preuve suffisante ?

«Pensez-vous que Dieu se pose des préalables ? Pensez-vous que Dieu croit en Dieu ? demanda swamiji directement en anglais, en détachant les mots. Il s'interrompit brièvement puis reprit :

«Il faut bien que Dieu ait la foi pour nous permettre de penser à lui.

Le sourire angélique du swami succédant à ces deux propositions me laissait perplexe. Ses paroles qui s'adressaient à l'intellect devaient-elles le contenter ou l'anéantir ?

«Toutes les forces (*gunas*) cohabitent en vous. La foi est en vous, ainsi que le doute, ainsi que la grâce, ainsi que l'inertie, etc.

Swamiji cessa de parler. Nous demeurâmes dans le silence du vent qui balayait la terrasse. Avant de se lever, il ajouta :

«Vous êtes Dieu. Vous devez seulement vous en apercevoir.»

Le chant du sâddhu

Le *sâddhu* qui m'avait observé plus tôt m'invita à m'asseoir près de lui alors que je regagnais ma chambre. Il porta sur moi un regard sévère qui me terrifia.

«Hein, me lança-t-il, qu'est-ce que tu pratiques ?

Il ne parlait qu'hindi. Je comprenais maintenant un peu cette langue dérivée du sanskrit, lorsqu'on parlait de philosophie, car alors, les mots sont les mêmes.

Je dis :

- *Vichâra, ékagrata, japa* (discernement-investigation, méditation-concentration, répétition d'un *mantra*).

- *Nahin, nahin, aap kon sa Bhagavan ko Manta hé* (Non, non. Quel Dieu pratiques-tu ?)

- *Nahin Bhagavan, Nahin Deva*. Aucun Dieu.

- Nahin, nahin, non, non, quel Dieu ? Brahma, vishnou, Shiva, Ram, Krishna ?

- Non, non. Aucun Dieu. Brahman.

- Non, Brahma ?

- Non, Brahman !

- Brahman ?! Pagal ! pagal ! (fou, fou).

Il propulsa dans un rire grotesque comme si j'avais dis la chose la plus insensée qui soit, un rire aussi terrible que son regard, qui m'excluait et qui me paralysa. Il prit d'autres *sâddhus* à témoin, leur raconta la chose. Je ne comprenais plus très bien ce qui se passait. Un désordre dont je me sentais la cause grandissait, irrépressible. Malheur à moi, pensai-je, par qui le scandale de ce désordre arrive. Mais quel était ce scandale ? On se moquait de moi. Je n'étais affecté que parce que cette histoire me dépassait. Un groupe se formait autour de nous. Il me semblait qu'on devait se dire : "Regardez ce fou qui cherche Brahman !"

Voyant mon malaise, un *sâddhu* compatissant apaisa les autres et celui qui m'avait d'abord interrogé commença un chant *a cappella* que frère Thomas me traduisit. O *sâddhu*, tu m'as offert mon chant d'amour de Dieu.

Comment te libéreras-tu du cycle des existences,
Des vies et des morts,
Des renaissances et des renaissances
Que tu poursuis sans fin
Avec ses désirs et ses angoisses ?
Pourras-tu te délivrer toi-même ?
Es-tu sûr de pouvoir te délivrer par toi-même ?
Sinon, O fou,
Demande donc à Shiva de t'aider.

La mélodie était douce, mélodieuse ; les phrases tombaient juste, bien qu'elles fussent sûrement improvisées. La voix était ferme, même dans le vibrato des fins de phrases.

Pourras-tu par toi-même et sans aide
Te défaire des chaînes qui t'attachent
A toi-même et à ta vie.
Qui le peux ?
Qui délivrera ton âme de ses liens ?
O fou, demande donc à Krishna
De t'accorder la délivrance.

Tu mourras, et puis tu vivras encore
Et encore tu vivras et tu mourras encore
Et encore, et encore,
Toujours encore poussé par la force de vouloir vivre
Bien que tu saches qu'il ne le faut pas.
Qui te prendra la vie ? Qui te gardera sans vie ?
O fou, demande donc à Yama de t'accueillir.

Tu sais le comment et tu sais le pourquoi
Tu sais que le monde est maya

Tu sais jîva et aham
Tu sais tout ce que l'on peut savoir
De l'âtman et de Brahman
Et tu sais comment et pourquoi tu as été créé
Et comment et pourquoi te libérer
Mais as-tu atteint la délivrance, O fou ?
Demande donc à Ram de te donner l'amour de son amour.

Tu as rencontré des saints et des sages
Tu as vu le détaché
Tu as connu le libéré vivant
Tu t'es prosterné à ses pieds
O Shiva tu lui as montré Ta victoire
Et toi O fou, tu l'as reconnue
Mais pourquoi n'y es-tu pas parvenu ?
Demande donc à Sankara de t'indiquer la voie.

O Ram comme tu prends bien soin de lui
O Lakshmi tu lui as donné de l'intelligence
O maya tu lui procures les appâts du bonheur
Et toi, O fou, tu te précipites dans le puits des désirs infinis.
Comment pourras-tu trouver la libération ?
Demande donc à ton guru de te montrer le contentement.

Tu pratiques vichâra, ékagrata et jappa
Mais tu as oublié l'essentiel !
C'est celui qui pratique qu'il faut anéantir.
Comment feras-tu pour t'anéantir toi-même ?
O fou demande donc l'aide des Dieux.
O Ram, donne-lui ta grâce,
O Ram, inspire lui l'abandon
Om Ram, Om Ram, Om Ram, vient vers lui malgré lui.
Et toi, O fou, demande à Dieu de t'inspirer
Les chants de son amour.

Par la voix de ce *sâddhu*, les Dieux ne m'offraient-ils pas leur aide ? Je pris l'habitude de commencer et d'achever mes pratiques en le leur rappelant, et ainsi, j'établis mes premières relations avec des aspects personnels de l'absolu.

Ishvara

Le lendemain, swamiji poursuivit son enseignement.

«Les Dieux personnels existent-ils ?

- Qu'est-ce que signifie exister, pour vous, monsieur ? Qu'est-ce que signifie Dieu ? Et qui pose cette question ?

«Pour l'amour de Dieu, ne croyez pas en Dieu, appelez-le, connaissez-le. Le doute est le corollaire de la foi. Un jour vous croyez, un jour vous doutez, et tous les jours vous négligez de connaître.

«L'existence peut être la prise de conscience d'un continuum d'événements. *Sat*, l'existence pure est au-delà du mouvement et des changements.

«Qu'est-ce que signifie exister pour une fourmi, pour vous et pour Dieu ? Est-ce la même chose ? Ce qui n'existe pas comme vous, avec les mêmes outils, dans le même monde, dans le même univers, existe-t-il quand même ? Dieu est-il en toute chose ou au-delà de toute chose, est-il l'ultime phénomène ou au-delà des phénomènes ou l'au-delà des phénomènes ? Vous voyez qu'il faut d'abord clarifier certaines questions.

«Le libéré qui, ayant dépassé *vijaya* (la victoire) symbolisé par le *trishulâ* (le trident), ayant dépassé la perception, a atteint l'indifférencié, est dans son propre royaume. Qu'est-ce qu'exister pour lui ?

«Au-dessus des mondes, des concepts, de l'espace, du temps et de la causalité, il n'y a que Brahman.

«*Ishvara*, la divinité personnelle, est l'aspect personnel de Brahman. Il est Brahman dans sa descente dans la manifestation. On l'appelle la Mère Divine. D'un, il devient multiple. On leur donne alors noms et attributs. Ils créent et soutiennent la manifestation. Ils gouvernent les univers au niveau subtil. Vous aussi êtes un aspect personnel de Brahman.

«Brahman est inimaginable. Les Dieux personnels possèdent des formes. Cela nous permet de les adorer.

«Ils sont des supports de l'amour infini. Pour nous élever au-dessus de nous-même, nous pouvons les adorer, et du point de vue de cet amour apercevoir notre liberté.

«Nous méditons sur Brahman, l'absolu impersonnel ; nous prions les Dieux personnels. Nos prières appellent l'énergie de nos motivations, notre volonté, notre courage. Elles rendent présent un Moi plus grand que le moi, plus proche du Soi, car les Dieux nous aident à subjuguer le moi au-delà de *maya*, et ainsi à nous délivrer du joug des plaisirs et des chagrins. Nous leur dédions nos efforts, et ils nous accordent leur protection, leur consolation, leur amour.

«Aimez le monde comme Dieu aime le monde, aimez les êtres comme Dieu aime les êtres, aimez l'amour comme Dieu aime l'amour. Aimez l'amour de Dieu. Vous atteindrez alors l'amour immuable, l'amour pur qui n'est pas un déplacement, donc pas non plus une émotion. C'est *satchitananda*, l'existence pure, l'intelligence pure et la béatitude. *Ishwara* nous aide à atteindre cet état.

«Dieu est la cible, Dieu est l'arc, Dieu est la flèche, Dieu est le bras, Dieu est l'œil, Dieu est l'action. Brahman regarde ce spectacle.»

Plus j'ai rencontré d'hommes de connaissance, plus j'ai dû ouvrir les chapelles, ces espaces spirituels clos. A les en croire, toutes les formes de culte sont efficaces et tout ce que chacune des religions déclare est vrai en tant que méthode. Bien que pas toujours de façon ultime.

«Mais, les Dieux personnels sont des créations de l'esprit !

- Est-ce une raison pour ne pas en créer ? Vous créez bien de nombreuses autres pensées incroyables sans vous en formaliser.

Cette proposition était libératrice. Elle relativisait suffisamment la dévotion en rendant au dévot le sens de sa foi.

- Mais alors, qu'est-ce que la foi ?

- Ne disons pas la "foi", répondit swamiji avec une insouciance contagieuse, disons le "recueillement", la complicité ; appelons cela l'amour, le jeu, Krishna, ou l'arbre, le fleuve, la vie... Quelle est la véritable importance du concept dans lequel vous rangez Dieu ?

«Vous prosterner devant une idole ou une représentation imagée de Dieu ne devrait pas vous poser de problème. Une image ou un concept abstrait, quelle différence ? Il n'existe pas de sujet se prosternant, ni de prosternation, ni d'idole. Il n'y a que la recherche de l'union dans un mouvement d'union.»

Méditation

Mes méditations étaient encore pointillées d'appels. Bouger, penser, aller, faire... faire autre chose, faire quelque chose. Au contraire, torpeur, paresse, endormissement, lassitude me submergeaient aussi, m'invitant au sommeil. Des souvenirs qui ne m'étaient jamais apparus jaillissaient dans ma pensée curieuse d'elle-même. Dissipée. Des rêves et des images fantasmatiques prenaient le contrôle du temps.

Des doutes ou, au contraire, la satisfaction de bien faire, déjà trop orgueilleuse, le désir d'atteindre — convoitise — des pensées discursives, la douleur physique due à la posture, étaient autant d'obstacles qu'il me fallait lever et écarter sans cesse.

Parfois, venu de nulle part, un immense plaisir m'envahissait. Il me déconcentrait dans une ivresse qui me prenait et me jetait, me ravissait.

Chapitre 27

Au-delà du bien et du mal

«L'homme dont l'esprit est stable, non troublé par le désir, qui est au-delà du bien et du mal,
Celui-là est un être éveillé qui ignore la crainte.»
Bouddha, Dhammapada 39

Agir ou subir

Des touristes en groupe, appareils photo en joue, mitraillaient un vieillard priant, à demi-immergé dans le Gange. Il était plus pittoresque que l'adolescent qui, à dix pas de lui, faisait la même chose. Ce dernier acheva ses ablutions rituelles et ses prières, se sécha, enfila ses *jeans* et, son transistor sous le bras, retourna vers ses activités. La modernité n'abolit pas le sacré.

Au coucher du soleil, j'étais allé au bord du Gange, à Manikarnika gâth pour voir les crémations. Je m'étais installé à l'écart, seul sur une sorte de jetée de pierre avancée dans le fleuve, dominant les brasiers. Des nuées d'étincelles jaillissaient des bûchers enflammés en illuminant la terre de millions d'étoiles. Ce jeu de la lumière sur l'ombre me ravissait. Les feux crépitaient sur mes pupilles, et d'une certaine façon, ils brûlaient en moi. Les corps se consumant manifestaient le jaillissement d'un univers jusqu'à sa disparition. La mort s'éparpillait dans les volutes de fumée qui rejoignaient les cieux emportés par les vents. Je répétais le *mantra* que l'on crie pour le mort : *Ram Nam Sat Haï !*

Un homme vint s'asseoir trop près de moi, m'observa, attendit, puis décida qu'il était temps de cesser de me laisser tranquille. Il faut dire qu'un Occidental ne peut pas marcher dans Bénares sans être sollicité tous les trois pas.

«Je ne veux rien vous vendre, ni rien acheter, ni rien vous demander, commença-t-il, prudent.

Je ne le crus pas. Je connaissais déjà ce préambule à une conversation qui s'achevait inévitablement par une invitation à aller dans quelque boutique pour y admirer la soie, le travail du bois ou pour goûter un nouvel arrivage d'héroïne ou de cocaïne. Il poursuivit :

«Seulement parler !

Il me posa les "dix questions" et en ajouta quelques-unes de sa propre initiative, pour faire bonne mesure de curiosité authentique. J'y répondis avec une patience appuyée parce que je demeurais incrédule. Il revint au thème de départ.

«Voyez ces vendeurs, dit-il en me montrant les commissionnaires qui attendaient un pèlerin sur lequel se jeter, ils vous mentent, ils vous harassent, ils vous insultent, ils se font du très mauvais *karma*. Il y avait dans sa voix une commisération qui me semblait exagérée et une crainte de ma colère plus affichée que ressentie.

Je considérai l'homme. Il me parut mesquin qu'il dise du mal des autres pour se démarquer d'eux.

- C'est bien son *karma* qui pousse chacun à agir comme il le fait, commençai-je à lui répondre, ce n'est pas agréable d'aborder les étrangers, cent fois par jours d'essuyer des refus irrités, de devoir insister jusqu'à s'avilir. Le mauvais *karma*, monsieur, ils ne le font pas, ils le subissent.»

L'homme était-il étonné, terrifié ? De quoi eut-il peur soudain ? J'avais tourné la tête pour regarder les feux. Il s'enfuit, disparut dans la nuit des *gâths*.

Karma

Le jour suivant cet incident, swamiji fit un enseignement sur le thème du *karma*.

«*Karma* signifie "faire", "agir". Nous appelons *karma* le principe de causalité qui régit l'univers que nous connaissons, les liens qui unissent des phénomènes séparés par le temps et la séparation dans le temps de phénomènes liés. Le monde relatif est le monde des relations de ces phénomènes entre eux.

«*Karma* signifie aussi "travail". Le travail de la vie qui a pour objet de se libérer du travail. *Karma* signifie enfin la loi, la loi spirituelle, la loi de l'univers, l'ordre des choses, la vérité.

«Toute action, intention, pensée et parole contient et perpétue une résonance. Toute action est issue d'une motivation. Ce qui attache, plus que l'action est la préoccupation du résultat de l'action, le fruit attendu plus que l'acte, l'attente plus encore que le fruit. Ainsi voyez-vous à quoi s'attache *karma*. Il demeure en vous, pénètre votre personnalité, vous maintient dans la dualité jusqu'à tisser les voiles qui vous séparent de la connaissance et vous lient à l'ignorance.

«Au niveau d'un individu (*jîva*), une action est le résultat d'une influence passée et la cause d'une influence future. Le *karma* est la somme des liens qui attachent un individu à ses actions.

«Au niveau de l'âme séparée (*jîva*), l'action lie l'acteur. Dans l'absolu (*Brahman*), l'effet n'est pas différent de la cause. L'âme (*âtman*) n'a jamais quitté sa cause. L'univers et sa cause sont différentes formes d'une même essence. *Atman*-Brahman est pur. Il ne subit aucune influence. Entre *jîva* et *âtman* il y a une différence de qualité de conscience pas une différence de nature. L'homme libre, c'est-à-dire détaché du fruit de ses actions, n'en subit plus ni l'influence ni le conditionnement. Seul celui qui ne subit plus aucune influence ni aucun conditionnement est libre. La connaissance et la pratique d'une voie spirituelle, permettant de dépasser le moi, libèrent du *karma*.

«Les motivations et les actions égocentriques étendent différentes couches de voiles devant la pureté de l'*âtman* ; ces voiles forment *karma*, l'ignorance de la pureté qui existe derrière ces voiles.

«Le bien et le mal sont des qualités attribuables à des actions, des intentions, des pensées, des paroles dont l'auteur est un individu qui se pense séparé.

- Quelle est la cause de l'ignorance, demandai-je ?

- "*Le fini et l'infini ont des frontières communes.*"[62]

«Vous ne pouvez pas nuire à votre frère si vous considérez qu'il n'est pas différent de vous. C'est seulement du point de vue de la séparation, lorsque vous pensez : "*Lui n'est pas moi*" que vous pouvez nuire à autrui. Ce point de vue s'appelle l'ignorance.

«L'ignorance est-elle une conséquence de la connaissance ? Non. L'ignorance est la conséquence de l'égocentrisme qui génère la séparation, c'est-à-dire l'hypnose duelle. Cette séparation est la cause du *karma*.

Il fit une pause.

«La fixation dans l'individualité cause l'ignorance. L'action dans les qualités du mal ou du bien est donc déjà un effet avant d'être une cause, effet de cette fixation.

«Quelque chose pousse un individu à faire le mal : la faim, la peur, les besoins de ses proches, la paresse, la haine, la jalousie, ...etc. La mal est donc un effet autant qu'il est la cause dans laquelle il se perpétue.

«C'est la conscience de la continuité, c'est-à-dire la conscience de l'unité, qui vous empêche de faire le mal.

«L'ignorance n'existe que relativement. Sa cause réside dans la faculté d'appropriation devenue prioritaire, voire exclusive. Pourquoi ? L'ego est un passage obligé de la manifestation dans sa prise de conscience d'elle-même. L'ignorance est une sorte de fixation à cet état.

«L'ego n'aime qu'en s'aimant lui-même. Mais l'amour peut transcender l'ego. L'amour, donc, qui n'est pas une action mais un état d'être, peut vous délivrer de l'emprise de *karma* ainsi que de l'ignorance.

«L'homme est une âme manifestée (*jîva*), issue de certaines interactions des forces (*gunas*) et dont l'existence est teintée d'un bouquet de caractères (*samskaras*). En ce sens, il est destiné et déterminé. Mais il peut transcender ses caractères en exerçant sa maîtrise sur les forces jusqu'à ce qu'elles reprennent leur équilibre, et ainsi il peut se libérer du destin et de la détermination.

Le soleil perçait à travers la brume nuageuse, traçant des faisceaux qui évoquaient les rayons de la roue du *samsara*.

«Celui qui fait des actions bénéfiques aux autres en vue d'un profit karmique, sa libération, l'illumination, le fait du point de vue d'une âme séparée (*jîva*). Sa motivation profonde est égoïste, le bénéfice qu'il espère de son acte est déplacé dans le temps, voilà tout. Il récoltera les fruits de ses actions bénéfiques, mais ce seront des fruits périssables, car ses intentions n'étaient pas libres.

«Vous comptez l'argent, vous mesurez la gloire, vous calculez l'effort, l'action, le profit, l'échange ; vous prévoyez les conséquences. Vous prétendez juger qui est digne de votre charité. Vous aimez ceci, vous n'aimez pas cela, vous décidez du bon et du laid, vous préférez, vous évitez, vous triez... Même l'espoir du paradis est une conséquence de *karma*. L'enfer et le paradis sont des aspects quantitatifs et qualitatifs de la vie. *Ananda* est au-delà.

- Comment s'en sortir ?

«Dépassez l'ego, dépassez l'ignorance, cela vous permettra de dépasser *karma*. Ne faisons pas le bien pour une récompense, mais pour manifester le détachement, la liberté. C'est en manifestant la liberté que vous la connaîtrez. La pureté est la maîtrise. L'action libre de fruit est le produit de la maîtrise de l'appropriation. L'action accomplie dans le bien produit sa propre récompense immédiatement : la joie, la conscience de la pureté.

«Libre du monde, accomplissez votre destinée.

Je racontai à swamiji ma rencontre de la veille. Il répondit :

- La question que vous avez suggérée à cet homme était : "Pouvez-vous changer ?" Pouvons-nous nous transformer, sortir du "cycle manifestant" dans lequel nous nous trouvons ? Pouvons-nous transformer notre nature ? Et comment faire ?

«Si nous étions dans la situation de faire le mal, il n'est pas sûr que nous y résisterions. Les situations dans lesquelles nous nous trouvons sont produites par des causes dont nous ne sommes ni totalement irresponsable ni totalement responsable, seulement prisonnier.

«Le *karma* est le résultat de nos actions, de nos intentions et de notre peur-avidité. La situation dans laquelle un individu est poussé à faire le mal plutôt que le bien est elle-même l'effet d'une situation antérieure, un résultat karmique. L'action qu'il choisit est déjà un produit de *karma*. Ce qui nous tire nous pousse. La cause et l'effet sont toujours unis, comme une boucle. Pour vous échapper de l'emprise de *karma*, vous devez quitter la boucle. La pratique spirituelle est un moyen d'en sortir. Nous transformons nos existences dans la direction du détachement, nous purifions le passé et l'avenir ensemble.

«Des milliers d'événements se produisent autour de nous, mais nous n'en regardons que quelques-uns, et nous les interprétons. Ce sont nos tendances (*samskaras*) qui nous guident, qui nous font prendre des apparences (*maya*) choisies par elles pour la réalité, pour une réalité solide.

«La maîtrise de soi-même est la plus puissante action que nous puissions entreprendre, car c'est la seule qui transforme vraiment le monde. Cette maîtrise ne s'exerce pas dans une force volontaire, mais par une relativisation systématique de notre appréhension et de notre compréhension du monde.

«La relativisation conduit au renoncement et le renoncement réduit l'ignorance au néant.

- Le soldat qui doit tuer à la guerre est-il responsable de ses actions ?

- Je ne me donne aucun droit de vous dicter votre comportement. Je ne peux que vous indiquer une façon de comprendre. Les événements sont liés dans un réseau tellement complexe de causes inter-reliées que la seule façon de les maîtriser est d'agir sur soi en tant que seul responsable. Agissez en conséquence...»

Cécile

Nous avions contemplé le silence pendant une heure sur la terrasse. Cécile, une jeune amie de Michael, arrivée deux jours plus tôt posa une question.

«Nos problèmes actuels n'ont-ils pas leurs racines dans notre enfance. Nos névroses ne sont-elles pas l'effet de traumatismes anciens ?

Swamiji ne répondait pas. Il regardait la jeune fille comme il m'avait regardé à Delhi, minutieusement, avec une intensité qu'elle seule pouvait vraiment ressentir.

- Je vais vous répondre, commença-t-il comme pour nous rassurer.

Il se racla la gorge laborieusement.

«Vous êtes libre. Le savez-vous ? dit-il à Cécile, le regard rivé au-dessus de sa tête. Croyez-vous avoir des devoirs ? Vous vous les imposez à vous-même, parce qu'ils vous rapportent plus d'avantages que d'inconvénients : de l'affection, de la sécurité, l'espoir de la sécurité, l'attachement à la sécurité. Voulez-vous rompre avec les gens que vous fréquentez ? L'échange ne vous convient-il plus ? Le contrat affectif qui vous lie à vos proches ne vous paraît-il plus équitable ? Ne vous laisse-t-il pas assez de liberté ? Mais vous êtes libre ! Donnez ce que vous voulez, mais donnez librement, sans rien attendre. L'emprise fusionnelle des autres sur vous n'est possible qu'à cause de votre propre dépendance, qui est votre attente.

«L'attente des autres sur vous, le pouvoir affectif et la culpabilisation ne sont possibles que parce que vous les rendez possibles. Votre enfance n'est ici qu'un alibi de votre faiblesse présente.

Cécile ne répondait pas. Michael sembla se porter à son secours, mais swamiji l'interrompit. Il s'adressa directement en anglais à Cécile, chargeant ses propos d'une infinie bienveillance.

«Nos parents sont-ils des êtres libérés ? Sont-ils justes, équilibrés ? Comme il est pénible de se poser de telles questions pour la première fois... Nous devons accepter ce qui est comme c'est. Des personnes ignorantes, dépendantes, égoïstes, imparfaites vivent autour de nous. Ces personnes sont des formes de nous-même. Si nous étions libre, leur dépendance et leur imperfection ne nous affecteraient pas.

«A l'âge où nous nous éveillons au monde, nous constatons que nos relations avec les autres sont conditionnelles. Ils ne nous acceptent pas comme nous désirons être. Ils ne nous aiment pas de façon inconditionnelle. Cette prise de conscience peut devenir catastrophique.

«Nous avons parfois une perception du monde qui est trop affective, trop romantique, tandis que le monde, notre relation avec l'extérieur, ne nous renvoie pas l'image ou les sensations que nous lui demandons.

«Nous allons faire une psychothérapie pour apercevoir quelques-uns des liens de notre chaîne psycho-affective, pour tenter de réconcilier le monde et moi, moi et le monde.

«La voie psychologique avait pour but d'assécher le marécage émotionnel dans lequel vous pataugiez afin de vous permettre de vivre sur une terre ferme, sèche, saine. En vous aidant à identifier et à dissoudre vos *a priori* affectifs, vous deviez pouvoir épanouir un moi relativement harmonieux, un égoïsme fonctionnel, généreux même, satisfaisant. Mais cela ne vous a pas suffi. Vous aviez une autre ambition.

«La voie spirituelle vous tire, disons, par les cheveux, au-dessus du marécage sans se préoccuper de ce qu'il contient. Vous transformez le monde et vos relations avec lui, votre passé et votre nature affective, en les transcendant. La purification résorbe vos *samskaras* et votre *karma* (prédispositions et continuum causal) sans pénétrer ce qu'ils contiennent. En union avec l'Un, vous trouvez l'harmonie en tout.

«Là où un ego appelait, réclamait, s'appropriait, trépignait, souffrait, il n'y a plus d'ego. Les problèmes ne sont pas résolus, ils ont disparu, faute d'un individu pour les entretenir.

«Prenez les choses et les êtres comme ils sont. Acceptez votre vie et votre droit d'être ce que vous êtes. Ne vous préoccupez pas des causes du bonheur de chacun ; les autres aussi ont quelque chose à apprendre de cette vie», conclut swamiji.

Karma et mort

«La force suprême est au centre de vous-même, dans la stabilité parfaite. Quelles que soient vos circonstances, recherchez ce centre. Dès que vous retournez à votre centre vous êtes fort à nouveau. Ne liez pas votre âme aux circonstances, liez-la au centre. Là sont la paix, la félicité, l'intelligence et la vérité.

«Il n'y a qu'un moyen de retourner au centre de vous-même, c'est le renoncement à toute autre chose. Renoncer, c'est accepter toute chose comme étant vous-même ; ne pas vous laissez entraîner vers un *extérieur*. Ni blâmer, ni louer.

- C'est la mort ! dit quelqu'un.

- Non monsieur, répondit swamiji ignorant l'émotion de la remarque, la mort n'est pas la solution au renoncement. Elle ne vous garantit pas que vous retrouverez le centre de vous-même. D'un instant à l'autre vous mourez et vous vous re-manifestez. D'un instant à l'autre, vous transportez presque la totalité de vous-même. Par delà la vie, vos *samskaras* prolongeront leur pulsion d'existence.

«Délivrée du corps, l'âme reste sans volonté. Elle peut être entraînée par ce qui l'attire.

«Deux forces sont libératrices.

«La pure vision de l'identité de Brahman délivre.

«"*Lorsqu'il est vu, Celui qui est le haut et le bas, les entraves du cœur sont rompues, les doutes sont réduits en miettes et tout karma est dissous.*"[63]

«Les purifications affaiblissent les *samskaras*. Au moment de la mort, grâce à la pratique de la pure vision et des purifications, l'*âtman*, séparé du corps et de ses attaches par la mort, même s'il n'est pas parfaitement purifié, trouvera sa source.

«La grâce (*prasâda*), qui se manifeste comme un sentiment aigu de proximité avec l'absolu, est une énergie divine instantanément libératrice à cause de la discrimination (*vichâra*) salvatrice qu'elle imprime à la nature.

- Qu'est-ce qui s'incarne, qu'est-ce qui transmigre ?

- Ce n'est pas l'ego. La faculté d'appropriation est ce qui disparaît le plus complètement.

«Certains *jîvas* s'incarnent comme ils sont, comme un agrégat très uni de tendances soudées par *karma*, d'autres s'incarnent en perdant quelques-uns de leur *samskaras*, d'autres s'incarnent en une forme totalement nouvelle de *samskaras*. Quoi qu'il en soit, c'est le monde qui s'incarne, et Brahman qui se manifeste.

«*Raja guna* tire vers les désirs, les passions et les activités. *Tamas guna* tire vers l'inertie, le laisser aller. *Sattva guna* tire vers la spiritualité, la lumière et la pureté. Nous pouvons réduire le champ d'activité des forces en les plaçant dans la perspective de l'unité fondamentale. La libération, c'est l'équilibre des forces. Au commencement de ce cycle, il y avait équilibre, puis il y eut un mouvement. Il y aura à nouveau équilibre, puis il y aura à nouveau mouvement... Il n'y a pas de fin aux *kalpas*[64], ni aux créations.

Petit drame chez les voisins

Une autre fois, il dit :

«Ne vous rendez pas prisonniers du principe de liberté. La liberté est en vous. Trouvez-la. Ayez le courage de la trouver.

«L'âme est libre parce qu'elle est sans cause. Tout ce qui est a-causal est immortel, permanent, etc.

«Croyez-vous être l'auteur de vos actes, et de ce qui se passe en vous ? Brahman est Cela. Soyez Brahman. Renoncez à vous approprier, renoncez à ce *moi* qui sépare, renoncez aux séductions de *maya*. Au-delà de *maya*, il n'y a ni faim, ni froid, ni peur, ni douleur, ni mort.

«Nous sommes déjà l'homme libre que nous voulons devenir. Nous l'avons toujours été. Ce qui est immortel n'est jamais né.»

Ce soir-là, le jeune fils de l'un de nos nombreux voisins se précipita vers son père sur leur terrasse en hurlant comme seuls les enfants savent le faire, un chagrin de fin du monde. Son désespoir propulsait du fond de ses entrailles un pleur rauque, terrifiant, qui saturait l'univers des sons à des dizaines de mètres autour de lui. On ne pouvait l'ignorer. Il répétait un même appel : "Papa" et quelques mots en hindi. Le père convoqua son épouse et l'invectiva consciencieusement. Celle-ci ne le laissa pas faire, elle répondit. La grand-mère s'en mêla. De quel côté était-elle ? Ils se parlaient tous en même temps. L'enfant pleurait de plus belle. Le grand-père apparut, le frère du père, des voisins. Chacun mettait sa propre voix à contribution, et ne comptait pas son effort pour se faire entendre. Mais de qui ? Les mots étaient prononcés ; à qui s'adressaient-ils ? Et l'enfant hurlait encore. Cela dura bien vingt minutes.

La situation avait commencé par être comique ; il en suintait du drame. Swamiji, qui jouissait d'un respect considérable parmi les habitants du quatier, monta sur la terrasse et dit :

«Consolez donc l'enfant, Babou, il ne demande que cela en vérité. Vous vous occuperez de rendre la justice après, si cela est vraiment nécessaire.»

Le père remercia swamiji de son conseil, renvoya sa maisonnée et prit l'enfant dans ses bras.

Indulgence

Swamiji se racla la gorge.

«Dès aujourd'hui, pensons nos actions et agissons avec amour. Qu'est-ce cela que signifie "avec amour" ?

Il fit une pause.

«Cela signifie : que l'intention qui nous fait agir prenne sa racine dans l'amour et que l'action exécutée soit la manifestation de cette intention.

«Regardons, écoutons, parlons, marchons, mangeons, méditons, avec cet amour...

«Qu'est-ce que c'est que cet amour ? Un abandon tel que seul y subsiste le Suprême qui nous inspire.

«Comment y parvenir ? En nous en souvenant. Ne laissons pas nos humeurs teinter nos rapports avec le monde. Comment, monsieur ? En nous souvenant de tout penser avec amour.

Il fit une pause.

«Pour commencer à aimer les autres, j'ai une méthode à vous proposer. Soyez indulgent.

«Etre indulgent, cela signifie accepter les autres et leurs actions comme ils sont. Ne pas se révolter contre le mur psychologique d'autrui. Chacun porte ses raisons, ses névroses, ses tics, une façon unique de vivre le monde ; chacun fabrique ses détours, ses labyrinthes, et ses réalités. Est-ce notre rôle de donner des conseils, de proposer des solutions ? Chacun marche à son pas dans son courant (*samsara*[65]). Contentons-nous d'être indulgent et d'instruire par l'exemple de ce que nous sommes. Nous ne pouvons rien donner que nous ne possédions pas. Nous ne pouvons rien inspirer que nous ne soyons nous-même.

«Cette indulgence est une patience bienveillante, aimante et sans motif. Comme l'amour d'une mère pour son enfant, comme l'amour de l'enfant devenu grand pour sa mère devenue vieille.»

Nous méditâmes sur l'indulgence.

Le soir, swamiji poursuivit.

«Nous ne sommes pas infaillible. Il nous arrive de nous tromper, de nous méprendre sur les intentions d'autrui.

«Celui qui fait quelque chose comme nous le ferions, nous pensons qu'il fait bien. Celui qui ne fait pas comme nous ferions, nous pensons qu'il ne fait pas bien. Ne jugeons de rien. Nombreux sont les jugements qui naissent de l'impatience. Nombre de maux naissent des jugements et de l'impatience.

«Certains sont lents, d'autres plus rapides. Qu'importe. Les impatients prennent le monde et eux-mêmes trop au sérieux. Ne savent-ils pas qu'ils vont mourir ? Soyons indulgents, nous deviendrons patients, réfléchis et bons. Nous aimerons le monde et autrui. Nous apprécierons toutes les intelligences et toutes les beautés, et nous atteindrons la paix. Soyons aussi indulgents que nous voudrions que Dieu le soit avec nous. Pratiquons le pardon immédiat. Ne laissons aucun lien nous attacher. Aucune rancune.

«Voilà un bon programme d'action, conclut swamiji avec une autosatisfaction qui ne pouvait être que feinte.

Je m'insurgeai.

- On peut être indulgent jusqu'au mépris de soi-même. L'indulgence exagérée n'est-elle pas une faiblesse. La faiblesse invite l'abus, et même la violence.

Je pensais aux résistants à tous les fascismes.

Swamiji me regarda avec bonté.

- Vous croyez-vous investi d'une mission divine, monsieur ? Si non, pourquoi vous proposeriez-vous de prendre en charge le bien et le vrai ? N'avez-vous donc aucune confiance en Dieu pour décider d'agir à sa place ? Etes-vous un sage infaillible pour décider du bien du monde ? Et si vous faisiez une erreur, qui serait indulgent pour vous ?

«Oui, monsieur, soyez indulgent jusqu'au mépris de vous-même, pour l'amour de Dieu. L'indulgence envers autrui est une exigence pour vous-même, voyez-vous ?

Swamiji regarda un groupe d'hirondelles qui passait comme un nuage dans le ciel, puis, ramenant son visage face à nous, il nous observa. Il y avait dans ses yeux une étrange distance incrédule.

«En attendant de pouvoir faire autrement, si vous ne pouvez vous en empêcher, corrigez ce que vous croyez être une erreur, l'indulgence dans le cœur, une infaillible indulgence au cœur. Il y a deux solutions à l'abus : la violence ou la perfection. Choisissons la perfection.

«Lorsque vous tombez amoureux, n'êtes-vous pas plus indulgent ? Et lorsque votre épouse vous donne un enfant, ne vous promettez-vous pas d'être indulgent envers lui ? Et bien, je vous propose de devenir indulgent comme si vous étiez tombé amoureux du monde et d'aimer le monde comme votre propre enfant, car voyez-vous, en vérité, il n'est que cela.

Michael renchérit sur ce thème.

- Swamiji, fallait-il être indulgent envers les nazis...

- Il n'y a pas d'exception, monsieur. Si vous combattiez les nazis, vous affronteriez leur farouche opposition. Il faudrait les tuer, et ils vous tueraient aussi. Combattez le nazisme, mais pas les nazis, monsieur. L'indulgence n'est pas la complaisance. Résistez au mal, plutôt qu'à l'individu qui fait le mal. Luttez contre l'ignorance, non contre l'ignorant. Soyez vigilant. S'il faut vous mettre en colère, ne vous laissez pas happer par les émotions, faites semblant de vous mettre en colère, mais demeurez impassible, parfaitement équanime intérieurement.

Au-delà du bien et du mal

Ce jour-là, je ne pensais qu'à aller m'enivrer de *tchaï* à la buvette du coin en regardant exister des gens insouciants de la pureté et indifférents à l'absolu.

«Comment la haine apparaît-elle ? demanda Emmanuel.

- La colère est une émotion par laquelle l'ego exprime sa séparation. Lorsque la colère s'installe dans la mémoire, c'est-à-dire dans une durée, elle devient de la haine. Elle est développée par le mental.

«L'amour qui a un objet est une émotion par laquelle l'ego exprime son attachement, dans un mouvement de fusion. L'ego, avec le mental, s'approprie un motif d'identification par lequel il trouve une source de jouissance. Cet amour, qui n'est pas l'Amour, s'oppose à la haine, comme le goût et le dégoût pour le corps et les sens.

«L'amour et la haine en tant qu'émotions ayant des objets, sont éphémères. Cette haine ne fait pas plus partie du mal que l'amour du bien. Le concept du mal vous propose de haïr le mal, ainsi, il vous pousse dans l'ignorance et la dualité. Ce bien, comme ce mal, cet amour comme cette haine sont des voiles, une auto-suggestion, une couche d'hypnose, un écran de l'ignorance de l'Un. L'ignorance de l'Un est la non-connaissance, le non-souvenir, que tout ce qui existe est la même essence à différents degrés d'évolution.

«Commencez par aimer la vérité qui conduit la pensée et l'action dans l'unité. Commencez par aimer l'amour qui conduit à considérer que toutes les vies sont la même vie. L'ignorance est la limitation de l'illimité.

«Dans la voie de la dévotion (*bakti*), vous êtes le serviteur de l'amour de Dieu. Vous voyez Dieu en tout et tout en Dieu. Vous louez Dieu pour tout. La *bakti* vous mène à développer l'état de conscience dans lequel tout en vous se souvient que tout est une manifestation de l'amour. Le monde n'est plus extérieur. Vous n'êtes pas différent de lui.»

Un autre jour, il dit à ce sujet :

«L'amour de Dieu est l'amour de l'un pour l'un. C'est un amour sans cause, sans raison. Il nous garantit la victoire sur l'ignorance. Dans le service de l'amour, qu'est-ce que c'est que le moi ? Même la poussière est une manifestation de Dieu !

«De même que la conscience sans objet et sans auteur est le but de la voie de la connaissance, de même l'amour de Dieu est le but de la dévotion. Il faut passer par l'amour pour arriver à l'indifférence qui est l'amour de la volonté de Dieu où il n'y a pas plus de conscience distincte pour le monde et pour le corps.

«Mais sans cette vision, nous faisons parfois souffrir les autres sans même nous en soucier.

- Mais cela n'a pas d'importance, puisqu'il n'y a qu'une seule vie, suggéra Emmanuel.

- Bien sûr, cela n'en a pas, dans l'absolu.

- Mais alors, qu'est-ce que le mal, interrogea Michael ?

Frère Thomas encouragé par la question ajouta :

- Guruji, d'après ce que vous dites, il n'y a pas de mal, tout est Dieu. L'assassin et le voleur, qui sont-ils ? L'assassin est-il la victime ? Le volé est-il le voleur ?

- Ce que je vous dis n'est guère différent d'une idée que vous connaissez bien, monsieur : tendez l'autre joue.

«Le mal est comme *maya*, il existe et il n'existe pas.

«Afin de pouvoir me penser comme individu, je dois accepter que vous en soyez un. Le mal commence avec cette convention. Elle a pour origine l'ignorance de l'Un, et pour éventuelle conséquence le meurtre, le vol, la haine et toutes les manifestations de la séparation.

«Pourquoi y a-t-il un voleur ? Parce qu'il y a le *mien* et le *tien*. Avant que le vol ne fasse un voleur, c'est la notion de propriété qui, en germe, contenait le vol. Non, *brother* Thomas, il n'y a pas de voleur. Il n'y a que Dieu. Il arrive à Dieu de voler.

«De même que le voleur sait qu'il fait du mal en prenant à autrui et en occasionnant une souffrance, celui qui juge le voleur fait le même mal ; il perpétue la même ignorance.

«Pour qu'il y ait un voleur, il faut que le vol existe en vous, peut-être seulement sous sa forme positive, celle de la propriété. Le voleur que vous voulez punir, *brother* Thomas, c'est vous-même, parce que vous savez que ce dont vous réclamez la propriété ne vous appartient pas.

«Si vous voyez un mendiant, c'est qu'il y a un mendiant en vous, ajouta swamiji en me regardant, sans doute se souvenant de l'une de nos rencontres de Delhi. Ayez Dieu en vous, vous verrez Dieu. L'*âtman*-Brahman se manifeste sous de multiples formes. Quelle que soit la forme, c'est Brahmam qui est derrière. Soyez Brahman.

«Le bien et le mal, c'est l'égoïsme qui nous fait croire que ce qui existe en nous, existe... vraiment. Nous projetons notre ego sur toute chose. Cessons de le faire. Regardons avec notre âme, l'âme des choses, leur substance, leur source. Le voleur n'est-il pas une âme ? N'est-il pas Dieu, tout comme vous ? Voyez Dieu en lui, il cessera peut-être de voler.

«Et que vous a pris votre voleur sinon votre attachement. Que vous a-t-il révélé sinon votre possessivité. De quoi vous a-t-il soulagé sinon de la possession que l'objet exerçait sur vous. Remerciez-le. C'est Dieu qui l'envoie. Nul doute, seul Dieu a pu l'envoyer.

«Que vous proposez-vous de faire à un voleur ? Lui couper les mains ? Ne serait-ce pas se couper de Dieu que de le mutiler ainsi ? L'excommunier, lui dire qu'il n'a pas d'âme ? Ne serait-ce pas se le dire à soi-même ? Non, aimez votre voleur comme vous-même. Il n'y a pas d'autre solution.

«En vérité, il y en a une autre. Ne possédez rien, pas même votre vie.

- Alors la loi ne sert à rien ?

- La loi est-elle absolue ? Ne nous laissons pas prendre à nos propres mirages... La loi apparaît sur la limite de la confiance en Dieu. Elle naît là où commence la conscience différenciée. Ainsi, en vérité, elle est l'institution qui représente le désespoir. Le désespoir de l'homme en l'homme, la séparation de l'homme et de Dieu.

«Dans la conscience relative, elle sert de guide au moi en lui offrant une structure de comportement. Le sage et le *sâddhu* n'ont pas besoin de loi pour agir dans l'harmonie. Jésus a dépassé la loi pour l'amour de Dieu, n'est-ce pas ?»

Un autre jour un visiteur posa cette question :

«Comment aimer sans attacher ?

- Nous aimons ce qui est plus libre que nous. C'est parce que nous l'aimons que l'objet que nous aimons est plus libre que nous. Nous, nous sommes attaché à lui. Lui, n'est attaché à rien. Aimer d'un amour possessif n'est qu'une tentative de posséder, non d'aimer. Et pourquoi voulons-nous posséder ? Parce que nous n'aimons pas ! Nous essayons de conserver un sentiment, et pour cela nous essayons de conserver l'objet ou la personne qui a suscité ce sentiment. Mais cela ne marche pas.

«Aimez Cela pour Cela, non pour ce que Cela fait pour vous. Voyez Dieu en Cela. "Shivo'ham, so'ham" — "Je suis Shiva, Je suis Cela."

«Soyez libre, aimez-vous libre, donnez de la liberté à ce que vous aimez afin d'aimer la liberté, afin que ce soit la liberté que vous aimiez.»

Les circonstances

Accroupi sur une pierre au bord du Gange, un homme pêchait. Il tenait la ligne entre ses doigts et gardait le nom de "Ram" sur ses lèvres. Il répétait : "Ram, Ram, Ram, Ram..." De profil, il ressemblait à un poisson dans un bocal. Un petit goujon a mordu à l'hameçon. Le pêcheur l'a tiré ; il a enroulé sa ligne et il est rentré chez lui.

«Les circonstances ne sont pas des obstacles, elles sont des moyens, nous déclara swamiji en riant, nul ne sut pourquoi. Du point de vue d'un ego qui a des désirs et des projets, les circonstances peuvent être des obstacles. Du point de vue de l'Un, il n'y a que des moyens que l'Un se donne pour rester ou entrer en contact avec lui-même.

«Utilisez les circonstances dans le but de l'Un, vous deviendrez très fort. Au lieu de vouloir changer le monde, essayez de vous changer vous-même. Modifiez-vous jusqu'à ce que vous sachiez que vous êtes le monde.

- Cela est parfois très douloureux.

- Ce n'est pas la situation objective dans laquelle vous vous trouvez qui est la source de vos souffrances, mais votre incapacité à la supporter.

«Le malheur et la douleur sont des formes que se donne la liberté pour se connaître lorsqu'elle se perd dans l'attachement. Vous n'êtes jamais prisonnier que de vous-même.

«C'est avant que le malheur ne frappe qu'il faut conquérir la force d'accepter les obstacles. Pour vous prémunir du vol, ne possédez rien. Pour devenir invincible, renoncez à vous approprier vos expériences. Acceptez, avant de savoir ce qu'elles seront, les propositions de la vie, pratiquez l'équanimité. Recentrez-vous sur l'*âtman* immuable, sur la conscience de l'Un non affecté. Là est votre éternel refuge. Ne le quittez plus.

«Si Dieu vous propose une souffrance, c'est qu'il désire que vous entriez en contact avec Lui, car nous appelons Dieu plus volontiers lorsque nous sommes dans le malheur. Ne résistez pas. Faites-le. Apprenez de ce qu'il vous donne.

«La souffrance est un appel de l'équanimité. L'équanimité est une station d'absolu. L'équilibre des *gunas*.

Méditation.

La création est une rupture de l'équilibre des *gunas*. En méditation, je cherchais l'équilibre de ces forces qui neutraliserait le processus de manifestation. On le trouve avec l'appel de la lumière (*sattva guna*).

L'équilibre des forces est un état de neutralité des interactions, cela signifie que l'on n'investit plus volontairement les activités et que des intentions ne s'imposent plus. On regarde le principe de création sans *moi*.

Les purifications et les méditations ralentissent les activités des *gunas* jusqu'à la stabilité.

Désir et renoncement

«Notre quête du plaisir est en vérité la quête d'un oubli. Que chercherions-nous à oublier, monsieur ?

«Nous cherchons l'absolu et nous nous contentons de nos plaisirs. Nous savons que nos plaisirs ne mènent à rien, pourtant, nous continuons à travailler à leur réalisation.

«Par la quête du plaisir, nous voulons oublier la souffrance. Occupés à traquer le plaisir, nous oublions la souffrance.

«Pourtant, le plaisir et la souffrance sont de même essence ; ils appartiennent au monde des sensations. De même qu'il n'y a pas de lumière sans ténèbres, il n'y a pas de plaisir sans souffrance. En cherchant, puis en créant le premier, nous créons le potentiel de l'autre. En renonçant à l'un, nous détruisons l'autre. Au lieu de contenter le désir, renonçons à lui. Nous nous débarassons ainsi de la douleur du même coup. Quel repos !

Swamiji fit une pause.

«Nous avons vécu l'expérience du plaisir, c'est pourquoi nous voulons la répéter. Nous avons vécu l'expérience de la souffrance, c'est pourquoi nous voulons l'éviter.

«Lorsque nous sommes blessé à une jambe, est-ce que nous caressons l'autre jambe ? Non, nous soignons la jambe blessée.

«Si nous souffrons psychologiquement ou moralement, nous courons nous faire caresser le mental. Nous allons bavarder avec les voisins, nous allons nous distraire, nous essayons d'oublier plutôt que de nous guérir.

Swamiji parlait d'un ton neutre, non-impliqué, comme s'il ne parlait à personne. Son enseignement ressemblait à un *raga*, mais au lieu d'une émotion, il semait une formation de concepts, puis analysait tous ses composants. Il fit une pause. Une nuit naissait, bleue, étoilée.

«Pour éviter la souffrance, nous cherchons le plaisir, et pour chercher le plaisir, nous inventons des désirs. Aussitôt que nous en avons trouvé un, ou plusieurs, nous nous mettons au travail. Ainsi occupé, nous oublions les souffrances. Nous oublions aussi l'essentiel, l'absolu.

«Le plaisir n'est pas la solution de la souffrance.

«Le désir est un déséquilibre, une expression de l'impuissance. Tournez-vous vers la puissance. Tournons-nous vers l'équilibre.

«Nous avons fait l'expérience du plaisir, nous savons qu'elle ne dure pas très longtemps. Notre satisfaction est éphémère. La souffrance est toujours juste au-dessous, potentielle ; elle attend son moment. Nous en avons fait l'expérience, nous savons qu'elle va jaillir dans l'insatisfaction, la frustration, le manque. Alors, c'est dans une fuite éperdue que nous avançons. Nous faisons en sorte de ne jamais sortir du cycle désir-plaisir. Nous accumulons des désirs de réserve ; quelques-uns pour l'immédiat, d'autres pour plus tard, la fête de demain, l'ambition mondaine, le statut social. Ainsi, nous sommes à peu près sûrs que nous serons très occupés pendant longtemps. Et nous nous croyons à l'abri de la souffrance. Mais non, elle est là, juste au-dessous de l'oubli. Elle suinte de notre édifice mental comme l'humidité dans une maison bâtie sur un marécage.

«Les désirs appellent les désirs. Ils nous tirent à l'extérieur de nous-même, et nous ne regardons plus à l'intérieur. Nous ne nous connaissons plus que par eux. Mais la souffrance attend. Elle attend le moment de faiblesse de nos désirs, le moment de fatigue, le moment de l'échec qui éclairera la vanité de nos activités d'un moment de lucidité. (La lucidité est alors associée dans notre mémoire à une vive douleur).

«Alors pourrait naître une pensée pour l'essentiel. La souffrance attire le souvenir de l'au-delà. Nous commençons souvent par apporter nos souffrance à Dieu. Pourquoi pas.

«Avez-vous remarqué comme les "laïques" qui nous visitent posent de nombreuses questions relatives à la souffrance et au malheur ! Ils ne peuvent pas accepter que la peine et le plaisir soient les deux pôles de la même échelle de sensations.

«Lorsque nous constatons que les désirs sont vains (inefficaces à vaincre la souffrance que nous voulons éviter), plutôt que nous tourner vers la vérité, nous nous procurons de nouveaux désirs. Cependant, parfois, il peut nous arriver de désirer Dieu. Nous allons nous procurer des livres qui racontent la vie des sages plutôt que ceux qui racontent celle des ignorants et des aveugles. Nous allons faire un séjour dans un *ashram*, en Inde. Nous allons fréquenter les temples et les églises et leurs saints. Ces désirs-là aussi sont vains, mais ils nous donnent une chance de nous approcher de la vérité, parce qu'ils nous rapprochent de l'essentiel. Nous avions oublié ou ignoré que seul l'absolu valait la peine d'être tenté ; maintenant, nous y pensons. Et nous pratiquons. Toute expérience religieuse ne vaut rien sans une pratique constante du renoncement. La vérité n'est qu'une prison de plus, un désir comme les autres, si nous ne cultivons pas le renoncement.

- Il est très difficile d'accepter ne serait-ce que le principe du renoncement...

- L'attachement, que ce soit à un objet, à une sensation ou à des idées, est une source d'inquiétude, de peur et de fragilité. Pour abandonner l'attachement, vous devez abandonner ce qu'il vous procure. Pour renoncer à la possession, renoncez à l'usage. Lorsque vous vous rendez compte que vous pouvez vous en passer, vous êtes déjà libre. Vous aurez ainsi réduit une source de peur. Au bout de ce chemin, vous abandonnez même la volonté d'abandonner. Vous êtes libre.

- Pour les sensations et les idées...

- C'est la même chose. Vos idées sont-elles les vôtres ou êtes-vous leur objet ?

- L'absolu étant d'abord un désir comme les autres, le renoncement n'en est-il pas un aussi, à l'envers ? demandai-je.

- Le désir de renoncer n'est pas encore le renoncement. Intellectuellement, l'opposé de la dualité, dans la dualité, est l'Un. L'absolu est à l'opposé du relatif, dans la conscience relative. Pourtant l'absolu est aussi la transcendance du relatif, dans la conscience de l'absolu. La vérité ne s'oppose pas à l'erreur, elle est auto-suffisante, éternelle, immuable, incréée, indéterminée, etc.

«L'absolu est d'abord un désir. Mais le désir de Dieu, ou le désir du renoncement peuvent ne pas être des désirs comme les autres. Tout dépend de votre motivation. Si l'absolu est un moyen de valorisation de l'ego, il est un désir aussi vain que tous les autres. Si le but de votre quête est l'absolu pour lui-même, le renoncement étant un moyen de l'abandon du moi dans le Soi éternel, il n'y a plus d'auteur, plus de désir, plus de personne qui puisse éprouver, évaluer, juger, approprier.

«Lorsque l'âme désire l'âme et se perd en elle, il n'y a même plus d'action.

Quelqu'un posa une question sur le troisième œil.

«Le troisième œil s'ouvre quand vos yeux ne voient plus les choses avec le désir. Il est au milieu des deux autres, au-dessus. Il est le *lingam* lui-même dans sa forme de lumière, le désir dans sa pureté. La création dans le point de vue du créateur.

- Qu'est-ce que c'est que le désir dans sa pureté ?

- L'énergie pure, *shakti*, l'union de l'ardeur et de l'absolu. Cherchez-la monsieur.

- Le devoir du père de famille n'est-il pas de pourvoir au mieux aux besoins des siens ? Comment concilier le renoncement avec ces devoirs ? interrogea un autre.

- Faites votre devoir avec le renoncement dans votre cœur. C'est ce qu'enseigne Krishna à Ajurna : "*Mes actions ne me souillent pas, je ne convoite pas leur fruit. Celui qui me reconnaît tel n'est pas lié par ses propres actions.*"[66] Et encore : "*Tu es commis à agir, mais non à jouir du fruit de tes actes. Ne prends jamais pour motif le fruit de ton action.*"[67]

«Renoncer, ce n'est pas cesser d'agir. Vous agissez comme d'habitude, c'est l'intention qui change ; votre attitude intérieure, votre motivation ne vous attache pas à votre acte.

«Cherchez la compagnie des saints et des sages, évitez ce qui distrait, pratiquez les méditations, jeûnez lorsque vous le pouvez, enfin, exercez les activités qui vous donnent de la force et vous habituent à gagner la maîtrise du moi. Ne cherchez pas ce qu'il vous manque. Soyez paisible. Soyez "je suis". Ne soyez pas esclave de vos idées sur le devoir. Elles ne reflètent que vos attachements au moi, mien je, ma famille, mon devoir.

«Le renoncement est l'abandon des illusions des sens, des formes, des noms... ; c'est un refus de l'irréel au profit de la vérité. Vous ne renoncez à rien, en vérité, vous levez des voiles. Les renoncements causent d'abord quelques petites frustrations ; vous devez vaincre des habitudes mentales et physiques qui vous possèdent, jusqu'à modifier vos pensées et vos impulsions. Ainsi vous renforcez votre volonté, vous transformez vos caractères (*samskaras*) et vous gagnez de la puissance, de l'équilibre.»

Méditation.

Dès mon réveil, je tâchais de ne pas recomposer le *moi*. Je faisais en sorte de n'avoir devant moi qu'une journée vide de tout projet. L'ego était ainsi privé de sa structure et, par conséquent, de toute initiative.

Je ne faisais *rien*... du *jappa*, des méditations, des flâneries.

Souffrance

Un jeune visiteur hindou posa brutalement une question à swamiji.

«Dieu est un triste créateur de malheurs et de peines. Regardez le monde ! Regardez comment vivent les mendiants de Dashashwamedh gâth.

Swamiji le regarda fixement avec bonté. Dashashwamedh gâth est la porte principale qui relie la ville au Gange. Là, une grande partie des mendiants de la ville se rassemble pour accueillir les pèlerins et leurs offrandes.

- Oh babou, ne vous mettez pas en colère contre vous-même. Le Soi ne peut pas être un objet de jugement. Il est sans qualité. Le monde que vous observez n'est pas le monde véritable. La richesse et la joie que nous espérons, la pauvreté et la tristesse que nous essayons d'éviter n'appartiennent pas au Soi. Les mendiants dont vous parlez vivent dans une condition qui vous fait plus peur qu'elle ne les fait souffrir. C'est votre frayeur qui vous effraye, Babou.

- Certainement *Maharaj*[68], reprit l'interrogateur qui n'avait pas vraiment écouté la réponse de swamiji, je ne suis pas plus méritant qu'eux. Pourquoi ma vie est-elle plus facile que la leur ?

- Qu'en savez-vous ? Vous n'avez pas l'air de passer un si bon moment ! Le travail de renoncement vous donnera le contentement que vous cherchez. Vous êtes Cela. N'ayez pas d'autres pensées.

- Pourquoi ce qui nous crée nous fait-il souffrir, insista le jeune homme ?

- Qui souffre ? Cherchez celui qui croit souffrir. L'être séparé le l'Un est celui qui souffre. La séparation est la cause de la souffrance. N'en cherchez pas d'autre. Les désirs, les peurs, les résistances, les pulsions, appropriées par l'ego, le séparent du Témoin immuable. Du point de vue du détachement, le spectacle de la vie est la plus grande et la seule beauté. Essayez-la.

«Brahman ne souffre pas. Cela qui est ne souffre pas.

«Lorsque vous dormez d'un sommeil profond, vous n'êtes ni heureux ni malheureux. Cet état indifférencié existe. Retrouvez-le lorsque vous ne dormez pas. Comment ? En cessant de vous identifier au moi. En vous identifiant au Soi. Ne prenez pas l'illusion pour la réalité, monsieur.

«"*Tu es toi-même le Soi de chaque être. Ce que tu es, je le suis. Sat-Tyam, ce qui est est ceci, toi-même es tout ce qui existe.*"»[69]

Attelez le mental

Un autre jour, swami Vichârava ajouta ceci à son propos sur les désirs :

«Certaines sensations vous informent des besoins de votre corps. Les désirs sont différents. Où naissent-ils ? Ils sont construits et élaborés dans le mental. Le mental qui devrait être un outil devient un maître. Trop libre, il devient dispersé. Dispersé, il multiplie les voiles qui nous séparent de l'*âtman*.

«Pour canaliser la force du bœuf, nous l'attelons à une charrue. Nous devons atteler notre mental, afin qu'il contribue à notre but. Pour canaliser sa force, nous pratiquons la méditation (*dhâranâ*) sur une seule pensée. Habitué ainsi, le mental devient obéissant.

«Lorsque nous avons besoin d'un outil, nous concentrons notre mental sur le service que nous désirons qu'un objet puisse nous rendre. Le mental élabore la forme la plus appropriée au but. Si le mental, soumis à l'ego, cherche les causes du plaisir et tâche d'éviter les causes de la souffrance, il se concentre sur ces buts et soumet toutes nos forces à ses projets. Si le mental, au service de la quête de l'absolu, cherche la liberté, il élabore un programme de renoncement qui nous conduit à la destruction des causes de l'ignorances vers la connaissance de l'Un.

«Le renoncement doit aussi accompagner vos méditations. Détendez-vous, n'essayez pas d'atteindre tel ou tel état dont vous avez entendu parler. Découvrez le Soi. Les *états* viendront d'eux-mêmes. N'en tenez pas trop compte.

«Quelle que soit votre activité, ainsi qu'en *samâdhi* faites votre devoir sans vous soucier du résultat... "*L'action prescrite dont on s'acquitte dans la seule pensée qu'il faut l'accomplir, écartant tout attachement et sans considérer son fruit, c'est là l'abandon...*"»[70]

Tension-tentation

A peu près à la même époque, je commençais à être hanté par des rêves éveillés obsessionnels et désagréables. Aussitôt que je laissais libre cours à mes pensées, elles s'élaboraient en songes aux images horribles où les meurtres succédaient aux accidents et les fuites éperdues poursuivaient les catastrophes. Des êtres que j'aimais souffraient sous la torture ou la maladie. C'était du cinéma américain avec ses courses de voitures, ses flots de sang et ses effets spéciaux. J'y tenais tantôt un rôle de victime, tantôt celui du bourreau : juste injustement traqué ou assassin fuyant justement poursuivit. La peur, la haine, la honte se mêlaient aux émotions du persécuté, du persécuteur et de l'héroïsme.

Lorsque je prenais conscience de ces songes, je les écartais avec peut-être trop de violence, irrité, mais contre qui ? Contre quoi ?

Il y avait aussi mon cinéma pornographique que je refoulais avec moins d'empressement. Mes désirs sensuels étaient très vivaces. Ils ne leur manquaient qu'un partenaire. Mon corps se souvenait de caresses dont il réclamait les *véritables* tendresses. Mon énergie sexuelle, plus ou moins sublimée pendant les exercices de yoga, s'éveillait à elle-même à tout instant, comme autonome, subjuguant mon attention. Des fantasmes, en images d'une seconde, se superposaient à d'autres consciences, comme si *maya*, en tant que la fascination d'être, essayait de m'attirer dans ses serres et de me reprendre en s'accrochant à ce qu'il me restait de moi. Mes sirènes sensuelles appelaient un Ulysse attaché à sa décision de leur résister.

L'Inde est un vaste monastère très chaste, je ne risquais d'y succomber à rien, mais j'en sortirais bien un jour... Je craignais que mon séjour à l'*ashram* ne servît que de bouchon à mes pulsions, et qu'une fois livré aux attirances extérieures je ne succombasse très vite à tous les modes de jouissance disponibles, m'enfonçant ainsi en quelques heures dans ce que j'avais voulu éviter, oublier, peut-être, pendant des mois. Voilà que j'étais dans le futur ! Et même dans le projet d'éviter de possibles projets. Subtile récupération de l'ego par l'inquiétude. Il doit être plus facile de devenir ascète lorsqu'on n'a jamais connu les plaisirs enivrants de sublimes mirages faits de sourires, de chaleur et de chair ou en s'isolant dans une montagne déserte où ils n'existent pas.

J'hésitais entre la censure et l'observation. Après avoir essayé de les nier trop simplement, j'entrais dans ces fictions dans l'espoir de les contrôler en pratiquant le recul de la méditation *vichâra* (le discernement). Mais comment pouvais-je me dire que ces fantasmes n'étaient pas moi...

«Non monsieur, n'entrez pas dans les tentations. Ne les fuyez pas non plus. Ne les jugez pas, surtout. Contrôlez vos pensées, vous voyez bien qu'ils ne s'agit que de pensées, me conseilla swamiji. Vous êtes en enfer ! me déclara-t-il dans un éclat de rire qui me laissa circonspect. Vous êtes pris dans l'étau de l'attraction et de l'aversion ; vous jugez vos pensées du point de vue des concepts du bien et du mal.

«Vous n'avez aucun moyen de vous défendre de vous-même, car toute défense constitue une réaction et ainsi fait partie du piège lui-même. A l'attraction vous appliqueriez l'aversion, à l'aversion vous répondriez par une fuite opposée. Dans les deux cas, croyant vous opposer à une certaine image de vous-même, vous en créez une autre. Une image de saint ou de pécheur est une image ! L'ego cherche à se manifester.

«Votre tension deviendra tolérable lorsque vous aurez dissous toute contradiction interne en ce qui concerne votre activité.

«Jeûnez, monsieur. Affamez vos pensées, mais ne jouez pas avec elles. Lorsqu'elles ré-apparaissent, répétez un *mantra*.»

Swamiji donnait toujours d'excellents conseils. Une énergie douce comme l'amour de Dieu et intransigeante comme l'absolu émanait de lui. Le guru modifie notre regard. Par lui apparaît la réalité au-delà des apparences. Par la grâce de sa présence dans notre cœur et dans notre pensée, ce regard demeure présent même en son absence.

Plus tard, lorsque ces perturbations se reproduisaient, je les laissais participer à ma pratique de l'austérité. Ainsi elles ne me tourmentaient plus. J'observais les forces (*gunas*) qui les animaient. J'allais aux causes plutôt qu'aux effets. J'appelais la lumière pour équilibrer les ténèbres. J'appelais l'équilibre.

Le lingam

Des sculptures anciennes, ici et là le long des murs des galeries, figuraient Shiva dansant, Ganesh, le Dieu à tête d'éléphant, Ram, Kali et quelques autres divinités, indéfinissables sous l'usure des pierres. Immobiles, elles vivaient sans vivre une vie de Dieu, pleine et vide, personnelle et impersonnelle...

Ni le non-Etre n'existait alors, ni l'Etre.
Il n'existait l'espace aérien, ni le firmament au-delà
Qu'est-ce qui se mouvait puissamment ? Où ? Sous la garde de qui ?
Etait-ce l'eau, insondablement profonde ?
Il n'existait en ce temps ni mort, ni non mort ;
Il n'y avait de signe distinctif pour la nuit ou le jour.
L'un respirait de son propre élan, sans qu'il y ait de souffle.
En dehors de Cela, il n'existait rien d'autre.
A l'origine les ténèbres étaient cachées par les ténèbres.
Cet univers n'était qu'onde indistincte.
Alors, par la puissance de l'Ardeur, l'Un prit naissance,
principe vide et recouvert de vacuité.
Le Désir en fut le développement originel,
qui a été la semence première de la conscience.
Enquêtant en eux-mêmes, les Poètes surent découvrir
par leur réflexion le lien de l'Etre dans le non-être
Leur corde était tendue en transversale.[71]
Qu'est-ce qui était au-dessus ? Qu'est-ce qui était au-dessous ?
Il y avait des donneurs de semence, il y avait des pouvoirs.
L'Elan spontané était en bas, le Don de soi était en haut.
Qui sait, en vérité, qui pourrait ici proclamer
d'où est née, d'où vient cette création secondaire ?
Les Dieux sont nés après, par la création secondaire de notre monde.
Mais qui sait d'où celle-ci même est issue ?
Cette création secondaire, d'où elle est issue,
si elle fait l'objet ou non d'une institution,
celui qui surveille ce monde au plus haut firmament
le sait seul — à moins qu'il ne le sache pas ?[72]

Lorsque je m'asseyais au pas de ma porte, sous le toit de la terrasse, mon regard se reposait naturellement sur la sculpture d'un *lingam* dans sa *yoni*[73], forme du phallus et de la vulve interpénétrés qui symbolise *purusha* et *prakriti*. On l'avait dressée, il devait y avoir très longtemps, contre le pot de pierre grise du bougainvillier du centre de la cour.

Un jour, en le regardant longuement, j'ai eu l'intuition qu'il éveillait un sens équivoque : le *lingam* pénétrait-il la *yoni* ou en sortait-il. Observant la sculpture, étais-je à l'intérieur de la matrice ou à l'extérieur ?

Purusha cause l'univers en déclenchant la première force qui déséquilibre les *gunas* de *prakriti*. Dans les *Védas* on dit que l'*Ardeur* est cette force. Elle donne naissance à l'Un, le Témoin. De l'*Ardeur* naît le désir, puis la conscience.

Si je voyais le *lingam* pénétrant, j'étais à l'intérieur de la matrice, et la sculpture suggérait que l'Ardeur, le Témoin, les désirs et la conscience créaient et perpétuaient l'univers. Si je voyais le *lingam* se retirant, la sculpture m'indiquait le moyen de sortir de l'univers : le contrôle de la conscience, des désirs, la connaissance du Témoin et la maîtrise de l'Ardeur.

A différents moments, j'étais dans la matrice, à l'extérieur de la matrice et il arriva que je fusse la matrice elle-même, vide devant le spectacle de ma méditation.

Dans les temples hindous, derrière l'idole, il y a un sanctuaire vide où nul ne regarde. On l'appelle *garbha-griha*. Littéralement, cela signifie "embryon-niche". Autant dire la "matrice". Lorsqu'on se prosterne devant la représentation de la divinité, on s'incline aussi devant cet espace...

Le vrai sanctuaire est cet univers (l'embryon) perçu comme une matrice (la niche) dont la cause est la friction du *lingam* et de la *yoni*. Le corps et l'ardeur ensemble font la création. La méditation ne la détruit pas, elle en montre la cause. "*En faisant de son propre corps le bois de friction inférieur, et la syllabe Om, le bois de friction supérieur, par la pratique de cette friction qu'est la méditation, on peut voir le Dieu comme on verrait quelque chose de caché.*"[74]

Méditation.

Avant une pratique, je me souvins d'un enseignement passé : "*Lorsque les forces qui créent l'univers (gunas) retrouvent l'équilibre, l'univers disparaît.*"

J'essayais d'identifier la dynamique de l'intention en observant les forces qui animaient mes pulsions d'agir. Je tâchais de ne pas les investir, mais au contraire d'appeler d'autres forces pour les équilibrer. Ainsi par exemple, si je devinais en moi l'emprise prochaine de la lassitude ou l'envie de dormir, je pensais à la ténacité, et à l'action pure ; si je croyais ne plus pouvoir continuer, je pensais à l'humilité et à l'indifférence.

Il m'arriva ainsi de m'absenter de la manifestation. Je compris alors que le monde personnel de chacun répond aux impulsions qui l'animent. Sans ignition, la nature ne démarre pas. Sans énergie, elle ne poursuit pas sa route. Non investies, les pensées perdent leurs raisons d'être. Au-delà des forces, il y a un équilibre qui donne une impression d'immuable.

Chapitre 28

Connaître ce qui est immortel

«Le paradis disparaît dans ce regard intérieur.»
Saint-Augustin

Cela avait commencé par une brise torride chargée de poussière qui avait soufflé pendant plusieurs jours, pénétrant jusqu'à la fraîcheur de l'ombre.

Entre le milieu de la matinée et la fin de la journée, le soleil pilonnait les choses et la vie jusqu'à anéantir toute activité. On ne pouvait plus bouger. On ne bougeait plus.

Le Gange était descendu très bas dans son lit. Dans ce qu'il restait de courant, les buffles jouaient aux hippopotames, leurs mufles seuls rasant la surface de l'eau. Lorsque je prenais un objet, je m'étonnais de ce qu'il eût de la fièvre.

Les hommes se terraient dans l'obscurité ; des corps presque nus se vautraient sur ce qu'il restait de pierres fraîches. Ceux qui possédaient des ventilateurs ne sortaient pas de leurs rayons de brise jusqu'à ce qu'une coupure du courant électrique transforme leur félicité en agonie. Bénares l'immobile retenait son souffle. Les ombres dures, tranchées, creusaient la luminosité à même le sol.

Au crépuscule, les pierres irradiaient la brûlure du jour, portant la chaleur jusque dans la nuit.

J'aimais cette fournaise enivrante. Il me semblait qu'elle unifiait toute chose dans une même onde ardente.

Pourquoi est-ce que cela continue ?

«Le monde est un spectacle dont le spectateur fait partie, monsieur. Un mirage est-il réel ? Il n'est réel que pour celui qui le perçoit. Le mirage est un phénomène qui inclut celui qui le voit. Ainsi en est-il du monde. Mais nous disons alors "relatif". Le monde est *relatif à* celui qui le vit. Il est causal, une suite de relations de causes et d'effets. Non seulement le monde n'a pas de réalité absolue, mais celui qui le regarde, swami Vichârava de Bénares, n'en a pas non plus. Nous le savons, nous l'avons compris, nous pouvons même expliquer comment et pourquoi, alors, pourquoi n'en sortons-nous pas ?

«Lorsque je termine mon assiette de riz, il peut arriver que je désire en manger encore, bien que je sache qu'il n'y en a plus. Désir (volition) et raison sont séparés. Bien que je sache que le monde et moi formons un mirage, cela ne m'empêche pas d'y éprouver plaisir et peine, attraction et répulsion ; de m'y croire réel. La dualité ne disparaît pas avec l'explication de la dualité, le mal n'est pas anéanti parce qu'on l'a dénoncé, le spectateur ne s'évanouit pas si on lui annonce qu'il est le spectacle.

«Pendant de longues années que nous avons remplies d'activités, nous avons structuré, construit, renforcé ce monde, et puis nous l'avons cultivé, justifié et défendu, sans nous rendre compte que c'était lui qui faisait cela. Le monde (*maya*) se structurait en nous. Nous construisions un monde qui n'était pas différent de nous. Le monde dans lequel nous vivons est celui de nos habitudes sensorielles, de nos réflexes mentaux, affectifs et psychologiques. Ce monde est *maya*, il est *purusha* et *prakriti*, *karma*, *gunas*, *mahat*, *ahamkâra*, *manas*, *indriyas*, *tanmâtras*, *mahâbhûtas*. L'illusion disparaît parfois avec la connaissance de l'illusion ; souvent elle persiste, elle renait, entraînée par nos habitudes et nos tendances (*samskaras*).

«Maintenant que nous savons tout ceci, nous devons enlever sa force au monde. C'est ce que nous avons appelé la "purification". Se purifier de quelque chose, c'est affaiblir son emprise sur nous. Nous devons affaiblir nos habitudes sensorielles, mentales, affectives..., jusqu'à ce que leur force ne nous contrôle plus. C'est alors que le monde pourra sortir de nous.

«Nous pouvons réaliser cette tâche en un instant. *Now*. Maintenant. Il n'est pas nécessaire d'attendre. *Cela* est en vous-même et l'a toujours été. Trouvez en vous la disponibilité à l'Infini que vous attendez. Vous la trouvez maintenant. Pensez à cela, comme cela.»

Les jours passaient encore. Des choses étranges commençaient à arriver pendant mes méditations. Un après-midi, je vis une lumière dans la pénombre de ma cellule. Elle me dit : "*La lumière les yeux ouverts, c'est celle de la vue, la lumière les yeux fermés, c'est celle de la pureté.*" Je fermai les yeux. Elle était encore là.

Encore la souffrance

A la suite d'une méditation contemplative, le jeune visiteur hindou qui était revenu plusieurs fois interrogea encore swamiji.

«Les insectes et les animaux se dévorent entre eux. Toutes les espèces sont sur le qui-vive. Les hommes se battent, se torturent. De ce point de vue, la vie est horrible.

- Pourquoi voulez-vous que je prenne ce point de vue, monsieur ? Est-il la vérité ?

«Demandez à chacun de ceux qui vivent dans les conditions que vous décrivez s'ils sont prêts à écourter leur existence d'une seule journée, d'un seul instant. Le monde vous montre la famine, la guerre, la maladie, la corruption et la mort, alors vous déclarez qu'il est imparfait. Mais le monde vous montre aussi l'amour, la charité, l'abnégation, la joie et la vie, et alors vous dites qu'il est beau. Vous ne voyez jamais que ce qui est en vous.

- N'est-ce pas plutôt le monde qui me suggère comment je le vois ?

Swami Vichârava répondait souvent, au-delà de la question, à l'intention, même faiblement formulée, même cachée, sous l'interrogation.

- Le monde vous paraît imparfait ? Et vous comment allez-vous ? Le monde fait croître le mal, et vous, en êtes-vous libéré ?

«L'au-delà de la souffrance que vous souhaitez pour tous dans votre cœur qui vous paraît généreux, c'est votre propre souffrance, prisonnière des apparences qui vous le fait espérer. Si nous habitions tous dans un palais comme celui du Maharaja, pensez-vous que nous serions à l'abri de la souffrance ? Un tel abri n'existe que dans le cœur de l'Un. Rendez-vous à Sa volonté, là est le seul refuge, monsieur.

- Dieu est une auto-suggestion, l'unité aussi ! dit l'interrogateur avec une colère contenue par son respect pour le swami.

- Acceptez ce qui est comme c'est. Ne résistez jamais, pas un instant, à ce qui est. Si vous devez agir, agissez sans intérêt, dans le courant de la vie. La plus grande part de la souffrance vient du refus de ce qui la cause.

«C'est votre monde qui est une auto-suggestion. La Vérité n'y est pas.»

Un autre jour, swamiji répondit à une question du même genre.

«Ne cherchez pas à arranger le monde. Chacun vit dans un monde unique, jusqu'à ce qu'il réalise qu'il n'y a qu'une vie et aucun monde. Transcendez votre monde jusqu'à cette "réalisation". Ce ne sera qu'à cette condition que vous pourrez aider les autres.

- Quel est le sens de la vie, demanda notre jeune Indien ?

- Votre question et son auteur se répondent parfaitement, monsieur. La vie est arrivée jusqu'à cet instant pour se poser cette question. Elle vient de le faire. Dans l'aventure qu'elle vit, ses interrogations sont plus importantes que ses réponses. Elle, le sait. Celui qui dit "moi" en vous, cherche des réponses. Il ne le sait pas.»

Méditation.

Je remontais vers la source du mouvement, à la première pensée, puis à la première impulsion qui avait donné naissance à la première pensée, puis au contrôle de cette première impulsion, jusqu'à l'identification de la force qui créait la première impulsion, jusqu'au mouvement premier qui déclencherait le premier mouvement. Alors, appelant une inspiration de lumière, je laissais la lumière tâcher de se retrouver, immuable.

Du temps.

Les jours ne passaient plus. C'est le même qui naissait et s'éteignait. Je m'endormais pour sombrer dans des nids de *japa*. Je me suis plusieurs fois rêvé méditant. C'est dans mon sommeil que j'appris comment, dans les exercices de *prânâyâna*, fermer de l'intérieur ma narine droite pour inspirer avec la gauche sans utiliser les mains, et comment fermer la narine gauche, pour expirer avec la droite.

Prenez-donnez

Assises sur le toit voisin, deux femmes se chauffaient au soleil après leur bain en se coiffant et s'épouillant. Deux babouins installés sur le réservoir de la maison faisaient la même chose. Le monde immédiat ressemblait à la vie qui s'y déroulait dans la candeur et le calme.

«Prenez sans réserve ce que Dieu vous donne. N'en soyez ni le propriétaire, ni le gardien, ni le responsable. Lorsque Dieu vous prend, donnez sans réserve, laissez aller, dit swamiji à la fin d'une réunion silencieuse. Perdre sans réserve, ce n'est pas perdre, c'est donner à l'inconnu.

Il fit une pause.

«Dieu ne vous fait pas de cadeau pour vous récompenser, mais pour vous travailler, pour vous montrer quelque chose, pour vous tirer, par exemple, vers la beauté, vers la bonté, vers un souffle d'aise. Dieu ne vous envoie pas des difficultés pour vous punir, mais pour vous tirer vers un travail, pour vous forcer à travailler, pour vous montrer quelque chose en vous.

«Soyez attentif à ce que Dieu vous dit lorsqu'il vous donne ou vous prend quelque chose. Peut-être vous permettra-t-il d'entrevoir son intelligence tranchante et sa bienveillance infinie... La grâce n'est pas une question de mérite. Ne l'attendez de rien. Percevez-la en tout.»

Une preuve

Le jeune homme révolté revenait. Il essayait d'entrer dans la spiritualité de swamiji.

«Swami, vous avez dit que les mots et la raison ne peuvent pas décrire ou définir l'absolu. Toute votre philosophie est néanmoins un discours. Le système dont vous parlez est une pensée. Pourquoi ne serait-il pas une couche d'hypnose comme les autres, une construction efficace et finalement une foi et rien de plus.

Swamiji considéra le jeune homme. Je connaissais ce regard par lequel il pénétrait la pensée de son interlocuteur.

- Non monsieur, nous ne construisons pas une pensée sur une pensée, nous n'avons pas établi d'*a priori* sacré, ni de mystère. Comme nous ne postulons rien, nous ne croyons rien aveuglément. Nous vérifions nous-mêmes et allons jusqu'à connaître.

«Il vous est facile de constater que vous vivez d'abord dans votre propre monde, que la vie est d'abord *votre* vie. Vous voyez, vous sentez, vous faites des expériences qui sont celles de votre corps, de vos sens, de votre pensée, vous les appelez "les vôtres". Votre monde se manifeste en vous, par vous. La preuve de l'existence ou de l'inexistence de ce monde n'est pas dans le monde, elle est en vous. Si vous acceptez de chercher, vous trouverez. La vérité est sans auteur. Je ne peux donc pas vous la montrer, mais vous, vous le pouvez.

«Lorsque vous percevez un phénomène, l'observateur, l'objet perçu et l'observation sont-ils unis ou séparés ?

- Cela dépend.
- De quoi cela dépend-il ?
- De mon attention.
- C'est qu'elle n'est donc pas toujours la même. Vous observez un objet. Qui l'observe ?
- Moi, l'observateur.
- A qui appartient l'observation ?
- A l'observateur.
- Non, monsieur. Le spectateur s'appropie l'observation. Séparons-les. Observons l'observation. Qui observe ?
- L'observation.
- Maintenant, observons l'observateur. Lorsque vous séparez les éléments de la triade, vous ne pouvez le faire qu'à partir d'un quatrième élément, d'une conscience extérieure aux trois autres. Nous l'appelons le "témoin". Vous constatez qu'il est capable d'associer l'observateur, l'observé et l'observation en lui, aussi bien qu'il est capable de les dissocier. Il est le monde, il est aussi son témoin. Il fait le monde et il le vit.
- C'est peut être une couche d'hypnose.
- Seul le silence peut connaître le silence, seul l'immuable peut connaître l'immuable, seul l'immobile peut connaître l'immobile. Mais c'est à partir du silence qu'on entend les sons, de l'immuable qu'on perçoit le temps, de l'immobile qu'on prend conscience du mouvement. Seul Brahman peut connaître Brahman, mais c'est Brahman qui construit la structure de la manifestation.

«L'hypnose voudrait suggérer à vos sens et au mental que quelque chose est ici qui n'y est pas, que quelque chose qui n'est pas là est là.

«L'absolu n'est pas un événement. Il n'apparaît pas pour ensuite disparaître. Il est l'éternel présent. C'est notre conscience qui n'y est pas. Vous ne pouvez pas prendre conscience d'une réalité qui n'est pas un événement, et vous ne pouvez pas non plus la décrire. La conscience est relative, relative à ses relations avec des événements. La conscience n'est pas l'existence réelle, c'est le témoin de la conscience qui est réel.

«Ce qui vous fait croire en vous-même est plus encore une foi que ce qui vous montre votre relativité.

«La vérité ne se possède pas, ne s'achète pas, ne se transmet pas. Elle ne se mérite pas sur des critères moraux, sociaux ou affectifs.

«Tout ce qui fut jamais manifesté a disparu ou disparaîtra dans la vacuité, le silence et l'absolu. L'instant seul révèle la vérité. La vérité existe seulement dans le moment de l'immédiat. *Only now.*»

Vivons-nous dans le même monde ?

«Le monde surgit de Brahman. Nous pourrions nous en passer, car nous avons ensuite la plus grande difficulté à le faire disparaître. Nous passons notre vie à l'écarter comme illusoire, dit Thomas dans l'élan d'une sorte de révolte que je connaissais bien aussi.

- Ce n'est pas Brahman qui pose cette question, répondit swamiji d'un air enjoué. Connaissez le Soi suprême, monsieur, vous verrez alors que le monde n'est pas ce que vous croyez qu'il est.

- Mais je connais Brahman ! Cependant, le monde et moi renaissons toujours.

- Lorsque vous rêvez, vous révoltez-vous contre vous-même en tant qu'auteur de vos rêves ? Vous réveillez-vous en colère en vous disant : "Pourquoi Thomas a-t-il fabriqué ce rêve inutile et bizarre ?", s'exclama swamiji en imitant Thomas. Non, bien sûr, parce que du point de vue de Thomas, ce rêve n'était qu'un rêve. Seulement un rêve ! Transitoire, impermanent, irréel, illusoire.

- Mais de nombreuses personnes souffrent, dans ce monde... d'illusions.

- Ils croient souffrir. Ils prennent l'illusion pour la réalité, leurs sensations pour la vérité, leur jugement pour la connaissance. Ils ne comprennent pas que leur attachement aux phénomènes est la source de la souffrance. Même les rois et les millionnaires, qui ne manquent de presque rien, souffrent s'ils ne connaissent pas les ultimes richesses du renoncement et du détachement.

- Il reste vrai que si cette illusion est la cause de la souffrance, et que sa source est l'ignorance, l'illusion, l'ignorance et la souffrance existent.

- L'ignorance n'existe pas. Lorsque vous rêvez, pensez-vous : "C'est l'ignorance qui rêve"...?

- Justement, lorsque je rêve, je ne sais pas que je rêve. Il m'arrive de vivre des situations douloureuses...

- Etaient-elles vraiment douloureuses, monsieur ?

- Elles l'étaient, d'une certaine manière.

- D'une certaine manière de l'ignorance... Mais vous vous êtes réveillé, et vous avez constaté que vos souffrances n'étaient pas la réalité. D'une autre manière, vous pouvez désirer dormir lorsque ce que vous vivez à l'état de veille est douloureux. L'un et l'autre états sont des moyens de fuir une illusion avec une autre illusion.

«Connaissez le Soi, restez avec Lui, vous serez comme l'homme qui se réveille. Lorsque le rêve est terminé, vous vous éveillez. C'est l'illumination.

- Pourquoi Brahman a-t-il formé des phénomènes tels que *maya*, et pourquoi y a-t-il des *jîvas* qui se croient séparés, demanda quelqu'un ?

- Toujours la même question, monsieur, dit swamiji. La réponse est simple, et vous la connaissez déjà, mais pouvez-vous l'accepter ? Pour interroger Brahman, il faut être Brahman, et pour Brahman, une telle question n'existe pas. Seul un individu ignorant, c'est-à-dire séparé de la conscience de l'Un, peut la poser. Il faut perdre l'individualité pour atteindre le Suprême, il faut vous effacer jusqu'à n'être personne. Comment pourriez-vous être à la fois un individu différencié et l'Unique impersonnel ?

«Ce que nous voyons autour de nous, ce que nous prenons pour de la réalité n'est qu'une apparence produite par les changements qui ont lieu dans la pensée et l'intelligence, le corps subtil. Vérifiez-le.

«Brahman n'a rien formé. Brahman ne détruit rien. C'est vous qui devez dépasser *maya*. Vous ne participez pas à la danse cosmique, vous êtes cette danse. Ne vous laissez pas prendre par le spectacle ! Soyez ce qui est réel, soyez Brahman. *So'ham*. Vous êtes déjà Lui. Soyez. Soyez, sans vous qualifier. Soyez le Soi.»

Vivons-nous dans le même monde inexistant ?

Le soleil lançait des éclats rouges et brillants en se penchant vers l'Ouest. Ceci est peut-être une apparence produite dans ma pensée et dans mon intelligence. Mais je n'étais pas le seul à voir le soleil...

Le soir allait transformer les choses. Elles n'étaient que des apparences, mais nous verrions tous les mêmes. Bien que nous fussions tous l'Absolu inaltérable, nous étions tous relativement différents et pourtant nous vivions dans une illusion semblable en bien des aspects.

«Si les phénomènes n'étaient que des fabrications et des transformations dans la pensée, chacun vivrait un monde très différent de celui des autres. Comment se fait-il que nous soyons tous pris dans une manifestation... collective ? N'y a-t-il pas un monde objectif, demandai-je ?

- Le monde apparaît et est créé en même temps que notre sens du moi. Le monde n'existe que dans le sujet. Ce qui est extérieur est d'abord intérieur. Le spectateur et le spectacle ne sont pas séparés. Ce sont les mêmes. Unifiez-les, regardez l'auteur.

- Mais, s'il n'y a qu'un seul être, comment se fait-il que nous soyons deux, et même une vingtaine ici, en fait.

- Nous ne sommes pas deux, ni vingt-trois, nous sommes un. La multiplicité est une apparence. C'est le moyen pour l'unité de prendre conscience d'elle-même.

- Mais, dans la séparation, dans l'apparence de la séparation, dans cette ignorance, nous vivons dans le même monde sous le même soleil. Vous êtes assis sur un *choki* que vous pouvez toucher comme moi.

- Nous percevons le monde avec des instruments de perception. Ces instruments sont de même nature d'une personne à l'autre, ils fonctionnent sur les mêmes modes. Alors nous percevons les mêmes choses et nous croyons vivre dans un monde semblable. Demandez à une fourmi dans quel monde elle vit. A un millimètre du sol, quel est son monde ? Demandez à une chauve-souris qui est aveugle et qui entend les ultrasons dans quel monde elle vit.

- Ce *choki* existe-t-il ? insistai-je.

- Rassurez-vous, il existe, relativement. Il existe pour vous parce qu'il est fait des mêmes forces que vous, et des mêmes éléments.

«*Purusha* et *prakriti*, les *gunas*, *buddhi*, *mahat*, *manas*, ont créé les éléments subtils simultanément avec les capacités subtiles de les connaître, et les éléments grossiers avec les sens grossiers. Les manifestations phénoménales sont des modifications de *prakriti*. Les éléments subtils dont les vibrations sont ralenties par les forces de la nature deviennent des *bhûtas*, perceptibles par les sens.

«L'ego (*ahamkara*) s'approprie la perception du *choki*. Il dit : "Je vois". Ce n'est pas *je* qui voit, c'est la capacité de percevoir appropriée par *je*. Celui que vous appelez "swamiji" a aussi la capacité de percevoir le *choki* par la vue et le toucher.»

Le cobra

Un après midi de grande chaleur, un charmeur de serpents vint nous montrer ses cobras. Il était vêtu du *dhotî* orange des *sâddhus* et portait avec lui une flûte-courge au bout sphérique, un *damarû* et deux pots de terre couverts d'étoffes. Il s'installa dans un coin à l'ombre, découvrit ses pots, battit du tambour, puis souffla dans sa flûte d'où sortit un son de cornemuse. Les reptiles refusaient de sortir de l'ombre fraîche de leurs nids de terre. Le *sâddhu* frappa les pots, et les frappa encore, puis d'une main tira un cobra sifflant son mécontentement et le jeta sur le sol. Le serpent se leva, dilata son cou en un double éventail où apparut le dessin de deux yeux grands ouverts. Il siffla, sembla menacer son maître puis se glissa vers le mur. D'une main experte le *sâddhu* le retint tandis qu'il sortait l'autre reptile de son nid.

Les deux cobras dressés faisaient vibrer leur queue dans un crépitement de crécelle tandis que le *sâddhu* jouait de sa flûte en se berçant de gauche à droite. Les serpents sont sourds, mais ils ne sont pas aveugles. Ils suivaient le balancement hypnotique du bout de l'instrument.

Le cobra est sacré, en Inde. Il symbolise le danger et la victoire. Les biographies des saints abondent de rencontres du sage et du serpent, face à face de l'homme et de sa confiance, de l'homme et de sa maîtrise, de l'homme devant l'expérience de l'égalité de la vie et de la mort. On le voit souvent intime de Shiva dans ses images de méditant. Son *darshan* est une bénédiction. La mythologie hindoue évoque *ananta*, qui signifie "infini" : un immense serpent se lovant en un cercle qui représente l'éternité. Il survit aux créations et aux destructions des mondes.

Nous étions fascinés comme des enfants devant un grand gâteau qu'il ne faut pas toucher. Je regardais les deux reptiles avec un mélange d'attirance et de répulsion. Leur beauté voudrait qu'on s'en approche, la raison prévenait de s'avancer.

Le charmeur de serpent nous offrit de porter l'un des cobras autour de notre cou, tel Shiva sur de nombreuses images. Cette proposition provoqua des remous dans notre groupe et des émotions en chacun de nous.

J'accepte en général les propositions du hasard, mais rarement sans hésiter. Quelque chose me retenait et pourtant je me sentais tenté. J'avais peur, et je voulais me braver, comme s'il y avait un défi, un dépassement, une rupture dans le geste simple qu'il fallait accepter.

L'aventure d'Adam et Eve relate une tentation dont un serpent fait la proposition. Il offre de faire une expérience qui a valeur d'initiation parce qu'à elle seule elle procurerait toute la connaissance. Mon hésitation m'en faisait ressentir une interprétation au premier degré. Ce porteur de venin figurait le danger et la mort immédiate avec une puissante force d'attirance, de curiosité et de séduction.

Refuser l'expérience, fût-elle dangereuse, était d'une certaine façon m'amputer d'une partie de moi-même, me soustraire sans doute à quelque chose qui est en moi, une relation avec le danger et la mort et la force de les affronter. Goûter au fruit de la proposition du serpent, est-ce avoir ou chercher le courage de vivre le danger de mort inhérent à la vie et le courage de vivre que cela implique ? Est-ce la force de vivre avec la conscience de la mort ? La désobéissance d'Adam et Eve, c'est peut-être *se* désobéir, démentir l'instinct de se conserver en vie, c'est-à-dire de se contenter de la seule survie, pour aller, grâce à un instinct qui dépasse l'ordre de la nature, au-delà de la peur, et supplanter le sens de sa propre survie, où la vie serait plus que vivre. Comme s'il fallait un danger, un enjeu, pour surprendre la conscience d'exister... et la mort pour dépasser la vie.

Dans la genèse, c'est après la séduction du serpent que les hommes connaissent la conscience de leur destination vers la mort et avec elle de leur existence. C'est après encore qu'ils deviennent capable d'amour, comme s'il fallait à la fois concevoir sa finitude, et se mettre en danger pour aimer.

Je pensais encore que si le dompteur nous proposait l'expérience d'un frisson, il ne nous offrait quand même pas la mort. Il devait connaître son affaire. Comme le serpent devant Eve, il devait savoir que nous ne mourrions pas. "*Dieu a-t-il réellement dit...*"[75] demande le serpent à Eve. Il n'y avait sûrement pas de danger. Pourtant, ces cobras ne paraissaient pas aussi timides que nous. Ils étaient bien eux-mêmes, dans leur hautaine, terrifiante et inconsciente grandeur de cobra. Il y avait bien un doute en moi.

Que signifiait accepter ou refuser de les approcher ?

On ne défie que ce que l'on craint, si l'on a un peu d'estime pour soi-même. Défier quelque chose, un obstacle, ce n'est que manifester le désir de se mesurer et de vaincre. On ne défie pas pour se rendre. L'obstacle mesure l'éventuelle victoire.

Si je "gagnais", ce serait contre ou sur moi-même. Etre vainqueur ou vaincu, c'est encore être quelque chose. Le plus grand des hommes n'est encore qu'un homme. Je craignais cette vanité.

Je craignais aussi à la fois ma témérité et ma fascination. En quelque sorte un même geste (ou une même inhibition) me montrait ensemble la peur de la mort et mon désir de la connaître, le désir d'être et le désir de ne pas être. Alors, quoi qu'il arrive, je serai satisfait...

Qu'avais-je à perdre que la vie ? Pouvais-je assumer ma propre mort ? Erreur, il n'y a rien à assumer pour mourir. Cela, je l'avais découvert avec cheikh Assam. Tout autre *a priori* rend cette pensée désagréable.

L'intrépidité, qualité première du disciple de Krishna, est le courage de savoir que le courage ne signifie rien lorsqu'il n'y a plus d'auteur à l'action, ni de fruit à la victoire. Entre la tentation et l'interdit, l'équilibre se dissout dans la vacuité. L'intrépidité est la séduction du renoncement à la séduction, ultime soubresaut du moi au-delà du moi. Toute victoire utile doit avoir le moi pour unique victime. "*C'est l'homme le sacrifice*"...

Le contraste de la peau du serpent sur ma peau moite réduisait ce débat à un violent frisson retenu de délice et de rejet, une sorte d'élan d'amour inhibé par la frayeur. J'avais pris le cobra dans mes deux mains ouvertes et avais fait passer le cylindre mouvant de son corps au-dessus de ma tête pour le poser sur mes épaules. Je me surpris de constater qu'il était tellement plus léger que je ne l'avais supposé. Pour trouver son équilibre, il m'entourait le cou et le serrait faiblement, avec une délicatesse presque obligeante. Sa minuscule tête me faisait face. Il me regardait de son œil gauche. Je regardais son regard en louchant tout en répétant mentalement "*Shivo'ham, so'ham*", pour faire bonne mesure de rituel. Le cobra était bien un serpent, même s'il était dompté. Je me sentais très calme, très léger, comme amoureux de ce reptile si frêle dont je croisais l'existence. Mais il y avait encore une certaine distance qui me séparait de *so'ham* — je suis cela. L'expérience me montrait comment aimer ce que je crains sans essayer de séduire.

Rêve

Je réfléchissais. C'était avant de m'endormir, ou peut-être était-ce déjà dans le sommeil. Je songeais que mes rêves étaient des manifestations, des créations de mondes, comme le monde. D'un rêve à l'autre j'entrais et je sortais dans des "incarnations oniriques" jusqu'à ce qu'au matin, je sorte des univers des rêves et habite celui que j'appelle "moi", avec ma mémoire et son continuum. Ces expériences alternantes de vie et de mort qui se déroulent dans mes rêves, ne me troublent pas, pensai-je.

Pendant ce songe, je me suis souvenu d'un rêve. Etait-ce l'un de ceux de la nuit précédente ? Je participais à une fête, mais je savais que je rêvais. Je pensais que je souhaitais ne pas rentrer tard. "Ainsi, réfléchissais-je en poursuivant mon rêve, des intentions de ma vie éveillée se transportent dans mes rêves. Des influences persistent d'un monde à l'autre, de même que d'une situation à l'autre, et j'en fais l'expérience continuellement." De même que les rêves subissaient des influences de l'état de veille, ainsi que des uns des autres, il était plausible que la vie se poursuivît dans la mort... Mourir serait comme terminer un rêve. On sort d'un monde, un monde sort de soi. Un rêve achevé ou interrompu est comparable à une vie qui passe dans la mort. Le monde onirique créé sort de soi ou, en s'éveillant, on sort d'un monde, d'une histoire. La mort, comparée à un éveil, est ce passage aussi simple que le rêve qui disparaît au matin ou qui s'éteint avec le sommeil plus profond. Avec chaque endormissement, de nouveaux rêves jaillissent comme des existences, ils se chassent les uns les autres, comme après chaque vie, une autre vie s'incarne.

Cela paraissait simple, pourtant cela m'inquiétait. Si j'acceptais que les rêves fissent naître et mourir un *moi*, je refusais que la vie fût multiple. La pensée d'un retour à la vie m'était désagréable.

«Et maintenant, qu'en pensez-vous, me demanda swamiji après que je lui eus raconté ce songe.

- Maintenant, je ne sais pas. Celui qui veut vivre s'attache à une chimère. Celui qui veut mourir se trompe de chimère.

Swamiji hochait la tête. Il dit :

- Qui vit, qui meurt, qui rêve, qui s'éveille ? Vous pensez encore comme une âme séparée. Soyez la vérité. Qui veut se libérer ? Cessez de vous tourmenter. Soyez. Soyez maintenant. Brahman fait apparaître la manifestation, mais il est immuable. Soyez Brahman. La libération, ce n'est pas quelque chose après quelque chose, après la vie peut-être. C'est maintenant.

Il m'avait invité dans sa chambre. Nous étions l'un à côté de l'autre sur le *choki* de son balcon, devant le Gange que nous regardions ensemble. Après quelques minutes de silence, il reprit :

«Pourquoi voulez-vous ne plus vivre ?

Sa question était précise et bien posée. A méditer sur ce Brahman sans forme, à côtoyer ce non-moi infini et éternel au-delà du non-être, sans l'avoir formellement pensé ou formulé, j'avais, sinon hâte de mourir, l'impatience de ne plus vivre. J'étais pressé comme on se languit d'aller quelque part, de savoir quelque chose, de se débarrasser d'un fardeau...

Je répondis :

- Il n'y a pas de différence, n'est-ce pas ?

Comme swamiji ne répondait rien, j'ajoutai :

«L'exemple fameux de la liane que l'on prend pour un serpent illustre *maya*, la méprise. Celui qui a eu peur d'un serpent constate que ce n'était qu'une liane inoffensive qui avait été la cause de sa frayeur. Il se rend compte qu'il a été trompé par ses sens.

«Retournons l'exemple. La mort ne me fait pas peur. Là où il y a peut-être un serpent, je vois une liane, une simple liane. Le serpent est inoffensif. Il n'est pas plus effrayant ni dangereux qu'une liane, n'est-ce pas ?

- "*Celui qui connaît Brahman retourne à Brahman*", lit-on dans Kansi Upanishad. Mais le connaissez-vous ? Peut-être avez-vous besoin d'un peu plus de temps. La vie et la mort sont une même chose en différentes formes. Si vous ne voulez pas vivre, c'est que vous préférez l'une à l'autre. Pour vous, elles ne sont donc pas une même chose. Vous n'êtes donc pas prêt à mourir, monsieur.

«Si vous étiez Dieu, vous poseriez-vous ce problème ? Vous êtes Dieu. Vous l'avez toujours été. *Satchitananda*, être-vérité, existence-intelligence, béatitude est sans commencement ni fin, éternelle.

«Vous avez besoin d'un peu plus de temps parce que si vous étiez avec Brahman, vous ne penseriez ni à vivre, ni à mourir.»

Il se tut. Nous méditâmes ensemble. Il me prit dans son silence. Pendant le temps indéfini de cette communion, il me montra quelque chose. Je ne sais qu'en dire. Une force de pureté, la puissance de sa conscience sans objet de conscience. Cela me pénétra et resta en moi. Etait-ce cela la béatitude ? Je parlerai d'elle comme d'une "dé-prise" qui remplace la mé-prise, mais je ne sais s'il faudrait dire d'elle qu'elle est active ou passive.

Et la mort, qu'est-ce que c'est ?

«Nous arrivons dans le monde avec des prédispositions (*samskaras*). Nous sommes une âme (*âtman*) sur laquelle *karma*, le principe de causalité, la mémoire subtile, a laissé des impressions subtiles qui forment des caractères incarnés. *Samskara* signifie "ensemble" et "action". L'ensemble des actions devient un élément causal qui produit un effet. L'*âtman* est pur, immuable, infini... Il est voilé à notre conscience par les effets de nos prédispositions (*samskaras*) et les effets de ces effets. Lorsque nous écartons ces voiles, nous connaissons l'*âtman*. Nous sommes l'*âtman*.

- Qu'est-ce que *jîva* ? demanda quelqu'un.

- *Jîva* est l'aspect subjectif de l'individu dans le monde phénoménal. *Jîva* est le principe individuel de vie, l'*âtman* pris dans *maya* (l'illusion), une âme subjuguée par la magie de la forme, orientée pas des *samskaras* qui sont des effets d'un *karma*. *Jîva* est la force individuelle de vie, le principe subtil de séparation. Mais il n'est jamais séparé de l'*âtman*. Il est l'*âtman*.

«*Jîva* traverse des formes et des manifestations jusqu'à ce qu'il s'intéresse à l'*âtman* et s'aperçoive qu'il n'est qu'un jeu de Brahman dans *maya* (le jouet de l'expansion dans les mouvements de la dualité). Lorsqu'il s'en rend compte, il se purifie de ses tendances (*samskaras*), se libérant des causes, il se libère des effets ; se détachant des effets, il s'affranchit des causes. Mais s'il est encore attaché, *prâna*, la force de création, le souffle, compose une nouvelle incarnation selon les influences des *samskaras*, dans les effets de *karma*.

«Au moment de la mort, *prâna*, qui a animé le corps, le quitte, retourne à l'intellect (*manas*) qui se dissout en lui. *Prâna* retrouve l'âme (*âtman*) en tant que corps subtil.

«"*Les quinze parties retournent à leur source. Chacun des sens retourne à sa divinité correspondante, le Soi, ainsi que ses actes et la connaissance acquise devient uni avec le plus haut impérissable Brahman.*"[76]

«*Prâna*, en tant que corps subtil marqué par notre corps mental, est sous l'influence de ses *samskaras*.

«D'une vie à l'autre, le cerveau se dissout, il n'y a plus de mémoire, mais il reste des impressions subtiles qui ont marqué le corps subtil et y demeurent. Le corps subtil non purifié, encore attaché aux désirs et aux aversions, subit les actions de *prâna*, la force de création. Au moment de la mort, il quitte le corps qu'il a animé, retourne à l'intellect (*manas*) qui se dissout en lui, retrouve l'*âtman*, puis se remanifeste.

«"*Si un homme n'a pas été capable de Le connaître avant la dissolution de son corps, alors il s'incarne encore dans le monde créé.*"[77]

«Tout ce qui se manifeste apparaît dans la suite des causes et des effets subtils. Observez votre vie à cet instant, et vous observez une position karmique.

- Qu'est-ce que la mort ?
- Pour qui, monsieur ?
- Pour moi.
- La dissolution du corps. Mais surtout la dissolution du cerveau, et donc celle de l'ego. Pour l'*âtman* qui est de la nature de Brahman, il n'y a pas de mort, l'*âtman* est impérissable. Pour l'ego, celui qui dit "moi", qui n'existe que par appropriation d'expériences sensorielles et mentales, la mort est la perte de l'existence (puisque par la perte du corps il perd tout ce sur quoi il fonde son continuum et la capacité de s'approprier).»

Je pensai à rabbi Isaac qui avait répondu à la même question en disant : "*La mort est la perte de la forme.*" Et lama Shérab qui dit : "*Il n'y a pas de mort*", et cheikh Assam : "*La mort est ce que tu veux qu'elle soit.*"

«Lorsque le corps meurt, la manifestation disparaît. Si vous voulez, la manifestation disparaît à une forme particulière de perception d'elle-même, de même que les mondes de vos rêves disparaissent au moment de votre réveil.

«"*Il* (Brahman) *est connu, lorsqu'Il est connu dans chaque état de conscience* (veille, rêve, sommeil). *Grâce à cette conscience, on atteint l'immortalité.*"[78] Atteindre l'immortalité, c'est connaître ce qui est immortel. Cela ne signifie pas que l'homme devient immortel.

Il y eu un long silence. Swamiji conclut :

«Le silence entre deux pensées, le sommeil profond et le *samadhi* sont des expériences de la conscience pure, c'est-à-dire sans objet. La mort est une expérience de la réalité. La naissance à la réalité est la mort de l'ignorance. C'est l'ignorance qui meurt, non la connaissance.

«La nature se réfléchit dans l'*âtman*. L'*âtman* se laisse emporter par des impressions de la manifestation. Mais il n'a jamais bougé, ne s'est jamais modifié. L'âme crée l'univers mais elle n'est pas créée. Elle est immortelle, au-delà de la manifestation, au-delà de ce qui est composé.

«Grâce à la pratique des méditations, du discernement, des purifications, et à la connaissance, nous faisons volontairement cesser les influences des *samskaras*. Nous constatons la stabilité de l'*âtman*-Brahman, nous le connaissons. Nous devons le connaître dans chaque état de conscience.

«La mort est un moyen d'avancer vers la perfection. La perfection est la connaissance de l'infini. L'infini est ce qui n'a pas de limite, ni séparation, ni identité, ni distinction, qui inclut toute chose et n'est inclu dans rien. La connaissance est l'expérience de cela. Tout dans la manifestation est impermanent, même l'Himalaya, même le monde, même la mort. L'absolu est non manifeste, au-delà de la manifestation. Par quel moyen l'atteint-on ? Par le détachement. La mort est un moyen de détachement.

«"*L'âme incarnée, rejetant son corps usé, voyage dans d'autres qui sont neufs.*"[79] Il y a bien deux mondes, mais ils ne sont pas la terre et les cieux, l'enfer et le paradis, la vie et la mort. Ils sont l'ignorance et la connaissance, ils sont celui du moi et celui de l'universel, celui du fini et celui de l'infini. Au-delà des deux mondes, il y a Brahman.

- *Jîva* est-il vraiment personnel d'une incarnation à l'autre ? demandai-je.

Swamiji demeura dans un long silence, que je crus sévère. Je ne comprenais pas bien ce qu'il essayait de ne pas dire. Il me regardait avec force comme pour m'insuffler une inspiration. Enfin il dit :

- *Jîva* est personnel et impersonnel. *Jîva* est Brahman. Maintenant, précisez votre question.

Je pensai à lama Shérab qui avait dit qu'un contexte s'incarnait, mais pas un individu... Je dis :

- Les conséquences des actions sont-elles intimes, voire exclusives, de l'acteur, parfaitement solidaires de "son" *jîva* ?... Ou bien, les forces de manifestation se recomposent-elles à partir de qualités aléatoirement unifiées ?

- Vous voulez dire : "Est-ce *moi* qui se réincarne ou des propriétés, des caractères ?" Existez-vous *assez* pour exister *encore* ? Cela dépend de vous. La réponse à votre question dépend du point de vue que l'on prend pour y répondre, monsieur.

«Qui est l'auteur de vos actions ? C'est bien l'ego qui meurt. C'est bien lui qui a peur de la mort, et c'est bien vous, si vous vous identifiez à lui, qui la craignez.

Il ajouta peut-être ce qui suit, peut-être ne l'a-t-il pas dit, peut-être l'a-t-il dit sans prononcer les mots.

«*Karma* et *samskaras* n'ont aucune réalité absolue. Le monde entier est solidaire de l'ignorance. Le monde et sa réalité sont des phénomènes de l'ignorance. Personne ne vit dans le monde, personne ne se libère du monde. Et personne n'existe dans le monde de la connaissance.

«Seul ce qui est pourvu d'une existence autonome existe vraiment. Et cette existence-là est la seule existence.»

Méditation.

J'atteignis peu à peu des moments où la pensée est en suspension dans l'immobile, où, unies dans le silence et le vide, les forces intérieures (*gunas*) atteignaient l'équilibre qui les annule. La vacuité est ce moment de l'immédiat sans mouvement. Puis un mouvement ranime leur interaction, précipite des effets devenant séquences de pensées ou d'impulsions. Je les acceptais en les identifiant, puis rentrais dans le silence..

Qui vous a choisi ?

Swami Vichârava n'était pas un *saint* connu. On ne se déplaçait pas du bout de l'Inde ou du monde pour voir son *darshan*. Il ne s'en préoccupait d'ailleurs pas. Au contraire, il nous prévenait de ne pas parler de lui, surtout aux Occidentaux. "Je vous choisis. Ne m'envoyez personne."

Des gens, peu nombreux, venaient assister à nos méditations ou demandaient un entretien au guru. Le dimanche, les visiteurs venaient en plus grand nombre et lui offraient des guirlandes d'œillets d'Inde.

«Votre discrétion n'est-elle pas en conflit avec votre...

Je dis "vocation".

- Quelle vocation ? Je ne suis ni un saint, ni un guru.

«La vie se cherche un sens. La conscience relative cherche la conscience absolue. Voilà tout. *Chit* (l'existence) cherche *chit* (l'intelligence). Ce n'est pas son devoir, c'est son destin (*prarabdha*). *Sat* (l'être) est un moyen de *sat* (la Vérité).

Nous étions sur son balcon où il recevait en privé.

- Et l'ignorance...

- Ce sont surtout les Occidentaux que je veux éviter d'attirer. Ils prennent la religion pour une psychothérapie.

- Vous voulez dire comme "moyen d'être" ?

- Comme une manœuvre. La quête du détachement au service de l'ego. Ils ne peuvent pas accepter de renoncer aux appropriations affectives. Ils viennent en Inde en pèlerinage vers la vérité. Ils y restent quelques mois, puis retournent chez eux avec la moitié d'un *tola*[80] d'une vérité bancale et toutes sortes de concepts nouveaux qu'ils ne maîtrisent pas, et plus orgueilleux qu'à leur arrivée. Surtout, non pas libérés mais plus prisonniers encore des moyens de la liberté.

«Cela ne leur fait pas de bien, conclut swamiji.

- La lutte contre l'ignorance n'est-elle pas un devoir du *sannyassin* ?

- Le plus juste devoir est de rendre service à la connaissance. Avant d'offrir un quelconque savoir, il faut rendre digne de ce savoir celui auquel vous l'offrez.

Je n'insistai pas. Après quelques minutes, je demandai :

- Pourquoi m'avez-vous choisi, moi ?

Swamiji ne répondait pas. J'avais abandonné la question lorsqu'il dit :

- A Delhi, vous m'avez dit que vous veniez de voir la confiance. C'était une vision de Dieu, bien que vous ne l'ayez pas reconnue.

Bien que parfois sévère et même un peu sarcastique, swamiji ne manquait jamais de manifester l'amour et la douceur.

- Une vision ?...

- Oui, une vision. Une forme de manifestation de l'Absolu, en vous. Un appel, si vous préférez.

Devant mon étonnement, il ajouta :

«Comment croyez-vous donc que Dieu se manifeste ? La plupart du temps, très modestement.

«Vous aviez en vous la lumière de ceux qui ont eu une apparition de la vérité. Vous veniez d'entrer dans la voie. Avant cela, vous ne faisiez que regarder la voie. Je ne vous ai pas choisi. La Vérité vous a tirée vers elle. *Dieu vous a tiré vers Lui*, en quelque sorte.

Je ne voulais pas accepter une telle suggestion.

- Dieu n'appelle-t-il pas chacun ?

- Oui, oui, oui. Dieu appelle chacun tout le temps. Mais chacun n'entend pas tout le temps. C'est bien là qu'il y a un petit problème. Voyez comme vous résistez ! s'exclama swamiji. Si je vous avais parlé de Dieu, ce jour-là, vous auriez fui.

- Sûrement.

- Observez ce qui a conduit votre parcours, pensez-y.

Pendant le silence qui suivit, je pensais à ce parcours. Wilhem, rabbi Isaac, Paresh Babou, saï Baba, le sorcier yanomami, mère Térésa, frère Marc, les Tibétains, Kalou Rinpoché, lama Amtrim Shérab, cheikh Assam. "Dieu vous a tiré vers Lui", disait swamiji ; je pensai qu'au contraire Dieu ne m'avait pas appelé.

«Quelle différence ? Vous l'avez cherché, il vous a appelé ? Ne voyez-vous pas qu'il s'agit du même phénomène ?»

"*YHVH-Elohim séduisit Adam dans le jardin.*" "Qui a séduit qui ?" pensai-je. Saint Thomas cherche celui qu'il a déjà trouvé. Qui cherche qui ? "*Qui cherche trouve*", répond Jésus...

«Vous ne vouliez rien savoir de l'avenir, vous souvenez-vous ? me demanda swamiji. Vous vouliez savoir *comment* et non *quoi*. *Quoi* est la question de l'individu séparé : “Quel est mon avenir ? Que va-t-il m'arriver ?”... *Pourquoi* est la question qui conduit à l'autre question — *comment*. *Comment* vous mène à la libération. Comment chercher, comment aller, comment aimer, comment renoncer... L'avenir vous proposait ces réponses, mais vous ne vouliez pas les entendre. Votre mental était encore votre maître. Votre passé refusait son avenir.

- Vous m'avez pourtant proposé de me dire mon avenir. Ne saviez-vous pas que cela ne m'intéressait pas ?

- Je m'adressais au mental. Il faut prendre des détours avec lui. Je vous proposais l'avenir pour vous dire le passé. Et le passé pour séduire l'instant. L'avenir existe-t-il ? Pas plus que le passé. Je vous ai montré l'instant.

J'évoquai le souvenir de cette première conversation, la capacité de swamiji de lire ma pensée...

- Savez-vous tout ce que je pense avant que je le dise ?

Il éclata de rire.

- Comment le saurais-je ? Vous ne dites pas tout ce que vous pensez !

J'éclatai de rire avec lui. Il poursuivit :

«Tout existe à partir d'une vibration initiale, monsieur, celle que nous appelons “Om”. Imaginez un lac dans lequel on jette un caillou. Des vagues apparaissent qui s'éloignent du point d'impact. Ces vagues existaient en potentiel avant qu'on ne jette le caillou. N'importe quel point sur ces vagues représente le point d'impact aussi bien que l'infinie conséquence, n'est-ce pas. Le futur et le passé sont entièrement contenus dans le présent. Le présent est une modification du passé. Le futur est une modification du présent. Le temps est une modification de l'instant.»

“Une énumération des interactions...”, avait-il dit un jour.

«Vous êtes l'onde de la manifestation, poursuivit-il, vous êtes le lac et vous êtes le caillou. Mais vous vous percevez comme un point sur l'onde. Seulement comme un seul point sur l'infinité des points de l'onde. Alors qu'en vérité vous êtes tout.

«Tout ce qui se manifeste à la réalité relative est d'abord manifeste de façon subtile. Avant que vous ne commenciez une action, elle apparaît en vous sous la forme d'une pensée déclenchée par une intention. Ou encore, sous la forme d'une action subtile dans votre corps subtil. Cette action subtile forme un mouvement, comme une onde.

«Une intention est comme un caillou jeté sur le lac de votre mental. Il va faire un effet, une onde, une vibration. Cette vibration est une manifestation au stade subtil sur votre *mahabuddhi*. Je dirai qu'elle est, en quelque sorte, la transpiration de l'intention de votre être profond, comme si vous émettiez de l'intuition.

«De la capacité de bien pénétrer le présent résulte celle d'entrevoir le passé et l'avenir qui ne sont que des modifications plus ou moins prévisibles du présent. De n'importe quel point sur l'onde, vous pouvez remonter vers le point d'impact et percevoir les mouvements suivants. Il n'y a qu'à suivre les maillons des chaînes de causes et d'effets. C'est un problème d'identification. Si vous vous identifiez à une partie de la situation, vous ne comprenez pas la situation. Envisagez-la entière. Soyez libre en elle. Mais ne cherchez pas à être un voyant dans la situation, ce serait entrer dans une partie d'elle.

«Lorsqu'il n'y a pas de mouvement sur "mon lac", je peux ressentir le "vôtre". Mon corps subtil perçoit le mouvement dans le vôtre, voyez-vous ? La suite n'est plus qu'une question de traduction.

- C'est tout le problème...

- Non, c'est-là un très petit problème. Disponible à l'instant, et seulement à l'instant, vous ressentez précisément ce qu'il faut ressentir, et la traduction du mouvement subtil en pensée plus consciente, plus manifeste, vous est suggérée par votre mental sans erreur possible, à condition que votre mental soit stable, pur. Soyez l'*âtman*. Autrui est une forme du Soi. Autrui est une forme de soi-même en tant que le Soi. Mais cela n'est pas un objet d'étude. Cela n'a vraiment aucune importance.

Je n'insistai pas. A Delhi, swamiji avait été très précis. Il avait "vu" l'âge de ma mère et son nom...

Il conclut :

«Pouvais-je vous expliquer cela le jour où nous nous sommes rencontrés ?

- Comment puis-je vous remercier ?

- La reconnaissance exprime le sentiment de proximité d'un être qui se conçoit encore séparé. L'Amour est le seul sentiment qui ne soit pas appropriable, et celui-là n'a pas besoin de remerciement. Il est le souffle de vie. Dieu remercie Dieu. Que s'est-il passé ? Rien.

- Dois-je rester ici ou dois-je partir ?

- Il n'y a rien à devoir monsieur. Ni dans le temps, ni dans le lieu. *Où* et *quand* ne vous donneront jamais les réponses que vous cherchez. *Partout* et *continuellement* est la seule attitude vraie. Détendez-vous.

Je m'inclinai devant lui. Il posa ses deux mains à plat sur ma tête, puis me souleva par les bras. Il souriait.

«Le sage est celui qui sait reconnaître la sagesse, dit-il. Vous souvenez-vous ? Il n'y a jamais eu de guru que vous.»

Méditation.

Un jour, après une méditation particulièrement stable, j'en vins à me demander si mes pensées avaient vraiment été interrompues ou si le Soi n'avait simplement plus été troublé par elles. Quoi qu'il en soit, le moi, refusant d'alimenter ses propres pensées, rejoint dans l'équanimité un moi plus impersonnel. Mes pratiques devenaient plus faciles. Je n'avais plus de difficulté à concevoir l'union de l'objet perçu et du perceveur. D'abord appelée, la méthode et le principe disparaissaient dans l'union elle-même.

Swamiji commenta un verset de la Bagavad-Gîtâ :

«"*Nul ne peut demeurer, pas même un instant, sans agir. Tous y sont contraints par la nature même des éléments* (*gunas*) *dont ils sont composés.*"[81]

«Ce sont les *gunas* qui agissent, pas vous. Vous êtes poussés par des forces que vous ne contrôlez pas. Laissez-les agir, mais n'y participez pas. Soyez le centre. Le monde existe alors comme avant, mais votre rapport au monde est différent. Vous êtes le Témoin.»

Jeûne

Un soir, notre guru annonça qu'il allait commencer un jeûne de quelques jours pendant lesquels il observerait le silence. Il nous invita à l'imiter, chacun selon sa volonté. Ceux qui le souhaitaient pourraient boire, prendre un peu de lait ou une banane le soir, pour apaiser la faim.

Swamiji continuait à apparaître sur la terrasse au lever et au coucher du soleil, mais il ne disait rien. Nous méditions tous ensemble.

Sa présence était un encouragement. Je puisais dans le rayonnement de sa joie sereine et de son équilibre, le souffle de sa force contagieuse.

L'ambiance de l'*ashram* changea. Tout prit alors de la solennité. Même les voisins, il me semble, faisaient moins de bruit. Les *sâddhus* riaient et plaisantaient plus calmement. L'ascèse force le respect ; elle répand de la bénédiction. L'homme qui jeûne irradie un calme puissant.

C'est le commencement du jeûne qui est le plus difficile, lorsqu'on ne sait pas encore pourquoi on fait ce qu'on fait.

Je ne souffre pas de ne pas parler, mais le silence de la pensée est moins docile. Au début, j'avais plus peur d'avoir faim que de véritables sensations de douleurs. Je continuais à boire. L'eau me faisait l'effet d'un ballon d'oxygène. Vinrent ensuite des appels de plus en plus pressants du corps. Ils auraient pu se transformer en obsession si la pensée n'était pas déjà occupée au *japa*. Le pouvoir des noms de Dieu est immense. Bientôt, la douleur disparut, bien que mon corps fût faible, mon *âme* était légère, transparente à elle-même. L'absolu devient familier comme un être proche pendant les jours qu'on lui consacre exclusivement.

Quelle belle leçon swamiji nous offrait. Dans ces jours de jeûne du corps et de la pensée, j'ai découvert ce que j'étais venu chercher auprès de lui, l'attitude qui m'était la plus étrangère et qui me terrifiait : l'abandon, le renoncement non seulement à mes propres pulsions mais aussi à ma volonté. J'étais devenu insouciant, confiant, comme si j'avais enfin pu offrir à une autre personne la garde de mon être, le souci de mon bien-être et tous mes projets de devenir. Un sentiment puissant d'union au maître me transporta dans la conscience évidente que j'avais trouvé mon guru : le représentant de l'absolu en tant que guide. Des années auparavant je lui avais parlé d'une confiance effleurée. Je la *réalisais* enfin. Swamiji m'en avait donné les moyens.

Je commençai à m'alimenter le cinquième jour. Swamiji rompit son jeûne le sixième.

Des jours se suivaient identiques les uns aux autres dans une douceur de moins en moins capricieuse.

Au cours d'une méditation, alors que j'étais seul sur la terrasse par un après-midi nuageux, j'eus le sentiment que le monde (le monde perceptible par les sens et la pensée) ralentissait. Il perdait la couleur. Sur le Gange, les bateaux me paraissaient arrêtés, les oiseaux suspendus, les hommes figés. Bientôt, plus rien ne bougeait, tandis qu'un autre monde, un monde intérieur aux formes, s'animait. Je ne voyais plus que quelque chose comme de la poussière de lumière vibrer telles des particules d'or, presque incandescentes et translucides, se mouvant à une vitesse extraordinairement rapide dans des espaces extrêmement petits. Même les yeux fermés, je continuais à les voir.

"Qui voit quoi", me demandai-je ? Aussitôt cette question mentalement formulée, son auteur se créa en se cherchant, et la vision s'anéantit. Le monde reprit son aspect habituel. Mais *qui* avait eu cette étrange vision ? Le phénomène avait-il été imaginaire, fantasmatique ? Quand bien même, qu'est-ce qui l'avait déclenché ? S'il avait disparu avec l'appel du perceveur, qui l'avait vu ? Qui s'en souvenait ?

Enquêtant en moi, je déduisis que j'avais dû avoir ce que j'appellerai une "sensation visuelle" ou, plus précisément peut-être, "des sensations visuelles" s'étaient produites dans ma conscience, ou encore, le monde des relations lumineuses m'avait pénétré dans une sensation. Etait-ce un progrès ? J'en parlai à swamiji.

«Un progrès ! s'exclama-t-il. Est-ce que cela vous a fait plaisir ?

La question me surpris, mais mon guru me surprenait souvent.

- Oui, répondis-je, je crois que oui ; c'était même délicieux, si vous voulez...

- Voyez-vous, monsieur, la béatitude, nous disent les maîtres, est l'un des trois attributs de l'absolu *satchitananda. Ananda* signifie au-delà, libération, mais aussi la béatitude, la joie pure. Cette sensation de lumière était-elle joie pure ?

- Je n'en sais rien, qu'en pensez-vous ?

- Voyez-vous, je vous demande si la lumière était la source de la joie, ou si c'était le fait de n'être pas en vous qui en était la cause. Dans le premier cas, ce n'était pas *ananda*, puisque votre joie avait une cause ; dans le second cas, votre joie était sans cause, et la lumière n'en était qu'une conséquence, comme une manifestation, alors elle serait *ananda*.

- Pourquoi me suis-je posé cette question qui interrompit la vision ?

- Vous vouliez que cette joie ait une raison pour pouvoir la retrouver. Déjà vous vouliez prendre, attraper. Alors vous êtes redevenu vous-même, l'ego, qui fait l'expérience de quelque chose.

«Vous ne réalisez *ananda* qu'en tant qu'*ananda*, de même que seul Brahman peut connaître Brahman.»

Il se tut. Swamiji me semblait tirer la grâce d'un infini suspendu, invisible qu'il rendait intime de nos réunions. Ses paupières habillées de longs cils noirs clignaient parfois comme les battements d'ailes de deux papillons, comme s'il interrompait le spectacle de la vie pour s'en distancer.

Que ta volonté soit faite

Mes premières indifférences avaient d'abord été objets et sources de faiblesse. J'avais accepté la Volonté de l'Absolu en me la refusant à moi-même dans une sorte de docilité passive recherchée, volontaire. Fausse. Mais j'obtenais ensuite d'aimer la Volonté comme mienne parce que je lui accordais ma confiance. Plus je la laissais me diriger, plus je constatais sa rigueur et sa bienveillance et plus je m'abandonnais à elle avec joie. Et plus je l'aimais comme une présence intime, invisible, intelligente et intelligible.

Peu de temps après, avec la grâce de la confiance et le renoncement à ma volonté, je découvrais l'amour du créateur. Tout était Lui. Tout était uni dans la perception. Je n'en jugeais plus. Que vivre, alors, était doux.

Encore quelque temps plus tard, je retrouvai la "sensation visuelle" et je m'y absorbai sans l'interroger. Et cela arriva encore, et encore. Le temps n'y existait pas. Cela durait une minute ou deux heures. Le plus souvent, cela était très court, mais ce saut hors de moi, dans la légèreté de l'absence me faisait l'effet d'un baume existentiel.

Un jour, la sensation me suggéra une sorte d'explication d'elle-même que je ne peux traduire que de façon conceptuelle.

"*Le monde est la vibration d'une lumière increée. L'Unique increé, l'énergie et la matière subtile, qui sont une même chose, ont créé la conséquence. Energie et matière subtile, suivant la conséquence, ont fait jaillir l'apparition, et avec elle, le pouvoir de percevoir. Ils ont fait la manifestation, et avec elle, le pouvoir de sentir et d'agir. La manifestation est l'apparition de la conscience à elle-même. L'Unique increé joue au jeu de la conséquence. Lorsqu'Il poursuit des conséquences, Brahman se transforme en âtman, et âtman en jîvas qui vivent des histoires. Parfois, l'un d'eux se souvient de lui-même, se cherche et retrouve la source du jeu, dans l'increé.*"

Encore plus tard, je cessai d'écouter les explications de swamiji. J'allais avec lui dans la source de son discours.

Aucun doute ne me harcelait plus. Mes méditations étaient plus stables. Qu'aurais-je fait d'autre ? Aucun *ailleurs* n'était aussi délicieux que ce présent-là où, au-delà de la forme, tout est uni.

Epilogue

Ce Dieu qui n'existe pas, je l'ai rencontré

«Dans nos prières, nous n'invoquons pas le "Dieu d'Abraham, d'Isaac et de Jacob" mais le "Dieu d'Abraham, le Dieu d'Isaac et le Dieu de Jacob." Pourquoi ? Parce que chacun des patriarches était parvenu, par une voie personnelle, à la connaissance de Dieu. Et chacun d'entre eux le servait à sa façon.»
Baal Chem Tov

Au bout de ce parcours dans le monde et quelques-unes de ses traditions religieuses, avons-nous reçu les réponses aux questions que nous nous posions ? Qu'est-ce que Dieu ? Y a-t-il un sens à la vie ? Comment faut-il réfléchir la vie pour qu'elle ait un sens ?

Partout, et depuis toujours, les hommes se posent ces mêmes questions, qui en génèrent d'autres : "Y a-t-il une réalité ?" "Quelle est sa nature ?" "Quelle est la nature de Dieu ?" "Quelle relation peut-on entretenir à la fois avec l'une et l'autre ?"

On leur répond ! Et le plus souvent des bêtises. On leur dicte une vérité préparée au lieu de les rendre prêts à découvrir et à connaître l'absolu dans l'intime. On exhorte au lieu d'éveiller, on dicte des comportements au lieu de fonder des attitudes. On propose des réponses éthiques à des questions spirituelles.

La *Vérité* unique et révélée conduit à la vénération idolâtre des réponses définies, déterminantes. Elle confine dans des concepts rigides qui réduisent l'infini. "*Répondre à la question, c'est le dogmatisme ; questionner la question, c'est la spiritualité*", m'a dit un jour rabbi Isaac.

Pour être utile, Dieu doit être intelligible, intelligent et libérateur, sans en appeler à l'*a priori* de la foi. Le Dieu que mes maîtres m'ont montré est un point de vue fondateur de réalité, un discours, un regard, une attitude, qui ont la qualité de tout ordonner. Partout, Dieu se compare au vide dynamique, et le moyen de le connaître ressemble au silence.

J'ai toujours cherché les hommes intimes du Dieu dont ils parlent, le sage plutôt que le prêtre. La sagesse, pour être crédible, est vécue et non prêchée. Ainsi, je me suis lié avec des maîtres qui me proposèrent plus qu'un savoir : une connaissance. J'ai fait ici le récit de dix ans de rencontres au-delà des dogmes, avec des *sages* de toutes religions.

Cet ouvrage rassemble cinq religions. Ce n'est pas leur Histoire qui m'intéressait, ni leurs institutions, leurs dogmes et les nuances de leurs sectes. Je n'ai pas voulu compiler un savoir déjà disponible, ni gloser sur les mythes. J'ai laissé chaque tradition dans sa spécificité, évitant le piège de l'œcuménisme nivelant, qui eût appauvri ce qui est précieux d'être singulier et différent, mais j'ai cru indispensable de les lier dans un même livre. Cela les relativise les unes les autres, montre que la *Vérité* est multiple, rend nulle toute tentation sectaire, tout en les enrichissant, et permet que l'on développe en les abordant d'autres réflexes que ceux de l'appropriation. On a pu puiser à l'intelligence des peuples et se désaltérer à plusieurs sources de sagesse. Ailleurs aussi, partout, les hommes pensent et vivent l'Absolu.

Ce livre voulait s'adresser aussi bien au croyant qu'à l'athée, au curieux. Curieux de rencontrer sa foi sous un autre angle, curieux de ce que professent et pratiquent d'autres peuples, curieux de ce que Dieu peut être lorsqu'on le tire du "prêt-à-croire" abêtissant des catéchismes de toutes dénominations. Des mystiques, vivants et proches de nous, connaissent leur Dieu et enseignent les chemins de leur sagesse. C'est cette spiritualité que j'ai pratiquée.

J'ai reproduit les enseignements de mes maîtres comme si on ne connaissait pas grand chose de leur tradition spirituelle. Car on n'arrive pas vierge devant *les Dieux*. Il fallait démystifier certains des préjugés qui modifient la compréhension de ce que l'on ne connaît qu'à moitié : l'épisode du péché originel a trouvé avec rabbi Isaac le sens d'un chemin initiatique obligatoire ; avec lama Amtrim Shérab et swami Vichârava, le concept de *karma* s'est vu décapé de la tentation égocentrique ; la guerre sainte de l'Islam est devenue avec cheikh Assam celle de l'âme en quête de pureté luttant contre l'appropriation du *moi* ; l'Eucharistie, avec frère Marc, a pris sens dans l'appel sans cesse renouvelé à l'exode ; enfin, on a suivi avec swami Vichârava un sentier qui conduit des Dieux personnels à Brahman, l'absolu impersonnel...

Les paroles des sages prennent un sens différent selon ce qu'on est prêt à en recevoir, selon l'endroit dans lequel on les place dans le système philosophique et religieux entier, selon, aussi, des conditions triviales : l'humeur, la disponibilité, le degré d'attention et d'implication, notre capacité à remettre en question tout ce sur quoi notre vie est fondée. En relisant mes notes, je comprends souvent les propos de mes maîtres comme si je les entendais pour la première fois, comme si, à chaque fois, j'avais suffisamment changé pour les intégrer différemment, comme si je ne les avais pas compris avant. Non pas à un niveau supérieur ou inférieur, ailleurs, à l'étranger, dans une autre vie où je ne suis plus. Ils me semblent toujours pénétrants, toujours utiles. Ils éveillent.

La religion dont nous avons hérité au berceau n'est pas fatalement celle que nous devons ou désirons étudier et pratiquer. Entre l'adhésion et le rejet, il reste la possibilité de choisir sa voie. Pour que cela puisse se vivre avec sérénité, il faut dissoudre la culpabilisation de la trahison. J'ai brisé le tabou absurde de la fidélité en religion en les pratiquant toutes. Cet ouvrage est aussi l'histoire de cette expérience de *fidèle pluriel.*

Au niveau de ses mystiques, la religion dépasse toutes les idéologies et les dogmes pour lier l'homme, et non le fidèle, à l'absolu qu'elle invoque. L'essentiel n'est pas le nom de Dieu ou la forme du culte qui l'appelle ; on le dit depuis toujours, mais on agit comme si on ne le savait pas. L'absolu transcende le nom et la forme, et transforme l'être au-delà de lui-même. Cet essentiel que chacun pressent et désire voir advenir, j'ai voulu le vivre. Et le dire.

A ce moment de l'Histoire où l'information est devenue globale et les idéologies contestées, la religion devrait-elle faire exception quant à l'ouverture qui la rendrait libre ? Puisse ma modeste contribution favoriser un commencement d'ouverture religieuse.

"Le disciple fait le guru", dit-on en Asie. La responsabilité de la qualité de l'enseignement spirituel incombe à celui qui le reçoit. C'est à lui qu'il revient d'accepter et de refuser, de trier, de guider l'instruction. Son enthousiasme trop complaisant, sa crédulité, sa timidité, sa fidélité, la qualité de ses questions — en un mot, son exigence ou sa passivité —, stimulent la tentation autoritaire et le dogmatisme qui le révolteront ou, à l'inverse, suscitent une initiation qui s'adresse à tous ses moyens intellectuels et affectifs et qui conduit à la connaissance du principe à partir duquel se pense, se vit, se révèle l'Absolu.

C'est au disciple qu'incombe la responsabilité de refuser au prêtre, quelle que soit sa dénomination, le rôle de maître, s'il ne le considère pas comme un être accompli, s'il ne lui connaît d'autre pédagogie que l'exhortation, d'autre condition que l'adhésion, que l'impératif de croire quand bien même l'enseignement serait incroyable. C'est à ses fruits que l'on juge un arbre...

Avant de rencontrer frère Marc, swami Vichârava ou rabbi Isaac, j'ai parlé à de nombreux prêtres, swamis et rabbins. Je n'ai pas facilement trouvé ceux qui me conviendraient, ceux qui pouvaient me "prendre", me "séduire", tel YHVH-Elohim Adam dans le jardin d'Eden. J'ai commencé l'étude et la pratique avec d'autres, que j'ai quittés plus ou moins rapidement lorsqu'ils me demandaient de croire, lorsqu'ils se montraient incapables d'éviter de mêler à leur discours un miraculeux au premier degré qui ne me servait à rien, me laissant ignorant.

Quelle que soit la religion que nous choisissons, soyons implacable quant à nos exigences. Disons franchement : "Non, pas cela, pas comme cela." C'est la passivité du fidèle qui fait de la religion une soupe populaire pour simple d'esprit ; son intransigeance fera évoluer la spiritualité dans son ensemble.

Lors de notre première rencontre, cheikh Assam m'a raconté cette histoire :

«Un homme croyait avoir besoin d'un chameau. Il se rendit à la foire, consulta les marchands.

"Regarde comme le mien est fort, dit le premier, vois comme il est puissant, il portera tes fardeaux, et tes soucis avec !

-Il te faut un chameau endurant, dit un autre, qui vivra longtemps et te mènera loin !

- O saïb, prends ce chameau couvert d'or et d'orgueil, dit le troisième, avec lui tu seras reçu à la cour du Calife.

- Non, dit un autre, un chameau âgé fera ton affaire. Celui-ci s'est couvert de la poussière de toutes les routes de la sagesse.

- Le mien mange peu, il sait lire et compter !...

- L'arrière grand-père du mien a connu le Prophète...

- Le mien a conduit le roi !"

«O ami, toi qui cherche Dieu, qu'as-tu à faire d'un chameau ? Marche seul où tu ne peux aller que seul. Si c'est Lui le but de ton voyage, tu n'as besoin de rien.

«Les prêtres, les saints, les prophètes et leurs cousins te proposent leur religion ; ils te promettent la vie éternelle, le paradis, le bonheur, la connaissance... Que devrais-tu leur donner en échange ? L'obéissance ? La dépendance ? Eux-mêmes savent-ils seulement marcher sans monture ?

«Ecoute sur ton chemin celui qui te montre sa liberté et fuis celui qui veut prendre la tienne.»

La religion, telle que j'ai voulu la montrer dans ce livre, est un moyen, une démarche d'évolution individuelle, une façon d'être dans le présent. J'ai éprouvé les religions en tant que somme de méthodes de transformation, pratiquant moi-même les exercices spirituels en les posant dans la perspective de la problématique du changement. Lorsque l'individu change, le monde change ; les points de vue, les valeurs sur lesquels il construisait le monde n'étant plus les mêmes, la réalité se modifie. Etre étant relativisé, la pulsion de l'accumulation, le culte du paraître, fondent avec lui. Un monde et un homme plus généreux, plus ouvert, plus calme, s'introduit dans la vie. C'est cet homme transfiguré qui peut métamorphoser autour de lui.

"N'essayez pas de changer le monde, monsieur, disait swami Vichârava, *transformez-vous vous-même d'abord. Seul un homme libre peut enseigner la liberté."*

La pratique spirituelle commence par l'examen lucide — qui n'est pas un jugement — du seul phénomène que nous puissions vraiment connaître :

moi. "N'allons pas spéculer les réponses, disait souvent lama Shérab, *observons ce que nous pouvons connaître."* A partir de la connaissance de soi, on peut évoluer jusqu'au sacrifice librement consenti de soi-même pour connaître l'absolu.

Je souhaite que cet ouvrage ait montré qu'une spiritualité exigeante pouvait exister, et avoir donné l'envie de la susciter.

Que puis-je dire d'autre ? "Dieu existe-t-il ? N'existe-t-il pas ?" Ces questions sont vaines. La connaissance de l'Absolu les rend vaines. J'ai rencontré le Dieu de mes maîtres, je l'ai fréquenté, je l'ai connu. Dieu est toujours au-delà de ce qu'on dit de lui. "*Dieu existe, mais pas par l'existence*", répètent inlassablement les cabbalistes. Ce Dieu qui n'existe pas, je l'ai rencontré.

Notes

Notes du chapitre 1 au chapitre 12
1- "Je ferai une aide pour lui contre lui." Genèse 2,18
*2- **Goy** = peuples ou individus non juifs.*
*3- **Cacher** = conforme. Aliments conformes aux normes alimentaires prescrites.*
*4- **Thora** = désigne les cinq premiers chapitres de la Bible, puis toute la Bible. **Talmud** = Thora orale, interprétation de la Thora. **Zohar** = livre fondamental de la kabbale. Il s'agit d'un commentaire des cinq livres de la Thora et de quelques autres livres. **Tanya** = livre d'études par Rabbi Schnéour-Zalman.*
5- Talmud de Babylone, Chabbat 31a.
6- Maseltov : exprime les bons voeux.
7- Talmud de Babylone, Roch Hachana 23a.
8. Psaume 25:14.
9. Lorsqu'on convoque l'autorité de la Thora, on dit : "Comme il est écrit" ; lorsqu'on se réfère à la tradition orale, on dit "Comme il est dit".
10- Talmud de Babylone, Berakhoth 52.
11- Psaume 2:11.
12- Tiqoune Ha Zohar 24a ; Talmud de Babylone, Sotta 39b; Psaumes 83:19.
*13- **Rabbi** = maître. Titre rarement utilisé.*
14- Matthieu 25:29.
15- YHVH, le tétragramme ne se prononce pas. On dit Hachem, le nom.
16- Midrach Rabba Béréchit 1:1.
17- Sepher a Bahir 186.
18- Ecclésiaste 7:14.
Certaines citations bibliques sont tirées de la traduction de Louis Segond, d'autres de celle d'André Chouraqui, parfois les deux sont mentionnées.
18[b]- Les lettres majuscules indiquent les consonnes dans la transcription hébraïque sans voyelles.
19. Deutéronome 4:32 ; Talmud de Babylone, Haguiga 11b.
20. Midrach Rabba Béréchit, Chap I:4.
21. Zohar, Béréchit I, 15b ; Talmud de Babylone Soucca 49a.
22. Tiqoune Ha-Zohar 24a
23. Deutéronome 4:39 ; Zohar, Préliminaire 12a.
24- Talmud de Babylone, Soucca 49a.
25- Psaume 111:10.
26- Talmud de Babylone, Soucca 49a.
27- Talmud de Babylone, Bara Bathra 12.
28- Proverbe 16:6.
29- Proverbe 21:3.
30- Isaïe 58:7.
31- Lévitique 19:18.
32- Rabbi Schnéour Zalman de Liadi, Chaar Hayi'houde Vehaemounah, Ch. III.
33- Psaume 104:30.
34- Esaïe 46:10.
35- Genèse 28:19 ; la vision de l'échelle.
36- Exode 25:8.
37- Genèse Rabba 68:9 ; Sepher Ha Bahir 14.
38- Sepher Ha-Bahir 70.
39- Sepher Ha-Bahir 70.
40- G Scholem, les origines de la Kabbale.
41. Cantique des cantiques 5:2
42- Jérémie 10:10
43- Genèse 1:3
44- Psaume 119:160
45- Genèse 1:3
46- Genèse 1:3, autre traduction.
47- Sepher Ha-Bahir 190
48- Genèse Rabba 1:1
49- Genèse Rabba 1:1
50- Genèse 1:3
51- Genèse 1:4
52- Genèse 1:2
53- Zohar, Béréchit II, 31a
54- Genèse 1:2
55- Psaume 18:12
56- Guématriyah: calcul des valeurs numérique des mots hébraïques.
57- Genèse 1:4
58- Genèse 1:5
59- Zohar, Tiqoune Ha-Zohar 24a ; Talmud de Babylone Sotta 39b sur le Psaume 83:19.
60- Wilhem est le nom de code du groupe d'amis dont je fais partie. Lorsque nous nous rencontrons, peu importe qui dit quoi, c'est Wilhem, la rencontre, qui le dit.
*61- **Mézouza** : petit parchemin sur lequel sont écrits les deux premiers paragraphe du Chema. Comme il est prescrit dans les commandements, il est enserré dans un étui et placé sur le linteau à portée de la main.*
62- Genèse 4:10

63- Genèse 4:9
64- Genèse 1:26
65- Moïse Maïmonide, Le Guide des Egarés, première partie, chap.1.
66- Genèse 2:7.
67- Rabbi Schneour-Zalman de Liadi, Chaar Hayi'houde vehaémouhah, Ch3.
68- Talmud de Babylone, Haguiga 12a, Deutéronome 4:32.
69- Deutéronome 4:32.
70- Genèse 2:11.
71- Tiqoune Ha-Zohar 22b; Midrach Rabba, XXI, 3; Deutéronome 32:39; 33:26; tiré aussi d'une interprétation élargie du Psaume 139:5
72- Genèse 2:3.
73- Genèse 3:22.
74- Genèse Rabba 23:5.
75- Genèse 2:1.
76- Zohar, BéRéCHit II, 31b.
77- Job 28:20
78- Zohar, BéRéCHit II, 30a.
79- Genèse 2:1.
80- Zohar, Béréchit II, 30a.
81- Genèse 4:9
82- Ce n'est pas Eve qui sort d'une côte ou d'un côté de l'Adam, mais Ichah, un quelqu'un, la conscience de l'autre.
83- Genèse 2:20.
84- Moïse Maïmonide, Le Guide des Egarés, IIe partie, Chap. 30.
85- Talmud de Babylone, Sanhédrin 38b.
86- Genèse 2:16.
87- Moïse Maïmonide Michné Thora Chap.11.
88- Zohar, Béréchit II, 35b.
89- Genèse 3:18.
90- Genèse 2:17.
91- Genèse 3:6.
92- Zohar, Béréchit II, 35b.
93- Moïse Maïmonide, Le Guide des Egarés, Iere partie, Chap. 37.
94- Genèse Rabba 21:5.
95- Zohar, BéRéCHit II, 36a.
96- Isaïe 11:3.
97- Genèse 3:7.
98- Genèse 3:7.
99- Rabbi Hayyin de Wolozhyn, L'Ame de la Vie, Nafesh Hahayyim, Premier portique, Ch.12.
100- Job 34:11.
101- Psaume 119:160.
102- Genèse 2:17.
103- Genèse 2:9.
104- Genèse 3:3.
105- Genèse 3:10.
106- Genèse 3:10-11.
107- Exode 20:19.
108- Zohar, Béréchit III, 52b.
109- Exode 3:5.
110- Exode 33:20.
111- Zohar, Béréchit III, 53b.
112- Genèse 2:25.
113- Genèse 3:7.
114- Genèse 3:1.
115- Genèse 3:7.
116- Genèse 2:7.
117- Psaume 119:160.
118- Rabbi Schnéour Zalman de Liadi, Likoutei Amarine, Chap 4. Cf aussi Tiqoune Ha-Zohar 24a, Talmud de Babylone, Sotta 39b : La Thora, c'est le Saint, Béni soit-il.
119- Genèse 3:22.
120- Génèse 3:19.
121- Genèse 2:7.
122- Michée 6:8.
123- Genèse 2:21.
124- Genèse 2:21.
125- Talmud de Babylone, Berakhoth 57b.
126- Genèse 1:27.
127- Genèse 2:7.
128- Genèse 2:19.
129- Tiqoune Ha-Zohar 27a.
130- Zohar Béréchit 1, 15b.
131- Isaïe 38:16; Genèse Rabba XX, 10.
132- Zohar, Béréchit III, 49a.
133- Genèse 2:21.
134- Genèse Rabba 17:6; Zohar, Béréchit III, 48b.
135- Genèse 6:3.
136- Genèse 3:20.
137- Genèse 2:7.
138- Zohar, Béréchit III, 49a.
139- Genèse 2:7.
140- Zohar, BéréchitIII, 49a
141- Genèse 2:24.
142- Genèse 2:21.
143- Zohar, Béréchit II, 31a
144- Genèse 2:20.
145- Psaume 139:5.
146- Genèse 1:2.
147- Genèse 1:4.
148- Zacharie 14:9.
149- Haguigua, un des traités du Talmud.
150- Les quatre lettres de mot YHVH.

151- Tiqoune Ha-Zohar, 24a.
152- Genèse 2:2.
153- Genèse 2:2.
154- Genèse 1:3.
155- Téphillim: deux étuis en forme de cube, dont un est posé sur la tête et l'autre sur le bras, qui contiennent certaines prières en application des versets, Exode 13:1, 13:11, Deutétonome 6:4-9, 11:13-21.
156- Deutéronome 4:32.
157- Moïse Maïmonide, Le Guide des Egarés, I[e] partie, Ch.7.
158- Rabbi Schneour-Zalman de Liadi, Chaar Hayi'houde vehaémouhah, Ch3.
159- Rabbi Yehuda Halévy, Kuzary III:11
160- Psaume 104:30
161- Liturgie.
162- Genèse 1:26.
163- Genèse 2:7.
164- Talmud, Berakoth 7a.
165- Deutéronome 6:4.
166- Exode 19:6.
167- Exode 20:8.
168- Deutéronome 5:12.
169- Exode 31:17.
170- Deutéronome 5:15.
171- Exode 33:20.
172- Talmud, Berakoth 57b.
173- Lévitique 19:30.
174- Genèse 2:3.
175- Liturgie.
176- Zohar, préliminaires 5b.
177- Liturgie du soir de Pessah.
178- Exode 20:2.
179- Genèse 3:17.
180- Levitique 19:30.
181- Exode 25:8; Jérémie 7:4.
182- Psaume 111:10.
183- Kipa, petite calotte.
184- Talmud Berakhoth 17a.
185- Deutéronome 5:14.
186- Genèse 2:24.
187- Zohar, Béréchit III, 48b.
188- Rituel des Prières journalières. Trad. interlinéaire L.Blum, éd. Colbo Paris.
189- Exode 31:14.
190- Genèse 2:17.
191- Ezéchiel 37:17.
192- Exode 31:13 ; "Pour pénétrer, oui, moi, YHVH, votre consécrateur", trad. Chouraqui.
193- Lev 19:30.
194- Zohar, préliminaires 6a.
195- Talmud, Haguiga 11b.
196- Moïse Maïmonide, Le Guide des Egarés, introduction.
197- Moïse Maïmonide, op. cit. IIeme partie, chap. 29.
198- Moïse Maïmonide, op. cit. IIeme partie, chap. 30.
199- Talmud, Haguiga 11b
200- Lire avec intérêt Marie Louise Labiste, Traité de la connaissance ou la Kabbale retrouvée, éd. universitaires, p 167.
201- Genèse 2:24.
202- Genèse 3:1.
203- Genèse 3:22.
204- Genèse 3:6.
205- Genèse 2:17.
206- Moïse Maïmonide, Le Guide des Egarés, IIe partie, Chap. 10.
207- Genèse 2:25.
208- Genèse 3:7.
209- Genèse 3:7.
210- Talmud de Babylone, Haguiga 12a, Deutéronome 4:32.
211- Talmud, Haguiga 12a.
212- Zohar, Béréchit II, 36b.
213- Psaume 37:7.
214- Genèse 3:22.
215- Zohar, Béréchit II, 32a.
216- Genèse 3:24.
217- Psaume 25:14.
218- Lévitique 19:30.
219- Taxi-scooter.
220- Longue chemise portée par les Indiens.
221- Durga = une des formes de Parvatti, épouse de Shiva.
222- Thé au lait sucré.
223- La réalité perçue par les sens ainsi que celle de la pensée n'existent pas indépendamment de la perception physique et mentale. Elles ne sont que des apparences, le jeu divin dans lequel se cache la divinité sous l'infinité des aspects. Maya est le pouvoir d'illusion du monde.
224- Pharaon eut un premier songe: il était près d'un fleuve. Sept vaches grasses en sortirent, suivies de sept vaches maigres et laides qui mangèrent les grasses. Dans le second songe, sept épis gras montèrent du fleuve, suivis de sept épis maigres qui engloutirent les premiers. Pharaon interrogea Joseph qui interpréta les deux rêves : sept années de grande abondance avant sept années de famine.

225- Moine errant.
226- Ermitage, petite ou grande communauté ou monastère, école religieuse, généralement dirigé par un Guru, maître.
227- Offrande de nourriture dont l'essence est consommée par les divinités et que l'on partage.
228- Védas : les plus anciens textes de la littérature hindoue. Upanishads, ensemble de spéculations philosophiques qui concluent les védas.
*229- **Dharma** : l'ordre cosmique, la norme universelle et la vérité. **Ahîmsâ** : non-nuire, non-violence, respect aigu pour toutes les manifestations de la vie.*
230- Sage.
231- Brihad Upanishad I,4,8.
232- Isa Upanishad XIV.
233- Nom de Bénares avant la conquête des anglais.
234- Exode 3,5.
235- Mircéa Eliad, Le sacré et le profane, 1957, Coll Idée/Gallimard
236- Isaïe 6:3; Tikounéi Zohar, tikoun 57, p 91b.
237- Le trident (trishûlâ) symbolise les trois aspects de la manifestation, création, préservation, destruction, les trois forces (gunas), les trois états de conscience (éveil, sommeil, rêve) et sa hampe, Om, le quatrième état de conscience, les transcende.
238- Cândilya.
239- Mirabai. Le tilaka est la marque que les fidèles de Vishnou ou de Shiva s'apposent sur le front. Trois traits horizontaux pour Shiva, un U pour Vishnou.
240- Etre-conscience-félicité. L'être réel dans la conscience non qualifié qui est béatitude.
241- Rig Véda XXII 15-16.
242- Divinité de la mort, premier homme qui a connu la mort.
243- Bagavad Gîtâ IV, 20.
244- Ecclésiaste 1,3.
245- Bagavad Gîta IV, 18.
246- Breuvage enivrant utilisé dans les temps védiques pour les cérémonies et les sacrifices. Boisson fermentée, drogue ? Peu importe, elle procurait l'ivresse.
247- Rig Véda XI, 4 et 9.
248- Lit. bateau-maison qui est plus destiné à l'habitat sur l'eau qu'au voyage.
249- Titre honorifique de respect.
250- Vêtement de l'Inde classique composé d'une longue pièce de coton repliée en pantalon et d'une chemise à col Nehru.
251- Cérémonie religieuse, personnelle ou collective.
252- Chanvre bouilli dont on fait une boisson ou qu'on laisse sécher pour le fumer.
253- Pipe de forme longue et conique.
254- Petit tambour à deux caisses de résonnance opposées en forme de sablier au milieu desquels est fixé une cordelette terminée par une masselotte.
255- Offrande alimentaire que l'on partage à la fin de la puja pour communier avec les dieux et les assistants.
256- Seigneur Ram. Victoire à Ram. Chacun est Ram. Offrir le salut ainsi c'est apercevoir le Seigneur en chacune de ses manifestations.
257- Courant mystique de l'islam qui s'oppose au formalisme juridique, dont le but et la fin pourraient se définir comme une connaissance directe des vérités transcendantes.
258- Méthode d'adoration qui tend à rapprocher le fidèle de la divinité en établissant entre eux des liens d'amour.
259- La puissance cosmique de la spiritualité hindoue dont la fonction est de déployer les formes éphémères que nous appelons la création.
260- Poudre rouge dont on se marque le front entre les yeux après avoir rendu hommage aux dieux.
261- Littéralement : passion, mélodie de fond. En musique, la combinaison de différents modes et rythmes qui servent à définir l'atmosphère d'une émotion.
262- Souffle vital. le premier souffle, du sanskrit pra : avant, et ana : le souffle.
263- Petite galette de farine.
264- Membre du mouvement religieux et mystique juif fondé sur la piété.
265- Lao Tseu, Tao Tö King.
266- Homme qui renonce au monde pour vivre dans le plus complet dénuement et se consacrer à la réalisation.
267- Arrêtez cet homme!
268- Peinture sur étoffe représentant des mandalas, des saints ou des divinités.
269- Dans le bouddhisme tibétain, maître qui représente la doctrine. Rimpoché (lit. "très précieux") = lama dont on a reconnu

l'exceptionnelle valeur spirituelle.
270- Long châle que portent les lamas.
271- Collier de 108 perles utilisé pour compter les récitations des mantra.
272- Prendre refuge = s'orienter soi-même dans la direction et dans l'attitude qui conduit à l'illumination. On prend refuge dans le Bouddha, son enseignement et dans l'assemblée de ceux qui empruntent le même chemin.
273- Se référer à un livre publié depuis aux éd. Albin Michel, Instructions fondamentales de Kalou Rimpoché.
274- Voir chapitre 15 et suivants
275- Etre éveillé. Celui qui parcourt le chemin conduisant à l'état de bouddha en pratiquant les vertus parfaites mais qui renonce à demeurer dans l'état de libération jusqu'à ce que tous les êtres soient libérés.
276- Deux méditations dont nous parlerons dans l'enseignement plus complet de lama Amtrim Shérab.
277- Les différents textes de base du Vajrayâna, l'école du véhicule du diamant que l'on rencontre principalement au Tibet. Il ne se traite ici que de l'aspect théorique du Mahamoudra. Ses composantes pratiques doivent être prodiguées et appliquées sous la conduite d'un Lama. Elles comportent la répétition de mantra, des visualisations de divinités, et des méditations.
278- Chef spirituel de la lignée de l'école des Karma-Kagyu, celle de Kalou Rimpoché.
279- Personne considérée comme la réincarnation d'un maître mort et son héritier spirituel.
280- Jean 6:47.
281- Jean 3:18.
282- Jean 2:23.
283- Matthieu 5:3.
284- Jean 20:30.
285- Voir le chapitre IX, Kagyu Ling.
286- Luc 8:18.
287- Genèse 2:15.
*288- **Lama** : religieux bouddhiste. **Dharma** : ici, ensemble des enseignements de Bouddha*
289- Matthieu 24:5.
290- Lumen gentium, l'église, constitution dogmatique, Téqui éditeur, traduit par S.E. le cardinal G.M. Garrone ; p 28.
291- Jean 6:44.
292- Matthieu 14:31.
293- Lumen gentium, opus cit. p 15.
294- Matthieu 23:3.
295- Matthieu 12:50.
296- Matthieu 25:35.
297- Luc 11:23.
298- Luc 21:4.
299- Luc 14:13.
300- Lumen Gentium opus cit. p 43 et 51.
301- Contrairement à ce qui est affirmé dans la liturgie de la messe. Comment en effet du nouveau pourrait-il être de l'intemporel ?
302- Matthieu 24:44.
303- Matthieu 5:48.
304- Marc 10:46-52.
305- Matthieu 16:24.
306- Matthieu 25:31.
307- Jean 12:45.
308- Jean 16:26.
309- Jean 14:6.
310- Lama considéré comme la réincarnation d'un maître mort.
311- Marc 4:30.
312- Jean 6:44.
313- Jean 8:32.
314- Matthieu 7:12.
315- Talmud, Chabbat 31a.
316- Jean 8:11.
317- Marc 16:16.
318- Matthieu 13:14.
319- Matthieu 9:2,5.
320- Matthieu 9:22; 8:10.
321- Matthieu 3:2.
322- Luc 17:21.
323- Jean 14:17.
324- Matthieu 10:20.
325- Jean 9:1-3.
326- Matthieu 6:10.

Notes du chapitre 13 au chapitre 24

1- Exode 3:2; 3:10.
2- Genèse 12:1.
3- Jonas 1:1.
4- Exode 3:11.
5- Jérémie 1:6.
6- Exode 4:10.
7- Jonas 1:6.
8- Exode 4:1.
9- Jonas 2:10.
10- Genèse 22:1.
11- Genèse 22:12.
12- Genèse 22:17.
13- Luc 3:22.

14- Matthieu 3:16.
15- Matthieu 4:1.
16- Matthieu 4:19.
17- Exode 4:23.
18- Exode 13:3.
19- Genèse 4:3.
20- Genèse 4:4.
21- Exode 14: 11.
22- Exode 14:15.
23- Vous serez pour moi un royaume de sacrificateurs (prêtres), Exode, 19:6.
24- Exode 19:6.
25- Exode 12:49.
26- Marc 2:17.
27- Exode 13:3.
28- Exode 24:8.
29- Exode 29:38.
30- Matthieu 26:28.
31- Deutéronome 5:15.
32- Matthieu 26: 29.
33- Maître Eckhart, cité par Jeanne Ancelet-Hustache dans Sermons, Ed du Seuil, p26. Voir Saint Thomas, Intelligere Dei est ejus substantia.
34- Matthieu 7:12.
35- Galates 3:29.
36- Deutéronome 8:2.
37- Jean 3:7.
38- Marc 11:16 et Matthieu 21:21.
39- Genèse 2:7.
40- Maître Eckhart, Sermons, Beati pauperes spiritu.
41- Matthieu 5:45.
42- Jean 10:30.
43- Jean 8:14.
44- Jean 10:36.
45- Jean 8:57.
46- Matthieu 16:15.
47- Romain 8:14.
48- Jean 14:30.
49- Jean 15:56.
50- Jean 6:65.
51- Luc 3:22.
52- Matthieu 8:12.
53- Jean 1:18.
54- Matthieu 4:48.
55- Matthieu 27:46 ; "Père, en tes mains je remets mon esprit" (souffle), Luc 23:46
56- Matthieu 10:39.
57- Matthieu 4:17.
58- Matthieu 13:58.
59- Jean 17:3.
60- Matthieu 5:45.
61- I Jean 2:15.
62- Marc 10:45.
63- Hékura est généralement traduit par esprit. Comme nous le verrons plus tard, je proposerai une interprétation plus précise.
64- Ecclésiate 2:14.
65- Bon esprit.
66- Culte, cérémonie, pratique d'une divinité.
67- Formule sacrée condensant en quelques syllabes une idée ou un principe fondamental ainsi que les divinités et les énergies qui lui sont associées.
68- Nom général donné aux monastères bouddhiques.
69- Manifestation de la réalité Suprême sous forme d'une apparence corporelle. Faculté atteinte au huitième niveau de bodhisattva de contrôler les circonstances de ses ré-incarnations.
70- Cylindre fixé sur un axe et contenant des textes sacrés. L'action de le tourner constitue un geste bénéfique.
71- Farine faite avec de l'orge préalablement grillée.
72- Toute action produit un effet infini. Le karma est la chaîne de causalité.
73- Petit tambour à deux caisses de résonance opposées en forme de sablier au milieu desquels est fixé une cordelette terminée par une masselotte.
74- Bonjour.
75- Beurre clarifié.
76- Divinité personnelle créée par le pratiquant et dont la réalité profonde est vacuité.
77- Le dorjé est la foudre ou l'éclair. Il est le symbole masculin du chemin qui mène à l'illumination et représente la méthode, upâya, l'essence claire, immuable et fondamentale de la réalité. La cloche rituelle, le drilbu est le symbole féminin et manifeste la sagesse, prajnâ.
78- Lit de bois.
79- Signe mystique exprimé par un geste de la main et des doigts ou du corps. Ils transforment les courants d'énergies.
80- Dharma (sanskrit) Dhamma (pâli), ici phénomène composé et non-composé, manifestation de la réalité relative, animée ou inanimée.
81- Skanda = agrégat, ou groupe de phénomènes dynamiques qui forment une partie d'un individu. Cinq skandas com-

posent un être vivant : l'agrégat des matières (de la forme), de la sensation, de la perception, des formations mentales et de la conscience. Voir chapitre suivant.
82- Voir ce sermon in : Bouddha, Dhamma-Cakkappavattana-Sutta; Les quatre Nobles Vérités. Trad. Môhan Wijayaratna, Sermons du Bouddha, éd. Cerf. Cf. aussi excellent développement sur les Quatre Nobles Vérité in : Walpola Rahula, L'enseignement du Bouddha, éd. Seuil.
83- Sermons.
84- Bouddha, Anguttara-nikâya
85- C'est la qualité de la conscience qui nomme la conscience.
86- Bouddha Samyutta-nikâya, IV.
87- Dharma, ici l'enseignement, les sûtras de Bouddha. Dharma signifie aussi la loi en tant que les principes fondateurs de la Vérité.
88- Om Mane Padmé Houng, Salut à celui qui est le joyau dans le lotus. Le joyau évoque la méthode, le lotus la sagesse. Le joyau rappelle la réalité relative, le lotus, la vacuité des phénomènes, libre de toute référence. Le salut s'adresse à Chenrézi, Yidam de la compassion et de la vacuité.
89- Collier de 108 perles utilisé pour compter le nombre de répétitions des récitations des mantras.
90- Purification et bénédiction que procure la vue ou la présence d'un saint.
91- Représentant du Rabbi de Loubavitch à Paris.
92- Samsara = cycle des existences dont la constante est dukkha. Samsara s'oppose à Nirvana, au-delà de la souffrance.
93- On l'appelle aussi l'agrégat de la forme.
94- Bouddha, Dhammapada 279.
95- Chenrézi, Yidam, divinité créée par les Tibétains comme moyen habile d'atteindre certaines connaissances et parvenir à certains changements intérieurs.
96- Bouddha, Anguttara-nikâya.
97- Bouddha Majjhima nikaya III, 63
98- Bouddha, Anguttara nikâya.
99- Appropriateur de la perception.
100- Prâjna Pâramitâ de Nâgârjuna. La forme est ici l'autre nom de l'agrégat des matières. On pourrait dire : "la matière est vide et vide est la matière..."
101- Bouddha, Majjhima-nikâya.
102- Talmud de Babylone, Chabbat 31a
103- Matériel.
104- Tiglé en tibétain, bindou en sanskrit, signifie lit. "goutte". Concentrations d'énergie, mobiles, qui font le lien entre l'esprit et le corps. Le tiglé blanc représente le supports subtil des énergies sexuelles masculines et le tiglé rouge celui des énergies féminines. Ils sont contenus dans le corps quel que soit son sexe.
105- Terme désignant les centres par où passe l'énergie subtile dans le corps.
106- Etat de conscience pur.
107- Sagesse du miroir, de la non dualité, des liens déterminés, de la complétude et de l'infini.
108- Qualités d'états de conscience: monde infernal, monde des fantômes affamés, monde animal, monde humain, monde des dieux jaloux, et monde des dieux. Au delà, il y a la sphère de la sensorialité et la sphère du sans-forme. Aucun des mondes, comme aucun moi, n'est réel.
109- Voir bouddha sîvaka sutta ; les 5 lois naturelles, kamma Niyâna, karma, causalité; bija Niyâna biologique; uiu Niyâna atmosphérique; dharma Niyâna physique; citta Niyâna psychologique.
110- Drukpa Kunley.
111- Matthieu 24:40.
112- Longue chemise qui descend jusqu'aux genoux.
113- Coran XXIV, 35.
114- Maître spirituel soufi.
115- Isaïe 42:6.
116- Coran LVII, 3.
117- Coran CXII, 3-4.
118- Coran XXVIII, 88.
119- Coran.
120- 'Abdallah al Ansârî al Harawî, Le livre des mystères.
121- Aya : signes, signes divins, verset du Coran.
122- Le Soi impersonnel, Brahman.
123- Katha Upanishad II:18.
124- Isa Upanishad I:1.
125- Coran II, 115.
126- Coran LVII, 3.
127- Coran CXII, 4.
128- Bayesid Bestami, saint soufi du IXe siècle, dans le mémorial des saints de Farid-ud-Dun'Attar.
129- Bhagavad Gîtâ IX, 18.
130- Coran XVI, 72.

131- Coran XLII, 9.
132- Lao Tseu, Tao Tö King XI.
133- Exode 20:3,4.
134- Coran XLII, 9.
135- La formule Lâ ilâha Illal-lâh.
136- La traduction des poèmes de Sarmad sous le titre Rubaiyat of Sarmad, a été publiée par Indian institute of art and letters, Asma Publications, Agra, trad. Zahurul Hassan Sharib.
137- Coran LV, 29.
138- Coran VI, 76.
139- Coran CXII, 25.
140- Psaume 145:18.
141- Coran XL, 60.
142- Psaume 65:2.
143- Exode 3:14.
144- Exode 3:15.
145- Maître Eckhart, Traités du détachement.
146- Psaume 136:7.
147- Psaume 68:35.
148- Exode XXV, 8.
149- Isaïe 45:15.
150- Isaïe 45:22.
151- Coran XLI, 5.
152- Coran XLII, 51.
153- Exode 33:20.
154- Psaume 121:5.
155- Bayesid Bestami.
156- Isaïe 45:20, Matthieu 13:14.
157- Obadia Maïmonide, Le traité du Puits, Chap 3, trad Paul B. Fenton, 1987 Ed. Verdier.
158- Katha Upanishad IV:1.
159- Lao Tseu, Tao Tö King XL.
160- Bhagavad Gîtâ III:42.
161- Mahmûd Shabestarî, Golshân-e-Raz.
162- Ibn 'Arabî, la sagesse des prophètes.
163- Bayesid Bestami, saint soufi, in mémorial des saints de Farid-ud-Dun'Attar
164- I Jean 2:15.
165- Coran VIII, 24.
166- Obadia Maïmonide, Le traité du Puits, Chap X.
167- Lao Tseu, Tao Tö King XLVII.
168- St. Jean de la croix, Montée du Carmel, L, II Chap. IV.
169- Milarépa, Chant des montagnes enneigées.
170- Abou Hanza Khoraçari, in mémorial des saints de Farid-ud-Dun'Attar.
171- Coran X, 25.
172- Katha Upanishad II:9.
173- Coran II, 115.
174- Isa Upanishad 6.
175- Bhagavad Gîtâ XVIII, 5.
176- Coran LVII, 4.
177- Alexandra David-Néel in, Le sortilège du mystère.
178- Coran XXIV, 39.
179- Ibn 'Arabi, Kitâb Al Futûhât Al Makkiyya - Traité de l'Amour.
180- Bouddha, Suramgama Sutra.
181- Coran II:115.
182- Coran LXXXV, 9.
183- Coran II, 152.
184- Hamzah Fansûri.
185- Tradition, Dieu parlant par la bouche du prophète, ou glose inspirée.
186- Coran LXXIII,8.
187- Coran XXIV, 25.
188- Coran XXI, 18.
189- Coran LIII, 29.
190- Coran XXI, 18.
191- Coran, LIII, 33
192- Coran LXXVIII, 38.
193- Katha Upanishad II,6.
194- Coran XL, 11.
195- Coran XVII, 52-54.
196- Coran LVIII, 22.
197- Evangile, Luc 20:38.
198- Hadîth Qudsi : Dieu parlant par la bouche du prophète selon la tradition.
199- Evangile, Jean 8:32.
200- Coran IX, 117.
201- Coran X, 4.
202- Bayesid Bestami, dans le mémorial des saints de Farid-ud-Dun'Attar.
203- Ste. Thérèse d'Avila, Vida XXXIV, 10. Autre traduction posible : "Je désirais mourir pour ne pas vivre une vie où je n'étais pas sûre de ne pas être morte. Il faut être décidée à mourir", dit-elle dans Vida XXXVIII, 5.
St Jean de la croix dit presque la même chose mot pour mot dans La nuit obscure : "Je vis sans vivre en moi, et telle est mon attente que je meure de ne pas mourir."
204- Evangile selon Thomas 111.
205- Ecclésiaste 4:3; trad. Chouraqui.
206- Ecclésiaste 6:3.
207- Coran XL, 3.
208- Genèse 5:22.
209- Malawa Rûmî.
210- Jean 12:24,25

211- Farid-od din 'Attar, Livre des secrets.
212- Coran XLII, 7.
213- Coran XX, 76.
214- Coran V, 18.
215- Bhagavad Gîtâ IX:25.
216- Coran LIX, 24.
217- Coran X, 4.
218- Kabir I:52 (Poète hindou de Bénares, 15e s.).
219- Lao Tseu, Tao Tö King XVI.
220- Katha Upanishad III:15.
221- Bayezid Bestami, dans le mémorial des saints de Farid-ud-Dun'Attar
222- Bagavad Gîtâ IX, 20-21.
223- Coran XX, 78.
224- Lao Tseu, Tao Tö King I.
225- Evangile, Jean I:1.
226- Coran XVII, 72.
227- Farid-od din 'Attar, Livre des secrets.
228- I Samuel 16,7.
229- Coran LIX, 24.
230- Coran LXXIII, 8.
231- Bardo Tödol = Livre des morts tibétains.
232- Talmud, Haguiga 16a.
233- Coran XVII, 49.
234- Psaume 101:7.
235- Coran XI, 31.
236- Bhagavad Gîtâ III:9.
237- Bhagavad Gîtâ V:14.
238- Coran LV, 60.
239- Coran XL, 60.

Notes du chapitre 25 au chapitre 28

1- Namasté, Nâmaskara = à la fois bonjour, au revoir, adieu, le pardon, la paix, la dévotion. En joignant les cinq doigts de chaque main devant soi à hauteur de la poitrine ou du visage et en s'inclinant, on offre les sens et la conscience, sommes toute la manifestation dans son ensemble.
2- Homme jouissant de considération. Formule de politesse.
3- Titre honorifique ajouté au nom d'un maître spirituel ou d'un homme vénéré pour sa sainteté.
4- Celui qui fait vœu de vérité.
5- Longue pièce de tissu blanc enroulée et nouée en sorte de pantalon.
6- Voir chapitre 4.
7- Ermitage, petite ou grande communauté ou monastère, école religieuse, généralement dirigé par un guru, maître.
8- Petite buvette où l'on sert le tchaï, thé sucré au lait avec parfois des aromates.
9- Oui oui.
10- Feuille qui, accompagnée de chaux, de noix de d'arec et de clous de giroffle constitue une chique.
11- Lit de bois.
12- Prarabdha = lit. avant que cela n'ait commencé, vaguement traduit par "destin". Ici je suppose que Swamiji pense à la valeur et au sens des actions.
13- Le nom du swami signifie "fils" ou "engendrement du discernement".
14- Patanjali 17e aphorisme, livre IV.
15- Mundaka Upanishad, II,I,2-3.
16- Formule condensant en quelques syllabes le sens et la force des concepts qu'elle évoque et invoque. Elle représente une divinité ou un caractère, une connaissance.
17- Pour la mystique hindoue, Brahman est l'absolu impersonnel. Mais Shiva, Vishnou, Krishna et d'autres divinités sont des Dieux personnels aussi bien que différents noms de l'absolu impersonnel. Le mantra Shivo'Ham peut être compris de différentes façons. Je suis Shiva, je suis le créateur ; Je suis Cela, le spectacle et le spectateur sont indifférenciés. Shivo'Ham, Je suis Shiva, prend Shiva comme absolu impersonnel. Le spectacle et le spectateur sont unis en le Soi en tant que leur créateur. So'ham, je suis Lui prend le spectateur pour le créateur et le spectacle pour le spectateur. Je suis Cela : le spectateur est son propre spectacle. Le spectacle est neutre, perçu du point de vue absolu. C'est la vue parfaite, la vision de la manifestation de l'absolu dans toutes les formes de mouvement.
18- Pierre érrigée qui symbolise le phallus.
19- Trois états de conscience: veille, rêve et sommeil. Trois forces (gunas) : sattva, l'équilibre ; rajas, l'activité et tamas l'inertie. Les trois aspects de la manifestation, création, préservation et destruction.
20- Petit tambour à deux caisses de résonance opposées en forme de sablier au milieu desquels est fixé une cordelette terminée par une masselotte.
*21- **Puja** : rituel, prière. **Mohant** : desservant.*
22- Brahman est le nom de l'absolu, et aussi le nom de la caste des prêtres. La

caste n'est pas la classe sociale, elle n'a de sens qu'en ce qui concerne la proximité avec la pureté.
23- On peut aussi traduire "Non aucun Allah qu'Allah".
24- Chândogyan Upanishad III, 17, 1.
25- L'Esprit suprême universel, équivalent à Brahman, Soi universel, conscience absolue.
26- Samskara : impressions mentales et tendances latentes, effets du karma. Les samskaras sont les résultats manifestés de karma. Incarnés dans un homme, ce sont ses caractères, ses tempéraments, ses dispositions mentales et physiques.
27- Bakti, la dévotion; karma, l'action; jnana, la connaissance.
28- Répétition d'un mantra.
29- Lourd bâton de bambou.
30- Svetâsvatara upanishad I, 14.
31- Krishna en tant qu'Absolu impersonnel
32- Bagavâd Gîta 8:12.
33- L'âtman manifesté, l'âme personnelle.
34- Mundaka Upanishad, II, II, 6.
35- Sâdhana, de la racine sanskrite sâdh, aller directement au but, ce qui produit le but attendu. Sâdhana, exercice spirituel.
36- L'homme, puis le mâle cosmique, puis l'âtman. Le sacrifice de purusha figure l'abandon du moi pour le soi.
37- Rig Véda XXII, 6.
38- Sâmkya Karika IX.
39- Atharva Véda X, 8, 1. Hymnes et prières du Védas, traduction de L. Renou.
40- Védântasûtra I, I, 2.
41- Note produite en faisant vibrer les trois premières cordes du cithare. On la reproduit toutes les quelques notes, comme un continu retour à un point de départ.
42- Littéralement, émotion, passion, attirance. En musique, c'est une combinaison des modes et des rythmes qui doit éveiller des sensations et des émotions et les examiner.
43- Centime, centième de roupie, monaie locale.
44- Astravakra Gîtâ V, 3.
45- Om, salutation à la création, Shri Ram, prosternation mentale aux pieds du Dieu, Jay Ram victoire à Ram, Jay Jay Ram, absolue victoire à Ram.
46- Hare, le fauve ; Krishna et Rama sont des avatars de Vishnou.
47- Victoire à Krishna, victoire à Rama.
48- Sankara, Auspicieux, celui qui fait l'apaisement. Shambhû, le lieu de félicité, l'un des mille nom de Shiva. Mahadeva, grande divinité (la lune).
49- Sage.
50- Darshan : recevoir la bénédiction de la vue d'un saint homme, d'un lieu saint ou d'une image sainte.
51- Titre donné aux érudits. Ici un homme qui avait l'air instruit.
52- Morceau de feuille d'eucalyptus roulé avec quelques brins de tabac en une petite cigarette.
53- Divinité de la mort, premier homme qui connu la mort.
54- Discipline de la voie spirituelle.
55- Svetâsvatara Upanishad V, 1.
56- Luc 14:33.
57- Chemise à col Néhru, descendant à mi-cuisse et portée hors du pantalon.
58- Matthieu 7:19.
59- Luc 12:34.
60- Jean 10:30.
61- Divinité de prédilection. Celle dont le dévôt se sent proche.
62- Svetâsvatara Upanishad IV, 12.
63- Mundaka Upanishad II, II, 9.
64- Un jour de Brahmâ qui représente la durée totale d'une création de l'univers, quatre milliards trois cents vingt millions d'années. Ce jour est suivit d'une nuit de non-création d'égale durée.
65- Littéralement, ce qui coule ensemble. Le cycle des existences.
66- Bagavâd Gîtâ IV, 14.
67- Bagavâd Gîtâ II, 47.
68- Titre honorifique de respect.
69- Kausîtaki Upanishad première leçon, Chap. 6.
70- Bagavâd Gîta XVIII, 9.
71- Les gunas.
72- Cosmogonie, Rig Véda X, 129; traduction L. Renou.
73- Symbole de la vulve.
74- Svetâsvatara upanishad I, 14.
75- Genèse 3:1
76- Mundaka Upanishad III, II, 7.
77- Katha Upanishad VI, 4.
78- Kena Upanishad II, 4.
79- Bagavâd Gîtâ II, 22.
80- Unité de mesure. Poids, onze grammes.
81- Bagavad-Gîtâ III, 5.

Remerciements

A Marc-André Jaffeux

Je tiens à exprimer ma profonde gratitude à :

Yoge Amtrim
Swami Anandababa
Cheikh Assam
Véronique Beaufils
Arnaud Desjardins
Olivier Duhamel
Elan Eytan
Herman Gantenbein
Rabbi Isaac Goldman
Pierre-Marie Graïz
Albert Jacquard
Kalou Baba
S.E. Kalou Rimpoche
Jacques Laffitte
André Levy
Bernard Levy
Paresh Babou
Emmanuel Potdevin
Logan Salada
Lama Shérab
Henri Sigau
Sathya Saï Baba
S.E. Saï Sitou Rimpoche
Mère Térésa
Marielle-Frédérique Turpaud
Swâmi Vichârava
Michel Vignoni

Dominique Aubier
Jean-Marc Braun
Jean-Christophe Coucouroux
Solange Justin
Gérald Kiernan
Pierre Lapraze
Yvon Laverdière
Eric Legrandic
Edgad Levy
Xavier Manente
Maria Louisa Manochi
Claire Médaisko
Odile Poisson
Anila Rinchen
Véronique Skavinska

La communauté des Loubavitchs
Les résidents de Kagyu Ling
La communauté
du monastère Saint Nicolas

J'ai attribué les propos de ces personnes ainsi que ceux de nombreuses autres à *Wilhem*. Qu'elles soient ici remerciées.

Bibliographie

L'*idolâtrie*, éditions Le Centurion, coll. Le Chêne de Mamré.
Sortir du Jardin d'Eden, à paraître.

Question de

Etre à deux ou les traversées du couple

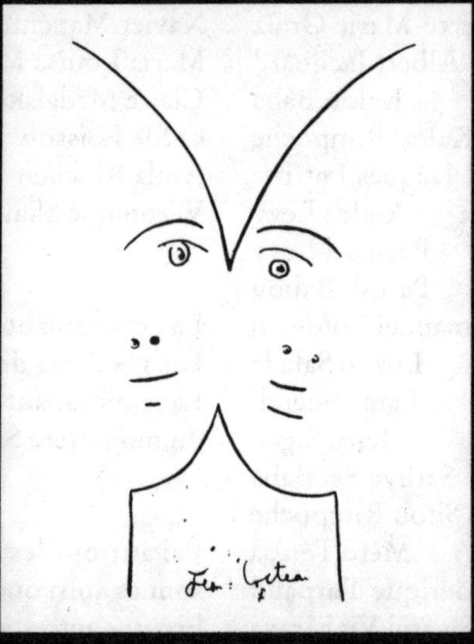

Annick de Souzenelle
Arnaud Desjardins
Jean-Marie Pelt
Jacques Salomé...

92

Question de / Albin Michel

La chronique de Marie-Madeleine Davy

Les pensées fondatrices, Collectif, éd. Armand Colin (Paris 1993)

Dans une longue préface, Jacqueline Russ pose le problème de la réflexion philosophique, avant de présenter une synthèse des différents articles contenus dans l'ouvrage. De ce fait, elle guide le lecteur. Sa remarquable érudition et sa pédagogie permettent de considérer avec aisance les pensées fondatrices de l'humanité. Celles-ci concernent à la fois l'Orient et l'Occident réunis en une communauté universelle. Pour expliciter le sens de l'ouvrage, l'auteur cite un texte d'Husserl ; celui-ci envisage "l'humanité comme une unique vie embrassant hommes et peuples... Elle enveloppe une multitude de types d'humanité et de culture... qui, par transition insensible, se fondent les uns dans les autres. On dirait une mer dont les hommes et les peuples seraient les vagues." Concrète, cette universalité exige la médiation des différentes cultures.

Des universitaires envisagent successivement : la pensée grecque, (J.P. Dumont, A. Baudart, P. Hadot). F. Farago présente l'Egypte, la pré-philosophie en Mésopotamie, la Bible, le Nouveau Testament, Philon d'Alexandrie. Quelques pages concernent les Pères de l'Eglise.

F. Chenet se consacre à l'Inde. F. Jullien à la Chine. C. Jambet à l'islam. La Grèce apparaît comme le berceau de la raison, voire de la sagesse. Ses philosophes ont exposé la subordination de la pratique à la théorie. Durant longtemps, l'hellénocentrisme s'est doublé d'un européocentrisme.

L'influence de la Grèce sur l'Europe est indéniable. Minimiser son rôle serait une immense erreur. Le "*Connais-toi toi même*" de Socrate rejoint le conseil donné par Pindare : "*Deviens ce que tu es.*" Accepter ses limites permet d'éviter la "démesure" afin d'échapper à la présomption et la suffisance. La lucidité conduit à l'humilité. "Ce sont moins des concepts, que des idéaux et des expériences morales que l'époque hellénistique a légué à notre civilisation occidentale" écrira Pierre Hadot.

En tant que choix de vie, la philosophie culmine avec le message biblique. A ce propos, Philon d'Alexandrie exposera "la transposition de l'intuition hébraïque dans le concept grec." Grâce aux ouvrages de ce juif de formation grecque, les Pères de l'Eglise vont hériter d'une connaissance susceptible de guider leurs recherches à travers les concepts du platonisme et du néo-platonisme éclairé par l'enseignement biblique. "Fille d'Athènes par l'exercice de la rationalité, de Rome par la technique juridique, l'Europe est fille de Jérusalem par l'esprit." Ce propos évoque le philosophe Léon Chestov, auteur d'une étude sur Athènes et Jérusalem. D'où ce déroulement de rencontres, d'échanges, de fondamentales distinctions et d'irréconciliables contradictions. Le principe divin apparaît avec son mystère et la réalité d'une Présence. En raison de son ampleur, celle-ci échappe à toute description, et s'offre uniquement à l'expérience susceptible d'exercer une fonction révélante. Du Nouveau Testament jaillit une structure nouvelle : celle d'une communauté universelle. Un dépassement de la pensée grecque s'accomplit. Avec le judéo-christianisme, un immense espace se dessine. Il concerne l'infini et son au-delà des limites imposées par la manifestation.

Durant des siècles, la pensée orientale sera découverte et aussi étudiée par des voyageurs, des spécialistes, des universitaires. Viendra un moment où aller en Inde répondra à une mode. Les visiteurs — dont la plupart manquent de formation culturelle — ne vont pas pour autant s'intéresser à la pensée philosophique.

Selon François Chenet "le bouddhisme primitif se présente sinon comme *une philosophie* du moins comme discipline mentale d'auto-délivrance." C'est aux alentours de l'ère chrétienne que la philosophie de l'Inde subit une mutation. A la religion brahmanique se substituera peu à peu l'hindouisme. La philosophie née en Inde ne retient pas comme essentielle la priorité de la pensée : l'important consiste dans la réalisation, l'intégration de la connaissance dans l'existence. D'où l'importance de l'expérience intuitive à l'égard de la "réalité ultime". Les Vedas correspondent au "savoir". Celui-ci débouche sur un éveil : "Bouddha : l'Eveillé". Cette philosophie favorise la méditation, le silence et le recueillement. Vécue en profondeur, elle oriente vers la non-dualité.

François Jullien introduit le lecteur dans la pensée chinoise dont l'épanouissement s'étend du VIe au IIIe siècle avant notre ère. Cette pensée s'adapte aux morcellements politiques, aux écoles et à la multiplicité des opinions. La fondation de l'Empire chinois sera la première du monde "sous une forme bureaucratique."

Apparentée à une cosmologie, la religion primitive s'instaure. Partenaires, les opposés se complètent. Il en est ainsi pour la Terre et le Ciel, le Yin et le Yang. Le Yin symbolise le terrestre, l'obscur, le féminin. Le Yang concerne le céleste, la lumière, le masculin. "De même, écrira l'auteur, que l'adret et l'ubac de la même montagne, ces contraires sont toujours correlés et c'est à leur continuelle interaction que procède tout le réel." Dans son processus de transformation, le réel échappe à un commencement et à un terme.

Dans la mesure où chacun observe une parfaite rectitude, en tenant compte de ses particularités, il contribue à l'ordre du monde. Selon Confucius, l'autosuffisance engendre un espace entre le dire et l'existence. Les maîtres de sagesse étudient la condition humaine. Peu à peu s'élabore le taoïsme.

La Voie du Tao exige de nourrir en soi-même le principe vital (Yang Sheng). Les disciplines alimentaires et respiratoires ont leur importance. Le taoïsme insiste sur le rôle du vide. Celui-ci se distingue totalement du néant ; il conduit au repos, au détachement et au silence.

En France, la pensée philosophique de l'islam a pu se répandre grâce, en particulier, aux travaux récents de Louis Massignon et de Jean Corbin. Christian Jambet donne une magnifique synthèse de la révélation coranique. En effet, la philosophie de l'islam s'élabore en relation avec la religion. La transcendance de Dieu s'impose : l'Un est indicible. Quant à l'âme, des distinctions s'imposent entre l'âme végétale, animale et humaine. Les diverses puissances de l'âme humaine se tiennent au service de "l'intellect pratique et de l'intellect contemplatif". Des philosophes, tel Avicenne, confèrent une grande importance à une forme d'imagination qu'il convient de distinguer d'une imagination dépendante des sens extérieurs. Intuitive, cette forme d'imagination opère un déchiffrement et peut, à certains instants, revêtir une apparence de vision intérieure concernant le monde invisible. D'après Al-Farabi, cet intellect permet d'acquérir une "plénitude de l'intelligible illuminant l'esprit." Selon cet auteur, il se présente deux types de félicité : l'un concerne la vie terrestre et l'autre celle de l'au-delà. Pour Avicenne, la démarche du sage aboutit à une illumination contemplative d'ordre mystique. Recherche d'une gnose, c'est-à-dire d'une connaissance susceptible d'opérer des métamorphoses. La métaphysique orientale ne se rapporte pas à un Orient géographique, "se délivrer, c'est s'orienter, se convertir à la véritable nature de soi-même." D'où le sens de l'exode, du pèlerinage en soi-même.

Chacun est invité à vivre selon son option philosophique et religieuse. L'originalité de cet exposé concernant les pensées fondatrices des philosophies permet de saisir la parenté et les différences entre les diverses sagesses issues de l'Orient et de l'Occident. ●

Question de a été imprimé sur les presses de Aubin Imprimeur BP02 — 86240 Ligugé
Dépôt légal : 3ᵉ trimestre 1993 — Gérant de la publication : Marc de Smedt.
Éditions Question de, 1993. Commission paritaire n° 54.752